谨以此书献给

为辽宁高速公路发展事业作出贡献的决策者、建设者、管理者

"十三五"国家重点图书出版规划项目

中国高速公路建设实录

Record of Expressway Construction in
Liaoning

辽宁
高速公路
建设实录

辽宁省交通运输厅

人民交通出版社股份有限公司
China Communications Press Co., Ltd.

内 容 提 要

本书是《中国高速公路建设实录》系列丛书之辽宁卷,内容包括经济社会与综合运输发展、公路建设及道路运输、高速公路发展历程、高速公路建设及运营管理规章制度、高速公路建设科技成果、高速公路运营管理与文化建设、高速公路建设项目,以及辽宁高速公路建设大事记。

本书全面系统总结了辽宁高速公路建设发展成就,详细记述了高速公路建设过程中的管理经验、科技创新、文化建设以及项目建设实情,具有很高的史料价值。本书可供交通运输建设行业相关人员阅读、学习与查询参考。

图书在版编目(CIP)数据

辽宁高速公路建设实录 / 辽宁省交通运输厅组织编写. — 北京:人民交通出版社股份有限公司, 2019.10
ISBN 978-7-114-14842-2

Ⅰ. ①辽… Ⅱ. ①辽… Ⅲ. ①高速公路—道路建设—辽宁 Ⅳ. ①U412.36

中国版本图书馆 CIP 数据核字(2018)第 137595 号

"十三五"国家重点图书出版规划项目
中国高速公路建设实录

书 名:	辽宁高速公路建设实录
著 作 者:	辽宁省交通运输厅
责任编辑:	刘永超 周 宇 牛家鸣
责任校对:	张 贺
责任印制:	张 凯
出版发行:	人民交通出版社股份有限公司
地 址:	(100011)北京市朝阳区安定门外外馆斜街 3 号
网 址:	http://www.ccpress.com.cn
销售电话:	(010)59757973
总 经 销:	人民交通出版社股份有限公司发行部
经 销:	各地新华书店
印 刷:	北京雅昌艺术印刷有限公司
开 本:	787×1092 1/16
印 张:	38.5
字 数:	739 千
版 次:	2019 年 12 月 第 1 版
印 次:	2019 年 12 月 第 1 次印刷
书 号:	ISBN 978-7-114-14842-2
定 价:	320.00 元

(有印刷、装订质量问题的图书,由本公司负责调换)

《辽宁高速公路建设实录》
编纂工作委员会

主　　任：赵爱军
副 主 任：徐大庆　陈良民
委　　员：袁广勤　朱　红　贾福元　曹文彬　贾力克
　　　　　曹建新　刘长辉　王金鼎　郭晓峰　曲向进
　　　　　马拥军　董　磊　赵　辉　王永康　赵恩中
　　　　　杨　昊　苏　杰　赵　伟　曹继伟

《辽宁高速公路建设实录》编纂工作顾问组

刘焕鑫　张铁民　刘政奎　田育广　葛乐夫　常玉良
孙炜士　张恭宪　刘明柱　李雁鹏　孙　伟　郎庆周

序
Preface

  高速公路行车速度的提高,提升了运输效率,降低了运输成本,对社会经济发展产生了巨大影响,推动了汽车制造等一系列产业改革发展;高速公路的高速度、大负荷、远辐射,促进了综合交通运输快速发展,改善了投资环境,促进了产业结构调整,推动了地方经济发展;高速公路的出现,给人以快速、舒适、安全的感受,激发了人们思想意识升华,为改革开放注入新鲜活力。高速公路作为关系国计民生的基础性、战略性、服务性的重要基础设施,是国民经济和社会发展水平的风向标,也是一个国家和区域经济社会走向现代化的历程。

  1984年,沈大高速公路的开建奏响了辽宁乃至全国高速公路建设的序曲,是我国大陆兴建最早的一条高速公路,也是当时我国里程最长的高速公路,被誉为"神州第一路"。1990年,沈大高速公路全线正式通车,时任中共中央政治局委员、国务委员、国防部长秦基伟上将,国务委员、国家计委主任邹家华等国家领导人以及交通部、国家生产委员会、财政部、物资部、文化部、公安部等部委领导同志出席通车典礼。交通部发来贺信祝贺沈大高速公路通车。它的建设成功,具有划时代的重要意义,为中国人摸索出了一条适合中国国情的高速公路建设的路子,同时也向世人表明:中国有能力建设一流的高速公路,中国由此跨入高速公路时代。

  辽宁高速公路建设在中国高速公路建设中起到了引领和示范作用,1989年7月,交通部在辽宁召开了"高等级公路建设经验交流会",推广高等级公路建设经验,推动和加速高等级公路建设,国务院领导和国务院办公厅、国家计委、部分省市领导同志参加会议。会上,国务委员邹家华作了重要指示,他说"首先我认为,对辽宁的经验要加以充分的肯定。不仅仅要肯定辽宁建设这条公路本身的经验,更重要的是,要充分肯定为了国民经济发展的需要,下决心建设这样一条公路的经验。大家在发言中,都异口同声地赞同辽宁的经验,说明这次会议是很必要的。

我们之所以要开这个会议,就是想用辽宁的经验来推动全国高等级公路的建设。希望同志们能结合本地的实际情况,认真学习辽宁经验,认真落实全国规划,进一步推动高等级公路建设更快的发展。"交通部部长钱永昌讲"我相信,这次会议一定能开成一个推动我国公路现代化建设的动员会和进军会,将成为我国高等级公路建设的新起点。"

从沈大高速公路建设开始至今,辽宁高速公路已经走过了整整33年的发展历程。"七五"到"九五"期间,辽宁省陆续建成了沈阳至大连、沈阳至山海关、沈阳至四平等6条高速公路,实现了20世纪末辽宁高速公路突破1000km,达到1068km的规划目标。"十五"期间,辽宁省高速公路建设如火如荼、高潮迭起,相继建设了丹东至本溪等5条高速公路,全省高速公路通车里程达到1773km,在全国率先实现了省辖市全部通高速公路,提前8年完成了国家"五纵七横"国道主干线在辽宁省境内建设规划项目。同时,八车道改扩建沈大高速公路项目被交通部列为全国高速公路改扩建示范工程。"十一五"期间,辽宁省高速公路建设进入了发展的快车道,启动建设了丹东至海城等12条高速公路,高速公路通车里程达到3056km。"十二五"期间,辽宁省高速公路建设仍处于高位运行,在全国率先实现了陆地县县通高速,高速公路通车里程达到4195km,基本形成了以沈阳为中心,连接全省14个地级市和所有陆地县(区),与省内重要港口相连、与周边地区高速公路充分对接的开放式路网格局,构建起东北三省和内蒙古自治区东北部"进关出海"的陆路交通主骨架,为辽宁乃至东北老工业基地全面振兴提供了强有力的交通支撑和保障。

经过33年的艰苦奋斗和不懈努力,辽宁高速公路开启了从无到有、从小到大、从弱到强的新纪元,开创了从设计到建设、养护和服务在全国的数个先河,既是辽宁发展振兴的历史见证,也是共和国高速公路建设发展的一个缩影,辽宁交通人用智慧和汗水谱写出一曲高速公路建设发展的华彩乐章,在中国高速公路建设史打上了深刻的辽宁烙印。

2018年,是深入贯彻落实党的十九大精神的开局之年,是实施"十三五"规划的重要一年,也是推进供给侧结构性改革的深化之年。为庆祝党的十九大胜利召开,我们编纂了《辽宁高速公路建设实录》,本书共7章22节,全面真实地记录了辽宁高速公路建设的历史,系统梳理总结了辽宁改革开放以来经济社会与综合运输发展、公路建设及运输发展,特别是高速公路建设发展取得的巨大成就,展现了辽宁交通人开拓创新、不断进取的精神风貌,突出了资料性、实用性和技术性,具有较强的借鉴和参考价值。《辽宁高速公路建设实录》的诞生,不仅承载着中国高速公路发展的历史性跨越,也昭示着全面加快东北振兴、建设小康社会的勃勃生机!

《辽宁高速公路建设实录》
编纂工作委员会
2019 年 4 月

目录
Contents

- 第一章　经济社会与综合运输发展 1
  - 第一节　经济社会发展 1
  - 第二节　综合交通运输发展 3
- 第二章　公路建设及道路运输 13
  - 第一节　公路建设 13
  - 第二节　道路运输 26
- 第三章　高速公路发展历程 56
  - 第一节　概述 56
  - 第二节　高速公路建设规划 60
  - 第三节　高速公路资金筹措与管理 72
  - 第四节　高速公路勘察设计 87
  - 第五节　高速公路工程管理 132
  - 第六节　高速公路工程施工 218
  - 第七节　高速公路工程监理 242
  - 第八节　高速公路与经济社会发展 249
- 第四章　高速公路建设及运营管理规章制度 276
  - 第一节　省级相关法规 276
  - 第二节　建设市场管理相关规章制度 276
  - 第三节　项目管理相关规章制度 280
- 第五章　高速公路建设科技成果 292
  - 第一节　高速公路建设科技创新 292
  - 第二节　重大科研课题 328
  - 第三节　主要科技成果 444
- 第六章　高速公路运营管理与文化建设 448
  - 第一节　高速公路运营管理 448

第二节　公路建设与精神文明……………………………………………………502
第七章　高速公路建设项目……………………………………………………………514
　　第一节　国家高速公路……………………………………………………………514
　　第二节　辽宁省省级高速公路……………………………………………………570
附录　辽宁高速公路建设大事记………………………………………………………593

第一章
经济社会与综合运输发展

第一节 经济社会发展

辽宁取"辽河流域永远安宁"之意而得名。全省下辖14个市、100个县(市)区,陆地面积14.8万km²,地形概貌是"六山一水三分田"。常住人口4377.8万人,城镇化率67.4%。作为国家重要的老工业基地,辽宁在国家发展全局中举足轻重。

(一)资源优势

辽宁位于我国东北地区南部,南邻黄海、渤海,大陆海岸线全长2110km。辽宁是东北地区唯一的沿海省份和出海大通道,地处东北亚中心地带,与朝鲜、韩国、日本、俄罗斯、蒙古相邻,与京津冀、环渤海经济圈地缘相近,与广袤的东北、内蒙古腹地相连。全省耕地总面积476.7万公顷。探明储量矿产116种,菱镁矿、铁矿、硼矿、金刚石保有资源储量居全国首位。

(二)工业基础

辽宁是新中国工业的重要摇篮和工业化的重要发源地,先后创造了1000余个新中国工业史上的第一,是新中国第一个飞机制造厂、第一个机床制造厂、第一个造船厂、第一个钢铁产业基地等支柱产业的诞生地,为国家工业体系的形成作出了突出贡献。沈阳市铁西区素有"东方鲁尔"的美誉。以数控机床、工业机器人、输变电设备、冶金矿山、石化通用装备、通用航空、汽车、造船为代表的装备制造业,以石油化工、钢铁为代表的原材料工业,在全国占有重要位置。全省建设了100个重点工业产业集群,生物医药、新型材料等一批战略性新兴产业蓬勃发展。

(三)基础设施

全省铁路运营里程5340km,铁路密度全国第一;高速公路通车里程4195km,在全国率先实现了陆地县县通高速。全省拥有大连港、营口港、丹东港、锦州港、盘锦港、葫芦岛港6个港口。大连港、营口港位居全国10大港口之列。拥有沈阳、大连、丹东、营口、锦州、朝阳6个民航机场,开通国际国内航线334条。全省通信、电力较为发达,发电装机容量3900万kW。

(四)历史文化

辽宁是中华文明的重要发祥地。朝阳市的红山文化,距今已有6000多年的历史。拥有九门口长城、五女山山城、沈阳故宫和昭陵、福陵、永陵6处世界文化遗产,是清文化的发源地。辽宁旅游资源丰富,大连海滨风光、本溪枫叶溶洞、盘锦红海滩、鞍山玉佛、锦州笔架山、阜新海棠山等奇观异景,吸引着众多海内外游客前来观光游览。

(五)教育科研实力

辽宁现有普通高等学校116所,中等职业技术学校290所,在校大学生110万人。每年普通高等学校毕业生27万人,中等职业技术学校毕业生10万人。全省有两院院士57人,科研单位167家,国家重点实验室17个,国家级工程技术研究中心12个。金属材料、航空发动机、工业自动化等25个学科和专业研究,在全国乃至世界举足轻重。

(六)发展空间

辽宁是沿海开放大省,目前,美国、俄罗斯、德国、法国、日本、韩国、朝鲜7个国家在沈阳设有领事馆,辽宁同全球217个国家和地区实现了经贸友好往来,与13个国家的16个省结为友好省邦关系。有4.5万户外国企业在辽宁投资兴业,包括121家世界500强企业。辽宁自由贸易试验区和沈大国家自主创新示范区,已经获得国务院批复。省会城市沈阳,已经被列为国家全面创新改革试验区。中德(沈阳)高端装备制造产业园建设方案,已经获得国务院批复。港口城市大连,正在加快建设东北亚国际航运中心、国际物流中心、区域性金融中心。大连金普新区,已经获得国务院批准设立。

三大区域竞相发展。辽宁沿海经济带开发开放上升为国家战略,沿海6个城市正努力建设产业结构优化的先导区、经济社会发展的先行区;沈阳经济区成为国家确定的推进新型工业化综合配套改革试验区,中部8个城市正积极推进同城化、一体化发展步伐;辽宁西北地区发挥资源和后发优势,努力成为活力迸发的新增长区。

2014年8月,国务院出台了《关于近期支持东北振兴若干重大政策举措的意见》(国发〔2014〕28号)。2016年2月,党中央、国务院出台了《关于全面振兴东北地区等老工业基地的若干意见》(中发〔2016〕7号)。2016年11月,国务院出台了《关于深入推进实施新一轮东北振兴战略加快推动东北地区经济企稳向好若干重要举措的意见》(国发〔2016〕62号),为辽宁的振兴发展指明了前进方向,提供了重大机遇。

2016年,全省地区生产总值为22038亿元,一般公共预算收入2199.3亿元,固定资产投资6436.3亿元,工业增加值6686亿元,社会消费品零售总额13414.1亿元,进出口总额865.2亿美元,实际利用外资30亿美元,居民消费价格总水平上涨1.6%,城镇常住居民人均可支配收入32860元,实际增长4%,农村常住居民人均可支配收入12870元,实际增长4.9%。

第二节 综合交通运输发展

一、综述

改革开放以来,交通运输作为国民经济发展的基础性、先导性行业,发展迅速。尤其是"十二五"期间,在基础设施总量规模、运输能力供给和服务质量提升等方面取得了显著成就,交通基础设施规模不断增加,综合交通网络布局持续优化;运输供给能力稳步提升,保障作用显著增强;运输装备技术水平不断提高,运输能力持续增强;一体化、多样化客运格局基本形成,公众出行条件显著改善;现代物流体系构建不断加快,物流成本逐步降低;交通信息化建设全面推进,行业服务水平显著提升;部门合作不断加强,综合运输协调工作机制初步建成;交通安全工作常抓不懈,应急救援保障水平显著提高。这些提升使人民群众更真切地享受到交通运输改革发展的各项成果,为全省经济社会平稳较快发展提供了重要支撑,为辽宁全面建成小康社会提供了坚强保障。

回顾发展历程,辽宁省综合运输服务工作积累了丰富的经验和做法,可概括为"五个围绕":围绕"综合交通",初步建立较好的协调工作机制;围绕"综合运输",促进各种运输方式深度融合,物流业迅速发展;围绕"智慧交通",强力推进信息化建设,综合运输服务手段不断改进;围绕"民生交通",运输服务水平和公共服务均等化不断提升;围绕"平安交通",事故风险和事故总量进一步降低,重特大事故得到有效防范。

二、综合运输发展

1986年6月,交通部与辽宁省政府联合在辽宁开展区域综合交通运输网发展战略研究。1988年5月,由辽宁省计划经济委员会和省交通厅牵头,沈阳铁路局、民航沈阳管理局、东北输油管理局、大连港务局、营口港务局等单位参与,共同完成《2000年辽宁省综合交通运输网发展战略研究》。研究报告提出,辽宁应建立以沈阳为中心向外辐射的6条综合交通运输通道:沈阳至大连构建海上进出口贸易通道,沈阳至长春构建东三省中部腹地通道,沈阳至山海关构建关内外交通运输通道,沈阳至丹东构建国际联运通道,沈阳至吉林构建东北部通道,沈阳至承德构建西部进出关通道。

目前,辽宁省正处于落实新的国家战略、深化改革开放、加快转变经济发展方式、全面振兴东北老工业基地的攻坚期,交通运输行业各种运输方式经过多年持续较快的发展,已具备了良好的基础设施条件和服务能力,开始向综合协调发展转变,总体上已进入各种运输方式融合交汇、统筹发展的新阶段。尤其是在"十一五"期间交通基础设施建设取得巨大成绩的基础上,以完善综合交通运输体系为目标,开展综合交通运输改革工作,加速构建具有辽宁特色的综合交通运输新体制、新机制。建立了由省交通厅牵头,由铁路、民航、邮政等相关单位为成员单位的交通物流联席会议制度,并共同编制《辽宁省交通运输推进物流业发展规划》;牵头与邮政部门制定行业合作发展指导意见;牵头与民航部门制定关于打造空港城际快线服务品牌的指导意见;牵头与铁路部门签署了关于加强辽宁省境内公铁立交建设项目互相支持、配合的工作协议;牵头与省供销社出台了推进全省农产品现代物流体系建设工作的实施意见;牵头组织召开了辽吉黑蒙"三省一区"交通运输推进物流业合作发展会议,并签署了战略协议。通过各部门的沟通、协调、合作,初步建立了常态化多部门协同配合机制。

在辽宁省综合运输体系健康稳步发展的引领下,省内、省外大型交通运输企业间也形成了良好的合作关系。大连港集团有限公司与沈阳铁路局建立起集装箱海铁联运项目合作伙伴关系;营口港务集团与沈阳铁路局在多式联运、信息化建设等方面开展了深入合作;沈阳铁路局、营口港务集团、营口红运集团、哈尔滨铁路局合资成立了辽宁沈哈红运物流有限公司,以"营满欧"综合运输物流大通道为依托,开展境内外物流贸易业务,取得了较大成功。

三、交通行政管理体制沿革

(一)道路运输

辽宁省交通厅运输管理局系辽宁省交通厅直属事业单位(正处级),主要负责全省道路运输及口岸国际道路运输相关管理工作。前身是成立于1954年9月的辽宁省交通厅运输局。1958年1月,运输局撤销。1964年8月,重新组建辽宁省交通厅运输管理局,并成立辽宁省运输公司,与运输管理局合署办公。1978年4月,成立省交通局运输管理局(以下简称运输局)。1992年3月,辽宁省交通厅将辽宁省联运公司划归运输局管理。1993年1月,辽宁省联运公司划归中国汽车运输总公司沈阳公司。1997年5月,运输局对外挂牌为辽宁省口岸交通运输管理办公室。同年6月,成立辽宁省道路运输职工培训中心,级别为县处级,由运输局管理。1998年4月,成立辽宁省交通运输服务中心,属运输局管理的全民所有制企业。同年5月,成立辽宁省汽车快速客运站,属运输局管理的国有独资企业。2000年11月,辽宁省汽车快速客运站并入辽宁省交通运输服务中心。2013年6月,经辽宁省机构编制委员会办公室批准,正式命名为辽宁省交通厅运输管理局(辽宁省口岸国际道路运输管理局)。2015年9月,辽宁省人民政府批复组建辽宁省交通建设投资集团有限责任公司,辽宁省交通运输服务中心划归辽宁省建设投资集团有限责任公司。

(二)水路运输

辽宁省交通厅港航管理局系辽宁省交通厅直属事业单位(副厅级),承担全省港口的行政管理工作。1983年6月,成立辽宁省交通厅航运管理局。2004年10月,更名为辽宁省交通厅港航管理局。2005年10月,加挂辽宁省地方海事局、辽宁省船舶检验局牌子。14个地级市分别设置相应的港航、船检、地方海事管理机构,负责辖区内的港航行业管理。其中,沿海6个市中的大连、锦州、盘锦、葫芦岛4个市在港口体制改革后单独成立了港口与口岸局,负责辖区内的港航行业管理和航道管理;丹东、营口两市港航管理职能在市交通局,分别由其内设的港航管理处和航道管理处负责辖区内的港航行业管理和航道管理。2004年11月,省人大常委会通过并颁发《辽宁省港口管理规定》,明确省级港口行政管理部门是省交通厅,日常管理由省交通厅港航管理局负责。

(三)铁路运输

1983年10月1日,沈阳铁路局正式成立。1984年至2005年3月18日,全国铁路部门实行铁道部—铁路局—铁路分局—站段,四级管理体制;2005年3月19日至今,全国铁路部门实行中国铁路总公司(原铁道部)—铁路局—站段,三级管理体制。根据十二届全国人大一次会议批准的《国务院机构改革和职能转变方案》,实行铁路政企分开,原铁道部撤销,组建中国铁路总公司。2013年3月14日,中国铁路总公司正式成立。

(四)民航

新中国成立后,党中央和地方政府十分重视民航建设。1964年11月11日,中国民用航空沈阳管理局正式成立,实行政企合一、局站合一的管理体制,民航辽宁管理局撤编,辽宁省及沈阳地区民航业务改由民航沈阳管理局直接经办。20世纪90年代到21世纪初期,辽宁省民航管理体制经历两次重大改革,从根本上改变了原政企不分、采用行政和军事办法实行高度集中统一的管理模式,逐步形成政企分开的管理体制。1990年6月,民航沈阳管理局按照国务院批注的民航系统管理体制改革方案,实行管理体制改革,把原政企合一的政府职责和企业经营职能分离出来,分别组建中国民用航空东北管理局(简称"民航东北管理局")、中国北方航空公司(简称"北方航空公司")、沈阳桃仙机场、中国民用航空东北管理局航务管理中心和中国航空油料公司沈阳公司(简称"中航油沈阳公司")。民航东北管理局作为主管辽宁及东北地区民航事务的政府职能部门,不再直接从事企业经营活动,将部门管理转变为行业管理。北方航空公司、沈阳桃仙机场和中航油沈阳公司成为依法自主经营、独立核算、自负盈亏的经济实体,与民航东北管理局构成企业与政府的管理关系,受其行业管理。2002—2005年,辽宁省民航按照国务院批准的民航体制改革方案和民航总局总体部署,拉开了辽宁及东北民航史上更深层次体制改革的帷幕。北方航空公司与南航(集团)公司、新疆航空公司联合,整合组成中国南方航空集团公司,北方航空公司撤编,其所属分(子)公司划归中国南方航空股份有限公司。民航东北管理局机构改革,更名为中国民用航空东北地区管理局,增设安全监督机构。机场实行属地化管理,移交所在政府领导,分别组建辽宁省机场集团公司和大连周水子国际机场集团公司。

(五)邮政

2005年,根据《国务院关于印发邮政体制改革方案的通知》(国发〔2005〕27号)和《国务院办公厅关于印发省(区、市)邮政监管机构设置主要职责和人员编制规定的通知》(国发〔2006〕8号)要求,在剥离国家邮政局的企业职能、资产和人员的基础上重组国家邮政局,作为国家邮政监管机构。设立省(区、市)邮政管理局作为省(区、市)邮政监管机构,受国家邮政局垂直领导。组建中国邮政集团公司,将国家邮政局的企业职能、经营性资产和人员分离出来,组建中国邮政集团公司作为国务院授权投资机构,财务关系在财政部单列,并暂由国家邮政局、财政部分别作为其行政主管和国有资产管理部门,条件成熟后另行研究调整管理关系。2006年8月24日,国家邮政局下发了《关于成立辽宁省邮政管理局的通知》(国邮〔2006〕421号),决定成立辽宁省邮政管理局,同年9月13日,辽宁省邮政管理局正式成立。从此开创了邮政行业实现政企分开,建立企业独立自主经营、政府依法监管的邮政体制。

四、发展现状

(一)道路运输

1. 综述

全省道路运输行业以科学发展观为指导,以满足振兴辽宁老工业基地和全面建设小康社会的需要为根本出发点,积极探索"统一开放、规范有序、履约诚信、安全节能、畅通高效"的道路运输发展新路径,运输结构调整初见成效,发展方式加快转变,道路客货运输保障能力不断增强,基础设施服务能力全面提升,信息化建设取得新突破,公共交通市场经营秩序逐步规范,供给能力和服务水平显著提高,为保障经济社会发展和满足人民群众出行需求作出了重大贡献。

2. 道路客运

1990年,被誉为"神州第一路"的沈大高速公路建成通车,揭开了辽宁省高速客运快速发展的序幕。此后,绥中(山海关)至沈阳、沈阳至丹东、锦州至阜新、锦州至朝阳等高速公路陆续建成通车,高速客运线路迅速发展普及。依托于全省四通八达的高速公路和国省干线公路网络,通过开通、延伸、绕行等方式,已建立起了全省干支相连、布局合理、分工明确、多层次、一体化的市际客运网络。

全省14个地级市之间城际客运网络体系已经完善,特别是随着沈阳经济区和沈(阳)抚(顺)同城一体化的推进,沈抚城际公交、沈本城际巴士以及营口至盘锦公交线路的对接,地级市之间的客运线网日趋完善。截至2016年底,全省14个地级城市之间合计开通393条线路、1348台车辆、1579班次。其中,13个地级城市至沈阳共有139条线路、731台车辆、1026个班次。同时,积极组织道路客运与民航运输无缝衔接,按照"五统一"(统一管理、统一核算、统一排班、统一服务、统一标识)模式,努力建设各地级城市候机楼直达机场快线,开通了鞍山、抚顺、本溪、丹东、阜新、辽阳、盘锦7市至沈阳桃仙机场以及营口至大连周水子机场的客运班线,打造经营集约、管理规范、服务统一的高端机场快线客运服务网络,形成道路客运领域新的亮点。

截至2016年底,辽宁省共开通省际客运班线435条,班车869辆,日发班次424个,覆盖了东北、华北、西北、华南等全国16个省、自治区、直辖市。其中,毗邻省际线路主要集中在朝阳、葫芦岛、铁岭、抚顺、本溪等市,发往河北、内蒙古、吉林三省(区)的线路较多。非毗邻省际线路主要集中在沈阳、大连两市,以发往北京、天津、黑龙江、山东、河南、江苏等省市的线路为主。目前,以高速公路为主骨架、以干线公路为纽带、以客运站场为依托,覆盖全省、通达省内外的道路旅客运输网络基本形成。随着班车客运线路密度的加大和覆盖范围的扩展,形成了以沈阳、大连为中心,通达内蒙古、黑龙江、吉林、北京、天津、河北、山东、河南、宁夏、陕西、山西、安徽、江苏、上海、浙江、福建等16个省、自治区、直辖市的客运网络。全省车辆档次水平稳步提升,配置有空调、独立式暖风、窗帘、饮水机等服务设备的高档次车辆逐步增加,逐步向高档次、高性能、安全型、节能型方向发展,车型也由单一的道路客运车型发展为长途客车、公交车、商务车等多种车型。

截至2016年底,全省客运班车13852辆,客位411404个,中高级达到9689辆;开通客运班线6879条,其中高速公路线路656条,年均日发4.3万班次,客运站平均日旅客发送量75.6万人次;道路旅客运输完成客运量5.9亿人次、旅客周转量306.7亿人公里。

3. 道路货运

改革开放以来,辽宁省道路货运业得到了长足的发展。随着改革开放和经济体制改革的不断深入,辽宁省道路运输能力不断增强,基础设施逐步改善,公路货运量持续增长。

道路货运集约化经营向纵深推进,货运行业主体集约化、品牌化、运输组织化程度进一步提高,危货企业专业化服务能力不断增强。以多式联运、甩挂运输为核心,"辽满欧""辽海欧""辽蒙欧"综合运输大通道、辽鲁陆海货滚甩挂运输大通道建设取得突破性进展。

辽宁省道路运输管理部门通过充分利用各项引导政策,鼓励货运企业重点选用交通运输部公布的道路运输车辆燃料消耗量达标车型及集装箱、厢式、多轴重载、专用车辆等优先发展车型,使辽宁省集装箱、多轴重载、厢式货车、专用货车等优先发展车型占全省载货车辆总数比重逐年加大,从道路货物运输行业车辆构成及完成的效益指标看,近年来省内道路货物运输已进入平稳发展阶段。

截至2016年底,省内拥有营运载货汽车74.1万辆,其中:普通货运车辆61万辆,集装箱运输车14742辆,危险品运输车2.23万辆,厢式货车13.6万辆;道路货物运输经营业户33.1万户,户均拥有货运车辆2.24辆;道路货运从业人员154.7万人。

(二)水路运输

1. 综述

近年来,辽宁省依托东北老工业基地振兴、沿海经济带开发开放等国家战略的实施,沿海港口快速发展,功能布局更加优化,结构调整成效显著,码头专业化、大型化趋势明显,服务能力大幅提升,已基本形成了以大连港、营口港为主要港口,丹东港、锦州港、盘锦港、葫芦岛港为地区性重要港口的分层次发展格局,充分发挥了拉动经济增长、加快转变发展方式、保障大宗货物运输通畅、保持经济社会和谐稳定的重要作用,有力推动了腹地经济社会和临港产业的快速发展,成为区域经济发展的重要增长引擎。

2. 概况

截至2016年底,辽宁省已开辟辐射中东、美洲、澳新的远洋外贸干线13条,辐射日、韩和东南亚地区的近洋外贸航线77条,国内班轮航线62条。拥有国内、国际水路运输企业176家,水运辅助企业923家。拥有轮驳船471艘,重513万t,净载重量849万t,载客量3万客位,集装箱10515TEU。其中,客船44艘,载客量9141客位;客货船30艘,载客量20863客位,净载重量28501t,集装箱144TEU;货船377艘,净载重量843万t,集装箱10371TEU。港口生产用码头泊位417个,其中,沿海港口生产性泊位411个,内河港口生产用码头泊位6个。港口年综合通过能力为货物61117万t、集装箱805万TEU、旅客1863万人、汽车320万辆。港口货物吞吐量2016年底达到10.9亿t,其中集装箱吞吐量1879.7万TEU。

3. 港口生产

辽宁省沿海港口在继续加快码头、航道、防波堤等基础设施建设的同时,港口仓储、环保、安全等配套设施以及新港区征地、征海、陆域回填等附属工程的建设强度逐渐加大。

为贯彻落实国家新一轮东北振兴、海运业健康发展等一系列经济举措，积极响应国家"一带一路"倡议，确保航运业健康发展，辽宁省港航管理部门积极转变发展方式，提高发展质量和效益。加快港口转型升级步伐，鼓励港口向多元化、国际化发展，支持企业发展物流、金融等新兴产业。积极推进"绿色港口"节能示范项目建设，鼓励节能减排新技术、新产品及新能源的应用，发展节能高效船队。积极支持"辽满欧""辽蒙欧"及"辽海欧"综合运输大通道建设。

4. 水运法制建设

2007年5月1日颁布实施了《辽宁省水路运输业退出市场管理办法》《辽宁省水上边境贸易运输管理办法》《辽宁省旅游船舶定期签证管理办法》，2006年3月1日颁布实施了《辽宁省水上漂流安全管理办法》和《辽宁省乡镇渡船检验暂行规定》等一系列地方行政法规、规章和行业规范性文件，并在全国率先制定并实施了《辽宁省航运业从业人员执业能力考评办法（试行）》，为管理工作法制化、规范化提供有力的法律法规保障。

"十二五"期间，在逐步健全行业法律法规基础上，大力推进简政放权，港航管理和水路运输行政权力由105项减至22项，编制了权力清单和责任清单；省级审批事项由14项精简至6项，4项行政审批前置改后置，扎实做好了3项国家下放权力的承接工作，这些审批权力全部实现了省政府行政审批大厅办理及网上审批，大幅提升管理效能。同时，完成了港航综合信息管理平台建设，水运年度核查网上系统、船舶检验电子印章发证系统正式运行，提高了管理效率。

5. 科技与信息化

开展建设港航管理信息化工程，建立统一标准、集中式管理的港航业务数据库，实现全省港航行政审批业务的信息化；建立港航局门户网站，实现行政审批业务的网上申请和受理，审批结果的网上发布；建立航运基础数据管理平台，实现港航系统多数据源数据管理及多系统数据交换，使系统能同时满足交通部和辽宁省港航管理局的需要。

（三）铁路运输

1. 综述

沈阳铁路局管辖范围以沈阳枢纽为中心，东起自长图线东端终点图们江国际铁路大桥529km与朝鲜铁路接轨；东北起自图佳线鹿道至斗沟子间146km与哈尔滨局分界；南起自沈大线辽宁省大连站；西南至京哈线秦皇岛至山海关站间312km、津山线秦皇岛至山海关站433km与北京局分界；西至珠珠线296km珠恩嘎达布其站、京通线河洛营至隆化站244km、锦承线杨树岭至平泉间335km与北京局分界；西北至伊阿线伊通至白阿线伊尔炮南 185km、内蒙古自治区通霍线 416km 霍林河站;北至京哈线蔡家沟至兰陵间 1172km、平齐线街基至泰来间 450km、通让线太阳升至立志间 335km 与哈尔滨局分界。

2. 概况

截至 2016 年,全局管内线路延展长度 26037km(其中包含合资铁路线路 5225km)。全局国铁线路延展长度 20033km,其中:正线线路 14062km,站线线路 4795km,段管线线路 602km,岔线线路 493km,特殊用途线线路 81km;正线 60kg/m 钢轨与 50kg/m 钢轨线路延展长度分别为 12764km 和 5552km;正线无缝线路延展长度 11988km。

全局共配属机车 2099 台,其中内燃机车 1282 台,电力机车 817 台。配属 CRH5 型动车组 72 组、CRH380B 型动车组 100 组;配属客车 5295 辆(不含动车组)。全局国铁站共有 652 个,其中:特等站 5 个、一等站 8 个、二等站 78 个、三等站 115 个、四等站 427 个、五等站 19 个;线路所 18 个;另委管合资及地方铁路站 101 个。

3. 客、货运输

截至 2016 年,沈阳铁路局担当旅客列车 248 对,其中直通 101 对,管内 147 对。客流高峰期共开行临客 3001 列次、重点列车加挂 12218 辆次、安排动车重联 1215 列次,旅客发送量 23080.8 万人,旅客周转量 93867 百万人公里。沈阳铁路局有货运办理站 480 个,集装箱办理站 64 个,零担办理站 63 个,货运快车作业站 152 个,货检站 25 个,货运发送量 27185.8 万 t,货物周转量 178005 百万吨公里。

4. 运输组织

沈阳铁路局面对运输需求萎缩的大环境,全面压缩部属车占用量,控制货车使用成本,采取多样运输组织措施,力求提高运输质量。通过封存货车,争取检修额度,解决了闲置货车的出路,化解了运用车膨胀难题;通过大范围开行万吨、百辆空车和重载列车,增强了机车运用效率;通过沈阳铁路局的支持解除了空车限速,大大提高了列车旅速。

5. 铁路科技

为适应铁路运输改革需要,以科技和信息化建设为依托,开通了东北货物快运服务平台;按照货运改革的要求,完成了国联过境运输功能部署,将东北货物快运运输需求统一纳入到货运电子商务平台,将集装箱管理系统纳入电商平台,构建了新型电子商务平台;集装箱运输管理信息系统投入运行;新调度系统在全路推广实施;优化运输信息集成平台;构建了客货营销微信服务平台。全面提高铁路运输服务水平。

(四)民航

1. 综述

新中国成立后,辽宁省民航事业得到发展。20 世纪 50 年代,经历了基础差、底子薄、规模小、艰苦创业的发展过程。20世纪60~80年代,基础设施不断完善,航线网络延伸拓展,机队规模逐步扩大。尤其是中共十一届三中全会后,改革开放给民航事业发展注入生机和活力。20世纪90年代后,辽宁省民航经历了两次深层次以政企分开为主的管理体制改革,民航事业开始步入持续、稳定、快速发展新时期。进入21世纪,辽宁省民航依据国家发展规划和"十三五"交通运输体系发展规划,着手建立枢纽、干线、支线功能齐全的机场体系,完善沈阳、大连枢纽机场功能,实施沈阳桃仙机场航站区扩建和第二跑道建设,以及兴建大连新机场前期工作,迁建锦州机场,增建营口机场。与此同时,加快机型更新换代步伐,扩大机队规模;加大航线网络建设、拓展国际航线,巩固加密国内干线;推进通用航空发展,加强通用航空基础设施建设,拓宽服务领域;提高空管保障能力,完善空中交通网络,优化航路结构,提高运行效率,加强技术保障;完善机场航油供应设施,优化资源配置,提高机场航油保障能力;进一步挖掘潜能,加强科技基础设施建设、重视培养人才、强化行业管理、加强完善监管体系,以适应辽宁省综合交通运输和民用航空事业发展要求。

2. 机场建设

航空运输机场:辽宁省在用航空运输机场共有8个,其中4E级国际机场有2个(沈阳桃仙机场、大连周水子机场),4C级机场有6个(朝阳机场、丹东机场、锦州机场、鞍山机场、营口机场、长海机场)。

通用航空机场:辽宁省通用航空机场有17个(不包括停用的昌图县机场、绥中机场、新立屯机场和凌海机场),其中农林业合用机场15个,通用航空机场2个,规模较大的有苏家屯的红宝山机场、于洪全省机场和铁岭小康屯机场。辽宁省17个通航机场中,中部地区有4个(属农林业合用机场2个,通航公司机场2个),南部地区有3个(均属农林业合用机场),北部地区有4个(均属农林业合用机场),西部地区有6个(均属农林业合用机场)。分别是:新民二道机场、辽中年家屯机场、苏家屯红宝山机场、于洪全胜机场、台安新开河机场、大石桥虎庄机场、海城机场、康平八家子机场、铁路农用机场、铁路小康屯机场、法库四台子机场、凌源西五官机场、建平叶柏寿机场、大洼县小洼机场、黑山无梁殿机场、盘山机场、阜新旧庙机场。

3. 航空公司

目前,以辽宁为基地的航空公司及分子公司共有5家(南航北方分公司、深航沈阳分公司、大连航空公司、南航大连分公司、海航大连分公司)。有两家投资方正在申请成立新的航空公司。临时停放过夜飞机的航空公司有华夏航空公司、春秋航空公司、首都航空公司、东方航空公司、天津航空公司、厦门航空公司等。经营辽宁地区各机场定期航线的航空公司共有36家,其中国内航空公司26家(其中港澳台地区航空公司4家)、国外航空公司 10 家。

4. 航线网络(国际、国内、地区)

辽宁省航线网络已覆盖我国绝大多数省会城市、重点旅游城市及港澳台地区,国际定期航线以东北亚地区为主,通航 8 个国家(加拿大、俄罗斯、韩国、日本、朝鲜、泰国、马来西亚、新加坡)、22 个城市。开通航线 333 条,其中国内航线 293 条,国际定期航线 34 条,地区航线 6 条。国内通航城市 90 个,国际通航城市 21 个,地区通航城市 3 个。

(五)邮政

1. 综述

辽宁省邮政行业以转变邮政经济发展方式为主线,以推进邮政公共服务均等化为核心,坚持共享发展,以实现发展惠民为原则,注重加强邮政公共服务,提升普遍服务能力和水平;注重培育快递骨干企业,提高快递发展的规模、质量和效益;注重建立统一开放、竞争有序的邮政市场,推进行业和谐发展;注重加强市场监管,提高依法行政水平;注重发展现代邮政,实现邮政业跨越式发展。

2. 概况

截至 2016 年 12 月,全省邮政业务总量完成 101.44 亿元,同比增长 35.14%;邮政业务收入(不包括邮政储蓄银行直接营业收入)累计 97.24 亿元,同比增长 26.69%。全省快递企业业务量累计完成 3.98 亿件,同比增长 61.41%。其中,同城业务量累计完成 11618.32 万件,同比增长 82.03%;异地业务量累计完成 27913.82 万件,同比增长 54.57%;国际及港澳台业务量累计完成 293.75 万件,同比增长 26.56%。全省快递企业业务收入累计完成 55.69 亿元,同比增长 40.65%。其中,同城业务收入累计完成 107889.25 万元,同比增长 82.45%;异地业务收入累计完成 305550.47 万元,同比增长 26.87%;国际及港澳台业务收入累计完成 49683.65 万元,同比增长 5.29%;其他业务收入完成 93785.88 万元,同比增长 92.26%。

3. 政策法规

2002 年 12 月 1 日,发布了《辽宁省邮政行政执法责任制》,贯彻落实国家邮政局下放和明确邮政管理部门层级职权的要求,切实做到权责统一。继 2014 年 1 月 1 日《沈阳市邮政管理条例》修订施行后,2015 年 1 月 1 日,《大连市邮政条例》作为全国首部新制定的市级邮政条例已正式颁布施行。2014 年 4 月 22 日,省邮政管理局与服务业委等 10 部门联合出台《关于推进全省电子商务快递服务健康发展的意见》,明确了快递服务园区建设纳入省内物流园区规划,享受供地、供水、供电、供暖等服务业发展相关政策,在快递企业车辆通行、分支机构登记、用工等方面给予扶持。

第二章
公路建设及道路运输

第一节 公路建设

新中国成立前,辽宁交通十分落后,公路简陋、车辆破旧。新中国成立后,经过六个五年计划的建设,尤其是在国家改革开放政策的推动下,全省交通事业有了快速发展。从"七五"开始,辽宁公路建设采用"普及与提高相结合、以普及为主"的建设方针,"七五"时期,着力抓好大中城市向外辐射的经济路、沿海港口的疏港路、"三辽"贫困地区的致富路"三个重点"建设和城市出口、省际间、市际间三个"接合部"建设;"八五"时期,坚持建立公路主骨架、水运主通道、港站主枢纽及其支持保障系统的"三主一支持"的发展战略,重点实施"五纵七横"国道主干线公路建设,为全省路网"登台阶、上水平"打下坚实基础;"九五"开始,辽宁公路建设进入"普及与提高相结合、以提高为主"的阶段,"九五"时期,全面贯彻高速公路与国际标准、普通公路与高速公路、本省路网与全国路网"三个接轨"的建设目标,实施"一网五射二环"公路发展规划,全面提升全省路网总体水平;"十五"时期,在加强高速公路建设的同时,普通公路重点打造干线公路主通道、城市出口路、旅游路和建设行政乡通油路工程,实现了"八五打基础、九五上水平、十五跨入全国先进行列"的规划目标;"十一五"时期,辽宁省加快构筑区域性交通网络,实现区域交通网络一体化,按照"统筹规划、分步实施、因地制宜、分类指导、建养并重、协调发展"的基本方针,注重统筹兼顾,促进经济与社会、区域之间的协调发展,普通公路重点实施了服务于"五点一线"沿海经济带开发战略的滨海公路、行政村通油路工程,公路交通已基本适应经济社会发展的需求;"十二五"时期,针对省内各区域经济发展对公路的新需求,围绕广大人民群众日益增长的出行新要求,辽宁省全面坚持"畅通主导、安全至上、服务为本、创新引领"的方针,坚持"综合交通、智慧交通、绿色交通、平安交通、民生交通"理念,进一步完善和优化全省公路路网,全方位拓展和提高对公众服务的内涵和质量;"十三五"时期,辽宁省抢抓历史机遇,服务"一带一路"倡议,构筑"辽满欧""辽蒙欧""辽海欧"等综合交通运输通道,为沿线重要城市、产业园区、物流园区货物运输提供强有力的公路交通保障。同时,亟须优化公路路网布局,加快推进公路与铁路、航空、水运等运输方式的有机衔接,打破行政区划束缚,加快三大板块之间的交通一体化进程,增强区域发展动力,为推动老工业基地新一轮振兴发展奠定基础。经过几代交通人的共同努力,辽宁已形成辐射连接、层次分明、布局科学、技术先进、功能完备的交通运输网络;以高速公路为主骨架,国省干线公路为主通道,县乡村公路紧密衔接、功能完善、四通八达的公路网络格局基本形成,公路通达深度和通畅水平进一步提升,为全省公路交通向现代化迈进奠定了坚实基础。

辽宁公路建设从发展理念、发展思路和发展水平上,大体经历了两个历史阶段。

一、"普及与提高相结合,以普及为主"阶段(1986—1995年)

这一阶段的显著特征是历经文化大革命十年浩劫,辽宁经济刚步入正轨,百废待兴,对公路交通需求迫切,而公路基础设施薄弱,供给严重不足,呈现"瓶颈"制约,亟待改善。

辽宁省公路主管部门从省情实际出发,理清发展思路,科学预判需求变化,按照交通部提出的"全面规划、协调发展、加强养护、积极改善、科学管理、提高质量、依法治路、保障畅通"的公路工作方针和"五纵七横"国道主干线规划目标,一方面加强公路养护管理,积极改善路况,确保安全畅通;另一方面大力推进公路建设和改造,为全省经济建设和社会发展提供有力保障。

(一)"七五"期间(1986—1990年)

"七五"时期,辽宁公路总体目标是加快老路技术改造、调整路网结构布局、完善桥涵设施、增加通车里程、提高通行能力。着力抓好大中城市向外辐射的经济路、沿海港口的疏港路、"三辽"贫困地区的致富路"三个重点"建设和城市出口接合部、省际间接合部、市际间接合部"三个接合部"建设。

伴随着改革开放的深入发展,以及由传统计划经济体制向社会主义市场经济体制转变,辽宁省开始实施以大连等沿海城市为前沿和以沈阳等中部城市群为腹地的辽东半岛外向型经济建设,充分利用"贷款修路,收费还贷"政策,以解决交通"瓶颈"制约和缓解供需矛盾为重点,优先把沈大高速公路等国家和省级公路重点工程,以及对社会经济发展辐射和拉动作用大、群众迫切需要的新改建公路列入建设规划。

全省规划新增公路7008km,期末总里程突破40000km。新改建公路10000km,其中一级公路393km,二级公路2428km,三、四级公路7179km。新建高级和次高级路面1448km,新改建和大修沥青路面3349km。新改建桥梁2030座53994延米,其中新建桥梁1354座39965延米,包括国省干线公路改渡为桥3座2340延米。新改建城市进出口15处、国道省际间接合部7处,并将疏港路、扶贫路和旅游路等新改建工程项目纳入规划。

1. 国家重点工程

"七五"时期,沈阳至大连公路改扩建工程、沈阳至桃仙机场一级汽车专用公路工程、国道京哈线辽宁段技术改造工程列为"七五"国家重点公路工程项目。

2. 老路技术改造工程

按照"统筹规划、全面安排、分期改造、逐步提高"的原则,国道鹤大、丹霍线,省道沈盘、鞍羊线等国省干线公路被列为"七五"省重点技术改造项目,着重解决"断头路"、险桥、"卡脖子"路段、超期服役路段、水毁路段和沥青路面欠账,提高全线通行能力。改造连接丹东、营口、锦州等港口的疏港公路,增强沿海港口集疏运能力。改造起自丹东,途经大连、营口、盘锦、锦州,终至锦西市(1989年建市)的沿海大通道,提高沿海公路通行能力。

3. 市到县通沥青路面工程

为尽快改善"三辽"等贫困地区和边远山区、少数民族地区的公路交通条件,支持当地社会经济发展和群众脱贫致富,将岫岩、宽甸、西丰、建昌4个县到市通沥青路面项目作为省重点工程提前列入"七五规划",安排投资4390万元;修建丹东至岫岩、丹东至宽甸、铁岭至西丰、朝阳至建昌4条公路,共计238km沥青路面。

省公路主管部门坚持"为人民办交通、靠人民办交通"的方针,一手抓国省干线重点工程建设,一手抓县乡公路建设,制定和采取多项政策措施,确保规划实施。主要措施是:对国省干线公路桥涵配套设施建设下达指令性计划,确保公路发挥有效功能;通过调整养路费征收额、返回能源交通基金、争取交通部补助和银行贷款等多种渠道筹措公路建设资金;经省政府批准,对具备条件的公路和桥梁实行收费还贷政策;加强工程监督管理,建立质量保证和定额管理体系和机构,实行工程招标议标,确保工程质量,降低工程造价;经省计委批准,对部分独立大桥、隧道使用贷款修建;对公路技术改造项目,包括城市出入口改造,实行投资包干办法,由地方负责征地拆迁和路基工程,省负责路面工程补贴和桥涵配套资金;对偏远山区、贫困地区、少数民族地区和农村公路建设采取扶持政策,为"三辽"等地区24个贫困县公路建设补贴投资3715万元;继续实行民工建勤、民办公助、集资投劳和以工代赈等政策。5年间,公路建设使用社会集资和群众投劳(折款)37541万元,在朝阳等贫困地区实施以工代赈修建县乡公路。规划实施中,根据辽宁省国民经济和社会发展对公路交通需求增长的态势,对规划目标作了适当调整。

"七五"期间,全省新增公路7103km,完成国家、省重点工程和县级以上公路技术改造6203km,其中国边防公路232km、旅游公路41km。改扩建城市进出口70处。通过新建和改造新增等级公路8694km,其中一级公路82km、二级公路978km、三级公路5426km、四级公路1833km;新增高级和次高级路面3604km,其中水泥路面106km。新改建桥梁2678座77989延米,其中省干线公路762座31094延米。大连市新金县成为全国第一个全部按二级公路标准改造老路的县。

"七五"期间,新改建乡村公路11815km,其中乡级公路6670km,全省乡村公路总里程达到41000km,通油路的乡占总数的52.1%,通公路的村达到88.3%。辽宁省乡村公路逐步向沥青路面发展,鞍山市台安县5年间修建乡村公路435km,在全省率先实现乡乡、村村通沥青路面。"七五"末,全省公路总里程40109km,公路密度27.5km/100km²。等级公路37256km,占公路总里程的92.9%,其中高速公路375km、一级公路142km、二级公路2423km、三级公路11884km、四级公路22432km,高级和次高级路面10172km。公路桥梁总量9966座304913延米,其中省干线3453座144999延米。晴雨通车里程29690km,占公路总里程的74%。

"七五"末,规划目标圆满完成,公路总里程和晴雨通车里程快速增长,公路等级标准大幅度提高,尤其是沈大高速公路建设和京哈线等国省干线公路技术改造及城市出入口公路拓宽改造,使全省公路状况明显改善,制约经济建设与社会发展的公路交通"瓶颈"问题和供需矛盾开始缓解。

(二)"八五"期间(1991—1995年)

根据辽宁省委、省政府关于集中力量抓好辽东半岛开发建设,带动老工业基地改造、带动"三辽"地区发展、带动全省经济振兴的"一抓三带"发展战略和交通部关于建立公路主骨架、水运主通道、港站主枢纽及其支持保障系统的"三主一支持"的发展战略,辽宁公路坚持公路建设与全省国民经济和社会发展相适应,开展以县际间通沥青路面为重点的网化工程建设,形成以国省干线公路为主骨架,干支结合,具有较高服务功能和较强适应能力的公路网;坚持地方公路建设与国家公路网发展长远规划相结合,认真落实公路主骨架和国道主干线建设规划;坚持国省干线公路建设与县乡公路建设相结合,一手抓国省干线公路新改建,形成和发挥主骨架的支撑作用,一手抓县乡公路建设,发挥其连接和覆盖功能;坚持系统规划与分步实施相结合,把公路网化工程目标任务按地区和年度分解落实,扎实推进。

"八五"期间,全省规划新增公路4890km,其中新增二级以上公路1000km,期末总里程达到45000km。完成老路技术改造大修7500km,改造拓宽县城以上城镇进出口28处。新增晴雨通车里程5000km。规划中以国省干线公路"32110"工程为重点和以县乡公路网化"556"工程为重点的新改建项目有5000多项,遍及60多个县(市、区),总投资61.7亿元。高速公路、国省干线重点工程实行招投标办法,其他国省干线新改建和县乡公路建设实行补贴投资包干办法。

"八五"期间,辽宁省对长期困扰地方社会经济发展的公路建设难点和重点工程,加大力度,集中攻关,取得明显效果。

1. 城市进出口公路改造

建成沈阳过境绕城高速公路82km,连接沈阳市区14个公路进出口,并将原穿行市区的京哈线、黑大线、丹霍线3条国道改由过境绕城高速公路通过,减轻市内交通压力。大连市完成市区和普兰店、瓦房店、庄河等市(区)97.5km城市进出口公路技术改造。鞍山市完成沈营线11km西北环城公路新改建。营口市完成6.5km庄林线绕城公路新建和北出口旱河桥改造及路面拓宽。辽阳市完成民主南路三里庄进出口公路拓宽改造。铁岭市完成黑大线南进出口段技术改造。葫芦岛市完成市区4个进出口公路技术改造。盘锦市新改建庄林线23.5km绕城公路。"八五"期间,全省新改建城市进出口公路73处600km,主要城市进出口公路交通"瓶颈"问题明显缓解。

2. 接通国省干线公路"断头路"

1994年鞍羊线台安县湘水口至黄沙坨段9.8km建成二级公路,路基宽12m,沥青路面宽9m,接通省道鞍羊线"断头路"。1995年沈阳鲁家辽河大桥935.8延米及法库县大岭至沈阳市新城子区22.3km引线工程竣工,国道明沈线辽宁段全线贯通,终结了国道存在"断头路"的历史。

3. 打通丹东、营口、铁岭等地16条县级以上公路

阻隔交通多年的曲家大岭、坎川岭、喜鹊岭、盘道岭、新开岭、青石岭等20多个山区大岭,修通公路并铺筑沥青路面,使偏远山区和少数民族地区的公路交通条件明显改善,当地群众多年企盼成为现实。

4. 县乡公路建设

"八五"期间,辽宁省在全国率先开展公路网化工程建设,县乡公路建设实现了历史性突破。各级政府出台扶持政策力度之强,社会各界参与程度之高,工程项目覆盖面之广,资金投入数额之大,完成工程量之多,前所未有。

"八五"期间,全省新增公路3325km,新增等级公路5176km;完成路基改造14991km,其中国省干线公路3322km、县乡公路11669km;新改建沥青路面10378km,其中新建沥青路面8418km,改建沥青路面1960km;新改建桥梁4552座132331延米,其中新建桥梁3641座105532延米,改建桥梁911座26799延米,解决有河无桥60处并新建桥梁39673延米。5年间,在公路网化工程建设中,普通公路建设投资32.4亿元,其中省补贴投资18亿元、地方自筹14.4亿元。

"八五"末,全省公路总里程43434km,公路密度29.8km/100km^2。等级公路42432km,占公路总里程的97.7%,其中高速公路509km、一级公路341km、二级公路5752km、三级公路17939km、四级公路17891km。高级和次高级路面18590km,占公路总里程的42.8%。桥梁总量13607座410445延米。晴雨通车里程36933km,占公路总里程的85%。通沥青路面的乡镇为总量的74.6%,通公路的行政村为总量的93.7%。

"八五"期间,辽宁省全面完成公路网化工程建设规划目标,实现了"八五"打基础的

目标,为"九五"登台阶上水平、"十五"进入全国先进行列奠定了坚实的基础。通过公路网化系统工程建设,全省公路水平大幅度提高,整体服务保障功能明显改善,为辽东半岛对外开放和三辽地区经济发展提供了强有力的支持。

二、"普及与提高相结合,以提高为主"阶段(1996年至今)

这一阶段的显著特征是辽宁省正处于老工业基地脱困和经济转型的重要时期,党中央、国务院作出振兴东北老工业基地的重大战略决策,经济社会发展对公路交通提出新要求。全省"一网五射两环"公路网初具规模,公路养路费和通行费收入达到一定水平。国家实施拉动经济增长战略,实行积极的财政政策,为公路实现跨越式发展创造了条件,提供了机遇。

(一)"九五"时期(1996—2000年)

"九五"时期是辽宁省全面实施"结构优化、外向牵动、科教兴省"三大战略和加速"第二次创业",进一步推进改革开放的攻坚阶段和社会经济发展的关键时期。围绕辽宁经济体制和经济增长方式根本性转变,经济结构和布局进行战略性调整,社会经济发展对公路运输需求旺盛。公路建设贯彻"统筹规划、整体推进、分步实施、弹性运行、注重实效"的方针;坚持公路建设适应经济社会发展、适应改革开放、适应提高人民群众生活水平需要的"三个适应"指导思想;继续推行由部门行为向政府行为转变、由单一国家投入向多渠道投入转变、由交通部门一个积极性向全社会积极性转变的"三个转变"成功经验;实现高速公路与国际标准接轨,普通公路与高速公路接轨,本省公路网与全国公路网接轨的"三个接轨"的建设目标,全面实施"一网五射二环"公路发展规划。

全省规划新增公路2000km,期末总里程达到45000km。新改建高级和次高级路面9717.6km,其中新建4228.7km。实施GBM工程2103.6km。新改建桥梁2322座78402.9延米,其中新建1341座46185.2延米。完成县级以上公路路基改造3213.1km,拓宽改造县城以上城镇出入口51处402.5km。新增晴雨通车里程8275km。

"九五"期间,计划单列大连市规划建设高速公路52.5km,新改建一级公路52km,修建乡村公路900km,期末公路通车里程达到5000km。规划投资23.01亿元。

"九五"期间,辽宁省在继续保持公路总量增长的同时,重点对存量公路实施优化升级。按照《辽宁省公路发展技术政策》,进一步拓宽发展理念,提高公路建设标准、工程质量和整体服务功能。规划到2000年末,实现11个省辖市通高速公路,市到市、市到县通二级以上公路,县到县通三级以上公路,县到大部分乡镇通三级公路,国省干线公路消除等外路。城市进出口交通"瓶颈"问题基本解决,中部及沿海经济发达地区实现乡乡通沥青路面、95%以上行政村通公路。

为确保规划按期完成,"九五"期间公路建设全面实行目标管理责任制,将规划中路基改造、新建二级以上公路、新改建桥梁、新改建高级和次高级路面4项任务和与其相对应的工程设计、工程质量、建设工期、补贴投资及工程管理、征地动迁等各项指标实行分解,按市量化,指标一定五年不变。辽宁省交通厅分别与各市政府(除大连市外)签订了"九五"时期公路建设与管理目标责任书。

新改建县级以上公路除东部山区9个县不低于三级公路标准外,其他地区不低于二级公路标准,面层采用机械化摊铺;年均日交通量5000台次以上的路段铺筑高级路面,并满足防滑要求;高标准、高质量新改建国省干线公路和主要城市进出口公路,县级以上城市进出口一般不低于二级公路标准,重要干线公路城市进出口路段按照一级公路标准改扩建;设计年均日交通量在1000台次以上的新改建公路路面采用半刚性基层;新改建桥梁采用技术先进桥型结构等。

"九五"期间,辽宁省公路建设以"三个接轨"、提升路网质量为目标,不断强化质量意识,在全国公路建设质量年活动中,全面推进精品工程建设,建设项目工程优良级品率达到78.1%;实施高标准改造县级以上城市进出口公路规划,一般公路城市进出口路段达到二级公路标准,重要干线公路城市进出口路段达到一级公路标准,并实施绿化美化;辽宁省对边远山区、贫困地区和少数民族地区公路建设继续实行扶持政策,积极解决交通"瓶颈"和"制约"难题,推动区域公路发展,支持地区社会经济发展;继续推进公路网化工程建设,大中城市公路网络逐步形成和完善,特别是中心城市路网的发展和延伸,进一步增强了城市的辐射功能。

"九五"期末,省市签订的公路建设与管理目标责任书中规定的任务全部完成,主要指标超过预期。全省新增公路里程2113km,完成路基改造6986km,其中县级以上公路4697km;新建二级以上公路3646km,其中一级公路492km、二级公路2595km;新改建高级和次高级路面10575km,其中新建5674km;新改建桥梁3233座126281延米,其中新建3083座113819延米。普通公路建设累计完成投资90.6亿元,其中养路费投资32.2亿元,银行贷款22.6亿元,地方自筹35.8亿元。

"九五"期末,辽宁省公路总里程45547km,公路密度31km/100km^2。等级公路44969km,其中高速公路1068km、一级公路833km、二级公路8347km、三级公路18944km、四级公路15777km,高级、次高级路面24264km。公路桥梁16690座524264延米。晴雨通车里程42980km,占公路总里程的94.4%。通高速公路的省辖市达到11个。通沥青路面的乡镇1086个,占乡镇总数的93.5%。通公路的行政村15424个,占行政村总数的95.3%。

(二)"十五"时期(2001—2005年)

"十五"时期是辽宁经济建设与社会发展新的历史起点和重要机遇期。辽宁省公路建设继续坚持普及与提高相结合以提高为主的方针,坚持高起点规划、高标准设计和高质量建设的指导思想,贯彻可持续发展与土地利用、资源开发、生态环境保护相结合的发展理念,按照"一网五射二环"公路网规划,以实现14个省辖市全部通高速公路和农村乡镇全部通沥青路面、行政村全部通公路为重点,加快高速公路主骨架、干线公路主通道和农村公路建设,全面提高路网整体服务保障水平,加速公路交通现代化。在规划实施中,紧紧抓住国家作出振兴东北老工业基地的重大战略决策和加大农村公路建设投入两个重要机遇,按照辽宁省"建设一个中心,培育两大基地,发展三大产业"的振兴发展战略,调整规划,乘势而上,立足区位优势,加快内通外联,延伸加密,加速公路网化建设,支撑和拉动全省社会经济发展。

"十五"时期,辽宁省规划新增公路5000km,其中新增二级以上公路3770km,期末公路总里程突破50000km。路基改造9942km,其中县级以上公路3549km;新改建沥青路面14382km,其中新建6183km;新改建桥梁60000延米,其中新建55000延米。为解决75个乡镇不通沥青路面问题,改造路基1057km,新建沥青路面1607km,新改建桥梁6873延米;为解决755个行政村不通公路问题,改造路基5000km,新建桥梁15600延米。到"十五"期末,全省14个省辖市全部通高速公路,市到县、县到县建成二级以上公路并实施GBM工程,干线公路全部建成高级和次高级路面,基本形成以高速公路为主骨架,各级公路衔接顺畅、功能互补、四通八达的"一网五射两环"现代化路网。

"十五"期间,辽宁省公路建设坚持"统一规划、整体推进、分步实施、弹性运行、提高功能、注重效益"的方针,执行公路发展技术政策,全面兑现省市签订的目标责任书,确保实现进入全国先进行列的目标。为此,采取多项政策措施和实施办法:落实"四制"管理,坚持技术标准,确保工程质量;增加公路通车里程,提高路网密度、通达深度以及高级和次高级路面比重;继续加快高速公路主骨架建设,带动各级公路发展;加快国省干线公路改造,路面铺装率达100%,为拟提为省级公路的县级公路实施路面铺装;对省际、市际重要区域通道实施改造,提高整条公路的技术标准;加快险桥维修改造,重点解决东部、西部地区公路缺桥少涵和晴通雨阻问题;对重要城市进出口公路、过境公路和交通运忙路段,通过改造和实施GBM工程等手段解决交通"瓶颈"问题。

"十五"期间,辽宁省公路建设抓住两次重要发展机遇,一次是"十五"初期,抓住国家实行积极财政政策,扩大内需拉动经济增长的机遇,以14个省辖市全部通高速公路和农村乡镇全部通沥青路为重点,加快高速公路主骨架和农村公路建设。另一次是"十五"后期,在国家作出振兴东北老工业基地重大战略决策之后,辽宁省根据全省经济振兴发展总体部署,紧紧抓住国家制定高速公路网规划、东北区域交通发展规划和加大农村公路建设投入的机遇,以支撑和拉动经济增长为出发点,服从全省经济振兴发展大局,及时调整和完善公路基础设施建设规划,以高速公路、农村公路和服务于"五点一线"沿海经济带开发建设的滨海公路为重点,加快公路建设。

1. 城市进出口公路建设

继续用好贷款修路、收费还贷政策,改善城市进出口公路通行条件。5 年间通过银行贷款 31 亿元,拓宽改造城市进出口公路或修建绕城线 16 处。其中,2001 年建成国道庄林线盘锦市北出口一级公路 25.4km,同年建成国道京哈线黑山县东出口一级公路 18km、跨越京沈高速公路的葫芦岛市西出入口至南延路段高架桥竣工;2002 年建成国道京哈线铁岭市岭东过境一级公路 4km。2003 年建成省道朝青线朝阳市南出口一级公路 6km,同年喀左县大城子镇东出口和北出口段建成一级公路 4.9km。2004 年建成省道本桓线本溪市出口卧龙至同江峪和省道小小线同江峪至本溪县小市镇一级公路 28.5km。

2. 旅游公路建设

2002 年建成阜新县三塔沟国家 2A 级自然保护区旅游路沥青路面 8km,同年开原市至清河水库旅游路 6km 改扩建工程竣工。2003 年建设建成康平县卧龙湖景区环湖旅游路 13.4km。2005 年建成省道新城八线元台至长兴岛大桥段一级公路 50km,可通达仙浴湾旅游度假区。同年,普兰店市按一级公路标准改扩建通往安波旅游度假区县道兴唐线 85.7km。同期,本溪市建成通往大冰沟、五女山、汤沟等著名风景区旅游路 98km。

3. 贷款工程建设

"十五"中期,以京哈线、沈环线、本桓线、锦赤线等国省干线公路为重点,安排贷款工程 99 项,通过新建和改造大修增强通行能力。累计完成路基改造和路面工程 694km,新改建桥梁 80 座 3222 延米,总投资 16.02 亿元,其中银行贷款 11.89 亿元、地方筹措 4.13 亿元。"十五"后期,以交通部调整普通公路建设投资政策为契机,结合路网改造规划,对鞍山、锦州、阜新、辽阳和铁岭等地区的 595km 商品粮基地干线公路实施标准化改造,争取国家投资 7.7 亿元。

"十五"期间,辽宁省公路建设实现跨越式发展,全面完成"十五"公路建设规划各项目标。高速公路率先在全国实现省辖市全部通高速公路,农村公路率先在全国实现乡镇全部通沥青路。新增公路 7402km,新增高级和次高级路面 13097km,新增桥梁 5081 座 188501 延米,新增等级公路 7784km,其中高速公路 705km、一级公路 439km、二级公路 4949km。到"十五"期末,全省公路总里程 52949km,公路密度 36.3km/100km^2;等级公路 52753km,占公路总里程的 99.6%,其中高速公路 1773km、一级公路 1272km、二级公路 13296km、三级公路 25413km、四级公路 10999km;高级、次高级路面里程 37361km,占公路总里程的 70.6%;桥梁总量 21771 座 712765 延米。全省普通公路建设完成投资 193.1 亿元,其中省养路费投资 116.71 亿元、交通部补助 7.71 亿元、地方财政债券 10.5 亿元、银行贷款 31 亿元、地方自筹 27.18 亿元。

"十五"末,全省公路总里程53521km,公路密度36.68km/100km²。等级公路53325km,占公路总里程的99.6%,其中高速公路1773km、一级公路1556km、二级公路13441km、三级公路25553km、四级公路11002km;高级和次高级路面37930km,占公路总里程的70.8%。桥梁总量21771座712765延米。晴雨通车里程52247km,占公路总里程的97.6%,通沥青路面的乡镇为总量的100%,通公路的行政村为总量的97.8%。

(三)"十一五"时期(2006—2010年)

"十一五"是全面建设小康社会和加快振兴辽宁老工业基地的战略机遇期。全省公路水路交通发展深入贯彻落实科学发展观,紧紧围绕区域经济发展战略部署,全面加快交通基础设施建设,努力提升运输服务水平,着力完善安全保障服务,积极推进交通行业体制机制改革,交通运输发展又上新台阶。公路水路交通已基本适应经济社会发展的需求,交通发展不仅在拉动经济增长、应对国际金融危机等方面发挥了积极而显著的作用,而且为优化产业布局、促进城乡区域协调发展、保障社会和谐稳定、加快推进辽宁老工业基地振兴做出了重要贡献,也为"十二五"公路水路交通实现初步现代化奠定了坚实的基础。

"十一五"是全省交通建设投资规模最大、建设速度最快、发展质量最好的时期。交通建设既为促进区域经济发展、优化产业布局、推动城乡协调发展提供了有力的基础保障,也为有效应对金融危机、保持经济平稳较快发展作出了重要贡献。

1. 高速公路建设实现历史性突破,为高速公路网络的基本形成奠定了坚实的基础

"十一五"时期高速公路建设规模继续保持较快增长势头,五年来,累计开工建设高速公路26条2368km,相当于"十五"末期通车里程的1.3倍,建设里程实现了历史性突破。建成通车1326km,到"十一五"末期,通车里程达到3056km,到"十二五"中期,高速公路通车里程将突破4000km。相继打通铁岭至承德、抚顺至梅河口、朝阳至赤峰等一批与邻省连通的省际通道,辽宁中部环线本溪至辽阳至新民等区间快速通道建成通车,长兴岛、大窑湾等港口集疏运通道基本完善,高速公路网络化程度进一步提高。高速公路成为推动经济社会发展的重要力量,不仅显著提高了运输能力和效率,降低了运输成本,增强了运输安全性,而且对改善投资环境、优化产业布局、促进资源开发利用作出了重要贡献。

2. 滨海大道建设实现历史性突破,成为拉动沿海经济带发展的主动脉

滨海大道作为沿海经济带发展战略的重要组成部分,2006年开工建设。经过四年多的精心组织,超常规实施,全长1443km的滨海大道于2009年提前一年实现全线贯通。辽河大桥是滨海大道的重要节点,也是长江以北主跨跨径最大的斜拉桥,它的建成使营口、盘锦两市实现了最便捷的公路连接,在辽宁公路桥梁建设史上树立了新的里程碑。滨海大道的建设在提高沿线土地开发利用价值、加速临海产业和旅游业发展等方面,已经显现

出强大的辐射力和带动力,对辽宁沿海经济带发展的促进作用已逐步显现。

经过"十一五"期间的快速发展,全省公路网体系得到进一步完善,路网规模显著扩大,技术等级大幅提高,路网结构趋于科学合理,路网服务水平与通达、通畅能力快速提升。全省形成了以高速公路为主骨架,国省干线公路为主通道,县乡村公路紧密衔接,功能完善、四通八达的公路网络格局,基本适应了全省经济社会发展需要,为全省公路交通向现代化迈进奠定了坚实基础。

"十一五"期间,全省公路总里程由 5.29 万 km 扩大到 10.07 万 km,公路密度由 36.3km/100km^2 提高到 69.02km/100km^2,其中高速公路总里程由 1773km 扩大到 3056km,高速公路密度由 1.21km/100km^2 提高到 2.09km/100km^2;二级及以上公路 22424km,二级及以上公路比重达到 22.3%。国省干线公路的路面铺装率达到 100%。桥梁总长度由 71.3 万延米增加到 110 万延米。全长 1443km 的滨海大道提前一年建成通车,连接了辽宁省沿海 6 市、21 个县区;提前一年完成了"十一五"农村公路建设规划目标,实现了全省 11763 个行政村全部通油路;促进区域经济发展,建设了 11 条共 1063km 的区间快速通道,建设了 44 个县域产业园区道路共 310km。

(四)"十二五"时期(2011—2015 年)

"十二五"期间,辽宁省以科学发展观为指导,以提升交通发展的内在质量和服务水平为主线,以技术进步和体制创新为动力,以建设、养护和管理并重为方针,继续完善交通基础设施,优化交通发展结构,着力转变发展方式,加强信息化建设和应用,提升交通应急保障能力,加快建设资源节约型、环境友好型交通行业,进一步提高交通运输现代化水平,建成整体适应、适度超前的综合交通运输体系。

经过五年的不懈努力,为全省公路网络向更高水平发展奠定了坚实基础,也形成和积累了丰富的经验。立足服务老工业基地振兴发展大局,围绕辽宁沿海经济带、沈阳经济区和辽西北三大区域发展,按照"统筹兼顾、建养并重、科技支撑、强化管理、以人为本、多元投资"的原则,高标准编制了"十二五"公路交通规划,做到"三个统筹、四个注重",即统筹规划三大区域间和区域内部、省际间、城乡间的普通公路发展模式、速度和水平,保证公路发展与区域经济社会发展相适应;统筹规划国省干线公路网与农村公路网相衔接,保持路网的整体平衡;统筹规划普通公路与高速公路、铁路、民航、水运等运输方式相融合,加快发展综合交通。注重规划的全局性,保证规划服从服务于国家和全省社会经济发展大局;注重规划的前瞻性,立足当前,考虑长远,适度超前;注重规划的连续性,五年规划与中长期规划相衔接,阶段目标与总体目标相衔接;注重规划的可操作性,合理确定建设标准和规模,保持适度发展速度,提高投资效益。

"十二五"期间公路建设情况:

1. 高速公路网络全面形成

国家高速公路网络调整和建设,进一步提高高速公路网络化程度和可靠性,补充完善省内三大经济区域之间的经济干线,有效连接县域节点。其中沈阳绕城高速公路扩建全线通车,增加八车道里程42km,有效缓解沈阳市区的交通压力,大大提高了全省高速公路通行能力。"十二五"期间新增高速公路里程到达1115km,通车里程达到4172km,高速公路已形成四通八达、功能完善的路网框架体系,管理运营水平和公共服务能力取得较大提高。

2. 普通公路路网体系进一步完善

重点工程建设得到有力推进。鸭绿江大桥于2011年8月全面开工建设,经过全体建设者三年的顽强拼搏和紧张施工,中朝鸭绿江公路大桥于2014年12月顺利通过了由辽宁省交通厅组织的交工验收。辽河和凌河管理路于2011年建成通车,为两河生态治理作出了突出贡献,得到省政府的高度肯定。另外,鞍山出海通道、本溪钢铁大道、朝阳外环、锦州凌海大道等一批重点项目的顺利建成通车,普通公路投资创历史新高。

截至2014年底,全省公路总里程达到114504km(不含城管路段),公路面积密度为77.81km/100km^2,公路人口密度为27.26km/百万人口。

全省公路总里程中,国道6692km、省道9095km、县道12538km、乡道31286km、专用公路908km、村道53986km,分别占公路总里程的5.8%、7.9%、10.9%、27.3%、0.8%和47.1%。

全省等级公路里程99928km,其中二级及以上等级公路里程24792km,占公路总里程的21.7%。按公路技术等级分:高速公路4172km、一级公路2930km、二级公路17690km、三级公路31648km、四级公路43489km,等外公路14576km。按公路路面等级分,全省有铺装路面和简易铺装路面公路里程72382km,占总里程的63.2%,其中有铺装路面48709km,简易铺装路面23674km,未铺装路面42122km。

全省14个地级市、17个县级市、26个县(不含大连市长海县),56个市辖区全部通高速公路。

2015年末,全省公路总里程达到119362km(不含城管路段),比"十一五"末增加18590km。全省等级公路里程105512km,比"十一五"末增加21528km。其中二级及以上等级公路里程25016km,占公路总里程的21.0%,比"十一五"末增加2592km。按公路技术等级分:高速公路4195km、一级公路3034km、二级公路17788km、三级公路31720km、四级公路48775km,等外公路13851km,分别比"十一五"末增加1139km、574km、880km、465km、18470km和减少2938km。按公路路面等级分,全省有铺装路面和简易铺装路面公路里程78156km,占总里程的65.5%,比"十一五"末增加15603km,其中:有铺装路面

54757km、简易铺装路面 23399km、未铺装路面 41206km,分别比"十一五"末增加 18266km、减少 2663km 和增加 2988km。公路密度进一步提高。2015 年底,全省公路密度为 81.11km/100km^2,比"十一五"末提高 12.27km/100km^2。

(五)"十三五"时期(2016 年至今)

"十三五"时期是全面建成小康社会的关键时期,是转变发展方式和深化改革的攻坚时期,也是辽宁交通运输支持新一轮东北振兴、促进三大经济板块协调发展的重要时期,辽宁省坚持发展是第一要务,围绕全省经济社会发展需求,加大基础设施建设力度,重点启动以下工程:一是高速公路网贯通工程。打通高速公路"断头路",完成骨干通道扩容改造,加强连接重要节点、经济区域的高速公路通道建设。二是普通公路升级改造工程。推进普通公路低标准路段、瓶颈路段和拥堵路段升级改造,重点强化高速公路出入口、城市进出口与普通公路的顺畅衔接,优化路网结构。

2016 年主要公路建设情况:

高速公路方面,全省实施高速公路建设项目 8 项共 313km,完成投资 41.5 亿元。建成通车沈平高速公路改扩建项目。

普通公路方面,建设改造干线公路 2975km。完成干线公路灾防工程 11 处、绿化 333km,现有 1216km 干线公路安全生命防护工程全部完成。改造干线公路中桥以上危桥 92 座,上一年危桥改造率和当年危桥处治率均达到 100%。整线打造京沈线、凌兴线干线公路养护示范路 711km。

截至 2016 年底,全省公路总里程达到 119688km(不含城管路段),公路面积密度为 81.96km/100km^2,公路人口密度为 28.52km/百万人口。

全省公路总里程中,国道 10021km、省道 10261km、县道 8756km、乡道 30822km、专用公路 887km、村道 58941km,分别占公路总里程的 8.4%、8.6%、7.3%、25.7%、0.7% 和 49.3%。

全省等级公路里程 107034km,其中二级及以上等级公路里程 25345km,占公路总里程的 21.2%。按公路技术等级分:高速公路 4195km、一级公路 3445km、二级公路 17705km、三级公路 32075km、四级公路 49614km,等外公路 12654km。按公路路面等级分,全省有铺装路面和简易铺装路面公路里程 81252km,占总里程的 67.9%,其中有铺装路面 58746km、简易铺装路面 22506km、未铺装路面 38436km。

全省 14 个地级市、17 个县级市、26 个县(不含大连市长海县),56 个市辖区全部通高速公路,高速公路通车总里程达 4195km。

1984 年至今,辽宁交通事业进入了一个崭新的发展阶段。交通事业欣欣向荣,呈现了前所未有的大好局面。公路建设实现了量的突破和质的飞跃,公路运行条件和路网服务能力达到了历史最高水平,路网通达深度大幅度提高,为促进辽宁老工业基地振兴奠定了坚实的基础。

1984年,辽宁修建了被誉为"神州第一路"的沈大高速公路,开创了中国大陆建设高速公路的新纪元,由此带动了全国高速公路的大规模建设。时任国务委员邹家华称赞沈大高速公路是"志气之路""腾飞之路"。之后建成了以沈阳绕城高速公路为中心,辐射连接沈阳、辽阳、鞍山、营口、大连、抚顺、本溪、铁岭等8个省辖市的高速公路网络。之后,相继建成了沈阳至本溪、沈阳至铁岭、沈阳至抚顺、沈阳至四平、沈阳至山海关、丹东至本溪、海城至盘锦、锦州至朝阳、锦州至阜新等高速公路。在普通公路建设中,实现了由单纯依靠国家投入向多渠道、多层次、多形式投入,由部门行为向政府行为,由交通部门一个积极性向全社会积极性的历史性转变,辽宁在全国率先系统实施了公路建设网化工程。经过几代交通人的共同努力,辽宁已形成辐射连接、层次分明、布局科学、技术先进、功能完备的交通运输网络,为全省公路基础设施实现现代化奠定了基础。

第二节 道路运输

一、发展政策

党的十一届三中全会以后,运输市场开放步伐大幅度加快,形成"各地区、各行业、各部门多家办运输,国营、集体、个人一起上"的运输新格局,强化依法治运、依法管理,健全省、市、县(区)、乡四级道路运输管理体制。各级道路运输管理机构(以下简称"运管机构")转变职能,从过去抓直属运输企业经营活动,转向运用行政的、法律的、经济的手段,把管理和服务结合起来,组织协调,综合平衡,推动了道路运输市场朝着活跃、有序的方向发展,特别是高速公路的建设与发展,促进全省道路运输更加快捷化与安全化。

(一)道路客运发展政策

1. 市场准入政策

20世纪80年代中期至90年代初期,辽宁省道路运输市场全面开放,道路旅客运输蓬勃发展,根据群众出行需求旺盛的情况,各级运管部门简化办事程序,始发地和终到地的运管机构达成协议,即可开通客运线路。各运输企业和个体经营者以市场需求为导向,积极开辟客运线路。1990年,沈大高速公路建成通车,揭开了全省高速公路客运快速发展的序幕。1993年5月,交通部下发了《道路旅客运输业户开业技术经济条件(试行)》(交运发〔1993〕531号),规定了经营道路旅客运输业在开业时须具备的车辆、设施、资金、人员和企业组织等方面的基本技术经济条件。1994年,《辽宁省道路运输管理条例》

(以下简称《条例》)出台,1995年1月1日开始实施,其中第八条规定:"凡提供劳务,并向服务对象收取费用的道路运输为营业性的道路运输。申请从事营业性道路运输的单位和个人,必须具备与其经营种类、项目、规模和范围相适应的设备、设施、资金和专业人员,并有独立承担民事责任的能力。"第九条第一项规定:"从事营业性道路运输的单位、个人和机动车驾驶员培训学校,必须向所在地交通行政主管部门提出申请,并按照下列规定履行经营许可审批手续:(一)经营跨省、自治区、直辖市、省辖市道路旅客运输和零担货物运输、集装箱中转站和货物运输站、跨省设立运输业务代办机构以及省直单位(含中央及外省、自治区、直辖市驻辽宁省单位)申请经营道路运输的,由所在地市交通行政主管部门审核,报省交通行政主管部门审批。"《条例》的颁布实施,对完善道路旅客运输市场准入、运行机制,全面规范道路运输市场行为,增强对道路运输市场的监管力度,依法保障和促进运输市场快速健康发展发挥重要作用。

1997年8月,交通部在《道路运政管理工作规范》(交公路发〔1997〕516号)中规定"道路运政管理机构在受理筹建立项申请时,应审核申请人提交的以下文件:一是经营项目、营业场所、法人代表或经营业主、职工人数、经营规模等书面资料;二是合法有效的资信证明或资金担保书;三是申请具有法人资格的企业应有可行性报告及其主管部门的立项批准书,无主管部门的企业或经营业户应提交城市街道或乡镇以上人民政府的证明;四是法律、法规和规章规定应提交的其他资料。"1998年10月,《高速公路旅客运输管理规定》(交通部令1998年第8号)第五条规定"申请开设高速公路班车客运线路的经营业户,除应具备《道路旅客运输业户开业技术经济条件(试行)》(交运发〔1993〕531号)规定的一般要求外,还应具备下列条件:具有经营班车客运5年以上资历;具有经营一类班车客运的资质;有二类以上汽车维修能力或与二类以上维修企业建立了长期的维修合同关系,能确保车辆的正常维修;从事高速公路的车辆应是符合部颁《营运客车类型划分及等级评定》(JT/T 325—1997)规定的高、中级客车,车辆状况达到一级车标准,禁止使用不符合技术要求的老旧车辆;从事高速公路客运的驾驶员、乘务员应具有良好的技术业务知识、技能和职业道德,并岗前培训合格。驾驶员还应具有5年以上客车驾龄和10万公里以上安全行车的经历,身体健康。"

2000年以后,全省高速公路建设突飞猛进,为高速公路客运发展创造了必要条件。2003年6月,重新修订的《辽宁省道路运输管理条例》经辽宁省第九届人大常委会第三十五次会议审议通过,并于2003年4月1日起正式实施。其第八条规定"道路运输经营者应当与其经营种类、项目、规模和范围相适应的设备、设施、资金和专业人员等条件。从事道路运输的机动车驾驶员,应当经过职业培训,取得交通行政主管部门核发的营运驾驶员从业资格证书。"进一步明确了道路旅客运输的市场准入条件,保障了高速公路客运的健康快速发展。

2004年5月,《中华人民共和国道路运输条例》经国务院第48次常务会议讨论通过,并于2004年7月1日起施行。其中第八条规定"申请从事客运经营的,应当具备下列条件:一是有与其经营业务相适应并经检测合格的车辆;二是有符合本条例第九条规定条件的驾驶人员;三是有健全的安全生产管理制度。申请从事班线客运经营的,还应当有明确的线路和站点方案。"第九条规定"从事客运经营的驾驶人员,应当符合下列条件:取得相应的机动车驾驶证;年龄不超过60周岁;3年内无重大以上交通责任事故记录;经设区的市级道路运输管理机构对有关客运法律法规、机动车维修和旅客急救基本知识考试合格。"条例的公布和施行,标志着我国道路运输向法治化迈出了极其重要的步伐,是我国道路运输全行业的一件大事,也是我国交通法制建设的新的里程碑。2005年11月,交通部《道路旅客运输及客运站管理规定》(交通部令2005年第10号)规定"申请从事道路客运经营的,应当具备下列条件:有与其经营业务相适应并经检测合格的客车;有从事客运经营的驾驶人员;有健全的安全生产管理制度,包括安全生产操作规程、安全生产责任制、安全生产监督检查、驾驶人员和车辆安全生产管理制度;申请从事道路客运班线经营,还应当有明确的线路和站点方案。"同年,省交通厅下发《关于加快和规范道路运输企业改革的指导意见》,要求国有道路运输企业,通过股份制、股份合作制、合资合作、兼并、破产、整体出售等多种形式,加快改制步伐,实现集约化、规范化经营,提高竞争能力和经济效益。2008年10月,按照《中华人民共和国道路运输条例》、交通部《道路旅客运输班线经营权招标投标办法》《辽宁省道路客运经营权招投标管理暂行办法》等规定,在以往试点工作基础上,提出准确把握招标工作原则;严格审查招标人投标资格的原则;扶持优秀企业发展的原则;重视安全生产的原则;鼓励客运企业规模化、集约化发展的原则。

　　"十一五"期间,全省所有市际、县际之间均已建成高速公路,高速公路客运随之延伸至县一级行政区域。2010年8月,交通部下发了《关于进一步加强道路客运运力调控推进行业节能减排工作的通知》(交运发〔2010〕390号),严格控制新增各类运力。对年平均实载率低于70%的县际以上客运班线,一律不得新增运力,并从严控制新增座位数。对一类客运班线、与高速铁路和城际轨道交通平行的客运班线,原则上不再审批新增运力;对与现有班线重复里程在70%以上的二类以上客运班线,严格控制新增班线和运力。省交通厅运输管理局按照交通运输部要求,于2011年下发了《关于进一步加强道路客运运力调控推进行业节能减排工作的通知》(辽交运客字〔2011〕31号),明确原则,规范许可程序:一是线路规划制度,二是许可公示制度,三是招投标制度。

　　2012年1月,为加强道路旅客运输经营权管理,逐步建立道路客运市场合理有效的准入和退出机制,促进道路客运健康、稳定、持续发展,结合辽宁省客运市场发展实际,制定了《辽宁省道路旅客运输经营权有期限使用办法》(辽交运发〔2012〕3号),其中规定"班车客运使用期限为6年,包车客运使用期限为6年",包车客运车辆营运证件与车辆使用年限相结合,车辆报废后,证件自动失效,由许可机关收回,并根据客运市场情况,重新确定运力投放。

2014年11月,辽宁省交通厅运输管理局下发了《关于进一步规范和改进省、市际班线客运管理有关工作的通知》(辽交运客发〔2014〕127号),全面规范班线客运经营,理顺客运班车行驶线路,整顿客运班车发车站点,强化暂停(终止)经营管理,促进道路客运管理更公平、更公正、更公开和更便民。

2016年10月,辽宁省交通厅运输管理局下发了《关于明确下放设立道路客运企业省际市际分公司备案职权的通知》(辽交运客发〔2016〕125号),将全省道路客运企业省、市际分公司备案职权下放至市级道路运输管理机构,有效落实属地责任,强化客运市场源头监管。

2. 市场监管规定

20世纪80年代中期至90年代初期,辽宁省道路运输市场全面开放,各级交通运输管理部门为国家机关,对所辖地区的运输企业及其他各单位参加运输的车辆实行集中管理,做到统一计划、统一调度、统一运价、统一结算;检查各单位执行国家运输方针、政策、法令情况,对违法乱纪、提高运价、搞违法运输的单位和个人进行处理;各单位办理运输手续,需向当地交通运输管理部门提报托运计划,签订运输合同,不得私雇车辆;各级交通部门要按保证重点、合理安排的原则,面向生产、面向用户、简化手续、改正作风、提高服务质量。

1982年8月,辽宁省交通局根据交通部《公路汽车旅客运输规则》,作出了《辽宁省公路汽车旅客运输细则补充规定》,要求客车设行车方向牌,车内不准放置备胎和较大备件,车上要备有防火用具。与此同时,还先后颁发了《辽宁省公路汽车客运管理办法》《旅客须知》《客运监察工作暂行条例》,对客运工作的站务管理、线路管理、票款管理、服务标准、劳动竞赛以及对客运工作的监督检查都作出了具体规定,以改善客运管理,促使客运管理工作向制度化、正规化方向发展。1983年,国务院下发了《关于搞好交通运输改革的通知》,根据文件规定精神,辽宁开始改革运输管理体制,实行政企分开、简政放权、开放市场、放宽政策、搞活运输,出现了全民、集体、个体一齐上的局面,特别是个体车户发展迅速。

20世纪90年代,沈大、沈山、沈丹、沈铁等高速公路陆续建成通车,依托高速公路的高速客运线路迅速发展,道路运输的市场经济体制逐步建立,针对经营主体多、小、散、弱,导致竞争力不强,服务水平不高,经营模式松散的现状,行业管理的重点是清理整顿市场秩序,调整优化运输结构。在管理手段上,采取行政、经济、法律手段并用,且经济、法律手段日益突出。1997年8月,《道路运政管理工作规范》(交公路发〔1997〕516号)第十二章运政稽查工作规范,明确了检查站的设置和管理、稽查人员资格、上岗培训及证件、稽查工作规范、稽查工作程序、执法文书填写规范,对客运市场监管起到了重要作用。1998年,严格按照现代企业制度运作和市场经济规则建立的辽宁虎跃快速客运股份有限公司,作为辽宁省第一家股份制高速公路客运公司正式投入运营。1998年10月,《高速公路旅客运输管理规定》(交通部令1998年第8号)第二十三条规定"道路运政管理机构应加强对高速公路客运经营业户的经营资格、经营行为和服务质量的监督检查,道路运政管理机构、经营业户、客运车站要公布监督电话,对旅客的投诉,应认真处理。"1999年10月,交通部下发了《道路运输服务质量投诉管理规定》(交公路发〔1999〕535号),对保护道路运输服务对象的合法权益,及时、公正处理服务质量投诉,加强对道路运输服务质量的监督和管理,维护道路运输市场的正常秩序起到了积极作用。

2001年8月,交通部下发了《关于贯彻新版道路运输经营许可证和道路运输证》(交公路发〔2002〕55号),规定"对道路客货运输经营业户的审验分两个阶段进行,先对运输车辆进行审验;运输车辆审验后,再对经营业户进行审验。"其中,对道路运输经营业户的审验内容重要一项就是审验道路运输经营业户经营行为,查看业户档案和道路运输经营许可证副本"违章记录栏",看是否有服务质量投诉和违法行为。2003年6月,《辽宁省道路运输管理条例》第七条规定"县级以上交通行政主管部门及其管理人员依法对道路运输活动进行监督检查,被检查对象应当接受检查,如实提供有关情况和资料。"被检查对象,既包括道路运输经营者和从业人员,也包括与道路运输活动有关的单位和人员。

2004年10月,省交通厅运输管理局下发了《关于印发辽宁省道路旅客运输业务办理暂行办法的通知》(辽交运客字〔2004〕109号),加强了道路旅客运输管理,规范了道路旅客运输经营和管理行为。同年11月,按照交通部《关于开展道路运输企业安全生产专项整治工作的通知》(交公路发〔2004〕478号)要求,省交通厅下发了《关于深入开展全省道路运输企业安全生产专项整治工作的通知》(交运发〔2004〕247号),各级交通主管部门和道路运输管理机构对辖区内的道路运输企业经营资格进行全面清查,对不符合安全生产条件的,应责令限期整改,整改不合格的,要坚决予以停业整顿,经停业整顿仍不达标的企业,按有关规定取消其从事道路运输资格。2007年3月,为促进辽宁省道路客运集约化、规模化、公司化经营,加快全省公路快速客运体系形成,提高道路客运竞争力,省交通厅下发了《辽宁省高速公路营运客车通行费优惠政策实施办法》(辽交运发〔2007〕52号),按照客运组织方式、车辆档次、集约化和规模化经营程度,高速公路客运班车月票优惠标准分为6.5折、7折、7.5折、8.5折四个档次。同年6月,为加强对外省(市)进辽客运班车的管理,强化行业监管的职能,辽宁省对外省(市)进入辽宁省经营的客运班车实行备案登记制度,下发了《关于开展外省(市)客运班车进辽备案登记工作的通知》(辽交运客字〔2007〕55号),明确了进辽登记需提交的材料、办理程序、时间安排和工作要求。

2012年11月,《道路旅客运输及客运站管理规定》(2005年8月1日施行,2012年11

月 27 日第 9 次部务会议通过,第 4 次修正)第九十一条规定"违反本规定,客运经营者、客运站经营者已不具备开业要求的有关安全条件、存在重要运输安全隐患的,由县级以上道路运输管理机构责令限期改正;在规定时间内不能按要求改正且情节严重的,由原许可机关吊销《道路运输经营许可证》或者吊销相应的经营范围。"

2014 年 6 月,辽宁省交通厅运输管理局下发了《关于做好长途客运班车凌晨 2 时至 5 时停车落地休息制度有关工作的通知》,各市对客运企业进行彻底清查,通过调整发车时间、经由等有效手段,最大限度地减少凌晨 2 时至 5 时运行的客车数量。

2016 年 6 月,辽宁省交通厅会同省公安厅联合下发了《关于加快推进长途客运实名制购票工作的通知》(辽交运管发〔2016〕257 号),通过先行试点再全面推开的策略,扎实推进全省长途客运实名购票工作全面开展,有效防范恐怖活动,切实维护了广大旅客生命财产安全,进一步夯实了道路客运安全基础。

(二)道路货运发展政策

1. 市场准入政策

自 20 世纪 70 年代末起,公路货运需求逐年增长,但由于货运市场的封闭,造成运力紧张,交通运输对国民经济发展的瓶颈制约程度日益严重。为壮大运力规模,解放运输生产力,政府及交通部门实行了货运市场对各种经济成分全面放开的政策,下发了一系列文件。1983 年,全国交通会议根据中央通知精神提出了有路大家走的改革思想,并把"进一步发挥公路运输的作用,提高公路运输的比重"列为开创交通运输新局面必须抓好的重点工作。1984 年,全国交通工作会议针对运输具有多层次、多渠道、多种经济形式的特点,进一步提出"各部门、各行业、各地区一起干,国营、集体、个人以及各种运输工具一起上"的方针,提倡多家经营,鼓励竞争。同年 2 月和 6 月,交通部分别发出《关于贯彻中央一号文件改进公路运输工作的通知》和《补充通知》,要求各级公路运输部门要关心和扶持集体和个体运输业发展。据此,自 1984 年起,除了零担货运、危货运输、国际客货运输等要求较高的特殊领域以外,其他客货运输及货代、货配、仓储理货、搬运装卸等运输服务业都实现了对各种经济成分的全面开放。

20 世纪 80 年代末至 90 年代初的行业开放政策,在很短时间内就取得了显著成效。特别是在国家没有大幅度增加投资的情况下,运力供给总量迅速增加。但另一方面,由于政策未及时调整,一味地放任运力盲目增长,使公路运输市场供求关系在实现短暂平衡后,很快进入了运输供给相对过剩的时期。由于没有建立优胜劣汰的市场退出机制,运输主体只进不出,多小散弱、良莠不齐的现象十分明显。到 90 年代中期,运输市场秩序混乱、竞争无序的局面已形成。各级交通及运输管理部门开始认识到这一点,市场准入逐步从严,并积极探索市场退出机制。

自1992年起,汽车货运除个别货类仍按指令性运输管理外,均进一步全面实行放开经营。与此同时,市场准入政策更加重视规范。1993年交通部印发《道路货物运输业户开业技术经济条件》(交运发〔1993〕531号),对货运市场准入条件进行了系统规定,规定了经营道路货运业在开业时须具备的车辆、设施、资金、人员和企业组织等方面的基本技术经济条件,使货运市场准入走上规范化轨道。2004年4月14日,国务院第48次常务会议通过《中华人民共和国道路运输条例》(以下简称《条例》),自2004年7月1日起施行,对现行的道路货运市场准入条件进行了限定。《条例》第二十二条规定,从事货运经营的,应当具备下列条件:有与其经营业务相适应并经检测合格的车辆;有符合条例第二十三条规定条件的驾驶人员;有健全的安全生产管理制度。配套规定详细列出了车辆、驾驶人员以及管理制度的要求。

(1)零担货物运输准入条件的提高

早在1987年发布的《零担货物运输管理办法》中,就规定了各级交通部门对零担班线的审批权限,但未对在开业时须具备的车辆、设施、资金及人员的具体规模、数量进行规定。1996年发布的《道路零担货物运输管理办法》则具体规定了零担货物受理业户、零担货运站及零担线路运输业户应具备的经营资格,并确定了开业审批程序,提高了零担货物运输的准入条件,这对减少无序、恶性竞争、净化经营环境起到了一定的作用。

(2)危险货物运输准入条件的提高

由于危货运输具有较高的风险,客观上需要经营者具备相当的管理水平和风险承担能力,相对普通运输来说,有必要设置更高的准入门槛。1993年,《道路危险货物运输管理规定》中明确要求,从事经营性道路危险运输的单位,必须具有10辆以上专用车辆的经营规模,5年以上从事运输经营的管理经验,配有相应的专业技术管理人员,并建立健全安全操作规程、岗位责任制、车辆设备保养维修和安全质量教育等规章制度。危险货物运输准入条件的提高,有效促进了危货运输安全生产水平的提升。

(3)市场准入退出机制

2003年8月12日,交通部印发实施《关于公布已取消和改变管理方式的交通行政审批项目后续监管措施的通知》,文件下发后,运管机构对道路运输领域保留了必要审批项目,严格了市场准入把关,并努力建立健全市场退出机制。对市场准入退出机制的统筹考虑,使准入退出政策趋向科学化,从而促进了公平竞争、优胜劣汰市场机制的形成。

这一阶段危货市场准入更加严格。交通部依据《危险化学品安全管理条例》《道路运输条例》等有关法律、法规,重新修订1993年发布的《道路危险货物运输管理规定》(以下简称《规定》),于2005年8月1日起实施。《规定》将保障运输安全作为首要出发点,重点完善各项安全管理规定,凸显安全压倒一切的思想,严格市场准入,进一步明确和细化许可条件,提高准入门槛,通过严把市场准入关,坚决杜绝了不具备安全条件的企业从事危险货物运输,同时适当降低危险运输准入规模,专用车辆数由10辆以上降为5辆以上。2006年6月,交通部、公安部、国家安监局联合印发了《关于加强危险化学品道路运输安全管理的紧急通知》,对危险化学品道路运输托运单位、运输单位、生产、储存、经营单位以及安全监督管理工作提出了要求;要求托运人托运危险化学品应当遵守法律规定,要求承运人运输危险化学品应当遵守法律规定,要求管理部门加强危险化学品运输安全监管。其中特别强调要建立和公布非法从事危险化学品道路运输活动的黑名单,凡列入黑名单的运输单位和个人申请有关危险化学品道路运输资质的,一律不予批准,已经取得资质的,予以撤销。这一处罚相比以往更加严格,使准入关更加有效。

2. 市场监管规定

(1) 市场监管政策的制度化

随着改革的深入发展,运输市场形成了多层次、多渠道、多种经济形式和多种经营方式并存的新的运输结构,这些无疑增加了市场监管的难度。迫切要求管理部门结合行业实际制定合理的监管政策,以维护公平竞争环境,保护运输参与人合法权益,确保行业经济健康有序发展。1984年9月,辽宁省交通厅运输管理局在绥中第一次召开全省公路运输管理工作会议,此次会议是在当时新形势下召开的一次运输行业的重要会议,对全行业市场监管制度化起到了重要作用。1986年12月,交通部、国家经委颁发了《公路运输管理暂行条例》,对公路运输市场的管理范围和经营运输的行为规范以及监督检查等,都作了明确具体的规定,为市场监管提供了基本法规依据,促进了监管政策的法制化。但在执行过程中,由于管理不严,运输市场违法违纪行为比较普遍。为维护正常运输秩序,交通部门又以法规规章及规范性文件的形式出台了一系列具体的监管政策,提高了监管的制度化水平。

1989年2月,交通部根据中共十三届三中全会精神,发布《关于整顿治理道路、水路运输市场的决定》(以下简称《决定》),明确从发文之日起开展治理整顿工作,把道路、水路运输市场整顿列为重点工作,辽宁省政府批转了辽宁省交通厅关于整顿治理公路运输市场的意见,为加强对运输市场的管理提供了依据。《决定》确定了整顿治理工作要达到4个目标,即逐步完善运输市场行为规则,为形成平等竞争的经营环境创造条件;建立健全运输管理体制和市场监督体系,管理覆盖面达到所有经营者;提高对运输市场宏观调控的能力,重点抓好运力和资源的管理;逐步形成合理的运输结构,坚持以公有制为主体,多种运输经济成分协调发展。同时,道路运输市场整顿治理对货物运输以及与此相关的搬运装卸和运输服务市场进行了重点整顿治理。1989年10月,交通部在江苏省苏州市召开了全国道路、水路运输市场整顿治理工作会议,总结了经验,研究和部署了下一步政治工作任务,明确工作中要处理好深化改革与整顿、坚持公有制为主体与发展多种经济成分、行政经济法律手段、集中整治与长治久安、加强管理与搞好服务的关系,进一步确定了基本目标:有完善的市场行为规则,有健全的运管体质和市场监管体质,有对市场宏观调控的能力,有合理的运力结构和发展速度,建设开放、活跃、秩序良好的市场。

(2)全方位的市场监管

这一阶段的市场监管政策与上一阶段相比,管理对象由主要针对车辆、企业扩展为车辆、企业、从业人员并重,更加注重安全管理等领域新体制机制的建立,监管政策更加全面。由于公路运输行业准入门槛较低,开放性较强,因此最初开展的主要是从业资格制度建设。20世纪90年代是从业资格制度建设的起步阶段。道路运输市场开放以后,市场经营主体多元化,从业人员迅速增加。鉴于营运车辆驾驶人员的思想素质和技术素质普遍不高、安全质量和服务水平大幅度下降等问题,道路运输市场不能满足社会的需要和道路运输生产的要求,迫切需要开展从业资格制度建设,其中,最早开始的是危货运输驾驶员及经营性驾驶员从业资格制度建设。1993年12月,交通部发布了《道路危险货物运输管理规定》(以下简称《规定》),自1994年3月1日施行。《规定》明确了道路危险货物运输的管理机构和管理措施,建立了审批制度,规定了经营道路危险货物运输的企业、车辆、人员等基本条件和技术经济条件。为了更好地贯彻《道路危险货物运输管理规定》,交通部公路管理司于1994年9月印发了实施意见,进一步明确了运输管理机构的设置并指定专人进行管理,统一制定了从事危险货物运输管理的各级运政管理人员和从事危险货物运输的从业人员的培训大纲,建立了各项管理制度,标志着危货人员从业资格制度在全国范围开始推行。1995年5月,交通部印发了《关于加快培育和发展道路运输市场的若干意见》,明确了要在全行业"逐步建立持证上岗制度",促进了对经营性驾驶员从业资格制度建设的探索。

除了从业资格制度建设外,为维护正常的市场秩序,促进行业经济健康发展,交通部开展了一系列道路运输市场秩序整顿活动,道路运输市场管理年活动就是其中之一,该项活动由交通部组织自2000年开展,主题是"加强管理、规范行为、健全机制、确保有序",目标是通过整顿市场秩序、打击非法营运和不正当竞争、清理挂靠车辆、制止违章超载、淘汰技术性能不合格的营运车辆等途径,达到"市场秩序明显好转、服务质量明显提高、促进道路运输业健康发展"的目标。为巩固扩大道路运输市场管理年活动成果,交通部于2001年在全国范围开展了第二个道路运输市场管理年活动。

此外,交通部认真执行了2000年12月国务院办公厅发出的《国务院办公厅转发交通部等部门关于清理整顿道路客货运输秩序意见的通知》,着力整顿运输秩序,针对化学危险货物运输上存在的问题,提出重点在"巩固提高,务求实效"上下功夫,严格规范道路货运秩序,在"道路货运秩序明显好转,经营行为明显规范,企业管理明显增强,安全状况明显改善,运政管理明显好转,经营行为明显规范,企业管理明显增强,安全状况明显改善,运政管理明显改进,服务质量明显提高"等"六个明显"的整顿目标上取得了阶段性成果。2002年,各级交通部门继续贯彻落实《国务院办公厅转发交通部等部门关于清理整顿道路客货运输秩序意见的通知》精神,对货运秩序进行整顿,严厉打击非法经营活动,打破地区封锁和地方保护,建立全国同意的道路运输市场,继续开展道路化学危险货物运输装箱整治工作,停止道路客货运输线路经营权有偿转让,加强道路运输安全管理,确保人民群众生命安全。

在道路货运行业中,超限、超载问题较为突出,非法改装车辆超限运输的现象也时有发生。超限超载将导致公路和桥梁严重损坏,在造成了巨大的经济损失的同时也给道路交通安全带来事故隐患,如爆胎翻车、制动失灵、发动机超负荷运转等。据统计,道路交通安全事故中,约70%是由于车辆"三超"所致。超限超载运输也是直接导致道路运输价格长期不能到位、运输业户恶性竞争、运输市场秩序混乱、难以有效进行运力和车型结构调整的主要原因。

针对这一问题,交通部根据《中华人民共和国公路法》的有关规定,于2000年2月发布了《超限运输车辆行驶公路管理规定》(交通部令2000年第2号),从4月1日起在全国范围内开展了超限运输车辆行驶公路的专项治理工作,各地也加大了宣传力度,加强和规范管理,并采取有效措施,狠抓重点路段和地区的治理工作,使超限超载运输现象得到了一定的遏制,取得了一定的成效。

(3)市场整顿长效机制的建立

党的十六大后,运输管理已日趋法制化,市场整顿作为监管手段仍发挥着重要作用。与以往阶段整顿相比,这一时期制定实施了一系列可长期执行的规章制度,使市场整顿成果得以持久巩固。

为整顿危货运输市场,交通部于2005年颁布实施《道路危险货物运输管理规定》,严格了市场准入,严防违规车辆进入危险货物运输市场,建立了道路危险货物运输分类管理制度,引入"车辆损害管制"概念,加强了对非经营性道路危险货物运输的管理,同时还加强对危货运输的规范管理及对从业人员的系统教育。"十五"期间,交通部根据《中华人民共和国道路运输条例》和《危险化学品安全管理条例》,颁布了《道路危险货物运输从业人员培训教学计划和教学大纲》,要求驾驶人员掌握道路危险货物运输车辆基本要求,熟知道路危险货物运输安全及事故应急措施,并组织编写了道路危险货物运输从业人员培训丛书,包括《道路危险货物运输从业人员培训教材》《道路危险货物运输安全监管手册(政策、法规篇)》《道路危险货物运输安全监管手册(国家、行业标准篇)》和《道路危险货物运输重大事故案例》等。此外,国家颁布了《道路车辆外廓尺寸、轴荷和质量限值》《汽车运输危险货物规则》《汽车运输、装卸危险货物作业规程》《道路危险货物运输车辆标志》等国家或行业标准,提高了行业管理的标准化程度。

鉴于超限超载现象屡禁不绝,部分地区仍存在十分严重的客观状况,从保障行业科学发展的角度出发,这一阶段交通运输部门对治超工作更加重视,积极探索治理规律,努力建立治理超限超载工作长效机制。建立"治超"长效治理机制的做法主要是在坚持综合治理措施的基础上,建立全国性超限超载车辆监控网络,并按照"上下结合、统筹平衡、统一标准、规范合理"的原则,统筹规划、分级分类组织建设全国公路超限超载检测站点和"治超"信息系统,以试点工程的形式在北京、河北和山西三个省(市)开展标准化"治超"站点的建设。自2006年全国治超工作转入"突出源头治理,强化执法力度,完善监控网络,建立长效机制"的阶段后,2007年交通部下发《关于印发全国车辆超限超载长效治理实施意见的通知》,明确提出从2008年起再用三年时间,着力构建治理工作长效机制,真正建立起规范、公平、有序的道路运输市场,维持良好的车辆生产、使用秩序和道路交通秩序,确保公路设施完好和公路交通安全。

为贯彻落实省政府关于加快服务业发展的工作要求,按照《辽宁省人民政府关于加快发展服务业的若干意见》(辽政发〔2014〕1号),分解任务、落实责任,辽宁省交通厅运输管理局会同沈阳铁路局、民航东北管理局、辽宁机场集团、省邮政管理局,研究制定了《辽宁省交通厅关于加快交通物流业发展四年行动计划》,围绕"一个平台四大工程",着力打造一批物流集聚区,建成一批物流园区集疏运通道,培育一批竞争力强、服务水平高的大型综合物流品牌企业,构筑起功能完善、流程顺畅、使用便捷的全省交通物流公共信息平台,形成了管理规范、运转高效的交通物流管理体系。

2016年,为营造良好的政策环境,促进物流业发展,辽宁省交通厅运输管理局会同省高速公路管理局等相关厅直单位及部门制定了辽宁省交通厅关于落实《辽宁省促进物流业发展三年行动计划(2014—2016年)》的实施意见。2016年11月,会同省发改委、工信委等20家中省直部门制定了《辽宁省营造良好市场环境推动交通物流融合发展实施方案》。2016年9月,会同省发改委、省商务厅、沈阳铁路局等单位制定了《辽宁省现代物流业产业发展政策》,并以省委办公厅、省政府办公厅名义联合下发,辽宁省交通运输推进物流业发展取得新进展。

3. 运输结构调整政策

"九五"以来,辽宁省交通厅在认真贯彻执行交通部关于培育和发展道路运输市场规划的基础上,结合全省实际,果断实行工作战略调整,适时提出了"统筹规划、路运并举、调整结构、协调发展"的方针,全面加快以公路和运输场站为基础的基本建设,大力加强以整顿经营行为为重点的市场管理,积极调整和优化以快运和物流为先导的运输结构,促进道路货物运输市场协调发展。

1994年初,辽宁省部分地区出现一些个体货运车辆挂靠的现象。辽宁省交通厅运输管理局对此调研后,认为此做法在当时是可行的,是集约化经营的雏形,并以文件的方式从政策上予以规范,得到了交通部的肯定。1996年以来,辽宁省交通部门积极引导国有运输企业实施资产重组、强强联合,沈阳宏运实业有限公司(前身是沈阳市第三运输公司)与沈阳胜宝旺仓储联运公司重组为沈阳公路主枢纽集团,大连运输公司与大连中转货运公司(前身是大连市第二运输公司)重组为大连交运集团。重组后的这2家货运集团,充分发挥优势,瞄准市场,以结构调整适应市场,以市场需求带动结构调整,企业从连年亏损转为盈利,截至2005年底,企业资产分别从原来的2100万元、2.3亿万元增长至1.35亿元、3.8亿元。

辽宁省的货运企业重组及产业结构调整方面虽取得一定进展,但经营主体过于分散,市场集中度低,缺乏主导市场的大型企业,货运市场未形成规模效益,无序竞争加剧,安全服务质量低下等结构性矛盾十分突出。为引导道路货运企业的集约化经营和规范化服务,促进合理分工,辽宁省交通厅根据交通部发布的《道路货物运输企业经营资质管理办法》,从全省范围内抽出各方面专业人员,组成辽宁省货物运输企业经营资质评定专家组,按部颁标准进行认真评审。截至2014年底,辽宁省已评定符合国家二级资质的货运企业9家、国家三级资质的货运企业35家。

二、运能运力运量

随着我国经济体制的转变和改革开放进程的加快,市场经济给道路运输行业的发展带来了巨大刺激,在道路客运、道路货运方面,经营主体趋于多元化、运输车辆趋于高标准化、运输方式趋于多样化,高速公路的发展进一步促进道路运输运能运力运量快速提升,基本满足了发展中各个阶段的道路运输需求。

(一)公路客运

1. 客运线路

20世纪80年代初期,辽宁省班车客运线路多为市、县境内短途班线,最长线路不超过60km。1986年后,随着社会运力进入道路客运市场,客运线路不断增加。受车辆技术状况、公路通行条件的限制,这个时期线路里程相对较短,一般不超过100km,跨市、省的长途客运线路很少。

1990年以后,随着道路通行条件的改善,跨市班线得到发展,出现了桓仁至庄河等线路和一些与铁路并行的客运班线。随着沈大、沈山、沈丹、沈铁、锦阜、锦朝等高速公路的建成通车,依托高速公路的高速客运线路发展很快,省际线路扩大到内蒙古、吉林、黑龙江等地,以铁路为主要出行方式的人群已经部分转移到道路客运。随着全国高速公路的增加,超长途线路成为发展的重点,形成了以沈阳、大连为中心,通达内蒙古、黑龙江、吉林、北京、天津、河北、山东、河南、宁夏、陕西、山西、安徽、江苏、上海、浙江、福建等16个省(区、市)的客运网络。

2000年以后,客运线路向着更加集约的方向发展,伴随着高速公路的建成通车,辽宁省所有高速公路全部通行客运班车;2009年以后,由于受到高速铁路影响,部分高速公路线路渐趋萎缩;截至2016年底,全省客运线路6879条,其中高速公路客运线路656条;客运线路平均日发班次43067个,其中高速公路平均日发班次1396个。辽宁省1999—2016年客运班线统计见表2-2-1。

辽宁省1999—2016年客运班线统计表(单位:条)　　　表2-2-1

年　份	合　计	分　布			
		跨省	跨市	市内	县内
1999	4770	389	810	3571	2227
2000	4987	402	815	3689	2347
2001	5005	412	833	3760	2453
2002	5208	443	869	3896	2588
2003	5503	362	892	4249	2664
2004	5669	384	1010	4275	2395
2005	5961	395	1111	4455	2799
2006	6983	406	1603	1941	3033
2007	7047	460	1651	1879	3057
2008	6945	452	1613	1767	3113
2009	7035	480	1631	1846	3078
2010	7023	476	1594	1849	3104
2011	7109	478	1605	1854	3172
2012	7052	489	1608	1833	3122
2013	7101	493	1593	1791	3224
2014	6975	484	1571	1798	3122
2015	6884	456	1541	1771	3116
2016	6879	435	1538	1826	3080

2.客运车辆

1988年全省客运班车4994辆,"八五"末期增长到8185辆,"九五"末期增长至15516辆,"七五"到"九五"期间年均增长率17.5%。"十五"初期达16095辆,"十一五"初期增至16229辆,"十二五"末期预计达到14729辆,呈现下降趋势。

在车型结构方面,"七五"至"八五"期间,全省道路客运车辆老旧车、小型车所占比重很大,总体结构不尽合理。大型车辆主要是解放CA10B661、大连客车厂生产的大连远征、抚顺客车厂生产的抚顺号、四平生产的660客车和丹东生产的黄海客车等,个别干线上投放了匈牙利生产的依卡路斯车、德国生产的桑洛斯车。小型客车以沈阳生产的11座金杯车、松辽车为主。

"八五"期间,中型客车占一定比例,主要是牡丹、少林、红叶等品牌车辆。"九五"期间,中、小型客车比大型客车发展速度更快。中型客车有少林、华西、天菱等车型;小型客车有牡丹、胜利、金杯等车型。"十五"以后,全省营运客车车型结构日趋合理,大型客车有金龙、宇通、牡丹、金旅等车型;中型客车有牡丹、宇通、少林等车型;小型客车有迎客松、飞碟、华西等车型,老、旧车型逐步被淘汰,车辆档次日趋提高。辽宁省客运班车车辆车型结构见表2-2-2。

辽宁省客运班车车辆车型结构情况(单位:辆)　　表2-2-2

年 度	数 量	其 中		
		大型	中型	小型
1999	15426	4272	9053	2101
2000	15516	4188	9376	1952
2001	16095	4378	7836	3881
2002	16704	4099	11452	1153
2003	16060	3371	11959	730
2004	16093	2991	9545	3557
2005	16229	3394	8963	3872
2006	15684	3120	8136	4428
2007	16348	3662	9751	2935
2008	16432	3876	9819	2737
2009	16524	4253	10179	2092
2010	14655	4579	8582	1494
2011	14976	4962	8701	1313
2012	15066	5413	8422	1231
2013	14871	5909	8162	11098
2014	14729	5996	8082	651
2015	14503	5861	7990	652
2016	13852	5818	7341	693

在车型档次方面,"七五"至"八五"期间,客运车辆档次较低,大部分是以货车底盘为基础改造生产的车辆,市场上出现的丹东黄海等车型配置暖风功能,并改手拉门为气动双开门,当时已属高档车。"九五"初期,车辆档次仍处较低水平,全省中、高档客车不足10%。2000年贯彻交通部《道路旅客运输企业经营资质管理规定(试行)》以后,全省车辆更新改造步伐加快,高档次车辆比例明显提高。2001年底,全省中、高级车辆比例上升到15%。"十五"期间,全省车辆档次水平得到较大提高。2002年12月,交通部发布《营运客车类型划分及等级评定规则》,通过车辆等级评定工作,全省车辆档次水平稳步提升,配置有空调、独立式暖风、窗帘、饮水机等服务设备的高档次车辆逐步增加。"十一五"以后,中高级车辆明显增加,车辆设施、设备配置明显提高,车辆安全性和舒适度得到

较大改善。辽宁省客运班车中高级车辆统计见表2-2-3。

辽宁省客运班车中高级车辆统计表　　　　　表2-2-3

年　度	班车数(辆)	其　中	
		中高级车(辆)	占总车数比重(%)
1999	15426	252	1.63
2000	15516	219	1.41
2001	16095	1882	11.69
2002	16704	2990	17.90
2003	16060	3721	23.17
2004	16093	4260	26.47
2005	16229	4793	29.53
2006	15684	5467	34.86
2007	16348	6478	39.63
2008	16432	6976	42.45
2009	16524	7743	46.86
2010	14655	8215	56.06
2011	14976	8890	59.36
2012	15066	9185	60.97
2013	14871	9325	62.71
2014	14729	9973	67.71
2015	14503	10122	69.79
2016	13852	9689	69.95

3.经营主体

截至1985年末,全省共有公路运输企业144家,其中,全民所有制的企业47家,集体所有制企业97家。在全民所有制企业中,市属的21家,县(区)属的26家。在集体所有制企业中,市属的32家,县(区)属的65家。截至1986年底,全省共有公路运输企业142个,其中全民企业52个,集体企业90个,客运量18万人,旅客周转量561万人公里,营业总收入72万元,运输收入51万元,利润总额5.1万元,固定资产净值53.7万元。

1989年5月,省交通厅制定《辽宁省交通运输企业完善承包租赁经营责任制办法》,各运输企业通过多种形式的经营承包,增强了企业活力和对运输市场变化的适应能力,多数运输企业走出低谷。其中,大连长途客运公司实现利润602万元,辽阳市长途客运公司实现利润215万元。1990年底,公路运输部门县及县以上运输企业165个,其中全民企业62个,集体企业103个,客运量16.5万人,旅客周转量616.8万人/公里,营业总收入111.5万元,运输收入69.8万元,利润总额1.3万元,固定资产净值73.2万元。1992年12月,省交通厅运输管理局召开了企业经理座谈会,学习贯彻《企业法》、国务院《全民所有制企业转换经营机制条例》,研究和探讨全省公路运输企业在深化改革、转换机制、走向市场、提高效益等方面的措施和途径。宽甸客运公司于1993年开始着手改制,到1998年改制基本完成,成为省内第一家完成改制的班线客运企业。全省道路客运企业改制从此全面展开。1998年,辽宁虎跃快速客运股份有限公司成立,严格按照现代企业制度运作和市场经济规则正式投入运营。

1999—2005年,道路旅客运输企业陆续进行企业制度改革,一些国有企业通过兼并、重组,建立了以股份制为代表的现代企业制度;还有一些国有企业改制为民营企业。2000年7月,大连长途客运公司、大连汽车客运总站、大连运输集团公司、大连中转货运公司四家公司合并组成大连交通运输集团有限公司。公司成立了董事会和监事会,基本建立了现代企业管理制度,成为国有独资企业。2003年7月,朝阳市汽车运输总公司改制,以原企业内部职工为主,组建了民营的朝阳环通集团汽车运输有限公司。

21世纪初,道路客运"瓶颈"问题基本缓解,"以包代管"现象较为普遍,企业逐渐认识要想发展壮大必须走集约化经营道路,必须重视服务质量的提高和企业形象的改善。部分企业逐步转变单车承包、租赁经营的方式,通过银行贷款、股份制等形式筹措资金购置车辆,企业公车公营的线路开始增多,服务意识日益增强,服务质量逐渐提高,客运行业逐步走上良性发展轨道。

2006年以后,伴随着高速公路的大力兴建和高速客运的快速发展,集约化、规模化、公司化经营逐渐成为行业发展的主流趋势,企业以重组、合并、股份制经营等方式进行经营主体合并改造,业户数量大大减少。截至2014年底,全省共有班车客运经营业户1030家,其中企业228家(按照车辆数进行划分:100辆及以上45家,50~99辆40家,10~49辆98家,5~9辆35家,5辆以下10家),个体运输户802家。截至2016年底,全省共有班车客运经营业户1050家,其中企业244家(按照车辆数进行划分:100辆及以上46家,50~99辆40家,10~49辆110家,5~9辆33家,5辆以下15家),个体运输户806家。

4.旅客运输量、周转量

1984—2014年的30年间,公路旅客运输量和周转量基本呈现上升趋势,这与辽宁省大力发展高速公路建设和公路客运、不断提升高速公路服务水平密不可分。1984—2016年旅客运输量、周转量见表2-2-4。

1984—2016年旅客运输量、周转量 表2-2-4

年 份	客运量(亿人)	旅客周转量(亿人公里)
1984	1.66	47.34
1985	2.05	62.19
1986	2.20	71.00
1987	2.42	80.13

续上表

年 份	客运量(亿人)	旅客周转量(亿人公里)
1988	2.88	97.73
1989	3.05	103.01
1990	2.87	99.40
1991	3.19	113.86
1992	3.52	123.39
1993	3.19	118.58
1994	3.37	111.47
1995	3.30	113.14
1996	3.42	123.76
1997	3.86	146.50
1998	4.04	159.14
1999	3.84	149.63
2000	4.03	159.90
2001	4.12	167.07
2002	4.36	173.76
2003	4.12	164.14
2004	4.74	194.86
2005	4.99	210.08
2006	5.33	236.56
2007	5.96	263.50
2008	7.75	323.00
2009	8.16	350.10
2010	8.77	388.75
2011	8.60	399.70
2012	9.06	427.18
2013	7.82	362.43
2014	8.08	375.61
2015	6.03	313.09
2016	5.90	306.70

(二)公路货运

1.货运组织方式

全省货物运输在1983年以前基本是以普通大综货物运输为主。1983年以后,随着市场经济不断发展,市场对公路货物运输种类及运输方式的要求越来越高,辽宁省货运市场出现了适应市场需求运输的种类与运输方式。

（1）一般货物运输

辽宁省道路货物运输以一般货物运输为主，除危险货物运输、大型物件运输以及集装箱、冷藏保鲜等货物专用运输外，其他均为一般货物运输，承运的主要是普通货物。普通货物种类分为三等：一等是砂、石、渣、土等；二等是钢铁、矿产品、机电、木材、日用百货等；三等是蔬菜、农产品、水产品等。一般货物运输占整个道路货物运输的90%以上。辽宁省道路货运运力、货运量和货物周转量增长情况见表2-2-5，重点货类的道路货运量增长情况见表2-2-6，重点货类道路货物周转量增长情况见表2-2-7，道路货运量、货物周转量在五种运输方式中所占比重见表2-2-8，普通载货车辆在货车总数中所占比重见表2-2-9。

每个五年计划期末辽宁省道路货运运力、货运量和货物周转量增长情况　　　表2-2-5

计划	"六五"	"七五"	"八五"	"九五"	"十五"	"十一五"
年份	1985	1990	1995	2000	2005	2010
货车总数（辆）	30400	47408	60248	238664	308081	526708
货运量（万t）	4901	4468	19976	64515	74799	127361
货物周转量（万t·km）	160033	147806	2218461	2093667	4155458	1933384

每个五年计划期末辽宁省重点货类的道路货运量增长情况（单位：万t）　　　表2-2-6

计划	"六五"	"七五"	"八五"	"九五"	"十五"
年份	1985	1990	1995	2000	2005
煤炭及制品	993	1130	943	809	11520
石油、天然气及制品	37	24	22	16	2828
金属矿石	20	46	38	27	3112
钢铁	452	266	243	232	7520
机械、设备及电器	—	—	140	165	2915
粮食	374	731	387	521	5012

每个五年计划期末辽宁省重点货类道路货物周转量增长情况（单位：万t·km）　　　表2-2-7

计划	"六五"	"七五"	"八五"	"九五"	"十五"
年份	1985	1990	1995	2000	2005
煤炭及制品	3417	36127	19028	14551	614935
石油、天然气及制品	2958	1825	3014	1159	184684
金属矿石	1232	2418	1479	1206	147587
钢铁	18413	11301	9607	5844	385586
机械、设备及电器	—	—	7424	9424	375014
粮食	11040	17545	10644	9732	335467

每个五年计划期末辽宁省道路货运量、货物周转量在五种运输方式中所占比重　　表2-2-8

计划	"七五"	"八五"	"九五"	"十五"	"十一五"	"十二五"
年份	1990	1995	2000	2005	2010	2015
货运量所占比重(%)	73.3	77.8	77.2	76.5	78.7	81.8
货物周转量所占比重(%)	9.3	10.4	11.6	12.2	21.3	24.2

每个五年计划期末普通载货车辆在货车总数中所占比重　　表2-2-9

计划	"七五"	"八五"	"九五"	"十五"	"十一五"	"十二五"
年份	1990	1995	2000	2005	2010	2015
普通货车(辆)	46022	58690	229429	291297	491609	658384
普通货车所占比重(%)	97	97	96	94	93	83.8

（2）零担货物运输

零担货物运输是固定线路、固定站点、运输网络化的一种运输方式，所承运货物的特点是件小、种类多，托运人一次托运的货物重量在3t以下。辽宁省零担货物运输兴起于20世纪80年代，随着城乡零担物资迅速增长，铁路零星快件运力不足，待运时间较长，给公路零担货物运输的发展带来机遇。

1983年10月，沈阳市第一运输公司开通了辽宁省第一条公路零担货运班线——沈阳至北京公路零担货运班线。此后，全省先后开辟了沈阳至北京、上海、天津、石家庄、南京、太原、长春、哈尔滨以及省内各市之间的零担货运班线。

1984年10月，北京市交通局、辽宁省交通厅、河北省交通厅共同组建了全国第一个跨省区域性公路运输协调组织——东北、华北八省（区、市）汽车零担货运业务协调小组，并于1985年开始在东北、华北八省（区、市）的区域内对收费项目、收费标准、票据和结算方式等实行统一管理。1985年3月，针对沈大线铁路物资运输难的情况，经与沈阳铁路局协商，省交通厅运输管理局组织沈阳、大连两市联运公司在沈大线沿途设立13个站点，开辟了全国第一条公铁零担分流线路。沈阳、大连两市每周各发2个班次，零担班车实载率一直保持在70%左右。

20世纪80年代末，集贸市场的公路零担货物运输逐步发展。海城市西柳服装市场、沈阳市辽中茨榆坨服装大集、沈阳市五爱服装市场、辽阳市灯塔佟二堡皮货市场和葫芦岛市兴城东辛庄服装大集等有特色的集市贸易全面兴起，集贸市场的货源大部分来自江南各地，货物主要发往河北、内蒙古及东北三省，形成了以集贸市场为依托的货物集散地。1991年，省交通厅运输管理局将集贸市场的货物运输纳入公路零担货运市场管理，经营业户及零担班车进站经营，实行定点、定线运输，集贸市场的公路零担货运纳入行业管理轨道。

截至1997年底,辽宁省公路零担货运线路达到172条,其中跨省线路115条。公路零担货运线路连接省内32个市、县以及全国19个省(区、市)近400个市、县的始发、中转、直达站点,形成点线相连、干支相通的公路零担货物运输网络。

从2003年7月开始,根据交通部的统一要求,辽宁省取消了公路零担货运的许可审批,零担货物运输全面市场化经营。

(3)商品车运输

辽宁省商品车运输从无到有,由最初驾驶员自驾成品车送到汽车销售地,发展到使用专门运输车辆发送商品车。

1998年以前,沈阳金杯汽车公司生产的车辆主要由沈阳市第三运输公司承运,丹东黄海汽车厂生产的车辆主要由该公司自行承运。1999年3月以后,为适应汽车生产厂家提出的"零公里送车"新理念,国内出现了专门运输成品车的商品车运输车辆,每次能装载6至8辆成品车,不但为汽车生产厂家降低了物流成本,同时也节约了能源。1999年,辽宁省仅有沈阳运输集团、沈阳远通物流2家运输企业,50辆商品车运输车辆。截至2016年底,已发展到25家商品车运输企业,1000余辆商品车运输车辆。除金杯小货车和黄海大客车外,辽宁省成品汽车通过商品车运输的占95%。

(4)农村货物运输

农村货物运输是指用农用拖拉机、农用三轮车、低速汽车运输农用物资、农副产品及其他农村生产、生活物资的运输。

1983年,辽宁省的农村货物运输开始发展。同年8月,省经委、交通厅转发国家经委、交通部关于改进公路运输管理的有关政策要求,调动了城乡个人购车办运输的积极性。截至1984年底,辽宁省农民个人购买并参加营业运输的拖拉机数量达到58436台,1990年62763台,1995年68143台,2000年50810台。随着农民收入不断提高,农村货物运输形成了多家经营的新格局,告别了农村运货难的历史。2000年后,农村货物运输由拖拉机转向农用三轮车、低速汽车。截至2005年底,农用三轮车和低速汽车总数达到151846辆,拖拉机数量降至14041台。随着农村经济发展,农用三轮车和低速汽车、拖拉机等正在逐步退出道路运输市场。

2. 货运车辆

货物专用运输是指使用集装箱、冷藏保鲜设备、罐式容器等专用车辆进行的货物运输。所承运的货物,既有普通货物,又有鲜活货物、贵重货物,运输所需的条件和要求较高。

集装箱运输使用汽车承运集装箱进行运输。其特点是:能保证货物运输安全,减小货损货差;节约货物包装材料;简化货物作业手续,提高装卸效率,加快车船和货物的周转时间;减少运营成本;实现货物"门到门"运输。

1979年，大连外运公司汽车一队购置了2辆汉阳产国际标准集装箱专用车，集装箱运输开始在辽宁省道路运输市场上出现。1996年以后，辽宁省加大对集装箱运输的投入，使运输结构得到较大改善。大连港、营口港已分别成为东北及内蒙古东部地区外贸、内贸的中心，并建成区域性集装箱运输枢纽。据调查，东北及内蒙古东部地区95%的外贸进出口物资和80%以上的东南沿海内贸物资分别通过这两个港口完成。港口货物的集疏运任务，对公路集装箱运输产生了旺盛的需求。

2001年以后，辽宁省加大对国际标准集装箱运输的政策扶持。2002年1月，调整了国际标准集装箱运输车辆高速公路通行费标准，对属于特1型(14～39t)的国际标准集装箱运输车辆，按大型车(7～14t)计费，即由每车公里1.3元，降至每车公里1元，降幅达30%。据不完全统计，这项优惠政策可使辽宁省国际标准集装箱运输车辆平均每辆车年节约高速公路通行费1万元左右。

2004年6月，国家全面开展道路货运车辆超限超载治理工作。由于港口对国际标准集装箱装载标准与国家提出的车辆超限超载标准不统一，辽宁省集装箱运输一度受到限制，特别是以内贸集装箱运输为主的营口和锦州的港口，出现多年少有的压港现象。2005年3月，省交通厅统一全省集装箱运输车辆的限载标准，五、六轴车辆运输2个20英尺集装箱或1个40英尺集装箱允许超限30%。

通过鼓励发展集装箱运输车辆的优惠政策，使全省集装箱运输车辆平均每年以23%的速度增长，辽宁省港口每年集装箱吞吐量的85%是通过道路集疏运完成的。截至2016年底，全省的道路集装箱运输车辆已达到14742辆。

辽宁省罐式容器运输首先在建筑业兴起，主要是混凝土罐式运输。改革开放以后，国外建筑业一些新技术、新材料、新工艺进入国内，其中混凝土成为建筑工程施工中用途最广、用量最大的材料。1992年5月，沈阳市第一建筑工程公司与台商合资，共同组建了辽宁省第一家专门从事混凝土预拌、运输和泵送的沈阳健晖混凝土有限公司。该公司从日本进口10辆混凝土搅拌车和2辆混凝土泵送车，并于同年8月正式投入生产，开始了混凝土罐式运输。1997年10月，沈阳市政府颁布25号令，严禁市区内施工现场搅拌混凝土，成为全省第一个取消市区内施工现场搅拌混凝土及袋装水泥运输的城市。随后，各省辖市相继取消市区内施工现场搅拌混凝土及袋装水泥运输，所需混凝土由混凝土罐式运输车辆从混凝土搅拌厂直接运往市区内的施工现场。截至2014年底，全省罐式混凝土搅拌车已发展到5900余辆。

辽宁省的冷藏保鲜运输从20世纪90年代初开始起步，承运的货物主要有牛奶、海鲜水产品、冷鲜肉及肉类产品和新鲜水果等，到2016年底，冷藏保鲜运输车辆已发展到6800余辆。

3. 货运经营

随着运输市场的开放,道路货运企业在经营和管理上日渐成熟,并逐步实现集约化和规模化。

（1）市场管理

道路运输市场放开后,计划经济模式下的国有道路运输企业独家经营的优势逐渐丧失。为提高经济效益,货运企业转变经营管理方式,普遍实行目标管理责任制,走规模化、集约化的路子,增强了企业活力和对运输市场变化的适应性。

1986年1月,大连交通运输集团有限公司开始实行经理任期目标责任制。市交通局与公司经理签订任期目标责任合同,任期三年,任期内各项指标以1985年为基础,目标为每年货运量递增2%,货物周转量递增2.4%,利润递增2%。公司将目标分类、指标分解,形成横向14个关联部门、纵向22个基层单位构成的矩阵式目标控制体系,形成"千斤重担众人挑"的局面。1988年,大连交通运输集团有限公司完成货运量845万t、货物周转量18664万t·km,实现利润910万元,均达到或超过预定目标。

1986年7月,省交通厅在本溪市召开全省增强道路运输企业活力经验交流会,推行以承包为主的经济责任制,同时给企业提供较为宽松的环境。同年11月,将营运车辆折旧里程由100万km缩短到50万km,并将企业提取的折旧基金全部留给企业;对效益差、处于亏损边缘的企业,经税务部门审查同意后,给予不定期限的减免所得税优惠;计划、金融部门每年优先安排运输企业一定数额的银行贷款;石油供应部门对运输企业需要的平价油料指标,按照供应原则给予倾斜。上述措施和政策,给运输企业注入了活力。1990年,在燃料、配件价格倍增,工资及其他支出增幅较大的情况下,全省道路货运企业仍实现利润共计2735万元,比1986年增长16.7%。

1992年以后,道路货运企业把产权制度改革作为深化企业改革的突破口,普遍采用租赁经营、融资经营、合资经营以及私营车辆挂靠经营等方式。1993—1998年,道路货运企业实行所有权与经营权相分离,将生产资料、经营场地、车辆等经营权全部交给个人,调动了职工的积极性。

2001年4月5日,交通部下发了《道路货物运输企业经营资质管理办法(试行)》(交公路发〔2001〕154号)的通知,随之,辽宁省开展了道路货物运输企业经营资质等级评定工作。由于企业的资质等级与经营规模、经营范围直接相关,进而推进了全省道路货运企业向规模化、集约化、现代化发展的进程。截至2016年底,全省具备资质等级的道路货运企业1277家,沈阳运输集团有限公司、沈阳安运集团有限公司和大连交通运输集团有限公司等9家企业,被评定为国家二级资质的货运企业;沈阳远通物流服务有限公司、大连集龙物流有限公司等35家货运企业,被评定为国家三级资质的货运企业。2014年辽宁省二级、三级资质道路货运企业一览分别见表2-2-10和表2-2-11。

2014年辽宁省二级资质道路货运企业一览表

表2-2-10

序号	市　别	企业名称	评定时间
1	沈阳市	沈阳运输集团有限公司	2002年
2		沈阳一运实业有限责任公司	2002年
3		沈阳兴运物流有限公司	2002年
4		沈阳安运集团有限公司	2002年
5	大连市	大连交通运输集团有限公司	2002年
6	鞍山市	海城市远征运输有限公司	2002年
7		海城富奎物流有限责任公司	2002年
8		海城春雷物流有限公司	2005年
9	丹东市	丹东货运有限公司	2002年

2014年辽宁省三级资质道路货运企业一览表

表2-2-11

序号	市　别	企业名称	评定时间
1	沈阳市	辽宁省路桥建设二公司	2003年
2		沈阳玉满运输有限公司	2003年
3		沈阳市伦德货运有限公司	2003年
4		辽宁天天快运有限公司	2003年
5		沈阳远通物流服务有限公司	2004年
6	大连市	大九国际流通有限公司	2003年
7		大连联运有限公司	2003年
8		大连日通外运物流有限公司	2003年
9		大连市邮政水运分局	2003年
10		大连集龙物流有限公司	2003年
11		大连环东物流有限公司	2003年
12	鞍山市	鞍钢建设集团有限公司汽车吊装运输分公司	2003年
13		鞍钢矿山建设有限公司	2003年
14		鞍钢矿山汽车运输有限公司	2003年
15		鞍山市千山综合运输处	2003年
16		海城市运输总公司	2003年
17		海城市天正运输有限公司	2003年
18		海城市车辆运输管理处劳动服务中心	2003年
19		台安县运输公司	2003年
20		海城市荣宽储运有限公司	2004年
21		鞍山长旅运输有限公司	2005年
22		海城市巨轮运输集团有限公司	2005年
23		鞍钢房产建设有限公司机运分公司	2005年
24	抚顺市	抚顺特殊钢(集团)汽车运输有限责任公司	2003年

续上表

序号	市 别	企 业 名 称	评定时间
25	本溪市	本溪市华运物流有限责任公司	2003 年
26		本钢汽车运输有限责任公司	2003 年
27		本溪北营钢铁(集团)股份有限公司公运公司	2003 年
28		本溪市东大运输有限责任公司	2003 年
29	锦州市	锦州汽车运输有限公司	2003 年
30		凌海市运输公司	2003 年
31	营口市	营口市运输有限公司	2003 年
32		营口红运公路集装箱运输有限公司	2003 年
33	辽阳市	辽阳华厦货物运输有限公司	2005 年
34	铁岭市	铁岭市货运有限公司	2004 年
35	葫芦岛市	葫芦岛市汽车运输总公司	2003 年

(2)道路货运企业深化改革

1987年8月,省交通厅在绥中召开全省国营公路运输企业深化改革、扭亏增盈座谈会。锦州和阜新市交通局、台安县运输公司、大洼县汽车货运一公司、义县第二运输公司和锦州汽车客运公司等介绍了实行承包、租赁经营,搞活运输企业的经验。会后,省交通厅制订交通企业推行承包责任制实施方案,推进了各种承包经营责任制的落实。截至1987年底,市级交通部门所属的36家运输企业,实行利润包干的13家,经理任期目标责任制的17家,利润递增包干的2家,亏损包干的2家,经营负责制的2家;县级交通部门所属的50家货运企业,大部分实行了单车租赁,联产、联利计酬等。

1989年5月,省交通厅制定运输企业完善承包租赁经营责任制办法,确定实行承包、租赁经营责任制的原则,承包的内容和形式,合理确定承包、租赁基数,完善承包、租赁合同,引入竞争机制、风险机制和自我约束机制,深化企业内部的配套改革,强化企业管理和加强宏观管理等方面作出了规定,完善了承包租赁经营责任制,规范了企业的经营行为。

1993年11月,根据中共十四届三中全会确定的经济体制改革的总体目标和国有企业的改革方向,货运企业逐步建立现代企业管理制度。"九五"以后,一些国有企业改制为民营企业;还有一些国有企业通过兼并、重组,建立了以股份制为核心的现代企业管理制度。1996年6月,由沈阳第三运输公司控股、公司内自然人参股,组建了沈阳鸿运实业有限公司;1998年6月,沈阳第一运输公司经理孙立男等以集体承债式买断了沈阳市第一运输总公司下属15家企业,并于同年10月在沈阳高新技术开发区注册成立沈阳一运实业有限责任公司,成为辽宁省第一家由国有改制为民营的运输企业;同年11月,由沈阳鸿运实业有限公司、沈阳集装箱仓储联运中心、沈阳第三运输公司三方控股,组建了沈阳公路主枢纽集团有限公司;2000年2月,沈阳公路主枢纽集团有限公司、沈阳一运实业运输有限公司、沈阳兴运有限公司、沈阳五爱客货联运总站、浑南客货联运总站五家货运企业共同组建了沈阳运输集团,并于 2001 年 5 月更名为沈阳运输集团有限公司;1997 年,大连运输公司改制为大连运输集团有限公司;2000 年 7 月,大连运输集团有限公司、大连中转货运公司、大连长途客运公司、大连汽车站联合组建大连交通运输集团有限公司;2003 年 7 月,大连市联运公司国有资产全部退出,与 105 名员工重新签订劳动合同,组建大连联运有限公司;2004 年 4 月,鞍山第二运输公司将面临破产的 6 个独立核算的货运车队解散,将维修厂等三个效益好的单位从公司分离独立组建,原公司机关和公司下属长途旅游公司合并组建鞍山市长旅运输有限公司;1999 年 11 月,沈阳市第三运输公司(后改为沈阳运输集团有限公司)和大连中转货运公司共同出资,组建辽宁北方快速货运集团有限公司(以下简称辽宁北方快运集团),成为全省首家跨地区的股份制专业货物运输企业。

4. 货物运输量、周转量及流量流向

1984—2016 年辽宁省货运量、周转量见表 2-2-12,2013 年 9 月辽宁省高速公路分流向货物运输量见表 2-2-13。

1984—2016 年辽宁省货物运输量、周转量 表 2-2-12

年　份	货运量（亿 t）	货物周转量（亿 t·km）	年　份	货运量（亿 t）	货物周转量（亿 t·km）
1984	0.47	14.79	2001	6.33	215.83
1985	0.49	16.00	2002	6.40	221.75
1986	5.38	116.12	2003	6.60	226.50
1987	5.56	129.87	2004	7.02	326.99
1988	6.12	178.16	2005	7.48	415.55
1989	5.93	177.96	2006	8.21	474.73
1990	5.60	150.77	2007	9.04	568.11
1991	6.06	172.88	2008	9.29	1354.20
1992	6.18	198.95	2009	10.50	1550.05
1993	6.89	219.40	2010	12.74	1930.34
1994	6.90	221.31	2011	15.20	2328.50
1995	7.00	221.84	2012	17.44	2675.48
1996	7.00	225.27	2013	17.29	2792.02
1997	7.03	226.43	2014	18.92	3074.90
1998	6.55	206.50	2015	17.21	2850.68
1999	6.63	207.69	2016	17.74	2936.76
2000	6.45	209.37			

2013年9月辽宁省高速公路车流流向货物运输量 表2-2-13

车流流向	货运量 （万t）	货运量比重 （%）	货物周转量 （亿t·km）	货物周转量比重 （%）
穿越	495.34	11.22	25.52	22.72
进省	890.96	20.18	28.83	25.67
出省	797.84	18.07	24.98	22.24
省内	2230.31	50.52	32.99	29.37
合计	4414.45	100.00	112.32	100.00

总体看来，辽宁省4种车流货物周转量所占比例较为平均。

受地理位置和经济形势的影响，辽宁省穿越车流的货运量所占份额不高，但由于穿越辽宁省的车辆货物行驶里程长（最长的京哈高速公路G1辽宁段548km），实车比重高，导致了穿越辽宁省的车流货物周转量较大。

进出省货运量、货物周转量比重相对持平，进省货运量略高于出省货运量，进出省车流的货物周转量约为总周转量的1/2。

省内车流虽然在数量上占据优势，但碍于行驶里程较短，车型小，大多为本省籍车辆，对货物周转量的贡献约占30%。

三、基础设施

辽宁省客货枢纽的规划与建设从"八五"开始实施，主要以沈阳、大连2个公路主枢纽所在城市为重点，培育发展区域性道路运输市场。到"十五"末期，辽宁省交通厅以《国家公路运输枢纽布局规划》为指导，组织沈阳等8个市编制了各地方规划，积极争取将各运输枢纽具体规划纳入所在城市总体规划，从城市整体利益和区域经济一体化发展要求出发，遵循可持续发展的原则，依托高速公路网建设，推动综合性立体客运交通枢纽与物流园区的规划建设。公路运输枢纽的规划与建设对发展道路运输、现代物流，建立一体化综合运输体系，最大限度地发挥综合运输整体效益起到积极的作用。

（一）公路客运枢纽规划与建设

1989年3月，交通部提出建设公路主骨架、水运主通道、港站主枢纽及其支持系统的"三主一支持"长远规划战略设想。为此，交通部在全国范围内，确立了包括沈阳市在内的45个公路主枢纽城市，并相继开展了公路主枢纽总体布局规划工作。1991年3月，沈阳市交通局编制完成的《沈阳公路主枢纽总体布局规划》，成为全国第一个通过部级评审的公路主枢纽总体布局规划。

该规划依据社会经济的发展趋势以及交通运输量增长速度，从满足客运旅客安全、快速、舒适的出行要求出发，推进客运系统建设。1995年建成的沈阳五爱客货联运站总投资12000万元，停发车场面积16000m²，建筑面积40000m²；2001年建成的省快速汽车客运站停发车场面积14000m²，建筑面积13000m²。沈阳公路主枢纽项目的实施，极大地改善了沈阳道路运输基础设施落后的状况，提高了道路运输的服务水平。

1996年6月，大连市交通局编制完成了《大连公路主枢纽总体布局规划》。该规划从发展综合运输体系、强化行业管理、完善运输市场、提高社会经济效益、适应大连市经济社会发展需要的角度出发，确定了建设能够体现大连特点，科学的、可操作的大连公路主枢纽总体布局的规划方案。1996年以来，大连市根据规划新建或改造市县级客运站项目11项。1996年投资1056万元，改造旅顺客运站停车场地3000m²；2000年建设的大连黑石礁客运站总投资2330万元，站房面积5000m²，场地面积11000m²；2003年建设的金州第二客运站总投资3129万元，站房面积6496m²，场地面积15000m²。另外，1998年建成的大连主枢纽管理指挥中心总投资2200万元，站房面积达5600m²。大连市主枢纽设施完善，服务功能齐全，以其合理的运输组织和科学的管理方法，以及灵敏快捷的通信信息系统，满足了旅客的出行需要，促进了物流业的发展，有效地衔接各种运输方式，提高了综合运输效率。

2004年12月，为适应新时期公路交通发展的要求，交通部在《全国公路主枢纽布局规划》的基础上，制定《国家公路运输枢纽布局规划》，在全国确定了179个国家运输枢纽，其中，辽宁省有沈阳(抚顺、铁岭)、大连、鞍山、锦州、营口、丹东6个国家运输枢纽。2006年开始，沈阳等8个城市交通局以《国家公路运输枢纽布局规划》为指导，相继编制完成了各地方规划，将各运输枢纽具体规划纳入所在城市总体规划，从城市整体利益和区域经济一体化发展要求出发，遵循可持续发展的原则，推动综合性立体客运交通枢纽与物流园区的规划建设。

2006年，营口市交通局委托交通部科学研究院编制《营口公路运输枢纽规划》，2008年12月规划通过了地方初审。规划以贯彻"以人为本"服务理念和降低社会物流成本为目标，以公路运输枢纽作业量预测为依据，深入分析道路运输站场现状，制定了科学、合理、具有一定前瞻性的规划布局。规划中确定营口新汽车客运站等5个客运枢纽站，规划总占地面积26.3万m²，年总发送能力为2646万人。2006年新建的营口新汽车客运站总投资6631万元，占地面积57322m²。2007年建成了营口交通物流中心一期工程，建成仓储库12780m²、业务大厅1900m²。2008年底新建成的鲅鱼圈客运站总投资6865万元，新建站房15545m²、场地43000m²。

2008年7月，锦州市交通局委托交通部科学研究院编制《锦州公路运输枢纽规划》，2008年12月规划通过了地方初审。规划以发展综合运输体系，提高经济效益，强化公路运输行业管理为根本出发点，以城市总体规划和各项经济指标为依据，确定了锦州客运中心站等5个客运枢纽站，规划总占地面积20.2万m²，年总发送能力为2044万人。2008

年新建的锦州客运中心站总投资1.45亿元,总建筑面积18300m²,设计上采用双层站台发车,其中,站房4200m²,一、二层发车平台建筑面积为14100m²,有效地解决了停发车场面积不足问题,缓解了车辆停放的拥堵现象,改善了旅客的出行环境。

2008年7月,鞍山市交通局委托交通部科学研究院编制《鞍山公路运输枢纽规划》,2008年12月规划通过了地方初审。规划从地区公路发展的实际出发,从满足构筑公路运输网络的要求出发,注重与其他运输方式和站场的有机联系及融合,充分体现公路运输枢纽站场的网络性、整体性和综合性。规划中确定鞍山中心客运站等4个客运枢纽站,规划总占地面积23.8万m²,年总发送能力为2409万人。2006年建成的鞍山市中心客运站枢纽项目,采用双层发车,总投资1.3亿元,总建筑面积17693m²,其中,站房9789m²,一、二层发车平台建筑面积为7904m²,客运站设有发车位24个、停车位35个。鞍山市中心客运站在建设过程中,为了解决大型客车转弯半径要求较高与室内停发车场空间有限的矛盾,设计人员通过模拟演练的方式确定停发车场柱间距,在确保停发车场功能发挥的前提下,尽可能地降低工程造价。

丹东市交通局委托交通部规划研究院编制《丹东国家公路运输枢纽规划》,2008年12月规划通过了地方初审。规划重点突出提高人民群众出行质量,构建省际、城际、城乡交通一体化的国家公路运输客运枢纽,确定了丹东公路客运中心站等4个客运枢纽站,规划总占地面积19.85万m²,年总发送能力为1716万人。

同年8月,大连市交通局编制完成了《大连公路运输枢纽总体规划(送审稿)》。规划根据辽宁省"五点一线"和大连"西拓北进"发展战略,定量与定性相结合地预测了2020年之前大连市三公路运输需求,提出在大连城市区域内建设大连长兴岛汽车站等10个客运枢纽站,规划总占地面积37.2万m²,年总发送能力为4308万人。

沈阳作为原45个公路主枢纽城市之一,被纳入到179个国家公路运输枢纽之列,并与抚顺、铁岭一同构成了"沈抚铁"国家公路运输组合枢纽。2010年10月,在《沈阳国家公路运输枢纽总体规划》《抚顺国家公路运输枢纽总体规划》和《铁岭国家公路运输枢纽总体规划》的基础上,辽宁省交通厅委托交通部科学研究院编制了《沈(阳)抚(顺)铁(岭)国家公路运输枢纽总体规划》。规划从"区域经济一体化、区域交通一体化"以及"综合运输服务"的角度出发,注重区域资源的合理配置和共享,注重优势互补,对三个城市的枢纽布局进行统筹规划,构建更合理更完善的区域公路运输系统。沈(阳)抚(顺)铁(岭)国家公路运输枢纽的建设应根据市场需求,远近结合、统一规划、分期实施,安排17个客运枢纽项目。

到2010年,全省完成鞍山长途客运站、营口客运站、锦州市中心客运站、铁岭市中心客运站、抚顺中心客运站5个枢纽项目新建,总投资4.4亿元,其中交通部补助投资5000万元,总建筑面积达到8万m²。有效提升了班车客运与铁路、城市公交、出租等运输方式的换乘效率。

"十二五"期间，全省共启动实施11个客运枢纽项目，累计完成投资13亿元。辽宁省交通厅为促进物流园区项目建设加大资金扶持，充分利用国家燃油费返资金1.7亿元对项目进行补助，同时积极争取交通运输部补助投资2.9亿元。到2015年底，辽阳市中心客运站、沈本新城客运枢纽站、大连长兴岛汽车站、铁岭市综合客运枢纽站、沈阳苏家屯客运站、大连金州中心客运站、鞍山市公路长途客运北站、营口客运东站和营口经济技术开发区客运站9个项目建成并投入使用；沈阳南站综合客运枢纽和锦州龙栖湾客运站2个项目在建。辽阳市中心客运站、沈本新城客运枢纽站、大连长兴岛汽车站、铁岭市综合客运枢纽站、沈阳南站综合客运枢纽5个项目具有公铁联运功能的综合客运枢纽。

截至2016年底，本溪—沈本新城客运枢纽站、葫芦岛市建昌客运枢纽2个项目建成并投入使用；大连庄河市综合客运枢纽、大连湾综合交通枢纽客运站、沈北天兴客运站3个项目在建。其中，本溪—沈本新城客运枢纽站和大连庄河市综合客运枢纽2个项目具有公铁换乘功能，大连湾综合交通枢纽客运站项目具有公水换乘功能。

（二）公路货运枢纽（物流园区）规划与建设

新中国成立以来，辽宁省货运站场的建设一直都以大型货运经营企业为主，由企业自行投资建设，自主运营。"九五"期间，辽宁省的货运站大多以简单的仓储、停车为主，管理方面比较落后，因此整体经济效益不高。1996年开始，辽宁省结合《全国公路主枢纽布局规划》，开始实施沈阳、大连枢纽货运站场的建设，陆续建成沈阳主枢纽马官桥货运站和大连主枢纽金州货运站。沈阳主枢纽马官桥货运站2002年开始投资建设，项目总投资7198万元，建筑面积32605m^2，占地面积32367m^2。大连主枢纽金州货运站总投资1700万元，建筑面积7000m^2，占地面积3800m^2。

"十五"开始，省交通厅重点扶持国家公路运输枢纽物流项目，为解决基础平台薄弱的问题，全省投资建设了大连大窑湾、锦州渤海、营口、丹东国际、抚顺华山5个物流中心（园区），为物流相关企业的发展提供了公共平台，实现了物流基础设施公用、物流资源共享，降低了成本，提高了物流的运作效率，促进了城市功能结构的调整，减小了城市交通环境的压力。

"十二五"期间，为落实省政府"辽宁沿海经济带""沈阳经济区"和"突破辽西北"三大区域发展战略，促进交通物流业发展，省交通厅加大了对物流基础设施建设投入的力度，重点推进京沈、沈大和沈丹高速公路沿线国家公路运输枢纽城市的货运枢纽项目建设，将政府重点支持、配套设施齐全、有产业支撑的物流项目纳入省年度站场建设投资计划。省交通厅计划下达16个物流园区项目，其中深国际沈阳现代综合物流园和营口港现代物流配送中心2个项目纳入交通运输部货运枢纽投资计划，项目总投资10亿元，争取交通运输部补助投资7500万元。

2014年建成的营口港现代物流配送中心,是一个围绕物流活动的大平台,主要为物流企业提供商务用房租赁,为货主提供集装箱堆存和拆装箱服务,为运输企业(车主)提供车货信息、车辆停放以及车辆维修等服务。项目占地面积19万m^2,建筑面积3万m^2,总投资2.5亿元,其中交通运输部补助投资0.3亿元。

截至2016年底,辽阳第地嘉交通物流园区、深国际沈阳现代综合物流园、等项目建完并投入使用。东北农产品冷藏物流中心、朝阳会通物流园、葫芦岛市兴城大红门物流园区、鞍山龙基物流园区、绥中物流园区5个项目在建。东北农产品冷藏物流中心、朝阳会通物流园、葫芦岛市兴城大红门物流园区3个项目实现局部达产。

第三章
高速公路发展历程

第一节 概 述

1978年12月,党的十一届三中全会胜利召开,确定了党的基本路线,我国开始进入改革开放和社会主义现代化建设的历史新时期。1981年,省政府领导班子在调整国民实践中感受很深,认识到能源、交通是长期制约辽宁国民经济发展的薄弱环节,从树立大交通观念出发,逐步做到铁路、公路、水上、民航管道多种运输方式协调发展,提高整体运输能力。1982年10月,邓小平在同国家计委负责同志谈话时指出,"我们整个国民经济发展的战略,能源、交通是重点,农业也是重点。"这进一步启发了辽宁省委、省政府的领导班子。为加快辽东半岛对外开放,改善投资环境,对交通运输提出了新的要求,经济要搞活,交通要畅通,加快基础工业建设一系列措施,下决心做出建设沈大高速公路的决策,省交通厅做了大量的前期工作。1984年5月,国家计委批复了设计任务书,省政府决定成立辽宁省沈大高速公路改扩建工程总指挥部,由副省长彭祥松任总指挥,由省交通厅厅长张文礼任常务副总指挥,由交通厅组建总指挥部办公室。经过6年的艰苦奋战,1990年9月1日,中国第一条建设里程最长(375km)的沈大高速公路建成通车。高速公路显著提高了运输效益及社会效益,从此翻开了建设高速公路的历史新篇章,开创了中国公路建设的新纪元。在沈大高速公路建设过程中,省政府采取全民办交通原则,动员了全省人力、物力、财力支援建设。资金筹措是工程建设中的最大难题,省政府采取"不惜血本办交通"的决心,在实践中总结出了"政治动员,行政干预,经济补偿,各方支持"的十六字方针。"九五"期间进一步修正为"政治动员,行政协调,政策倾斜,经济补偿,各方支持"二十字方针,为高速公路建设解决了征地动迁、资金筹措、物资供应许多难题。工程造就了一大批技术、管理人才,锻炼了一大批工程施工队伍,创造出"团结拼搏,艰苦奋斗,从严求实,争创一流"的沈大精神,荣获国家领导和国内外赞誉,被誉为"成功之路""腾飞之路。"

为开通沈阳市至桃仙国际机场通道,建设了沈阳至丹东高速公路沈阳至桃仙段14km。"七五"期间建设389km,连接了5个市辖市。

1991—1995年期间,省交通厅在沈大高速公路建成后,以深化经济体制改革和扩大对外开放,实施东北老工业基地改革,改造有利时机,审时度势,制定出以沈阳为中心"一环四射"的高速公路网化格局,执行"统一规划,突出重点,坚持标准,总体推进"建设原则,开始尝试"贷款修路,收费还贷"的筹融资办法,建成了沈阳至本溪、沈阳至铁岭、沈阳至抚顺、沈阳过境绕城高速公路,共计194km,连接了8个省辖市。

1996—2000年期间,贯彻实施国家"三步走"发展战略和推进工业化,辽宁省实施的"结构优化、外向牵动,科技兴省"三大战略,按照公路建设发展要适应经济与社会发展,适应改革开放和人民生活水平提高的三个适应。省交通厅制定了登台阶、上水平的建设方针。加快公路主骨架建设,建成铁岭至四平、本溪(小堡至南芬)、沈阳至山海关三条高速公路,初步形成"一环五射"高速公路主骨架。按照"立足当前,考虑长远,适当超前"的原则,适当提高高速公路建设标准及质量,逐步与国际高速公路建设管理接轨,首次在全国交通系统第一个利用亚洲开发银行贷款修建本溪(小堡至南芬)高速公路,开始采用国际"菲迪克"合同条款。在该项目中首次在山区采用隧道结构,大峪沟隧道长1505延米,吴家岭隧道长1020延米,引进国际先进现代化的隧道监控、通风、照明自动控制设施。另一个亚行贷款项目铁岭至四平高速公路引进了高速公路自动化通信、监控及车辆称重设施。

沈山高速公路项目为当时国内里程最长的6车道高速公路,达361km,按8车道规划,6车道设计。此项目为高标准工程,列为国家重点建设项目。1997年8月,省交通厅提出了《沈山高速公路创一流实施纲要》,争创"设计一流,施工一流,管理一流,质量一流"四个一流的目标,始终坚持"严字当头,质量第一,受控有序,争创一流"的工作目标。"九五"期间建设了沈丹高速公路(小堡至南芬段)、铁岭至四平段、沈阳至山海关高速公路共计496km的高速公路,连接了11个省辖市,打通了北京至哈尔滨在辽宁段551km国家主干线。

2001—2005年期间,省交通厅坚持实施科教兴省、对外开放和可持续发展三大战略,重点增强沈阳经济区,沿海经济带的辐射功能。相继建成丹东至本溪、盘锦至海城、锦州至朝阳、锦州至阜新、丹东至大连5条高速公路共计705km,并完成了沈阳至大连8车道高速公路改扩建工程348km。

2006—2010年,辽宁省高速公路建设为振兴老工业基地发展目标,调整扩大规模,加快交通建设速度,实现交通现代化。在规划制定过程中,省交通厅党组坚决贯彻省委、省政府的决策意图,提高认识、统一思想、充实内容、完善思路。落实省委、省政府振兴老工业基地的战略部署,确定了实现辽宁交通现代化的总体进程。充分考虑以沈阳为中心的城市辐射带动作用,构思区域经济发展新格局,加密辽宁中部城市群的高速公路网,充分考虑大连东北亚国际航运中心建设,扩大沿海港口建设规模,开发大连长兴岛,建设营口沿海工业基地,开发辽西锦州湾,加大了疏港高速公路建设,加密省内区域经济干线高速公路建设。"十一五"期间建设19条高速公路,总计2262km。其中,连接辽宁中部城市群本溪、辽阳、辽中、新民、铁岭,共计257km;3条放射线,沈阳—康平高速公路、沈阳—彰武高速公路、抚顺(南杂木)—沈阳高速公路,共计254km;经济区加密连接线6条,共计518km;出省通边6条,共计1065km;疏港路5条,共计168km。形成"三环、七射、五连、六通道、五疏港"的高速公路主干线网。

2010—2015年,"十二五"期间进一步完善辽宁省高速公路主干网,改善提高交通量比较大的线路,对已建设多年开始大修的线路进行改扩建。沈阳至桃仙高速公路改扩建由4车道改为8车道共计11.68km,沈阳绕城高速公路改扩建由4车道改为8车道共计82km,沈阳至四平高速公路改扩建由4车道改为8车道共计148.4km,3条合计为242km。新建阜新至盘锦延伸线15.47km,兴城至建昌高速公路90km,辽阳灯塔至沈阳辽中高速公路42km,盘锦辽滨疏港高速公路16.51km,营口仙人岛疏港高速公路5.7km,康平至海洲窝堡高速公路23.7km,鲅鱼圈港区疏港高速公路8km,丹东大东港疏港高速公路17.14km,辽中环线铁岭至本溪高速公路119km,9条高速公路合计337km。

2016年,启动建设了鹤大高速公路前阳互通立交,灯辽高速公路灯塔南互通立交。

辽宁高速公路主要采取政府还贷高速公路建设管理方式,省政府组建总指挥部,充分发挥政府行为,以省交通厅为建设管理主体,统一主持全省高速公路建设与管理。辽宁高速公路建设管理始终采用的"四个统一"(统一规划、统一建设、统一管理、统贷统还)建设与管理模式,以其科学性、有效性为众多省市所借鉴。统一规划,根据国家和全省国民经济发展需要,依据《辽宁省公路网规划》,编制高速公路建设方案,做好项目的前期筹划,再下达给项目执行单位,统一建设。按照省交通厅的授权,省高建局统一组织高速公路建设,经过多年实践,形成完整的工程管理体制、质量安全保证体系、技术支持体系及廉政建设监督体系。在项目实施过程中,从项目建设的工程准备、征地动迁、工程招标、工程施工管理,到资金使用划拨、监督、审计、完成工程项目移交等环节,均制定出一整套的管理办法,并且不断地总结、修改、完善,保证工程圆满完成,统一管理。已建成的高速公路移交给省高速公路管理局统一管理,对每条高速公路的安全运营、通行收费、日常维修保养,实行自动化、信息化管理,实行集中统一、高效特管、各方协作、各司其职的模式,通行费收入全部上交到省交通厅。统贷统还,以省交通厅为融资主体,实行统收统支,统筹调动资金,降低融资成本,适度举债,保证资金运行处于安全、良性循环状态。

沈大高速公路建设期间,1984年2月,省政府成立辽宁省沈大公路改扩建总指挥部,1990年12月更名为辽宁省高等级公路建设总指挥部,总指挥部下设办公室由省交通厅组建,具体负责工程建设管理。1998年,根据国家基本建设项目实行法人代表授权责任制的规定,省交通厅授权省高建局(省总指挥部办公室)作为全省高速公路建设时期的法人,按项目组建指挥部,实行项目法人代表授权责任制的工程组织形式和运作方式,直至2015年。

2016年1月,经辽宁省委、省政府批准组建的大型国有企业集团——辽宁省交通建设投资集团有限责任公司(以下简称"省交投集团")正式成立,注册资本366.5亿元,总资产2387亿元,为辽宁省资产规模最大的国有企业。其出资来源为全省高速公路资产、省属铁路资产、原省交通厅所属企业资产;省国资委代表省政府履行出资人职责,省交通厅履行行业管理职责。

省交投集团组建成立后,原省高速局、省高建局、省交通规划设计院、省研院和省交通运输服务中心等省交通厅属企事业单位全部划转至省交投集团,于2016年陆续改制,并分别注册成立为:省高速公路运营管理有限责任公司、省交通建设管理有限责任公司、省交通规划设计院有限责任公司、省交通科学研究院有限责任公司、省高速公路实业发展有限责任公司。其中:原省高速局负责的高速公路路政稽查工作、原辽宁省高等级公路建设总指挥部办公室仍留在省交通厅,2016年2月,辽宁省机构编制委员会办公室批复辽宁省高速公路管理局更名为辽宁省高速公路路政管理局,为省交通厅所属事业单位,机构规格相当于副厅级,主要负责全省高速公路路政管理及行业监督管理等相关工作。2016年8月,辽宁省机构编制委员会办公室批复辽宁省高速公路建设前期工作办公室更名为辽宁省交通建设前期工作办公室(辽宁省高等级公路建设总指挥部办公室),职责任务调整为负责全省交通建设前期相关事务性工作,负责省高等级公路建设总指挥部日常工作。

辽宁省高速公路路政管理局人员编制1259名,经费渠道为自收自支;单位领导职数1正(副厅级)4副(县处级);局机关内设机构7个,具体为综合办公室、人事教育处、财务审计处、运行监督处、路政管理处、应急和安全处、纪检监察处;内设机构领导职数7正(副县处级)10副(正科级)。

辽宁省高速公路路政管理局下设20个路政管理处,分别是沈阳、桃仙、康平、大连、大庄、鞍山、抚顺、本溪、桓仁、丹东、宽甸、锦州、营口、阜新、辽阳、铁岭、朝阳、凌源、盘锦、葫芦岛路政管理处,机构规格相当于副县处级;管理处领导职数1正(副县处级)2副(正科级);内设机构3个,机构规格相对于副科级,具体为综合办公室、路政安全科、运行监督科,内设机构领导职数1正(副科级)。

辽宁省高速公路路政管理局各管理处下设69个路政执法大队,机构规格相当于副科级,单位领导职数1正(副科级)。

2016年12月,辽宁省机构编制委员会办公室批复由辽宁省高速公路路政管理局调剂20名编制到省交通建设前期工作办公室,辽宁省高速公路路政管理局编制数由1259名调整为1239名。

自2016年起,高速公路建设管理、运营等相关职能由省交投集团承担。省交投集团的主要职能是,经省政府授权享有省内公路、铁路等交通基础设施项目的特许经营权;负责省内公路、铁路等交通基础设施项目投融资、建设、运营及管理;参与省内公路、铁路等交通基础设施PPP项目;通过资源整合、资产重组和土地开发等方式,逐步增加资产规模和融资能力,实现国有资产保值增值。集团及下属企业的主要经营范围包括:公路、铁路及相关基础设施投资与管理、开发、建设、运营;对省内已建成高速公路实施统一的运营管理;高速公路及其附属设施养护、维修、维护、应急保障;车辆通行费的收取;公路行业、市政行业、建筑行业的勘察设计总承包,咨询服务;交通技术开发、咨询、服务、培训;公路工程试验检测;桥梁加固;道路运输服务等。

三十多年来,辽宁高速公路在建设过程中做出了多个首创。1990年9月,中国大陆第一条里程最长(375km)的沈大高速公路全线建成通车;1985年,采购6套进口沥青混合料拌和设备,12台联邦德国摊铺机及其他国产平地机等数百台设备,率先在高速公路施工中使用世界先进筑路设备,开创了中国高速公路机械化施工之先河,在国内掀起机械化施工推广的热潮;1987年,沈大高速公路沥青混凝土路面首次使用国产(盘锦欢喜岭)研制生产重交通AH-120和AH-90型高速公路路用沥青,解决了全部靠进口的难题;1989年9月,首次在沈大高速公路225km处建成长2800m、宽50m的军用飞机跑道,沈大高速公路荣获国家科技进步一等奖;2000年9月,建成全国第一条361km的6车道高速公路,在兴城服务区建成全国首例跨主线净跨70m的跨路餐厅;2004年8月,建成全国首例348km的8车道沈大高速公路改扩建工程。

三十多年来,辽宁高速公路建设项目先后获得国家科技进步一等奖1项、国家优质工程金质奖1项、公路交通优质工程一等奖1项、中国建设工程鲁班奖1项、詹天佑土木工程大奖2项、李春奖1项、新中国成立六十周年百项经典暨精品工程1项。

第二节 高速公路建设规划

辽宁省编制和实施高速公路建设发展规划,始终坚持以国民经济发展需求为导向,致力于优质高效地建设高速公路,推动经济社会发展,促进人民生活水平提高。1986年10月,交通部与辽宁省政府在辽宁联合开展区域综合交通运输网发展战略研究。1988年5月完成《2000年辽宁省综合交通运输网发展战略研究》。研究报告提出,辽宁应建立以沈阳为中心向外辐射的6条综合交通运输通道:沈阳至大连构建海上进出口贸易通道、沈阳至长春构建东三省中部腹地通道、沈阳至山海关构建关内外交通运输通道、沈阳至丹东构建国际联运通道、沈阳至吉林构建东北部通道、沈阳至承德构建西部进出关通道。1988年,辽宁省委、省政府作出关于加速辽东半岛外向型经济建设的决定,省交通厅提出以沈阳为中心,以大连为前沿,以丹东和营口、盘锦、锦州为两翼的高速公路发展战略构想。1989年7月,在全国高等级公路建设经验交流现场会上,交通部提出"交通建设必须有长远的规划设想和只有搞好三十、五十年的长期规划,才能有利于把近期目标与长远目标相衔接,有利于建设工作的连续性和系统性,有利于更好地提高建设效益和投资效益",以及"从'八五'开始,用几个五年计划的时间,在发展以综合运输体系为主轴的交通业总方针指导下,统筹规划,条块结合,分层负责,建设公路主骨架、水运主通道、港站主枢纽,以适应国民经济和社会发展需要"的基本设想,同时提出高速公路要"统筹规划,整体推进,分步实施,弹性运行,注重效益"的建设方针。会上提出由北京至深圳、同江至海口、上海至昆明、连云港至乌鲁木齐、丹东至拉萨等12条国道主干线组成,总里程2.5万km(其中高速公路1万km,汽车专用一、二级公路1.5万km)的国道主干线初步规划(即"两纵两横和三个重要路段"规划)。会议后,辽宁省交通厅提出,"八五"期间在完成沈大高速公路建设的基础上,建设沈阳至本溪、沈阳至抚顺、沈阳至铁岭高速公路,形成以沈阳为中心向外辐射的高速公路主骨架规划设想。省交通厅根据辽宁省国民经济发展的战略布局及当时的辽宁公路状况,提出"八五"打基础、"九五"上水平、"十五"进入全国先进行列的总体目标,"十一五"为振兴老工业基地目标的布置,调整扩大建设规模,加快交通建设速度,实现交通现代化。1992年依据交通部《国家主干线系统规划》"五纵七横"、交通部《关于编制一九九一年至二零二零年全国公路网规划的通知》及《关于贯彻落实一九九一年至二零二零年全国公路网规划工作报告》,省交通厅于1992年3月下达《关于编制一九九一年至二零二零年全省公路网规划的通知》,全面开展辽宁省30年公路网规划的编制工作。1994年底形成辽宁省公路网规划初稿,1995年9月进行初审,1997年4月由省计委主持召开了《辽宁省公路网规划》正式文本审查会,认定该规划。

1984年6月,辽宁开始建设第一条沈阳至大连高速公路。至1990年8月建成后,省交通厅紧紧围绕全省经济社会发展需求,抢抓机遇,奋力拼搏,使全省高速公路步入加快发展轨道。按照省政府树立大交通的观念,建立海、陆、空立体交叉,海内外全方位开放的交通网络,首先形成以大连为首,包括丹东、营口、盘锦、锦州在内的"五口通商"的港口群,逐步实现"五口通商"的格局。以沈大高速公路为重点,形成从大连(即辽东半岛的前沿)到以沈阳为中心的抚顺、本溪、辽阳、铁岭、中部城市群腹地的公路交通大动脉,用高速公路这条大动脉,把前沿与腹地连接起来,并进一步形成以沈阳为中心,通往中部各个城市的高速公路网。还考虑用环绕辽东半岛的环海公路,把5个港口城市连接起来。全省规划建设以出省、通边、环海为重点,形成以省会沈阳为枢纽中心,向14个省辖市辐射的"一网、七射、三环、五联、六通道、五疏港"的高速公路主干网。

一、"七五"期间(1986—1990年)

1986—1990年是辽宁高速公路建设起步阶段。在改革开放方针指引下,为满足社会经济发展需求,省交通厅计划在辽东半岛修建一条高速公路——沈阳至大连高速公路。1988年10月25日,沈大高速公路沈阳至鞍山98km、大连至三十里堡33km、南北两段131km高速公路建成通车,结束了中国大陆没有高速公路的历史。1990年9月1日被誉为"神州第一路"的沈大高速公路全线375km建成通车,开创了中国高速公路建设的新纪元。同时,为桃仙国际机场修建沈阳至丹东高速公路沈阳至桃仙段14km的机场高速公路。"七五"期间,总计建设389km高速公路,连接了沈阳、辽阳、鞍山、营口、大连五个省辖市。连接营口鲅鱼圈和大连两个港口,大大提高了交通运输效益及社会效益,开始解决交通运输瓶颈制约的难题,翻开了建设高速公路的历史新篇章,坚定了发展高速公路的信心。

沈大高速公路全长375km,1984年6月开工,1990年8月全线建成通车。原沈大公路全长422km,是黑河至大连公路(国道G202线)的重要组成部分。它北起沈阳市建设大路西端,南至大连市周水子,纵贯辽东半岛,连接沈阳、辽阳、鞍山、营口、大连五大工业城市,沟通大连、营口两大海港和鞍钢、本钢、沈阳煤矿、辽河油田等重要厂矿,是东北地区交通运输的一条大动脉和出海主通道。

长期以来,辽宁乃至东北地区交通运输方式主要以铁路为主,对公路运输优势没有充分利用,对公路交通基础设施建设也没有引起足够的重视。沈大公路虽经多次维修改造,但由于标准低、路况差、通行能力小,已成为制约辽宁中南部地区经济社会发展的"瓶颈"。1975年,省交通局鉴于沈大公路沈阳至鞍山段交通拥堵、事故频发的状况,向省革命委员会请示,提出利用日伪时期原拟建高速公路的路基,分期分阶段修建高速公路或一级公路的建议,由于当时处于"文革"时期,未得到批准。

1978年,党的十一届三中全会决定我国实施以经济建设为中心和改革开放的发展战略,极大地解放了社会生产力,国民经济迅猛发展,交通运输量急剧增长,交通运输基础设施建设严重滞后,公路运输总需求与公路基础设施不相适应的矛盾十分突出。高速度、高效率、大负荷、远辐射,提升功能,成为国民经济和社会发展对公路交通基础设施建设紧迫要求。

1980年初,辽宁省委、省政府制定了以大连等沿海城市为窗口、以沈阳等中部城市群为腹地的辽东半岛外向型经济建设发展战略。为适应社会主义商品经济的发展和辽东半岛对外开放的需要,实现到20世纪末国民经济生产总值翻两番、人民生活达到小康水平的第二步战略目标。全面分析了全省经济社会发展和改革开放的形势,基于加快交通基础设施建设是深化经济体制改革、改善投资环境、加速对外开放的首要任务,果断做出高标准改扩建沈大公路的决策。

(一)规划目标

沈大高速公路是在原沈大公路改扩建基础上,根据辽宁经济和社会发展形势的需要和建设资金的可能,逐步提高设计标准,最终全线建成高速公路。

1984年立项规划,沈大公路南北两段按一级公路标准改扩建(除沈阳、大连、鞍山城市进出口段),中间(盖县九垄地至瓦房店市红星屯100km)保持二级公路标准,建设里程388km。

1985年修订规划,沈大公路全线按一级公路标准建设,其中鞍山(大郑台)至大连(后盐)采取另辟新线方案,并考虑为发展成高速公路创造条件,建设里程375.5km。

1987年调整规划,南北两端(沈阳宁官至鞍山腾鳌堡、大连后盐至普兰店海湾大桥北)155km按高速公路规划建设,中间保持一级公路。另建沈阳至鞍山辅道98km(即恢复202国道沈阳至鞍山段)。

1988年最终规划,全线建成高速公路,建设里程375km,其中全封闭收费路段358km。

(二)规划实施

在党的十一届三中全会精神的鼓舞下,辽宁省交通系统广大干部和工程技术人员,解放思想,锐意改革,冲破"修建高速公路不适合中国国情"的思想束缚,在国内既无高速公路技术标准,也无高速公路建设经验可借鉴的情况下,自力更生,大胆探索,不等不靠,积极创造条件,决心把沈大公路改扩建成高速公路。

1980年,省交通厅着手进行沈大公路改扩建工程的前期工作,组织设计、科研、施工单位进行路况勘察、选线比较,开展工程可行性论证和工程试验,广泛收集资料,探索制定建设标准。

1981年,省交通勘测设计院组织翻译《日本道路设计要领》,作为高速公路设计参考资料,并与交通部公路规划设计院研讨有关高速公路设计标准,同时派专业技术人员到日本、美国、德国考察,学习借鉴外国高速公路设计经验。

1981年,省公路工程局利用联邦德国在沈阳举办工程机械展览会之机,引进2台弗格勒沥青混凝土摊铺机。1983年又从日本引进1套新潟沥青混凝土拌和设备,并在沈阳至抚顺一级公路上进行沥青混凝土路面摊铺试验,为路面机械化施工摸索经验。

1981年,省交通厅下达计划,先期改造大连市北出口周水子至南关岭段6.7km(一级公路标准,路基宽26m,中央分隔带宽2m)。1982年,省交通局下达计划,在沈阳市南出口北李官至张士屯段修建3km路基试验段(一级公路标准,路基宽26m,中央分隔带宽3m)。1983年,省交通局下达计划,按汽车—超20级、挂车—120,并以通过18轴450t平板车验算的标准,建设沈阳谟家堡浑河大桥(半幅)及1km引线。

1983年10月,辽宁省交通勘测设计院按基于一级公路并预留为将来发展为高速公路的标准,完成了沈大公路改扩建项目工程可行性研究报告。1983年11月,辽宁省政府正式向国家计委报送《沈阳至大连一级公路改扩建项目计划任务书》和《沈阳至大连一级公路改扩建项目可行性研究报告》。

1984年5月,经国务院批准,国家计委批复了沈阳至大连公路设计任务书,"同意沈大公路按一级公路标准建设,在工程量不增加或增加不多的前提下,可考虑为今后发展成高速公路创造条件""沈大公路耿屯至赵屯段有东线、西线两个方案,西线公路全部在长春至大连铁路以西,从长远看较为合理,在作初步设计时,进一步比较后确定"。投资控制8亿元,资金来源原则上由地方自筹,国家可酌量补助。

1984年11月,辽宁省计委批复沈大公路改扩建工程初步设计,南北两端修建一级公路,中间保持二级公路,建设里程388km,投资概算8.75亿元。

1985年1月,省政府决定,沈大公路按高速公路标准组织建设,为最终建成高速公路奠定基础。

1986年2月,国家计委批准沈大公路全线按一级公路标准修建,鞍山(大郑台)至大连(后盐)采用西线方案,并建设普兰店海湾大桥,建设里程375.5km。

1986年10月,沈大公路沈阳至鞍山段一级公路建成通车后,由于路面宽阔、行车舒适,交通流量急剧增加。但因尚不具备汽车专用公路标准,车辆通行仍受横向交叉干扰,车速、通行能力受到严重制约,交通事故时有发生。特别是1987年4月在辽阳市灯塔县一处平交道口处,发生了一起汽车与拖拉机相撞的重大交通事故,东北电业管理局多位领导班子成员死亡。这一悲剧引发了人们对速度、效益与安全的深刻思考,激发了人们对修建高速公路的再认识。在国务院领导的高度重视下,国家计委、交通部同意辽宁省政府关于沈大公路南北两端建成全封闭、全立交的汽车专用公路的要求。

1987年9月,辽宁省计经委批复沈大公路改扩建工程初步设计(修订),批准沈大公路南北两端修建高速公路,中间为一级公路,投资概算16.6亿元。

1988年,省政府依据国家有关决定,确定沈大公路全线建成高速公路。

1991年7月,省计委批复沈大高速公路初步设计概算,并按工程决算批准投资概算为219873万元。

沈大高速公路于1984年6月开工。1986年10月沈阳至鞍山段93km一级公路建成通车;1987年10月大连后盐至金州段12.7km一级公路建成通车;1988年10月25日沈阳至鞍山段98km、大连至三十里堡段33km、南北两段131km高速公路建成通车;1989年8月31日鞍山至营口(鲅鱼圈)段108km高速公路建成通车;1990年8月20日全线建成通车,9月1日隆重举行通车典礼。

1992年7月,沈大高速公路通过由国家计委、交通部和辽宁省政府共同组织的国家验收,被评定为优良。

沈大高速公路建设得到了国务院、国家计委和交通部的大力支持,被列为"七五"国家重点建设项目,省政府直接领导、社会各行业大力支持。沈大高速公路建设既是一次思想解放的激烈博弈,也是一次公路建设的深刻变革。一方面终结了我国要不要发展高速公路争论,解决了如何建设高速公路的问题;另一方面也为我国高速公路规划、设计、施工、管理进行了有益探索,做出了开创性贡献。

二、"八五"期间(1991—1995年)

1991年,省交通厅贯彻中共"十三大"精神,落实国家"三主一支持"交通发展战略和国家公路网主骨架规划布局,按照辽宁省委、省政府制定的抓好辽东半岛开发建设,带动老工业基地改造、带动"三辽"地区发展、带动全省经济振兴的"一抓三带"发展战略,提出了以沈阳为中心,大连为前沿,丹东、锦州为两翼,东北为腹地,向外辐射的"一环四射"高速公路主骨架规划构想。1992年,省交通厅依据交通部"两纵两横和三个重要路段"的国道主干线规划,全面系统科学地制定了以沈阳为中心,东通丹东、南达大连、西抵山海关、北上四平"一环四射"高速公路主骨架发展规划。

"一环"即环绕沈阳市一周的沈阳过境绕城高速公路,全长82km,是缓解市内交通,疏通黑河—大连、北京—哈尔滨、丹东—霍林河过境车辆,不再穿行沈阳市内,连接14个省辖市的枢纽。同时建设4条放射线,即已建成的沈阳—大连高速公路;沈阳—丹东高速公路沈阳(桃仙)—本溪(小堡)段,全长49km;沈阳—四平高速公路沈阳—铁岭段,全长50km;沈阳—抚顺高速公路,全长13km。"八五"期间,共建4条高速公路,总计194km,形成"一环四射",连接了沈阳、辽阳、鞍山、营口、大连、铁岭、本溪、抚顺8个省辖市。

(一)规划目标

规划到2000年全省高速公路里程达到1271km,基本完成"一环四射"高速公路主骨架,实现全省12个省辖市通高速公路建设目标。

一环:沈阳过境绕城高速公路82km(另含抚顺支线12.8km)。

四射:沈阳至大连高速公路375km;沈阳至四平高速公路161km;沈阳至丹东(大东港)高速公路273km;沈阳至山海关高速公路380km。

(二)规划实施

(1)沈阳过境绕城高速公路81.89km,采取分期分段方式组织建设。南段(石庙子至金宝台)30.094km,1991年8月正式开工,1993年10月建成通车;北段(北李官至王家沟)30.5km,1993年5月开工,1995年10月建成通车;东段(王家沟至石庙子)10.4km,1994年5月开工,1995年4月建成通车;西段(金宝台至北李官利用沈大高速公路并局部改造)10.9km,1995年4月开工,1995年10月建成通车;沈阳过境绕城高速公路全线1995年9月建成通车。

沈阳至抚顺高速公路(立项时作为沈阳过境绕城高速公路抚顺支线,起自沈阳市石庙子,终止抚顺市三宝屯)12.8km,1991年7月开工,1994年9月建成通车。

(2)沈阳至丹东(古城子)高速公路222km(规划实施中终点改为丹东古城子),采取分期分段方式组织建设。沈阳至桃仙机场段14km,1987年9月开工,1988年10月建成通车;沈阳(桃仙)至本溪(小堡)段49km,1992年11月开工,1994年9月建成通车;本溪小堡至南芬段25km(利用亚洲开发银行贷款项目),1993年5月开工,1996年10月建成通车。

(3)沈阳(王家沟)至四平(毛家店)高速公路160km,采取分期分段实施方式组织建设。沈阳(王家沟)至铁岭(辽海屯)段50km,1993年7月开工,1995年10月建成通车。

截至1995年底,全省高速公路里程达到573km,8个省辖市通高速公路。

三、"九五""十五"期间(1996—2005年)

1996—2000年,省交通厅认真贯彻落实邓小平同志南方谈话精神,依据交通部"五纵七横"国家高速公路主骨架规划,按照近期明显改善、中期基本适应、远期适度超前的原则,在"一环四射"高速公路主骨架发展规划基础上,制定了"一网五射两环"高速公路网发展规划。更好地发挥先行作用,为全省实施"结构优化、外向牵动、科技兴省"三大战略,加快老工业基地的改造调整,实现第二次创业的宏伟目标提供保证。高速公路建设按照"统一规划、突出重点、坚持标准、总体推进"的原则和交通部提出的"建养并重、协调发展、深化改革、强化管理、提高质量、保障畅通"的工作方针,确保全省"九五"期间公路事业登台阶、上水平。同时建设了沈阳—丹东高速公路本溪(小堡)—南芬段25km;沈阳—四平高速公路铁岭—四平段110km;沈阳—山海关高速公路361km,总计建设496km(国家首都放射线北京—哈尔滨高速公路在辽宁段551km),打通了辽宁省的南北总干线,畅通了黑龙江省、吉林省、内蒙古自治区进关的通道。全省高速公路形成了"一环五射"主干网,连通了沈阳、辽阳、鞍山、营口、大连、铁岭、本溪、抚顺、盘锦、锦州、葫芦岛11个省辖市。"九五"期间,高速公路建设三个项目,均为亚洲开发银行贷款项目,贷款总额3.5亿美元(折合人民币28.8亿元),缓解了项目投资紧张,提高了建设项目的管理水平,工程质量、标准、进度普遍提高。

2001—2005年,辽宁省高速公路建设要达到进入全国先进行列的总体目标。按照社会主义市场经济体制的要求,继续坚持"交通基础设施建设必须适应全省经济和社会发展,适应改革开放,适应提高人民生活水平需要",贯彻执行国家公路发展规划,省交通厅在"十五"期间计划建设沈阳—丹东高速公路丹东—本溪(南芬)段134km,连接沈山、沈大高速公路的盘锦—海城(含营口连接线)高速公路全长107km,锦州—阜新高速公路117km,锦州—朝阳高速公路93km,丹东—大连高速公路254km,基本完成了"二环五射"

的高速公路主骨架。另外还决定将沈大高速公路一次性改造成 8 车道,路线全长 348km。"十五"期间建设 5 条高速公路,总计 705km。沈大高速公路扩建 348km,形成了环黄海、渤海大通道,连接了全省 14 个省辖市,提前 8 年完成国家"五纵七横"路网规划。在辽宁境内的建设项目,成功地完成沈大高速公路改扩建,为全国高速公路改扩建积累了成功经验。

(一)规划目标

规划到 2010 年全省高速公路通车里程达到 2212km,完成"一网五射两环"高速公路网,实现全省 14 个省辖市和 50% 的县区通高速公路的目标。

一网:高速公路网。

五射:沈阳至大连高速公路 375km;沈阳至四平高速公路 160km;沈阳至丹东高速公路 222km;沈阳至山海关高速公路 361km;沈阳至抚顺(沈阳石庙子至抚顺三宝屯,抚顺三宝屯至南杂木)高速公路 61km。

两环:沈阳过境绕城高速公路 82km;环黄海渤海高速公路(丹东—大连—营口—盘锦—锦州—葫芦岛—山海关)852km,其中丹东至大连 323km(新建)、大连至营口 215km(利用沈大高速公路)、海城至盘锦 84km(新建)、盘锦至山海关 230km(利用沈山高速公路)。

同时建设沈阳至阜新(170km)、丹东至海城(158km)、锦州至阜新(113km)、锦州至朝阳(95km)、大连土城子至由家村(18km)等支线高速公路。

(二)规划实施

(1)沈阳至丹东高速公路本溪小堡至南芬段 25km(利用亚洲开发银行贷款项目),1993 年 5 月开工,1996 年 10 月建成通车;本溪(南芬)至丹东(古城子)段 134km,1999 年 8 月开工,2002 年 8 月建成通车。

(2)沈阳至四平高速公路铁岭至四平段 110km(利用亚洲开发银行贷款项目),1996 年 4 月开工(其中铁岭辽海屯至平顶堡段 16km 于 1995 年 5 月开工),1998 年 8 月建成通车。

(3)沈阳至山海关高速公路 361km,采取分段方式组织建设,锦州至山海关段 170km,1997 年 7 月开工(其中兴城至锦州段 60km 于 1996 年 5 月开工),1999 年 9 月建成通车;沈阳至锦州段 191km(利用亚洲开发银行贷款项目),1997 年 6 月开工,2000 年 9 月建成通车。

(4)盘锦至海城(含营口连接线)高速公路 107km,1999 年 11 月开工,2002 年 8 月建成通车。

(5) 锦州至朝阳高速公路93km,2000年7月开工,2002年8月建成通车。

(6) 锦州至阜新高速公路117km,2000年7月开工,2002年8月建成通车。

(7) 丹东至大连高速公路254km,采取分期分段方式组织建设。大连至庄河段118km,1996年9月开工,2002年10月建成通车(其中一期工程为一级公路1998年9月竣工);丹东至庄河段136km,2003年8月开工,2005年9月建成通车。沈大与丹大高速公路连接线28km,大树底至杨家段18km,2003年7月开工,2005年8月竣工;杨家至金州南枢纽立交10km,2005年10月开工,2008年7月竣工。

(8) 抚顺(南杂木)至沈阳高速公路76km,规划实施中重新选线。起自沈阳过境绕城高速公路东段英达枢纽立交,终至抚顺南杂木,其中利用改造抚顺北环18.3km,2004年8月开工,2006年9月建成通车。

在"一网五射两环"规划实施过程中,2001年省交通厅鉴于沈大高速公路建成通车已达10余年,接近大修年限,决定结合大修改建扩容,将原4车道改扩建为8车道,制定了沈大高速公路改扩建规划方案,经省政府同意,并报国家发改委、交通部批准后实施。沈大高速公路改扩建工程348km,2002年5月开工,2004年8月建成通车。

截至2005年底,"一网五射两环"高速公路网骨架基本形成,全省高速公路通车里程达到1773km。全省14个省辖市全部通高速公路,按高速公路30km辐射半径为标准计算,全省100个县(市)区中已有82个通高速公路。

四、"十一五""十二五"期间及2016年(2006—2016年)

辽宁省高速公路建设为振兴老工业基地发展目标,调整扩大规模,加快交通建设速度,实现交通现代化。在规划制定过程中,省交通厅党组坚决贯彻省委、省政府的决策意图,提高认识、统一思想、充实内容、完善思路。在党的十六大及五中全会精神鼓舞下,落实省委、省政府振兴老工业基地的战略部署,确定了实现辽宁交通现代化的总体进程。充分考虑以沈阳为中心的城市辐射带动作用,构思区域经济发展新格局,加密辽宁中部城市群的高速公路网,充分考虑大连东北亚国际航运中心建设,扩大沿海港口建设规模,开发大连长兴岛,建设营口沿海工业基地,开发辽西锦州湾,加大了疏港高速公路建设,加密省内区域经济干线高速公路建设,通边高速公路建设。2005年,省交通厅贯彻落实国务院《关于实施东北地区等老工业基地振兴战略的若干意见》,按照省委、省政府制定的辽宁老工业基地振兴和全面建设小康社会的总体目标,根据《国家高速公路网规划》和交通部《振兴东北老工业基地公路水路交通发展规划纲要》,为加快实施进关出海,连接周边省区的通道建设,充分发挥辽宁区位交通优势;为加快实施中心城市、重点港口、重要产业基地路网连接,增强辐射功能和连通能力,在"一网五射两环"规划的基础上,又制定了"三环七射五连六通道"高速公路网发展规划。

(一)规划目标

规划到2020年全省高速公路里程达到3860km,6车道以上高速公路突破1000km,完成沈阳过境绕城、辽宁中部城市群环线、环黄海渤海3条环线高速公路,完成以沈阳为中心向外辐射的7条高速公路,建成1条国际通道、9条省际通道、8条出海通道,改扩建沈阳至大连、沈阳至桃仙机场、沈阳过境绕城、沈阳至四平、沈阳至山海关5条高速公路,继续延伸加密路网,全省(除长海县外)陆域99个县(市)区全部通高速公路,实现"三环七射五连六通道"高速公路网规划目标。

三环:内环沈阳过境绕城高速公路82km;中环辽宁中部城市群环线高速公路395km(本溪—辽阳—辽中—新民—铁岭—抚顺—本溪);外环环黄海渤海高速公路842km(其中丹东至大连282km、大连土城子至洋头洼57km、大连至营口195km、营口至盘锦78km、盘锦至锦州至葫芦岛至山海关230km)。

七射:沈阳至丹东高速公路222km、沈阳至大连高速公路375km、沈阳至山海关高速公路361km、沈阳至通辽高速公路(沈阳至彰武阿尔乡)145km、沈阳至康平高速公路110km、沈阳至四平高速公路160km、沈阳至吉林高速公路160km(即沈阳至清原草市)。

五联:丹东至海城高速公路144km、桓仁至永陵高速公路68km、大窑湾疏港高速公路22km、大连湾疏港高速公路4km、长兴岛疏港高速公路37km。

六通道:铁岭至承德高速公路(即铁岭毛家店至朝阳三十家子)527km、锦州至阜新至通辽高速公路(即锦州—阜新—彰武—彰武阿尔乡)246km、丹东至通化高速公路(即丹东古城子至桓仁辽吉界)197km、沈阳至吉林高速公路(即沈阳英达—抚顺南杂木—清原草市)160km、锦州至赤峰高速公路(即锦州—朝阳—建平黑水)205km、抚顺至通化高速公路(即抚顺南杂木至新宾旺清门)95km。

(二)规划实施

(1)沈阳(英达)至清原(草市)高速公路160km,采取分期分段方式组织建设。沈阳(英达)至抚顺(南杂木)段76km,2004年8月开工,2006年9月建成通车;抚顺(南杂木)至清原(草市)段84km,2007年11月开工,2010年10月建成通车。

(2)沈大与丹大连接线28km,采取分期实施方式组织建设。金州大树底至杨家段18km,2003年7月开工,2008年8月建成通车;杨家至金州南枢纽立交10km,2005年10月开工,2008年8月建成通车。

(3)大连土城子至洋头洼高速公路57km,2005年8月开工,2008年8月建成通车。

(4)沈阳至彰武(阿尔乡)高速公路142km,采取分期分段方式组织建设。沈阳至彰武段86km,2005年10月开工,2007年10月建成通车;彰武至阿尔乡段56km,2009年7

月开工,2011年10月建成通车。

(5)大连大窑湾疏港高速公路29km,采取分段方式组织建设,港区段7.3km由大窑湾港自行组织建设。2005年10月开工,2007年10月建成通车。

(6)辽中环线高速公路395km,采取分期分段方式组织建设。本溪至辽中段114km,2005年10月开工,2008年9月建成通车;辽中至新民段67km,2006年11月开工,2009年9月建成通车;新民至铁岭段75km,2009年9月开工,2012年9月建成通车。铁岭至本溪段119km,2015年6月开工,计划2017年10月建成通车。

(7)铁岭至朝阳高速公路530km(连接线9km),2005年10月开工,2008年9月建成通车。

(8)沈阳至康平高速公路92km,采取分期分段方式组织建设。新城子至法库(依牛堡)段24km,2008年4月开工,2009年9月建成通车;法库(依牛堡)至康平段68km,2007年7月开工,2008年10月建成通车。

(9)大连长兴岛疏港高速公路(炮台至长兴岛)35km,2007年8月开工,2010年9月建成通车。

(10)朝阳至黑水(辽宁内蒙古界)高速公路104km,2007年11月开工,2010年10月建成通车。

(11)桓仁(辽吉界)至丹东(古城子)高速公路197km,2008年12月开工,2012年9月建成通车。

(12)丹东(孤山)至海城高速公路143km,2008年11月开工,2011年9月建成通车。

(13)桓仁至永陵高速公路66km,2009年4月开工,2012年9月建成通车。

(14)抚顺(南杂木)至新宾(旺清门)高速公路94km,2009年6月开工,2012年9月建成通车。

(15)大连湾疏港高速公路1.67km,2009年7月开工,2012年7月建成通车。

(16)庄河至盖州高速公路99km,2009年9月开工,2012年9月建成通车。

(17)西丰至开原高速公路86km,2009年9月开工,2012年8月建成通车。

(18)大连皮口至炮台高速公路44km,2009年9月开工,2011年10月建成通车。

(19)阜新至盘锦高速公路95km,2009年9月开工,2013年7月建成通车。

(20)阜新至盘锦高速公路北延伸线15.7km,2012年3月开工,2013年11月建成通车。

(21)绥中至凌源高速公路兴城至建昌支线90km,2012年7月开工,2014年9月建成通车。

(22)康平至海州窝堡高速公路23.7km,2013年4月开工,2015年7月建成通车。

(23)辽阳灯塔至沈阳辽中高速公路41.9km,2013年3月开工,2014年9月建成通车。

(24)盘锦辽滨疏港高速公路16.51km,2012年10月开工,2014年9月建成通车。

(25)营口仙人岛疏港高速公路5.7km,2014年10月开工,计划2017年完工。

(26)沈阳绕城高速公路改扩建82km,2010年12月开工,2013年7月建成通车。

(27)沈阳至四平高速公路148.4km,2014年7月开工,2016年9月建成通车。

截至2016年底,全省高速公路已建成里程达到4195km。

五、路网简介

(一)高速公路主干线网的"三环"

(1)沈阳过境绕城高速公路全长82km,另含沈阳至抚顺支线13km。

(2)环黄海、渤海大通道起点丹东至大连(开发区大树)254km,大连开发区(大树)至金州枢纽立交(沈大与丹大连接线)28km,大连土城子至洋头洼57km,沈大高速公路(金州枢纽立交)至营口(大石桥立交)204km,营口(大石桥立交)至盘锦79km,沈山高速公路盘锦至绥中省界(龙家庄)236km,全长858km。途经丹东大东港、大连港、营口鲅鱼圈港、锦州港、葫芦岛港。

(3)辽中环线高速公路,连接辽宁中部城市群,绕经本溪、辽阳、辽中、新民、铁岭、抚顺、本溪,全长399km(其中有23km与沈丹高速公路重叠,实际里程376km)。

(二)高速公路主干线网的"七射":以省会沈阳为中心放射到14个省辖市

(1)沈阳至大连高速公路375km,连接沈阳、辽阳、鞍山、营口、大连市。

(2)沈阳至丹东高速公路全长222km,连接沈阳、本溪、丹东市。

(3)沈阳至铁岭(毛家店)至四平高速公路全长160km,连接沈阳、铁岭市。

(4)沈阳至山海关(省界龙家庄)高速公路全长361km,连接沈阳、鞍山、盘锦、锦州、葫芦岛市。

(5)沈阳至抚顺(南杂木)高速公路全长76km,连接沈阳、抚顺市。

(6)沈阳至康平高速公路全长92km。

(7)沈阳至阜新高速公路170km(计划未实施),另建沈阳至彰武高速公路全长86km。途经铁阜线69km至阜新市。

(三)高速公路主干线网的"五联"

(1)丹东至海城高速公路全长143km,连接沈大高速公路、丹大高速公路。

(2)沈大与丹大高速公路连接线28km,连接沈大高速公路、丹大高速公路。

(3)桓仁至永陵高速公路全长66km,连接桓仁至丹东高速公路、新宾(旺清门)至抚顺(南杂木)高速公路。

(4)盘锦至海城高速公路(含营口连接线)全长107km,连接沈山高速公路、沈大高速公路。

(5)庄河至盖州高速公路全长99km,连接沈大高速公路、丹大高速公路。

(四)高速公路主干线网的"六通道"

(1)铁岭毛家店至朝阳(三十家子)高速公路全长530km,南通往河北省承德市,北通往吉林省四平市。

(2)彰武至阿尔乡高速公路全长56km,通往内蒙古自治区通辽市。

(3)桓仁至丹东高速公路全长197km,通往吉林省通化市。

(4)朝阳至黑水高速公路全长104km,通往内蒙古自治区赤峰市。

(5)草市(辽吉界)至抚顺(南杂木)高速公路全长84km,通往吉林省梅河口市。

(6)新宾(旺清门)至抚顺(南杂木)高速公路全长94km,通往吉林省通化市。

(五)"五疏港"

(1)大窑湾疏港高速公路全长29km。

(2)土城子至洋头洼高速公路全长57km。

(3)长兴岛疏港高速公路全长35km。

(4)大连湾疏港高速公路全长2.37km。

(5)大连皮口至炮台高速公路全长44km。

辽宁省高速公路建设全省从"七五"至"十二五"时期的30年计划建设38条高速公路,总里程达4268km。已建成4268km,其中国家级高速公路3425km、辽宁省级高速公路843km,建成8车道高速公路590km,6车道高速公路379km,4车道高速公路3299km,改扩建4条高速公路590km。辽宁高速公路的建设发展,为振兴辽宁老工业基地、推动辽宁经济社会发展做出了重大贡献。

第三节　高速公路资金筹措与管理

一、"统贷统还"投融资模式

辽宁省高速公路建设以省交通厅为唯一融资主体,统一负责全省高等级公路建设资金的筹集和偿还,通行费全额上缴财政专户,专款专用并接受监督。

"统贷统还"实现了项目间的交叉补贴,大幅降低了借债需求,减少了还本付息的压力。统筹调动资金,降低了融资成本,保证资金运行处于安全、良性循环状态。辽宁的高速公路发展健康,债务平均值相对少。

二、建设资金的筹措

高速公路建设同步于国民经济发展,并适度超前,实现建设规模、速度、资金、效益的有机结合。统筹财政投资与多元化筹资之间的关系,主动适应国家财政政策和货币政策的变化,积极开拓融资渠道,优化筹融资结构,最大限度地降低融资成本,建立有效的债务风险预警与防范机制,努力提高资金保障能力。沈大高速公路利用招商银行贷款2亿元,是当时国内首条利用银行贷款的高速公路。

截至2016年底,全省收费公路里程4171.868km,全部为政府还贷高速公路,累计建设投资总额1517.97亿元(不含已取消收费公路)。累计建设资本金投入476.32亿元,占收费公路累计建设投资总额的31.4%。累计债务性资金投入1041.65亿元,全部为银行贷款,占收费公路累计建设投资总额的68.6%。全省收费高速公路债务余额为807.15亿元,其中银行贷款余额768.73亿元,其他债务余额38.42亿元。

(1)省委、省政府、省交通厅积极争取国家发改委、交通部等中央部委在规划、资金等方面的支持。资金来源有中央预算拨款、中央基建自筹资金、中央其他自筹资金、车购税(费)、国家财政补助。

(2)省交通厅积极主动与财政部门协调沟通,反映行业特点和实际困难,争取财政资金和政策支持。资金来源有地方预算拨款、省机动财政拨款、省养路费拨款、通行费、车购费分成、通行费财政返还、六费返还、省本级财政公路建设专项补助、国债转贷。

(3)发挥各市政府积极性,地方配套资金用于高速公路建设。大窑湾疏港路、沈大丹大连接线、机场路改造、沈抚高速公路项目的征地动迁资金均有当地政府财政补助投资,沈阳绕城改造项目的征地动迁资金全部由沈阳市政府自筹。

(4)利用亚行贷款。1992—2000年,辽宁省利用亚洲开发银行(简称"亚行")贷款建设沈本高速公路(小堡—南芬段)、沈四高速公路(铁四段)、沈山高速公路(沈阳—锦州段),3个项目总计贷款3.5亿美元。为了节省外汇,减少利息费用,适时停止与亚行来往的繁杂工作和提供资料。辽宁省按照贷款协定中提前偿还的贴水要求,在2002年将3个亚洲开发银行贷款项目本息贴水全部偿还完毕。

(5)积极搭建银行信贷融资平台,大力筹措信贷资金。

①加强与各金融机构的沟通联系,建立通报制度、会商制度和服务制度,为各项目资金运行提供保障。

②对各金融机构提供的筹资方案在公平、公开、公正的情况下进行评比,获得基准利

率下浮的优惠。

③努力创新融资产品,采用票据、短期贷款、长期贷款相结合的方式筹措建设资金。

④加强债务管理,积极推行债务再安排,努力化解偿债高峰。积极与有关银行协商沟通,将现有的存量贷款进行融资再安排,以适度延长债务期限,适当调整偿债额度,从而达到缓释偿债资金压力的目的。

(6)努力加大社会融资力度,推广BT建设模式。

2011年为了应对趋紧的货币政策,保证"十二五"规划拟新开工建设的高速公路项目实质性开工,省厅反复研究融资渠道,在多方分析论证、调研的基础上,经省政府同意,对建兴、灯辽、辽滨疏港高速公路采取BT模式投资建设,上述3个项目2012年陆续开工建设,已于2014年9月建成通车。

三、高速公路建设财务管理体制及会计核算

(一)1984—1990年沈大高速公路建设期间

沈大公路改扩建工程总指挥部办公室设置财务机构,在省交通厅领导下负责项目的资金拨付、会计核算、预决算审批等工作。沿线沈阳、辽阳、鞍山、营口、大连市成立了分指挥部及办公室,负责省总指挥部交办的部分路基、中小桥涵等施工任务和界内的征地动迁任务。大连市道路桥梁工程指挥部组织普兰店湾大桥、潮沟桥、海湾南服务区三项工程施工。辽宁省交通厅公路工程局(分部)完成路面工程263km,桥梁52座,涵洞195道,互通式立交21处,封闭工程217km,购置太脱拉汽车、平地机、摊铺机、拌和站设备等价值2536万元。上述二级建设单位单独设置了财务机构、财务人员。辽宁省高速公路管理局1988年列设工程投资和设备投资,主要为绿化雕塑工程、那屯服务区、通信系统工程、收费系统工程、设备购置等。1990年初单独建账处理投资业务。

沈大高速公路建设建立了省、市二级投资包干管理体制,即省总指挥部根据国家批准的建设项目设计总概算向项目主管部门进行包干;各市指挥部根据总概算分解砍块投资或单项工程设计概(预)算投资向省总指挥部进行包干。实行包干管理的建设投资,节余分成,超支不补。包干结余资金按五五分成:上交50%,留用50%。留用部分按6:3:1比例作为公路事业基金、职工集体福利基金和生产奖励基金。

财务管理全面执行国家统一规定的基本建设资金收支、结存管理具体政策、会计制度和会计报表。省总部统一规定会计账簿和会计记账凭证格式、记账法和会计档案管理、移交办法。省总部、市指挥部按现行建设单位会计制度建账,执行建设单位财务制度。县(区)指挥部属于本地区施工组织领导机构,按施工企业会计制度建账,执行施工企业会计制度。

建设资金管理,不论预算级次、规模内外、资金种类、拨款借款,全部收支活动和结存统由各级建设银行监督办理。凡是用沈大公路改扩建工程的一切建设资金,统由各级建行监理,市、县指挥部都在当地建行建立资金存款户,办理业务。年度决算经各级建行"基建拨款决算签证单位"同"基建拨款"科目和"银行存款"科目的相关记录核对相符后签证。省、市、县建行配合指挥部参与工程设计概、预算审查、征地动迁协议审查和工程承包合同审查,全面介入投资管理工作。

沈大高速公路建设适逢我国经济体制改革转型期,在省交通厅及省直其他部门的指导下,财务工作在摸索中积累经验,在实践中总结提高,实事求是地研究、解决投资管理中的新问题。坚持大胆改革同严格管理结合起来、监督检查同服务结合起来的精神,建立健全财务会计管理制度、核算方法、职责范围、工作标准,达到了"修一条一流的路,锻炼一支队伍,总结一套经验,积累一套完整资料"的目的。

1990年12月,沈大高速公路工程结束。在省有关综合部门参与决策基础上,省交通厅、省总指挥部制发了《沈大高速公路建设单位收尾工作中若干问题的处理规定》(辽沈大总办字〔1990〕325号),开展沈大高速公路撤销建设单位财务收尾和移交工作。

撤销建设单位有:沈阳、辽阳、鞍山、营口、大连市分指挥部,鞍山市辅道指挥组,大连市道路桥梁工程指挥部和辽宁省交通厅公路工程局(分部)等8个建设单位。其中,鞍山市辅道指挥组财务会计业务于1989年移交鞍山市分指挥部。

撤销的届期系1990年12月31日。撤销单位财务移交届期为1991年5月31日。

撤销建设单位财务移交共分两部分,即移交省总部部分和移交地方公路部门或公路主管部门部分。其中,沈阳市分部、大连市道桥工程指挥部、省公路工程局(分部)除向省总部移交外,根据建设机构实际情况,分别确定了地方接管单位。

财务移交内容包括建设资金、固定基金、专项资金及其全部财务收支活动的移交届期时点数额。移交给省总部的财务移交表,包括在建工程、库存材料、基建拨款、应付工程款等;移交给地方公路部门或公路主管部门的财务移交表,包括应收款、其他应付款、各项专用基金、固定资产、各类低值易耗品等。

移交工作基本状况是好的,资金、财产、债权债务全部清楚,未发生任何差误。

财务会计档案移交分两个阶段:1984年至1990年末的财务会计档案经省交通厅、省总部、省高速公路管理局联合验收全部移交给省高速公路管理局归档。1991年1月至1991年5月31日的财务会计档案移交给省总部善后清理组(财务处)。

(二)1991年1月至今

经省交通厅授权,辽宁省高等级公路建设局(辽宁省高等级公路建设总指挥部办)作为全省高速公路建设期间项目法人,负责项目的投资管理、财务管理、会计核算等工作。

省高建局本级、各市指挥部(征迁办公室)以及省高速公路管理局(高速公路项目工程建设部分)会计核算执行财政部《国有建设单位会计制度》《基本建设财务管理规定》,省高建局汇总编制基本建设年度财务决算(固定资产投资决算)并报出。省高建局对各市指挥部(征迁办公室)负有业务指导和监督责任。

1.辽宁省高等级公路建设局(总指挥部)

1990年12月,辽宁省沈大公路改扩建工程总指挥部更名为辽宁省高等级公路建设总指挥部,下设办公室。办公室下设财务处。1995年8月成立辽宁省高等级公路建设局,设立财务审计科(对外称为处)。具体职责主要为:负责起草和制定建设项目涉及的投资管理、财务管理、会计核算等方面的管理办法等内部控制制度并组织实施;负责编制高速公路年度资金使用计划,筹措与工程进度相适应的建设资金,并具体组织实施;负责各高速公路建设项目合同的执行、监督工作以及工程价款和相关费用的计量结算、支付、核算工作;负责局机关和各项目指挥部经费的监督管理及报销、核算工作;负责对各市征地动迁指挥部(办公室)财务、会计工作的业务指导和培训工作;负责对各市征地动迁指挥部(办公室)财务审计、会计检查工作;负责各级审计、财政、税务等部门的审计、检查接待、协调工作;负责各项目招投标资格预审及评定标书中的财务评价工作;负责对各项目保函审查及各种保证金的收取和返还工作;负责年度决算及竣工财务决算的编制工作;负责对施工单位建设资金监管工作。

1997年,为了促进会计基础工作规范化,提高会计工作质量,省高建局财务处与吉联科技开发公司共同研制开发了辽宁省高等级公路建设单位财务会计核算系统。省总部、沈阳、鞍山、盘锦、锦州、葫芦岛、铁岭市指挥部配置了统一的计算机及相应硬件,1997年1月1日起不再手工记账,实行电算化。

随着全省高速公路建设的快速发展及计算机技术的提高,原有财务软件存在的信息反馈滞后、查询统计困难,已不能满足高速公路建设财务管理的需要,省高建局财务处从2003年10月开始筹划将会计软件由核算型向管理型拓展。在总结辽宁省高速公路基本建设财务管理成功经验的基础上,广泛吸取其他单位的先进经验和管理方法,经过系统分析,提出以先进的管理方法和规范的业务流程为整体设计要求。2004年3月北京隆文兴盈公司开始代码编写。2005年3~5月进行现场调试,期间根据提出的新要求进行修改完善。2005年7月系统在省高建局本级投入试运行,采取新老软件并行的方式对新系统进行实践验证。2005年11月培训并在各市应用。

辽宁省高建局财务管理系统在满足正常的财务核算及报表基础上,在投资管理、合同管理、资金分配、费用分摊、领导决策、信息共享等方面起到保障和促进作用,使合同管理与会计核算有机结合起来,相互制约,有效地控制了资金支付环节的人为因素,使财务管理更加规范,资金支付更加透明。对各市动迁办的会计凭证、账簿、报表可通过网上远程查询、服务,随时监控征地动迁补偿资金的支付情况。

1999年辽宁省高等级公路建设局被省财政厅评为"辽宁省会计基础工作规范化优秀单位"。

根据《财政部关于解释〈基本建设财务管理规定〉执行中的有关问题的通知》(财建〔2003〕724号)"每个建设项目都必须单独建账、单独核算"的要求,从2004年8月的沈抚高速公路项目开始,新建高速公路项目均单独建账、单独核算。

省高建局根据财政部、交通部关于基本建设项目竣工财务决算编制的要求,编制竣工财务决算。经省审计厅审计后,在省交通厅监交下,向省高速公路管理局办理竣工财务决算(资产)移交手续。

2001年12月移交沈本、沈阳绕城、沈四项目。

2006年12月移交沈山、丹本、盘海、锦阜、锦朝、沈大高速公路改扩建、沈大高速公路服务区改造项目。

2011年8月移交丹庄、沈抚项目。

2012年11月移交铁朝、本辽、沈彰、沈大与丹大连接线、大窑湾疏港路项目。

2014年6月移交沈阳至桃仙段改扩建工程、辽新、朝黑、草南、长兴岛疏港路项目。

2. 各市指挥部(征地动迁办公室)

省交通厅代表省政府与高速公路沿线各市政府签订征地动迁投资包干协议、征地动迁投资补偿协议,沿线市政府作为征地动迁工作的责任主体,负责征地动迁实施、资金发放与地方协调工作。各市成立指挥部,2002年沈大高速公路改扩建之后,各市成立征地动迁办公室,内部设置财务机构,负责征地动迁的资金拨付、会计核算工作。竣工决算审计结束后,填制"辽宁省高速公路建设项目竣工财务移交表",资产部分移交给各市交通局,会计档案资料移交给省高建局。

为加强对全省重点交通基础设施的建设和管理,进一步理顺和规范高速公路建设财务管理,确保高速公路建设的顺利进行,省交通厅决定自2003年6月1日起,撤销省内各市高速公路建设指挥部(征地动迁办公室)内部设置的财务机构,其职能交由所在的各市交通局财务部门承担。各市交通局对新接收的财务工作实行局长负责制,加强管理和监督。市局一把手要亲自负责,健全"一支笔"审批制度。在各项经济交往中仍以高速公路建设指挥部(征地动迁办公室)的名义进行,单独设账,独立核算。沈阳、辽阳、营口、鞍山、朝阳、盘锦、本溪、丹东、阜新、锦州、大连等市交通局、高速公路建设指挥部(征地动迁办公室)充分认识到省厅决定的重大意义,认为此次改革有利于加强高速公路建设的资金管理,有利于维护财经纪律,有利于明确责任和加强廉政建设,均按照省厅要求完成了移交工作。

《关于规范高速公路建设财务管理的通知》(辽交财发〔2003〕121号)明确了高速公

路财务管理体制实行省、市两级管理,各县(市)、区不得设置财务管理机构。各市交通局要对各县(区)、乡镇征地动迁费用的使用,严加管理和监控,确保建设资金的安全、合法使用。

《关于加强高速公路建设征地动迁资金管理的通知》(辽交财发〔2004〕46号)明确了高速公路建设项目投资包干经济责任制,各市计算投资包干结余资金的政策依据和核算基础是省交通厅代表省政府与各市政府签订的《征地动迁投资包干协议》,如建设项目完工,投资造价无任何遗留问题,在进行"交付使用资产"账务处理的会计年度,根据建设项目的年度决算,进行清算和分配投资包干结余资金,按"7∶2∶1"的比例建立"留成收入"三项基金。①公路事业发展基金:按"留成收入"的70%分配比例建立,主要用于完善和提高本地区公路建设及其配套设施、购置机械设备和交通车辆,以及其他管理事业性支出;②职工福利基金:按"留成收入"的20%分配比例建立,主要用于职工集体福利设施、职工住房制度改革及其他职工集体福利性支出;③生产奖励基金:按"留成收入"的10%分配比例建立,主要用于职工个人的奖励性支出。各市要严格财经纪律,规范支配"留成收入"三项基金,确保国家、单位、个人三者利益不受侵占。"留成收入"三项基金要坚持先提后用,不得提前列支,工程建设期间一律不得预提"留成收入"三项基金,"留成收入"三项基金的支出各市必须报经省交通厅批准。

2005—2010年期间启动建设的沈彰、铁朝、本辽、沈康(一期)、辽新、草南、朝黑、丹通、丹海、桓永等项目的征地工作,根据《辽宁省人民政府批转省交通厅等部门关于全省高速公路建设征地动迁补偿实施方案的通知》(辽政发〔2005〕6号)规定,由辽宁省交通厅代表省政府与辽宁省国土资源厅签订《征地补偿投资协议》,委托省国土资源厅承担,由辽宁省征地事务局具体组织落实。

沈阳过境绕城高速公路改扩建项目征地动迁由沈阳市自筹征地动迁资金,具体承办部门为沈阳市三环路、四环路建设征地拆迁办公室。

3. 省高速公路管理局负责建设的高速公路工程

根据厅党组的部署,受省高建局的委托,省高速公路管理局承担了部分工程的招投标及工程管理工作。省高速局在财务处配备专门的会计人员,按照基本建设财务管理规定及基本建设会计制度进行资金拨付、会计核算。财务档案留存于本单位。

省高速局承担了沈四高速公路项目的绿化、通信监控、自动化工程;沈山、丹本、锦朝、锦阜、盘海、丹庄、沈大改扩建等高速公路项目的绿化、通信监控及自动化收费系统、通信管道工程;沈抚、铁朝、本辽、沈彰、大窑湾疏港路、朝黑、草南、长兴岛疏港路、辽新、沈康(一期、二期)、丹通、丹海、桓永、皮炮、彰通、抚通、辽开等高速公路项目的交通管理设施、通信管道、绿化、机电系统工程;沈大与丹大高速公路连接线的绿化、通信管道、机电系统工程;机场路改造项目的绿化、机电系统、交通管理服务设施工程;新铁、庄盖、沈阳绕城改扩建高速公路项目的绿化、通信管道、机电系统工程(交通管理收费服务设施在省高建局);阜盘高速公路的通信管道、机电系统(交通管理收费服务设施、绿化在省高建局);大连湾疏港路的收费站建设项目(含机电系统);建兴、灯辽、辽滨疏港三个 BT 建设项目的机电系统工程;沈康三期的机电系统(交通管理收费服务设施在省高建局)。

4. BT 建设项目

2012 年辽宁省采用 BT 模式建设建兴、灯辽、辽滨疏港三条高速公路。项目公司是 BT 项目财务管理及会计核算的主体,建设期间执行《企业会计制度》和财政部《基本建设财务管理规定》(财建〔2002〕394 号),按《企业会计制度》设置会计科目,按《基本建设财务管理规定》核算建设成本。省高建局、省高速局、市征迁办公室按照《国有建设单位会计制度》《基本建设财务管理规定》负责约定内容的资金支付及会计核算。

四、建设资金的管理

由省高建局作为建设期项目法人的高速公路建设资金由省交通厅统一拨付,"统贷统还"。辽宁省高速公路建设管理体制不同于其他省份"一路一公司"管理模式,实行一个投资主体,一套人马,每年管理、核算的建设资金额度巨大,资金申请、拨付、安全等成为财务工作的中心任务。经过多年的建设管理经验积累,特别是各级审计部门在高速公路建设过程中的审计指导,辽宁省高速公路建设资金的使用管理形成了一套比较完整、规范、行之有效的内部控制机制。

(1)强化资金使用预算管理,有序申请资金,将账存资金控制在合理水平,提高资金使用效率。

年度资金使用预算根据年度高速公路基本建设投资计划,综合考虑不构成投资完成额但需要支付资金的款项,如:支付开工预付款、材料预付款、征地动迁预付款等;构成投资完成但暂不支付资金的款项,如:抵扣质量保证金、开工预付款、材料预付款等;年度竣工项目的预留费用、交通厅转入抵拨款;续建项目未招标的工程、本年度拟开工建设项目按照排定的开工时间表,预估完成工程量和征地动迁进度比例,暂列开工预付款、征地动迁资金和部分工程款。

月份资金用款申请主要根据各项目对月份工程款、征地动迁款、材料预付款、沥青垫付款及设计变更款的测算,结合账存资金状况,向省交通厅申请资金使用金额,省交通厅将所需资金及时拨付到各个项目账户中,减少了中间环节,提高了资金到位速度。

根据财政部《车辆购置税交通专项资金财政直接拨付管理暂行办法》(财库〔2004〕16号)要求,2004 年 4 月至 2011 年 7 月,辽宁省实行车辆购置税交通专项资金财政直接拨付。省高建局作为重点项目的用款单位,根据工程结算情况,向省交通厅、财政部驻辽宁专员办申请资金。

(2)强化制度建设,保证建设资金安全、合法使用。

省交通厅高度重视高速公路建设资金管理工作,先后下发了《关于规范高速公路建设财务管理的通知》(辽交财发〔2003〕121号)、《关于加强高速公路建设征地动迁资金管理的通知》(辽交财发〔2004〕46号)。厅党组审查通过了省高建局制定的《沈大高速公路改扩建工程建设单位财务会计工作若干规定》(辽高建财发〔2002〕11号)。

为规范计量支付工作,保证工程建设资金及时到位和合理使用,省高建局先后制定了《辽宁省高等级公路建设工程价款结算办法》(1996年)、《辽宁省高等级公路建设土地征用及迁移补偿费结算办法》(1996年)、《辽宁省高等级公路建设局高速公路工程计量支付管理办法》(2006年)。

为加强和规范局机关、项目指挥部经费管理,省高建局先后制定了《各项目指挥部建设单位管理费的暂行规定》(1999年)、《项目指挥部建设单位管理费核算办法》(2000年)、《辽宁省高等级公路建设局机关财务管理办法》(2005年)、《辽宁省高等级公路建设局项目指挥部财务管理及会计核算办法》(2005)、《辽宁省高速公路建设局公务出差管理实施细则》(2014年)。

为加强固定资产管理,保证固定资产安全完整、合理配置和有效利用,省高建局制定了《辽宁省高等级公路建设局固定资产管理暂行办法》(2007年)。

为加强对施工单位建设资金的监管力度,省高建局制定了《关于对高速公路专项建设资金实施审计的通知》(1998年)、《辽宁省高速公路施工单位建设资金监管规定》(2009年)。

2011年5月,根据《省委办公厅省政府办公厅印发〈省纪委、省委组织部关于实行党政主要领导不直接分管人事、财务、物资采购和工程项目的暂行规定〉的通知》(辽委办发〔2010〕35号)精神,省高建局对原有内部控制制度中的有关审批程序及权限的条款进行了修改,制定了《辽宁省高速公路建设资金支付审批程序及权限暂行规定》。

通过制定、修改、完善、落实内部管理制度,规范和理顺了辽宁省高速公路建设的投资管理和会计核算,保证了建设资金安全、合法使用。

(3)严格实行合同管理,执行计量支付制。

公路建设四项制度的实施,特别是全面推行合同管理制,将施工、征地动迁、设计、监理、科研、咨询服务等经济事项纳入合同管理,促进了辽宁省高速公路建设管理的规范化、正规化。

财务部门按照合同管理制度的要求,明确在履行合同中的职责,把合同管理作为财务管理的重点,以合同的生效监控和履约监控为主要内容,在程序上严格履行合同条款,不流于形式,保证合同执行的严肃性。利用合同管理软件严格审查结算报表填列项目的完整性和准确性。对于质量保证金、农民工工资保证金的抵扣、返还,动员预付款、预付备料款的支付条件、时间、金额与扣回比例、时间等均严格遵守合同条款约定。没有合同的工程项目资金上不予支持,超合同的结算不予受理。

各施工单位填报工程价款计量支付统计报表,项目经理部签字盖章后,附其他必要的书面凭证,依次报驻地监理办、总监办、项目指挥部审核确认,报省高建局计划协调处核定后,持工程计量支付统计报表、其他必要书面凭证和建筑企业发票到省高建局财务审计处办理工程价款结算业务。设计费、监理费、科研费、咨询服务费等均通过合同计量方式予以结算支付。

2004年4月开始,根据省交通厅《关于加强高速公路建设征地动迁资金管理的通知》(辽交财发〔2004〕46号)要求,各市征地动迁费用结算实行"计量支付制",每月28日前将当月完成的征地动迁数量、种类、金额以月份已完工程进度统计报表和月份征地动迁费用结算账单的形式上报,经省高建局项目指挥部、征地动迁管理部门、计划统计部门审查确认签字盖章后报省高建局财务部门,据此办理征地动迁费用结算、拨付征地动迁资金。

(4)资金拨付严格遵守审批程序及权限,限时拨付。

在资金管理上,坚持分级管理、分级负责原则;专款专用、全过程监督控制原则。严格执行领导班子集体决策下的"一支笔"审批制度,这项制度的透明性和可操作性是非常有效的。

2011年5月省高建局制定的《辽宁省高速公路建设资金支付审批程序及权限暂行规定》,明晰了机关经费、项目指挥部经费、工程款、征地动迁费用、招标管理费的核算内容、支付手续和审批程序。制定了"动员预付款支付审批表""工程变更预付款支付审批表""高速公路质量保证金支付审批表""农民工工资保证金支付审批表""征地动迁资金支付审批表"等审批流程。

各种款项支付均需项目主管会计按照规定审核各种原始凭证,填制"资金支付审批单"经财务处长、分管财务局长签批后,各用款单位方可持"专用收款收据"到财务部门办理款项支付业务。

为了保证工程进度,保证施工单位对资金需求,省高建局实行资金限时拨付制度。结算价款资金经局长、主管财务的副局长签字审批后3日内及时支付给施工单位。

(5)建立了建设资金监管制度。

1990—2007年实行施工单位账号备案制度,将施工单位工程款直接拨付到项目经理部,而且账号一经确定,不准更改,以防止工程款被挤占、挪用。

为进一步强化投资控制,落实建设资金专款专用,保证建设资金规范、安全、有效使用,实现对建设资金的实时监控管理,2007年7月开始对省高建局直接管理的高速公路建设项目路基、路面、交通工程、房建工程的施工单位建设资金施行监管。省高建局、施工单位、监管银行三方签订《辽宁省高速公路施工单位建设资金监管协议》,委托银行负责监管。明确了四项禁止支付的款项。允许支付款项施工单位提供项目指挥部、总监办签字盖章的相关手续,监管银行对支付凭证及相关要件审核无误后办理付款业务。省高建局财务处对施工单位的工程建设资金流向进行网上查询,发现问题及时处理。不定期对监管银行的监管情况进行巡回检查。

(6)实施银行保函询证制度。

2010年开始对施工单位提供的履约保函、动员预付款保函采取通过银行系统内查询和派员到出具保函的银行实地询证的方式确认履约保函的真实性。确保施工单位在违约时有索赔资金作保障,进而保证建设资金安全。

(7)构建预防拖欠农民工工资机制,建立农民工工资保证金制度。

省高建局高度重视农民工工资发放,在施工建设过程中,要求各施工单位的农民工工资以存折和工资卡形式发放,以确保民工工资及时发放到位。

2008年从阜朝项目交通安全工程开始,实行施工单位"农民工工资保证金"制度,每期支付时暂扣当期结算价款(不含优质优价奖罚金)的1%作为农民工工资保证金。

五、审计监督和专项检查

审计监督、专项检查是控制工程造价、提高管理水平、防范资金风险的一项重要举措。省高建局及各市征迁办公室针对审计、检查中发现的问题,及时纠正,严肃整改,同时建章立制,构建、完善内控体系,促进了建设管理水平的提升,确保了资金合理、高效、安全使用。

(一)项目开工审计

1991—2003年期间建设的高速公路项目,省审计厅对项目立项程序履行情况、建设资金到位情况进行审计,形成项目开工前审计意见,向省交通厅行文批复。2004年国家取消了开工前审计这个审批环节。

(二)已竣工交付项目审计、专项检查情况

1.沈本高速公路

省审计厅1996年进行期间审计,出具了审计意见书(辽审投意〔1996〕60号)。

省审计厅2000年9月18日至11月15日进行竣工决算审计,出具了审计意见书(辽审投意〔2000〕122号)。

2.沈阳过境绕城高速公路

省审计厅2000年12月25日至2001年1月12日进行竣工决算审计,出具了审计报告(辽审农意〔2001〕8号)。

3. 沈四高速公路

审计署哈尔滨特派员办事处 2000 年 4 月 20 日至 6 月 18 日实施公路建设资金审计，出具了审计意见（哈特办〔2000〕12 号）。

省审计厅 2000 年 7 月 3 日至 8 月 18 日进行竣工决算审计，出具了审计意见书（辽审意投〔2000〕58 号）。

省审计厅 2000 年对铁四高速公路 1999 年亚行贷款情况实施审计。

4. 沈山高速公路

1999 年财政部驻北京市财政监察专员办事处对建设项目资金到位及管理使用情况进行检查。

省审计厅 2000 年 5 月 18 日至 8 月 25 日进行建设项目审计，出具了审计意见书（辽审意投〔2000〕109 号）。

2002 年 7 月辽宁省交通厅（辽交财发〔2002〕77 号）对本建设项目提请国家进行竣工决算审计。经省审计厅同意，省高建局委托辽宁天华、岳华、华诚、中博信会计师事务所对建设项目法人单位省高建局及所属建设单位辽宁省高速公路管理局，沈阳、鞍山、盘锦、锦州、葫芦岛市指挥部的竣工决算进行先期审计并出具审计报告。在此基础上，省审计厅 2002 年 9 月 11 日至 9 月 25 日对省高建局和省高速公路管理局进行了重点抽查，并延伸到省交通厅，出具了审计意见书（辽审投意〔2002〕101 号）。

2002 年省审计厅对沈山高速公路沈阳锦州段 2001 年亚行贷款情况实施审计。

2002 年 11 月辽宁省财政投资审核中心对竣工财务决算进行评审。

5. 丹本高速公路

2000 年国家审计署哈尔滨特派员办事处进行概（预）算执行情况审计，出具了审计意见（哈特审投意〔2000〕18 号文）。

2002 年审计署对辽宁省 2001 年至 2002 年 8 月国债专项资金管理使用情况实施审计，下达了《审计署关于辽宁省 2001 年至 2002 年 8 月国债专项资金管理使用情况的审计决定》（审财决〔2003〕224 号）。

省审计厅 2005 年 12 月 26 日至 2006 年 1 月 27 日进行竣工决算审计，出具了审计报告（辽审投报〔2006〕15 号）。

6. 盘海高速公路

省审计厅 2003 年 6 月 9 日至 8 月 27 日进行期间审计，出具了审计意见书（辽审投意〔2004〕119 号）。

省审计厅 2006 年 1 月 7 日至 16 日进行竣工决算审计，出具了审计报告（辽审投报〔2006〕9 号）。

7. 锦阜高速公路

省审计厅2004年5月28日至8月9日进行期间审计,出具了审计意见书(辽审投意〔2005〕10号)。

省审计厅2006年1月18日至26日进行竣工决算审计,出具了审计报告(辽审投报〔2006〕12号)。

8. 锦朝高速公路

省审计厅2004年5月28日至8月9日进行期间审计,出具了审计意见书(辽审投意〔2005〕9号)。

省审计厅2006年1月7日至17日进行竣工决算审计,出具了审计报告(辽审投报〔2006〕10号)。

9. 沈大高速公路改扩建

交通部财务司检查组于2003年9月15日至22日对本项目内部控制制度和机制的执行情况、资金使用情况进行检查。

省审计厅2005年5月27日至9月16日进行期间审计,出具了审计报告(辽审投决〔2005〕77号)。

审计厅2006年8月18日至8月21日进行竣工决算审计,出具了审计报告(辽审投报〔2006〕70号)。

10. 沈大高速公路服务区改造项目

交通部财务司检查组于2003年9月15日至22日对本项目内部控制制度、机制的执行情况、资金使用情况进行检查。

辽宁岳华工程造价咨询事务所有限公司2005年5月起进行期间审计,出具了审核报告(岳辽分工程审字〔2005〕第030号)。

省审计厅2006年8月14日至8月19日进行竣工决算审计,出具了审计报告(辽审投报〔2006〕71号)。

11. 丹庄高速公路

审计署沈阳特派员办事处2005年7月1日至9月20日实施项目概(预)算执行情况审计,出具审计报告(2006年第1号)。

省审计厅2007年10月29日至11月12日进行竣工决算审计,出具了审计报告(辽审投报〔2008〕3号)。

12. 沈抚高速公路

省审计厅2008年6月2日至7月25日进行期间审计,出具了审计报告(辽审投报

〔2008〕163号)。

省审计厅2009年5月4日至5月15日对本项目竣工决算进行了审计,出具了审计报告(辽审投报〔2009〕82号)。

13. 铁朝高速公路

省审计厅2010年7月19日至9月28日进行期间审计,出具了审计报告(辽审投报〔2011〕28号)。

省审计厅2011年8月25日至9月9日进行竣工决算审计,出具了审计报告(辽审投报〔2011〕101号)。

14. 本辽高速公路

省审计厅2010年7月19日至10月15日进行期间审计,出具了审计报告(辽审投报〔2011〕26号)。

省审计厅2011年8月25日至9月9日进行竣工决算审计,出具了审计报告(辽审投报〔2011〕100号)。

15. 沈彰高速公路

省审计厅2008年12月19日至2009年3月10日进行期间审计,出具了审计报告(辽审投报〔2010〕12号)。

省审计厅2011年8月25日至9月9日进行竣工决算审计,出具了审计报告(辽审投报〔2011〕102号)。

16. 沈大与丹大高速公路连接线

省审计厅2008年12月22日至2009年3月19日进行期间审计,出具了审计报告(辽审投报〔2010〕10号)。

省审计厅2011年8月25日至9月9日进行竣工决算审计,出具了审计报告(辽审投报〔2011〕103号)。

17. 大窑湾疏港路项目

省审计厅2008年12月24日至2009年2月28日进行在建期间审计,出具了审计报告(辽审投报〔2010〕8号)。

省审计厅2011年8月25日至9月9日进行竣工决算审计,出具了审计报告(辽审投报〔2011〕104号)。

18. 沈阳至桃仙机场路改扩建工程

省审计厅委托辽阳市审计局2012年8月16日起进行期间审计,出具了审计报告(辽市审投资报89号)。

审计厅2013年6月24日至7月15日进行竣工决算审计,出具了审计报告(辽审投报〔2013〕84号)。

19. 辽新高速公路

省发改委2008年对辽新项目招投标费用收支情况进行检查。

省审计厅委托辽阳市审计局2012年8月16日起进行期间审计,出具了审计报告(辽市审投资报88号)。

省审计厅2013年6月24日至7月15日进行竣工决算审计,出具了审计报告(辽审投报〔2013〕85号)。

20. 朝黑高速公路

审计署沈阳特派办2009年对中央预算内新增投资项目进行全过程审计。

省审计厅委托朝阳市审计局2012年8月15日至10月20日进行期间审计,出具了审计报告(朝审投报〔2013〕1号)。

省审计厅2013年6月24日至7月18日进行竣工决算审计,出具了审计报告(辽审投报〔2013〕88号)。

21. 草南高速公路

审计署沈阳特派办2009年对中央预算内新增投资项目进行全过程审计。

省审计厅委托抚顺市审计局2012年8月15日至10月20日进行期间审计,出具了审计报告(抚审投一报〔2012〕76号)。

省审计厅2013年6月24日至7月15日进行竣工决算审计,出具了审计报告(辽审投报〔2013〕87号)。

22. 长兴岛疏港高速公路

省审计厅委托大连市审计局2012年8月16日至9月29日进行期间审计,出具了审计报告(大审投报〔2013〕3号)。

省审计厅2013年6月24日至7月15日进行竣工决算审计,出具了审计报告(辽审投报〔2013〕86号)。

23. 沈康高速公路(一期、二期、尚屯立交)

省审计厅委托海城市审计局2012年7月23日至10月20日进行期间审计,出具了审计报告(海审投报〔2013〕17号)。

省审计厅2014年12月3日至12月11日进行竣工决算审计,出具了审计报告(辽审投报〔2015〕11号)。

(三)2011年3月至5月审计署地方政府性债务审计

辽宁省审计厅《2013年高速公路建设项目审计工作方案的通知》(辽审办〔2013〕64

号)授权各市审计局开展高速公路建设项目跟踪审计。大连市审计局审计庄盖、大连湾疏港路、皮炮项目;阜新市审计局审计辽开项目;铁岭市审计局审计桓永项目;锦州市审计局审计新铁项目;抚顺市审计局审计抚通项目;沈阳市审计局审计阜盘、阜盘北延伸线项目;辽阳市审计局审计丹海、沈阳绕城改扩建项目;海城市审计局审计彰通、丹通项目。

第四节 高速公路勘察设计

一、概述

1984—2016年,随着辽宁省高速公路的建设和发展,在高速公路勘察设计原则、理念以及设计创新方面,大体经历了探索、稳步提高和发展三个阶段。

从20世纪80年代起,随着国家改革开放和"三步走"发展战略的实施,经济快速增长,公路客货运量急剧增加,公路交通长期滞后产生的后果充分暴露出来。为有效解决公路混合交通问题,提供大容量的公路通道,借鉴国外的发展经验,国内开始试验性地建设高速公路。在这样的背景下,辽宁省高速公路勘察设计研究工作在全国率先展开。神州第一路"沈阳至大连高速公路"总长375km,于1990年8月全线通车,沈大高速公路的勘察设计和建设标准对辽宁省乃至全国高速公路建设起到了指导与借鉴作用。

从1990—2016年,辽宁省高速公路勘察设计又经历了"一环四射""一网五射两环"以及"三环七射五联六通道"三个阶段的规划和建设,勘察设计水平稳步提高,有效地指导了辽宁省高速公路建设,促进了辽宁地区社会经济的快速发展。

截至2016年,辽宁省高速公路总里程已达到4195km,高速公路勘察设计水平适应了辽宁省经济发展。

二、主要设计单位

辽宁省交通规划设计院有限责任公司源于1954年辽宁省交通厅设计室,1979年辽宁省交通勘测设计院。主要从事公路勘察、设计、科研、咨询、监理、地铁、轻轨、专业化施工等业务。持有工程勘察、公路工程全行业设计、工程咨询、工程监理、工程总承包、工程测绘、建筑工程勘察设计、市政工程、轨道交通、水土保持等11项甲级资质证书。2000年通过ISO9001:2000国际质量体系认证。拥有GPS全球卫星定位仪、大型喷墨绘图机等高精先进仪器和交通规划、道路、桥隧等先进设计软件,广泛应用CAD技术、航测成图技术、遥感技术、GPS技术。该院自主研发的"公路路线计算机辅助设计系统""公路桥涵CAD系统"等专利技术被评为全国工程设计优秀软件。现有从业人员597人,其中具有高级职称140人、中级职称195人。1986年以来先后完成沈阳至大连、沈阳至山海关高速公路以及沈阳至大连高速公路改扩建工程等省内外40余条高速公路勘察设计,设计里程4000余公里。累计荣获国家级奖励32项、省部级奖励69项,同时被授予全国交通系统先进集体、全国优秀设计院等荣誉称号。

辽宁省公路勘测设计公司成立于1979年。公司现在持有建设部颁发的公路工程设计甲级、工程测量甲级、工程勘察乙级、工程咨询甲级资质证书。2002年通过ISO9001:2000国际质量体系认证。在册从业人员530人,其中具有高级职称36人、中级职称134人,1986年以来先后完成盘海营高速公路、沈阳至彰武高速公路、辽宁省中部环线高速公路辽中至新民段、丹东至锡林浩特高速公路朝阳至黑水(辽宁内蒙古界)段、长深高速公路新民至鲁北联络线彰武至阿尔乡(辽宁内蒙古界)段、长兴岛疏港高速公路、阜新至盘锦高速公路等勘察设计,高速公路设计里程达到584km。

沈阳市公路规划设计院持有公路工程勘察设计甲级资质证书。2002年通过ISO质量管理体系认证。现有从业人员207人,其中具有高级职称95人、中级职称47人。1986年以来,先后完成沈阳过境绕城高速公路、盘锦至海城高速公路、沈阳至康平高速公路及延长线、沈阳至大连高速公路改扩建工程部分路基桥梁等勘测设计。先后获得全国青年文明号、全国交通行业文明单位、辽宁省文明单位、辽宁省青年文明号、辽宁省政治思想工作先进单位、辽宁省公路建设先进集体、辽宁省用户满意服务单位、辽宁省卫生模范单位、沈阳市先进单位、优秀监理企业等荣誉称号。

大连市交通规划勘察设计院有限公司成立于1993年,于2009年改制更名为大连市交通规划勘察设计院有限公司。主要从事公路勘察设计及工程技术服务,公路工程咨询等工作,持有公路设计甲级资质证书,工程勘察乙级资质证书,公路咨询丙级资质证书。2002年通过ISO9001:2008国际质量体系认证。拥有GPS全球卫星定位仪、大型喷墨绘图机等仪器和交通规划、道路、桥隧等先进设计软件,广泛应用CAD技术从事设计工作,现有从业人员59人,其中具有高级职称19人、中级职称16人。1986年以来先后完成大连至庄河高速公路、大窑湾疏港高速公路、沈大高速公路后盐立交桥、土城子至羊头洼高速公路、杨屯至大树底高速公路等勘察设计。

辽宁省交通科学研究所设计室持有公路工程设计乙级资质证书。从业人员23人。1985—2000年曾参与沈阳至大连高速公路灯塔、宁官等9座互通立交,沈阳至山海关、铁岭至四平高速公路等勘察设计。2001年设计室撤销,改为设计咨询中心,不再承担勘察设计业务。

三、设计原则与设计理念

(一)探索阶段

从1984年至20世纪90年代初,辽宁省将348km的原沈阳至大连公路(双向2车道)

分阶段改扩建成双向4车道、全立交、全封闭的高速公路。同时为高速公路的原则和理念进行了探索。具体有以下5点。

1. 采用技术指标具有超前意识

1984年6月27日,沈大公路开工建设。当年,根据国家计委批复,沈阳、大连两头修建一级公路,中间保持二级公路。

1986年2月,经国家计委批复,沈大公路中间段改扩建为一级公路。

1988年10月,沈大公路除了建成中间段的108km一级公路外,还建成了沈阳至鞍山、大连至三十里堡,南北两段总共131km的全立交、全封闭、全部控制出入口的收费高速公路。

1990年8月20日,沈大高速公路全线建成,它是我国第一条通车的高速公路,也是我国第一条4车道高速公路,被誉为"神州第一路"。

当年,我国没有一条高速公路,也没有高速公路设计规范和标准,全凭工程技术人员经过国外考察、技术咨询,结合国情实际,在设计时路线、路基、路面、桥涵、互通立交等均采用了较高的技术指标,具有超前意识,为一级公路逐步完善成高速公路进行了铺垫,也打下了坚实的基础,同时也探索出一整套高速公路的设计原则和设计理念。

沈大高速公路以先行者身份,拉开了我国高速公路大通道建设的序幕,掀开了中国交通史册现代化一页。

1992年7月12日至14日,沈大高速公路通过国家验收。

1993年,沈大高速公路荣获国家科技进步一等奖。

1994年,沈大高速公路获第六届国家优秀工程设计金奖。

2. 平战结合,路线"近城不进城"

在原沈大高速公路建设中,考虑了高速公路在政治、经济、军事等方面的重要性,在高速公路上修建了一条平战结合的军用飞机跑道,平时正常通车,战时一旦需要,可起降军用飞机。高速公路起降军用飞机国外虽早有先例,但国内尚属首创。在确定路线走向,进行线位布局安排时,采取了"近城不进城"的原则,避开沿线全部城镇,同时又为这些城镇留有足够的出入口和连接路线。这一理念摒弃以往公路设计穿城而过的原则,进而衍生出"靠近城市,但不进入城市(通过联络线连接)"的高速公路设计理念。

3. 充分利用国产材料和当地资源,降低工程造价

工程建设中,以因地制宜为设计原则,充分利用当地资源。在反复试验,取得可靠数据基础上,高速公路路面全部采用国产沥青铺筑;路基的填料则立足于开山取石,挖河取沙和广泛利用工业废渣填筑,既保证了质量,加快了进度,又降低了工程造价,保护了环境,拉动了地方经济。

4. 少占和不占耕地

工程设计中,进行了多方案比较,尽可能少占耕地。必须征用耕地时,尽可能占用山坡、低洼、河滩等劣质土地,不占或少占良田。路线选线时充分考虑填挖方的平衡。原沈大高速公路全长375km,累计动用土石方3500多万 m^3,没有占用一寸耕地取土筑路。其中沈阳至鞍山段路线线位设计时,经过反复论证,确定利用原路基改扩建,另辟新路线作为辅道,少占耕地4000亩。

5. 桥面连续技术

在以往的桥梁设计中,两跨或两跨以上的梁桥,以往的设计是在每一支点处设置简易伸缩缝。这样伸缩缝过多会造成行车颠簸,对高速行车非常不利。桥面连续技术就是在梁伸缩缝位置把桥面铺装连接加强。这样就减少了行车振动,具有接缝少、刚度好、行车平顺舒适等优点,在高速公路桥梁中经常采用,已成为高速公路桥梁的最基本技术之一。

(二)稳步提高阶段

1990年至2005年前后,称之为"稳步提高阶段"。在中央实施积极财政政策、加大基础设施建设力度的大好形势下,辽宁省高速公路勘察设计稳步提高主要体现以下三方面。一是根据交通部《国道主干线系统布局规划方案》,开展了系统科学的路网规划,逐步建成了辽宁省高速公路主骨架。二是随着大规模高速公路工程建设,与国际接轨的高潮。勘察设计水平稳步提高,有效地指导了辽宁高速公路建设,促进了辽宁地区社会经济的快速发展。尤其是1997年省交通厅编制了《沈山高速公路工程创一流实施纲要》,提出了"一流设计、一流施工、一流管理、一流质量"的奋斗目标。三是2002年,辽宁省交通规划设计院进行沈大高速公路改扩建工程设计,2004年建成通车。沈大高速公路改扩建工程设计,为我国实施高速公路改扩建工程积累了宝贵经验,提供了重要示范。

(1)根据交通部规划方案,设计院开展了系统路网规划工作

1992年,省交通厅依据交通部"两纵两横和三个重要路段"的国道主干线规划,全面系统科学地制定了以沈阳为中心,东通丹东、南达大连、西抵山海关、北上四平的"一环四射"高速公路主骨架发展规划,形成高速公路主骨架,使通高速公路的地级市达到12个。2002年8月,"一环四射"全部建成通车,全省高速公路通车总里程达到1637km。

1995年省交通厅贯彻邓小平南方谈话和中共十四大所确立的社会主义市场经济体制改革目标,依据交通部"五纵七横"国家高速公路主骨架规划,以构筑全省高速公路网为目标,以全省14个省辖市通高速公路和出省、通边、环海为重点,按照"近期明显改善,中期基本适应,远期适度超前"的原则,在"一环四射"规划的基础上,修改制定了"一网五射两环"的高速公路网发展规划。2005年9月,"一网五射两环"全部建成通车,全省高速

公路通车总里程达到1773km。

2005年省交通厅贯彻落实国务院《关于实施东北地区等老工业基地振兴战略的若干意见》，按照省委、省政府制定的辽宁老工业基地振兴和全面建设小康社会的总体目标，根据《国家高速公路网规划》和交通部《振兴东北老工业基地公路水路交通发展规划纲要》，为加快实施进关出海，连接周边省区的通道建设，充分发挥辽宁区位交通优势；为加快实施中心城市、重点港口、重要产业基地路网连接，增强辐射功能和连通能力，在"一网五射两环"规划的基础上，又制定了"三环七射五联六通道"高速公路网发展规划，规划总里程3860km。这一规划于2013年7月全面完成。

（2）高速公路建设与国际接轨，勘察设计水平稳步提高

1997年，辽宁省交通规划设计院在沈阳至山海关高速公路工程建设中，提出设计创一流的实施纲要。竣工后又经过分析总结，设计水平得到很大提高。

路线设计方面。全线采用较高的平纵面线形指标，保证平面顺适，纵坡均匀。充分满足平、纵配合的设计原则和各项要求，并注意线形与地形、地物及周围环境的协调配合。

路基设计方面。放缓路堤及路堑边坡坡度，提高路基及边坡稳定性。加强边坡防护，根据不同路段因地制宜地采用坡脚处设矮挡墙、边坡上撒草籽植物防护、边坡砌护等防护形式。

路面设计方面。开展科研攻关，根据沿线筑路材料分布情况，因地制宜提出各段的路面结构。路面上面层采用间断级配集料和SMA结合料，形成具有抗滑、耐磨、高温抗车辙、低温抗开裂的路面面层。

桥梁结构设计方面。空心板按部分预应力混凝土A类构件设计，以减少预压力，从而减小构件上拱度，增加构件延性。跨线桥全部采用现浇连续结构，使结构轻盈美观。桥台后填筑40%~50%砾石含量的沙砾、碎石或碎石土，为辽宁首创，后纳入国家规范。利于桥台受力，防治桥头跳车。伸缩缝采用结构合理、性能良好的型钢式伸缩缝。

环境保护与美化设计方面。特别注意线形设计，使驾驶员在视觉和心理上产生良好的效果。对主线两侧、互通立交区和服务区的绿化进行综合设计，使高速公路成为绿色长廊。

（3）沈大高速公路改扩建工程，全长360km，全线8车道，设计速度120km/h

改扩建后的沈大高速公路，拥有亚洲最大跨径的隧道"金州隧道"、1233m长的特大桥梁、6座公铁立交、28处互通立交、189座大中小桥梁、89座跨线桥、249座通道、531道涵洞、5个欧式建筑服务区、29个收费站。

①沈大高速公路改扩建工程路面加铺技术

为充分利用原有路面结构的强度，采用路面加铺设计方案，立项"沈大高速路改扩建路面加铺技术研究"专题科研工作，并修建了10km的路面加铺试验路。课题研究成果指

导了沈大高速公路改扩建平面加铺的设计与施工,课题研究分别荣获辽宁省科技进步三等奖、中国公路学会科技进步三等奖。路面加铺技术主要内容如下:

a. 结合理论分析以及试验路检测,修正了路面结构厚度补强公式,建立了土基和旧路回弹模量与弯沉指标换算的经验公式,为现行规范的补充和完善提供了科学依据。

b. 通过对大粒径沥青碎石混合料的试验研究,提出了沈大路下面层混合料的设计与施工的控制指标,有效地保证了工程质量。

c. 采用冻融劈裂、低温小梁弯曲、劈裂蠕变、车辙与疲劳试验,综合分析评价加筋沥青混合料性能。土工织物和纤维加筋后,沥青混合料的高温性能得到显著提高,特别是纤维加筋沥青混合料的高温性能非常突出。加筋后沥青混合料的疲劳性能得到改善,从而延长使用寿命。

d. 使用路面切片机将路面的沥青各层、半刚性基层各层,分层次进行切割、清除。

e. 每层路面结构切割错开的间距为20cm,不存在通缝。

f. 新建路面结构的沥青面层与原路加铺罩面的沥青面层全幅一次摊铺、压实。

②沈大高速公路改扩建工程路基加宽技术

为控制改扩建工程新老路基沉降差,防止新老路基产生纵向开裂,交通厅立项"沈大高速公路改扩建工程路基加宽技术的研究""沈大高速公路改扩建工程路面加铺技术的研究"专题科研工作,并修建了10km的路基加宽试验路。该课题指导了沈大高速公路路基、路面加宽工程的设计与施工,并应用于浙江省杭甬、江苏省的沪宁和沪杭高速公路改扩建工程路基加宽的设计及施工中。课题研究分别荣获辽宁省科技进步三等奖、中国公路学会科技进步三等奖。路基加宽技术主要内容如下:

a. 原路基从硬路肩向下清理边坡,边坡坡率1:1.5。然后挖台阶,深度80cm,台阶底面向路中心横坡3%。

b. 为减少新旧路基沉降差,当路堤高度≥3.5m路段,在路基顶面以下20cm、80cm的台阶顶面铺设土工格栅。

c. 新填路基采用碎石土、沙砾土、山皮土等强度较高的粗粒土填料。

d. 新填路基采用重型压路机压实,压实度在规范基础上提高1~2个百分点;并且每填筑4层(压实厚度1.0~1.5m),采用冲击碾增强补压15~20遍。

沈大高速公路改扩建工程设计,为我国实施高速公路改扩建工程,积累了宝贵经验,提供了重要示范。

(三)发展阶段

2005年提出辽宁省高速公路将形成以"三环七射五联六通道"为骨架的规模适当、布局合理、能力充分、衔接顺畅的开放式网络格局,规划总里程3860km。2013年7月,"三环七射五联六通道"全部建成通车。

辽宁高速公路勘察设计进入发展阶段,结合辽宁省当前综合交通运输发展的阶段性特征,高速公路交通作为综合交通运输重要的基础设施与运输方式,以发展"五个交通"(综合交通、智慧交通、绿色交通、平安交通、民生交通)为指导思想和主要任务,来发展勘察设计水平。

交通运输部于2004年提出了公路设计中贯彻落实"六个坚持、六个树立"勘察设计新理念。工程勘察设计人员通过组织讲座学习、参观考察等形式,深入学习新理念,认真贯彻落实,设计水平进入了新的发展阶段。其中桓仁至丹东高速公路作为交通部第二批勘察设计典型示范工程,就是其中的代表。

(1)以人为本,树立安全至上理念。项目设计中进行安全选线。通过运行车速检验,合理选择指标,灵活设计。如本溪至辽中高速公路项目,根据不同路段的地形条件和交通量情况,采用两个不同的设计时速。

(2)人与自然相和谐,树立保护环境理念。项目设计中充分尊重自然,做到人与路、人与自然的和谐统一。树立不破坏就是最大保护的理念,坚持最大限度地保护、最低程度地破坏、最强力度地恢复,使工程建设顺应自然、融入自然。如充分考虑土石方平衡,尽量减少弃方及借方,减少对自然环境的破坏;路基边坡、隧道洞口设计以生态防护为主,使高速公路成为当地一道亮丽的风景。

(3)可持续发展,树立节约资源的理念。合理规划、合理利用线位资源,选择适当的技术标准,避免重复建设或工程衔接不合理造成的资源浪费。在项目设计中,采用取消路堤边坡平台、减少边沟外宽度等多种措施,尽可能节约土地。路基填筑充分利用工业废料、地方废料,变废为宝,减少公路建设对自然资源的破坏。

(4)质量第一,树立让公众满意的理念。项目设计深入贯彻服务社会的理念,积极与交通、水利、铁路、规划、环保等部门进行认真细致的沟通,广泛争取社会的参与和认可。如阜新至朝阳高速公路项目建设过程中,互通立交及交通通道的管理充分考虑当地经济不发达的现状,在满足现有功能的同时,也为未来经济发展创造有利的出行条件。

(5)合理选用技术指标,树立设计创作的理念。将项目视为作品,突出与环境相融合的各个细节,发挥想象力与创造力进行设计。灵活运用技术标准和技术指标。充分考虑地形、地质条件变化和地物分布,保证线形均衡、行车安全。

(6)系统论思想,树立全寿命周期成本理念。坚持统筹兼顾,综合考虑项目规划、建设、养护、运营全过程,系统解决工程结构的耐久性、抗疲劳性,车辆行驶的安全性,养护维修的可行性。如沈大大庄连接线项目在沿海地区,工程主要以桥梁为主,为提高耐久性,设计在抗腐蚀等方面采取多种措施,提高了结构的耐久性,减少了后期养护费用。

四、勘测设计规范与标准

公路勘测设计规范与公路工程技术标准是中华人民共和国行业标准,由交通部批准颁发。1986年以来,广大工程技术人员,依托辽宁省工程建设具体情况,科学合理选用设计规范与标准,并不断完善和创新公路勘测设计标准与规范,积累了宝贵的经验,对全省公路事业的发展起到了引导推动作用。

(一)探索高速公路技术标准

20世纪80年代初期,辽宁省就开始筹建沈阳至大连高速公路,当时中国还没有一条高速公路可以借鉴,国内也没有高速公路技术规范和标准可以遵循。工程技术人员结合工程建设实际,经过广泛收集资料、调查研究、聘请国内外专家咨询,多方考察论证,全面引进、消化、吸收国外先进设计经验,并与筹建京津塘高速公路的交通部公路规划设计院充分研讨,结合国情和省情提出了沈大高速公路设计标准,确定了路线线形、路面、桥涵、互通式立交、道路交叉等有关设计标准参数。

大胆的研究探索,深入的总结实践,为后来国家制定高速公路设计规范和标准提供有力的技术支撑,是对中国高速公路发展的重大贡献。期间老专家李克敏翻译了《日本高速公路设计要领》,后来由交通部公路局编辑出版了《公路科技丛书》共计7本,成为在沈大高速公路设计的主要参考资料,还有老专家王伯惠翻译的《美国公路的立交》,也成为在沈大高速公路设计的主要参考资料。

1985年,辽宁省交通规划设计院韩忠顺、李维庆同志参加了《公路路线设计规范》(JTJ 011—94)主要章节的编制工作。在吸取沈阳至大连高速公路建设经验教训的基础上,主编了高速公路互通式立交一章,增加了高速公路通行能力、互通式立交设置等内容,对以后各版本规范的修订起到了奠基石的作用。

2006年,辽宁省交通规划设计院王奕鹏、姜庆林同志通过室内试验及试验路观测,对SBS改性沥青混合料进行了大量试验研究,在部颁规范基础上,结合辽宁省实际情况,进一步优化、提高了改性沥青混合料的技术指标,更有利于施工现场质量控制,编制了辽宁省地方标准《SBS改性沥青混合料设计与施工技术规范》(DB 21/T 1402—2006),其中对改性沥青软化点、延度、弹性恢复指标及改性沥青混合料的技术性能指标进行了调整,有力地保证了路面工程施工质量。SBS改性沥青混合料技术,在辽宁省所有高速公路和部分一级公路进行了全面推广。

2014年,辽宁省交通规划设计院姜庆林、刘海英同志主持编写了辽宁省地方标准《沥青路面就地热再生技术指南》(DB 21/T 2346—2014)。指南充分吸收了近年来沈海高速公路、长深高速公路、平康高速公路的热再生维修工程经验,规定了就地热再生的适用条件、原路面调查与分析、材料要求、混合料配合比设计、施工工艺和质量管理与验收等方面的内容。指南的编制与推广，大力提升了辽宁省沥青路面就地热再生的技术水平，有效延长了路面的使用寿命，积极促进了沥青路面的环保节能型建设。

（二）科学合理选用设计规范与标准

1. 沈阳至山海关高速公路

20世纪80年代后期，交通部提出"两纵两横、三条重要路段"的公路主骨架建设规划。规划高速公路多以4车道设计标准为主。在规划设计沈阳至山海关高速公路时，进行了充分科学论证，制定了八车道规划六车道建设，具有超前意识的规划设计方案，像"神州第一路"一样，又一次在国内引起巨大反响，这一方案首先得到了交通部的肯定和全力支持。科学性、前瞻性的规划设计理念以及成功的实践，为国家公路设计规范和标准的修订完善提供了非常强有力的支撑。

该项目设计标准严格执行国家有关规范标准，同时通过系统总结辽宁省以往的经验教训，充分吸收国内外先进经验，项目重点技术指标在执行规范标准上限的基础上，适当提高技术标准，如在路面结构、软基处理、排水防护、环境保护和通信、监控与收费自动化等方面一一适当提高。

按照项目总体的规划，路堑段、特大桥、互通立交区、跨线桥及服务区按主线八车道一次设计建设，其余均按六车道设计。在《公路工程技术标准》（JTJ 001—97）中规定路基宽度：六车道33～35m，八车道40.5～42.5m，其中硬路肩宽度3～3.5m。本项目六车道、八车道路基宽度分别取34.5m和42m，硬路肩宽度均采用3m，后来2006年交通部颁布的《公路工程技术标准》（JTG B01—2003）的推荐一般值就采用了上述参数。

该项目主要指标，主线平曲线半径除两处分别为3000m和3500m外，其余均等于或大于5500m，匝道平面最小半径为60m。桥梁结构增加了特载—480验算。主线净空高度取为6m。沈阳至山海关高速公路选择的技术标准详见表3-4-1。

沈山高速公路主要技术标准 表3-4-1

项　　目	单　　位	指　　标	
		六车道	八车道
设计速度	km/h	120	
路基宽度	m	34.5	42
平曲线极限最小半径	m	650	
平曲线一般最小半径	m	1000	
不设超高平曲线最小半径	m	5500	
缓和曲线最小长度	m	100	
停车视距	m	210	

续上表

项　目	单　位	指　标	
		六车道	八车道
最大纵坡	%	3	
最大合成坡度	%	8	
凸形竖曲线一般最小半径	m	17000	
凹形竖曲线一般最小半径	m	6500	
竖曲线一般最小长度	m	100	
最小坡长	m	300	
中央分隔带宽度	m	3	
硬路肩宽度	m	2×3	
土路肩宽度	m	2×0.75	
行车道宽度	m	2×3×3.75	2×4×3.75
桥面净宽	m	2×15	2×18.75(特大桥2×16.5)
设计荷载/验算荷载		汽车—超20级、挂车—120／特载—480	
设计洪水频率		特大桥:1/300,其他:1/100	
净高标准		电气化铁路≥6.55m;非电气化铁路6m;高速公路、一、二级路5.0m;三、四级路4.5m;乡道3.5m;机耕道≥2.7m;人行道2.2m;跨线桥桥下6m	

沈山高速公路全长361km,与北京至秦皇岛高速公路相接,是东北三省和内蒙古东部地区连接首都及关内各省的重要快速通道,是国家"九五"期间的重点建设项目,也是国家公路网规划的"两纵两横、三条重要路段"之一。这条公路有效地分流了沿线主要城镇的过境车辆,提高了运输效率,带动了沿线地区相关产业的发展。

2.沈阳至大连高速公路改扩建工程

20世纪90年代初期,国家交通部又制定了"五纵七横"高速公路主骨架规划。在规划设计沈阳至大连高速公路改扩建工程时,又进行了四车道改成六车道高速公路、四车道改成八车道高速公路的方案讨论。经过充分科学论证,确定了全线按八车道标准改扩建方案。又一次验证了规划设计理念具有科学性和前瞻性,在国内赢得了声誉,也为国内早期建设的高速公路改扩建工程提供了宝贵的经验。

沈大高速公路改扩建工程,全封闭、全立交,同时设有安全设施、监控设施、通信设施和服务设施;设计速度为120km/h,路基宽度为42m,双向八车道。本项目在造价增加不大的前提下尽可能选用高指标,局部路段采用单侧加宽来改善原有沈大高速公路的平面线形。

原沈大高速公路路基总宽26m,中央分隔带宽3m(局部路段为2m),行车道宽4×3.75m,左侧路缘带宽2×0.75m,硬路肩宽2×2.5m(局部路段为2×3.0m),土路肩宽

2×0.75m。改扩建时,将原中央分隔带局部 2.0m 改为 3.0m,路基两侧同时向外拓宽 8.0m,加宽后路基横断面布置为总宽 42m,中央分隔带 3m;行车道 8×3.75m,左侧路缘带 2×0.75m,右侧硬路肩 2×3m,土路肩宽 2×0.75m。具体见表3-4-2。

沈大高速公路改扩建工程主要技术标准　　　　表3-4-2

项　目	单　位	指　标
设计速度	km/h	120
路基宽度	m	42
平曲线极限最小半径	m	650
平曲线一般最小半径	m	1000
缓和曲线最小长度	m	100
最大纵坡	%	3
凸形竖曲线一般最小半径	m	17000
凹形竖曲线一般最小半径	m	6500
竖曲线一般最小长度	m	100
最小坡长	m	300
中央分隔带宽度	m	3.0
硬路肩宽度	m	2×3.0
土路肩宽度	m	2×0.75
行车道宽度	m	2×(4×3.75)
桥面净宽	m	2×18.75
设计荷载		汽车—超20级　挂车—120
验算荷载		特载—480
设计洪水频率		特大桥 1/300　其他 1/100
净高标准		高速公路、一、二级公路5.0m;三、四级公路4.5m;乡道3.5m;机耕道2.7m;人行道2.2m

沈阳至大连高速公路改扩建工程服务区设计结合辽宁具体情况,调研吸收了国外先进设计理念,科学合理地选用设计规范与标准,完善并创新了诸多方面技术规范和标准。在服务区总体布局与规模、功能定位、建筑风格等方面积累了很多成熟的设计经验,形成了辽宁的设计品牌,成为国内设计典范,其设计标准备受推崇。

(1)总体布局与规模突破规范。国家现行高速公路规范要求服务区间距不宜大于60km,根据辽宁省乃至全国的发展趋势进行合理的总体布局,改造设计全线设 5 处服务区,2 处服务区(甘泉、井泉)在原址上改扩建,3 处服务区(西海、复州河、三十里堡)择新址重新建设,其平均间距为70km。

在不违反规范的前提下,经过工可研、初步设计反复论证后,决定适当加大服务区占地和建设规模,全面提高沈大路改造后配套交通设施的服务标准。全线 5 处服务区的规模分别为：井泉服务区占地284亩，建筑面积7163m²；甘泉服务区占地300亩，建筑面积7986m²；西海服务区占地326亩，建筑面积8286m²；复州河服务区占地297亩，建筑面积7580m²；三十里堡服务区占地303亩，建筑面积7177m²。

项目建成通车后证明，服务区布局、停车位数量、建筑面积以及服务质量符合改造后营运和发展的要求，沈大高速公路服务区为国内的服务区建设确立了重要的设计参考标准。

（2）功能定位齐全。高速公路服务区是保证高速公路安全、畅通、方便、快捷的重要配套设施。结合高速公路发展的实际情况，服务区改造拓展了现有交通设施的功能范围，涵盖了齐全的服务内容，为车辆提供停车、加油、加水、维修、配件等服务；为人员提供休息、如厕、餐饮、购物、住宿、电话、问讯等服务。同时增加了人性化的服务设施，设置了残疾人厕所、儿童用洗手盆小便斗、无障碍设施等。

（3）建筑风格独特。建筑外观设计是服务区改造的重点和亮点工作。沈大高速公路改扩建后的服务区建筑风格舒展自然，采用欧美草原式建筑风格。坡屋面舒缓、墙体变化丰富、色彩稳重而清新，整体上比例、尺度、体量协调，自然、亲切。大连、营口、鞍山、苏家屯收费雨棚采用现代的钢膜结构形式，金州、鲅鱼圈、鞍山南收费雨棚采用钢结构、异型网架结构形式，创造了丰富的造型空间，建筑造型体现结构的美与力度。同时服务区的设计着重强调了商业气氛的渲染，通过建筑物上屋檐、墙面、入口处、门窗上的指示和标识，通过综合楼前广场上的小品、指示标识和宣传广告，通过夜晚丰富的灯光效果，烘托和创造浓郁的商业气氛。

目前，沈阳至大连高速公路改扩建工程的服务区设计技术已在全国推广应用。

2002年5月28日，沈大高速公路正式开始进行改扩建。2004年8月29日，沈大高速公路改扩建工程竣工，全路段为八车道，也是当时中国内地第一条全程八车道高速公路。

五、勘测设计创新

1986年以来，辽宁公路测量、勘察中推广应用新技术、新设备，逐步跨入了全新的数字化时代。公路设计技术持续改进，设计质量不断提升，积累了不同地区、各种地形条件下的勘察设计工作经验。

（一）公路勘测

公路勘测主要分为两部分，地质勘察和地面测量。

1. 地质勘察

公路工程作为一种线性工程，必然跨越不同的自然地理、地质、地貌单元，涉及更多的工程地质问题。工程地质勘察成果和工作进度直接影响到设计质量、设计周期及工程造价。工程地质勘察主要手段包括地质调查测绘、钻探、物探、原位测试、室内试验和工程地质分析。

20世纪80年代至90年代初,辽宁省交通规划设计院(以下简称设计院)的工程地质勘察手段较为单一,主要以钻探为主,设备也较为简陋,主要为H30型转盘式钻机和南京嘎斯车载钻机,钻探方法主要为采用多层套管护壁的冲击钻进和人工加压、清水为冲洗液的回转钻进,钻具为单管单动和钢粒或合金钻头,原状土采取为厚壁取土器和锤击法,取芯率低、原状土样品质量不高,钻进深度有限,钻探效率低,平均每台钻机月进尺不足100m。

20世纪90年代后,随着科学技术的发展和勘察设计工作增多,设计院的工程地质勘察手段日益多样化。钻探工艺也不断改善,钻探设备改进为G2.XT100、XY100、DGJ150、DPP-3B车装钻机,加载方式为立轴油压式,孔内冲洗和护壁方式采用化学泥浆和低固相泥浆,钻具增加了双管单动、双管双动和金刚石钻头,原状土采取增加了薄壁取土器和静压法,使得钻探质量和钻探效率有了大幅度提升,平均每台钻机月进尺不低于500m。

自本溪至丹东高速公路项目开始,在地质调绘方面采用工程地质遥感技术,增加了包括浅层地震、水域地震影像、电法、地质雷达、瞬变电磁等工程物探方法,原位测试工作在原有的动力触探、标准贯入基础上又增加了静力触探、十字板原位剪切、旁压试验等。20世纪90年代后,工程地质制图、数据处理和报告编写工作也由人工手绘、手算改变为计算机处理。设计院自主开发并引进了一系列工程地质专业程序,如自主开发的地质柱状绘图程序、土工试验统计程序、软基固结沉降计算程序等。

近年完成了许多大型公路项目和复杂地质的工程地质勘察工作。如长大隧道勘察、海上及深水域地质勘察(沈大高速公路普兰店海湾大桥、皮炮高速公路长兴岛大桥、沈山高速公路六股河大桥等)、软土地基勘察(沈大高速公路、丹庄高速公路、沈山高速公路等)、黄土(阜朝高速公路)、风积沙(沈山高速公路、彰阿高速公路)、膨胀土(沈康高速公路、沈四高速公路)、采空区(沈四高速公路、锦阜高速公路、阜朝高速公路等)。

2. 地面测量

公路地面测量技术新技术不断涌现并应用于公路建设之中,特别是这一时期航空摄影技术由传统的光学摄影向数码摄影技术转换,新的摄影技术特别是各类数码相机搭载在不同的载体上产生了各类不同的摄影技术方法,而应用于公路地形图测绘中,不但提高了工作效率,且节约了生产成本,有效地解决了许多生产之中的难题。2005年至2006年期间,航空摄影仍然采用传统胶片光学摄影,相片虽然像幅较大,但由于不是真色彩,反差较小,所以在地物、地貌的判别上较为困难,在丹东至桓仁新开岭、桓仁至永陵高速公路中就是采用该种摄影技术进行地形图测绘。

2008年以后,数码航摄成图技术越来越多应用于各类工程项目中,特别是德国CARL ZEISS公司和美国INTERGRAPH公司合作生产的用于地图量测的数字航摄像机DMC已被多次应用于各类工程项目中。DMC影像与传统影像相比具有许多优势,其影像为真彩色影像,影像对地表的地形要素表现真实、表达清晰,特别是农作物、经济作物等植被信息,容易分辨类型,使内业立体测图描绘更全面、表示更准确,增强了可量测精度,减少了外业调绘工作量。

2008年11月起,辽宁省相继开展西丰至开原、阜新至盘锦、庄河至盖州、皮口至炮台等4条新建高速公路的建设,设计院承担设计任务,但设计周期只有不到半年时间,在已经不再适合开展航摄的情况下,开展了DMC影像超倍率测制高速公路地形图的有关技术究工作,主要包括DMC影像预处理研究;像控点布设方法研究;基于数字影像的像控点刺点方法研究;重要地形要素的精度修正方法研究等。在研究成果基础上,突破规范要求,根据高速公路设计用图特定需要的特点,使用超低倍率的DMC影像进行1:2000地形图的生产制作,不但保证设计任务按时完成,同时节省了大量生产成本。后来该项技术经过不断完善,又先后应用于建昌至兴城、凌源至绥中新建高速公路以及沈阳至四平高速公路改扩建工程1:2000地形图的生产,取得了较好效果。

除了通常的航摄技术外,无人机低空航空摄影测量技术也陆续应用于地形图成图当中。该技术的优势在于不受空域限制,受天气影响较小,对于路线较短,面积较小的工程项目,采用该种方法可快速获取地表高分辨率的影像,从而进行地形图、影像图的生产制作,在丹东大东港疏港高速公路项目中就采用了该种成图技术。

机载激光雷达三维扫描是当下的前沿测绘技术。该技术是以飞机为平台,融合了全球定位系统、惯性导航系统、激光扫描系统和CCD相机辅助装置,可直接获取地表面点的三维几何信息和该点激光回波信号的强度信息,同时还可获取物体的影像数据,具有空间分辨率高、空间定位精度高、一致性强等优点。所获取的激光点云数据可用于数字线划图DLG、数字高程模型DEM及三维模型的生产制作。2012年,在辽宁省中部环线高速公路铁岭—本溪段应用该技术进行了地形图、正射影像图的生产制作,对点云数据根据实际需要进行了分类整理,将激光点云抽稀为不同密度的数据,用于不同用途的建模,特别是用于征地边界线的确定极大地提高了工作效率;同时将激光点云数据提取后形成纵横断面数据用于初步设计,在提高工作效率的同时降低了生产成本。

推扫式航空摄影系统作为世界上最为先进的航摄设备采用线阵CCD推扫式数字成像技术,集成了全球卫星定位系统(GPS)和高精度惯性测量系统(IMU),其成果无须外业控制测量,可以直接用于测绘生产作业。相对于传统的框幅式数字成像技术,该技术具有精度高、外业控制测量干预少等特点,自2012年以来相继引进了4台ADS80和ADS100推扫式航空摄影系统,并进行了全省全域14.7万km^2 0.2m分辨率的航空摄影测量。利用该摄影测量影像成果,设计院进行了本溪至桓仁、阜新至奈曼和京沈高速公路辽冀省界至盘锦段改扩建等工程的1:2000地形图和正射影像图的生产制作。

在地形图成图技术发展的同时,其他测量技术也有了一定的发展并应用于各类公路建设中。在控制测量的实施方法上进行了改进,主要体现:在设计的先期阶段只进行首级控制网的布设,满足地形图成图和初步设计测量需求;待路线优化设计之后,在施工图阶段进行控制网的加密测量,从而节约了大量的生产成本。在控制测量中,数字水准仪已经普及应用,并将其用于改扩建工程的路面高程测量之中;随着北斗系统的投产,GPS技术已升级为GNSS技术,其RTK技术已广泛应用于线路测量中,特别是数据通信技术已主要采用GPRS技术来实现,从而有效地解决了测量放样过程中数据通信的难题,避免了因基准站频繁搬迁造成的时间浪费,提升了工作效率。全站仪的机载应用程序实用性更强,利用对边测量等功能能够任意设站进行离公路横断面测量,与传统反方式相比提高工作效率近3倍。坐标转换技术应用各类数据、图形成果的转换中,使得公路行业与其他行业的测量成果进行共享。

(二)路基设计

路基设计的内容包含了路基材料、施工工艺、地基处理、排水和防护工程等,路基质量的好坏直接影响整个公路工程的质量。随着社会发展、技术进步和经验积累,尤其是近10年来高速公路建设的迅猛发展,广大设计人员通过科研和实践总结出了若干路基建设新技术。

1.路基材料

常用路基填料为利用挖方开山石渣、外借优质土方,以保证路基强度和水稳定性。而个别项目挖方少,且外借土方运距远、造价高,这时,采用项目附近的地产材料填筑将具有极高的性价比。

(1)风积沙填筑路基

辽宁省内首次采用风积沙填筑路基始于沈山高速公路,沈山高速公路全长361km,其中K248~K361段采用风积沙填筑,该段地处辽河冲洪积平原,地势平坦开阔,公路沿线地层主要以细砂为主。路用细砂除取自风积的沙丘外,还有沿线自然沉积的细砂,该两种细砂成分、物理性质、路用性能基本一致。经过"风积沙作为沈山高速公路路基填筑材料关键技术研究"的工作,对风积沙的物理力学指标、CBR值、水理性质、剪切特性、沉降、盐胀、冻胀等特性、击实特性、压实指标、设计方法、填筑路堤稳定性、施工工艺等进行了详细的研究,其CBR值、压实指标、各种力学特性能够满足路用性能的要求,稳定系数在1.25以上,压实度最高可达到96%,完全符合相关规范要求,施工工艺满足现代施工要求,具有可操作性。沈山高速公路共用风积沙1600多万m^3,节约投资近5亿元,既节约了造价,又缩短了工期。

彰武至阿尔乡高速公路是辽宁省首次在大面积沙丘区修建高速公路,该项目全长55.494km,起点位于彰武,终点位于辽蒙边界。在主线到达K113+500后,线路进入风积沙丘区,两侧多为半固定—固定型沙丘,沙漠风蚀作用较强,自然条件恶劣。

2006年,随着彰武至阿尔乡高速公路建设的启动,辽宁省交通厅设立了"沙丘地区高速公路关键技术研究"课题,进行了沙漠地区高速公路各分项工程关键技术的研究,并开展了大量的室内试验、修建了路面散排水防护试验段,修建了路基试验段。通过室内试验和试验段观测的结果,解决了路基合理填土高度、风积沙填筑路基的施工工艺(主要包括碾压含水率和填筑工艺)、提出粉煤灰的掺量、临时及永久性排水、防护方案及中分带、边坡、路域的绿化固沙方案;并指导了彰武至阿尔乡高速公路路基的设计与施工,也为设计规范填补了沙丘地区高速公路路基设计的空白。

(2)煤矸石路基

2014年竣工通车的灯塔至辽中高速公路路线全长41903.878m;全线位于平原区,由于外借土方运距远、造价高,同时,沿线存在丰富的煤矸石资源,煤矸石具有一定毒性、腐蚀性或放射性,对环境和人体健康具有潜在不利影响的化学元素,如镉、砷、铬、铅、汞、铜、锌、镍等,属于废弃材料;在经过多项试验分析了其成分组成、酸碱性、烧失量、崩解性、压缩性、有害物质含量等各项指标后,制订了相应填筑要求及措施,如:附近有住户的路基不能填筑;水田区应委托专业单位评价毒性对农作物的影响,并通过试验结果评价其对水体、土壤及生态环境的影响程度;构造物附近不得填筑;大于26%的煤矸石通常含有较多的蒙脱石、伊利石等水不稳定成分,而且膨胀率较大,不能直接用作路基路堤填料;同时,明确了封层、隔离层、包边土、碾压等施工工艺及要求;最终该项目采用煤矸石填筑路基近14km,共计60多万m^3,消化了沿线的煤矸石储量,既减少了对当地居民和环境的危害,又降低了工程造价,贯彻了国家倡导的节能、低碳、环保的建设理念。

(3)粉质黏土填筑路基

粉质黏土通常含水率大、强度低、压实效果差,不适宜作为路基填料,早期路基设计均作为弃方处理,但存在需要征地弃土,同时还要外借土方的问题,无形当中造成了浪费。近些年,随着认识的提高及此类情况的增多,在大量的室内外试验的基础之上,多个项目通过翻挖晾晒或掺配一定比例的外加料(如石灰等)来改善其物理性质,提高其强度,进而予以利用,如:三环改扩建工程、沈四改扩建工程、辽开高速公路等项目均不同程度地得到了利用,既节约了土地资源,又降低了工程造价。

2.施工工艺

(1)路基换填技术

《公路路基设计规范》(JTG D30—2004)在填方段"地基表层处理"中要求"路基填土

高度小于路面和路床总厚度时,应将地表进行超挖、分层回填、压实"和在挖方段"路床80cm范围内的土体进行超挖回填碾压",并没有提出"换填"的规定。因此2004年以前辽宁省高速公路的路基基底按规范采取超挖、分层回填和压实。2009年开始"关于提高路基强度的措施讨论",提出：将路床超挖30cm换填为碎砾石土,以提高路基的回弹模量。以后逐步改为超挖换填80cm厚度,以提高路基的强度和保证路面的稳定性。

2013年,辽宁省高速公路施工指南规定了"挖方换填",要求土质挖方、零填、填挖交界和泥岩挖方的路基段落,必须进行超挖换填透水性材料处理,换填深度一般为80～120cm。目前,辽宁省设计的高速公路均按此执行,事实证明,路床强度、回弹模量有明显提高,进而延长了路面使用寿命。

（2）路基冲击碾压技术

自2006年交通部发布《公路冲击碾压应用技术指南》以来,经过研究和实践,主要在路基冲击增强补压和旧路改扩建冲击碾压两个方面进行了广泛应用,并分别针对改扩建路基和新建路基水田、旱田、设备功率、冲击碾压位置、碾压遍数提出了具体要求；具体应用项目有2010年沈阳绕城高速公路和2014年沈阳至铁岭高速公路改扩建工程；2011年辽阳灯塔至辽中高速公路、长兴岛北疏港路、建昌至兴城等高速公路新建工程；2013年沈阳至康平(三期)高速公路和2014年辽宁中部环线高速公路新建工程等。

实践证明,冲击碾压对提高路基压实度、减少工后沉降、增加路基稳定性等方面具有显著的工程效果。

3. 特殊路基

辽宁省的特殊路基主要是黄土地区和软基处理。

（1）黄土地区

辽宁西部的朝阳、阜新地区,地形地貌为低山丘陵区,根据《湿陷性黄土地区建筑规范》(GB 50025—2004)中的划分,辽宁西部朝阳地区属边缘地区Ⅶ3(内蒙古中部—辽西区),2005年开始建设的阜新至朝阳高速公路是辽宁省首条在黄土地区设计与施工的高速公路,无成熟经验,因此,依托本项目,专门立题研究湿陷性黄土处置技术。课题组通过现场调查以及采用大量的钻探,探井等手段查明了阜朝高速公路沿线黄土的分布范围、黄土厚度及变化规律,查明了沿线黄土的成因类型和地层特征；通过大量的室内外试验,查明了沿线黄土的物理力学特性、湿陷类型湿陷等级；通过修建试验路,得出了地基消除湿陷性、路基填筑与施工、路基排水和防护措施,为黄土的路基设计与施工提供了全面可靠的科学依据；通过修筑试验路段,对各种处置方法(冲击碾压、强夯、灰土桩)进行现场试验、观测,对试验场地进行试验前后的物理力学性质对比试验,获取了各种处置方法处置前后的物理力学指标变化规律,研究出了各种处置方法消除湿陷性的程度,对该线路黄土处置设计技术进行了验证,总结了各种施工方法的施工工艺及检测方法;编制了《阜新至朝阳高速公路黄土路段设计与施工技术指南》,提出了阜朝高速公路黄土处置综合技术措施。

通过阜新至朝阳高速公路的建设,积累了黄土地区修建高速公路的经验,同时为铁朝、朝赤等高速公路的建设打下了良好的基础。

(2)软基处理

软土地基处理是路基设计重点,软基处理不好,轻则导致不均匀沉降、路面开裂;重则造成路基失稳、滑塌;早期的项目,如沈大公路改扩建、丹庄高速公路等均采用了粉喷桩、碎石桩、塑料排水板等处理措施,取得了一定的效果,但还存在施工精度不高、施工质量控制(检测方法)不系统全面等方面的问题。随着《公路软土地基路堤设计与施工技术细则》的发布实施,并结合以往项目的成功经验,后期修建的海洋红疏港高速公路、大东港疏港高速公路等项目在软土地基设计和施工方面均有了很大提高。

大东港高速公路软基处理,在设计上结合填土高度、软基性质、深度等因素分别采用了强夯、强夯置换、水泥搅拌桩、沉管碎石桩、振冲碎石桩、预应力管桩等处理措施,尽量合并相邻段落的处理方式,并要求施工前先对试验段进行处治,以检验效果并修正设计参数;在施工质量控制方面,针对各种处理措施,在规范的基础上,更加明确和细化了检测的方式、方法、频次等,并给出了合格的判定标准,体现了软基处理的动态化设计与管理,提高了设计、施工的可靠度,保证了路基的稳定性。

4.路基工作区及施工标准化

(1)提出路基工作区

2013年通过鉴定的"辽宁省高速公路轴载谱分析研究"课题,首次提出了根据统计出的轴载谱参数确定路基工作区深度的方法及计算公式,并确定了不同交通水平,不同可靠度水平路基工作区深度的界限值;确定了不同交通水平下路基顶面换填材料的要求,以及对基底强度的要求,并在沈山高速公路改扩建等后续工程中予以运用。此理念与《公路路基设计规范》(JTG D30—2015)不谋而合,在重载交通下的工作区深度与规范中路床深度基本一致。这一成绩说明了辽宁交通在路基理论研究与设计方面走在了全国前列。

(2)路基设计、施工标准化

近30年来,全国高速公路建设处于一个蓬勃上升发展时期,辽宁交通人完成了省内30余条高速公路的勘察设计建设工作,积累了丰富的设计经验,但也存在一些不足之处,尤其是在防护、排水、地基处理等方面,在标准化、规范化、精细化等方面存在不足。因此,为了提高路基设计水平,解决质量通病,进而提升勘察设计质量,在防护、排水、特殊路基处理等方面开展了路基标准化设计工作,既保证了路基设计的统一性,又兼顾了适应性和灵活性。路基设计标准化第一版于2013年初完成,目前正在进行第二版修订工作。

同时，根据交通运输部《高速公路施工标准化技术指南》的基本要求，并结合30年来的建设管理经验，于2013年初编写了《辽宁省高速公路施工标准化技术指南》，在场站建设、路面混合料级配、混凝土蒸汽养护、混凝土抗盐腐蚀、冬季施工等诸多方面明确了施工工艺要求，重在解决高速公路建设的质量通病问题。

设计、施工标准化成果是对辽宁省高速公路设计、施工阶段性成果的总结和凝练，对深入推进标准化工作具有重要的指导作用，对提高路基设计、施工、管理水平具有积极的推动作用。

（三）路面设计

1. 建立辽宁省高速公路沥青路面的典型结构设计方法

为了提出适合辽宁省交通发展现状的高速公路沥青路面典型结构，充分考虑辽宁省地区气候、土基类型和交通轴载等因素对路面的影响，设计院全面分析辽宁省高速公路早期破坏的关键因素，以2000—2010年16个地区的气候和气象资料，以及全省收费站交通计重数据为依据，通过采用结构、材料一体化设计理念，建立了辽宁省沥青路面的典型结构和材料参数，并通过大型足尺加速加载试验验证了试验路的长期性能。

典型结构设计方法的应用，使设计实现了规范化、图表化，优化了路面结构和材料参数，从2010年至今，已经在辽宁省高速公路的结构和材料设计中进行了全面推广，通过对丹海高速公路、丹通高速公路、西开高速公路、庄盖高速公路等已竣工高速公路的路况检测，验证了该设计方法在辽宁省高速公路建设中的可靠性和创新性。

2. 积极实践辽宁省高速公路沥青路面的长寿命结构

长寿命沥青路面以其全寿命周期成本低、服务水平高、养护方便等优势已得到越来越多的重视，在辽宁省的新建高速公路上已经开始长寿命路面结构的研究与应用。

在2010年，设计院开始统计辽宁省高速公路的车辆轴载，通过对毛家店、沈阳西和万家三个主线收费站及其他多处收费站计重数据的分析，系统研究了货车车型分布、轴载分布、车道分布系数、基于轴载谱的道路纵坡、路基工作区和车辆动载变化，为辽宁省长寿命沥青路面结构创新，奠定了坚实的理论基础。

丹通高速公路率先采用了沥青稳定碎石ATB和水泥稳定碎石的组合式基层结构，利用大粒径沥青碎石的耐久性和抗开裂性能，以及半刚性基层的高强度承载能力，有效地减少了路面的横向裂缝，增强了结构的长期抗疲劳性能。

沈阳绕城高速公路改扩建工程的新建货车车道，在基层顶面换填80cm碎石层，将路面结构的基底回弹模量提升到40MPa，降低了结构内部的应力、应变水平，确保了路面结构长寿命周期的稳定性。

沈四高速公路改扩建工程结合国内外的设计经验,优化了沥青面层的结构厚度和材料指标,将辽宁省以往的15~18cm厚的沥青层增加到22~27cm,设置了沥青混合料的抗疲劳层,减小了沥青层底部的拉应力,提高了沥青路面的整体长期抗疲劳性能。

通过对交通荷载、路基稳定性、基层结构抗疲劳性、沥青面层结构厚度等多方面的不断研究,长寿命沥青路面的设计方法已逐步形成,这将保证辽宁省高速公路沥青路面长期处于国内领先地位。

3. 研发与应用沥青路面新材料和新工艺

为了提高沥青路面的高温性能,增强混合料的高温抗车辙能力,2002年开始,沥青路面表面层使用了SBS改性沥青,2004年在沥青路面的中面层也使用了SBS改性沥青。使动稳定度指标由800次/mm增加到2800次/mm,增加了抗高温性能。2012年,沈阳绕城高速公路改扩建工程研发使用了高模量沥青混合料HMA,将中面层的动稳定度指标由2800次/mm增加到5000次/mm,显著增强了整体结构的高温性能。

为了提高沥青路面的低温性能,减少路面裂缝数量,改善路面行驶舒适性,2008年丹通高速公路和2010年西开高速公路研发使用了双层橡胶改性沥青混合料ARAC,利用橡胶良好的低温柔韧性、抗老化性和抗疲劳性,将路面裂缝间距从普遍的30~40m,延长为80~150m。同时,橡胶沥青有效地利用了废旧轮胎,实现了道路工程的科学环保利用。

为了减轻半刚性基层的反射裂缝和疲劳破坏,丹通高速公路和2014年沈四高速公路改扩建工程研发使用了大粒径沥青稳定碎石ATB,作为柔性基层和抗疲劳层设置在下面层和半刚性基层之间,不仅能够消除半刚性基层的反射裂缝,增强抗水损害能力,而且对于结构的抗疲劳性能和长寿命周期的稳定性,具有十分重要的作用。

为了提高桥面沥青混凝土铺装层的耐久性,增强沥青铺装层与水泥混凝土板的黏结力,沈阳绕城高速公路改扩建工程首次采用了多项新技术和新工艺,包括了首次采用橡胶沥青碎石封层作为新的防水层;对跨径大于300m的大桥和特大桥,采用了双层沥青玛蹄脂碎石SMA+沥青砂防水层的新型铺装结构;对跨越哈大高速铁路的三跨钢箱梁,采用了树脂沥青和环氧沥青相结合的ERS沥青铺装体系,以及基于Eliminator防水黏结体系和浇注式沥青混凝土的铺装体系。这些新材料和新工艺,有效增强了沥青铺装层的防水和黏结性,确保了桥梁的长期耐久和行驶安全。

(四)互通式立交设计

随着高速公路的发展和道路交通日趋现代化,高速公路设计中互通立交的设计理念发生了根本性的变化。早期互通立交强调"节省",造价低是过去设计者追求的目标,尤其是最近10年来更强调的则是"以人为本、安全至上"的理念,不但要满足交通需求,还要提供安全与舒适的运行条件,追求与自然环境和社会环境的和谐一致。体现在设计中则是对包括安全、环境、功能、用地和成本等多因素的综合考虑和更为灵活的设计手法。

1. 保证足够的视距

互通立交区内主线的视距比其他路段有更高的需求,特别是在互通立交出口前,均要求保证判断出口所需的识别视距。对于合流端,也须保证匝道与主线间具有足够的通视范围,以使来自匝道的车辆驾驶人能看清主线车流状况,从而从容地寻找驶入主线的时机。

在设计过程中,除按照标准规范规定的最小技术指标来满足相应设计速度下的识别视距要求外,还必须对以下特殊部位按照运行速度预测值对识别视距进行检查:

(1) 主线下穿时,跨线桥桥墩对视距的影响;

(2) 主线上跨时,出口匝道线形对识别视距的影响;

(3) 挖方路段,路堑边坡对视距的影响;

(4) 在小半径曲线路段,路侧障碍物对视距的影响;

(5) 树或灌木长大以后可能对视距的影响。

2. 重视互通立交出口的设计

互通立交出口是车辆在运行状态下方向和速度都发生较大改变的区域,因此出口是交通事故较为集中的地方。在互通立交设计中,基于安全考虑,基本都坚持以下几个原则:

(1) 避免左侧流出

左侧流出不符合驾驶人的习惯和期望,最容易出现驾驶人犹疑、车辆错过出口、退返、误行等情况,从而导致交通事故。而位于最右侧车道的大型车要转移至左侧快车道流出,也会给直行车辆带来干扰。

(2) 避免多个连续的出口

设置多个连续的出口,容易造成驾驶人对出口信息的迷惑,甚至错行或操作失误。因此在互通立交设计时,尽量对多个连续出口进行合并,其后的分流放在匝道或者集散道上。

(3) 流出尽量在跨线桥之前

如果流出分岔端设在被交路跨线桥之后,桥墩、台等容易对流出方向产生遮挡。当主线位于凹形竖曲线底部时,桥梁上部结构也会对大型车辆的识别视距产生影响。因此,流出匝道的分岔端最好设在跨线桥之前,当不可避免时,应尽可能将其移至桥梁之后的较远处(不小于150m)。

3. 以运行速度控制线形设计

匝道也是交通事故发生较多的地方,且流出匝道远大于流入匝道的事故率。其主要原因之一就是匝道上的运行速度变化频繁,而线形与之不相适应。因此,匝道线形的设计仅仅满足规范所规定的指标要求远远不够,应从安全出发,采取灵活的设计手法,依据可能的运行状况设计出与之相适应的匝道线形。

在辽宁省现行的互通立交设计中,重点关注以下部位运行速度的影响。

(1)出口匝道:在以往互通立交设计中,设计者一般只将注意力放到减速车道设计长度是否满足规范的规定值。但来自高速公路的车辆速度在达到出口端部的时候,往往并未完全降低到匝道的设计速度,特别是匝道设计速度与主线设计速度相差较大时,减速过程会延续到端口以后的匝道上。因此,需要在减速端口与匝道设计速度控制的平曲线之间设置运行速度过渡段,以达到安全运行的目的。

(2)收费站附近:收费站前后的车辆处于减速至停车或起步加速的运行状态,因此其前后的线形除满足规范一般要求外,可不按照匝道设计速度进行控制,应根据其运行速度的变化情况设置平纵线形,尤其是超高设置。

(3)右转弯匝道:右转弯匝道是设计中最容易忽视的部分,设计者往往按照与左转弯匝道一样的较小的设计速度进行控制,但对于苜蓿叶等立交形式,右转弯匝道比环形匝道等有更好的平面线形,因而其运行速度较高。在此种情况下,就应根据实际可能达到的运行速度调整该匝道的超高和视距。

4. 保证互通立交设计的一致性

设计的一致性是指运行条件的变化满足驾驶人的期望值,使有经验的驾驶人在运行条件发生变化时,能够下意识地按照期望迅速而准确地做出判断并采取行动。互通立交是行驶路线和设计要素组合等变化较多的地方,一致性的设计,对于减少驾驶人的判断和操作失误具有十分重要的作用。因此,在互通立交设计中,尽量做到以下几方面:

(1)流出方向的一致性。到目前为止,辽宁省的互通立交都是在路的右侧流出,因此,几乎每个驾驶人建立起了从右侧驶出的期望。而如果从左侧流出,则与驾驶人的期望违背,造成其犹豫或反应时间延长甚至失误。因此互通立交的出口一致性的设在路的右侧是相对安全的。

(2)出口运行的一致性。对同一条高速公路而言,所有互通立交都采用同一的立交形式是难以做到的,但是应尽可能地使所有立交的出口形式保持一致,这样就可以提供统一、清晰、直接的出口,避免在个别互通上突然出现另一种意外的情况。

(3)运行速度的一致性。运行速度的一致性体现为相邻单元路段的运行速度差和运行速度梯度要小于一定的临界值。其指标一般为:小客车运行速度差不超过20km/h,梯度不超过每百米10km/h;大货车运行速度差不超过15km/h,梯度一般不超过每百米6km/h。因此在主线和互通立交平纵线形设计完成后,应对其进行运行速度预测,如超出其临界值,应进行优化平纵面指标,达到安全运行的目的。

（五）桥梁设计

通过高速公路建设，作为重要组成部分的桥梁工程设计得到了快速发展，进入了一个辉煌的时期，一大批常规结构实现了设计标准化、施工工厂化、管理现代化；一大批结构新颖、技术先进、科技含量高的桥梁相继建成，标志着辽宁省的公路桥梁建设水平已跻身于国内先进行列。辽宁省高速公路桥梁设计创新主要表现在以下几个方面。

1. 设计理念创新

（1）桥梁设计标准化

辽宁省高速公路经多年发展，在建设管理、勘察、设计等方面已经积累了丰富的经验，按照交通运输部"五化"的总体要求和现代交通发展的理念，近年积极推行和深化设计标准化。

推行设计标准化能够降低工程造价、便于施工和管理，能够使资源重复利用，减少浪费；能够利于养护管理，能够降低养护成本；有利于提高工程质量。

通过深入分析总结高速公路建设中存在的技术问题，确定桥涵等多专业标准化设计内容，编制《辽宁省高速公路技术政策》《辽宁省高速公路标准化设计指南》和《辽宁省高速公路标准化设计图集》。在庄盖高速公路、沈阳绕城高速公路、辽宁中部环线铁岭至本溪段高速公路等20多条高速公路的设计中采用了标准化设计，桥梁的标准化设计率约50%~60%。

（2）拱桥在高速公路上的应用

葫芦山湾跨海大桥是皮长高速公路上特大桥，连接长兴岛，根据桥位环境特点以及景观要求，设计采用拱桥的结构形式，为辽宁省高速公路上第一次应用该种桥型。

葫芦山湾跨海大桥主桥的上部结构形式采用飞鸟式中承系杆拱，孔径布置为30m+100m+30m。中跨标准跨径100m。箱梁采用预应力混凝土箱梁，整幅设计。中跨采用钢箱拱肋。

为减少桥面宽度，中跨在桥面上方采用单拱肋，桥面以下分成人字形叉，与边跨的双拱肋对应。葫芦山湾跨海大桥结构刚度大，加上北方温差大的特点，此桥温度作用力非常大。为更好地减小温度力影响、适应温度变形，在桥墩的承台顶部设置滑动支座。

（3）波折腹板组合梁在高速公路上的应用

鹤大高速公路宽甸立交A匝道桥是辽宁省第一座波折腹板组合梁桥，同时也是波折腹板组合梁桥第一次在辽宁省高速公路上应用。

宽甸立交A匝道桥上部结构形式为30m+48m+30m体外预应力波折腹板钢混凝土连续组合箱梁。箱梁中心梁高2.75m，箱梁翼缘外侧梁高2.60m。箱梁顶板宽15.0m，底板宽随波折腹板变化，呈波折形，变化范围为5.098~5.444m。

折形钢腹板体外预应力组合梁是由混凝土顶底板、体外预应力筋和折形钢腹板三者构成的组合结构,是对传统的体外预应力混凝土桥梁的一种改进。折形钢腹板箱梁恰当地将钢、混凝土两种不同材料结合起来,提高了结构的稳定性、强度及材料的使用效率。腹板用折形钢腹板替代混凝土,使得箱梁自重大为降低,取消了混凝土腹板,解决了混凝土腹板易开裂的技术难题,同时波折钢腹板纵向刚度较小,施加纵向预应力的效率大幅增加。

(4)注重桥梁抗震设计,积极采用减隔震措施

按照我国现行的《公路桥梁抗震设计细则》进行抗震设计,采用两水平设防、两阶段设计、强度和变形双控的抗震设计理念。在进行延性抗震设计时,一般情况下宜选择桥墩作为延性构件;桥梁基础、盖梁、梁体、节点以及墩柱的抗剪作为能力保护构件。E1 地震作用下,结构在弹性工作范围,基本不发生损伤;E2 地震作用下,桥墩(延性构件)可发生损伤,产生弹塑性变形,耗散地震能量,但桥墩的塑性铰区域应具有足够的塑性转动能力,能力保护构件基本不发生损伤。对于高速公路上常规的空心板梁、T 梁桥和小箱梁桥等采用板式橡胶支座,注意采用合理的桥梁限位装置,设置足够的梁墩合理搭接长度,使梁体位移控制在不发生落梁的范围内。对于地震烈度较大的地区,合理使用减隔震设计,既保证桥梁结构的抗震安全性,又合理控制桥梁造价。

丹东大东港疏港高速公路引桥采用 30~40m T 梁,主桥采用 49m+80m+49m 连续箱梁,桥址区地震设防烈度为 8 度($0.2g$),普通支座不能满足抗震需求,因此设计中主桥采用 NDQZ 非线性阻尼辐减隔震支座,引桥采用矩形高阻尼隔震橡胶支座,延长结构周期、消耗地震能量、降低结构的响应,取得良好的使用性能和经济效果。

2. 桥梁建筑材料创新

(1)钢桥面铺装

随着钢箱梁结构在辽宁省高速公路的逐渐应用,钢结构的一些技术问题急需解决,尤其是辽宁省处于北方严寒环境,冬季大量使用除冰盐,使得本就是世界性难题的钢桥面铺装技术显得更为困难,为此开展了大量的科研工作。通过国内外考察、室内试验,应用了 ERS 这一全新的自主创新铺装体系,并结合正交异性钢桥面板的构造优化,解决了铺装层在光滑钢板上的黏结、防滑移以及防水防腐等问题。能够满足北方寒冷地区气候条件和交通条件对钢桥面铺装的基本要求。其成果很好地应用于辽宁省高速公路钢箱梁桥梁及单体特大桥的钢桥面施工。

后丁香大桥是沈阳绕城高速公路上的重要桥梁,后丁香大桥一、三、四号桥均为连续钢箱梁桥,跨径布置分别为:38m+61m+38m、38m+61m+61m+48m、48m+61m+38m。主梁为单箱三室钢箱梁,其桥面板为正交异性板结构。为了对比验证不同铺装体系在北方严寒环境的适应情况,设计时在一号桥和四号桥上采用了 ERS 钢桥面铺装体系,在三

号桥上采用了浇注式沥青钢桥面铺装体系,开展了同使用条件及环境条件的对比试验,目前各桥使用效果良好。

(2)耐候钢的应用

耐候钢材料可以不用后期涂装,节省资源,降低养护成本,利于环保,可降低结构全寿命周期成本。

近些年,开展了这方面的研究和推广应用工作,相关研究和试验都表明,耐候钢具有良好的力学性能、可焊性和耐环境腐蚀性能,在辽宁省的鹤大高速公路宽甸立交A匝道桥和沈阳绕城高速公路改扩建工程后丁香大桥等桥梁上均开展了应用工作。采用耐候钢后工程造价基本相当或增加很少,而全寿命周期的成本却大大降低。今后辽宁省将结合桥梁实际情况,逐步研究耐候钢的完全裸装应用,以进一步降低初期成本,促进钢结构桥梁的发展。

(3)耐久性设计

辽宁省处于在严寒地区,冬季为保证公路交通畅通,需要使用除冰盐,因此对结构的耐久性要求较高。

但是以往设计中普遍重视强度设计,轻视结构耐久性设计;重视结构承载力极限状态的分析,轻视正常使用状态的分析;重视结构的建造,轻视结构的检测和维护的设计理念。为此,针对这些非常突出的问题,辽宁省桥梁设计已改变设计理念,更为重视结构的耐久性设计,设计时更多地从结构、材料等角度采取措施,充分考虑不同的环境和使用条件以及不同的设计对象对结构体系提出不同布局和构造等方面的要求。构造方面采取加大混凝土保护层的厚度和优选结构或构件选型,优化细节处理等措施。材料方面采用优化材料配合比,优选高性能、耐腐蚀材料,刷涂硅烷浸渍等措施。

3. 施工工艺应用创新

(1)顶推施工工艺的应用

近年来,公路、铁路需要互相跨越的平面线形布置越来越多。当公路桥梁需要跨越铁路时,受铁路安全及运营的影响,公路桥梁往往不能采用搭设满堂支架的方法施工,顶推施工方法是解决这一问题的有效方法。即预先制作好梁段,利用铁路的空窗期将梁段顶推就位,减少对桥下铁路的影响。

顶推法施工构思来源于钢梁的纵向拖拉施工法,后来在施工过程中逐渐使用千斤顶逐渐代替了卷扬机和滑车,用板式滑动支座取代了滚筒,改善后的顶推施工工艺得到了迅速发展和提高,逐渐应用于中等跨径的直线梁和曲线梁施工。顶推施工工艺顶推力远小于梁体自重,顶推设备轻型简便,不需大型吊运机具。可以跨越道路、深谷和河川,适合特殊场地使用,不影响桥下通航或行车。

沈阳绕城高速公路后丁香大桥一、三、四号桥采用连续钢箱梁桥,跨径布置分别为

38m+61m+38m、38m+61m+61m+48m、48m+61m+38m,施工时采用了步履式顶推施工工艺,使得桥墩不需承受很大的水平推力,进一步优化了施工工艺,保障了地面铁路的顺利通行。

(2)桥梁转体施工在高速公路上的应用

建昌至兴城高速公路丁家沟公铁分离式立交桥,是辽宁省高速公路第一座转体法施工桥梁,也是辽宁省目前转体吨位最重的桥梁,为辽宁省高速公路的大型跨线、跨河桥建设提供了一种能取得较好经济效益与社会效益的新技术和新工艺,提高了辽宁省高速公路桥梁建设的科技含量和建设水平。

建昌至兴城高速公路丁家沟公铁分离式立交桥,跨越京哈客运专线铁路(秦沈段),只能在铁路行车天窗内进行施工作业,由于混凝土梁梁体较重,采用了一定交角预制混凝土梁体,后利用铁路行车天窗转体混凝土梁体至正桥位的施工工艺。主桥采用2×80m现浇筑预应力混凝土T形刚构,采用双幅同步转体施工工艺,单幅转体主梁长度为138m,转体角度为69°,单幅转体重量达8500t,于2014年6月26日成功实现转体。

(3)钢—混组合梁施工采用支点强迫位移施工工艺

连续组合梁墩顶负弯矩区混凝土桥面板容易受拉而开裂,为控制组合梁设计的关键问题,采用支点强迫位移法是解决上述问题的有效方法。该方法通过对支点施加强迫位移,对组合梁产生预弯矩,从而对混凝土桥面板产生预压力,有效控制了裂缝宽度。辽宁省利用支点强迫位移法在组合梁的设计和施工中开展了应用。

(六)隧道设计

1.合理运用展线灵活小净距隧道、连拱隧道结构形式

在隧道洞口地形狭窄或受其他地物限制的情况下,不宜按常规的分离式隧道展线时,采用小净距隧道或连拱隧道可以避免这种不利情况,具有接线布设灵活、节约洞外土地资源、接线工程量小等优点。但是小净距隧道的净距不宜过小,否则两洞间施工相互影响较大、增加施工难度和造价;连拱隧道施工复杂、造价较高。两种结构形式的隧道长度一般宜控制在500m以内,不宜在中、长及特长隧道中全长范围内使用。但在洞外地形地物受限制的条件下,中、长及特长隧道洞口段局部段落可以采用小净距隧道、连拱隧道结构形式,有利于隧道展线,同时可以控制工程建设费用。

近年来,在小净距隧道、连拱隧道得到了一定程度的应用,如旺南线玳瑁关隧道等采用小净距隧道,庄盖线戴峪岭1号隧道等采用连拱隧道,取得了较好的社会经济效益。

2.在适宜的地形条件下研究创新环保的隧道进洞工法

传统的隧道洞口需要明洞拉槽开挖边、仰坡,开挖土石方工程量较大,破坏洞口坡面

植被较多。近年来,根据隧道洞口地形、地质条件,本着"早进洞、晚出洞"的原则,确定洞口位置,减少洞口边仰坡开挖高度,减小洞口自然景观破坏。注重选择洞口暗挖成洞工法,如锚杆框架法、盖挖法、斜开挖法等。洞门形式尽量简洁,优先选用削竹式洞门,与洞口的地形、地貌协调一致。洞口边仰坡采用原生物种防护。

丹通高速公路青山沟1号隧道进洞面山坡地形较规整、纵向地形坡度适宜、地质条件简单,为对减少洞口边仰坡的土体和植被的破坏,设计采用锚杆框架法,在施工效果较好,如图3-4-1所示。

图3-4-1 丹通高速公路青山沟1号隧道洞口

3. 以人为本,设置必要的遮光棚

当纵向相邻两座隧道洞口之间的距离较小时,隧道洞内外亮度变化较大,驾驶人员的视觉难以适应,容易引发交通事故。结合照明设计在隧道洞口之间设置遮光棚,缓和洞口内外明暗差异、降低眩晕感、提高行车舒适性和安全性,如图3-4-2、图3-4-3所示。

图3-4-2 沈抚线混凝土骨架结构遮光棚

图 3-4-3　丹通线钢骨架结构遮光棚

4. 注重寒区隧道防排水及衬砌防寒抗冻关键技术研究

辽宁地区最冷月份平均气温多在 -15 ～ -10℃ 之间,需要考虑隧道防冻害因素。近年来对隧道冻害进行治理,取得了一些经验,达到了一定的效果,形成了包容性设计理念。主要体现如下:适当加密环向盲沟、横向导水管;加深衬砌拱脚纵向排水管;适当加深洞口段中心水沟埋深;加强隧道施工缝防水措施;优化中心水沟出水口位置和形式;设置衬砌保温层。

5. 注重特长隧道关键技术研究

特长隧道涌水量相对较大,需要注重隧道的纵向排水设计,一方面加大中心排水管的断面;另一方面适当加大隧道纵坡,必要时路线纵坡采用人字坡,以加大隧道纵向排水系统的排放能力。加强隧道机电、通风、照明、消防等专业的协同设计,满足各专业对特长隧道的要求,达到运营安全、舒适的目的。

丹通高速公路错草沟隧道位于宽甸县牛毛坞乡与大川头乡之间,隧道左线长 3250m,右线长 3333.5m,为辽宁省内首座高速公路特长隧道。海棠山隧道位于阜蒙县水泉乡,隧道左线长 3525m,右线长 3509m,为辽宁省内目前通车最长的高速公路隧道。

6. 研究并采用便于管养的隧道路侧边沟形式

传统的隧道路侧边沟一般采用 Ω 形,用于引排隧道清洗水、消防水和其他废水。但是这种倒 Ω 形边沟宜被淤泥、沙石、生活垃圾等堵塞,影响其使用功能且不宜进行清理。已对隧道路侧边沟进行优化设计,改为浅碟形的三角形边沟,取消沉沙池、滤水箅设置。

7. 研制隧道风机防落设计方案

隧道风机采用锚固件悬挂于衬砌顶部,一旦风机坠落后果严重。因此,在常规的隧道风机固定设计基础上,增设了风机防落保险系统作为安全储备。当风机悬挂系统意外折断后、风机下落时,在风机防落保险系统作用下,风机不至于直接坠落到地面,避免了交通事故。这一技术被广泛运用在辽宁省新老隧道中。

8. 注重隧道照明节能技术和产品的运用

随着省内高速公路隧道数量的迅速增长,采用LED节能灯取代传统的高压钠灯作为主要照明灯具,并采用先进的智能控制系统,达到节能降耗的目的。

(七)交通工程及沿线设施设计

高速公路交通工程及沿线设施是保证高速公路安全、畅通、便捷的重要配套设施。作为广大驾乘人员感受最直接、感触最深刻的设施,其主要包含3方面内容:机电系统、安全设施、服务区。

1. 机电系统

通信系统由单一的SDH光传输模式向MSTP光传输模式转变,大量的IP业务发展和应用,使上下业务不单纯是2M和低速率为主,近几年辽宁高速公路外场机电设备接口设计逐渐向IP方向转变,不仅减少了设备板卡,也减少了接口转换,节省了资金,使业务传输效率更高;RPR技术的应用使本辽、丹通线等高速公路的传输监控图像带宽分配更具有弹性,效率更高;经过深入研究全省现有BITS时钟设置情况,进行了优化设计,使时钟跟随更加合理;全省设计1个10G骨干线环网+4个2.5G分干线环网,各通信分中心下挂多个接入环网,复用段保护环和通道保护环先进技术的合理应用使全省的通信环网更加强大、更加稳定,保护切换≤50ms,近几年ASON技术的应用使通信网络具有MESH组网能力,保护功能更加强大。

收费系统中的车道系统、收费站系统、收费分中心、收费总中心的新技术应用很多,车道系统中由法国GEA的工控机车道机改变成具有自主知识产权的国产嵌入式车道机,节省了空间,系统也更加稳定,运行速度更快,软件也由法国GEA的改成了自己研发的软件,使更改设置及扩容更加方便;近几年出口货车按重量计重收费,称重设备由单秤台向双秤台、轴组秤发展,使称重精度逐步提高,防作弊技术更加先进,减少了损失,降低了纠纷事件;ETC技术应用提高了客车通行能力,实现了非现金收费和客车全国联网通行,货车非现金收费正在研究实施;独立的收费网络使收费数据更加安全,随着管理需求的提高,车牌识别技术、报警、对讲、图像监控、大件车处理、稽查等先进技术和手段在辽宁高速推广应用。

监控系统借鉴国内外高速公路智能交通系统建设成功经验,以国际先进的智能交通理念和技术提升了辽宁省高速公路的管理、服务水平,营造高效、安全、舒适、低碳的区域运输系统。特别沈阳绕城高速公路建成了国内一流、国际先进的智能交通管理系统,实现了高速公路管理现代化。先进的道路信息采集系统:建立智能交通综合监测系统,对三环高速公路实行全天候、全方位、立体监视,实现三环高速公路道路信息的实时采集,综合分析道路交通流采集系统采集的实时数据产生的交通拥堵预警信息,对前端采集点附近路段显示交通拥堵预警标识,综合分析主干路网每条道路平均交通流量、平均车速、饱和度等指标,按照服务水平显示不同颜色;先进的信息发布系统:向社会发布交通信息,满足公众的出行需求,为公众提供最佳的出行方案和选择,高效地服务于用路人和道路管理者,信息发布形式有96199服务电话、交通信息网站、短信服务、交通诱导屏等;先进的交通指挥系统:利用先进的数据处理技术、交通智能控制算法,对交通信息进行过滤、整合、挖掘,实现对高速公路交通运行状态的准确评估,生成科学的指挥调度方案,实现指挥调度的快速和高效。

2. 安全设施

以全国高速公路编号改造工程为依托,在落实2009版《道路交通标志和标线》的基础上,辽宁省高速公路出口预告系列标志创造性地保留了互通收费站名称信息;自沈阳绕城高速公路、沈四高速公路改扩建项目起,又在入口预告系列标志中增加互通收费站名称信息和高速公路信息,同时利用图形化标志加强枢纽互通路网信息预告、同向分流指示以及危险路段警示。这些行之有效的改进措施既方便了公众出行,又获得了交通行业专家的好评。

借鉴国内、外高速公路建设的成功经验,为提高高速公路道路交通安全,在落实2009版《道路交通标志和标线》的基础上,各种防滑警示类标线得到初步应用,如彩铺防滑减速标线、预成型振荡标线、双组分标线、防铲型突起路标、服务区特殊停车位标线、路侧铣刨式隆声带等。

高速公路安全护栏及其他安全设施,在落实2006版部颁设计规范和细则基础上,对于中央分隔带开口活动护栏的结构形式及防撞等级进行了加强,在双向行驶匝道双黄线上增设了插拔式活动护栏,提高了危险路段及桥梁段护栏的防撞等级,在庄盖高速公路等工程试验应用了新型转子护栏,力争将事故车辆的损失降低到最小限度。为提高分离式立交区域的路内外防护能力,增加了桥梁防落网的强度,改变桥梁防落网的基础形式(预埋法兰),增设了水平防落网。新材料、新工艺的应用,如65Mn钢制防撞型柱式轮廓标、橡塑防眩板、铸钢减速带、镀锌加浸塑钢护栏、隔离栅C型钢立柱、新型防撞垫、太阳能爆闪灯、反光膜立面标记等,既提高了道路安全性,也方便了工程施工和设施养护。

3. 服务区

高速公路服务区是展示该地区高速公路建设水平和交通形象的重要"窗口",其影响广泛而深远,重要性不小于高速公路的任何一个组成部分。

随着高速公路联网后车流量的迅速递增,人们出行对高速公路的依赖性越来越强,对服务区的需求和利用也越来越多。如何在新建、改扩建高速公路服务区时更好地满足车辆和人们与时俱进的要求,成为近十年高速公路沿线设施的重点研究改进方向。在这个过程中,高速公路沿线设施的设计建设共经历了三个阶段:从初期对于过往案例、规范经验、新增需求的仔细研究以求得的突破创新,到中期对于成果的延续及稳定,到近期对其深入探讨进行完善及精细化的设计,辽宁省高速公路沿线设施设计稳扎稳打,并在全国推广应用。

(1)突破创新阶段

典型案例:沈阳至大连高速公路改扩建工程(设计时间:2004年)

沈阳至大连高速公路改扩建工程服务区设计结合辽宁具体情况,调研吸收了国外先进设计理念,科学合理地选用设计规范与标准,完善并创新了诸多方面技术规范和标准。在服务区总体规模、功能定位、建筑风格设计等方面积累了很多成熟的设计经验,形成了辽宁的设计品牌,成为国内设计典范,其设计标准备受推崇。

①总体规模突破。

沈大高速公路作为"神州第一路",车流量巨大,考虑到规范编制时期的局限性,经过工可研、初步设计反复论证后,决定适当加大沿线服务区占地和建设规模,全面提高沈大路改造后配套交通设施的服务标准。全线5处服务区的规模分别为:井泉服务区占地284亩,建筑面积7163m^2;甘泉服务区占地300亩,建筑面积7986m^2;西海服务区占地326亩,建筑面积8286m^2;复州河服务区占地297亩,建筑面积7580m^2;三十里堡服务区占地303亩,建筑面积7177m^2。

项目建成通车后证明,服务区布局、停车位数量、建筑面积以及服务质量符合改造后营运和发展的要求。沈大高速公路服务区为国内的服务区建设确立了重要的设计参考标准。

②功能定位齐全。

结合高速公路发展的实际情况,高速公路服务区改造拓展了现有交通设施的功能范围,涵盖了齐全的服务内容,为车辆提供停车、加油、加水、维修、配件等服务,为人员提供休息、如厕、餐饮、购物、住宿、电话、问询等服务。同时增加了人性化的服务设施,设置了残疾人厕所、儿童用洗手盆小便斗、无障碍设施等。

③建筑风格独特。

建筑外观设计是服务区改造的重点和亮点工作。沈大高速公路改扩建后的服务区建筑风格舒展自然,采用欧美草原式建筑风格。坡屋面舒缓、墙体变化丰富,色彩稳重而清新,整体上比例、尺度、体量协调、自然、亲切。大连、营口、鞍山、苏家屯收费雨棚采用现代的钢膜结构形式,金州、鲅鱼圈、鞍山南收费雨棚采用现钢结构、异型网架结构形式,创造了丰富的造型空间,建筑造型体现结构的美与力度。同时服务区的设计着重强调了商业气氛的渲染,通过建筑物上屋檐、墙面、入口处、门窗上的指示和标识,通过综合楼前广场上的小品、指示标识和宣传广告,通过夜晚丰富的灯光效果,烘托和创造浓郁的商业气氛,如图3-4-4、图3-4-5所示。

图3-4-4 沈大高速改扩建服务区综合楼实景1

图3-4-5 沈大高速改扩建服务区综合楼实景2

(2)延续稳定阶段

典型案例:沈阳绕城高速公路改扩建工程(设计时间:2011年)

沈阳绕城高速公路曾是全国里程最长、标准最高、全封闭的中心换乘高速公路示范工程,其对于沈城人民出行,及周边多条高速公路的枢纽周转有重要的意义。由于其环绕沈城而建,其占地及规模均在规范要求内,在服务区的建筑风格上继续延续沈大路的欧洲草原式风格,保持辽宁地区相对独特的建筑样式。

本项目设置21个收费站,并且改扩建期间正值沈阳承办"十二运"的时机,故雨棚设计主题结合了"十二运"及沈阳市周边区域未来发展规划方向,三台子站、王家沟站、东陵站、长青街站、白塔堡站、雪莲街站、下河湾站,采用造型新颖,体现城市发展和区域特色的方案,分别定位为生态环保、文化休闲旅游、高新技术开发等,采用不同的建筑语言表达雨棚建筑的特色。其他收费站雨棚设计考虑采用有造型的网架形式,设计方案考虑风格简约、各具特色。

(3)完善精细化阶段

典型案例:沈阳(王家沟)至铁岭(杏山)公路改扩建工程(设计时间:2014年)

自沈大路改扩建项目对于服务区里程碑式的突破创新后,至沈阳(王家沟)至铁岭(杏山)公路改扩建工程已有近10年的积累沉淀,在秉承延续整体设计思路的基础上,又增添了更为前沿及人性实用的理念。

在总体布局方面,进一步渠化各种进入服务区的车型,合理安排车流后,在加油站的布置及设计中,采用"V"形加油站,有效进行分车型加油,大大提高加油的效率,减少拥堵。同时,随着新能源的普及使用,高速公路服务区也与时俱进,补充设置及预留加气及充电功能,以更好更便捷地为不同车辆提供服务。

随着生活水平的提高,人们对服务区服务水平、服务品质的要求越来越高,此时,扩大服务区服务经营范围领域,提高服务质量,可以极大吸引过往人员的驻留和消费。故在服务区的主体建筑综合楼的功能设置中,引入"购物中心"的理念,无论是购物,还是餐饮,都让在高速公路上的过往人群可以享受到如同城市中一样的环境与体验,带给人们更高品质的服务。

在服务区使用频率最高的如厕功能上,创新性地设置了"机动蹲位"——即设置一部分蹲位,可根据如厕男女人数的不同,随时调整蹲位的比例,并且紧随国际的先进理念,人性化地设置了"第三卫生间",以供家庭出行中行动不便的老人使用。

(八)改扩建工程设计

(1)沈大高速公路改扩建工程全长375km,由原来四车道加宽为八车道,路基宽度26m,加宽为42m。除前面已经阐述的路基加宽技术、路面加铺技术外,还有如下技术。

①桥梁加宽技术。

加宽桥涵与原桥上下部全部刚性连接,上部结构预制安装后放置3个月再与原桥连接。加强了加宽部分的基础设计,减少新旧桥体的不均匀沉降。原桥为扩大基础的,当基底土层较薄、岩层埋深较浅时,采取换填或直接将基础置于岩层上的方案;当基底土层较厚,岩层埋置较深,基础条件不好时,采取如加大基础成整体筏式、粉喷桩、碎石桩处理地基或采用桩基础等措施。

②机电系统设计新理念。

工程机电设计在国内率先搭建了全面、科学、翔实的基础数据库,建立与各层次(决策层、管理层、操作层)相适应的应用系统。

(2)沈阳至丹东高速公路沈阳至桃仙段路线全长11.68km,采用双向八车道高速公路标准(按十车道预留),路基宽度49.5m。

①绿化环保景观设计的研究与应用:设计时采用了低路基配合跨线桥、框架桥的方案,中央分隔带首次采用了宽分带结合高秆植物绿化。

②挖方段暗排方式路基排水:挖方边沟根据段落较短、纵坡较小的特点,同时结合路面排水散排的特点,首次采用了挖方段暗排方式排水。挖方路基下设置了垂直路线方向的盲沟连接至挖方边沟下沿路线方向的碎石渗沟,以利于迅速排除地下水,避免引起路基翻浆、冻胀等病害。

③框架桥方式上跨市政规划路:主线与市政规划路多次交叉,而主线为减少占地全线采用低路堤方案,经过方案比选,采用框架桥方式上跨市政规划道路。此种方式在辽宁省内首次采用。

④ETC不停车收费系统:本项目在辽宁省内首次采用收费系统ETC不停车收费系统,极大地提高了收费通道的车辆通行速度。

(3)沈阳绕城高速公路全长81.872km。主线为4车道改扩建成8车道工程,改建后全幅路基宽度41m(西环路基宽度42m)。

①精品意识贯彻深入。

a.严格落实总体设计原则,平面拟合、纵断面拟合中采用card/1路线程序对其拟合和进行误差分析,采用标准正态分布公式,依据现行规范选取合适的横坡数值,有效保证了设计精度。

b.对于饮用水源保护区范围、浑河及相关河流的边沟及事故收集池采取防渗措施。防渗边沟首次采用25cm厚M7.5浆砌片石 + 10cm厚中砂 + 短纤维非织造土工布($150g/m^2$) + 0.5mm厚HDPE防渗膜的结构形式;事故收集池采用30cm厚M7.5浆砌片石 + 10cm厚中砂 + 短纤维非织造土工布($150g/m^2$) + 0.5mm厚HDPE防渗膜的结构形式。

c.路基加宽部位增加冲击碾压及强夯,加速新填路基沉降,延缓结合部位的开裂。

②科技元素亮点不断。

通过对82.1km的沈阳绕城高速公路进行全新智能化设计,不论从前端的检测器,还是到中间的信息传输节点,再到后台的信息处理及信息发布,均按照国内外高水准的方式进行设计,综合将卫星技术、信息技术、数据通信技术、电子控制和计算机技术融为一体,在国内智能交通领域创造了多个"第一":

a.第一次真正意义上实现高密度、多种类全路段数字化IP交通数据采集;真正意义上的高清IP图像监控;真正意义上的全路段数据图像信息处理。

b.第一次将国际智能交通领域先进的智能交通综合管理平台(ATMS)规划设计应用于高速公路领域。

c.第一次规划设计引入路段移动式交通气象路况巡检技术。

d. 第一次规划设计引入国际先进的基于 Cognos 的交通数据静动态时空分析技术。

e. 第一次规划设计采用 IBM 多源交通流数据的清洗、转换、调校、融合技术和对大容量交通数据进行存储和计算的云平台技术。

f. 第一次规划设计在交通应急管理场景模拟和决策支持上采用了国际先进的微观交通仿真技术。

③技术创新层出不穷。

a. 后丁香大桥是我国高速公路钢桥首次采用裸装耐候钢,也是钢箱梁主线桥在辽宁省高速公路上的首次成功应用。其中三、四号桥的高位落梁技术,也属国内领先。

b. 结合国内外桥面铺装领域最新的科研成果和工程应用,对于特大桥和连续高架桥,为增强铺装结构的长期耐久性,首次采用了沥青砂防水黏结层+双层 SMA 沥青玛琋脂碎石的铺装结构。

c. 通过国内外调研,成立专项课题组和多次专家论证,最终一号和四号桥采用了树脂沥青组合体系(ERS)铺装,三号桥采用了浇注式沥青混凝土+Eliminator 防水黏结层铺装。

(九)景观绿化建设

辽宁省高速公路景观绿化工程,伴随着高速公路建设,其发展历程主要经历了以下几个阶段。

1. 探索试验阶段(2005 年前)

代表线路:沈大、沈四、沈丹等高速公路。

阶段特点:探索各种植物品种适应性、各结构部位的种植形式、各种景观模式。

该阶段绿化实景如图 3-4-6、图 3-4-7 所示。

图 3-4-6 探索试验阶段绿化实景 1

图 3-4-7　探索试验阶段绿化实景 2

2. 模式推广阶段（2005—2012 年）

代表线路：沈吉、铁朝、辽宁中部环线等高速公路。

阶段特点：辽宁省高速公路建设进入快速发展期，景观绿化进入了"模式应用期"。在对第一阶段所取得的经验总结归纳的基础，针对高速公路绿化的各个结构部位，逐步形成了相应的绿化模式，并大范围推广应用至本阶段建设的各条线路之中。

该阶段绿化实景如图 3-4-8、图 3-4-9 所示。

图 3-4-8　模式推广阶段绿化实景 1

图 3-4-9　模式推广阶段绿化实景 2

3. 特色创新阶段(2012—2014 年)

代表线路:机场路、丹通、绕城等高速公路。

阶段特点:突出特色,融合自然,塑造亮点,突出针对性,注重生态性,体现代表性。

该阶段绿化实景如图 3-4-10、图 3-4-11 所示。

图 3-4-10　特色创新阶段绿化实景 1

图 3-4-11　特色创新阶段绿化实景 2

4. 生态创新阶段(2015 年以来)

代表线路:沈四(新)、铁抚本等高速公路。

阶段特点:从宏观角度考虑环境整体承载能力,推动绿色低碳循环的发展方式,开展生态创新。

5. 辽宁省高速公路景观绿化设计理念

"辽宁高速,风景满路"是辽宁高速公路景观绿化的核心理念。结合不同项目自身的特点,采取针对性的设计,突出特点,体现特色。

如丹通高速公路途经辽东山区,线路两侧自然风光十分优美,设计者树立了"建和谐丹通,品壮美辽东"的设计理念(图 3-4-12)。沈阳机场高速公路作为"省门第一路",景观绿化的主题为"挥洒绿意,省门迎宾",设计手法上通过引入自然,塑造亮点,突出沈阳"现代都市、历史名城、雄浑北方、森林城市"的特点。按照迎、驰、临把机场路分为"美景迎嘉、原驰翠韵、锦染盛京"三大主题景观段落。在机场路总体景观规划指引下,沿线筛选出八处景点,采用植物造景手法,将其打造成"迎客、花廊、品青、缤纷、枫情、赏槐、礼赞、观桃"8个特色景点,称为"沈桃八景"。其中入城方向4个景点、出城方向4个景点,迎来送往,相映成趣,也与机场路整体景观相呼应。沈阳绕城高速公路落实"建和谐壮阔三环,展城市发展风范"的景观绿化理念。彰武至阿尔乡高速公路项目位于辽西北干旱地区,线路途经风积沙地区,以"还自然本貌,赋公路生机"作为设计理念,采用"草方格结合灌木固定沙丘"技术,开展绿化设计。盘锦辽滨疏港高速公路则提出"十里辽滨疏港路,千顷稻田芦花香"的设计理念。

图 3-4-12　丹通高速公路绿化实景

六、勘测设计成果

1986—2016 年高速公路设计项目获奖情况见表 3-4-3。

1986—2016 年高速公路设计项目获奖列表　　　　表 3-4-3

获奖项目	奖励名称	评奖单位	设计单位	主要设计人员	获奖时间
沈大高速公路南沙河西桥	乙级省优质工程	省政府	辽宁省交通勘测设计院	王建刚等	1986
沈阳至大连高速公路灯塔互通式立交	优秀设计奖	省计划经济委员会	辽宁省交通科学研究院	张志和、张希贵等	1986
沈大高速公路周水子立交桥工程	省优秀设计奖	省计划经济委员会	辽宁省交通勘测设计院	翁昌年等	1987
沈阳至大连高速公路西海互通式立交	优秀设计一等奖	省建设委员会	辽宁省交通科学研究院	张志和、张希贵等	1988

第三章
高速公路发展历程

续上表

获奖项目	奖励名称	评奖单位	设计单位	主要设计人员	获奖时间
沈大高速公路沈鞍和大三段工程	优秀工程设计奖	省建设委员会	辽宁省交通勘测设计院	曹右元、韩忠顺等	1989
沈大高速公路225工程飞机跑道综合利用评价	优秀成果奖	省建委、省勘察设计协会	辽宁省交通勘测设计院	曹右元、韩忠顺等	1990
沈大高速公路沈阳至营口段	部级优秀设计一等奖	交通部	辽宁省交通勘测设计院	曹右元、韩忠顺等	1990
沈大高速公路	国家科技进步奖一等奖	国家科技进步奖评审委员会	辽宁省交通勘测设计院	曹右元、韩忠顺等	1992
沈大高速公路建设的研究	省科技进步奖一等奖	省政府科技进步奖励委员会	辽宁省交通勘测设计院	曹右元、韩忠顺等	1991
沈大高速公路宫家至后盐段	部级优秀设计一等奖	交通部	辽宁省交通勘测设计院	曹右元、韩忠顺等	1991
沈大高速公路普兰店湾大桥	部优秀设计二等奖	交通部	辽宁省交通勘测设计院	沈君墀等	1992
沈大高速公路营大互通立交	部优秀勘察三等奖	交通部	辽宁省交通勘测设计院	李维庆等	1992
沈大高速公路宫家至龙王庙段	部优秀勘察三等奖	交通部	辽宁省交通勘测设计院	曹右元、韩忠顺等	1992
沈大高速公路西二台子至袁家屯段	部优秀勘察三等奖	交通部	辽宁省交通勘测设计院	曹右元、韩忠顺等	1992
沈大高速公路宁官收费站	部优秀设计三等奖	交通部	辽宁省交通勘测设计院	曹右元、韩忠顺等	1992
沈阳过境绕城高速公路下河湾互通式立交	优秀设计一等奖	省建设厅	辽宁省交通科学研究院	刘志明、张希贵等	1993
沈阳过境绕城高速公路	工程勘察设计一等奖	省建设厅	辽宁省交通勘测设计院	张春文等	1999

续上表

获奖项目	奖励名称	评奖单位	设计单位	主要设计人员	获奖时间
沈山过境高速公路北李官立交枢纽工程	国家第九届优秀设计工程银奖	全国优秀工程勘察设计评选委员会	辽宁省交通勘测设计院	李伟、黄秀金等	2000
沈阳至本溪一级汽车专用公路工程	省优秀工程勘察设计一等奖	省建设厅	辽宁省交通勘测设计院	王锡岩、刘奉侨等	2002
京沈高速公路宝坻至沈阳段	国家第十届优秀工程设计金奖	全国优秀工程勘察设计评选委员会	辽宁省交通勘测设计院	刘政奎、曲向进等	2002
沈阳至大连高速公路改扩建工程方案	全国优秀工程咨询成果二等奖	中国工程咨询协会学术委员会	辽宁省交通勘测设计院	李伟、王昕等	2002
京沈高速公路绥中(山海关)至沈阳段	部优秀设计一等奖	交通部	辽宁省交通勘测设计院	刘政奎、曲向进等	2002
北京至沈阳高速公路绥中至沈阳段勘察项目	优秀工程勘察设计一等奖	省建设厅	辽宁省交通勘测设计院	邢玉东、匡少华等	2002
北京至沈阳高速公路绥中至沈阳段工程项目	优秀工程勘察设计一等奖	省建设厅	辽宁省交通勘测设计院	李伟、席广恒等	2002
大连至庄河高速公路	优秀工程勘察设计一等奖	省建设厅	大连市交通规划勘察设计院	徐德兴、齐庆宝等	2002
京沈高速公路绥中至沈阳段	第三届中国土木工程詹天佑奖	中国土木工程学会	辽宁省交通勘测设计院	刘政奎、曲向进等	2003
丹东至本溪高速公路岩土工程勘察	第九届优秀工程勘察银奖	全国优秀工程勘察设计评选委员会	辽宁省交通勘测设计院	于健、邢玉东等	2004
丹东至本溪高速公路工程勘察	优秀工程勘察一等奖	省建设厅	辽宁省交通勘测设计院	于健、邢玉东等	2004

续上表

获奖项目	奖励名称	评奖单位	设计单位	主要设计人员	获奖时间
丹东至本溪高速公路下马塘隧道工程勘察	优秀工程勘察一等奖	省建设厅	辽宁省交通勘测设计院	邢玉东、肖琳等	2004
丹东至本溪高速公路草河口特大桥工程勘察	优秀工程勘察二等奖	省建设厅	辽宁省交通勘测设计院	窦玉秋、张立新等	2004
锦州至阜新高速公路工程地质勘察	优秀工程勘察二等奖	省建设厅	辽宁省交通勘测设计院	邢玉东、匡少华等	2004
沈阳至大连高速公路改扩建	2005年度公路交通优秀设计一等奖	中国公路勘察设计协会	辽宁省交通规划设计院	李伟、曲向进等	2006
沈阳至大连高速公路三十里堡服务区	2003—2004年度省优秀工程勘察设计三等奖	省建设厅	辽宁省交通规划设计院	寇继海、杨涛等	2006
盘锦至海城（含营口连接线）高速公路	2003—2004年度省优秀工程勘察设计一等奖	省建设厅	辽宁省交通规划设计院	李亚木、庞荣高等	2006
锦州至阜新高速公路	2003—2004年度省优秀工程勘察设计一等奖	省建设厅	辽宁省交通规划设计院	曲向进、席广恒等	2006
丹东至拉萨国道主干线丹东至本溪高速公路	2003—2004年度省优秀工程勘察设计一等奖	省建设厅	辽宁省交通规划设计院	郭卫民、郝海红等	2006
沈阳至大连高速公路改扩建工程测量项目	2003—2004年度省优秀工程勘察设计一等奖	省建设厅	辽宁省交通规划设计院	鹿罡、于健等	2006
大连沈大高速公路后盐立交桥设计	公路交通优秀设计三等奖	中国公路勘察设计协会	大连市交通规划勘察设计院	徐德兴、齐庆宝等	2007
沈阳至大连高速公路改扩建工程	2006度全国优秀工程勘察设计银质奖	建设部	辽宁省交通规划设计院	李伟、曲向进等	2008

续上表

获奖项目	奖励名称	评奖单位	设计单位	主要设计人员	获奖时间
沈阳至大连高速公路改扩建工程	2006年度全国优秀勘察奖一等奖	中国公路勘察设计协会	辽宁省交通规划设计院	于健、邢玉东等	2008
沈阳至大连高速公路改扩建工程	辽宁省2005—2006年度优秀工程勘察设计一等奖	省建设厅	辽宁省交通规划设计院	李伟、曲向进等	2008
丹东至庄河高速公路工程	辽宁省2005—2006年度优秀工程勘察设计一等奖	省建设厅	辽宁省交通规划设计院	郭卫民、宋殿国等	2008
沈阳至大连高速公路改扩建工程	第七届中国土木工程詹天佑奖	中国土木工程学会、詹天佑土木工程科技发展基金会	辽宁省交通规划设计院	李伟、曲向进等	2008
丹东至本溪高速公路	2006年度全国优秀设计一等奖	中国公路勘察设计协会	辽宁省交通规划设计院	郭卫民、郝海红等	2008
丹东至庄河高速公路	2006年度全国优秀设计二等奖	中国公路勘察设计协会	辽宁省交通规划设计院	郭卫民、宋殿国等	2008
集锡国家重点公路通化至阜新支线抚顺(南杂木)至沈阳段高速公路	2009年度辽宁省优秀工程勘察设计奖公路工程类一等奖	辽宁省住房和城乡建设厅	辽宁省交通规划设计院	王乃家、张大伟、毕聪斌等	2009
铁岭(毛家店)至朝阳(三十家子)高速公路阜新至朝阳段	2010年度辽宁省优秀工程勘察设计奖公路工程类二等奖	辽宁省住房和城乡建设厅	辽宁省交通规划设计院	王昕、王海丰等	2010
铁岭(毛家店)至朝阳(三十家子)高速公路铁岭至阜新段	2010年度辽宁省优秀工程勘察设计奖公路工程类一等奖	辽宁省住房和城乡建设厅	辽宁省交通规划设计院	王昕、张炳旭、汪强等	2010
辽宁中部环线高速公路本溪至辽中段	2011年度辽宁省优秀工程勘察设计奖工程勘察类二等奖	辽宁省住房和城乡建设厅	辽宁省交通规划设计院	邢玉东、匡少华等	2011
辽宁中部环线高速公路辽中至新民段	2011年度辽宁省优秀工程勘察设计奖工程勘察类三等奖	辽宁省住房和城乡建设厅	辽宁省交通规划设计院	邢玉东、匡少华等	2011

第三章 高速公路发展历程

续上表

获奖项目	奖励名称	评奖单位	设计单位	主要设计人员	获奖时间
铁岭(毛家店)至朝阳(三十家子)高速公路阜新至朝阳段工程地质勘察	2011年度全国优秀工程勘察设计行业奖工程勘察类二等奖	中国勘察设计协会	辽宁省交通规划设计院	邢玉东、匡少华等	2011
辽宁中部环线高速公路本溪至辽中段	2011年度辽宁省优秀工程勘察设计奖公路工程类一等奖	辽宁省住房和城乡建设厅	辽宁省交通规划设计院	郭卫民、魏明祥等	2011
辽宁省中部环线高速公路辽中至新民段	2011年度辽宁省优秀工程勘察设计奖公路工程类三等奖	辽宁省住房和城乡建设厅	辽宁省交通规划设计院、辽宁省公路勘测设计公司	王昕、马文胜等	2011
辽宁中部环线高速公路本溪至辽中段	2010年度公路交通优秀设计三等奖	中国公路勘察设计协会	辽宁省交通规划设计院	郭卫民、魏明祥等	2011
铁岭(毛家店)至朝阳(三十家子)高速公路	2010年度公路交通优秀设计一等奖	中国公路勘察设计协会	辽宁省交通规划设计院	王昕、王海丰、张炳旭等	2011
丹东至锡林浩特高速公路朝阳至黑水(辽宁内蒙古界)段	2012年度辽宁省优秀工程勘察设计奖公路工程类二等奖	辽宁省住房和城乡建设厅	辽宁省交通规划设计院、辽宁省公路勘测设计公司	王昕、马文胜等	2012
皮口至长兴岛高速公路皮口至炮台段	2012年度辽宁省优秀工程勘察设计奖公路工程类三等奖	辽宁省住房和城乡建设厅	辽宁省交通规划设计院	姚翔、姜庆林、王希超等	2012
沈阳至丹东高速公路沈阳至桃仙段	2012年度辽宁省优秀工程勘察设计奖公路工程类二等奖	辽宁省住房和城乡建设厅	辽宁省交通规划设计院	柳琪等	2012
草市(吉辽界)至抚顺(南杂木)高速公路	2012年度辽宁省优秀工程勘察设计奖公路工程类一等奖	辽宁省住房和城乡建设厅	辽宁省交通规划设计院	王乃家、宋殿国等	2012
丹东至锡林浩特高速公路丹东(孤山)至海城段	2012年度辽宁省优秀工程勘察设计奖公路工程类一等奖	辽宁省住房和城乡建设厅	辽宁省交通规划设计院	李亚木、张宇辉等	2012

续上表

获奖项目	奖励名称	评奖单位	设计单位	主要设计人员	获奖时间
草市(吉辽界)至抚顺(南杂木)高速公路	2012年公路交通优秀设计一等奖	中国公路勘察设计协会	辽宁省交通规划设计院	王乃家、宋殿国等	2012
丹东至锡林浩特高速公路朝阳至黑水(辽宁内蒙古界)段	2012年度公路交通优秀设计三等奖	中国公路勘察设计协会	辽宁省交通规划设计院	王昕、马文胜等	2012
丹东至锡林浩特高速公路丹东(孤山)至海城段	2012年度公路交通优秀设计二等奖	中国公路勘察设计协会	辽宁省交通规划设计院	李亚木、张宇辉等	2012
丹东至锡林浩特高速公路朝阳至黑水(辽宁内蒙古界)段	2012年度辽宁省优秀工程勘察设计奖公路勘察类二等奖	辽宁省住房和城乡建设厅	辽宁省交通规划设计院	邢玉东、匡少华等	2012
草市(辽吉界)至抚顺(南杂木)高速公路	2012年度辽宁省优秀工程勘察设计奖公路勘察类一等奖	辽宁省住房和城乡建设厅	辽宁省交通规划设计院	邢玉东、匡少华等	2012
庄河至盖州高速公路	2013年度辽宁省优秀工程勘察设计奖工程勘察类一等奖	辽宁省住房和城乡建设厅	辽宁省交通规划设计院	邢玉东、匡少华等	2013
长深高速新民至鲁北联络线彰武至阿尔乡(内蒙古辽宁界)段	2013年度辽宁省优秀工程勘察设计公路工程类二等奖	辽宁省住房和城乡建设厅	辽宁省交通规划设计院、辽宁省公路勘测设计公司	王昕、马文胜等	2013
鹤大高速公路桓仁新开岭(辽吉界)至丹东古城子段绿化工程	2013年度辽宁省优秀工程勘察设计市政工程类一等奖	辽宁省住房和城乡建设厅	辽宁省交通规划设计院	杨涛、徐丕海等	2013
沈阳至丹东高速公路沈阳至桃仙段改扩建绿化工程	2013年度辽宁省优秀工程勘察设计市政工程类二等奖	辽宁省住房和城乡建设厅	辽宁省交通规划设计院	杨涛、徐丕海等	2013
西丰安民(吉辽界)至开原金沟子高速公路	2013年度辽宁省优秀工程勘察设计公路工程类二等奖	辽宁省住房和城乡建设厅	辽宁省交通规划设计院	李亚木、王海丰等	2013
庄河至盖州高速公路	2013年度辽宁省优秀工程勘察设计公路工程类一等奖	辽宁省住房和城乡建设厅	辽宁省交通规划设计院	王昕、付胜余等	2013

第三章
高速公路发展历程

续上表

获奖项目	奖励名称	评奖单位	设计单位	主要设计人员	获奖时间
长深高速新民至鲁北联络线彰武至阿尔乡（内蒙古辽宁界）段绿化工程	2014年度沈阳市优秀工程勘察设计市政工程类三等奖	沈阳市城乡建设委员会	辽宁省交通规划设计院	王昕、马文胜等	2014
鹤大高速公路桓仁新开岭（辽吉界）至丹东古城子段绿化工程	2013年度辽宁省优秀工程勘察设计公路工程类一等奖	辽宁省住房和城乡建设厅	辽宁省交通规划设计院	杨涛、徐丕海等	2014
沈阳绕城高速公路改扩建工程	2014年度辽宁省优秀工程勘察奖设计公路工程类一等奖	辽宁省住房和城乡建设厅	辽宁省交通规划设计院	姚翔、张大伟等	2014
抚顺旺清门（吉辽界）至南杂木高速公路	2014年度辽宁省优秀工程勘察设计奖公路工程类二等奖	辽宁省住房和城乡建设厅	辽宁省交通规划设计院	王乃家、陈悦等	2014
辽宁中部环线高速公路新民至铁岭段	2014年度辽宁省优秀工程勘察设计奖公路工程类二等奖	辽宁省住房和城乡建设厅	辽宁省交通规划设计院	王昕、谷立军等	2014
沈阳过境绕城高速公路石庙子互通式立交改造工程	2014年度辽宁省优秀工程勘察设计奖公路工程类三等奖	辽宁省住房和城乡建设厅	辽宁省交通规划设计院	姚翔、张大伟等	2014
阜新至盘锦高速公路北延伸线	2014年度辽宁省优秀工程勘察设计奖公路工程类三等奖	辽宁省住房和城乡建设厅	辽宁省交通规划设计院	王昕、柳琪等	2014
鹤大高速公路桓仁新开岭（辽吉界）至丹东古城子段	2014年度辽宁省优秀工程勘察设计奖工程勘察类一等奖	辽宁省住房和城乡建设厅	辽宁省交通规划设计院	邢玉东、匡少华等	2014
西丰安民（吉辽界）至开原金沟子高速公路	2014年度辽宁省优秀工程勘察设计奖工程勘察类三等奖	辽宁省住房和城乡建设厅	辽宁省交通规划设计院	邢玉东、匡少华等	2014
抚顺旺清门（吉辽界）至南杂木高速公路	2014年度辽宁省优秀工程勘察设计奖工程勘察类三等奖	辽宁省住房和城乡建设厅	辽宁省交通规划设计院	邢玉东、匡少华等	2014

续上表

获奖项目	奖励名称	评奖单位	设计单位	主要设计人员	获奖时间
彰武至阿尔乡（辽宁内蒙古界）段高速公路绿化工程	2014年度辽宁省优秀工程勘察设计奖市政工程类三等奖	辽宁省住房和城乡建设厅	辽宁省交通规划设计院	杨涛、徐丕海等	2014
鹤大高速公路桓仁新开岭（辽吉界）至丹东古城子段	2014年度公路交通优秀勘察二等奖	中国公路勘察设计协会	辽宁省交通规划设计院有限责任公司	邢玉东、匡少华等	2015
鹤大高速公路桓仁新开岭（辽吉界）至丹东古城子段	2015年度公路交通优秀勘察三等奖	中国公路勘察设计协会	辽宁省交通规划设计院有限责任公司	邢玉东、匡少华等	2015

第五节 高速公路工程管理

一、前期工作管理

辽宁省高速公路建设项目在工程正式开工前的前期工作有：项目建设程序履行、征地动迁、招投标、项目指挥部的组建。省交通厅根据交通基础设施发展五年规划及年度计划，决定启动项目建设程序。高速公路建设项目均报批项目建议书。

国家批复项目：由省交通厅委托设计单位编制工程预可行性研究报告，并向省发改委报函申请审查，省发改委组织专家审查并形成审查意见后报国家发改委审查，国家发改委审查后报国务院审批，国务院批准后由国家发改委向省发改委行文批复。之后由省交通厅组织招标并委托设计单位编制初步设计文件，向交通部报函申请审批，交通部组织审查后向省交通厅行文批复。

省批复项目：由省交通厅委托设计单位编制工程预可行性研究报告，并向省发改委报函申请审批，省发改委审查后行文批复。

地方批复项目：由省交通厅向省发改委报批，或由建设单位（省高建局）向省交通厅报批。由省高建局向省交通厅报送施工图并提出请示，省交通厅组织审查后向省高建局行文批复。

项目用地预审、征地组卷，由省国土资源厅征地事务局负责组织相关材料，经国土资源厅审核后报送国土资源部。同时，省政府就项目征地情况向国务院办公厅提出请示报告，国务院办公厅收文后转给国土资源部，由国土资源部对项目用地组织会审，向国务院汇报审核意见，经国务院办公厅同意后由国土资源部向省政府行文批复。

环境影响报告书:该程序作为工程可行性研究报告审批的前置条件,由省交通厅委托具备资质的环境评价单位编制环境影响评价大纲和环境影响报告书(2004年后环境影响评价大纲取消,只报批环境影响报告书);编制完成后,国家批复项目向交通部环境保护办公室、环境保护部上报请示,交通部环境保护办公室组织预审,形成预审意见报国家环保总局,国家环保总局组织评估,经评估同意后向交通部行文批复。省批复项目向省环境保护厅报批。

水土保持方案报告书:由省交通厅委托具备资质的单位编制水土保持方案报告书;编制完成后,国家批复项目报水利部审批,水利部组织评估后向省交通厅行文批复。省批复项目向省水利厅报批。

项目开工前由省交通厅向省审计厅提出进行项目开工前审计,省审计厅对项目立项程序履行情况、建设资金到位情况进行审计;审计厅完成审计后,形成项目开工前审计意见,向省交通厅行文批复(该程序2005年以后取消)。

2005年3月,交通部《公路建设市场管理办法》规定,公路建设项目实行施工许可制度,国家和国务院交通主管部门确定重点公路建设项目的施工许可由国务院交通主管部门实施。高速公路项目开工前,辽宁省高等级公路建设局(以下简称"省高建局")向省交通工程质量与安全监督局(以下简称"省质安局")提请报批《工程监督申请》;监督申请批复后,省高建局向省交通厅提请报批施工许可,申请项目开工。

二、招标投标管理

(一)施工招标工作发展历程

1984年6月沈大高速公路鞍山腾鳌堡大桥实行招标,是辽宁省公路工程第一个向社会公开招标项目。1988年3月沈大高速公路大连瓦房店市段32km路基工程进行招标。1988年6月沈大高速公路普兰店海湾大桥进行招标。1990年9月1日,在沈大高速公路通车典礼的交通部贺信中指出"在沈大高速公路建设过程中……,积极推行公路建设管理体制改革,率先在全国开展了工程招标;制定了高等级公路有关施工技术规范;实行了多种形式的经济承包责任制和工程监理制度……。沈大路的建成为我国高等级公路的建设提供了宝贵的经验,具有普遍的指导意义"。

1993—1999年,高速公路建设开始采用招投标选择施工队伍,建设市场只对本省具有与高速公路建设相关专业的铁路、房建、水利等施工队伍开放,在招标过程中对本省交通系统的施工队伍给予3%优惠。1999年3月,省交通厅制定《辽宁省公路建设市场管理实施细则》,建立"统一、开放、竞争、有序"的公路建设市场。

2001年,国务院公布《关于禁止在市场经济活动中实行地区封锁的规定》,禁止市场经济活动中的地区封锁行为,破除地方保护。辽宁省解除资信登记和施工许可证制度。

2002年,交通部发布《关于对参与公路工程投标和施工的公路施工企业资质要求的通知》,打破部门和地区界限,以不同的工程规模、技术标准和施工难度、施工专业,选择具有一定资质的施工企业参与投标和施工,保证施工质素高、信誉好的企业参与高速公路建设。

招标工作逐步走入规范化管理。多年来,我们始终把建立、完善、严密工程招投标体系作为优化资源配置、预防和遏制腐败的重要手段,坚持改革创新,适时改进工程招标评标办法,有力促进了高速公路建设持续稳步发展。

1. 招标试点

1984年6月沈大高速公路鞍山腾鳌堡大桥实行招投标,是辽宁省公路工程第一个向社会公开招标的项目。

2. 业主标底计算法

1993年,采取业主标底计算法。省交通厅决定凡高等级公路工程一律实行公开性招投标制和全方位工程监理制。同年3月,省建委正式批准省交通厅设立招投标办公室。沈阳至本溪(小堡至南芬段)公路作为国内第一条利用亚洲开发银行贷款的建设项目,实行国际竞争性公开招标。为保证招标的公开、公正、公平性,由省政府丛正龙副省长主持评标,由交通部、省计委、省建设厅、省交通厅和中国机械进出口总公司等有关领导和专家组成评标委员会,在业主标底+5%～-15%范围内取最低标价中标。此后,在1993—1998年间建设的沈阳过境绕城高速公路北段和东段、沈阳至铁岭、铁岭至四平、沈山高速公路,都沿袭了这种评标办法。

3. 复合标底评标办法

1999年,开始尝试了复合标底评标办法,即将业主标底和投标人标价进行算术平均复合,将复合后标底的+5%～-15%作为有效标价范围,选择其中最低的投标价为中标价。1999—2001年,先后建设的丹本高速公路、盘海高速公路、锦朝高速公路、锦阜高速公路,均采用这种评标办法。

4. 最低投标价评标办法(追加履约保证金)

2002年,开始试行最低投标价评标办法(追加履约保证金),此办法虽然有利于降低工程造价,减少人为因素,强化廉政建设,但还存在个别投标人低价抢标、围标等问题,容易给施工企业带来较大的经济负担。2002—2004年开工建设的沈阳至大连高速公路改扩建工程、丹东至庄河高速公路、沈阳至抚顺高速公路均采用的这种评标办法。

5. 合理低标价法

2005年,开始采用合理低标价法,合理低标价法仍由业主编制标底,但在开标时采用随机抽取浮动系数值进行调整;确定废标上限为调整后业主标底的105%;将有效标价与调整后业主标底进行复合,复合后的标底为计算有效标价是否需提供追加履约保证金及其数额的依据。2005—2006年底建设的沈阳至彰武高速公路、铁岭至阜新高速公路、阜新至朝阳高速公路、本溪至辽中高速公路等7个高速公路项目路基工程的招标实行了合理低价法。

6. 无标底合理低价法

2006年,无标底合理低价法,在开标前公布业主控制价上限,投标价超出招标人控制价上限的,视为超出招标人的支付能力,作废标处理。业主标底不参与评标基准价的计算,只以投标人的报价作为确定评标基准价的依据,在开标现场抽取浮动系数,将投标人报价平均值乘以浮动系数作为评标基准价,最终确定中标人。铁岭至阜新高速公路、本溪至辽中高速公路及阜新至朝阳高速公路3条高速公路项目的路面工程和沈阳(依牛堡子)至康平高速公路路基工程的招标都采取这种评标办法。

7. 无标底合理低价法与施工企业的信用评价相结合

2007年7月至今,采用无标底合理低价法与施工企业的信用评价相结合,对于在辽宁省高速公路项目施工企业信用评价较高的施工企业,在投标阶段给予投标价得分加分的优惠,即投标人评标的最终得分由其投标价得分与信用评价奖励分之和确定。

8. 合理低价法与信用评价奖励分结合

2008年,省交通厅发布了《辽宁省公路、水路建设市场信用评价管理暂行办法》和《辽宁省公路施工企业信用评价实施细则》,建立了全省范围内公路、水运市场信用评价体系。其信用评价结果作为评标办法中信用评价奖励分的依据。到目前为止,已有朝阳至黑水高速公路、草市(辽吉界)至抚顺(南杂木)高速公路、丹东(孤山)至海城高速公路、桓仁新开岭(辽吉界)至丹东(古城子)高速公路、桓仁至永陵高速公路、阜新至盘锦高速公路、庄河至盖州高速公路、新民至铁岭高速公路、建昌至兴城高速公路、沈阳(王家沟)至铁岭(杏山)公路改扩建工程等十几条高速公路项目的招标采用了无标底合理低价法与施工企业的信用评价相结合的方式。

9. 双信封形式合理低价法

2016年2月1日,交通运输部下发《公路工程建设项目招标投标管理办法》(2015年第24号文件),根据文件要求,到目前为止,鹤大高速公路前阳互通立交项目等招标采用双信封形式合理低价法的方式。

(二)不断总结积累,健全和完善招标工作体系

1. 深化资审内容,强化招标资格审查

(1)一是规范资格预审文件编制工作,改进完善资格预审内容。辽宁省资格预审文

件编制工作始终坚持紧跟国家政策法规的要求,切合工程实际,为资格审查工作提供科学、合理的依据。

2006年交通部相继更新、颁布了多个施工招标的相关法规、办法。按照新的精神和要求,修订了《标准资格预审文件》,并根据工程实际提出有针对性的要求,在资格预审阶段,调整和深化了资格预审工作内容。把原评标阶段需要对投标人审查的内容,如技术管理、施工能力、信誉情况、施工组织计划等前置于资格预审阶段,简化评标工作,使各阶段工作更加清晰有效。为防止少数投标人控制标价,预防"围标""串标"现象发生,在资格预审文件中明确规定"具有投资参股关系的关联企业,或具有直接管理和被管理关系的母子公司,或同一母公司的子公司,不允许在同一合同段通过资格预审"。

根据九部委56号令的规定,《标准资格预审文件》和《标准施工招标》在2008年5月1日起开始试行,交通运输部的行业标准文件也于2009年8月1日正式实施。标准文件颁布后,立即着手按标准文件的要求,对整个资审文件的结构和内容进行了重新调整。原有的文件是在多年的招标和工程实践中逐步总结完善而成的,文件中有许多适用于辽宁省高速公路建设的好做法和有针对性的要求,通过修订,既符合标准文件要求,将新的精神和要求贯彻到资格预审文件中,又保留了原有文件特色,使修订后的文件结构更加明晰,内容更加丰富、完整、规范、实用。

(2)随机确定标段,确保公平公正。在资格预审文件中,招标人将所有标段按工程类别进行分类,如对于路基工程分为路基类、桥梁类、隧道类,对于一个工程项目,申请人只需购买一份资格预审文件,投标人可根据自身特长及项目具体情况确定所投标段类别,提交一套申请文件,在申请文件中明确所投合同段个数。为减少个别单位串通多家投标人在同一标段投标可能性,招标人对通过资格预审的投标人所投合同段采用摇号方式随机确定,并规定关联企业和母子公司不允许在同一合同段通过资格预审。每个项目都要根据项目具体情况制定不同的摇号规则,既确保有关联的投标人被分配到不同的合同段,又充分保证摇号结果的随机性,最大限度地减少投标单位围标的概率。摇号过程由纪检监察人员现场监督,公证机关进行现场公证。此办法为辽宁省首创,有效预防了围标串标行为的发生,实现有效竞争。

通过资格审查的每家申请人对招标项目的每个合同段都编写一套报价文件,在开标现场摇号确定其所投的具体合同段,在摇号过程中未被选定开标的投标文件原封退还给投标人。通过这种方式将随机摇号确定合同段的作用充分发挥出来,进一步减少投标单位围标的概率,而投标人的投标成本又控制在合理范围之内。

(3)量化评定指标,做到评审严谨规范。在资格预审阶段采取"量化指标、计分排名"的办法,将各项评定指标进行量化。资格预审采用评标专家打分方式,资格评审委员会专家从交通部及交通厅评标专家库中随机抽取,使资格评审工作更加公正、专业、严谨。

2. 完善招标文件内容,提高招标文件质量

招标文件是招投标活动的"章程",直接影响招标工作的质量。通过加强专业人员业务学习,全面、系统地掌握相关法律、法规,调动多方力量,将项目计划、财务、技术、施工管理等各方的意见要求充分反映到文件中来,保证招标文件的编制质量。经过多年高速公路建设管理的实践和总结,辽宁省在工程变更设计、资金管理、优质优价等方面形成了很多行之有效的管理办法,为了充分发挥这些管理办法的作用,在编制招标文件时,将相关的管理办法在合同条款中明确,纳入合同化管理。

比如:设计变更涉及面广、技术含量高、政策性强,易出问题,为使设计变更管理更加科学,省交通厅制定了《设计变更管理办法》,省高建局在此基础上又制定了《设计变更管理实施细则》,在招标文件专用条款中明确规定变更的具体实施按细则规定执行。由于近年材料价格变化幅度较大,省高建局编制了《辽宁省高速公路工程材料调查管理办法》,招标文件规定:在施工期间,材料价格调整遵照该办法执行。

为了确保施工单位工程建设资金专款专用,制定了《辽宁省高速公路工程建设资金监督管理办法》,对承包人的工程建设资金实行监管,将承包人资金的管理纳入合同条款。

在质量管理方面实行分级管理、分级负责,成立相应的机构,每月对各工程项目质量进行量化评定,实行制度化管理,制定了《辽宁省高速公路建设工程质量优质优价实施办法》,在专用条款中规定相关奖罚金。

在招标工作中注重环保和解决百姓的民生问题。在招标文件中对于农民工工资问题、安全和环保、水保等内容都在专用条款提出了明确的要求。如招标文件中规定:"为确保施工过程中农民工工资实时、足额发放到位,每期支付时扣留工程量清单第200章至第700章当期计量金额的2%作为农民工工资保证金",规定了农民工工资保证金的考核返还办法,并将施工安全费用按招标人公布的投标控制价上限的1%以固定金额形式计入工程量清单支付细目中。

经过多年的积累总结,招标文件日趋完善,为工程管理提供了可靠的法规性文件,是工程实施合同管理的有力保障。

3. 结合辽宁省项目特点,推行标准文件实施

2008年九部委联合发布了《标准资格预审文件》和《标准招标文件》,在2008年5月1日起开始试行,交通运输部的行业标准文件也于2009年8月1日正式实施。标准文件颁布后,立即着手按标准文件的要求,对整个资审文件的结构和内容进行重新调整。为了做好编制工作,组织人员系统地学习和了解了本次文件修订的背景、修订的思路及主要内容,广泛征询各项目指挥部及相关处室的意见,对招标文件中投标人须知、项目专用条款

及技术规范中的内容都进行了修改和补充。原有的文件是在多年的招标和工程实践中逐步总结完善而成的,文件中有许多适用于辽宁省高速公路建设的好做法和有针对性的要求。通过修订,使招标文件既符合标准文件要求,保留原有招标文件特色,又能将管理实践中好的做法和要求贯彻到文件中,修订后的文件结构更加明晰,内容更加丰富、完整、规范、实用。

标准文件在经过近一年时间使用后,2010年底,省高建局组织专门人员对招标文件的投标人须知、合同条款、技术规范等相关内容进一步进行修订和完善,并邀请国内资深专家对修订内容进行审查,编写完成了《辽宁省高速公路项目施工招标标准文件》。目前,高速公路项目资格预审文件及招标文件的编制都以修订完成的范本文件为基础,结合不同项目的具体要求和特点,形成了具有辽宁高速公路特色的文件体系。2013年初省高建局又分别组织施工企业、招标咨询单位及局相关处室进行专题座谈,征询意见,重点关注合同条款的与现场管理一致性、可操作性,针对施工企业提出的问题及相关部门的意见进行逐条研究讨论,并提出了讨论意见,对招标文件进行修订和完善,用以指导新启动项目的招标工作。

4. 严密清标、评标工作程序,确保评标结果准确、公正

清标、评标工作是招标工作的一项重要内容,按照《招标投标法》的要求,评标工作要在严格保密情况下进行。为保证这项工作的顺利进行,制定了一套严密的组织程序。开标后,由省高建局监察部门在开标现场将正本文件封存,送至清标地点后进行封闭清标,清标过程由监察部门全程参与监督。清标工作组依据招标文件评标办法的规定认真核查投标文件,形成清标报告,清标报告对投标文件中的问题作出客观、翔实的记录,不提出倾向性意见。评标专家依据评标办法及清标报告,对投标文件进一步审查,提出评标报告,作出推荐意见。整个清标、评标过程组织严密,工作到位,准确、充分的评标基础工作受到了评标专家的认可。

5. 建立失信惩戒和诚信激励机制,规范投标人行为

从2006年开始着手对近五年所有参与辽宁省高速公路项目施工招标投标活动的施工企业进行信用考核,对中标项目施工现场进行动态跟踪检查,建立业绩考核制度,对施工单位定期考核评分,发现有挂靠、围标、串标行为的,及时依法处理,对工程进度、质量、履约信誉差的施工单位记录在案,严重者取消其在辽宁省招标中投标资格。此外,为加强对投标人行为的约束力,要求每个合同段投标人提供一定金额的信誉担保。

在对施工企业信用考核的基础上,引入工程招投标与企业质量信用评价直接挂钩的机制。在资格审查阶段,设置专项信用评价得分;评标阶段,对于信用评价好的施工企业给予减免信誉保证金和投标价得分加分的奖励。

6. 完善招标监督体系，从源头上预防腐败行为发生

好的制度也必须有严格的监督才能得到有效实施。在建立程序上更加规范、环节上更加严密的招投标管理办法的同时，实行严格的监督机制，从四个层面上，加强对招投标工作过程和重点关键环节的监督。

(1) 上级主管部门加强监管，从宏观上监督招投标程序

对于资格评审办法、评标办法等重要招标制度的实施和修订，都要上报厅党组审议通过后实行。省交通厅设立专门的招投标管理机构负责对招投标活动的监管，审核《资格预审评审报告》《招标文件》《评标报告》等招标中的重要文件，对招标工作提出指导意见。省交通厅监察处实施对招标全过程的监管，并加强对重要环节的监督。上级主管部门的有效监管和正确指导，使高速公路招投标制度不断完善并适应形势发展。

(2) 充分运用外部监督机制，对招投标实行全程监督

省纪委、省检察院等部门从资格预审到开标、评标进行全程监督，重点对专家组资审、随机摇号确定合同段及浮动系数、开标程序、专家组评标程序等关键环节进行监督。在每个项目招标资格预审阶段，将投标申请单位的资料提供给省检察院，由检察院进行行贿犯罪档案查询，并告知查询结果，如有行贿记录则对该单位一票否决。对于招标过程中的重要环节，如随机确定合同段及浮动系数的过程，采取了公证机关现场公证的方式，由公证处公证人员对摇号程序、摇号器具、摇号结果进行公证，使招标工作过程和结果具有社会公信力。通过外部监督机制加大监督力度，使招标过程中的关键环节完全在监督之下进行，杜绝暗箱操作和个人决断，确保工程招投标办法得以有效实施。

(3) 发挥内部监督制约作用，注重过程监督

在招标工作中，省高建局监察处严格对资审文件的递交截止时间和投标书的递交截止时间、评标结果的公示等环节进行监督。如：监察处人员和招标办负责人严格执行资审文件和投标书的递交截止时间，到时由监察人员将登记表封签。在招标结果公示期间，监察处负责接受举报及收集各方反应，并对举报进行调查。

(4) 提供多种有效途径，广泛接受社会监督

在资格预审文件和招标文件中都公布了监督机构的联系电话，招标最终结果公示一周，并在招标监管网上发布，接受社会监督。由省交通厅和省高建局监察部门接受社会各界对招标过程和定标结果提出的质询，对提出的问题及时组织调查，反馈调查结果。

多种监督方式发挥作用，不可替代、相互补充，构建了一张强大而严密的监督网络，通过全方位、多层面的监督，使整个招标过程实现无缝衔接，确保招投标各项制度落实到位，严格执行规定程序，真正体现公开、透明，实现阳光化操作。

(三) 辽宁省高速公路项目招标投标的基本程序及工作要求

高速公路项目工程复杂、质量标准和工程造价都很高，其设计、施工、监理都在国家发

改委《工程建设项目招标范围和规模标准规定》必须招标的范围之内,辽宁省的高速公路项目的设计、施工、监理均采用招标的方式。

1. 招标准备

招标准备工作包括制订招标计划、编制招标组织方案及落实招标基本条件等工作,这些工作应相互协调、有序进行。

(1)制订招标工作计划

根据项目的整体计划安排及实际进度要求制订招标计划,明确招标的内容、范围和时间。

(2)编制招标组织方案

根据国家计委 9 号令《工程建设项目可行性研究报告中增加招标内容和核准事项暂行规定》的要求,在项目可行性报告中增加以下有关招标的内容:

①招标范围(全部招标或部分招标);

②招标组织形式(委托招标或自行招标);

③招标方式(公开招标或邀请招标)。

目前辽宁省高速公路项目招标的范围一般都采用全部招标;组织形式为自行招标;招标方式为公开招标,对于特殊项目,经国家发改委或省政府批准后可采用邀请招标方式。

2. 招标的基本条件

根据《工程建设项目施工招标投标办法》的规定,项目施工项目招标应具备以下条件:

(1)招标人已经依法成立;

(2)初步设计及概算应当履行审批手续的,已经批准;

(3)招标范围、招标方式和招标组织形式等应当履行核准手续的,已经核准;

(4)有相应资金或资金来源已经落实;

(5)有招标所需的设计图纸及技术资料。

3. 组织资格审查

为了保证潜在投标人能够公平地获取投标竞争的机会,确保投标人满足招标项目的资格条件,同时避免招标人和投标人不必要的资源浪费,招标人应当对投标人资格组织审查。资格审查分为资格预审和资格后审。

资格预审是招标人通过发布招标资格预审公告,向不特定的潜在投标人发出投标邀请,并组织招标资格审查委员会按照招标资格预审公告和资格预审文件确定的资格预审条件、标准和方法对投标申请人进行评审,确定合格的潜在投标人。辽宁省高速公路项目施工、监理招标一般采用资格预审方式进行。

资格后审是在开标后的初步评审阶段,评标委员会根据招标文件规定的投标资格条件对投标人资格进行评审,投标资格评审合格的投标文件进入详细评审。辽宁省高速公路项目勘察设计、材料采购招标一般采用资格后审方式进行。

资格预审一般按照以下程序进行:

(1)编制资格预审文件及公告,确定资格审查方法、审查因素和标准

依据招标采购项目相应的技术管理要求和投标企业的资格标准、业务范围等规定,制定工程施工招标资格预审标准。资格预审评审办法分为合格制及有限数量制,为保证通过资格预审申请人的质量,一般采用有限数量制。这一工作阶段的主要配合部门为项目指挥部,需对合同段划分、施工工期、资格审查最低标准要求、每合同段通过家数、文件发售日期等内容提出意见及建议。

(2)发布资格预审公告

在公告发出前需取得项目建议书、工可报告及初步设计等批复文件,上述批复文件及公告加盖公章后到省发改委备案,取得项目招标代码后方可发布资格预审公告。资格预审公告一般在"辽宁省招标投标监管网"及"中国采购与招标网"等指定媒体上公开发布。

(3)发售资格预审文件

根据交通部《公路工程施工招标资格预审办法》(交公路发〔2006〕57号)规定,自资格预审文件出售之日起至停止出售之日止,最短不得少于5个工作日。

(4)资格预审文件的澄清、修改

根据交通部《公路工程施工招标资格预审办法》(交公路发〔2006〕57号)规定,招标人如需对已出售的资格预审文件进行补充、说明、勘误或者局部修正,应在递交资格预审申请文件截止之日7日前以编号的补遗书形式通知所有已购买资格预审文件的潜在投标人。

(5)潜在投标人编制并递交资格预审申请文件

根据交通部《公路工程施工招标投标管理办法》(交通部令2006年第7号)规定,自开始发售资格预审文件之日起至潜在投标人递交资格预审申请文件截止之日,不得少于14日。

资格预审申请文件应按时送达并符合密封要求,在规定的截止时间之后送达或未按要求密封的资格预审申请文件为无效文件。

(6)组织资格预审初审,编制资格预审评审基础资料

由项目指挥部采集基础信息,财务处配合进行财务能力的审查,对基础信息进行汇总及初步清查,形成资格预审评审基础资料。

(7) 组建资格预审评审委员会对资格预审申请文件进行评审

资格预审评审工作由资格评审委员会负责,评审委员会成员一般由7人组成,其中招标人代表2人,专家5人,根据项目情况(省网或国高网)从交通厅(或交通部)评标专家库中随机抽取。资格评审委员会按照资格预审文件中载明的资格预审评审办法对资格预审申请文件进行审查,编制资格预审评审报告,提出资格预审评审意见。

(8) 资格预审评审报告上报交通主管部门核备,通知申请人资格预审结果

根据交通部《公路工程施工招标资格预审办法》(交公路发〔2006〕57号)规定,招标人应在资格预审评审工作结束后15日内,按项目管理权限,将资格预审评审报告报交通主管部门核备。

交通主管部门在收到资格预审评审报告5个工作日内未提出异议的,招标人可向通过资格预审的潜在投标人发出投标邀请书,向未通过资格审查的潜在投标人通知审查结果。

4. 编制及发售招标文件

依据交通部《公路工程施工标准招标文件》及《辽宁省高速公路项目招标文件范本》,结合项目的特点与需求编制招标文件,项目指挥部负责招标文件整体内容的审核,工程管理处负责工程量清单及计量支付条款内容的审核,工程技术处负责技术规范内容的审核,计划处负责合同条款内容的审核。

根据交通部《公路工程施工招标投标管理办法》(交通部令2006年第7号)规定,招标文件应上报上级主管部门核备,交通主管部门应在收到上报文件7日内,对发现的问题提出处理意见。招标文件发售时间不得少于5个工作日。

5. 组织现场考察,召开标前会议,发出补遗书

招标人根据项目特点和招标文件的规定,组织潜在投标人对项目实施现场的地形地质条件、周边和内部环境进行实地勘察了解,并介绍有关情况。

为了澄清、解答潜在投标人在阅读招标文件和现场踏勘后提出的疑问,招标人按照招标文件规定的时间组织标前会议。所有的澄清、解答及对招标文件的修改及补充内容均应在投标截止日期15日前以补遗书的形式发给所有购买招标文件的潜在投标人。

6. 开标

招标人应按招标文件规定的时间、地点主持开标,并请监督部门人员现场全程进行监督。投标人应按招标文件要求参加开标会议。

7. 清标及评标

开标后,由省高建局监察部门在开标现场将正本文件封存,送至清标地点后进行封闭清标,清标过程由监察部门全程参与监督。清标工作组依据招标文件评标办法的规定认

真核查投标文件,形成清标报告,清标报告对投标文件中的问题作出客观、翔实的记录,不提出倾向性意见。

评标工作由依法组建的评标委员会负责,评标评标专家依据招标文件中的《评标办法》及《清标报告》,对投标文件进一步审查,提出评标报告,作出推荐意见。

8.定标

评标结果在网上公示,待公示期满(3个工作日)无异议后,由省高建局组织定标委员会,依据评标委员会推荐的中标候选人确定中标人,并进行网上公示。评标报告及定标结果报省厅核备,待公示及核备期(7日)满后发出中标通知书。

(四)信用体系建设

1.高速公路建设市场信用信息管理

(1)施工企业信用评价

2006年底,交通部发布的《关于建立公路建设市场信用体系的指导意见》(以下简称《指导意见》)明确提出,用五年左右时间建立起比较完善的公路建设市场信用体系,使我国公路建设管理水平和建设市场的规范化程度迈上新台阶。

2007年省交通厅根据交通部《指导意见》精神,首先在高速公路项目开始试点,由省高建局组织制定了《辽宁省高速公路施工企业履约考核办法》。依据履约考核办法,对2000年至2007年6月参与辽宁省高速公路项目招投标活动的三百多家施工单位的履约行为进行了全面考核,按路基、路面、交通安全设施不同的工程类别进行了排名,客观地反映了参与高速公路项目招标及施工的各投标单位的履约情况,履约考核结果对于工程招标、优选队伍具有现实的指导意义。

2008年,省交通厅发布了《辽宁省公路、水路建设市场信用评价管理暂行办法》和《辽宁省公路施工企业信用评价实施细则》,建立了全省范围内公路、水运市场信用评价体系。省高建局高度重视此项工作,由专门机构负责信用评价管理工作,并明确了项目指挥部及机关各职能处室的职责,形成了以项目指挥部现场履约考核为主体,局内各职能机构各负其责的考核管理体系。组织不同层次、多种形式的宣贯工作,促进相关管理人员正确理解和把握相关管理办法,严格评价管理程序,评价依据和结果层层把关、签认。对于施工企业的评价根据其承担的专业工程内容分类进行评价,主要分为路基桥隧工程、路面工程、交通安全设施工程、交通管理设施工程等类别。

2010年,根据交通运输部《关于印发公路施工企业信用评价规则的通知》(交公路发〔2009〕733号)的要求,结合辽宁省的实际情况,省交通厅又组织制定了《辽宁省公路施工企业信用评价规则(试行)》(辽交建发〔2010〕375号),并一直沿用至今。到目前为止,已累计对437家企业进行了信用评价。

2010年,根据交通运输部相关文件要求,省高建局开始启动高速公路建设项目信息在全国公路建设市场信用信息管理系统的录入工作,采集和上报高速公路建设的项目信息、审批信息、标段信息等,并协助省交通厅进行企业上报信息核实工作。目前已经陆续采集了34条高速公路项目信息数据,上报了27条高速公路项目信息数据。

辽宁省高等级公路建设局作为项目法人,负责施工企业的投标行为和履约行为两部分的信用评价工作,成立信用评价工作组,成员由局领导班子、各项目指挥部、各处室组成。信用评价工作组常务办公室设在省高建局招标办,负责企业信用评价资料汇总,提请局班子会讨论、研究,并将高速公路项目施工企业信用评价结果上报省交通厅。

按照职责分工,投标行为评价由招标办负责,根据交通部《规则》招标人完成每次招标工作后,仅对存在不良投标行为的施工企业进行投标行为评价,形成正式文件,评价结果报省高建局信用评价工作组。履约行为评价由项目指挥部负责,结合日常建设管理情况进行考核评价,质量安全处、工程技术处、综合计划处、财务处、招标办、监察处、前期处采取定期督察、检查与随机抽查相结合的方式进行辅助评价。

(2)监理企业信用评价

2009年,交通运输部印发了《公路水运工程监理信用评价办法(试行)》(交质监发〔2009〕5号),辽宁省开始对从事公路建设的监理单位进行信用评价工作,确定信用等级后上报交通运输部。2012年,交通运输部又印发了《公路水运工程监理信用评价办法》(交质监发〔2012〕774号)。2015年,辽宁省交通厅印发了关于《辽宁省公路水运工程监理信用评价管理办法》的通知,本办法对施工监理单位及监理人员的评价更具体、更细化,监理信用评价结果作为监理市场的重要监管手段,在日常监督中重点对评价等级低和列入重点监管对象的监理人员进行管理。同时监理企业通过信用评价结果,改进和提高企业整体能力和加强对失信人员的管理能力。

省高建局作为辽宁省高速公路建设项目的项目法人,主要对个项目指挥部所负责的项目监理企业和监理人员的自评结果、评价依据等进行汇总、审核和复评,确定监理企业信用初评价结果和失信监理人员结果后报送省质安局。

(3)设计企业信用评价

2013年,交通运输部印发了《公路设计企业信用评价规则(试行)》(交公路发〔2013〕636号),辽宁省开始对从事公路设计的企业进行信用评价工作。2014年,为了进一步推动公路建设市场信用体系建设,规范公路设计企业信用评价工作,促进公路设计企业增强诚信履约和自律意识,依据交通运输部《公路设计企业信用评价规则(试行)》(交公路发〔2013〕636号)的有关规定,结合公路工程设计市场实际情况,省交通厅制定了《辽宁省公路重点项目设计企业信用评价实施细则(试行)》(辽交建发

〔2014〕530号）文件。

省高建局作为辽宁省高速公路建设项目的项目法人，负责设计企业投标行为和履约行为两部分的信用评价工作。按照职责分工，投标行为评价由招标办负责，根据《评价规则》招标人完成每次招标工作后，仅对存在不良投标行为的施工企业进行投标行为评价。履约行为评价由项目指挥部负责，结合对项目勘察设计的实际情况进行评价，质量安全处、工程技术处、综合计划处、财务处、招标办、监察处、前期处结合实际检查、随机抽查及工作过程中发现的勘察设计问题进行辅助评价。

设计信用评价工作组常务办公室设在局招标办，负责设计企业信用评价资料汇总，提请局班子会讨论、研究，并将高速公路项目设计企业信用评价结果上报省交通厅。

（4）优秀人员评选情况

2009年，为营造全省高速公路建设重质量、保安全、抓进度、讲效益和文明施工的良好氛围，弘扬监理单位严格监理、热情服务的良好风气，客观、公正评选高速公路建设过程中的优秀工作者，促进辽宁省高速公路建设事业又好又快发展，制定了《辽宁省高速公路建设施工、监理单位优秀工作者评选办法》，对高速公路建设中表现突出的先进人物进行评选，给予表彰和奖励。

优秀工作者的评选范围为辽宁省在建高速公路项目参建施工单位的项目经理、项目总工程师，参建监理单位的监理工程师。优秀工作者评选工作每年举行一次，由省高建局成立的优秀工作者评选领导小组负责。评选组由局领导班子成员、各项目指挥部、各处室负责人组成，评选组办公室设在局招标办。对于年度优秀工作者，将召开年度优秀工作者表彰大会，印发正式文件进行表彰，并颁发表彰证书。同时获奖优秀工作者在其参与高速公路投标项目中，在资格预审阶段给予加分奖励。优秀项目经理奖励3分，优秀项目总工程师、优秀监理工程师奖励1分。

2. 信用评价结果的应用情况

信用评价结果主要应用于招标工作中，从2007年开始，在施工评标时采用合理低价法与施工企业的信用评价相结合的方式，对于信用评价等级较高的企业，在投标价得分基础上给予信用评价奖励分的优惠。后续又增加了一系列优惠措施，在资格审查阶段，设置专项信用评价得分，增加信用评价等级较高企业所投合同段数量；评标阶段，对于信用评价好的施工企业给予减少投标保证金和投标价得分加分的奖励。到目前为止，信用评价结果已在朝阳至黑水高速公路、草市（辽吉界）至抚顺（南杂木）高速公路、丹东至海城高速公路、桓仁新开岭（辽吉界）至丹东（古城子）高速公路、庄河至盖州高速公路、西丰安民（辽吉界）至开原金钩子高速公路、阜新至盘锦高速公路、建昌至兴城高速公路等24条高速公路招标项目上得以应用。

2007年开始，辽宁省高速公路项目施工企业对于信用评价路基桥隧工程A级的投标单位,其最终得分在投标价得分基础上加信用评价奖励分0.5分。

为了优选队伍,推进诚信体系建设,在投标时给予加分,从2008年开始,辽宁省高速公路项目施工企业信用评价路基桥隧工程AA级投标单位,其最终得分在投标价得分基础上加信用评价奖励分0.6分;路基桥隧工程A级投标单位,其最终得分在投标价得分基础上加信用评价奖励分0.2分;B级(及以下)不加分。同时对于信用评价路基桥隧工程AA级、A级的投标单位在缴纳投标担保(80万元)和信誉担保(120万元)时可免交信誉担保费用。

为了防止信用评价AA级施工企业在投标过程中可能出现互相串通围标的情况,从2014年开始,辽宁省高速公路项目施工企业信用评价路基桥隧工程AA级投标单位,其最终得分在投标价得分基础上加信用评价奖励分0.3分,辽宁省高速公路项目施工企业信用评价路基桥隧工程A级投标单位,信用评价奖励分为0.15分,B级(及以下)不加分。同时对于信用评价路基桥隧工程AA级、A级的投标单位在需缴纳200万元投标保证金时,可只提交100万元投标保证金。

(1)对于上一年度信用评价等级为AA级的企业,在投标时可对项目提出多个合同段的资格预审申请;对于A级、B级、C级的企业逐渐递减资格预审可申请的合同段数量;D级企业则在1~3年内禁止参与辽宁高速公路市场。但每个申请人在同一项目中只允许中1个标段。

(2)在项目招标资格预审阶段,按照上一年度信用评价结果,给予相应的信用等级加分。目前AA级企业信用奖励分加0.3分,A级企业信用奖励分加0.15分,B级及以下企业不加分。实施信用加分办法后,对辽宁省高速公路今后的优选队伍,推进诚信体制建设发挥了很好的作用,同时也促进在建的施工企业对项目建设的重视。

通过引入工程招投标与企业质量信誉评价直接挂钩的机制,体现了企业的诚信价值,大大增强了施工企业的诚信自律意识,促使施工单位诚信履约由被动变为主动,营造了争先创优的建设氛围。通过信用评价,涌现出一批施工能力强、管理水平高、信誉好的优秀企业,实现了现场履约和招标工作的良性循环,为好的企业创造了更好的发展空间,同时也处罚和淘汰了一些履约能力差,给工程建设拖后腿的企业,对培育和规范建设市场起到了积极推动作用。

(五)投融资模式——BT融资模式

1. 辽宁省高速公路采用BT模式组织建设的背景

2010年末开始,中央政府实施趋紧的货币政策,多次上调存款准备金率和存贷款基准利率,同时对银行的监管考核更加严格,国家银监会已明确将全国交通厅贷款重新纳入地方政府融资平台管理,以交通厅平台利用银行贷款建设高速公路的难度越来越大、条件更加苛刻,致使高速公路建设资金贷款渠道受限,尤其省路网项目建设资金落实困难。同时,近两年全省高速公路项目将步入偿还本息的高峰期,新开工建设的高速公路资本金缺口严重,建设资金短缺已成为制约高速公路建设发展的瓶颈。

为确保高速公路"十二五"规划的推进落实,在宏观调控中仍要有所作为,省交通厅不等不靠,积极探索新的高速公路建设模式,拓宽高速公路融资渠道,进行了多方分析论证及调研试点工作,提出对前期工作比较成熟、规模适当的省网项目采取建设—移交(BT)模式投资建设,并报请省政府批示同意。2011年底启动了建昌至兴城高速公路项目,2012年又相继启动了辽阳灯塔至沈阳辽中高速公路、盘锦辽滨疏港高速公路2个项目。

2. BT项目招标运作模式

鉴于BT模式投资建设的特点,经省政府批准同意,3个项目均采用邀请招标的方式,招标投标活动遵循公开、公平、公正、诚信、择优的原则,选择资金实力较强、交通基础设施建设管理水平较高及在国内具有良好信誉的国有大型企业作为投资人,并与其签订投资建设协议进行投资建设。投资方成立BT项目管理公司,并签订建设移交合同,由投资方负责项目施工总承包,工程验收合格后由省交通厅回购,交通厅向其提供回购担保。

(1)招标程序

高速公路BT项目采用资格后审方式,按照下列程序进行:

①编制招标文件;
②向选定的潜在投标人发出投标邀请书;
③发售招标文件;
④需要时组织潜在投标人踏勘项目现场,召开投标预备会;
⑤接收投标文件,公开开标;
⑥组建评标委员会评标,推荐中标候选人;
⑦公示中标候选人;
⑧确定中标人,发出中标通知书;
⑨招标人与投资人签订《BT投资建设协议》;
⑩投资人成立项目公司;
⑪招标人与项目公司签订《BT投资建设合同》。

(2)招标文件编制依据及评标办法

招标文件参照国务院交通运输主管部门制定的《经营性公路建设项目投资人招标文件范本》,并结合项目特点和需要进行编制。

评标采用综合评估法,评标因素包括投标报价、投融资能力、资金筹措方案、投融资、建设管理经验、项目公司组建方案、项目建设方案、项目移交方案等项内容。

(3) 投标人应具备的条件

① 资质及业绩条件

根据项目特点及要求,投标人应具备住房和城乡建设部(原建设部)颁发的公路工程施工总承包一级以上资质或同时具备工程涵盖的相应各专业的施工资质(公路工程施工总承包一级、隧道工程专业承包一级、桥梁工程专业承包一级、路面工程专业承包一级资质),并已进入交通运输部公布的《公路工程施工一级以上资质企业名录》;近五年曾参与过大型基础设施建设项目的投融资工作。近五年曾参与高速公路项目建设,且信誉良好。

② 财务能力要求

注册资本与工程规模相适应,总资产不少于工程总投资;且近三年连续每年均为盈利。具有不低于项目总投资概算的投融资能力,其中上一年末净资产不低于总投资的25%,并能提供银行或其他金融机构不少于总投资的75%的资金证明、授信额度证明、贷款承诺书或意向书。

(4) 开标及评标

开标在招标文件确定的提交投标文件截止时间的同一时间公开进行。开标由招标人主持,邀请所有投标人代表参加,有关监督部门进行现场监督。招标人对开标过程记录并存档备查。

评标由招标人依法组建的评标委员会负责,有关监督部门对评标全过程进行现场监督。评标委员会由招标人代表和公路、财务、金融等方面的专家组成,成员人数为七人或七人以上单数。招标人代表的人数不超过评标委员会总人数的三分之一。

评标委员会完成评标后,向招标人提出书面评标报告,推荐一至三名中标候选人,并标明排名顺序。评标报告由评标委员会全体成员签字。

(5) 确定中标人

招标人自收到评标报告之日起三日内,在招标项目省厅网站上公示中标候选人,公示期不少于三日。招标人确定排名第一的中标候选人为中标人,在十五个工作日内向中标人发出中标通知书,同时通知所有未中标的投标人。

3. BT 项目的管理模式

(1) 各方的定位及职责

辽宁省交通厅授权辽宁省高等级公路建设局作为 BT 项目建设管理的主体单位对项目实施全程监管。省高建局成立 BT 项目建设指挥部,建设管理沿用以往高速公路成熟的管理模式,遵循既有的工程变更、材料调差、资金监管等管理办法。

经招标选取的 BT 项目投资人与省高建局签署《BT 投资建设协议》,明确其投资加施工总承包的地位。投资人成立 BT 项目公司,项目公司与省高建局签署《BT 投资建设移交合同》,明确项目公司对于 BT 项目的融资、建设、管理、移交责任。

①省交通厅:为确保项目顺利实施及工程质量,项目的组织实施仍沿用省交通厅以往比较成熟的高速公路建设管理模式,省交通厅负责项目的勘察设计、监理单位的选择,概预算投资额度的控制及征地动迁及机电工程的组织实施工作。

②省高建局:辽宁省交通厅授权辽宁省高等级公路建设局代表省厅全面履行建设监管职责,省高建局成立BT项目建设指挥部,按照既有的高速公路管理模式及相关的管理办法组织管理。主要完成以下几方面工作:组织实施项目勘察设计、投资人及施工监理的招标工作;签订BT投资建设协议及BT建设移交合同,协助投资人办理项目公司注册;组织协调地方政府的征地动迁及取土场工作;全面完成项目建设期及回购期的监管工作。包括监管建设资金的到位情况,建设资金的流向;对工程计量支付的审核;对设计变更、材料调查的最终审定权;对施工总体进度的检查和督导;对工程质量、安全生产、环保等事项的抽检等。

③投资人:作为《BT投资建设协议》的乙方,既履行BT项目的投资义务,又作为BT项目的施工总承包单位承担工程施工。

④项目公司:为投资人依法出资成立的项目公司,在BT项目建设过程中,作为直接负责项目建设、管理、移交的单位,对项目承担项目法人的责任,对项目的进度、质量、费用、安全、环保全面负责。

(2)BT项目投标价格组成

项目投标报价由工程价款和合同约定的融资及财务费用组成。投标报价控制价上限以经批复的施工图预算为准。

①工程价款

工程价款由两部分组成,一部分为投资人完成施工的扣除机电工程费用的建筑安装工程费,该部分费用报甲方审核同意由乙方支付控制使用;另一部分为由甲方已经先期完成或委托其他单位完成的指定费用,包括但不限于:机电工程费用,设备及工具、器具购置费,土地征用及拆迁补偿费,建设项目管理费,研究试验费,建设项目前期工作费,专项评估费,预备费等,该部分费用根据工程建设需要由乙方支付给甲方,由甲方控制使用。

在招标文件中提供预算清单格式及乙方完成施工的建安费的工程量清单格式。预算清单作为乙方报价的依据,在预算清单中明确甲方费用及乙方完成施工的费用,甲方费用为指定费用,不允许调价,乙方完成施工的费用由投标人填写;对于乙方完成施工的费用提供建安费工程量清单格式(含工程量清单子目及数量),由投标人填写单价,作为项目实施过程中计量支付和变更的依据。

②融资和财务费用

建昌至兴城高速公路项目:在计算建设期和回购期财务费用时,中标人投入本项目的自有资金部分,其年利率按照中国人民银行公布的三至五年同期同档贷款基准利率上浮不超过10%计算;中标人投入本项目的融资款部分,年利率按照实际贷款利率计算;如遇到中国人民银行调整贷款基准利率,本利率相应调整。

盘锦辽滨港及灯塔至辽中项目:在计算建设期和回购期财务费用时,中标人投入本项目的资本金部分,其回报率按照中国人民银行公布的三至五年同期同档贷款基准利率上浮10%计算;中标人投入本项目的融资贷款部分,在不突破资本金回报标准的基础上,其回报率按照中标人与贷款银行商定的实际贷款利率计算;如遇到中国人民银行调整贷款基准利率,回报率相应调整。

投(融)资财务费用不计复利。投标人在投标报价中填报的投(融)资财务费用以招标人发布的补遗书规定为准。

项目考虑价格调整因素,价格调整按现行的设计变更及材料调查办法执行。

4. 项目建设期、回购期及质量目标

项目建设期(施工工期)及回购期不超过5年,缺陷责任期2年。由高速公路管理局向投资人提供回购担保函。

质量目标:交工验收质量评定结论为合格,质量评定分数90分以上。竣工验收质量评定结论为优良,质量评定分数90分以上。

(1)建昌至兴城高速公路项目回购计划

在回购期间分五次支付项目回购款项,自项目交工验收合格证书签发之日起至2014年末支付一次,额度为资本金的20%;剩余回购款分四次等额支付,每半年支付一次。

(2)盘锦辽滨港高速公路、灯塔至辽中高速公路项目回购计划

在回购期间分七次支付项目回购款项,自项目交工验收合格证书签发之日起至2014年末支付一次,额度为回购价款总额的10%;剩余回购款分六次等额支付,每半年支付一次。

三、征地动迁管理

高速公路建设征地动迁实行政府行为,贯彻执行《中华人民共和国土地管理法》和《辽宁省土地管理实施办法》。按照不同时期省政府批准的《高等级公路建设征地动迁实施方案》《高等级公路建设征地动迁包干暂行规定》和《高速公路建设征地动迁补偿实施方案》规定了不同征用标准,严格地规定组织实施。征地动迁由公路沿线各市政府具体负责,实行投资包干责任制,一次包死,超支不补,节余各市留用。省交通厅代表省政府与各市政府签订征地动迁投资包干协议。2005年后土地征用由省国土资源厅负责,构造物动迁由各市政府负责。

(一)市征地动迁办、项目指挥部、省高建局前期协调处工作职责

市征地动迁办工作职责:

(1)负责全部公路占地图设计(占地表)中标示的占地宽度内的全部土地征用及征地预审和组卷报批工作。

(2)全权负责由于征地动迁引起的辖区范围内各级政府部门、企事业单位、当地群众提出的报告、争议、上访、上告、法律争端等事宜并依据有关规定协调处理。

(3)加强对征地动迁工作的领导,强化政府行为,加大对本地区及本地区各部门的协调力度和高速公路建设重大意义的宣传力度。采取有效措施,防止各种阻挠施工现象的发生。任何单位和部门不得阻碍施工的正常进行。

(4)工程建设期间,要努力为工程施工营造良好的外部环境,协助施工单位搞好与当地政府、群众的关系,排除对施工的干扰,一旦有阻挠施工现象发生,尽快协调解决。要加大对高速公路建设所用地平材料价格的控制力度,防止哄抬物价。

(5)负责乡村道路连接线的修建工作。凡工程施工需要通行的乡村运输道路,施工期间由施工单位负责维修养护,工程交工后由市征地动迁办组织修复。

(6)负责征地界桩的预制、埋设和维护工作,当施工遇到用地边界不清时,应及时向施工单位明确用地边界。

(7)负责协议中列入的改河、改渠、改路等工程的具体实施。

(8)协助办理工程所需的永久性用电、临时性用电及施工临时用地等各项事宜。

(9)工程竣工前要做好办理土地使用证和各类档案的整理工作,并在本协议所规定各项任务完成后三个月内向省高建局报送所有征地动迁手续及技术、财务档案资料。

项目指挥部:

(1)主要负责管理区域内征地拆迁和地方协调工作,根据项目的计划安排及省市协议内所列的征地数量,协助配合督促地方政府完成征地动迁工作。

(2)项目指挥部在项目征地动迁核量过程中负责市征地动迁办核量结果的复核工作,审核动迁量的100%,其中,规模较大企业、220kV以上超高压电力设施、军用光缆全部现场复核。

(3)对市征地动迁办提出的设计变更批复,并上报省高建局前期协调处审批,按省高建局征地动迁管理办法执行。

(4)配合局相关部门对市征地动迁工作质量、财务情况进行验收审核。项目交工通车后,对遗留的征地动迁及地方协调问题进行处理。

省高建局前期协调处:

(1)省高建局前期协调处是辽宁省高建局下设的一个综合管理部门,负责项目前期阶段组卷、报卷的一系列工作以及项目实施阶段征地动迁及地方协调工作,主要工作目的是为工程建设服务,为工程建设创造一个良好的环境。

(2)项目前期工作中组织完成地灾、压矿评估、用地预审、征占林地可行性研究、勘测定界、土地复垦等工作；协调项目建设用地预审组卷报批、征占林地组卷报批、失地农民社保调查确认、征占土地组卷报批，协调解决国土、林业、社保部门等审批过程中存在的问题。

（3）项目实施阶段的主要工作是负责征地动迁核量审核、造价测算及合同谈判、签订等工作；监督市县征地动迁办按合同约定完成征地动迁、地方协调等工作；征地动迁变更审核及投资控制工作；推进解决影响项目进展的厂矿企业、电力、电信、水利、铁路、军事、管道、铁路排迁等方面存在的重大动迁问题。

（4）项目征地动迁核量过程中省高建局前期协调处负责复核工作，抽查项目指挥部审核动迁量的20%，其中，规模较大企业、220kV以上超高压电力设施、军用光缆全部现场复核。

（5）对需要评估公司介入评估的项目进行委托。

（6）对项目指挥部审核的变更进行批复，按省高建局征地动迁管理办法执行。

（二）省高建局前期协调处工作内容

1. 前期阶段

（1）协调征地图提交工作

按厅、局项目开工计划，督促设计部门按规定时间提交征地图及补充征地图、电子版征地图数据，协调设计部门按照国土、林业等行业部门的要求进行坐标转换及图幅连续、分割，并提供功能分区和用地规模情况。负责向各项目指挥部、各市征迁办、国土和林业等相关部门发放。

（2）组织地灾、压矿评估工作

按照《地质灾害防治条例》和《中华人民共和国矿产资源法》的规定，工程建设前期要完成地灾、压矿评估及审批工作，是为高速公路建设设计阶段完成选线、定线提供依据的重要环节，是项目用地预审批复的前置条件。

①选择符合资质、信誉好、有经验的评估单位，委托了辽宁省矿产勘察院和辽宁省冶金地质勘查局地质勘查研究院两家单位。

②代辽宁省交通厅签订委托合同，提供图纸及相关资料，对工作进度进行调度。

③组织评估单位和设计部门对接，将评估报告初步成果提供给设计部门，协调设计部门将改线图纸提供评估单位重新调查。

④组织各市征地动迁办与矿权人签订同意压覆的意向性协议。

⑤分别参加辽宁省国土厅矿权交易中心和地质环境处组织的专家评审会，对有关情况进行解释说明。

⑥协调辽宁省国土厅地质环境处和资源储备处分别对地灾、压矿进行审批、备案。

⑦在收到同意压矿批复文件后,到项目所在省、市两级国土资源部门办理压覆矿产资源储量登记手续,经评审通过的矿产资源储量登记书作为建设项目用地审批要件。

⑧协调评估单位进行结算,相关成果资料报局存档。

2. 组织用地预审工作

按照《建设项目用地预审管理办法》规定,建设项目在可研阶段进行用地预审,是工可审批、用地审批前置条件之一,原则上用地审批规模不应超过用地预审规模的10%。

(1)协调设计部门提交预审征地图,要求用地总规模略大于实际规模;各功能分区用地规模符合《建设项目用地指标》规定;各县区用地规模应达到准确。

(2)按照厅党组会关于用地预审组卷工作实行社会化的意见,委托预审公司,代厅签订委托合同,提供图纸及相关材料。

(3)用地预审自县级国土部门实行逐级上报审批制度,由可研批复的同级国土部门进行审批。预审公司负责向县级国土部门提交相关材料,协助各级国土部门完成具体业务工作。各市征迁办负责协调市、县两级国土部门完成审批上报工作。

(4)协调国土部门解决规划指标。对于没有规划指标的县区,要启动调整规划论证程序,进行公告、听证、专家论证(超过100公顷需请国土部专家),省国土厅批准。

(5)协调省国土厅规划处、利用处、耕保处、转用处等部门进行会审并上会审批;同时协调国土部对口司局进行会审并上会审批。

3. 协调征占林地组卷报批工作

(1)委托勘测定界公司,代省交通厅签订委托合同,提供图纸及相关材料。

(2)安排各市征迁办按征地图进行放样、埋桩工作。由省市、县国土部门组织会同市征迁办、乡镇、村、权属人进行的地类、权属调查,同时统计数据作为报卷数据和土地补偿依据。

(3)组织各级林业、国土部门对林业、土地核实面积进行核对,协调解决面积差异问题。

(4)协调各级林业主管部门审批上报,组织各市征迁办按省林业厅要求缴纳植被恢复费,协调解决青山工程报批、非法集资报批问题。

(5)协调省林业厅资源处、法规处、野保处、造林处等部门进行会审并审批;同时协调国家林业局对口司局进行会审并审批。

4. 失地农民社保调查确认

按照劳动和社会保障部、国土部《关于切实做好被征地农民社会保障工作有关问题的通知》(劳动部发〔2007〕14号),在高速公路建设项目征占土地过程中,要做好失地农民社保工作。

(1)国土部门组织权属调查,统计被征地农民失地情况交本级社保部门。

(2)县级社保部门统计计算被征地农民社保费用,主管部门协调缴纳或地方支付。

(3)省级项目由市级社保部门出具审批意见,跨市工程由省社保厅出具审批意见。

5. 协调征占土地组卷报批工作

(1)委托省林业设计院完成林业可行性研究报告,提供征地图及相关材料。

(2)安排各市征迁办按征地图进行放样、埋桩工作。由省林业设计院组织市、县林业部门会同市征迁办、乡镇、村、权属人进行的林地、林地范围内林木的种类、权属调查,同时统计数据作为报卷数据和林业补偿依据。

(3)组织各级国土、林业部门对土地、林业核实面积进行核对,协调解决面积差异问题。

(4)协调各级国土主管部门审批上报,组织各市征迁办按国土部门要求占补平衡费和预存土地补偿费,协调解决用地指标等问题。

(5)协调省国土厅转用处、规划处、利用处、地籍处、耕保处、环境处、资源处、法规处、信访办、执法监察局等10个部门进行会审并上会审批;同时协调国土部对口12个司局进行会审并上会审批,后报国务院核准批复。

6. 组织土地复垦方案编制工作

按照《土地复垦条例》要求,建设单位在用地报批阶段进行土地复垦方案报批工作,项目实施3个月内完成审批。

(1)委托土地复垦方案编制单位,提供相关资料。

(2)组织项目指挥部、进场施工单位对已选定的取、弃土场、预制场、拌和站等临时用地指定地点。

(3)土地复垦方案编制单位编制土地复垦方案,省高建局组织审查费用并承诺,报省国土厅专家会论证通过。

(4)协调省国土厅耕保审批,报国土部备案,竣工后验收。

7. 协调项目建设用地预审组卷报批、征占林地组卷报批、征占土地组卷报批,协调解决国土、林业、社保部门等审批过程中存在的问题

(1)给预审公司、县市国土部门、林业部门上报材料确定时间节点,出现未按时间上报情况及时汇报。

(2)为相关部门提供项目立项、可研、初步设计、环评、压矿、地灾等相应批复和资料。

(3)协调设计单位、勘测定界公司提供相应图纸,及可研电子版等相关资料。

(4)督促设计部门上报相应辅助材料,如用地情况汇报、用地指标说明、项目功能分区表、建设用地审查表、改移工程统计表等,对用地指标进行详细复核计算。

(5)以建设单位名义上报请示文件,如用地预审申请,征占林地委托书等。

(6)以建设单位名义上报相关内容的承诺文件,如按时完成占补平衡造地工作,按时完成复垦方案编制工作承诺等。

(7)督促市征地动迁办及时、足额预付征地补偿费至国土部门专用账户中。督促市征地动迁办及时缴纳植被恢复费用。

(8)跟踪审批部门的审批进度,出现问题及时协调。

(9)需要补正时,及时召集相关部门,在最短时间内出具补正资料上报。

(10)确保征占林地许可按期批复,否则会耽误用地审批时间。

(11)协调解决需要建设单位与压矿产权人签订意向协议。

(三)项目实施阶段

1.负责征地动迁核量审核、造价测算及合同谈判、签订等工作

(1)协调设计单位为市征地动迁办进行技术交底,保证市征地动迁办准确完成恢复定线和埋设界桩工作。

(2)督促市征地动迁办组织人员、车辆及相应工具为征地动迁核量工作做好充分准备。

(3)督促组织国土、林业、电力、电信等相关部门成立若干个核量小组,每个小组工作人员应具有相应的专业知识,条件允许可以聘请有关专家。

(4)聘请有经验的人员对参加核量人员进行培训,如条件允许,可以现场模拟。

(5)督促详细调查被动迁人姓名、家庭状态、属地,特别强调房证面积,是否是非农业房,是否地处城市规划区等项内容。

(6)确定被动迁户地上、地下附着物的种类、数量、存在状态等。

(7)调查结果由被调查人、调查人及当地负责人共同签字确认无误后作为原始资料封存,特别强调签字手续要完整齐全。

(8)市征迁办应将调查结果数据整理,输入数据库。数据库一并存档。

(9)征地界线地上物动迁要单独填报并注明"线外",同时文字说明动迁理由。

(10)须在征地图相应位置标明。

(11)留有相应的影像资料。

(12)将各种类数据汇总,确定补偿单价,计算出补偿价格。

(13)和市征地动迁办协商,起草征地动迁合同,确定征地动迁合同条款。

2.监督市县征地动迁办按合同约定完成征地动迁、地方协调等工作

(1)督促检查市征地动迁办认真贯彻落实国务院令590号《国有土地上房屋征收与

偿条例》及其相关规定,严格执行征地动迁补偿投资协议的各项规定,依法实施征地动迁。

(2)要求增强沿线市政府行为,采取有效措施,防止各种阻挠施工现象的发生。施工过程中由于施工单位措施不得力,造成的水淹地、扬尘、噪声、振动等,使村民房屋、农业生产受到损失。以乡镇为单位集中汇总至市征地动迁办,市征地动迁办委托相关部门进行甄别与鉴定,由施工单位统一赔偿。采取有效措施,防止各种阻挠施工现象的发生。任何单位和部门不得阻碍施工的正常进行。

(3)要求工程建设期间,市征地动迁办要努力为工程施工营造良好的外部环境,排除对施工的干扰,一旦有阻挠施工现象发生,一般情况下乙方应在3个工作日内协调解决。

(4)对征地动迁的重点和难点采用逐个挂号、登记的办法,进行标注与跟踪。

3.征地动迁变更审核及投资控制工作

(1)省高建局前期协调处、项目指挥部、市(县)征迁办及设计单位有权对征地及动迁项目提出变更。动迁变更费用估算低于20万元的变更项目由项目指挥部直接审批,并报省高建局核备。

(2)费用估算超过20万元的变更项目由项目指挥部负责初审上报;省高建局前期协调处负责审核,对单价及核定总价负责,经省高建局审批后实施。

(3)对没有明确补偿标准、敏感性较强、自然灾害等动迁变更项目,由项目指挥部会同局动迁处共同研究确定变更方案,报省高建局审批。

(4)项目指挥部直接批复的动迁变更方案在7日内完成;省高建局审批的动迁变更方案一般在15日内完成。

(5)省高建局前期协调处将定期、不定期对各征地动迁办完成投资情况进行审核。

4.推进解决影响项目进展存在的厂矿企业、电力、电信、水利、铁路、军事、管道等方面重大动迁问题

(1)了解造成问题的主要原因和相关责任单位,主要争议点所在。

(2)与设计单位一起共同分析存在问题的关键因素,讨论是否从完善设计的角度加以回避。

(3)去施工现场踏勘。

(4)约见市县征地动迁办主要领导讨论解决问题的主要方法。

(5)及时向局、厅领导汇报相关情况。

(6)统计其他建设项目是否存在相关类似现象及解决问题的办法。

(7)探讨交通行业与相关行业互支持的可行性。

5.铁路排迁

铁路排迁是指对铁路界线内有影响的信号、通信、电力、接触网等设施进行迁移改造。

因对列车行车安全、特别是高铁行车安全影响较大,因而备受关注,审批困难,是工程建设的一个重要制约点。

(1)设计部门跨越方案经铁路技术部门批复后,由公路设计部门委托有资质的铁路设计部门设计排迁方案与预算。

(2)省高建局前期协调处组织项目指挥部、受委托的排迁施工部门、产权单位一同到现场勘察、核对。

(3)省高建局前期协调处组织项目指挥部对排迁数量与单价进行审核。

(4)与受委托的排迁施工单位签订施工合同。

(5)现场施工。

(6)组织项目指挥部进行验收,资料归档,合同结算。

(四)做好封区工作,防止"三抢"工作办法

(1)高速公路建设项目征地线线内有组织性大面积突击种植树苗和建塑料大棚等的现象时有发生,大大增加了项目征地动迁成本和工作难度。因此需要不断挖掘控制用地的政策、行规依据,采取强行政、技术措施,防止包括抢栽、抢种、抢建的"三抢"行为。属"三抢"行为的一律不与补偿。

(2)参照辽政办明电〔2011〕49号文,申请省政府办公厅发明电《辽宁省政府办公厅关于严格控制拟建高速公路项目用地有关问题的通知》,要求项目沿线涉及的各市、县区政府认真贯彻落实,在征地红线内严禁新建永久性和临时性地上、地下构造物,以及改变土地使用性质和耕种种类的行为发生。并认真贯彻落实《国务院关于坚决制止占用基本农田进行植树等行为的紧急通知》(国发明电〔2004〕1号)。

(3)征地动迁办组织当地政府结合设计部门的外业踏勘对全线进行实地调查,全程拍照和录像,作为征地动迁补偿的原始资料。

(4)沿线政府立即出台控制用地公告,禁止三抢行为的发生。

(5)征地红线图出版之后,市征地动迁办立即组织当地政府、项目指挥部开展征地动迁量三方认证工作,全程、全方位进行拍照和录像,此后再发生的一律为三抢行为,不予补偿。

(6)由各市征地动迁办、项目指挥部完成放样核量工作后,与三方论证的影像资料进行对比,并对核量成果进行逐一甄别,剔除具有三抢行为倾向和嫌疑的成果,重新核定有差异部分均属三抢行为。

(7)如有改线发生,设计部门在外业测量时对拟征地范围内土地现状进行拍照和录像,各市征地动迁办配合,与设计单位共同认证,作为征地动迁补偿标准的原始影像依据。

(五)征地动迁工作程序

(1)项目前期阶段,项目指挥部、省高建局前期协调处、市征地动迁办协调完成前期协议,协助设计单位完成征地动迁概算编制、矿产资源普查、企业调查等工作。

(2)设计单位送达征地图后,由省高建局前期协调处发放给项目指挥部、市征地动迁办、勘测定界公司、省林业设计院及其他相关部门。按局部署开始项目征地动迁工作。

(3)市征地动迁办组织完成恢复定线、界桩埋设等工作。

(4)市征地动迁办开始地上(下)物核量工作,组织协调、市县国土、林业部门完成土地、林业调查核量工作。

(5)项目指挥部开始进行征地动迁核量复核工作。

(6)省高建局前期协调处开始进行征地动迁核量审核工作。

(7)项目指挥部、省高建局前期协调处分别省高建局局汇报征地动迁核量复核、审核情况。由省高建局前期协调处组织省市协议初期谈判工作。省市达成协议后,省高建局前期协调处开始起草、协商、签订合同。

(8)项目指挥监督、协调市征地动迁办完成项目征地动迁工作。发生设计变更按局征地动迁变更管理办法执行。

(9)项目通车前,省高建局前期协调处、项目指挥部、市征地动迁办共同完成征地动迁验收工作。

(六)征地动迁核量工作要求

(1)房屋地上物动迁外业调查及内业资料整理中,要详细调查被动迁户姓名、家庭状态、属地;确定被动迁户地上、地下附着物的种类、数量;调查结果由被动迁户户主、调查人及当地负责人共同签字确认无误后作为原始资料封存;征地界线外房屋地上物动迁要单独填报并注明"线外",同时文字说明动迁理由;被动迁户须在征地图相应位置标明;被动迁户房屋等地上物应留有影像资料。

(2)林木动迁外业调查及内业资料整理中,要详细调查动迁林木所在的行政乡村及权属;确定动迁林木的种类、树龄及数量;调查结果应有调查人、权属人、林业等部门人员共同签字,确认无误后封存;征地界线外林木按上述要求单独填报并注明"线外",同时做文字说明。

(3)果树动迁外业调查及内业资料整理中,要详细调查动迁果树所在的行政乡村及权属;确定动迁果树的种类、树龄、数量;调查结果表应由权属人、调查人及相关部门负责人共同签字,确认无误后封存。征地界线外果树按上述要求单独填报并注明"线外",同时做文字说明。

（4）电力动迁外业调查及内业资料整理中，要详细调查电力线路权属单位、电压等级、线路名称、线路杆号；确定电力线路与路线相交的桩号、角度；确定电力线路跨越路线处路基填挖高度；确定电力线路改移或加高方案，确定改移长度、电杆、铁塔数量；调查结果由权属单位、调查人及相关部门负责人共同签字，确认无误后封存。

（5）邮电通信设施动迁工作中，要详细调查通信设施权属单位、线缆种类、规格型号，线路名称、线路杆号；确定通信设施与路线相交的桩号、角度；确定通信线路跨越路线处路基填土高度；确定通信线路改移或加高方案，确定改移线路长度，线杆数量；调查结果由调查人、权属单位及相关单位负责人共同签字，确认无误后封存。

（6）厂矿企事业单位动迁外业调查及内业资料整中，要详细调查厂矿企业名称、桩号、所在县、乡、村以及厂矿企业营业执照、纳税证明、经营状态、人员情况；确定厂矿企业地上、地下附着物、设备种类及数量；调查结果由权属单位负责人、调查人及相关部门负责人共同签字，确认无误后封存。

（7）农田灌溉水利设施动迁外业调查及内业资料整理中，要详细调查农田灌溉水利设施所在行政乡村，桩号及权属；确定农田灌溉水利设施形式类别、面积、数量、长度；调查结果由权属人、调查人及相关部门负责人共同签字，确认无误后封存；征地界线外农田灌溉水利设施动迁按上述要求单独填报并注明"线外"，同时做文字说明。

（8）施工运输道路外业调查及内业资料整理中，要详细调查施工运输道路桩号及权属、名称、起终点、路况及路面种类；确定施工运输道路的里程。

（9）乡村道路和田间作业道外业调查及内业资料整理中，要详细调查乡村道路和田间作业道所在桩号及权属、名称、起终点；确定乡村道路和田间作业道的里程。

（10）地下管线动迁外业调查及内业资料整理中，要详细调查确定地下管线所在行政乡村，桩号及权属；确定地下管线用途、起终点、管径、管材等；确定地下管线与路线的夹角及穿越路线的长度；确定地下管线的迁改方案及造价。

（七）征地动迁核量档案收集管理办法

（1）加强各市征地动迁办资料整理及管理工作，各市征地动迁办管理上存在人员的频繁更换、归档制度的不完善、管理的不到位等现象，造成了归档资料不齐全，给日后的工作造成了不必要的麻烦。档案资料收集管理工作是加强市征地动迁办管理工作的一个重点。

（2）征地动迁档案按照"属地管理、分级负责"原则，确立实行"主要领导负总责、分管领导具体负责、档案管理人员直接负责"的档案管理工作责任制。

（3）各市征地动迁办要明确归档范围、分类方法、档案管理要求。确定专人收集在征地拆迁与补偿安置工作中产生的具有保存价值的各种载体的文件材料。征地拆迁与补偿安置的镇办社区要及时将各项目资料及时移交市征迁办公室统一归档保管。

（4）档案整理、移交工作按档案管理办法执行。

（八）征地动迁变更管理办法

总　　则

第一条　为加强征地动迁管理工作，使征地动迁变更审批规范化、程序化，做到有章可循，特制定本管理办法。

第二条　征地动迁变更主要是指因工程设计变更引发的扩大征地和地上附着物的动迁；工程设计时没有发现，征地动迁协议中没有列入的不可预见的地下构造物动迁。

第三条　征地动迁变更增加的费用，在相应补偿投资协议的不可预见费中列支。增加的补偿项目由项目指挥部与各市征迁办共同核定，涉及征地的应有国土资源部门参加。补偿标准按照辽政发〔2005〕6号文件规定执行。

第四条　征地动迁变更方案的审批，应按照层层审签、集体研究决定的原则，严格履行申报审批程序。任何单位和个人必须严格遵守征地动迁有关法律、法规，必须认真贯彻执行廉政建设的各项规定，不得擅自越权审批征地动迁变更项目。

变更申报审批程序、权限、时限及实施

第五条　申报审批程序

设计单位、建设单位及市征地动迁办公室均有权对征地动迁项目提出合理化建议和变更要求，任何单位提出的变更必须先提出书面申请，详细说明变更理由、内容及预估造价等情况，并附图文资料，形成完整的变更方案申报资料（一式三份）后逐级上报。根据变更类别、申报单位和审批单位的不同，可按下列程序进行申报：

发生动迁变更的项目应由项目指挥部、市征地动迁办及设计部门共同到现场确定征地动迁变更的项目和数量，涉及征地变更的项目应由项目指挥部、国土资源部门、市征地动迁办及设计部门共同到现场核定，按照省高建局发的《关于征地动迁核量工作有关要求的通知》和省国土资源厅发的《关于高速公路建设征地有关问题处理意见的通知》的要求，明确变更征地的地类、面积等，同时由国土资源部门办理相应的用地手续和报批文件。项目指挥部应将变更情况告知局征地动迁处，征地动迁处将根据具体情况提出指导意见。

第六条　审批权限

（1）设计单位提出的变更，由设计单位出设计变更图纸，项目指挥部签署审核意见后，上报省高建局审批。

（2）项目指挥部提出的变更，应以书面形式由项目指挥签署意见并加盖公章后报省高建局审批。费用估算低于二十万元的变更项目项目指挥部可以直接批复,费用超过二十万元的变更项目由省高建局负责审批。

(3)特殊情况下的应急变更,项目指挥部可直接确定变更方案并批准实施。但必须补充完整的文字及影像资料等存档备案,并将补充的变更报告上报省高建局。

(4)省高建局下达的变更方案可直接执行。

(5)上级领导在有关会议上或施工现场确定的变更方案,由项目指挥部形成详细的变更方案,以书面形式由项目指挥签署意见并加盖公章后报省高建局审批,同时做好会议纪要。

第七条 审批时限

项目指挥部在收到变更方案申请7日内给出审查意见,省高建局在收到变更方案申请10日内给出审查意见。

第八条 方案实施

(1)项目指挥部直接批复的变更方案由项目指挥部下文实施,并报局征地动迁处备案。省高建局审批的变更项目由局征地动迁处将批复的方案发给项目指挥部后,由项目指挥部下发给市征迁办或国土资源部门。

(2)各市征迁办或国土资源部门在收到征地动迁变更批复方案后,应按有关要求及时予以落实。各市征迁办负责落实地上地下物的核量动迁及协调工作;征地变更核量及协调工作由市征迁办与国土资源部门共同负责落实。项目指挥部和局征地动迁处负责对变更方案实施情况进行督促、验收。

(3)相关各方要严格履行签字确认手续,实事求是,不得弄虚作假。

(4)征地动迁变更项目完成后,由项目指挥部将所有的报审批文、变更数量及补偿费用等资料统一归纳整理。

征地动迁变更报告

第九条 征地动迁变更报告由项目指挥部负责,报告包括:

(1)《征地动迁设计变更审批表》;

(2)设计变更图纸或相关设计文件;

(3)相关批示和会议纪要;

(4)征地动迁变更数量和补偿费用清单;

(5)图片或影像资料。

第十条 变更报告应以年度为单位统一汇总,按审批顺序装订成册。

第十一条 变更报告要求一式五份,项目指挥部、省高建局各二份,设计部门、市征地动迁办(省国土资源部门)各一份。各单位应妥善保管好变更资料以备日后有关部门审查。

职　责

第十二条　项目指挥部、设计部门、各市征迁办及国土资源部门应指定专人或部门负责征地动迁变更项目的管理工作。局征地动迁处负责征地动迁变更综合管理。

第十三条　项目指挥部负责对变更资料的整理、存档工作，在有关部门审查时负责解释工作。

第十四条　本办法自发布之日起实施。条文解释工作由局征地动迁处负责。

征地动迁变更方案审批表

方案批复编号：

变更项目名称	
申报单位	
合同段桩号及位置	
变更原因及内容： 申报人（签字盖章）： 申报日期：	
预估金额（人民币元）：	
设计代表意见： 签字盖章： 日　　期：	
项目指挥部意见： 签字盖章： 日　　期：	
局征地动迁处审核意见： 签字盖章： 日　　期：	
项目法人审批意见： 签字盖章： 审批日期：	

（九）对市征地动迁办管理办公室的监管

（1）在市高速公路征地动迁领导小组下设市征地动迁办公室，在市交通局领导下办公。

（2）要求市征地动迁办下设前期处、动迁处、征地处等业务处室和部门。

（3）保证市征地动迁办人员相对稳定，杜绝出现老干部二处现象，并且避免人员频繁调动。

（4）市征地动迁办要严格执行省市协议,按照相关规定开展征地动迁工作,为工程建设创造良好环境。

（5）省高建局前期协调处会同财务审计处定期、不动期对资金进行审计,要将市征地动迁办管理费同时纳入监管范围之内,确保资金安全。

（6）要求市征地动迁办加强资料管理工作,杜绝出现资料丢失、审计过程中无资料可查现象。

四、工程质量管理

（一）高速公路质量管理体系建立、探索阶段（1984—1990年）

1984—1986年,在沈大高速公路建设期间,总指挥部(办公室)设立工程监理处,各市分指设立相应的质量监督科,施工单位配备专职质量检查员,形成了"三级质量保证体系"的雏形。其间,总指挥部坚持"既要快修路,更要修好路,工期服从质量"的原则,先后制定《沈大公路施工技术管理办法》《沈大公路施工各项技术操作规程》和《工程监理暂行办法》,作为质量和施工技术管理的依据。

1987—1990年,实行分项工程监理制。监理工程师常驻在工地,全权代表总指挥部负责所管理项目的标准、质量、技术,处理施工中出现的各种问题,加强质量控制和施工指导。在强化全面质量管理的同时实行质量否决权,结算时无工程监理的签证无效;对不合格的项目不验收,坚决返工。建立试验室,充实配备必要的检测仪器,除在沈阳、大连建立中心试验室外,在主要施工现场建立工地试验室,为把好质量关提供检测数据。不断加强对施工过程中的跟踪检测工作,有力地保证工程质量。

（二）质量体系调整、完善阶段（1991—2000年）

1991—1995年,开始实行招投标制和工程监理制,丰富了"三级质量保证体系"。

实行社会工程监理制。省交通厅根据国家重点工程项目的管理要求,采用"菲迪克"合同条款,并结合高等级公路建设实际,正式采用社会工程监理制度,实行工程监理公开招标选择监理单位。1991年、1992年经交通部质监总站批准同意,组织69人到西安公路学院参加监理工程师培训班。在兴城举办140人公路监理业务培训,其中8人到国外培训;不定期地组织人员参加交通法规、技术规范、施工规范和"菲迪克"合同条款的学习培训。社会工程监理制的实行,有效地控制工期,降低工程造价,提高工程质量;摸索出一套行之有效的监理模式和相关规章制度,促进工程监理工作向正规化、规范化发展。

实行"政府监督、工程监理、企业自检"的"三级质量保证体系"。对项目实施全方位、全过程的工程监理,监理必须持证上岗,坚持监理旁站,特别是重要部位工程首件的旁站检查,严格执行工序转序签证制度。省总指挥部要求施工单位建立健全质量自检体系,并将工程划分若干合同段,专人负责,严格奖罚。

重点把好项目工程"三关"。一是"开工关"。项目开工,对各承包商的施工准备、自检体系情况进行检查,达不到合同要求的不准开工。二是"施工关"。严格抓好"首件"工程,即施工第一根桩、第一片梁、填第一层路基等。突出"三重",即控制好重点部位、重点工艺、重要工序。对桥头填筑、路基碾压、沥青路面摊铺等存在重要通病的地方严格监督,并督促工程监理和承包商对其进行认真有效的控制。强化各级试验检测工作,增强质量控制手段和能力,确保关键环节质量,推动全面质量的提高。三是"交工鉴定关"。在工程交工时,按照交通部《公路工程竣工验收办法》《公路工程质量检测评定标准》,严格进行交工工程质量鉴定。

1996—2000年,建立项目指挥部,实施靠前动态管理,完善健全各种规章制度,强化三级质量保证体系,实行全面监理制度,成功地实行优质优价和工程监理优监优酬制度。

开创性地制定《辽宁省高速公路建设工程质量优监优酬实施办法》《辽宁省高速公路建设工程质量优质优价实施办法》,对工程质量提高起到积极作用。自此以后,优监优酬、优质优价评定办法成为全省高速公路建设质量管理方面的重要办法。

实行专家会诊制度。为确保工程建设质量,定期对项目进行检查。省交通厅邀请有丰富经验的技术人员组成专家组,厅长亲自率领专家组每年对项目进行两次系统、全面的检查,及时解决、纠正建设过程中的技术质量问题。对特殊技术问题,专家组召开专门会议进行研究,提出解决方案,为工程建设提供技术保障。

加强公路建设市场管理。严格执行交通部颁布的《公路建设市场管理办法》,规定承担路基、桥涵和路面施工的队伍均应具备国家建设部批准的一级施工企业资质,并具备交通部规定的资信等级;对工程项目不搞指定分包,坚持进场的施工单位须按照招标文件规定,由公司自己的主体施工队伍承担施工,严禁转包和非法分包;对工程所需的主要材料和关键设备,提出技术、质量等标准要求,明确一定的采购范围,不指定具体的生产厂家。

(三)质量体系健全、发展阶段(2000—2010年)

沈大高速公路改扩建工程创全国样板工程。在项目开工前,省交通厅制定了《沈大高速公路改扩建工程创一流实施纲要》,确以"建一流工程,塑最好工程作品,树全国的样板,再现神州第一路的风采"为指导思想,以"四个一流"为奋斗目标,借鉴国外高速公路改扩建工程的成功经验,抓好设计、材料、工艺、设备、施工监理、监督、科学管理及廉政建设各个环节,把沈大高速公路改造成全国标准最高、工程质量最好、技术领先、建设造价合理、资金运行安全、工程组织管理科学规范、建设行为廉政高效的全国样板工程。

实行法人代表工程质量终身责任制。根据国务院国办发〔1999〕16 号文《国务院办公厅关于加强基础设施工程质量管理的通知》精神和国家颁发的《建设工程质量管理条例》，在全线实行工程参建单位、设计单位、监理单位法人代表工程质量终身责任制，促使各单位领导主动地亲自抓质量、管质量，从组织领导上保证工程质量。

丰富了三级质量保证体系，实行"政府监督、法人管理、社会监理、企业自检"四级质量管理体系。企业自检体系负责材料、工序、产品质量的自检自查；监理负责材料、工序、产品质量的随机抽查、生产过程的旁站监理、施工转序检查签证和自检体系工作质量的监理、检查；项目指挥部、质量稽查大队负责工程质量的抽查和监督、自检体系工作质量的检查、考核、监督；省质监站派驻现场的监督办负责工程质量的抽查、鉴定，对自检体系、监理、质检大队工作质量，代表政府进行监督、检查。四级体系分工把口、各负其责，层层把关，形成严密认真、控制有效的质量管理网络。在加大对监理人员管理力度上，为规范监理行为，保证监理工作质量，制定严格的监理人员守则和管理制度，据此对所有监理人员的工作及行为进行严格的检查监督，要求监理人员须经过培训考核合格后持证上岗。依据有关规定对出现质量监理漏洞的监理人员进行批评、警告，对不合格、不负责任的监理人员坚决清除出场，并通报省内其他高速公路项目，取消其省内其他高速公路项目的监理资格。

严把市场准入关。为防止转包、违法分包现象的出现和不合格原材料进场，省高建局加大对施工队伍审查和原材料管理力度。严格审查进场施工队伍。按承包人的投标书和施工合同的承诺，对施工队伍从资质、设备、人员、管理能力等各方面进行逐项检查，综合评价。对不符合投标书承诺、不能满足施工需要的施工队伍坚决清除，杜绝一流队伍投标、二流队伍进场、三流队伍施工的转包、违法分包现象。对各阶段的跨年度复工，监理对进场的施工队伍、人员及设备重新进行审查，防止施工单位抽调人员和设备，保证施工队伍和机械设备满足施工要求。

实施市场信用评价。2006 年，依据交通部《关于建立市场信用体系的指导意见》，制定《辽宁省公路水运建设市场信用评价管理暂行办法》。2009 年 4 月，制定《辽宁省公路施工企业信用评价实施细则》，其中规定质量评价为基础评分 40 分，占有重要地位。质量达不到信誉考核标准的施工企业，不能进入辽宁公路建设市场；达不到考核 A 级或 AA 级不能给予优惠，并将考核结果输入网站，借助控制市场行为，促进工程质量提高。

（四）质量保证体系创新、转型阶段（2010 年至今）

2010 年之后，辽宁省在质量管理方面引入了拌和站和预制场"管控一体化系统"、隧道支护第三方雷达监测系统。同时引入了业主中心试验室、混凝土精细化施工技术咨询等机构。质量管理从传统模式向信息化、智能化的现代管理模式转型。

2013年，按照交通运输部的总体要求，开始在建兴、灯辽、辽滨疏港路、沈康三期等高速公路项目全面推进工地建设、施工工艺和实体质量标准化工作，取得了显著成效。一是工地形象明显改观。改变了以往施工现场脏乱差的现象。高标准的生产生活设施为一线工作人员营造了和谐、温馨的工作和生活环境，体现了"人本化"的理念。二是现场作业更加规范有序。路面施工现场的摊铺机、压路机、运输车辆均实行了编号管理，垫层施工实现了"场拌机摊"，基层施工均采用工字钢或枕木作为侧限，水稳层分区洒水养生管理，梁板钢筋均采用胎膜定位加工，梁板墩柱均推行喷淋养生、滴灌养生并落实了"实体签章"转序制度。通过落实标准化工艺和管理制度要求，公路施工作业更加规范有序。三是工程质量稳步提高。抽检结果显示，工程质量处于较高水平。省交通厅综合督查路基、路面、桥涵等主体工程合格率均达到了98%以上。其中路面工程的面层厚度、压实度、平整度等指标合格率均达到了99%以上。路基桥涵工程的路基填料、混凝土强度等关键指标合格率均达到了97%以上。四是市场秩序更趋规范。辽宁省施工标准化考核工作实行建设单位日常考核、监督单位专项考核和省厅年度综合考核的综合评价管理体系，确保了全方位、全覆盖、立体式管理。通过将考核评分与企业信用评价和费用结算挂钩，促进了企业间的差别化竞争，提高了企业推进标准化工作的积极性，从而促进了公路建设市场的良性发展。

2015年，省交通厅决定在全省交通运输系统开展"质量安全年"活动。省高建局确定了"两个标准化，三个提升"的目标。一是实现工艺和实体质量标准化（两项评分均在90分以上），基本消除质量通病。二是水泥混凝土品质得到全面提升，打造更加适应辽宁气候条件的抗冻混凝土。三是附属工程质量大幅提升，交工验收质量评分在90分以上，基本达到主体工程同等水平。四是主体工程质量稳中有升，交工验收质量评分达到93分以上，竣工验收100%达到优良等级。活动期间，省高建局从管理、设计、施工、安全、技术方面入手，针对薄弱环节、采取有效措施。一是创新管理体制体系。在铁本项目上整合指挥部和总监办管理力量，减少管理层级，强化驻地监理职能，提高管理效率。二是建立质量安全信息档案、参建单位违规行为台账、个人工作痕迹档案，对严重违规行为，采取约谈、罚款、清除出场、列入"黑名单"等措施严肃追责。三是严厉打击样品造假、数据造假、报告代签等行为。四是针对铁本项目隧道施工、大东港疏港路软基处理施工质量安全控制重点，委托业主中心试验室进行重点监控。五是加强隐蔽工程和重点工序质量控制。特别是对于沈平项目路基冲击碾压、大东港疏港路项目软基处理、铁本项目隧道不良地质段处理等工程施工，要求施工自检员、监理员全过程旁站，同时要求独立留存影像资料。六是创新检查方式。增加突击检查、专项检查频率，采取"四不两直"（即不发通知、不打招呼、不听汇报、不陪同接待，直奔基层、直插现场）、"回头看"（问题跟踪回访）等形式，及时掌握现场"第一手"质量安全动态，对违规行为形成震慑。七是加强技术指导。

针对项目特点,适时开展安全风险评估、混凝土精细化施工等专业技术培训。对关键工艺、工序提前进行技术交底,要求设计单位定期组织设计回访,为质量安全工作提供技术支撑。

(五)质量监管的创新举措与转型

(1)1989—1990年,伴随沈大等高速公路的加速建设,省质监站筹建高速公路质监机构。1991—1996年,省质监站对沈阳至本溪、沈阳至铁岭和沈阳南环、沈阳北环4个高速公路工程项目(共238km)进行质量监督。现场监理人员由省交通勘测设计院和省交通科学研究所的人员为主,省质监站采取抽查、评比等手段进行监督;省质监站专人负责,从开工、施工、竣工全程监督,按5%频率抽检抽验;主要负责对监理的组织、协调与培训,对监理进行业务指导与管理,对监理工程师的注册、工作质量、工程最终质量进行评定。随着沈铁高速公路的开工建设,省质监站开始对监理单位的工作程序、工地试验室建设、试验检测方法、数据处理及监理工作质量进行监督检查;对工程质量进行随机抽查核验;对施工单位自检体系和规章制度执行进行检查。主要监督工作体现在对施工、监理的管理工作上,尚未对建设管理单位进行监督。

1993年5月,为确保沈阳到铁岭高速公路建设质量和工期,经省交通厅领导组织安排,由省质监站牵头,省交通专科学校、铁岭市公路工程质量监督站组成"沈铁公路总监工程师代表办公室",开展监理工作。

(2)派驻监督工作组现场全过程监督。

1997—1998年,按照省交通厅的决定,省质监站与省高建局联合以派驻组的形式组成"沈阳至四平""沈阳至山海关"等3个质量稽查大队,对业主、施工、监理在工程建设中的合同履行情况进行监督。对在建高速公路进行"优质优价""优监优酬"质量大检查。

(3)监督工程师办公室靠前监督。

1999—2005年,省质监站开始长驻高速公路施工现场实行靠前监督。

1999年,省质监站成立沈山国内、国际段高速公路项目监督办,正式实施靠前监督。

2000年,省质监站成立驻锦朝、驻锦阜、驻盘海营、驻本丹和沈山高速公路沈阳至锦州(国际段)路面工程监督工程师办公室。

2002年,省质监站成立大连、营口、鞍山段监督办。

2003年,省质监站成立丹庄监督办。

2004年,省质监站成立沈抚监督办。

2005年,省质监站成立大窑湾疏港高速公路工程项目、本辽高速公路工程项目、沈大与丹大高速公路连接线高速公路、沈彰高速公路、铁阜高速公路、阜朝高速公路项目监督办。

高速公路各监督办主要负责参与工程招投标等前期工作，明确监督工作目标和工作方针，严格履行工程质量监督工作程序，严格履约行为，营造工程建设良好环境。具体实施加强自检体系监管，促其发挥质量保证关键作用；规范监理市场管理，加强质量控制环节监管；规范检测市场工作行为，强化质量控制手段；严把质量环节，提高工程建设质量；严格监督执法，规范建设行为；搞好质量宣传，增强质量意识。

①管理办法制定

2000—2005年，省质监站健全和完善管理制度，推进质量监督工作的规范化和程序化建设。

2005年3月，省质监站制定《辽宁省公路工程质量鉴定实施细则》，对工程质量评定、工程质量鉴定内容方式进行规定，加强全省公路工程质量鉴定工作管理，规范工程质量鉴定工作，实现质量鉴定工作程序化、标准化，真实、准确、科学定位工程质量。

同年4月，省质监站制定《辽宁省公路建设市场管理实施细则（试行）》，对管理职责、市场准入管理、市场主体行为管理、动态管理、相关责任等内容进行规定，加强全省公路建设市场管理，规范公路建设市场秩序，保证公路工程质量，促进公路建设市场健康发展。省质监站还制定《辽宁省交通建设工程质量事故处理规定》，对事故分类和分级、事故报告与现场保护、事故调查、工程修复、工程质量事故应急处理、责任认定和追究等内容进行规定，维护国家财产和人民生命安全，保证工程质量事故及时、顺利查处。

②监督工作方式调整

高速公路各监督办积极转变质量监督工作思路，调整质量监督工作方式，改变以往按建设项目设置监督办的工作模式，设立5个片区监督办实施分片监督。采取工程质量行为监督与实体质量监督并重、质量检查与问题处罚并行的方式，严格工程质量监督执法，维护建设市场秩序，强化质量行为；采取综合检查、专项检查与巡回检查相结合，突出监督检查事前不告知，运用先进检测手段随机检测的方式，发现问题，现场严肃处理，充分行使质量一票否决权，增强质监工作震慑力；采取集中考核与日常抽检相结合的方式，积极开展高速公路施工单位业绩考核工作，考核结果已成为工程投标资质信誉奖罚的主要依据，充分保证建设市场监管卓有成效。

③监督工作实施

2004年，高速公路各监督办以施工单位业绩考核管理为手段，加强对施工单位的动态管理，初步建立对施工单位诚信跟踪管理机制，行使了"优质优价、优监优酬"否决权。组织盘海高速公路烧损桥梁质量认定，开展丹庄高速公路1座小型通道桥质量问题调查定性，准确地界定质量问题原因，认定和裁决能力得到省交通厅认同。

2005—2007年,高速公路各监督办对在建高速公路项目的设计变更程序进行严格监督,加强对设计变更的监督力度,同年,对高速公路资格预审前进行了审查监督。

(4)高速公路监督组集中监督。

2008—2010年,省质安局实行高速公路工程质量集中监督模式,将高速公路前线监督办变更为高速公路监督组,分区域对在建高速公路进行监督。

①高速公路监督处设置

2008年,按照"理顺职能、组合优化、分工合理、执行顺畅、提高效能、监督有力"的原则,省质安局设置高速公路监督处,重点加强在建高速公路的监督。

②监督工作方式完善

2006—2010年,省质安局(质监站)积极完善监督工作方式,创新监督工作机制,科学发展监督工作。包括:经常性监督、机制性监督。设置高速公路监督处,重点加强在建高速公路的监督;高速公路质量监督实行项目监督工程师负责制,采取集中督查和现场巡查的方式,实现由定点监督向集中巡检督查转变,形成有效的监督制约机制,提高监督工作效率和质量。对各个高速公路隧道项目引进第三方安全监控及质量检测机制;协同性监督;综合性监督。确定"以面查点,以点带面,跟踪落实"的监督原则,科学处理综合督查、专项督查和一般巡查的关系,建立"质量、安全、市场、行为"四位一体的督查方式,进一步提高督查的科学性、时效性和闭合性。

③监督工作实施

a.实体质量和质量行为监督

2006年,省质监站加大对监督抽检关键指标抽检的力度,加大对新建、续建高速公路926km/9项的监督。

2007年,省质安局直接或重点监督全省在建高速公路1140km/11项。2008年,省质安局直接或重点监督全省续建新建高速公路1199km/10项。

2009年,省质安局直接或重点监督高速公路1288.2km/17项。高速公路监督一次性抽检24558点(组),抽检指标总体合格率为90.9%。

2010年,省质安局直接或重点监督高速公路1185km/14项。共抽检各项工程实体指标61027点,合格率96.5%;抽检原材料及产品813组,合格率93.7%;监督抽检覆盖率100%。

2011年,省质安局直接或重点监督高速公路584km/7项。重点加大了对路面各结构层压实度、厚度、平整度、级配等重要指标的抽检频率,全年累计抽检各项质量指标59079点(组)。

2012年,省质安局直接或重点监督高速公路902km/7项。工程实体关键指标抽检154976点(组),合格率94.4%,其中日常监督关键指标抽检5849点(组),一次性抽检合格率为84.84%；交工检测关键指标抽检149127点,合格率94.8%。

2013年,省质安局直接或重点监督高速公路325km/10项。确立了建兴隧道工程、灯辽煤矸石路基以及灯辽和辽滨项目碎石桩施工为重点进行监督管理,处罚了波纹管生产厂家天津市金顺德预应力材料有限公司、河北衡水顺通工程材料有限公司、新宾满族自治县新宾镇晟鑫塑料管加工厂等三家企业2年内禁止进入辽宁交通建设市场。工程实体指标抽检14884点（组）,合格率为96.19%,交工检测共抽检工程实体指标105958点（组）,合格率为97.69%。

2014年,省质安局直接或重点监督高速公路328km/7项。

b. 监督工作手段科学化

2006年,省质监站积极引进公路地质雷达、落锤弯沉仪、路面激光断面仪、隧道激光断面仪、混凝土超声波检测仪和沥青混合料动稳定度测试仪等先进的无损检测试验设备,推进先进检测技术在质监工作中的应用步伐,尤其是公路地质雷达测厚和落锤弯沉检测技术,在施工过程监督和交竣工质量检测中得到全面应用,为准确评价工程质量提供技术支持和保证,提高监督工作的科学性。

2009年,省质安局初步建立工程原材料和产品准入机制,采取有奖举报、印发监督执法手册、信用信息管理、企业法人约见和监督力量调配等一系列措施和手段,着力加大路用原材料、产品抽检力度和对参建单位违规行为处罚力度,监督部门代表政府依法行使监督职能的震慑力不断增强。

c. 市场监管工作规范

2006年,高速公路监督办行使"优质优价、优监优酬"否决权10次,处罚施工单位4家、施工自检人员22人,处罚监理单位2家、监理人员43人,通报施工单位26家、监理驻地办4个,组织施工单位业绩考核31次。

2007年,高速公路监督办行使"优质优价、优监优酬"否决权15次。完成省内高速公路招投标施工资格预审前监督审查1031家次,其中建议取消投标资格的14家次,建议资格预审时给予扣分的36家次;完成施工企业资质初审28家,通过15家,施工市场监管得到加强。全省共处罚施工单位43家,其中列入"黑名单"的19家,记入不良业绩档案的14家,通报批评的10家;处罚施工人员30人,稳步推进市场信用体系建设。

2008年,高速公路监督办行使"优质优价""优监优酬"否决权12次。处罚施工单位3家、自检人员16人,处罚监理单位1家、监理人员29人,处罚工地试验室2个。

2009年,高速公路监督办行使"优质优价、优监优酬"否决权10次。处罚施工单位23家、施工人员18人,处罚监理单位4家、监理人员27人,处罚试验检测机构13家、试验检测人员5人。以高速公路监理市场清查整顿和专项督查为重点,开展监理行业树新风建设活动,共清查监理人员712人,清除出场37人,列入"黑名单"12人。

2006—2010年,省质安局(质监站)贯彻执行《辽宁省公路施工企业信用管理评价实施细则》,全面推进高速公路建设施工企业信用考核评价工作。实施高速公路中标施工单位网上备案登记工作,加强征信工作管理,拓宽信息来源渠道,通过投标资格预审前信用审查,加大施工企业项目准入的管理力度。严格执行施工企业市场准入信用审查,对有严重劣迹、信用等级低的施工企业坚决清除出高速公路交通建设市场。

d. 违规行为查处

省质安局(质监站)贯彻落实《辽宁省公路水运工程质量责任追究办法》,建立项目质量责任档案。加大违规行为追究力度,严格坚持"四不放过"的原则。

2008年,重视质量事故信访举报,规范举报受理制度,违规行为得到严肃查处。全年共完成4次工程质量问题举报的受理及调查处理工作。

2009年,受理和调查工程质量安全问题和事故举报6起质量安全责任追究和裁决公信力进一步提升。

(5)高速公路重点建设项目监督。

①沈阳至山海关高速公路(简称沈山高速公路),全长361km。1997年6月开工,2000年9月建成通车。共有路基标段38个、路面标段13个、交通安全设施7个、交通管理设施8个。

a. 监督组织机构

省质监站直接负责沈山高速公路工程项目的监督工作。设立2个监督办,即山海关至锦州段监督办和锦州至沈阳段监督办。

b. 监督工作对象

工程建设单位:项目法人单位为辽宁省高等级公路建设局,法人代表郎庆周(省高建局局长)。

根据工程建设实际,设立2个前线指挥部。沈阳至锦州段(亚行贷款项目)前线指挥部指挥李吉人(省高建局副局长),后期(1996—1998年)由刘兆元(工程管理处处长)接任。锦州至山海关段前线指挥部指挥崔青川(省高建局副局长)。

设计单位:省交通勘测设计院,法人代表刘政奎院长(1996—1998年)、李伟院长(1998—2000年)。

监理单位:北京育才监理公司、沈阳公路工程监理有限责任公司、辽宁第一交通工程监理事务所。

c. 监督工作实施

为建设好沈山高速公路,工程建设之初,省交通厅制定《沈山高速公路创一流实施纲要》,提出"面向国际先进水准,瞄准国内最高水平,紧紧围绕提高工程建设标准和质量这一中心目标,争创设计一流、施工一流、管理一流、质量一流"的建设目标。围绕这一工作目标,省质监站确定"严字当头、质量第一、受控有序、争创一流"的质量工作方针,积极开展工作质量监督工作。

省质监站把该工程项目的质量监督工作作为监督工作的重中之重,由站长亲自负责,并选派技术水平高、政治素质好、敬业精神强的质监人员组成项目监督机构。

开展监督人员业务培训。为提高监督人员的业务素质,在开展监督工作前对所有监督人员集中组织培训。结合工程建设项目监督工作情况和特点,聘请国内及省内专家,以专题讲座形式,培训有关路基、路面、桥涵等工程的施工和质量控制要点;相关的工程试验检测知识;工程技术规范、标准;《沈山高速公路创一流实施纲要》和管理制度等。同时,组织监督人员到沪宁、北京机场、八达岭、成渝、太旧等高速公路工程参观学习;每年选派人员到欧美、日本等发达国家学习公路建设管理特别是质量管理经验,提高工程质量监督人员的专业技术和质量管理水平。

参与工程前期工作。按照《辽宁省高速公路工程施工招投标管理实施细则》《辽宁省高速公路工程施工监理招投标管理暂行办法》的要求,积极参与从业单位市场准入审批、投标单位资格审查、工程评标工作、工程设计审查等前期工作。

严格执行监督工作制度和程序。按照省交通厅要求,制定《辽宁省公路工程质量监督管理实施办法》《辽宁省公路工程施工监理市场管理暂行办法》《辽宁省公路工程试验检测市场管理暂行办法》《辽宁省公路工程施工企业质量自检体系管理暂行规定》等,并制定《辽宁省高速公路建设工程质量监督工程师办公室管理规定》《辽宁省交通工程质量监督站驻高速公路监督工程师办公室考评办法》等一系列管理制度。

严格机构、人员和设备监督管理。从各参建单位履约情况抓起,按照合同文件约定,监督检查施工、监理及设计单位的机构、人员、设备及质量保证体系管理情况,发现问题及时纠正,问题严重的限期整改。

严格施工自检监督管理。在工程开工前,按照《辽宁省公路工程建设施工质量自检体系管理暂行规定》,对自检人员进行任职资格审查,对任职资格审查不符合要求或考试不合格的进行调整岗位或责令调换,对审查合格准予上岗的核发项目上岗证。

严格工程监理工作管理。本着"抓好监理、支持监理、依靠监理"的原则,采取业务培训考试、任职资格审查和面试考核相结合的方式,审查监理人员的职业资格。依据《辽宁省高等级公路建设施工监理中心试验室管理暂行办法》《辽宁省公路工程试验检测市场管理暂行办法》,核发"试验检测临时资质证书"。

强化实体质量监督。按照《辽宁省公路工程质量监督管理办法》的规定,对重点分项工程以8%以上的抽检率进行抽验,并对施工所用原材料及压实度、强度等关键指标进行抽检,仅面工程包括底基层、基层和沥青层单层抽检总计达109km,路面所用原材料抽检386组,各结构层压实度抽检合计1805点等。

交工质量检测评定。省质监站委托具有交通部甲级公路试验检测资质的试验检测单位交通部公路试验检测中心、辽宁公路试验检测中心对工程进行质量检测。

②沈阳至丹东高速公路项目丹东至本溪段工程

沈阳至丹东高速公路项目丹东至本溪段工程(简称丹本高速公路),全长134.2km。1999年8月开工,2002年8月建成通车。

a.监督组织机构

省质监站直接负责该工程质量监督工作,在工程建设现场设立监督办下发了质量监督通知书,明确组织机构及监督工作方式。

b.监督工作对象

工程建设单位:项目法人单位省高建局,法人代表省高建局局长郎庆周。

项目建设管理组织机构:省高建局丹本项目指挥部。

项目法人代表授权人:省高建局副局长刘长辉。

设计单位:省交通勘测设计院,法人代表院长李伟。

监理单位:辽宁第一交通工程监理事务所、南京工苑建设监理公司、北京双环监理公司、沈阳公路工程监理有限责任公司。

施工单位:路基标段22个、路面标段2个、交通安全设施3个、交通管理设施2个。

c.监督工作实施

围绕《丹本高速公路创一流实施纲要》,确定"严字当头、质量第一、受控有序、争创一流"的质量工作方针,贯穿于工程质量监督工作始终。

监督工作中,监督办严格遵循工程质量监督执法的各项准则,坚持工程质量行为监督与实体质量监督并重、市场管理与程序控制并举、质量检查与问题处罚并行开展工程质量监督工作。

严格执行监督工作制度和程序。严格执行省高建局制定的管理制度,保证监督工作各个方面有法可依、有章可循。明确监督工作计划、监督执法程序、质量监督要点。做好工程质量管理控制工作。

严格监理市场监督管理。核发了5家监理单位市场准入证,批复了14个监理驻地办共235人次监理人员资格。

严格检测市场监督管理。对各施工、监理单位的试验室履约情况进行审核,对试验人员进行考试,签发试验室临时资质证书。

严格质量保证体系监督管理。对施工单位履约情况进行审核,对不能满足质量自检要求的承包商给予降等处罚。

加大对原材料和实体工程的抽检力度。共抽检原材料479组,清除水泥234t、钢筋280t、石灰6000t、集料800m³,下发停返工通知单17份;抽检路面各结构层计52km。

加大对质量行为的监督力度。陡岭子隧道右线出现多道环向裂缝,监督办及时要求业主进行调查,对隧道质量、安全性进行评价。对30m先张法预应力空心板梁要求业主做静载试验,确定各项技术指标满足安全使用要求。

交工质量检测评定。省质监站委托具有交通部甲级公路试验检测资质的试验检测单位交通部公路试验检测中心、辽宁公路试验检测中心对工程进行质量检测。

其中,大桥、特大桥委托交通部公路检测中心进行检测评定;隧道工程委托重庆交通科研设计院隧道检测室进行检测评定;路基工程、中小桥涵、互通立交、路面工程委托省公路试验检测中心进行检测;交通安全设施、交通管理和房建工程由省质监站进行质量评定。

③沈阳至大连高速公路改扩建工程

沈大高速公路改扩建工程(简称沈大高速公路),全长348km。2002年4月9日开工,2004年8月25日建成通车。

a. 监督组织机构

按照《辽宁省公路工程质量监督管理实施办法》的要求,2002年4月9日,省质监站受理省高建局的监督申请,下发质量监督通知书,设立3个监督办,明确组织机构及监督工作方式。

b. 监督工作对象

工程建设单位:项目法人单位省高建局,法人代表省高建局局长郎庆周。

项目建设管理组织机构:沈大高速公路沈阳段路基项目指挥部,项目总指挥省高建局副局长崔青川;营口段路基项目指挥部,项目总指挥省高建局副局长徐祥生;大连段路基项目指挥部,项目总指挥省高建局副局长赵云杰。沈大高速公路沈阳至营口段路面项目指挥部,项目总指挥省高建局副局长王春雷;营口至大连段路面项目指挥部,项目总指挥省高建局副局长赵云杰。

设计单位:省交通勘测设计院,法人代表院长李伟。

监理单位:沈阳公路工程监理有限责任公司、辽宁弛通公路工程监理事务所、辽宁第一交通工程监理事务所。

施工单位:路基标段28个、路面标段11个、交通安全设施6个。

c. 监督工作实施

由于沈大高速公路改扩建是辽宁省第一次高速公路加宽改建项目,改建后达到双向8车道标准,在实际监督工作中,省质监站遵循省交通厅党组提出"建一流工程,塑最好的工程作品,树全国的样板,再现神州第一路的风采"的指导思想,紧紧围绕实现"把沈大高速公路改造成全国标准最高、工程质量最好、技术领先、建设造价合理、资金运行安全、工程组织管理科学规范、建设行为廉政高效的全国样板工程"的建设目标进行监督。省质监站明确质量监督责任,履行监督职责,全面提高质量监督工作管理水平,使质量监督工作更加深入、扎实、高效。

加强质量保证体系监督管理。制定了《沈阳至大连高速公路改扩建工程项目上岗人员资格管理规定》和《沈大高速公路施工自检人员动态管理实施细则》。

加强试验检测资质管理。制定了《沈阳至大连高速公路改扩建工程项目试验检测资质管理规定》。

实施了施工单位业绩考核。根据《辽宁省公路工程施工单位业绩管理规定》的要求，监督办对参与沈大高速公路建设的各施工单位的合同履行、施工控制、文明生产、内业档案、工程质量、获奖受惩等方面情况，按照"定量考核、动态管理"原则，定期组织业绩考核，及时通报考核结果，加强了现场质量监督。

加大对质量问题的处理力度。桥涵工程，清除钢筋200余吨、碎石900余立方米，报废梁板55片、钢筋笼21个、基桩7根，返工不合格分项工程37项。路面进场，清除不合格白灰500余吨、砂砾含泥量500余立方米、碎石材料2000余立方米；返工不合格基层12700延长米、垫层15800延长米。对9个施工单位和8个监理单位进行17次质量一票否决。

交工质量检测评定。省质监站委托具有交通部甲级公路试验检测资质的试验检测单位交通部公路试验检测中心、重庆公路工程试验检测中心、辽宁公路试验检测中心对工程进行质量检测。

其中，海湾特大桥委托交通部公路工程试验检测中心检测；金州隧道委托重庆公路工程试验检测中心检测。其余路基桥涵工程、路面工程均委托辽宁公路试验检测中心进行检测；交通安全设施工程由省质监站进行检测；交通管理和服务设施工程由省质监站组织有关专家进行检评。

沈大高速公路自2002年5月全面开工建设以来，始终在四级质量保证体系的严格控制下实施，有效解决新旧路基纵向裂缝、路基不均匀沉降、新旧桥涵联结处纵向开裂及结构变形差异等技术难题，全线成功应用SMA路面结构。达到《沈大高速公路改扩建工程创一流实施纲要》确定的建设质量目标。

(6) 建兴、灯辽、辽滨三条高速公路BT模式建设。

2012—2014年，辽宁省高速公路建设首次采取BT模式，分别由中交一公局进行建兴高速公路投资建设、中铁十九局进行灯辽、辽滨高速公路投资建设。省质安局也首次对建兴、灯辽、辽滨三条高速公路BT模式开始了监督，监督里程148km。同时，在建兴项目召开了首次辽宁省公路桥梁隧道工程施工安全风险评估工作推进会。

2013年3月24日，对辽宁省高速公路第一座转体桥丁家沟公铁分离式立交桥的专项风险评估报告进行了复评估和论证。

2014年4月3日，对丁家沟公铁分离式立交桥的转体施工专项风险评估报告进行了论证和复评估。

①质量与安全监督情况

省质安局围绕"进一步加大项目监督频次,拓展监督工程领域,深化监督层次,推进标准化工地建设"的总体目标。针对建兴、灯辽和辽滨 BT 项目,加大了管理力度和督查频次,每月进行一次专项督查和一次暗访巡查。

根据项目建设重点工程,实施个性化监督。

针对 BT 高速公路工程项目存在软基处理、隧道和转体桥梁等特殊结构和路面、交安、交管、绿化和机电等多种类别,强化监督管理,保证工程建设关键工序、关键环节、关键材料、关键指标抽检覆盖率100%。确保建设全过程质量监控到位。其中:对建兴项目隧道工程防排水施工开展了专项督查,重点检查隧道排水三通施工质量,采用注水等方式检测排水效果,切实保证隧道排水畅通;加强了隧道的附属工程专项督查。

加强了特殊部位的监督管理,督促建兴项目公司对丁家沟转体桥进行施工安全专项风险评估,组织有丰富转体桥施工经验的专家到现场对转体过程中可能出现的质量和安全隐患进行评估论证,提出合理化建议,进行专项督查。

以灯辽、辽滨项目软土地基碎石桩施工质量为监督重点,完善施工工艺,完善设计指标标准,确保软土路基处理质量。

针对灯辽项目煤矸石路基施工前期质量不能得到有效管控的突出问题,联合省高建局、设计院共同出台了《煤矸石填筑路基技术要求及质量控制措施》,明确了填料和施工工艺主要指标参数要求,累计清除不合格的煤矸石 2 万余立方米。

严格行政执法工作,提升监督工作震慑力。

省质安局首次在常规督查中实施质量经济处罚和安全生产违规行为经济处罚,对灯辽项目施工单位处以共计 11 万元罚款,是省质安局首个质量问题行政执法案例。同时针对督查中 BT 项目存在的较大质量安全问题(隐患),责成项目公司对施工单位实施经济处罚共计 100 余万元。

适度前移工作重心,做好质量检测工作。

适当前移交工质量检测关口,在路基、路面、桥涵、隧道、交安、房建、绿化、机电等工程,加大监督覆盖面,对路面厚度、平整度等指标逐层进行检测。首次在 BT 项目中增加对机电工程施工过程中的质量专项督查,进一步提高工程质量。

加大质量自控体系督查力度,形成了监管的高压态势。

在监督工作中,严格落实责任倒查制度,累计完成综合督查 2 次,专项督查 36 次,巡查 61 次,共下发当场处理决定书及纠正通知书 15 份。

通报表扬工程管理到位、实体质量优良的施工单位 5 家、监理单位 2 家;处罚质量保证体系运转不利,存在质量安全管理行为问题的施工单位 5 家,责任人 18 人次;处罚监理不作为、对现场存在的质量安全问题监管不力的监理人员 20 人次;禁止屡次出现产品质量问题的 3 家波纹管生产厂家 2 年内禁止进入辽宁交通建设市场。

加大原材料和工程实体质量抽检力度,加强工程实体质量监管。

2012—2014 年共对工程实体抽检指标 41852 点(组),合格率为 94.5%;抽检材料产品 493 组,合格率为 94%;通过督查共返工不合格桥梁防撞墙 298 延米,桥面 130 延米,桥梁湿接缝 11 孔;隧道路面 10 延米,路面 540 延米,电缆沟预制盖板 6500 块,砌石防护 260 延米,泄水槽 1 道。返工不合格路基 792 延米、路面面层 380 延米、路面基层 1900 延米、墩台 8 座、隧道排水工程 3 处、台背回填 6 处等;清除不合格钢筋 26t、碎石 800m^3、粉煤灰 200m^3、波纹管 23960 延米。

②BT 项目的管理体会

规范项目法人行为。项目建设单位对工程建设起主导作用,是决定工程建设成败的最主要因素。工程建设开展前,交通建设主管部门要认真详细地审核 BT 项目建设组织架构和管理制度,对集团授权不充分、项目公司职责不清晰、施工单位选择不当的提出明确整改意见。

强化监理工作管理。监理单位是工程建设质量、安全的直接监管者,必须充分发挥监理在工程质量安全控制上的重要作用,注重加强监理队伍自身建设,强化履约执行,确保建设质量安全"一岗双责"的全过程监管,不断提高监理工作质量。BT 项目监理与项目公司间既无上下隶属关系,又无经济制约因素,因此监理工作开展干扰因素更小,监理工作积极性更高,监理作用发挥更加明显。在资金紧张及管理人员相对不足、建设项目规模适当的情况下,缓解了辽宁省建设项目管理的压力。

(7)其他监督项目(表 3-5-1)。

1996—2015 年高速公路工程质量监督项目表　　　　表 3-5-1

路线名称	里程	建设期	监督方式
盘锦至海城(含营口连接线)高速公路	106.512km	1999 年 10 月 20 日至 2002 年 8 月 23 日	靠前监督
锦州至朝阳高速公路	93.33km	2000 年 4 月 30 日至 2002 年 8 月 20 日	靠前监督
锦州至阜新高速公路	117.301km	2000 年 5 月 12 日至 2002 年 8 月 20 日	靠前监督
丹东至大连(丹东至庄河段)	136km	2003 年 6 月 10 日至 2005 年 9 月 28 日	靠前监督
抚顺(南杂木)高速公路至沈阳	75.7km	2004 年 8 月 19 日至 2006 年 9 月 29 日	靠前监督
沈阳至彰武高速公路	86.44km	2005 年 8 月 31 日至 2007 年 10 月 10 日	靠前监督

辽 宁

续上表

路线名称	里程	建设期	监督方式
本溪至辽中高速公路	115km	2005年10月20日至2008年9月27日	靠前监督
大窑湾疏港高速公路	20.23km	2005年10月26日至2007年10月12日	靠前监督
沈大与丹大高速公路连接线	10.103km	2005年10月26日至2008年8月16日	靠前监督
铁岭至朝阳高速公路(铁岭至阜新段)	264km	2005年10月28日至2008年9月29日	靠前监督
铁岭至朝阳高速公路(阜新至朝阳段)	275km	2005年12月20日至2008年9月29日	靠前监督
沈康高速公路	68.136km	2007年7月3日至2008年10月25日	靠前监督
长兴岛疏港高速公路	37.939km	2007年8月21日至2010年10月28日	靠前监督
草市(吉辽界)至抚顺(南杂木)高速公路	84.153km	2007年10月19日至2011年9月27日	靠前监督
朝阳至黑水(辽宁内蒙古界)高速公路	103.721km	2007年10月22日至2011年9月27日	靠前监督
沈阳至康平高速公路新城子至依牛堡段工程(沈康二期)	24.148km	2008年2月6日至2009年9月26日	综合督查
桓仁(辽吉界)至丹东(古城子)高速公路	196.617km	2008年12月9日至2012年9月26日	综合督查
丹东(孤山)至海城高速公路	143.345km	2008年12月9日至2011年9月17日	综合督查
桓仁至永陵高速公路	68.85km	2009年4月19日至2012年9月26日	综合督查
沈阳至丹东高速公路沈阳至桃仙段改扩建	10.659km	2009年4月15日至2009年9月26日	综合督查
抚顺旺清门(吉辽界)至南杂木高速公路	96.872km	2009年7月15日至2012年9月26日	综合督查
长深高速公路新民至鲁北联络线彰武至阿尔乡(辽宁内蒙古界)段高速公路	54.96km	2009年8月4日至2011年10月25日	综合督查
辽宁中部环线高速公路新民至铁岭段	74.377km	2009年9月13日至2012年9月26日	综合督查

续上表

路线名称	里程	建设期	监督方式
西丰安民(辽吉界)至开原金沟子高速公路	87.115km	2009年9月27日至2012年8月3日	综合督查
大连皮口至炮台高速公路	44.2km	2009年10月10日至2011年10月28日	综合督查
庄河至盖州高速公路	100.583km	2009年10月10日至2012年9月26日	综合督查
阜新至盘锦高速公路	96km	2009年9月19日至2013年7月31日	综合督查
沈阳绕城高速公路改扩建工程	81.872km	2010年12月15日至2013年7月31日	综合督查
阜新至盘锦高速公路北延伸线	15km	2012年3月29日至2013年11月1日	综合督查
浑南新区互通式立交		2012年6月6日至2012年11月29日	综合督查
阜盘高速公路甜水互通式立交		2012年8月10日至2013年7月31日	综合督查
建昌至兴城高速公路	82.909km	2012年6月5日至2014年9月26日	综合督查
盘锦疏港高速公路	16.516km	2012年12月12日至2014年9月26日	综合督查
辽阳灯塔至沈阳辽中高速公路	41.904km	2012年12月12日至2014年9月26日	综合督查
康平海洲窝堡(蒙辽界)至北四家子公路	23km	2013年4月15日至2015年7月6日	综合督查
阜新至盘锦高速公路白厂门互通立交工程		2014年6月12日至2014年10月29日	综合督查
营口仙人岛疏港高速公路	5.737km	2014年3月10日开工(暂未交工)	综合督查
沈阳(王家沟)至铁岭(杏山)公路改扩建工程	148.468km	2014年7月7日至2016年9月26日	综合督查

(8)高速公路中修工程项目监督。

2002年,省质监站将高速公路中修项目首次纳入工程建设项目实施监督。

2003年,沈本、沈铁、沈环等高速公路中修工程计166km,省质监站以派驻监督办、日常随机抽检和阶段性集中检查相结合的工作方式进行监督。

2004—2005年,京沈高速公路维修路面工程361km。2005年,铁岭至四平高速公路维修路面工程105km以及5座大桥。

在对施工、监理的内业资料检查的基础上,采用维修项目监督办日常监督检测数据,对路面工程建设项目一次性进行质量鉴定。

京沈高速公路工程质量评分为95.98分,质量等级为优良级。

铁岭至四平高速公路工程质量评分91.87分,质量等级为优良级。

(9)从业单位监督。

1989—2010年,省质安局(质监站)以抽查为主的监督方式,对从业单位质量行为进行监督,检查工程质量管理的法律、法规、规章、技术标准和规范的执行情况;监督检查从业单位的质量保证体系及其运转情况;监督检查勘察、设计质量情况;监督检查工程试验检测工作情况;从业单位在工程实施过程中的质量行为,制止和纠正影响公路工程质量的建设行为。全省公路建设市场管理不断加强,建设市场从业单位的主体质量行为和公路建设市场秩序持续规范、健康发展。

①项目法人单位监督

1989—1992年,工程项目监督处于探索阶段。根据省交通厅《辽宁省公路工程质量监督管理实施细则(试行)》《辽宁省公路工程奖惩办法(试行)》的有关内容开展质量监督工作,没有对项目法人单位进行监督的内容。

1993—2010年,省质安局(质监站)受省交通厅委托,重点对项目法人单位质量保证体系建设情况进行监督。

a.监督管理制度

1993年,依据省交通厅《辽宁省公路工程质量监督实施细则》,明确建设单位在提出申请"开工报告"的同时,应填写"公路工程质量监督申请书";建设单位在申请办理监督手段时应向主管质监站提供下列文件及资料:初步设计和施工图设计的批复文件、施工合同副本及有关资料;监理合同副本、监理工作计划、监理试验室的装备和试验室人员清单、监理单位和监理人员的资质说明;工地试验室装备和人员清单,参加施工的主要技术负责人、质量自检体系和人员名单及其资质情况;工程施工中,对工程质量进行随机抽查或核验,填发"公路工程质量抽查意见通知书",对于重大工程质量问题要求建设单位和监理单位按照合同或有关规定及时处理,经质监站复查合格后方可进行下道工序。

1999年,依据省交通厅《辽宁省公路工程质量监督管理实施办法》,明确公路工程质量监督主要是对工程建设当事人(业主单位、施工单位、监理单位、设计单位)的工作程序、工作质量及工程实体质量进行全面的执法监督。对使用国家拨款的建设项目,政府质量监督部门对业主单位(项目法人)同承包商之间签订的各种形式的"优质优价、优监优酬"的合同条款履行情况进行监督检查。没有通过政府质量监督部门检查并认可的,其优质优价和优监优酬的支付行为不能进行;各级质量监督站在工程质量监督工作中的职责:对本行政区域内的公路工程实行强制性工程质量监督检查。在对各建设主体质量保证体系建立和运作过程监督检查的基础上,注重对工程实体质量的抽查工作,对工程建设质量负监督管理责任。

2006年,依据省交通厅《辽宁省公路水运工程施工质量自检体系管理规定》,明确施工质量自检体系是"政府监督、法人管理、社会监理、企业自检"四级质量保证体系的基础,施工单位进行工程施工必须建立健全质量自检体系。质量自检体系依据国家、交通部有关公路工程建设法规、规章、技术标准、规范和规程等规定,按照合同文件、设计文件和施工工艺的要求进行施工质量管理和控制,并积极推广应用提高工程质量的新技术和先进的施工方法,对工程施工质量负责。

2008年,省质安局印发《关于印发辽宁省公路水运工程质量与安全督查实施细则(试行)》和《关于印发辽宁省公路水运工程质量监督规定》,明确质监机构在工程建设期,实施工程质量行政执法,履行监督检查职责,重点对建设、施工、监理、检测、设计等市场主体质量管理行为进行监督检查;对现场施工工艺进行监督检查;对工程实体进行监督检查(其中关键指标监督抽检覆盖率应达到100%),对材料、产品进行随机抽检。

b. 质量行为监督

a)监督内容

监督内容包括质量管理行为、施工工艺和实体(包括工程材料、产品)质量三大方面,具体为:项目组织机构,按合同要求建立项目管理机构。人员岗位管理,项目经理、总工等主要自检人员均符合合同或招标文件要求,人员更换必须符合报审手续;培训制度健全,质量管理人员及现场施工人员应经过培训上岗。施工管理程序,开工报告、施工组织设计、标准试验及时报批,经审批后方可组织施工;认真执行工程交接检验制度;严格履行分项工程转序程序;设计变更必须履行报批手续。工程质量管理、质量管理制度措施完善,有针对性和可操作性;自检体系健全,运行有效;落实质量责任制,建立责任档案。工地试验管理,建立工地试验室并通过能力认定;试验检测人员持证上岗;试验检测工作规范;自检频率满足要求;数据真实、结论准确。施工质量控制,施工技术交底及时、全面;不得偷工减料和降低质量标准;质量问题按要求及时整改落实;认真落实监督、管理及监理等部门工作指令,确保指令闭合。质量保证资料,现场记录及时,数据真实,内容完整,资料齐全,签字有效,档案管理规范。质量检验评定,严格按《公路工程质量检验评定标准》要求进行评定,保证评定及时、结果准确可靠。

b)监督方式

质监机构在工程建设期实施工程质量行政执法,履行监督检查职责,重点对建设、施工、检测、设计等市场主体质量行为进行监督检查;对现场施工工艺进行监督检查;对工程实体进行监督检查(其中挂件指标监督抽检覆盖率应达到100%,对材料、产品进行随机抽检)。

对建设单位主体质量行为,具体督查内容见表3-5-2。

建设单位主体质量行为督查表　　　　　表3-5-2

督查指标项	督查内容	扣分原则	实际扣分
质量监督手续	按《公路工程质量监督规定》及时办理工程质量监督手续,方可组织工程开工建设	(一)责令改正每次扣1分; (二)通报批评每次扣5分; (三)停止项目执行计0分; (四)对责任人予以通报批评每次扣3分; (五)工程建设质量扣分: 30×(1 - 项目综合质量得分/100)	
施工许可手续	按公路工程建设市场管理规定及时办理施工许可手续,方可组织工程开工建设		
项目质量管理	建立项目质量管理制度,落实质量责任制;对质量违规行为应及时制止、纠正、处理;对质量问题、事故及重大隐患处理有制度,且处理及时到位		
设计变更管理	按有关设计变更管理办法严格履行审查、审批手续,未经批准,不得擅自实施设计变更		
人员履约管理	施工、监理主要人员调整审批程序规范、手续齐全		
施工工期控制	无针对性措施不得压缩工期		
工程建设质量	按项目综合质量进行评价		
竣(交)工验收	按交通部和省有关工程竣(交)工验收的具体要求组织工程竣(交)工验收,验收合格后方可交付使用		
评分结果			

②施工单位监督

1989—1992年,省质监站根据《辽宁省公路工程质量监督管理实施细则(试行)》《辽宁省公路工程质量奖惩办法(试行)》有关规定,探索对施工单位实施监督。

a. 监督内容

明确参加施工投标资格审查;深入施工现场,掌握工程质量动态,帮助施工单位不断完善提高质量措施;监理人员监督、检查、指导质量保证体系、制度、测试方法、施工工艺、设备、材料以及记录报告的可靠性、准确性和真实性;对分包工程的施工单位进行审查认定;对施工单位质量行为按照《辽宁省公路工程质量奖惩办法(试行)》进行奖惩。

b. 监督方式

对国家、省重点工程,通过重点工程监督机构或派驻的驻地监理工程师对工程质量进行全面监督,对市质监站监督管理的工程进行检查指导。本阶段主要采取直接进行现场监理的方式,在工程项目监督过程中,省、市监督机构对所监督工程项目,突出用好"三权"、把好"三关",对全省新改建工程、大中修工程和乡道重点工程开展质量监督工作,并采取经常性检查与阶段性检查相结合的方式进行工程质量检查。

据统计,1989—1992年,全省共抽检工程总点数为309621点,合格点数为280635点,合格率为90.6%;发施工稽查单111张,指令返工处理89次,停工16次。

③施工单位完善监督真实案例

1993—1998年,省质监站根据省交通厅《辽宁省公路工程质量监督实施细则》,在工程施工中,按照《公路工程质量监督通知书》和质量监督计划的内容开展质量监督工作。

a. 监督内容

明确定期对施工单位的质量自检体系和规章制度执行情况进行检查;施工单位不按批准设计文件组织施工、不办行规范、管理工作混乱造成施工质量低劣和工期达不到要求时,对实行监理的工程项目,质监站有权在《公路工程质量抽查意见通知书》中要求建设单位和监理单位对其做出停工整顿、责令退场,直至建议其主管部门给予吊销资质证书的处罚;对未实施监理的工程项目,质监站有权在《公路工程质量抽查意见通知书》中对施工单位做出停工整顿、责令退场,直至建议其主管部门给予吊销资质证书的处罚。

b. 监督方式

省质监站重点采取对施工自建体系运行情况进行监督、对工程实体质量进行抽查的方式,并要求市质监站对其他项目施工自建体系运行情况进行检查,对工程实体质量进行抽查。

据统计,1993—1998年,全省共抽检工程总点数为82482点,合格点数为71759点,合格率为87%;发施工稽查单168张,指令返工处理92次,停工33次。

④施工单位强化监督

1999—2010年,省质安局(质监站)全面加强对施工单位的监督工作。

a. 监督内容

1999年,省交通厅印发的《辽宁省公路工程自检体系管理暂行规定》对施工企业自检体系进行监督,规定明确凡承担辽宁省公路工程一、二类及三类中的重点项目建设的施工单位必须建立工程施工企业质量自检体系。制定和完善岗位质量规范、质量责任及考核办法。建立工地试验室,加强施工过程中的三检(自检、互检、交接检)工作,落实质量责任制,切实做好工程质量的全过程控制;在全省公路工程建设中实施"政府监督、社会监理、企业自检"三级质量保证体系和合同管理制,各施工单位必须自觉接受质量监督部门、建设单位(项目法人)、社会监理机构的监督、检查和管理;省质监站具体负责高速公路工程施工企业质量自检体系的监督、管理;各工程项目的施工单位必须建立由项目经理负责,项目技术负责人主持的工程施工企业质量自检体系,并对自检体系人员组成、职责、工作程序作具体规定。对全省公路建设工程施工企业质量自检体系工作质量建立动态监督管理,实行定期检查评定机制;各施工单位在开工前必须将工程施工企业质量自检体系的建立情况报监理部门审批,经监理审批后报质量监督部门和建设单位(项目法人)备案;工程施工企业质量自检体系的建立和审批是申报工程开工的必备条件,未经审批或审批不合格的施工单位,工程不准开工。工程施工企业质量自检体系组成人员的变化、调整,必须经工程监理部门审批,同时报质量监督部门和建设单位(项目法人)备案。变动较大,影响到工程施工及质量控制的,限期充实、完善,问题严重的停工整顿,直至符合要求为止。

2004年,省质监站印发《辽宁省公路工程施工单位业绩管理规定(试行)》,明确业绩管理实行统一领导、分工负责。在省交通厅统一领导下,各级质监部门对施工单位业绩进行考核与动态管理。各市质监站负责对参与普通公路建设的施工单位进行考核。在参考施工单位自检、监理单位初评结果基础上,独立考核,通过征求本市公路管理部门意见,提出考核意见。各考核单位依据初评结果,每季度末对照考核内容逐项予以汇总,在征求建设单位意见后,将最终结果上报省质监站。省质监站每年末汇集考核意见,根据不同情况及其必要性,申请组织人员进行调查、核实和复验,形成最终考核结论,及时将考核结论报省交通厅备案。并运用考核结论,参与工程招投标资格审查及监督。

2008年,省质安局印发《辽宁省公路水运工程质量与安全督查实施细则(试行)》和《辽宁省公路水运工程质量监督规定》,明确质监机构在工程建设期,实施工程质量行政执法,履行监督检查职责,重点对建设、施工、监理、检测、设计等市场主体质量管理行为进行监督检查;对现场施工工艺进行监督检查;对工程实体进行监督检查(其中关键指标监督抽检覆盖率应达到100%),对材料、产品进行随机抽检。对监督检查中发现的问题,质监机构应当及时以书面方式通报有关单位。对一般质量管理问题和一般质量缺陷,责令限期整改;对不合格工程,责令限期返修;对违法、违规的质量行为依法、依规予以纠正和处罚。对工程质量失控、管理混乱的施工现场,予以停工整顿。存在问题的单位须按要求进行整改、返修,并按时提交整改报告(回执)。质量督查内容包括质量管理行为、施工工艺、实体(包括工程材料、产品)质量三方面。

b. 监督方式

本阶段根据工程规模和性质不同,采取不同的监督方式,对三岔河大桥采取派驻监督办的形式进行质量监督,对滨海大道及辽河特大桥采取成立监督组的形式进行质量监督;对其他重点项目,省质安局(质监站)宏观监控,市质监站负责监督工作。

对施工单位主体质量行为具体督查内容见表3-5-3。

施工单位主体质量行为督查表 表3-5-3

督查指标项	督 查 内 容	扣 分	
		扣 分 原 则	实际扣分
项目组织机构	按合同要求建立项目管理机构	(一)责令改正每次扣1分; (二)通报批评每次扣3分; (三)停工整顿每次扣5分; (四)"优质优价"否决一次扣5分; (五)记入不良业绩档案单位每次扣20分; (六)停止项目执行计0分; (七)禁止进入本地区交通建设市场计0分; (八)项目经理、总工等主要自检人员被警告每次扣2分,通报批评每次扣5分,除出场每次扣10分,其他自检人员被警告每次扣1分,通报批评每次扣2分,被清除出场每次扣5分	
人员岗位管理	项目经理、总工等主要自检人员均符合合同或招标文件要求,人员更换必须符合报审手续;培训制度健全,质量管理人员及现场施工人员应经过培训上岗		
施工管理程序	开工报告、施工组织设计、标准试验及时报批,经审批后方可组织施工;认真执行工程交接检验制度;严格履行分项工程转序程序;设计变更必须履行报批手续		
工程质量管理	质量管理制度、措施完善,有针对性和可操作性;自检体系健全,运行有效;落实质量责任制,建立责任档案		
工地试验管理	建立工地工地试验室并通过能力认定;试验检测人员持证上岗;试验检测工作规范,自检频率满足要求;数据真实、结论准确		
施工质量控制	施工技术交底及时、全面;不得偷工减料和降低质量标准;质量问题按要求及时整改落实;认真落实监督、管理及监理等部门工作指令,确保指令闭合		
质量保证资料	现场记录及时,数据真实,内容完整,资料齐全,签字有效,档案管理规范		
质量检验评定	严格按《公路工程质量检验评定标准》要求		
评分结果			

⑤监理单位监督

a. 质量行为监督内容

a)监理企业资质管理

1999年,省质监站按照职责权限规定,积极开展监理企业资质管理工作。对在全省公路工程施工监理市场执业的各监理单位进行整顿和资信审查，下发《关于公布第一批准予在辽宁省公路工程监理市场执业监理单位的通知》，批准辽宁省第一交通工程监理事务所等4家监理单位具有执业资格，并明确各自承担的监理业务范围。对沈阳鑫通公路工程监理咨询有限公司监理丙级资质申报进行审查，审核后同意其具有在全省范围内承担三类公路桥隧和三类交通工程施工监理的临时监理资质，并核发相应的"临时监理资质证书"。

b) 监理人员执业资格管理

为培育和规范公路工程施工监理市场，加强工程监理人员管理，提高工程监理人员素质和执业水平，省质监站于2002年制定下发《辽宁省公路工程施工监理人员动态管理暂行规定》，开始对全省执业的工程监理人员实行动态管理，建立执业登记、资格审查、跟踪考核、年度考评的管理制度，每年对监理人员进行执业资格登记，未进行执业登记的监理人员不准上岗。针对2002年监理人员执业情况，于2003年下发《关于2002年辽宁省公路工程监理人员执业处罚情况的通报》，对执业质量差、受到处罚的监理人员进行全省通报。

c) 监理人员动态管理

2009年，省质安局针对监理单位承担项目多、监理人数相对不足、监理人员变化大的情况，以清理整顿在高速公路建设项目执业的监理人员为主要内容，以查阅相关资料、证件和面试的方式，重点对监理人员业务水平、职业素质、持证上岗及执业资格、履约以及人员变动情况进行督查，对各项目的监理人员进行定岗定责。通过清理整顿，进一步完善工程监理的管理体制和机制，强化监理企业的诚信自律意识，落实责任，有效解决少数监理人员综合素质差、不能恪守监理职责等突出问题，监理企业的内部管理水平和工程管理水平得到提高。

d) 监理信用评价

为加强全省公路水运工程监理市场管理，维护公平有序竞争的市场秩序，增强监理企业和监理人员诚信意识，推动诚信体系的建设，省质安局于2009年对具体信用评价工作进行指导并负责综合信用评价，各市交通质监机构负责本地区信用评价的具体工作。

项目业主于每年12月底前将本年度监理企业和监理人员的初评结果、扣分依据等相关资料，加盖公章后上报省质监站。省质安局（质监站）在汇总各市评分的基础上，结合日常监督掌握的相关企业和个人的信用情况，对监理企业和监理人员进行综合评价，并将评价结果报省交通厅审定。省质安局（质监站）将省交通厅审定的结论，按照交通部《公路水运工程监理信用评价办法》的相关要求，于下一年2月底之前报交通部，并将有关数据按照规定格式录入指定数据库。省质安局（质监站）将省交通厅最终确定的评价结果向社会公告。签认各市录入交通部数据库的信用数据资料，指定专人负责信用评价资料的整理、归档和上报等工作。

在监理市场诚信体系建设工作中,辽宁驰通监理事务所、沈阳公路监理公司、辽宁第一监理事务所、科杰监理公司、丹东诚达监理有限公司和大连港口监理咨询公司等监理单位表现突出。

b. 质量行为监督方式

省质安局(质监站)坚持行为质量监督与实体质量监督并重,采取随机巡查、专项检查、综合性检查相结合的监督方式,以工程实体质量监督检查为突破口,严格战线监督工作管理,采取有效措施,加大对监理单位质量行为的监督。采取集中考核与日常抽检相结合的方式,开展施工单位业绩考核工作,考核结果作为工程投标资质信誉奖罚的主要依据。沈阳、朝阳、铁岭等市质监站开展业绩考核工作积极、有效。

据统计,1999—2009 年,全省共组织综合检查 38 次、专项检查 16 次,指令返工处理 69 项,纠正施工工艺 109 项,清除不合格碎石 35420m^3,处理施工单位 84 家、监理单位 13 家。

五、安全生产管理

辽宁省高速公路安全生产相关规章制度建立及发展可分为三个发展阶段。

(一)经验积累及制度筹备阶段

1984—1990 年,辽宁省首条高速公路沈大高速公路的建设,从设计到施工都缺少经验,需要借鉴国外经验不断学习、实践及总结。沈大高速公路建设过程中,施工单位作为施工安全生产管理主体,具体制订安全措施,设置安全员。省总指挥部通过下达计划和召开现场会,明确安全注意事项,组织施工单位的特殊工种培训及其他安全生产教育,并对施工单位安全管理及培训教育情况进行考核。为预防工程事故,省沈大公路改扩建工程总指挥部办公室制定了"六不准"等安全规定,不断探索和实践适合辽宁省实际情况的高速公路建设安全管理的规定准则,为后期辽宁省安全制度的建立与健全奠定了坚实基础。

(二)规章制度建立阶段

沈本高速公路作为中国公路行业第一次利用亚洲开发银行贷款修建的高速公路,按照银行要求执行国际标准进行项目管理,征地动迁人员安置、环保、施工人员安全均有严格的标准要求。同时将安全条款列入合同中,使安全管理开始迈向常规化、合法化。

1993 年,辽宁省开始实行招标制、工程监理制、项目合同制,改变了 1990 年以前的计划经济管理模式。在签订的合同中充分体现安全条款,要求按施工人员数量的 2% ~4%

配备专职的安全员;特殊工种须经专业培训,并持证上岗;对于易燃易爆的材料进行专门妥善保管,对所有施工机具设备和高空作业的设备均要求定期检查。安全条款在项目合同中列入,起到法律性约束作用,使得安全生产管理走向常规化。

2000年4月,辽宁省交通厅印发了《1999年全省交通系统安全生产工作总结及2000年安全工作要点》,要求认真落实安全责任制,健全各项制度,认真落实谁主管、谁负责、谁检查、谁签字、谁负责管理制度。同年,省交通厅发布了《辽宁省交通系统安全管理办法》,并制定各企业的安全生产指标。

（三）安全制度体系构建及完善阶段

2002年起,辽宁省高速公路建设步入快速通道,开始形成以省会沈阳为枢纽,向14个省辖市辐射的"一网七射三环五联六通道五疏港"的高速公路主干网。伴随着工程项目法人制、工程招标制、工程监理制、工程合同制等重要工程管理制度的实行,高速公路建设安全管理也逐步构建起完整体系并进入完善阶段。

2002年6月,《中华人民共和国安全生产法》出台,确定了坚持"安全第一、预防为主"的方针,从此,安全生产管理正式进入了法制管理时代。同年,省交通厅规定在签订工程承包合同的同时,签订安全生产合同;将安全工作列入施工单位"优质优价"和监理工作"优监优酬"考核内容,并要求监理单位要对安全工作严格检查和监督。

2005年2月,省高建局制定《辽宁省高等级公路建设局安全生产责任目标》,层层建立安全生产责任制,省高建局与各施工、监理单位签订安全生产合同,实行安全生产合同管理。

2007年3月开始,为加强高速公路建设的生产安全,又在工程费用中增加了合同价1%的安全生产费用以固定资金形式计入工程量清单第100章中。

2008年,省高建局制定了《省高建局开展全省在建高速公路安全生产隐患排查治理工作方案》《省高建局在建项目安全生产隐患排查治理工作实施细则》《辽宁省高速公路工程建设安全生产管理办法》《省高建局在建项目消防安全工作方案》等一系列安全管理制度与方案,组织成立了排查治理、防汛、消防工作领导小组。省高建局在这一年基本完善健全了高速公路建设安全生产的安全保证体系和管理监督各项办法。全面深挖企业主体责任制,依法监督管理专项治理。省高建局在高速公路建设中始终保持常备不懈、警钟长鸣安全生产的意识。

2009年,全省高速公路建设安全生产工作形式十分严峻。建设战线长、建设项目多、隧道、桥涵数量多,桥隧比例高,创历史新高。仅隧道就多达60个,大多数项目在辽宁省东部山区,地质结构复杂。在当时的安全生产形势下,省高建局下发了《关于切实加强安全生产管理,确保辽宁省高速公路建设安全生产平稳态势的通知》及《关于印发省高建局安全生产"三项行动"实施方案的通知》，组成了"三项行动"工作小组，重点打击违反建设项目安全设施和"三同时规定、反三违"工作不到位、安全管理机构不健全、安全监管责任不落实、安全监管监察不到位、安全许可制度执行不严格等行为，保障能力建设、监督和管理队伍建设。

2010年6月，省高建局又制定了《辽宁省高速公路工程重大安全事故救援应急特别预案》，预案坚持"安全第一、预防为主、防治结合"的方针，坚持以人为本、建立统一指挥、职责明确、运转有序、反应迅速、处置有力的应急救援体系。组成了省高建局应急救援领导小组，明确了应急救援的负责人。在招标文件的施工组织设计中，要求承包人制定项目风险预测防范事故应急预案。

2010年6月，省高建局为贯彻交通运输部的部署，制定了《辽宁省高速公路工程"平安工地"建设活动实施方案》。通过开展"平安工地"建设活动与"安全生产年"活动，落实辽宁省质量、安全、环保、创新等要求，努力推进辽宁省高速公路建设安全管理水平整体提升，切实将安全生产法律、法规、技术标准落实到各参建单位；全面落实安全生产工作基础，做到施工现场安全防护标准化、场容场貌规范化、安全管理程序化。建设各方安全生产责任落实，安全培训教育坚持有效，施工安全风险得到有效控制。以"平安工地"建设活动与安全生产年活动为契机，将标准化生产文明施工与科技创新相结合，创建更多更好的"平安工地"，省高建局首先在招标文件中用条款形成列入合同中，要求承包人应认真履行主体责任，积极主动地开展"平安工地"创建活动，严格按照辽宁省高速公路建设"平安工地"达标标准开展实施活动，发包人负责"平安工地"达标验收，验收不合格的承包人应立即停工整改。在"平安工地"建设活动期间，承包人参加建设活动情况作为评定其信用等级的基础资料，纳入辽宁省信用评价体系。

2010年9月，省高建局制定了《高速公路工程"安全生产"和应急"双基"建设活动方案》。"双基"活动主要是坚持安全发展指导原则和"安全第一、预防为主、综合治理"的安全生产工作方针，以加强"基础、基层"建设为重点，坚持"抓基础、抓方法、抓重点"的原则，大力推进工程项目建设安全生产管理标准化、规范化。

2014年，省高建局制定了《辽宁省高等级公路建设局各部门安全生产职责》，并对原有的《辽宁省高速公路工程建设安全生产应急预案》进行了修订，进一步明确了安全生产管理职责和应急组织机构，要求各项目指挥部、各施工单位根据局应急预案体系要求，结合自身标段特点建立了本项目的综合应急预案、各类专项应急预案和现场处置方案。另外，省高建局结合上级部门要求，制定了《辽宁省高等级公路建设局反恐应急处置预案》。

2014年，为认真贯彻"以人为本，坚持安全第一、预防为主、综合治理"的安全生产方针，落实"党政同责、一岗双责"，规范工程建设安全风险管理，把安全生产风险管理作为坚守安全生产"红线""底线"和建设"平安交通"的重要举措和内容，省高建局开始在沈平高速公路项目实施风险评估,并于2015年发布了《辽宁省高速公路建设安全风险评估实施办法(试行)》。

(四)安全生产监管

1. 建立全省安全监管机构网络

2007年,按照交通部关于各省对口建立组织领导机构、明确监管职能的要求,省交通厅将全省交通工程建设安全生产监管职能交予省质监站负责。同年4月,根据省编委《关于调整省交通工程质量监督站机构编制事项的批复》,辽宁省交通工程质量监督站更名为辽宁省交通工程质量与安全监督局。自此,省质安局正式对全省交通工程建设项目开展安全生产监管工作。在业务上接受交通运输部安全与质量监督管理司指导。同时增设安全监督处,建立了全省各级交通工程建设安全生产监管机构,层层落实了交通工程建设安全监管责任。

(1)成立安全生产监督处

为加强交通工程建设安全生产监督管理,有效遏制安全事故的发生,2007年4月,根据省编委的批复,省质安局内设安全生产监督处,具体负责全省交通工程建设项目开展安全生产监管工作。监管范围:辽宁省行政区域内纳入基本建设计划的新建、改建、扩建以及拆除、加固的公路水运工程;公路工程包括路基、路面、桥梁、隧道、立交、交通工程及沿线设施等,水运工程包括港口、航道、航标、通航建筑物、海岸防护、修造船水工建筑物及支持系统、辅助和附属设施等。监管对象:在辽宁省行政区域内从事交通建设工程活动的从业单位,包括项目建设单位,从事咨询、勘察、设计、监理、施工、设备材料供应、试验检测、安全评价等与交通工程安全生产有关的经营单位和从业个人,实施交通基本建设工程安全生产监督管理的市、县交通主管部门。

安全生产监督处成立后,积极开展全省交通建设工程安全生产监督各项工作,建立有效可靠的安全生产保证体系,使安全管理工作在正确理论的指导下,逐步实现分工明确、职责明确、运作方式明确的全员、全方位、全过程的管理,达到强化、深化、细化的目的。

(2)建立各级安全生产监督组织机构

交通部《公路水运工程安全生产监督管理办法》《辽宁省交通建设工程安全生产监督管理办法》明确规定,省交通厅负责全省交通工程建设安全生产的监督管理工作;县级以上地方人民政府交通、港口行政主管部门按项目管理权限负责本行政区域内交通工程建设安全生产监督管理工作,各级交通、港口建设管理部门负责项目建设全过程的安全生产管理工作;各级质量与安全监督部门受交通、港口行政主管部门委托负责安全生产监督工作。

据此,2007年各市质监机构相应成立安全生产监督科或委派专人负责安全生产监督工作,并将安全生产监督责任落实到具体主管领导和部门负责人报省质安局备案;各级安全生产监督机构也督促参建各方建立安全生产管理组织机构,明确参建单位安全管理人员的责任,并公示上墙,为开展安全生产工作提供有利的体系保障。

2.施工企业安全监管

(1)2007年安全生产监督工作

2007年,全省交通工程建设安全监管工作共计下发文件24份,组织全省范围内工程建设安全大检查6次。一是会同省高建局开展了全省在建高速公路项目安全生产专项检查。重点检查了安全生产组织机构及各项安全管理制度建立及执行情况;施工现场安全生产责任制落实情况;施工人员安全教育及培训情况以及施工现场施工安全情况和生活区安全状况等。通过检查,提高了全员安全责任意识,规范了安全生产行为,发现了安全生产事故隐患并进行了处理,共处理安全隐患点46处,排查易发生重特大安全生产事故场点5处,要求施工企业进行重点整改。二是开展了全省高速公路及水运重点工程事故隐患排查治理工作,下发了治理工作方案,对交通工程建设过程中易发安全事故的隐患和薄弱环节进行了详细排查,共组织4个检查组,聘请专家4人,检查单位100个,查处一般隐患24处,其中立即消除7处,限期治理17处,并对检查结果下发了检查通报,要求限期整改,跟踪落实。三是开展了全生产月活动。制订下发全省交通工程建设安全生产活动月活动方案,成立了组织机构和领导小组,以宣传教育和监督检查为主要形式,以学习贯彻《公路水运工程安全生产监督管理办法》(交通部令2007年第1号)和开展安全生产事故隐患排查整改情况专项落实检查为主要内容,开展安全宣传教育活动,提高交通工程建设参建各方安全意识和素质,强化宣传教育和巩固隐患排查成果。四是深入开展了交通工程建设安全生产隐患排查治理专项行动。制订下发了行动实施方案,并成立了活动领导小组,负责全省在建高速公路、普通公路和水运重点工程项目建设安全生产隐患排查治理专项行动的指导和监督检查。五是把安全生产隐患排查与当年以来开展的几次事故隐患排查治理行动结合起来,再一次开展了全省交通工程建设安全生产隐患排查治理活动,对所在片区在建高速公路建设项目进行了交通建设安全专项整治工作和安全生产隐患排查治理专项行动整改落实情况复查,复查率达到了100%,整改率达到了100%。六是为了进一步提高对安全生产隐患排查治理专项行动重要性的认识,克服盲目乐观和厌战松懈情绪,根据辽宁省人民政府办公厅《关于继续深入开展安全生产隐患排查工作的通知》(辽政办明电〔2007〕144号)文件要求,在全省质监系统范围内对安全生产隐患排查治理专项行动进行了再动员、再部署,派出两个督查小组对全省在建高速公路项目及普通公路的冬季施工情况进行了安全生产隐患排查治理工作,并及时将督查情况反馈回来,加强了专项督查工作的信息报送工作,坚决遏制了重特大事故的发生,确保全年安全生产工作任务的顺利完成。

(2)2008年安全生产监督工作

制定辽宁省安全生产监督有关制度和办法及下发安全生产有关文件。为加强交通建设工程安全生产监督管理工作,预防和减少施工生产安全事故,保障人身及财产安全,代厅起草并出台了《辽宁省交通建设工程安全生产监督管理办法(试行)》。为更好地规范公路水运工程安全生产督查工作,制定了《交通建设工程安全生产督查实施细则暨安全生产督查评价标准》,有效提高了安全督查工作的科学性和可操作性。为加强交通建设工程施工企业安全生产管理人员考核管理工作,代厅下发《辽宁省2008年交通基础设施建设安全生产隐患排查治理工作实施细则》,对交通建设工程2008年安全生产监管工作进行了全面部署;并结合实际下发《关于做好深入开展安全生产隐患排查治理督查工作的通知》《关于对全省公路水运工程项目进行安全生产隐患排查治理督查的通知》等文件,对全系统开展隐患排查治理工作提出了具体实施意见。结合奥运安保工作,下发了《关于开展交通建设工程安全生产百日督查专项行动的通知》《交通质监系统反恐工作实施方案》《交通建设工程安全隐患大排查工作实施方案》等文件,督促各市有效开展各项工作。

完成了日报、周报、月报等统计上报工作。认真做好矛盾纠纷调处和安全隐患排查工作的信息报送工作。根据上级要求,省质安局指派专人每月定期向交通运输部报送安全生产信息月报,定期向省厅安全处报送安全隐患排查日报表、辽宁省公共安全大排查情况统计表、辽宁省奥运安保工作开展情况统计表等报表,做好各类相关信息的收集、统计及反馈工作,很好地完成了信息统计上报工作。

积极开展交通建设工程安全生产专项督查。开展了"安全生产百日督查"及"安全生产月"专项行动。第一阶段(4月下旬~5月底),围绕"两会"期间及工程开、复工初期特点,研究制订排查治理工作方案,明确工作内容、要求和责任,于4月组成两个督查小组对各在建及续建高速公路建设项目开展安全隐患排查治理工作情况进行巡查。针对春季施工区域风力较强的特点,强调要加强现场安全生产警示标志、标识和安全防范措施的设置,督促各部门、单位落实交通安全保障各项措施;同时,加强对高空作业安全生产管理工作,保障施工安全,将安全隐患消灭在萌芽状态,坚决防止各类安全事故的发生。5月先后对朝黑、本辽、铁阜、阜朝4个高速公路路基、路面工程项目进行了质量与安全综合督查,共排查出一般安全隐患14处,治理14处。第二阶段(6月),围绕"安全生产月"活动开展督查。结合"安全生产月"活动,在开展安全生产宣传教育活动的同时,对全省高速公路及水运重点工程安全事故隐患排查治理情况进行了专项督查。先后对沈吉、辽新、朝黑3个在建高速公路路基工程项目安全生产情况进行了专项督查,对沈康、本辽、铁阜、阜朝、大连长兴岛等在建高速公路路基、路面工程进行了巡查,共发现安全隐患点47处,整改47处,责令整改施工单位5家。第三阶段(7月),根据交通运输部《关于迎奥运加强安全生产工作的通知》要求,在开展安全生产百日督查专项行动的基础上,结合汛期、奥运安保有关工作及落实交通运输部督查组安全生产检查反馈情况,对本辽、沈康、阜朝、铁阜4个在建高速公路路面工程项目进行了安全隐患专项大检查,共发现一般安全隐患23处,治理23处。

开展了专项行动"回头看"再检查工作。为贯彻落实省政府办公厅关于切实做好奥运期间安全生产工作的通知精神,根据省厅安全生产百日督查专项行动"回头看"再检查工作部署,8月6~30日,组成6个督查组,对沈吉、朝黑、长兴岛疏港路等8个高速公路建设项目、52个普通公路建设项目开展了安全生产专项督查工作。本次督查以前期百日督查专项行动中排查出的突出问题整改完成情况为重点,同时对各参建单位安全生产管理行为、安全生产现场状况再次进行了全面检查,包括隧道3座、特大桥4座、大桥85座。共排查重点部位600余处,排查出安全隐患64个,治理64个。同时省质安局还组织对全省滨海路工程项目安全生产情况进行了检查,共出动督查人员7人,车辆3台,检查施工企业9家,发现一般安全隐患20处,并责令施工单位立即进行了整改。各市处(站)对普通公路的安全生产"回头看"再检查工作,采取蹲点包片方式,针对突出问题和薄弱环节,深入施工现场进行明察暗访,新查出安全隐患71处,治理71处。

开展重点行业领域安全专项督查工作。根据省厅安委会会议要求及工作部署,省质安局于9月22~27日与省高建局联合组成两个检查小组,派出10人,对沈吉、朝黑、长兴岛疏港路、沈康高速公路项目(二期)开展了安全隐患排查工作,共检查实体工程93座,排查重点部位500余处,排查出安全隐患55个,治理55个。

针对冬季施工安全生产工作特点和工程实际,深入推进排查治理工作。针对冬季施工现场安全生产特点,省质安局组成督查组于11月对滨海公路辽河特大桥工程进行了一次安全督查,重点检查施工现场及职工宿舍冬季安全用电、取暖等情况,共排查出一般安全隐患10处,治理10处。为贯彻落实11月28日"全国建筑施工安全生产工作视频会议"精神,根据《国务院安委会办公室关于开展在建重点建设项目安全生产专项督查的紧急通知》和《交通运输部关于开展公路水运工程建设项目安全生产专项督查的紧急通知》的要求和部署,结合辽宁省公路建设实际,质安局与省高建局、公路局组成联合督查组,对朝黑、沈吉2个高速公路工程项目的隧道工程、全省滨海路工程项目中正在进行冬季施工的路基桥涵工程进行安全生产专项督查,共检查隧道3座,桥梁14座,排查一般安全隐患37处,治理37处。

通过上述一系列工作措施,2008年省高建局对全省在建高速公路建设项目共计开展各项安全生产专项检查10次,同比上一年(2007年开展各项安全生产专项检查5次)增长100%;共排查出各类安全隐患341处,治理341处,同比上一年(2007年共排查出各类安全隐患458处)减少25.5%;对检查过程中发现的安全问题及时进行处理,分析原因并提出整改意见,避免了各类安全事故的发生。全省交通工程建设未发生一起生产安全事故,同比上一年(2007年发生安全生产事故1起,死亡1人)下降了100%。

一年来,通过开展各种安全生产隐患排查等专项行动,安全管理工作得到了重视,安全文明施工得到基本落实,各建设项目均能够按照检查情况通报进行积极整改和落实,使整体安全生产态势平衡,各类安全隐患相对减少。

(3)2009年安全生产监督工作

认真贯彻落实国家、省有关安全生产的方针、政策,制定安全生产监督制度和办法。2009年是质量安全年,根据国务院办公厅、省安委会、省交通厅文件要求,制定了《辽宁省交通质监系统"三项行动"活动实施方案》,认真贯彻国家有关安全生产方针政策,全省质监系统积极开展安全生产监督工作,重点对大桥、特大桥、高架桥、隧道工程、土石方爆破工程、高填深挖段路基工程、码头、易燃易爆品的存放、生活区防火及汛期安全隐患进行了全面的排查整治,全省的安全生产得到了有效的控制。为了进一步做好全省安全生产监督工作,还制定下发或转发了《辽宁省交通建设工程施工企业安全生产管理人员考核管理暂行办法》《关于做好突发事件评估工作的通知》《关于建立公路水运工程建设安全监管长效机制的若干意见》等文件20余份。

开展各项隐患排查工作,加大了安全生产督查力度。2009年各高速公路督查组对全省在建高速公路共组织开展高速公路安全生产督查6次,排查安全隐患214处,治理214处。普通公路和滨海大道安全生产督查3次,排查安全隐患5处,治理5处;开展重点水运工程安全生产安全督查1次,排查安全隐患12处,治理12处。各市处也根据本地区工程特点,积极组织多种形式的安全生产督查,加大安全生产督查力度。葫芦岛市站于9月18日在葫芦岛新港码头召开了交通工程安全生产现场会,通过实地参观、交流经验和总结分析,明确了安全工作重点,提高了安全生产管理意识,增强了搞好交通工程安全生产的紧迫感和责任感,取得了良好的效果。对高速公路改扩建工程进行了质量与安全专项督查:依据《辽宁省公路水运工程质量与安全督查实施细则》及有关规范和标准,对进行施工建设的沈大高速公路营口鲅鱼圈互通立交扩建工程等5座互通立交工程、14个高速公路增建服务区、4个管理处办公楼及沈山高速公路路面维修等工程项目组织了多次工程质量与安全综合督查。针对督查结果,共下发了《关于对铁阜高速公路阜新北互通立交工程质量与安全专项督查情况的通报》等检查通报5份,下发《交通工程质量与安全现场纠正通知单》3份,清除不合格施工用钢筋24t、不合格施工用碎石3次共500多立方米,要求停工整顿一次。对监理警告处理一人,更换监理主任一人。

开展安全生产情况信息报送工作。除了完成每月定期向部总站报送的安全生产事故统计月报表,还根据省厅《关于印发全省交通系统安全生产"三项行动"实施方案的通知》

《关于做好突发事件评估工作的通知》等文件要求,完成了省高建局每月的《安全生产"三项行动"开展情况汇报》《突发事件评估工作报告》《集中开展交通建设工程安全生产隐患排查治理和督查检查工作开展情况》等总结的上报工作。

(4)2010年安全生产监督工作

认真转发并贯彻落实国家、省有关安全生产的工作要求通知:《关于加强隧道工程施工安全生产工作的通知》《关于开展交通建设工程安全生产大检查的通知》。制定了《辽宁省交通系统继续深入开展安全生产年活动实施方案》。发布了《辽宁省公路、水运工程"平安工地"建设实施方案》《关于认真贯彻安全生产和应急"双基"建设活动的通知》。

积极开展交通建设工程安全生产督查工作。按照省交通厅《转发国务院安委会关于立即开展全国安全生产大检查的通知》(辽交明电〔2010〕9号)的部署,根据局领导工作安排,制订了交通建设工程安全生产大检查工作方案,确定了以全省在建高速公路、普通公路等重点项目为重点治理范围,特别是要针对大桥、特大桥、高架桥、高填深挖路段、石方爆破、隧道工程等重点工程,在全面检查的基础上,重点检查施工企业安全规程、管理制度是否建立健全,安全要求、岗位责任、安全费用是否落实到位等情况,以及工艺系统、基础设施、技术装备、作业环境、防控手段等方面存在的隐患。各小组按方案要求,结合"安全生产年"活动,不断加大隐患排查治理工作力度,当年全省对各在建高速公路共组织安全生产巡查12次,专项及综合督查5次,组织重点水运工程安全生产检查1次,共排查安全隐患164处,治理164处。

认真开展"平安工地"建设活动和"安全生产年"活动。根据省安委会、省交通厅文件要求,制定了《辽宁省交通系统继续深入开展安全生产年活动实施方案》《辽宁省公路、水运工程"平安工地"建设实施方案》,并按方案要求,积极组织"安全生产年"和"平安工地"建设活动。利用广播、电视、板报等多种媒体宣传"安全生产年"和"平安工地"建设活动,按时上报"安全生产年"和"平安工地"建设活动情况。全省组织两次"安全生产年"和"平安工地"建设活动专项检查,"安全生产年"和"平安工地"建设活动有声有色开展。

开展安全生产情况信息报送工作。一是完成每月定期向部总站报送安全生产信息月报;二是按照省厅《关于做好突发事件评估工作的通知》文件要求,完成了每月及上半年的《突发事件评估工作报告》;三是完成了《安全生产隐患排查治理情况统计表》的报送工作。

(5)2011年安全生产监督工作

积极推进公路水运工程"平安工地"建设。将"平安工地"建设活动贯穿至全年安全生产工作的始终,做到同步部署、同步实施、同步检查推进。按照交通运输部和省厅"平安工地"建设活动要求,对2010年"平安工地"创建示范工作进行了全面总结,在6月20日召开的全国公路水运工程"平安工地"推进会上,质安局作为公路质量与安全监督机构代表进行了经验交流发言。在省质安局领导高度重视及其他处室大力支持、配合下,顺利完成了于8月11~12日在丹东召开的全省公路水运工程"平安工地"建设推进会的组织及准备工作。此次会议部分参建单位代表进行了"平安工地"建设经验交流,参观了交通运输部"平安工地"示范项目,会议取得了圆满成功。在"平安工地"建设推进会后,及时下发了《全省公路水运工程"平安工地"建设推进意见》,并对全省各市"平安工地"建设推进会落实情况进行了调研。从调研情况看,各市在推进会后,能够积极部署本市"平安工地"建设活动,通过召开推进会、调度会、宣贯会等形式,向各直属单位、县区交通局、公路段、施工单位、监理单位等相关部门及时传达了会议精神及领导讲话,"平安工地"推进会取得良好效果。对全省公路水运工程建设项目进行了"平安工地"达标评价。2011年,省质安局对全省在建高速公路、重点水运工程建设项目及高速公路维修工程中127家施工单位进行了"平安工地"建设达标评价工作,其中评价结果优秀40家、达标78家、不达标9家,整体达标率为93%。部分普通公路建设项目也进行了"平安工地"达标考核工作,安全管理标准化工作取得初步成果。

加强制度建设,做好安全生产监督基础工作。为提高辽宁省公路水运工程生产安全事故应急快速反应和救援能力,印发了《辽宁省公路水运工程安全事故应急预案》,建立了全省应急组织机构。编制了《公路水运工程安全生产监督检查执法手册》,明确安全监督检查主要内容,规范安全监督执法行为,统一执法处罚尺度。编制了《"平安工地"建设达标评价办法》,并在全省公路水运工程建设过程中开展了评价工作。编制了《公路水运工程安全事故应急工作手册》《公路桥梁和隧道工程施工安全风险评估指南》等一系列交通基本建设安全生产口袋丛书,并购买了交通运输部组织编制的《一线工人必读》《专职安全员必读》丛书,面向全省质监系统执法监督人员,全省在建高速公路施工、监理、建设单位及相关部门进行发放,大力宣传了交通工程建设安全法律、法规、安全知识,进一步规范了安全生产工作内容,提高了安全生产工作绩效,反响强烈。

积极有序开展各项安全生产活动。在全省交通工程建设范围内继续开展"安全生产年"活动。制定了《辽宁省交通质监系统继续深化"安全生产年"活动实施方案》,对当年"安全生产年"活动提出具体要求,以平安工地建设为载体,强化施工企业安全生产主体责任,落实行业安全生产监管责任,以"双基"工作为总抓手,围绕建立安全生产长效机制,不断完善安全生产监管机构,狠抓安全生产宣传教育培训工作,全面落实安全生产责任。先后开展了"百日行动""安全生产月""应急管理宣传周"等活动,并结合工程建设实际,制订了具体的实施方案。在安全生产"百日行动"督查行动中,共排查整改各类安全隐患203处。在"安全生产月""应急管理宣传周"活动期间,督查组利用开展的安全生产专项督查,对施工单位进行了应急管理宣传及安全生产事故警示教育,与施工企业一起通过对典型事故和身边事故案例进行剖析,分析原因、总结教训、探索规律。通过组织各类应急演练,增强了企业自我防范意识,督促企业提高自主保障能力,提醒施工单位采取切实有效的措施防止安全事故的发生,为有效防范和坚决遏制重特大事故的发生,促进全省交通系统安全生产形势持续稳定好转提供有力的思想保证、精神动力和舆论支持。

集中开展公路桥梁隧道安全整治和安全隐患排查工作。7月25日~8月5日,省厅桥隧专项整治领导小组,邀请知名桥梁隧道工程专家分3个检查小组,对在建高速公路桥隧工程质量安全专项整治及高速公路维修、施工封闭进行了集中检查。共检查12个在建高速公路项目及1个高速公路维修项目,抽查特大桥10座(100%)、大桥137座(35%)、隧道66座(100%),高速公路维修及施工封闭项目11处,查出并整改质量问题(缺陷)246项、安全问题(隐患)150项。

以严厉打击非法违法生产经营建设行为为重点开展督查工作。根据省厅文件要求,省质安局于5月对全省交通工程建设施工企业的非法违法生产经营建设行为进行了专项督查。在对安全生产三类人员的检查过程中,共发现11家施工单位安全生产三类人员未持证上岗或证件不符合要求(持建设部颁发的安全生产三类人员资格证书),4起特殊机械设备未按要求定期进行年检现象。

以安全生产隐患排查为重点开展督查工作。截至11月底,省质安局对全省各条在建高速公路、高速公路维修工程及普通公路工程项目均进行了4次综合或安全生产专项督查,共排查整改各类安全隐患2200处。

开展防台防汛专项督查。根据交通运输部、省厅加强汛期安全生产工作的要求,在全省质监系统下发了《关于加强汛期交通建设工程安全生产工作的通知》,并组织各市进行监督检查,对于检查出的隐患和问题做到指定专人负责督办,限期整改、尽快治理,确保了安全度汛。

开展安全生产情况信息报送工作。每月按时完成安全生产月报等各类相关信息的收集、统计、反馈工作,按照上级管理部门要求,及时上报"安全生产年""'平安工地'建设活动""安全隐患大检查""桥隧防坍塌"等活动总结及数据统计工作,确保全省安全生产信息渠道畅通。

(6)2012年安全生产监督工作

加强安全生产监管基础建设。2012年以"平安工地"建设规范提升年活动为载体,以"安全生产年"活动为抓手,夯实安全监管基础工作,健全安全生产监管制度,开展安全生产活动,确保安全生产监管取得实效。

完善安全生产监督管理制度建设。在施工安全监督管理方面,制定了《辽宁省公路水运工程施工防护强制性标准》和《关于加强全省公路水运工程民用爆炸物品管理工作的通知》;在规范自身安全管理工作方面,起草了《辽宁省交通工程安全评估评审专家库管理办法》和《辽宁省公路水运工程质监系统安全事故应急预案》。

深入推进"平安工地"建设。为保持"平安工地"建设活动取得的成果,推广运用示范工程的成功经验,全面规范安全生产管理,提升安全生产绩效,按照省厅要求,完成了"平安工地"建设规范提升年活动实施方案,将当年安全生产监督管理工作的要点与活动的内容相结合。从随后开展的全省质量安全督查情况看,活动取得了阶段性成效。一是进一步规范了安全生产行为,强化安全责任落实,提升安全基础保障能力;二是规范现场安全管理,强化了施工风险评估,提升安全风险预警能力;三是规范安全防护设施,强化了安全标准化,继续发挥示范作用,提升安全生产防控能力;四是规范隐患排查治理,强化项目应急建设,提升安全事故处置能力。

积极举办安全生产相关培训工作。按照交通部和省厅的工作部署,根据当年交通建设工程的特点,结合安全生产监管工作的要点,举办了各种培训和宣贯活动。一是按照交通运输部要求,建立公路桥梁和隧道施工安全风险评估制度,推动风险评估工作的开展。4月9~10日在沈阳举办了全省公路桥梁和隧道工程施工安全风险评估培训班。邀请专家对公路桥梁和隧道工程施工安全风险评估管理办法及指南、桥梁及隧道施工安全风险评估案例等进行讲解。全省交通建设行业的安全生产管理人员300余人参加了此次培训,颁发了培训证,为安全风险评估制度的全面开展奠定了有效的基础。二是为了风险评估工作顺利开展,召开了由各市质监处、3个省试点项目的建设、监理和施工单位负责安全生产管理人员参加的座谈会,参建各方结合辽宁省试点项目的实际工作,针对开展公路桥梁和隧道工程施工安全风险评估中有关方法、程序、费用等问题展开讨论,由交通运输部公路科学研究院陈磊、李杰男两位专家对存在的疑点和问题进行了解答,并对工作的开展提出了建议,为此项工作的顺利开展创造了条件。三是根据当年安全工作要点的要求,召开了全省质安系统安全监管座谈会。会议布置了当年施工安全生产监管的工作要点,统一了工作思路,确保工作顺利开展。

认真开展安全生产相关活动。按照交通运输部和省厅的相关要求,认真组织开展"安全生产年""安全生产月"和安全生产领域"打非治违"专项行动等活动。制定了《辽宁省交通质安系统继续深入扎实开展"安全生产年"活动实施方案》,转发了《省交通厅关于印发全省交通系统2012年"安全生产月"活动实施方案》,并按照方案中的实施步骤,按计划实施;下发了《关于印发辽宁省公路工程起重机械和支架脚手架等坍塌及工程爆破事故专项整治工作实施方案的通知》;结合公路工程质量安全督查,对交通建设工程安全生产领域"打非治违"专项行动开展情况进行了检查。

继续做好各类相关信息的收集、统计、反馈工作。及时完成部质监总局安全生产事故统计月报表、省交通厅安全生产隐患排查情况月报表、"打非治违"情况周报、组织督查检查情况及处罚情况周报等统计上报工作,确保全省安全生产信息渠道畅通。

完成在建公路水运工程项目水毁情况调查报告。受热带风暴"达维"外围云系影响,从8月3日凌晨开始,辽宁除朝阳、阜新、康平、法库降小到中雨外,各地普降大到暴雨,其中瓦房店、盖州、岫岩、庄河、宽甸等地形成大暴雨,局部特大暴雨。营口、鞍山、大连、辽阳、葫芦岛等多个地市公路交通基础设施损坏严重,多处路基、桥涵被冲毁。省质安局要求各市质监部门及时认真核实、统计普通公路在建公路工程项目的水毁情况,并形成在建公路水运工程项目水毁情况调查报告,及时上报省交通厅。

积极开展安全生产监督工作。认真开展安全生产百日行动督查工作。根据省安委会有关要求及省交通厅工作部署,下发了《辽宁省质安系统开展交通建设工程百日安全生产大检查实施方案》,结合冬季气候特点和工程建设实际,认真开展了安全生产百日行动督查工作。省质安局组成专项督查组,对施工中的中朝鸭绿江界河公路大桥工程及沈阳绕城高速公路改扩建工程进行了专项督查。

组织春季公路水运工程复工项目督查工作。根据交通运输部的工作要求,省质安局转发了《关于进一步加强春季公路水运工程复工项目安全监管工作的紧急通知》,并于3月15～16日对丹通、阜盘、沈阳绕城等在建高速公路进行了专项督查,主要内容是打击非法生产经营建设行为,检查施工企业完善冬季施工安全生产防护措施,排查治理冬季施工安全隐患,督查施工现场的交通管制及应急队伍的建设及管理工作开展情况。

积极配合省交通厅开展了在建公路工程项目综合检查。按照省交通厅工作布置,省质安局配合省交通厅对桓永、抚通、阜盘等9条在建高速公路及鸭绿江大桥、长山大桥2个普通公路省管重点建设项目进行了质量与安全综合大检查。其中安全方面,重点对施工现场交通管制、安全防护、费用使用、人员配备等方面进行检查。

积极开展全省公路水运工程"平安工地"建设规范提升年专项督查。8月6～30日,省质安局组织5个督查组,对全省在建高速公路、普通公路及水运工程建设项目进行了安全督查。从督查情况看,"平安工地"建设取得了显著的阶段性成果,各地区都能够积极推进"平安工地"建设活动,各层面均制订了较详尽的"平安工地"规范提升年活动方案,落实评估试点项目,通过"平安工地"规范提升年活动的开展,各参建单位安全生产意识有了进一步提高,安全生产管理得到加强,施工现场安全设施、指示、警示标志更加完善,安全生产氛围更加浓厚,安全生产形势稳定。

通过省质安局及各市质量监督部门安全督查来看,参建各方均对施工安全生产给予了高度重视,但在检查过程中也发现一些安全隐患(问题),共排查治理各类安全隐患(问题)1249处,其中高速公路470处、普通公路669处、水运工程110处。主要集中体现在:一是安全管理人员的数量、证件不符合要求;二是安全经费的使用情况存在不规范现象;三是施工现场的安全防护措施落实不彻底;四是部分交通道口的警示标牌设置及交通管制不到位;五是施工现场临时用电的架设及使用不规范、拌和站消防器材配备不齐全。

强化应急救援体系建设,开展应急演练。为加强生产安全事故应急保障能力建设,打造平安工程,起草了《辽宁省公路水运工程安全事故监督应急预案》,明确质安系统在应急救援工作中的职责和工作内容。6月15日,鸭绿江界河大桥进行一次防汛应急救援演练。本次演练由省质安局负责指导,大桥项目指挥部负责主办,大桥第三合同段中交一公局具体承办,是对中朝鸭绿江界河公路大桥突发事故应急处理能力的一次实战检验。通过演练提高了参建各方安全生产应急反应和处置能力。

(7)2013年安全生产监督工作

落实安全生产"一岗双责"。为进一步贯彻国家法律法规,落实全省交通工程安全监管责任,及时掌握、协调解决全省交通工程建设安全生产监督工作存在的问题,按照《辽宁省交通厅安全生产委员会成员单位安全生产工作职责(试行)》的有关要求,省质安局成立安全生产监督工作领导小组,明确了各监督业务处室安全责任。

积极贯彻落实国家、交通运输部及省交通厅关于安全生产工作部署。积极推进"平安工程"创建工作。一是按照省交通厅要求,及时转发了《交通运输部关于开展公路水运工程"平安工地"考核评价工作的通知》,完成了辽宁省公路水运工程"平安工地"创建活动实施方案,使"平安工地"创建工作开展得到制度保障。二是省质安局于6月9日在辽宁省交通高等专科学校举办"全省公路水运工程平安工地考核评价标准暨交通运输建筑施工企业安全生产标准化考评宣贯培训会",部质监总局及部安监司领导对"平安工地"创建及施工企业安全生产标准化建设进行解读,并提出了工作要求。参加培训的有交通管理部门、行业管理部门、建设单位、监理单位及施工单位400余人,培训达到预期效果。三是省质安局相关处室根据监督计划安排,组织了5次"平安工地"建设专项督查,并认真开展达标考核评价。四是根据交通运输部、省交通厅有关平安工程冠名工作要求,对申报的3个部平安工程冠名项目进行审核。庄盖高速公路和沈阳四环快速路获得2013年度交通运输部和国家安监总局联合冠名"平安工程"。

积极开展交通运输建筑施工企业安全生产标准化建设工作。根据交通运输部、省交通厅要求,开展了如下工作:一是制定了《辽宁省交通运输建筑施工企业安全生产标准化考评工作方案》,起草了《辽宁省交通运输工程建设企业安全生产标准化考评实施细则》(讨论稿)和《辽宁省交通运输建筑施工企业安全生产标准化考评标准(试行)》。二是配合省厅完成安全生产标准化考评机构组建,认定了省设计院、科研院为二级考评机构,并拟推荐其为部一级考评资质,配合省交通厅完成3家三级考评机构的认定。三是在3月20~23日,由省质安局承办的辽宁省交通运输企业安全生产标准化第三期考评员培训班在辽宁省交通高等专科学校举行,来自全省各级交通主管部门、行业管理机构,部分交通运输企业的283名(其中省质安局30人)学员参加了培训考核,获得考评员资格272人。通过培训使学员既学习了安全生产相关法律法规、安全专业知识,又对考评实务有了深入的了解。

积极推动桥隧风险评估工作。一是完善了公路桥梁和隧道施工安全风险评估制度,制定下发了《辽宁省公路桥梁和隧道工程施工安全风险评估实施细则》。二是省质安局于3月24日在建兴高速公路项目部组织召开全省公路桥隧工程施工安全风险评估工作推进会，部质监总局、省厅领导参会并做了重要讲话，全省交通建设行业的安全生产管理人员60余人参会，为促进全省公路桥梁和隧道工程施工安全风险评估工作的有序开展起到了示范引领和推动作用。

认真开展安全生产相关活动。按照交通运输部和省厅的相关要求，认真组织开展"安全生产月"、安全生产领域"打非治违"、安全生产"百日会战"等专项活动，制定了《辽宁省交通质监2013年系统"安全生产月"活动实施方案》《辽宁省公路水运工程预防坍塌事故专项整治方案》《辽宁省公路水运工程安全生产"百日会战"实施方案》及《辽宁省公路水运工程预"防坍塌、防坠落、反三违"专项整治活动实施方案》，并结合日常监督工作对各市各建设项目安全生产专项活动开展情况进行了督查。7月16日~8月11日，省质安局会同省交通厅安全处，分3组对全省各地区、高速公路在建项目安全生产专项活动开展情况进行了督查，对发现的安全隐患要求各参建单位进行及时整改，对有关责任单位和责任人进行了处罚。10月14日下发了《关于紧急开展全省在建公路水运工程安全生产隐患排查的通知》，重点落实省厅《辽宁省公路水运工程预"防坍塌、防坠落、反三违"专项整治活动实施方案》，对大型水运、桥梁及隧道工程的大型施工机械设备进行重点排查。

积极开展安全生产督查工作。以平安工地建设为载体，结合安全生产"百日会战""安全生产月""打非治违"等专项活动开展督查工作。从督查情况看，参建各方均对施工安全生产给予了高度重视，但也发现一些安全隐患和问题。省质监部门共组织安全生产专项督查31次，排查治理各类安全隐患和问题365处，其中高速公路196处、普通公路94处。处理建设单位3家；监理单位10家，施工单位3家；处理监理人员1人，施工单位人员8人。

继续做好各类相关信息的收集、统计、反馈工作。及时完成省交通厅安全生产隐患排查情况月报表、"打非治违"情况月报、组织督查检查情况及非法违法违章违规情况月报等统计上报工作，确保全省安全生产信息渠道畅通。

扎实开展安全生产应急工作，建立安全生产例会制度。省质安局成立局长任组长的安全生产领导小组，安全监督工作领导小组办公室每月组织由局主要领导主持召开的安全生产例会，分析解决当前安全生产监督工作面临的问题，研究、部署下一阶段安全生产监督重点工作。做好特殊时段安全生产和应急工作。省质安局在春节、汛期、冬季、"十一"等重大节日，都及时下发相关工作要求，要求全省在建工程切实做好安全生产工作，确保施工现场万无一失。汛期来临之际，省质安局在第一时间下发《关于加强汛期交通建设工程安全生产工作的通知》，要求各施工单位严格制订并落实防汛应急预案，要提早安排部署汛期安全生产预警工作，发生汛情时能够及时作出反应，避免事故发生。强化保障措施,切实提高应急救援能力。致力于构建统一指挥、反应灵敏、协调有序、运转高效的生产安全事故应急救援与处置机制。向部报送了3名有安全经验的同志入选交通部全省安全生产应急救援专家。

(8)2014年安全生产监督工作

平安工地建设扎实开展。一是下发了《推进全省公路水运工程平安工地考核评价信息化工作意见》,开发应用了全省公路水运工程平安工地考核评价信息管理系统,实现了考核评价工作信息化管理。二是开展了全省公路水运工程平安工地考评系统培训,定期对建设、施工、监理等参建单位和全省交通质监系统人员进行培训,进一步提升了考核评价工作效果。三是完成了长深高速公路工程(沈康三期)、盘锦辽滨沿海经济技术开发区内湖中桥工程和大连长兴岛葫芦山湾南防波堤及南岸临时围堰工程等3个项目的公路水运工程"平安工地"部级示范项目推荐工作。四是与省安监局联合完成了中朝鸭绿江界河大桥、建兴高速公路两个工程项目申报交通运输部、国家安监总局"平安工程"冠名项目的推荐工作。

企业安全生产标准化建设稳步推进。一是制定了《全省交通运输建筑施工企业推进安全生产标准化考评工作实施方案》,制作了考评工作流程图,明确了考评目标、考评程序、激励措施等,确保了考评工作有效开展。二是配合省交通厅安全处完成了3家二级考评机构和8家三级考评机构的认定工作。三是先后开展了两次标准化建设考评工作宣贯培训,培训企业管理人员和考评员460人次,为实现2015年底全省建筑施工企业达标100%奠定了坚实基础。

施工安全风险评估不断深入。一是将项目施工安全风险管理作为督查的重点,督促各参建单位开展风险评估,降低安全隐患,确保生产安全。会同省交通厅安全处先后督促和协调组织沈四高速公路改建工程在开工前开展了项目整体风险评估,建兴高速公路工程召开了丁家沟公铁分离式立交桥转体施工专项风险评估报告评审会。二是重点推动全省普通公路在建大连长山大桥等特大桥梁及大连、本溪市的隧道全部完成了专项风险评估,使全省特大桥梁和隧道工程风险评估率达到100%。

施工安全隐患排查治理和督查取得成效。在交通运输部、省交通厅的统一部署下,先后开展了打非治违"回头看"、安全生产突出问题集中整治、安全生产月、安全年、桥隧风险评估、安全宣传周、"六打六治""平安工地"建设、标准化建设等9项安全生产专项活动。以专项活动为契机,进一步加大排查治理事故隐患力度,一年来共计组织开展安全生产专项督查51次,治理事故隐患689处,处罚参建单位8家次、从业人员10人次。

不断创新安全监管手段。探索开展了施工安全风险监控预警平台建设,会同局相关处室完成了"辽宁省公路水运工程施工安全风险监控与预警信息平台研究"立项工作,拟重点对隧道工程,桥梁支架、悬浇段施工、高边坡等存在重大风险源的部位或施工工序进行实时动态安全监控,以进一步提升安全生产监管精细化和科技应用水平。

(9)2015安全生产监督工作

加强制度建设。一是深入贯彻落实安全生产法。制定下发了《关于全面贯彻落实新〈安全生产法〉的实施意见》,重点对其中安全生产监督管理相关的17个条款(共梳理11项工作职责)进行分解、落实,确保安全生产宣传工作与监督工作统筹协调推进。二是按照"管行业必须管安全、管业务必须管安全"的原则,对《关于成立安全生产监督工作领导小组的通知》(辽交工监安发[2013]54号)相关内容进行调整,进一步明确了局内各有关部门的安全监管责任。三是年初制订了2015年省质安局安全督查工作计划,明确了局监督业务处室监督任务、督查工作目标及督查时间安排等。四是完善安全生产举报制度。为规范公路水运工程质量安全举报投诉查处工作,代厅制定了《辽宁省公路水运工程质量安全举报投诉查处程序规定》。五是完善安全预防控制体系。完善了省厅"公路水运工程生产安全事故应急预案",明确相关单位应急工作职责。六是组织编写了《公路工程安全生产事故案例分析与处置手册》和《公路水运工程安全督查工作手册》,为规范应急和督查工作奠定了基础。

认真开展"平安工地"考评。以"平安工地"创建为抓手,促进安全生产监管工作。一是充分利用全省公路水运工程平安工地考核评价信息管理系统,全面实施信息化考评。二是严格奖惩,对2014年全省公路水运工程平安工地创建及考核评价情况进行通报,对活动开展成效显著的项目参建单位进行通报表扬,对项目实施过程中存在较多安全隐患和问题的参建单位进行了处罚。三是年初以来,相关监督业务处室将各市及各项目"平安工地"考评工作开展情况作为重要监督内容,有效促进各市、各项目安全生产工作。全省公路、水工工程考评项目共计239项,综合达标率100%,示范率31.3%。其中,高速公路、普通公路重点项目、水运大型工程达标率达到100%。

企业安全生产标准化建设稳步推进。严格按照《辽宁省交通运输工程建设企业安全生产标准化考评实施细则》和《辽宁省交通运输建筑施工企业安全生产标准化考评标准》,积极组织、调度考评机构开展建筑施工企业安全标准化考评工作,确保按期完成考评任务。全省建筑施工企业第一批通过初评达到二级标准的企业64家,达到三级标准的企业49家。

全面推进建设项目安全风险管理。一是积极推进"辽宁省公路水运工程施工安全风险监控与预警信息平台"项目研究,并在铁平高速公路平顶堡公铁立交进行了测试、系统安装试应用,研究工作取得了阶段性成果。二是监督指导盘锦辽东湾内湖大桥钢结构安装方案专家评审会和盘锦辽东湾新区内湖大桥钢结构安全风险评估专家评审会,施工单位根据专家意见,调整了施工方案,改进了施工工艺,采取了切实有效的风险控制措施,安全管理得到有效控制。

认真开展"安全生产月"活动。按照《辽宁省交通厅关于开展 2015 年全省交通运输"安全生产月"活动的通知》(辽交安监发〔2015〕218 号)文件要求和工作部署,认真组织开展"安全生产月"活动。一是省质安局制定下发《辽宁省交通质监系统 2015 年"安全生产月"活动实施方案》,要求各市质安处通过开展多种形式的宣传教育活动,深入宣传普及安全文化、安全法律、安全技术和安全知识到基层,为全省交通建设安全生产形势持续稳定好转提供有力的思想保证、精神动力和文化条件。二是省质安局加强安全生产宣传,向高速公路项目和各市质安处发放了《公路工程施工安全技术规范简明手册》和新《安全生产法》口袋书等资料。三是局主要领导在省质安局网站发表"强化《安全生产法》宣贯,促进安全生产监管工作有效开展"的署名文章。四是现场监督指导大连前石隧道组织隧道施工应急演练,检验了项目应急预案的可行性,演练取得了实效。

不断加大监督检查力度。一是省市质监机构对全省 239 项公路水运工程项目开展达标考核评价工作,共计开展安全生产专项督查 75 次,一般巡查 72 次,排查治理各类安全隐患和问题 2054 处,处罚施工责任人 5 人次,监理责任人 3 人次,通报批评施工单位 9 家次;通报批评监理单位 4 家次;按新安全生产法要求实施经济处罚 23 万元。二是按照交通运输部和省交通厅有关要求,认真组织开展了"公路水运工程落实施工方案专项整治""安全生产月""深化打非治违和专项整治""安全生产隐患排查治理攻坚行动""公路水运工程落实施工方案专项行动"等专项活动,制订相关活动方案,严格开展督查。三是积极配合省安委会及省交通厅对全省各地区在建公路水运工程项目进行了"落实施工方案"和"安全年活动"督查,促进全省公路水运工程安全生产形势的稳定。

加强信息报送、应急处理。及时向交通运输部安委会、省交通厅等上级部门报送各类安全生产信息、报表,确保安全生产信息渠道畅通,结合节日、汛期、冬季等特殊时段及时发布预警,加强安全生产和应急处理工作,确保工程建设生产安全。全年报送各类安全生产信息、报告、报表等 61 份,转发交通运输部、省交通厅安全生产文件 26 份。

(10)2016 年安全生产监督工作

制定《辽宁省交通质监系统安全生产监管工作"十三五"规划》和《2016 年质安局安全监督检查工作计划》。为全面贯彻《安全生产法》,制定了《辽宁省交通质监系统安全生产监管工作"十三五"规划》,进一步明确了质监系统安全生产监管职责,夯实安全管理基础。按照《辽宁省人民政府关于加强安全生产监管执法的实施意见》(辽政发〔2015〕46 号)精神和省厅统一部署,下发了 2016 年安全监督检查工作计划,明确了年度各部门安全监督工作目标、任务、措施,对执法工作日进行了详细测算,为全年安全执法工作有序开展奠定了基础。

完善安全监管制度办法。制定印发了《辽宁省公路工程全面推进安全风险管理工作实施意见》《辽宁省公路水运工程重大事故隐患清单管理办法》《辽宁省公路水运工程施工企业主要负责人和安全生产管理人员考核管理办法》《辽宁省公路水运工程重特大生产安全事故应急预案》《辽宁省公路水运工程安全生产督查工作手册》《省质安局安全生产工作目标管理考核办法(试行)》等制度办法,为有效开展安全生产监管工作提供了制度保障。

梳理了省质安局安全监管权责事项清单。按照省交通厅领导对《江瑞副省长在全省煤矿安全生产工作会议上的讲话》(辽政阅〔2016〕5号)的批示精神,结合全省交通建设安全监管工作实际,进一步明确责任,落实任务,设立了质安局安全监管工作过程中的监管内容、职责、依据、措施及责任部门等,并按要求,在局网站进行了公示。

做好迎接国务院安委会安全生产巡查工作。4月,国务院安委办印发了《安全生产巡查工作实施方案及2016年巡查工作分组安排的通知》(安委办发〔2016〕2号),国务院安委会第二巡视组于10月中旬开始,对辽宁省安全生产工作进行驻地巡查。按照局领导要求,制订了迎检实施方案,明确了工作任务、责任部门、责任人及完成时限,在各部门的共同努力下,圆满完成了材料报送等迎检工作,得到了省厅领导的充分肯定。

扎实开展"安全生产月"活动。按照《辽宁省交通厅关于开展2016年全省交通运输"安全生产月"活动的通知》(辽交安监发〔2016〕209号)文件要求和工作部署,认真组织开展"安全生产月"活动。一是制定下发《辽宁省交通质监系统2016年"安全生产月"活动实施方案》,要求各市质安处通过开展多种形式的宣传教育活动,深入宣传普及安全文化、安全法律、安全技术和安全知识到基层,为全省交通建设安全生产形势持续稳定好转提供有力的思想保证、精神动力和文化条件。二是为强化《安全生产法》宣贯,局主要领导在省局网站发表"加强安全生产监管执法,铸造公路水运平安工程"署名文章。三是举办由局领导及各业务处室主要人员参加的"安全生产月"主题教育活动,组织观看了2016年安全生产月警示宣传片"筑基"及警示教育片"生产安全事故典型案例盘点(2016版)",学习了《江瑞副省长在全省"安全生产月"工作动员电视电话会议上的讲话》。四是制订安全生产应急救援演练计划,监督指导大东港项目桥梁施工和本溪市沈环线玉龙隧道项目组织开展应急演练,检验了项目应急预案的可行性。

继续全面推进"平安工地"考评工作。以"平安工地"创建为抓手,促进安全生产监管工作。一是充分利用全省公路水运工程平安工地考核评价信息管理系统,全面实施信息化考评。二是严格奖惩,对2015年全省公路水运工程平安工地创建及考核评价情况进行通报,对活动开展成效显著的项目参建单位进行通报表扬,对项目实施过程中存在较多事故隐患和问题的参建单位进行了处罚。三是年初以来,相关监督业务处室将各市及各项目"平安工地"考评工作开展情况作为重要监督内容,有效促进各市及各项目安全生产工作。

企业安全生产标准化建设扎实开展。一是配合省交通厅对通过辽宁省交通运输企业安全生产标准化达标考评企业共计二批（第七批、第八批）141家进行了公示，并已认定达标。二是配合省交通厅完成了安全生产标准化管理系统基础数据摸底及填报工作。

积极推动安全风险管理工作。省质安局印发了《辽宁省公路工程全面推进安全风险管理工作实施意见》，将推进桥梁和隧道工程在项目初步设计和施工阶段，路堑高边坡在施工阶段进行安全风险评估；对项目可行性研究、设计、交工和运营阶段进行安全性评价。督查发现中部环线、大东港疏港路高速公路项目，以及葫芦岛外环线五里河大桥、锦州市锦州人工岛连接线工程、丹东青营线永安岭隧道工程普通公路项目风险管理工作开展较规范。

继续加强安全生产监督检查。紧紧围绕事故隐患排查整治百日专项行动、安全生产月行动，督促参建单位加大事故隐患排查治理力度，在督查过程中，按照《辽宁省公路水运工程安全生产督查手册》，严格落实执法检查"四个清单"制度，实行闭环管理。全年全局共计开展安全生产专项督查20次，一般巡查30次，排查治理各类安全隐患和问题1237处，通报批评施工单位5家；通报批评监理单位5家；通报批评建设单位1家；处罚施工责任人1人；监理责任人1人；按新安全生产法要求对3家单位实施经济处罚20万元。

信息化项目有序推进。一是于5月27日，组织召开"公路水运工程施工安全风险监控与预警信息平台"项目建议书研讨会，对"辽宁省公路水运工程施工安全风险监控与预警信息平台"项目需求分析及模块构成进行论证，为招标工作奠定了基础。二是按照政府采购程序要求，严格执行项目招投标制度，会同局相关处室于10月19日完成招标和合同签订。三是对项目进展情况定期进行调度，目前进展顺利。

加强信息报送工作。省质安局及时向交通运输部安委会、省交通厅等上级部门报送各类安全生产信息、报表，确保安全生产信息渠道畅通，结合节日，加强安全生产信息报送。全年报送各类安全生产信息、报告、报表等40余份，转发交通运输部、省交通厅安全生产文件30余份。

3. 从业人员安全管理

根据《公路水运工程施工企业安全生产管理人员安全生产考核实施意见》的规定，安全生产管理人员考核工作实行分级管理：交通部负责考核工作的统一管理，并具体负责公路水运工程施工总承包一级（含一级）以上资质、专业承包一级资质施工企业（下简称为"一级及以上施工企业"）的考核工作，办事机构设在交通部基本建设质量监督总站；各省级交通主管部门负责本行政区域内公路、水运工程施工总承包二级（含二级）以下资质以及专业承包二级（含二级）以下资质的施工企业的考核工作，办事机构由省级交通主管部门确定。2008年之前，辽宁省交通安全生产从业人员的安全考核、管理工作由省公路管理局具体负责。

2007年2月,根据交通部《公路水运工程安全生产监督管理办法》的规定,公路水运工程安全生产监督管理部门的主要职责之一,是要依法对公路水运工程从业单位安全生产条件实施监督管理,组织施工单位的主要负责人、项目负责人、专职安全生产管理人员的考核管理工作。2008年,在交通运输部印发的《公路水运工程质量安全督查办法》及省交通厅印发的《辽宁省交通建设工程安全生产监督管理办法(试行)》文件中规定,各级交通、港口行政主管部门及其委托的监督部门依法对本行政区域内交通建设工程从业单位安全生产条件实施监督,组织施工单位的主要负责人、项目负责人、专职安全生产管理人员的考核管理工作也是其主要工作职责。

自2008年开始,受省交通厅的委托,省质安局开始承担对全省交通建设工程施工企业安全生产管理人员的培训、考核及管理工作。对全省公路水运工程施工企业《安全生产许可证》和安全生产管理人员《安全生产考核合格证书》开展考核工作,对没有《安全生产许可证》的企业清除出辽宁省交通建设工程市场,对没有《安全生产考核合格证书》的三类人员取消其上岗资格。

根据部文件精神,完成了辽宁省公路水运施工企业安全生产管理人员证书初审工作,审查通过1家企业39名安全生产管理人员,向交通运输部报送《关于辽宁省公路水运工程施工企业安全生产管理人员2004年证书延期初审意见的报告》。完成5期二级以下资质施工企业三类人员的安全培训及考核工作,培训人员587人。至2008年底,省质安局计划将举办1期一级资质施工企业三类人员证书延期的继续教育培训,培训人员约100人。

2009年共举办了7期二级及以下施工企业三类人员培训班,参加培训学员831人,考试合格730人;举办1期一级施工企业安全生产三类人员培训班,代部初审、培训、考试87人;举办4期一级施工企业安全生产三类人员继续教育培训班,并对安全生产考核合格证书进行了延期申请的初审工作,共18家企业552人参加培训。

2010年共举办了1期二级及以下施工企业三类人员培训班,参加培训学员190人,考试合格170人;举办1期一级施工企业安全生产三类人员培训班,代部初审、培训、考试87人;举办1期施工企业安全生产三类人员继续教育培训班,共173人参加培训,并对安全生产考核合格证书进行了延期申请的初审工作。

2011年共举办了2期施工单位安全生产三类人员考核及继续教育培训,培训及考核人员共计1238人,其中参加一级资质施工企业安全生产三类人员考核452人,参加二级及以下资质施工企业安全生产三类人员考核447人,参加一级、二级及以下资质施工企业安全生产三类人员继续教育培训考核339人。

2012年继续开展安全生产三类人员培训考核工作。省质安局于6月11~12日举办了1期继续教育培训,共计培训165人。

2013年继续开展安全生产三类人员培训考核工作。省质安局4月7~12日举办了

2013年度公路水运工程施工企业安全生产管理人员培训班,培训人数574人。

2014年举办了全省公路水运工程施工企业安全生产"三类人员"培训班,培训施工安全人员近1800人。同时严格培训和考试纪律,查处培训和考试违纪人员33人。

2015年,经中国公路建设行业协会同意,举办了2015年度全省公路水运工程建筑施工企业安全生产管理人员考核及延期培训班,全省近1900名学员参加此次培训。培训考试期间,共有17名学员因上课出勤率不足取消考试资格,另有17名学员因考试违纪被清出考场,并全省通报,培训工作取得了良好效果。

2016年,省质安局组织开展《辽宁省公路建设全面推进安全生产风险管理实施意见》和《公路工程施工安全技术规范》宣贯培训班,邀请交通运输部安全专家来授课解读安全管理有关政策规范,全省公路建设、施工、监理及监督管理单位,共计300余人参加宣贯培训,培训取得了实效,提高了全员安全意识,为全省公路建设全面推进安全生产风险管理和施工安全标准化建设奠定坚实基础。12月22日,省质安局举办了全省质监系统贯彻习近平总书记关于安全生产系列重要讲话宣讲活动暨安全监管工作培训班,特邀的省安监局党组成员、省政府安全专家、省安委办宣讲团成员刘建总工程师授课,培训达到预期效果。

六、设计变更管理

(一)设计变更管理

1984年6月,从神州第一路——沈大高速公路工程建设伊始,辽宁省高速公路建设者开启了对高速公路规划、设计、施工、管理进行全方位创造性探索的序幕。辽宁省在国家"七五"至"八五"期间陆续组织建设了沈大高速公路、沈阳至桃仙机场高速公路、沈阳过境绕城高速公路、沈铁高速公路、沈抚高速公路,建设里程达573km。在这个阶段的工程建设中,全省高速公路建设市场尚未开放,建设项目由交通系统的省公路工程局、各市公路工程处专业施工队伍承包,实行投资包干制。在项目实施过程中,普遍采用对已完工程实施计量支付,项目完工后进行工程决算的模式,这个阶段暂未涉及工程设计变更管理工作。

1993年,省交通厅决定凡高等级公路工程一律实行公开性招投标制和全方位工程监理制。辽宁省在国家"九五"期间建设的沈本、铁四、沈山等高速公路项目均开始采用招标选择施工队伍,并派驻了工程监理。特别是沈本(小堡至南芬段)高速公路是国内第一条利用亚洲开发银行贷款的建设项目,正式实行国际竞争性公开招标,并签订工程承包合同。在此期间,辽宁省高速公路项目设计变更管理逐步探索采用国际咨询工程师联合会(FIDIC)条款中的规定,由监理工程师现场确定变更方案及工程量,普遍做法是监理工程师现场给定变更方案及工程量,经建设单位审批后实施。每个项目也均根据自身特点做了很多设计变更管理的探索和尝试,逐步形成了成套的变更管理程序。

1999年8月16日,为加强丹本高速公路工程建设管理,严肃设计变更程序,使工程建设中各项设计变更实现规范化、标准化管理,严格工程投资控制,确保工程"四个一流"目标的实现。辽宁省高等级公路建设总指挥部丹本指挥部颁布《丹本高速公路工程项目设计变更管理办法》(辽高建丹指发[1999]001号)。办法中给出了设计变更一词的含义,并对设计变更的类别按是否涉及工程结构变化及工程造价增加金额等因素做了划分,规定了各类变更的审批程序、手续及审批权限,要求变更金额小于25万元的由前线指挥部组织驻地监理、总监办、设计代表等进行讨论审批,变更金额大于25万元的由指挥部组织参建单位初步审核后报省高建局办公会讨论批准,并对设计变更价款的支付做了具体要求。

2004年3月4日,省交通厅颁布《关于印发辽宁省高速公路建设工程设计变更管理办法的通知》(辽交计发[2004]45号),这是省交通厅颁布的首个高速公路建设设计变更管理办法,适用于辽宁境内省交通厅投资的高速公路建设项目。办法的颁布为加强高速公路建设管理,规范设计变更程序,控制项目工程造价管理方面开启了新的一页。办法规定了设计变更提出的条件,规定设计文件中存在错误、遗漏、缺项,勘察设计资料不完整、设计不合理或不能满足工程使用功能、工程实际的地质、水文、地形等自然条件与原设计不符或按原设计不能或难以实施,有利于农田、水利、工矿建设、地方交通及文物保护,国家颁布新的技术标准和新的设计规范以及上级交通行政主管部门对工程建设提出新的技术要求,应用先进技术或优化设计、缩短工期、确保工程质量、安全,有利环境保护、方便沿线居民、节省土地和改善施工条件等五种情况方可考虑设计变更。办法根据变更内容及增加投资金额,将设计变更划分为一至四类设计变更和特殊情况下的应急设计变更,并对设计变更的申报审批程序做了要求,规定一类设计变更由原初步设计审批机关审批,二类设计变更由省厅审批,三、四类设计变更由建设单位依据权限审批,明确要求工程设计变更未经批准不得付诸实施,并对有关单位责任及追究做了规定。

2005年10月1日,辽宁省交通厅依据交通部2005年7月1日起颁布施行的《公路工程设计变更管理办法》(交通部令2005年第5号)有关规定,结合辽宁省高速公路建设与管理的实际情况,制定了《辽宁省高速公路工程设计变更管理办法》(辽交计发[2005]262号)。办法提出高速公路设计变更必须坚持"实事求是、合理优化"的原则,在满足国家有关高速公路建设的强制性标准和技术规范的前提下,符合工程质量、使用功能、安全性能的要求,符合环境生态保护的要求,提出设计变更的审批必须认真贯彻廉政建设的各项规定,坚持集体研究和分级管理的原则,任何单位或个人不得违反规定擅自变更已经批准的公路工程初步设计、技术设计和施工图设计文件,不得肢解设计变更规避审批,不得擅自和越权审批。规定二类设计变更的审批按照两个阶段进行,即设计变更方案的审批和设计变更报告的审批,规定设计变更费用单价执行承包合同清单单价,合同中无单价的,可参照部颁《公路基本建设工程概算、预算编制办法》和《公路工程预算定额》及现场实际情况进行重新组价的原则。对设计变更报告材料组成做了明确要求,对设计变更台账及档案管理做了有关要求。

2005年10月5日,辽宁省高等级公路建设局依据省交通厅颁布的《辽宁省高速公路设计变更管理办法》制定了《辽宁省高速公路工程设计变更管理实施细则》(辽高建总办发〔2005〕103号),这是省高建局在设计变更管理上制定的首个管理办法,为高速公路建设设计变更管理提出了更为详细的管理和操作依据。细则较好地响应了部颁办法及省交通厅办法的有关要求,特别是对建设单位负责审批的变更事项做了细化和规定,要求各类设计变更均应按设计变更方案报批及设计变更报告报批的程序执行,同时为解决变更审批的时效性,对各级审核部门对变更资料的审查时间做了明确的规定,并将部分设计变更违规行为,结合《辽宁省高速公路工程质量事故处理暂行办法》《辽宁省高速公路工程施工单位业绩考核办法》中有关规定进行管理和处理。

2008年,省高建局结合高速公路项目建设形势,考虑社会发展及物价上涨等因素,结合项目设计变更管理的具体情况,制定了《关于对〈辽宁省高速公路建设工程设计变更管理细则〉有关内容修订的通知》(辽交总工发〔2008〕54号)。该通知要求三类设计变更单项变更预估金额由大于25万元调整为大于50万元。

2011年6月14日,辽宁省交通厅重新颁布《辽宁省公路工程设计变更管理办法》(辽交总工发〔2011〕202号),对2005年办法进行了修订。此次修订主要是结合"十一五"期间辽宁高速公路较好较快建设发展及"十二五"期间的高速公路规划建设目标,针对高速公路建设中出现的新情况、新技术和新问题,适应高速公路建设管理需求提出的。办法在适用范围中首次增加了高速公路改扩建工程项目,将设计变更类别按重大设计变更、较大设计变更和一般设计变更重新界定,规定重大设计变更由初步设计批复单位审批,较大设计变更由省交通厅审批,一般设计变更由项目法人审批,进一步明确项目法人、监理单位及设计单位在设计变更审查审批过程中的违纪行为和审查不严出现错误的处罚规定,首次将施工单位的违规行为纳入《辽宁省公路施工企业信用评价规则》中管理。

2011年7月1日,省高建局发布《关于印发〈辽宁省高速公路工程设计变更管理实施细则〉的通知》(辽高建技发〔2011〕106号),根据省交通厅颁布新办法对2005年细则进行了修订。本次修订将一般设计变更划分为一般A类和一般B类设计变更,规定一般A类设计变更由省高建局负责审批,一般B类设计变更由项目指挥部负责审批,并细化了属于一般A类设计变更的具体内容。

2012年12月17日,辽宁省交通厅颁布《关于印发〈辽宁省公路工程设计变更管理办法(试行)〉的通知》(辽交建发〔2012〕401号),对办法再次修订。此次修订将BT项目纳入办法进行管理,明确省交通厅成立变更设计领导小组,负责单项设计变更金额1000万元以下较大设计变更方案的审定,并负责单项投资额增加1000万元以上较大设计变更方案和重大设计变更方案的审核上报工作,明确厅基本建设处、厅总工办及厅监察室的设计变更管理分工,提出厅变更审查采取专家审核制等新规定及要求。

2014年5月22日,为进一步规范辽宁省高速公路工程设计变更管理工作,省高建局成立设计变更审核小组和审批小组,明确规定一般A类设计变更方案由设计变更审核小组审查并批复,一般A类、B类设计变更报告由设计变更审核小组提交设计变更审批小组批复,较大、重大设计变更方案及报告由设计变更审核小组审核后,提交设计变更审批小组复审确定审核意见后上报省交通厅,并规定局监察处负责对设计变更审批程序监督,局法律顾问负责相关规定的法律咨询工作。

2014年6月12日,为切实保证工程质量和安全,严格控制投资,杜绝和遏制不合理变更,辽宁省交通厅颁布《关于进一步加强公路工程设计变更管理工作的若干意见》(辽交建发〔2014〕311号)。意见明确了辽宁省公路工程项目采用监理、项目管理机构、建设单位、厅主管部门及造价管理机构、厅设计变更领导小组五级审查审批管理制度;明确设计变更管理重点为实行集体决策、严格审批时限、强化现场审核及推行"阳光化"审批;进一步明确了建设单位、设计单位、监理单位、监督单位的设计变更管理责任;明确加大责任追究力度,特别是对虚假设计变更、未批先干、肢解或打包申报、瞒报负变更的处罚力度,严格量化惩罚制度等规定。

2014年8月14日,省高建局制定《关于印发辽宁省高速公路工程设计变更管理实施细则(试行)的通知》(辽交建技发〔2014〕165号),对细则再次修订。此次修订较好地响应了省厅新颁布的设计变更管理办法及若干意见的规定,将合同文件变更导致费用变化纳入一般A类设计变更管理,首次规定省高建局负责一般B类设计变更报告20%比例的抽查工作,首次将辽宁省高速公路建设项目执行控制系统平台应用于设计变更管理;在细则中增加了省高建局设计变更审核小组和审批小组的相关职能,并对设计变更实施过程及完工后的资金预借款工作做了规定,首次将设计单位的变更管理行为纳入《公路设计企业信用评价规则》进行考核。

纵观高速公路工程设计变更管理的探索和实践历程,可以说是辽宁高速公路建设发展的缩影。建设者们始终本着顺应发展、实事求是的原则,本着为社会为人民造福的宗旨,凝聚力量,不断创新,开创了一个又一个的建设奇迹。在设计变更管理上,既尊重客观事实,又重视制度建设,总能将高速公路工程的项目建设、地方诉求、投资造价及社会环境有机协调统一。时至今日,辽宁省的设计变更管理工作已形成了涵盖多级监管的监督体制、明确细化的管理程序、权责明晰的责罚制度的综合立体管理模式,各级监管单位、参建单位均制度健全,有章可循,并在具体管理中应用科技化、信息化手段将设计变更管理工作做细做实、无缝连接,为高速公路工程建设提供了坚实的管理保障。毋庸置疑,随着国家经济社会不断发展进步,随着基础设施建设不断推进,辽宁的设计变更管理工作还将紧随时代的特点和脚步逐步推陈出新,为高速公路工程建设又好又快的发展贡献智慧和力量。

(二)勘察设计及变更监督

面对新形势下高速公路建设"创新、协调、绿色、开放、共享"的发展需要,工程质量监管着眼点和着力点也在不断增强,监管范围逐渐覆盖工程前期勘察设计环节和施工期设计服务。

1．成立监督办时期对设计变更的签认

2006年,根据省交通厅工作要求,高速公路设计变更管理工作新增监督单位签认环节,省质安局项目监督办公室在设计变更申请阶段参与设计变更方案审核工作,并对设计变更项目进行备案管理。设计变更工程质量监督随工程总体质量监督工作进行。

2．成立设计监督处后的探索过程

(1)设计监督处设置

2014年以前,辽宁省新建、改(扩)建高速公路及普通公路省直管重点建设项目实行设计咨询审查制,设计质量管理由勘察设计单位直接负责,省交通厅负责初步设计和施工图设计文件审查,未设置专门监督部门实行过程质量监督管理。

为加强全省公路工程勘察设计管理工作和公路工程设计变更管理工作,2014年6月,结合辽宁省公路工程建设的实际情况,省交通厅发布《辽宁省公路工程重点建设项目勘察设计管理办法(试行)》和《辽宁省关于进一步加强公路工程设计变更管理工作的若干意见》,将勘察设计质量监督、设计变更工程监督纳入高速公路勘察设计质量管理环节,增加并明确监督单位勘察设计和设计变更监督工作职责。

据此,2014年8月省质安局成立设计监督处,受省交通厅委托开展高速公路工程勘察设计和设计变更监督工作。具体负责全省公路工程重点建设项目勘察设计质量监督,对工程设计变更程序履行和现场实施情况进行监督抽检,并依法查处违法违规行为。监督范围包括全省高速公路新建、改(扩)建、大中修、造价超过1亿元的路面预防性养护项目,以及普通公路省直管建设项目,包括路基、路面、互通立交、桥梁、隧道、交通安全设施、机电、房建、绿化及环保工程。监管对象为辽宁省行政区域内从事公路工程重点建设项目勘察设计活动的从业单位和从业人员。

省质安局成立设计监督处后,遵循省交通厅工作部署和要求,积极开展勘察设计监督和设计变更监督工作,探索监督工作方式、创新监督工作机制、确立监督工作重点、细化监督工作内容。

（2）制度体系建设情况

2015年1~8月，为加强勘察设计质量监督管理、规范勘察设计行为、提升勘察设计质量，根据辽宁省高速公路工程建设实际情况，结合监督工作实际起草《辽宁省公路工程重点建设项目勘察设计监督规定（试行）》（报批稿），明确勘察设计监督目的、范围，对监督工作内容和监督工作流程做出详细规定，实现监督职责明确、程序明确，为监督工作规范、有序开展提供依据。

（3）设计监督工作的探索和开展情况

①监督工作的探索

自设计监督工作开展以来，为找准监督工作重点、提升监督工作实效、保证勘察设计品质，省质安局从勘察设计质量细节，开展监督基础资料收集、调研工作。

2014年9月，选取2011—2014年全省11条已完工高速公路工程建设项目设计变更工程资料进行汇总分析，熟悉辽宁省高速公路建设项目设计变更工程特点和规模，分析全省常见变更工程类型和变更原因。同年11月，根据勘察设计监督工作职责，同高速公路建设单位、设计单位、监理单位和施工单位就勘察设计和设计变更监督工作开展横向调研，了解辽宁省高速公路工程建设项目勘察设计及设计变更管理工作现状，征询工程参建单位对勘察设计及设计变更监督工作意见和建议，为监督工作内容、管理模式的形成和完善打下基础。同年12月，对沈阳（王家沟）至铁岭（杏山）公路改扩建在建工程设计变更管理工作进行现场走访，了解设计变更工程管理现状，为设计变更监督工作重点和监督方式确定提供基础资料。

2015年1月，开展高速公路勘察设计错误信息收集工作，针对高速公路施工、监理、运营养护单位对已完工高速公路建设项目勘察设计问题信息或质量提升建议进行收集，结合施工、管养经验督促勘察设计成果优化，提升勘察设计成果品质。同年9月，针对辽宁省高速公路绿化工程勘察设计内容及绿化植物施工、养护阶段存在问题采取现场调查、横向调研的方式与绿化施工、设计、管养单位进行交流，收集绿化设计、施工经验及优化信息，为绿化工程监督标准化工作收集资料。同年10月，根据勘察设计相关规范、标准，结合监督工作实际编制《辽宁省公路工程重点建设项目勘察设计监督工作手册》，详细说明勘察设计及设计变更监督工作内容、监督问题处理流程，制订监督工作内容清单，为勘察设计监督程序化、标准化提供依据。

②监督工作方式和内容

随着勘察设计监督工作的探索和实践，逐渐形成从规范勘察设计和设计变更从业单位质量行为出发，以提升勘察设计质量和设计变更工程实施质量为目的，以各从业单位对相关政策、办法、规范及合同执行情况、管理程序履行情况为监督重点的工作思路，形成职责明确、重点明确的勘察设计全过程质量监督模式。

监督工作方式和内容具体为:重视质量行为监督。监督工作中重点对勘察设计和监理(咨询)合同、工作大纲执行情况,勘察设计、监理质量行为进行监督,同时,监督各设计阶段设计文件对监理(咨询)、审查意见的落实情况,实现监理(咨询)、审查工作闭合;重视设计成果质量和深度检查。以地质现场抽验复核、复杂结构抽检验算方式对特殊、重点工程设计构造物的地质勘察成果、设计方案等进行复验,验证勘察设计成果准确性、合理性。对各勘察设计阶段设计成果质量实施监理咨询和监督双重审查;重视勘察设计程序合规性监督。监督检查勘察设计、勘察设计监理(咨询)工作大纲报批、审批及备案等程序履行情况,保证勘察设计工作依据合理、充分;重视设计变更质量监督。对设计变更程序履行的规范性和时效性进行监督,避免"未批先干、肢解打包"等现象,采取现场检查、核实的方式对变更工程实施质量、数量进行抽检,确保设计变更工程建设质量。重视设计服务监督。依据勘察设计合同和工程实际需求情况,对设计服务人员的投入、资格能力进行动态监督。同时,加强施工图技术交底、设计变更审查、图纸更改等环节设计服务质量监管,确保设计服务高质、高效。

③监督工作开展

省质安局在勘察设计监督工作中严格按照国家、辽宁省相关办法要求,积极落实监督工作职责,以工程强制性规范、标准为工作标尺,2014—2016年共监督勘察设计项目12项,设计变更项目11项,见表3-5-4。

2014—2016年勘察设计和设计变更监督工作情况 表3-5-4

序号	监督时间	项目名称
一、勘察设计监督		
1	2015年2月	灯塔至辽中高速公路灯塔南互通立交初步设计项目
2	2015年2月	辽宁中部环线高速公路铁岭至本溪段施工图设计项目
3	2015年4~5月	丹东大东港疏港高速公路施工图设计项目
4	2015年5月	长深高速公路康平海州窝堡(辽蒙界)至北四家子段机电工程施工图设计项目
5	2015年7月	沈阳至铁岭高速公路改扩建工程交通安全设施和房建设施施工图设计项目
6	2015年7~9月	鲅鱼圈疏港高速公路施工图设计项目
7	2015年7~8月	京哈高速公路毛家店主线收费站改扩建工程初步设计、施工图设计项目
8	2015年7~8月	京哈高速公路杏山枢纽立交改建工程初步设计、施工图设计项目
9	2015年3月	沈阳至康平高速公路鸭绿江街至新城子段初步设计阶段地质勘察项目

续上表

序号	监督时间	项目名称
10	2016年1月	沈阳至铁岭高速公路改扩建工程机电工程施工图设计项目
11	2016年7~9月	鹤大高速公路前阳互通立交初步设计、施工图设计项目
12	2016年10月	丹东大东港疏港高速公路路面、交通安全设施、管道、房建、绿化工程施工图设计项目
二、设计变更监督		
1	2014年11月 2015年4月、5月	新铁高速公路新增交警楼项目
2	2015年1月	沈阳绕城高速公路综合2标段增设声屏障项目
3	2015年1月	阜盘高速公路交安1标段、3标段声屏障增设、调整项目
4	2015年1月	阜盘高速公路北延伸线北环互通立交新增绿化项目
5	2015年1月	建兴高速公路全线绿化工程调整项目
6	2015年1月	庄盖高速公路路基11标段排水边沟加固项目
7	2015年1月	长兴岛疏港路路面修复项目
8	2015年3月、5月、8月	沈铁高速公路改扩建建设项目
9	2016年3月、5月、8月	丹东大东港疏港高速公路建设项目
10	2016年5月、8月	沈铁高速公路改扩建建设项目
11	2016年5月、8月、10月、11月	辽宁中部环线高速公路铁岭至本溪段建设项目

a. 勘察设计监督方面

2015年2~5月,先后对灯塔至辽中高速公路灯塔南互通立交初步设计、辽宁中部环线高速公路铁岭至本溪段初步设计、丹东大东港疏港高速公路施工图设计、长深高速公路康平海州窝堡(辽宁内蒙古界)至北四家子段机电工程施工图设计项目进行监督检查,采用图纸抽检、复杂结构验算的方式重点对勘察设计从业单位质量行为及勘察设计成果质量、深度进行抽检。共发现地质勘察成果内容错漏、深度不足等质量问题57处,监理咨询意见落实不到位问题3处,设计未严格执行相关条例和技术规范问题5处,安全风险论证不到位问题1处,设计内容错漏碰缺、不完善等生产过程中校核审查程序履行不严问题54处,同时结合辽宁省高速公路建设及运营养护经验提出优化设计建议38处。针对督查问题,向参建单位下发监督检查意见函,要求勘察设计单位及时对勘察设计方案进行完善和优化,监督工作取得实效。

同年3月,对沈阳至康平高速公路鸭绿江街至新城子段初步设计阶段地质勘察项目开展综合督查,检查主要内容为勘察质量行为和勘察报告质量。从监督情况看,该项目工作内容基本符合相关规范、标准要求,内外业工作记录完整翔实,质量管理体系有效运行,地质勘察报告内容基本符合现行《公路工程地质勘察规范》要求。督查共整改勘察工作质量行为不规范问题8处、地质勘察报告内容错漏、深度不足问题12条。

同年6~7月,先后对京哈高速公路绥中(冀辽界)至盘锦段改扩建工程初步设计阶段工程地质勘察项目开展综合督查1次、专项督查2次、日常巡查1次。检查主要内容为勘察和监理单位工作大纲管理情况、人员和设备投入情况;钻探、土工试验等实务工作质量行为;勘察工点复核、验收程序执行等项目质量管理体系的运转情况。共抽查桥梁勘察工点24处(2座特大桥、18座大桥、4座中桥)、检查驻地土工试验室2处。采用地质钻探抽检复核的方式选取12个勘察点,对1处岩溶区路段、8处桥梁工点的勘察成果准确性和真实性进行了验证。共发现勘察工作质量行为不规范问题7处,监理(咨询)工作程序不规范问题2处。针对检查情况向参建单位下发监督检查意见函,质量行为不规范问题得到纠正。

同年7~9月,先后对沈阳至铁岭公路改扩建工程交通安全设施和房建设施施工图设计、鲅鱼圈疏港高速公路施工图设计、京哈高速公路毛家店主线收费站改扩建工程初步设计和施工图设计、京哈高速公路杏山枢纽立交改建工程初步设计和施工图设计项目进行监督检查,检查内容为勘察设计从业单位质量行为和勘察设计成果质量、深度。采用图纸抽检、复杂结构验算的方式共发现地质勘察成果内容错漏、深度不足等质量问题11处、未严格执行相关条例和技术规范问题5处,设计内容错漏碰缺、不完善等生产过程中校核审查程序履行不严问题162处。同时结合辽宁省高速公路建设及运营养护经验提出优化设计建议62条。针对检查情况向设计单位下发监督检查意见函,要求设计单位及时对设计成果进行修改和优化,提升设计品质。

同年8~9月,采取地质现场抽验复核的方法,先后对丹东大东港疏港高速公路施工图设计项目、鲅鱼圈疏港高速公路施工图地质勘察项目勘察成果准确性和深度进行抽检复核,共验证3处立交区、7处桥梁工点12个地质勘探点。从抽检情况看,项目地质勘察成果资料较为真实、准确,勘察深度满足设计需求。

b.设计变更监督方面

2014年11月,对省交通厅批转的新铁高速公路新增交警楼设计变更方案实施情况进行了首次监督检查,重点检查工程建设质量与安全管理行为,就现场发现问题向施工和监理单位提出整改意见。

2015年1月,对省交通厅批转的公路工程较大及以上设计变更项目进行监督检查。具体项目:沈阳绕城高速公路综合2标段增设声屏障项目,阜盘高速公路交安1、3标段声屏障调整项目,阜盘高速公路北延伸线北环互通立交新增绿化项目,阜盘高速公路北延伸线北环互通立交新增绿化项目,建兴高速公路全线绿化工程调整项目,庄盖高速公路路基11标排水边沟加固项目。重点对设计变更工程实施质量和数量进行抽检,实体抽检绿化种植数量、声屏障施工长度等指标59点,合格率76.3%,共发现沈阳绕城高速公路声屏障变更部分工程未按设计施工、长兴岛疏港路部分路段路面修复实际施工长度少于设计方案等问题11处。省质安局要求建设单位及时对督查问题进行整改,设计变更监督工作取得成效。

同年3月,联合省交通厅造价管理中心对沈铁高速公路改扩建工程路基1标段临时交通导改设施(较大类设计变更)进行专项督查,对设计变更实施数量情况进行现场核查。

同年4~5月,开展2015年高速公路设计变更第一次专项督查,具体项目:新铁高速公路新增交警楼、沈铁高速公路改扩建工程设计变更项目。督查采用内业检查、实体检测的方式,重点对设计变更工程程序履行情况和变更实施质量、数量进行抽检,共检查较大类设计变更工程3项,一般类设计变更工程25项,实体抽检碎石桩桩长、碎石桩密实度、钢筋保护层厚度、水泥混凝土强度等指标204点,合格率89.2%。总体看,该项目设计变更管理工作总体较为规范,工程建设项目指挥部设计变更管理职责履行较好,设计变更审批程序基本符合相关规定要求,审批资料基本完备。但督查也发现设计变更方案内容不完整问题4处,施工管理不规范问题2处,设计变更实施数量不足、施工质量控制较差等问题3处,并对检查结果下发检查通报,要求限期整改,跟踪落实。

同年8月,在省交通厅组织沈铁高速公路改扩建工程2015年度"质量安全年"综合督查活动中,联合厅造价管理中心对该项目2015年5月以后发生设计变更工程进行抽检,重点检查设计变更工程程序履行情况和变更实施质量、数量。共检查一般类设计变更工程100项,实体抽检钢筋保护层厚度、水泥混凝土强度、构件几何尺寸等指标53处,合格率94.3%。从督查情况看,该项目设计变更工程管理工作的规范性、时效性有所提升,工程建设项目指挥部设计变更管理职责履行较好,设计变更方案审批资料基本齐全,设计变更套用单价比较合理。但督查也发现设计变更程序履行不规范问题4处、设计变更实施数量不足、施工质量控制较差等问题3处。针对督查问题,省质安局要求参建单位及时进行整改,提高设计变更管理人员责任意识,强化设计变更工程审批时效性,规范变更实施过程质量管理。

2016年3月,对在建的丹东大东港疏港高速公路项目设计变更工程进行监督检查,共抽检设计变更工程22项,发现整改设计变更内业资料完成滞后问题3处、设计变更方案资料不完整问题21处。5月、8月,对在建的沈铁高速公路改扩建、丹东大东港疏港高速公路和辽宁中部环线高速公路铁岭至本溪段项目设计变更工程实施质量、数量进行监督抽检,共检查设计变更工程100项,监督抽检覆盖率约80%,整改设计变更程序履行不规范问题3处、设计变更方案资料不完整问题44处、设计变更工程施工质量资料问题81处、工程实体质量问题9处。10月,对在建的辽宁中部环线高速公路铁岭至本溪段项目开展了设计变更专项督查,共检查设计变更工程13项,整改设计变更台账不规范问题9处、施工质量资料问题16处。

1993—2014年辽宁省高速公路项目设计变更管理重大事件见表3-5-5。

1993—2014年辽宁省高速公路项目设计变更管理重大事件一览表　　表3-5-5

时间	设计变更事件
1993年	沈本(小堡至南芬段)实行国际竞争性公开招标，项目探索采用FIDIC条款规定进行设计变更管理
1999年8月16日	丹本指挥部制定《丹本高速公路工程项目设计变更管理办法》(辽高建丹指发〔1999〕001号)
2004年3月4日	省交通厅颁布《关于印发辽宁省高速公路建设工程设计变更管理办法的通知》(辽交计发〔2004〕45号)
2005年10月1日	省交通厅颁布《辽宁省高速公路工程设计变更管理办法》(辽交计发〔2005〕262号)
2005年10月5日	省高建局制定《辽宁省高速公路工程设计变更管理实施细则》(辽高建总办发〔2005〕103号)
2008年	省高建局制定《关于对〈辽宁省高速公路建设工程设计变更管理细则〉有关内容修订的通知》(辽交总工发〔2008〕54号)
2011年6月14日	省交通厅颁布《辽宁省公路工程设计变更管理办法》(辽交总工发〔2011〕202号)
2011年7月1日	省高建局制定《辽宁省高速公路工程设计变更管理实施细则》的通知(辽高建技发〔2011〕106号)
2012年12月17日	省交通厅颁布《关于印发辽宁省公路工程设计变更管理办法(试行)的通知》(辽交建发〔2012〕401号)
2014年5月22日	省高建局成立设计变更审核小组和审批小组
2014年6月12日	省交通厅颁布《关于进一步加强公路工程设计变更管理工作的若干意见》(辽交建发〔2014〕311号)
2014年8月14日	省高建局制定《关于印发辽宁省高速公路工程设计变更管理实施细则(试行)的通知》(辽交建技发〔2014〕165号)

第六节　高速公路工程施工

在改革开放新的历史时期，辽宁公路以高速公路建设为先导，以深化公路管理体制改革为动力，以加快实现公路施工现代化为目标，从路面机械化施工为突破口，在工程实践中积极探索创新，应用新技术、新工艺、新设备、新材料，全面提高施工效率、工程质量，登台阶，上水平。辽宁公路系统的施工企业，面对公路建设市场激烈竞争与挑战，抓住机遇、脱胎换骨，事业单位改变为企业单位，独立经营，不断发展壮大。1992年邓小平南方谈话发表后，随着国家经济体制的变化，公路建设市场逐步向社会开放。现代化的机械设备、管理方式和具有理想、竞争意识的一代新人涌入高速公路建设行业，开创了辽宁高速公路快速发展新局面。

一、施工队伍

辽宁高速公路建设正处于改革开放历史新期间,施工队伍伴随改革逐步深化,不断变化,从沈大高速公路建设时期以交通系统内部的施工队伍为建设主体,通过实行工程招投标,逐步改为以技术力量强、机械设备先进、业务素质高的施工企业为建设主体,使辽宁高速公路建设水平不断提高。

沈大高速公路建设以省内交通系统施工力量较强的辽宁省交通厅公路工程局、沈阳市公路工程公司、大连市公路工程公司为主力,主要承担路面、大中桥梁和施工难度大、技术复杂的重点路基工程。公路沿线沈阳、辽阳、鞍山、营口、大连五市及县(区)公路施工单位,在各市指挥部的领导下,主要承建辖区内路基、中小桥涵工程。

辽宁省交通厅公路工程局是沈大高速公路建设的主力军,他们弘扬"团结拼搏、艰苦奋斗、从严求实、争创一流"的沈大精神,为沈大高速公路建设作出了突出贡献,1990年12月被省政府授予"开路先锋"光荣称号;完成路面工程263km,占总量的70%;完成大桥14座3525延米,占大桥、特大桥总量的71%(按延米计算);完成互通立交14座,占工程总量的54%,并完成部分路基和全线大部分交通安全设施工程,完成投资8.1亿元,占工程总投资的37%。沈阳市公路工程公司完成沈阳出口路段和主线50km路面和部分路基、桥梁工程。1987—1988年期间,又完成沈阳至桃仙机场一级汽车专用公路14km的建设任务。大连市公路工程总公司完成大连至海湾大桥段50km路基、路面和桥梁工程。1987—1988年省交通厅抽调抚顺、本溪、丹东、锦州、朝阳等市的公路施工单位参加沈阳至鞍山段38座跨线桥工程会战,通过实战培养锻炼队伍。

对海上作业施工难度大、技术复杂的海湾大桥,通过招标选择交通部一航局三公司和铁道部第十三工程局承建;对山岭区挖方工程量大的韩家岭路段由省机械化施工公司承担,充分利用国有大中型施工企业的技术和设备力量,加快工程建设。

人民解放军驻辽宁部队,积极参加沈大高速公路建设,第39集团军工兵团和345团分别承担瓦房店火成岩路段4.7km和军用飞机跑道17.8m^{2}路基工程任务;沈阳军区工程建设局和后勤部工程施工单位承担了瓦房店段6km路基工程。他们发扬人民军队攻坚克难、昼夜奋战、能打硬仗的精神,按期完成任务,谱写了军民共建的凯歌。

1989年,交通部在辽宁召开全国高速公路建设工作会议(即交通部高等级公路建设经验交流现场会)后,全国高速公路建设迅猛发展。1993年,交通部在山东召开第二次全国高速公路建设工作会议,确定了"五纵七横"国道主干线发展规划,推动高速公路建设进入新高潮。

1993年,辽宁高速公路建设开始实行招标投标制,按工程招标对企业资质、技术人员、机械设备、固定资产、流动资金等相关规定,省内多数市级公路施工单位都难以独立承担。为适应高速公路建设新形势和公路建设市场新需求,同年,辽宁省交通厅部署各市公路管理部门整合资源,市、县(区)联手组建公路工程公司(集团),汇集人力、物力、财力,积极参与市场竞争。到1995年底,省内各市公路工程公司(集团)均可以参加辽宁高速公路项目投标。省内外非交通系统、具有实力的一些施工企业也可参加高速公路项目投标。

为加强公路建设市场管理,建立"统一、开放、竞争、有序"的公路建设市场体系,1996年7月交通部颁布《公路建设市场管理办法》,对公路施工企业资信登记和市场准入做出了规定。1999年3月,省交通厅制定《辽宁省公路建设市场管理实施细则》和《辽宁省高速公路工程施工招标投标管理实施细则》,规定公路一级施工企业资信由交通部登记认证;辽宁公路建设市场准入实行许可证制度,公路一、二级施工企业参加公路项目投标的施工企业必须具备与工程规模相适应的资质。2001年,交通部公布第1~8批经交通部资信认证登记的一级施工企业名单,全国总计369家,辽宁省共25家,其中交通系统有辽宁省路桥建设总公司、辽宁省路桥建设一公司、沈阳高等级公路建设总公司、沈阳市公路建设开发总公司、大连公路工程总公司、鞍山公路工程总公司、抚顺公路建设集团公司、本溪市公路工程处、丹东市公路工程处、锦州道桥工程总公司、朝阳市公路工程集团公司11家;其他系统有辽宁省建设集团公司、辽河石油勘探局筑路工程公司、中铁第十九工程局、中铁十九局第三工程处、中铁第十三工程局第一工程处、沈阳铁路工程建设集团有限公司、中国第三冶金建设公司、中国航空港建设第八工程总队等14家。

1997年,沈山高速公路沈阳至锦州段项目(亚行贷款项目)招标规定,参加路基桥梁和路面工程投标的施工企业,必须具备国家建设部批准并经交通部资信登记的一级施工企业资质。在路基工程15个合同段、路面工程5个合同段招标中,辽宁省路桥建设总公司、沈阳高等级公路建设总公司、本溪市公路建设集团、锦州道桥工程公司、铁道部十九工程局第三工程处、沈阳铁路局沈阳工程总公司等省内施工企业中标12个合同段。

1998年,辽宁省交通厅制定《辽宁省公路施工企业资质管理暂行办法》,实行施工企业资质认证和公路建设市场准入制。经交通部第二、三批资信认证,至2005年底,辽宁省14个原市级公路施工企业中,沈阳、大连、鞍山等11家取得国家公路工程一级施工资质,辽阳、阜新、铁岭3市尚为二级施工资质。省内经交通部资信认证的公路工程一级施工企业达到11家。

2002年,交通部颁布《公路建设市场准入规定》,辽宁高速公路建设要求资信登记一级施工企业。2001年,交通部依据建设部的《建筑企业资质管理规定》,开始公路工程施工企业资质就位,辽宁高速公路建设要求总承包一级及专业技术一级资格施工企业,同时明确了公路施工企业承包工程范围。2002年,交通部制定了《关于对参与公路工程投标公路施工企业资质要求的通知》,要求按建筑企业标准规定承包工程范围。2004年交通部颁布《公路建设市场管理办法》后,2007年6月,建设部又制定了《建筑业企业资质管理规定》,规定了施工总承包、专业承包和劳务分包的等级,施工队伍素质不断提高。在选择施工队伍方面,要求也更加严格。

2011年10月,交通部又重新修订了《公路建设市场管理办法》,对公路建设市场明确了管理职责,统一管理、分级负责、市场准许,不得有地方保护,要求项目法人必须遵守基本建设程序。2011年11月,交通部又制定了《公路工程分包管理办法》,对工程实行专业化分包,但必须依法进行,禁止承包人以劳务合作名义进行施工分包。在建设市场中,对工程的一直模糊转包、分包有了明确的说法。

2014年11月,住房和城乡建设部又重新制定《建筑业企业资质标准》,其中包含了公路工程施工总承包资质标准,分为特级、一级、二级、三级及相对应的承包工程范围,充实了高速公路建设施工队伍,满足了高速公路的规模大、项目多的需求。

二、施工技术

辽宁高速公路建设在国内率先起步,通过工程实践大胆探索具有中国特色的高速公路施工技术和操作规程,在路基、路面、桥梁施工中不断总结经验和教训,逐步形成高速公路施工技术操作规程和质量检测标准,为国家制定高速公路施工技术规范提供参考。随着高速公路建设快速发展,新技术、新工艺、新材料的不断涌现,辽宁在高速公路建设中,在学习吸收先进技术的同时,也在实践中不断探索创新。

(一)路面机械化施工技术

1981年,辽宁省交通厅利用联邦德国在沈阳举办工程机械博览会之机,为省公路工程局购买弗格勒S1700型(履带式)、S1502型(胶轮式)沥青混凝土摊铺机各1台。1983年从日本购入新潟NDP602型(连续式)沥青混凝土拌和设备1套。1986年由联邦德国购入弗格勒S2000型沥青混凝土摊铺机2台,由日本购入新潟NDP150型沥青混凝土拌和设备1套,从国内采购T815太脱拉自卸汽车18台等设备仪器。拌和设备、摊铺机械、碾压机械、自卸汽车等配套组成路面机械化施工体系,从而改变了以人工为主的传统路面施工工艺。机械化程度高,工程质量好,施工进度快、生产效率高,开创了公路机械化施工的新时代。1986年8月,交通部在沈阳召开全国公路机械化施工现场会,高度评价沈大公路机械化施工质量好、进度快、效率高,开创了我国公路机械化施工的新纪元。

(二)软土路基处理

辽宁高速公路在通过海滩、苇田沼泽、水田等不良地质地带时,为保证路基稳定,加快施工进度,采取加载预压、塑料排水插板、粉喷桩、碎石桩、掺拌石灰等措施,提高路基承载能力。

1. 路堤加载预压技术

沈大高速公路通过金州湾海滩路段长6.8km,地质土壤系海洋沿岸潟湖相沉积,淤泥质粉砂土厚10余米,承载力仅0.1MPa。通过1984年5月~1986年7月两年的加载预压试验观测,当填土高5m,3个月左右沉降固结趋于稳定,路基两侧没有产生过大隆起变形,无须采取特殊加固措施。施工中采用当地水稳性良好的石灰石矿渣和石棉矿渣填筑路堤,历经二十余载,路堤稳固,路面平坦。

沈山高速公路盘锦路段有48km穿过苇田沼泽,采取抛石挤淤和利用就地取土备料加载预压方式,实施软基处理,取得良好效果。

2. 采用塑料排水插板技术

沈大高速公路普兰店海湾大桥南引线,属第四纪晚期海相沉积的黑淤泥和淤泥质黏土,深度达地面以下12m。南引线海滩部分宽710m,位于盐田内,路基平均填方高度5.5m,最大填方高度9m。1987年4月南引线路基施工中,在国内首次采用机械打入塑料排水板技术加固软弱地基,在路基荷载作用下,路面施工前地基沉降基本稳定,固结度达到95%以上。该方法施工简单,进度快,比砂井法节省投资15%。

3. 掺拌石灰,降低土含水率

沈山高速公路盘锦路段48km穿过苇田沼泽区,因无土源,且地表水丰富,采取利用冬季在主线两侧就地挖渠取土备料方案,宽50m,深3m,水渠可作为苇田防火带。该段土质多为软塑性黏土,因冬季取土内积存大量冰水,至三伏季节仍难融化。路基施工采取分段分层翻拌晾晒,同时掺拌6%的石灰,降低土内的含水率,达到最佳含水率时及时压实,缩短路基断面施工作业周期。

(三)利用工业废渣填筑路基

沈大高速公路利用鞍钢钢(铁)渣、沈阳红阳煤矿煤矸石、大石桥镁矿渣和石灰石矿剥离石渣480多万立方米,其中鞍山路段内利用钢(铁)渣、填筑路基34.5km,沈阳路段内利用煤矸石填筑路基21km,营口路段利用镁渣和石灰石渣填筑路基35km。经立项开展"钢渣在高速公路上的应用"科学研究,利用钢(铁)渣铺筑路面基层32km,替代水泥稳定砂砾层,节省水泥8000t。利用工业废渣,既治理"三废",改善环境,又节约土地,降低工程造价。

(四)挖方路基大爆破

海湾大桥北引线,通过山岭区开挖土石方量大,采用大抵抗线松动爆破。爆破深度最小值26m,经精确计算布置深井药洞及药量,按0.2s微差时间间隔非电连续起爆。1988

年7月9日,一次装填炸药116t,爆破松动了22万 m³ 坚岩,爆破费用为2.64元/m³,被称为中国公路建设史上最大的一次爆破。

(五)利用风积砂填筑路基处理

沈山高速公路辽中至台安90余公里路段经过风积砂区,除地表1m左右为亚黏性土外,以下均为粉细砂(俗称风积砂)。经试验决定就地取土、就地钻井取水,利用风积砂作为筑路材料。采用两侧先各填1.5m宽的黏性土层(包边土),中间分层填筑风积砂,分层洒水压实的方法。由于砂性土透水性较大,为及时排出路基内的积水,在路基坡角处设盲沟导水,路基内横向设置排水管。由于风积砂压实且表面层水分蒸发后松散易出现车辙,无法进行路面施工,施工中采用山皮土做封顶层,确保路基稳定。

(六)高速公路改扩建施工技术

1. 新旧路基结合部技术处理

路基加宽时,首先按1:0.5坡度挖出原边坡,然后挖台阶,台阶高80cm,宽40cm,台阶底面做成向路中心3%横坡,台阶挖至与原路面齐平。对于路基填方低于80cm的路段,下挖地基80cm,然后填筑砂砾至路基顶面。为减少新旧路基沉降差,路基顶面以下20cm处铺设宽度为6m单向拉伸钢塑复合型土工格栅一层(图3-6-1)。新填路基采用碎石土、砂砾土、山皮土等强度较高的填料。填土高度小于1.5m的路段,新建路基部位采用石渣填筑,直至路基顶面。路基压实度在规范基础上提高1~2个百分点,新旧路基接合部处,除正常碾压和用25kJ冲击碾碾压20遍外,还须进行强夯处理,填料土质强度CBR值≥8%,压实度≥94%。新旧路基接合部每层填筑完成后横坡须达到3%,以防止积水。路基分层填筑碾压施工如图3-6-2所示。

图3-6-1 软土路基段上采用土工格栅

图 3-6-2　路基分层填筑碾压施工

2. 路面加铺技术

为从根本上解决原沈大路路面质量问题,开展了路面加铺技术研究。原沈大高速公路已通行十余年,在重复荷载作用下,路基已趋于稳定,如果将旧路面挖除重修路面,不但破坏了原路面结构层,而且原有路基因受到扰动,其强度将会降低。因而采用了充分利用原路面结构层强度,加铺新路面结构层的设计方案。根据该研究成果,编制了《辽宁省高速公路沥青路面加铺设计与施工技术指南》,指导了沈大高速公路路面的施工。

3. 桥梁加宽技术

加宽桥涵与原桥上下部全部刚性连接,上部结构预制安装后放置3个月再与原桥连接。加强了加宽部分的基础设计,减少新旧桥体的不均匀沉降。原桥为扩大基础,当基底土层较薄、岩层埋深较浅时,采取换填或直接将基础置于岩层上的方案。当基底土层较厚,岩层埋置较深,基础条件不好时,采取如加大基础成整体筏式、粉喷桩、碎石桩处理地基或采用桩基础等措施。

(七) 提高路基整体稳定强度的处理方法

1. 采用 25kJ 偏心振动碾碾压,提高路基程度

沈大高速公路改扩建路基工程难点,是如何防止新旧路基不均匀沉降。全线路基填筑采用强度 CBR 值 >8% 的山皮土、碎石土或砂砾,新加宽路基顶面 80cm 采用砂砾填筑。路基分层填筑,每层松铺厚度不超过 30cm,桥头处填筑松铺厚度不超过 20cm。新填路基在填完第一层石渣后,采用 25kJ 偏心振动碾碾压 20 遍(图 3-6-3)。压实度≥90% 新路基每填筑 5 层,用偏心振动碾碾压 10 遍;每填筑 10 层,用偏心振动碾碾压 20 遍;对新旧路基接合部多压 2~3 遍。对关键部位,如新旧路基部、抛石段落、高填方段、桥头以及冲击碾压不到的部位进行强夯处理。

2. 路基底层填置石渣层

新填路基基底施工技术。原沈大高速公路两侧水田、鱼塘、水塘很多,路基加宽已被

作为路基基底,根据实际情况需要进行技术处理。对于旱田段先填40cm石渣,水田段先填70cm石渣,软土地基路段一般采用塑料排水板法、粉喷桩法、抛石挤淤置换法和清淤换填法进行处理。采用抛石挤淤置换法进行软基处理。所抛片石不小于50cm,抛石顺序从原路基坡脚开始,向外侧扩展;抛石换填深度达到软基底部,宽度宽出路基坡脚以外2m范围。

图3-6-3 采用25kJ偏心振动碾碾压路基

(八)大桥施工新工艺

1.沈大高速公路海湾特大桥

沈大高速公路海湾特大桥长1206m,施工水深10m。大桥水下承台采取陆地预制、海上整体吊装技术,施工时采用装配式承台与基桩周围用橡胶垫密封止水技术,在当时为国内首创。

施工单位运用了海水平面以下承台装配式整体吊装施工新工艺,依靠能吊起200t能力的起重船,既不搭设水上平台,也不下围囹,直接在护筒顶上施工冲孔,在基桩护筒外再套一层密封"外壳",壳顶面在施工水位以上,将134t重的承台整体吊装就位,抽出"外壳"中的水,在无海水的情况下浇筑承台和基桩接合部的混凝土。

2.后丁香大桥水中桩施工

沈阳绕城高速公路改扩建工程后丁香大桥,全长2830.8m,其中31～86号墩位于丁香湖内,水中桩共计198根,桩径分为1.8m和1.4m两种。

后丁香大桥横跨丁香湖,平均水深9m,最深的地方达14m,为加快施工进度,避免对丁香湖水质污染,优质、高效、经济地完成水中桥墩施工任务,31～62号桩采取围堰筑岛作为水中施工平台,63～86号桩采取搭设钢管桩平台,施工平台4.5m宽的钢便桥连接的施工工艺,系梁采用下放钢吊箱,浇筑封底混凝土施工。

3. 采用步履式顶推钢箱施工

后丁香大桥钢箱梁部分共三联，分别称为一、三、四号桥，总长492m，跨越沈山、秦沈、于虎等11股道电气化铁路。采用步履式顶推设备，利用"顶""推""降""缩"的4个步骤交替进行，最终将钢箱梁顶推到预定的位置之后进行落梁的施工方法。

一号钢箱梁桥137m采用龙门吊进行吊装，在桥墩两侧搭设临时墩，临时墩顶部放置顶推设备，顶推设备顶面略高于支座顶面，落梁时利用顶推设备落梁，完成桥梁架设。三、四号桥施工时，由于钢箱梁处于于洪机场飞机起降航道位置，跨越铁路主干线（秦沈客运专线），为减少铁路运营风险及搭设临时结构的时间，在满足结构安全的条件下，采用大吨位吊车进行梁段的吊装，减少对飞机起降的影响，取消临时墩，将顶推设备放置于永久桥墩顶部。

其中三号桥全长208m，总质量约1800t，共分24个梁段，在15号、16号、17号墩顶布置有4套顶推设备，将其中前20段174m顶推到位后直接落梁；前20段落梁到位后，在拼装支架区拼装第21～24段。

四号桥全长147m，总质量约1150t，共分为17个梁段，在19号、20号墩顶各布置4套顶推设备，将其中前13段113m顶推到位后直接落梁；前13段落梁到位后，在拼装支架区拼装第14～17段。三号桥、四号桥落梁的最大落梁高度2.1m，由于高差大、梁体重等原因，落梁困难。第三方监控单位长安大学全程负责钢箱梁桥的焊缝检测和施工监控，保证工程质量。

4. 预制梁板采用智能张拉系统

为提高预制梁板张拉质量，辽宁五洲项目部购进了智能张拉系统，智能张拉的特点：一是精确施加应力，二是及时校核伸长量，可实现应力与伸长值同步"双控"，以及张拉程序的智能控制，不受人力、环境因素影响，提高了张拉精度。

（九）隧道新结构

金州韩家岭隧道全长521m，单洞净宽19.44m，隧道洞内路面采用双向2%横坡，纵坡为1.6%，位于半径为5500m的曲线上，采用削竹式洞门。明洞采用曲墙式带仰拱的形式，为厚75cm、C30防水钢筋混凝土结构。主洞采用暗挖法进行施工，按照新奥法施工工艺，施工过程中严格遵守"管超前、短进尺、弱爆破、强支护、早封闭、勤观测"的施工原则，采用复合式衬砌结构，以锚杆、喷射混凝土、钢拱架作为初期支护，以厚75cm、C25防水钢筋混凝土作为二次衬砌，在二次衬砌外侧铺设防水板；衬砌断面采用曲墙式带仰拱的形式（Ⅳ类围岩不带仰拱）采用正台阶开挖法，开挖支护分为上部、中部、下部3个台阶自上而下施工；初期支护（施工支护）采用湿式喷钢纤维混凝土技术。

(十)利用添加剂,改善、提高沥青混凝土性能

沈大高速公路改扩建工程,在沥青混凝土路面表层,采用4cm厚沥青玛琋脂碎石抗滑层(SMA-16L型)结构,在沥青混凝土中用混合料总量的0.3%木质纤维素增加集料油膜厚度,提高路面的耐久性和抗裂性,铺筑的路面更加均匀,富有足够的粗糙度,提高了路面使用质量,收到了良好效果。

(十一)跨路餐厅

沈山高速公路兴城服务区跨路餐厅是沈山线的标志性工程。主体跨线大梁采用部分预应力混凝土箱梁刚架拱结构,两侧塔为钢筋混凝土结构,基础采用预制桩。主塔两侧塔楼距地面43.38m,跨中距地面12.8m,净跨70.2m,结构新颖、奇特,是目前国内高速公路上跨路较大的建筑物。

三、施工机械

1984—1990年沈大高速公路建设期间,辽宁省交通系统投资4000余万元,从日本购入6套沥青混凝土拌和设备,从联邦德国购入12台沥青混凝土摊铺机、4台道路综合养护车、1台大型路面铣刨机等机械设备及检测仪器,从国内购置进口自卸汽车45台及各类压路机、推土机、平地机、挖掘机、装载机、桥梁钻机等筑路机械设备近百台套,公路施工基本实现了机械化。

1991—2000年,辽宁在建设沈本、沈四、沈山高速公路期间,利用亚行贷款进行设备仪器招标采购,先后使用1513万美元,从国外采购沥青混凝土拌和设备(图3-6-4)、沥青混凝土摊铺机、路面铣刨机、路面划线车、自控平地机、工程检测车等机械设备30余台套(提供给施工单位的机械设备由合同价款结算分期回扣),以及隧道监控设备、通信监控设备、车辆称重设备、除雪车、清扫车、事故标志车、桥梁检测车等管理养护设备仪器,对改进施工工艺、提高工程质量起到很大作用。

图3-6-4 间歇式沥青混凝土拌和设备

沈大高速公路改扩建期间，全线共投入各类大、中型机械设备8000余台套，多数采用国内外先进的机械设备（图3-6-5）。

图3-6-5　采用3台进口摊铺机并行作业

从2005年开始，辽宁省高速公路建设基本实现施工机械专用化、自动化。在招标中，将施工单位提供的机械设备作为强制性标准。如在路基、桥梁施工中，要求每一合同段定量配备自动找平平地机、振动压路机、重型偏心振动冲击碾、稳定土拌和站（图3-6-6）、水泥混凝土拌和站、水泥混凝土输送泵、自动式起重机等；在隧道施工中，要求每个合同段配备隧道喷浆机、管棚钻机、衬砌台车、隧道地质超前预报系统、喷射混凝土测厚仪、锚杆拉拔试验设备等；在路面施工中，要求每个合同段定量配备间歇式沥青混合料拌和机（图3-6-7）、SMA粒状电子自动称重计量添加设备、SBS改性沥青设备、反击式碎石机、稳定土拌和站、自动摊铺机（图3-6-8）、自动找平平地机、沥青洒布车、双驱双振钢轮压路机、胶轮压路机、自动热熔画线车（图3-6-9）等。

机械化施工从起步、普及，到标准化、自动化，在辽宁高速公路建设中发挥了巨大作用。

图3-6-6　自动计量的路基稳定土拌和站

图 3-6-7　路面沥青混凝土拌和设备

图 3-6-8　沥青混凝土路面摊铺碾压施工

图 3-6-9　自动热熔划线车

四、绿化建设

高速公路绿化作为高速公路的附属生态设施,是高速公路建设的重要组成部分,做好高速公路绿化对稳定路基、生态恢复、安全保障、美化路容等功能有着十分重要的作用。

1988年10月,沈大高速公路沈阳至鞍山、大连至三十里堡131km建成通车,辽宁省高速公路绿化建设与养护由此起步。公路绿化由早期的以弯道路段和中央分隔带为主,逐步发展到高速公路用地范围内的所有可绿化区域;绿化从功能性栽植逐步发展到强调路域景观与生态恢复并重,为用路人提供"畅、洁、绿、美"的行车环境;绿化理念从早期的基本绿化美化、疏林草地发展到与周边自然景观相协调的树种丰富的密林景观。

(一)绿化设计

为提高绿化工程质量,确保绿化效果,辽宁省高速公路绿化工程从铁岭至四平高速公路开始实行设计招标。通过多次的设计汇报,以及对设计方案反复进行优化比选和修改,最终确定了辽宁省高速公路基本设计理念,具体如下。

1. 坚持生态恢复的理念

重视环境保护在公路建设中发挥的重要作用,实现当地资源可持续发展战略。高速公路建设使该地区的生态环境造成一定程度的破坏,通过绿化工程的建设,利用植物的生态效用,最大限度地恢复当地的生态环境,实现可持续发展目标。

2. 坚持适地适树的理念

在植物筛选中,选择符合自然植物群落生长规律和生态平衡需求的乡土树种,减少病虫害发生的概率,保证植物的高成活率、高覆盖率指标的实现,从而达到设计效果。

3. 坚持以人为本的理念

通过公路绿化,最大限度地为用路人创造舒适、安全的行车环境,缓解长途行车的疲劳,充分体现人文关怀。

4. 打造路域文化的理念

通过对经行不同区域高速公路的绿化设计,将绿化与本地区的地理位置、经济环境、区域文化相结合,创造特有的路域文化。

5. 坚持高树木容积率的理念

较大程度地提高植物覆盖率和栽植密度,减少草坪的使用,适合东北地区干旱少雨的气候特征,有利于实现生态防护目标。

6. 坚持易管养、可持续发展的理念

力争通过选择优化可行的方案,实现后期养护管理成活率高、管养成本低的目标。选择能够适应高速公路的特定环境、成活率高、抗性强、低管养的植物种类,同时考虑易于管理的种植模式保证高速公路绿地景观的长效、稳定和持续的低投入。

根据高速公路结构部位划分绿化段落:中央分隔带绿地、填方段边坡绿地、挖方段绿地(包括坡面、坡脚平台绿地、挡土墙后绿地、拦石槽绿地、坡顶平台绿地、三角地)、立交区绿地、隧道绿地、服务区绿地、管理处收费站绿地。这些合理的结构功能区划为实现设计方案决策提供了科学依据和保障。

(二)绿化工程

1987年沈大高速公路的沈阳至鞍山段通车,当时高速公路绿化还没有成型的绿化模式,根据道路实际情况,采取摸索经验,分年实施的方法,初步设定中央分隔带绿化为草坪,道路曲线段及两侧坚持"适地适树"原则,在植物品种筛选上考虑栽种矮科优良乡土树种,当年绿化里程23.5km,栽植常青树2339株、花灌木4800株、草皮189740m^2。

为确保高速公路绿化的连续性,从1988—1989年春季开始,实施沈大高速公路沈阳至营口段、金州段、金州至三十里堡段中央分隔带草坪、花灌木、花卉栽植。同时对灯塔等封闭段的立交、景点进行绿化美化,高填方路段进行生物防治。

1993年,为保证行车安全及美化行车环境和景观,在沈大高速公路全线的中央分隔带栽植常青树和花灌木,起到防眩和美化效果。对已交付使用的环城高速公路15.8km进行绿化美化,对路基边坡、立交匝道栽植紫穗槐、小冠花等进行生物防护,中央分隔带栽植既防眩又美化的灌木及宿根花卉。

1995年6月,为解决高速公路绿化苗木不足等实际问题,投资478万元,兴建两个绿化苗木基地,总占地900亩,共栽植花灌木和乔木14个品种,计39万株。建花窖257m^2,播种紫穗槐、沙棘子200亩。

从1998年开始,辽宁省高等级公路建设局把新建高速公路绿化建设委托给辽宁省高速公路管理局组织实施,开创了辽宁新建高速公路绿化建设的新局面,也为绿化建设和管养的有效衔接奠定了基础。当时的绿化养护工作继续采用小型养护机具和人工养护相结合的方式,每1.5km设置1名养护工人,具体完成路、桥面清洁、排水畅通、植物修剪等作业。

铁岭至四平高速公路绿化是管理模式改变后的第一个项目,绿化总投资1700万元。同时把沈阳至桃仙段11.68km列为绿化重点,投资300万元建设绿化样板路,在两翼坡脚栽植云杉等针叶乔木,并重点实施桃仙立交绿化美化、沈阳站绿化美化等工程。1998年,辽宁省高速公路管理局被全国绿化委员会评为"全国部门造林绿化400佳单位"。

1999年1月14日,省政府第40次省长办公会议确定1999年全省高速公路两翼绿化实施方案。规划范围为沈大、沈环、沈四、沈本、沈山高速公路两翼绿化,包括沈阳、大连、鞍山、本溪、锦州、营口、辽阳、铁岭、盘锦、葫芦岛10个市35个县(市、区)。重点是建设好高速公路两侧刺线外10m宽的绿化带(沈山线5m宽)。同时建设以高速公路为中轴线,各向外延伸3km的可视范围内的景观带。全省高速公路两翼应绿化里程1068km,可绿化995.5km,1999年底,初步完成了全省高速公路两翼绿化工作。

1999年9月,完成了沈山高速公路锦州至山海关段(国内段)165.8km的绿化工程,完成投资4216万元;2000年9月,完成了沈山高速公路沈阳至锦州段(国际段)194.4km绿化工程,完成投资3558万元。沈山高速公路基本确立了以"乔、灌、花、草"为主框架的立体绿化模式,共栽植乔木23.6万株,灌木18.95万株,草坪及花卉260.97万m^2,紫穗槐等地被植物1903万株。

2001年5月20日,全省高速公路绿化养护管理工作会议在大连召开,会议确定了绿化辖区管理责任制及资金包干制。截至当年9月15日,全年共投资1578万元用于全省高速公路绿化,其中投资1263万元完成了沈阳过境绕城高速公路立交区及沈抚高速公路的绿化美化改造工程,播种草坪38.5万m^2,栽植乔木5.3万株,花灌木3000余株;又投资315万元用于各基层单位绿化养护打井工作。

2002年2月,丹本、锦朝、锦阜和盘海营4条高速公路绿化工程通过招标实施建设,当年完成4条高速公路451km的绿化任务,共栽植乔木85.3万株,灌木43.2万株,紫穗槐2865万株,草坪99万m^2。同时开展沈本段杨千、边牛、石桥子、响山、小堡、桥头6个立交区、沈山线葫芦岛段景观带建设以及大型养护维修基地、锦州服务区旧址等地景点绿化工程。

为了实现高速公路良好的生态恢复和环境保护目标,从2003年开始,开始在全省高速公路沿线两侧逐步实施生态恢复性的"绿色覆盖",首先选取沈大路沿线两侧作为试验段。2003年3月,沈大高速公路护坡绿化、沈山高速公路绿化景观完善、沈本和沈阳过境绕城高速公路景观改造等绿化工程全面开工。2003年10月,沈本、沈山、沈阳过境绕城高速公路绿化完善工程顺利完工,栽植灌木6.36万株,乔木23万株,攀缘植物26万株,油松5000多株,小火炬18.2万株。

2004年8月,沈大高速公路改扩建绿化工程竣工,绿化里程348km,主要绿化部位为中央分隔带、边坡、坡脚、立交区、服务区等,共栽植乔木82万株、灌木59万株、草坪及地被植物436万m^2;在金州隧道北洞口两侧和后盐收费站外侧岩石坡面绿化设计上首次采用了新型生态护坡技术——金属网锚固喷播草坪(TLG)技术,取得了良好的预期效果(图3-6-10)。

图 3-6-10 沈大高速公路绿化

2005年开始,为节约新建高速公路建设成本,对以往的开方边坡不再进行石砌防护,直接改为裸露土质坡面,此举要求在后期绿化建设中采用生态植被恢复,这是绿化建设方面的一项新课题。在丹庄高速公路的两翼护坡绿化上,首次应用了按比例栽植紫穗槐和小刺槐进行植物防护,起到了很好的固土护坡和生态恢复的作用。9月末初步完成丹庄高速公路126km绿化任务,投资3094万元,栽植乔木26.1万株、灌木23万株、草坪和地被植物134万m^2,苗木存活率均达90%以上,受到了时任交通部部长张春贤的高度评价。

为迎接2005年全国干线公路养护管理检查,投资858.4万元,对已开通线路的中央分隔带、坡脚两翼、景点及立交区进行绿化补植,共栽植乔木7.75万株、灌木2.87万株、绿篱564m、草坪2.71万m^2、地被植物3.06万m^2、回填土方1.53万m^3。2005年7月,为辽西旱情严重的锦州、葫芦岛、阜新、朝阳等地区增配8台20t洒水车,以缓解旱情,确保高速公路绿化养护成果。图3-6-11所示为沈吉高速公路绿化效果。

图 3-6-11 沈吉高速公路绿化

2006年3月开始,在沈阳至抚顺(南杂木)75.6km的高速公路绿化工程中,对沿线挖方段边坡全部采用生态性植物防护,取得良好的覆盖效果,初步实现了高速公路绿化、美化和功能性栽植与生态防护的结合。截至9月末,沈抚线共栽植乔木13.4万株、灌木1.9万株、灌木绿篱11.9万延米、灌木模纹0.7万m^2、草坪花卉72万m^2、护坡植物1465.9万株,完成投资2200万元。

2007年10月,基本完成了新建高速公路绿化里程121.6km,其中沈阳至彰武高速公路93.9km、沈大与丹大高速公路连接线10.1km、大窑湾港疏港高速公路17.6km,共栽植乔木33万株、灌木3.42万株、灌木绿篱6.8万延米、草坪花卉76.7万m^2、护坡植物1445万株,完成总投资2752万元。通行费列支98.8万元,用于井泉、甘泉、西海、复州河、三十里堡服务区绿化树木加密补植,栽植乔木9704株、灌木4949株、模纹346m^2。

2008年春季,为与地方绿化相协调,在主线两翼形成立体景观,提升沿线绿化的整体水平,投资1180.6万元,对沈大线大连段收费站出入口、鞍山收费站,沈山线锦州收费站出入口、沈四线立交及挖方段裸露边坡、沈丹线、沈大线挖方段裸露边坡,丹大线吴炉立交、登沙河收费站等部位进行绿化;共栽植乔木5.3万株、灌木0.61万株、草坪2.42万m^2、紫穗槐317.9万株、小刺槐42.3万株、小火炬21.5万株。

2008年9月末,初步完成新建高速公路绿化里程687.4km,其中铁岭至阜新高速公路259.2km,阜新至朝阳高速公路226.1km,沈阳至康平高速公路87.3km,本溪至辽阳、辽中高速公路114.6km;共栽植乔木121.6万株、灌木12.7万株、灌木绿篱79.5万延米、草坪花卉406.4万m^2、护坡植物10715.5万株,完成总投资2.46亿元。

2008年底,辽宁省交通厅党组提出辽宁省高速公路要逐步实现绿化产业化目标。辽宁省高速公路管理局根据全省高速公路征地范围内未利用土地及现有高速公路两翼绿化防护林带资源情况,以及现有绿化管养能力和水平,结合新建高速公路生态景观规划原则,在详细调研、科学论证的基础上,制订了以建设苗圃和营造防护用材林为主体的高速公路绿化产业化方案。据初步统计,当时全省高速公路两翼共栽植绿化林木(大部分是杨、柳、刺槐等树种)262.8万株,林木蓄积量约为4.01万m^3,预测林木年蓄积增长量为0.95万m^3,在不影响高速公路生态功能的前提下,按照树种的生长需求,结合高速公路沿线各立交围合区、两翼坡脚不同的立地条件,进行统一规划、科学选型、分期营建、集约管养,通过对已成材林木的采伐,进行市场化运作,弥补高速公路绿化管养、更新所需费用支出。同时对符合苗圃建设的12块空地进行了公开招投标,投资259.5万元,栽植面积606.49亩,共播种五角枫3.5万m^2,栽植灌木44.5万株、乔木6.7万株。计划用4~5年的时间将苗圃建成全省高速公路的绿化苗木储备基地,进一步实现高速公路苗木生产与补植的供需平衡。

通过充分挖掘和利用辽宁省高速公路绿化林木、未利用土地和管养技术等资源优势,以建设苗圃和发展高速公路防护用林为主线,把高速公路生态恢复与林业产业发展有机结合起来,走绿化产供销相结合的道路,逐步降低高速公路绿化养护费投入比例,推进全省高速公路绿化产业化工作又好又快发展。

2009年9月,锦朝、锦阜、丹大、沈山线劣质边坡绿化工程投资350万元,共栽植紫穗槐243.1万株、小刺槐14.3万株、小火炬112.5万株、地锦19.3万株、丁香0.17万株。沈大线填方段两翼小火炬补植投资182.2万元,共栽植小火炬191.8万株。完成辽中至新民高速公路67.2km绿化工程,共栽植乔木18.3万株、灌木0.3万株、灌木绿篱3.8万延米、草坪花卉9.9万m^2、护坡植物907.8万株,完成投资1341万元。2009年3月,丹东至庄河高速公路绿化工程和抚顺(南杂木)至沈阳高速公路绿化工程被辽宁省绿化委员会授予"2008年度辽宁省绿化优质工程"称号。

2010年10月,完成新建高速公路绿化里程223.2km,其中朝阳至黑水高速公路103.9km、草市至南杂木高速公路84km、长兴岛疏港高速公路35.3km,共栽植乔木36.7万株、灌木23.1万株、灌木绿篱23.6万延米、草坪花卉95.8万m^2、护坡植物3400.8万株,完成总投资5729.5万元。

同年,丹东至阜新高速公路沈阳至桃仙段(沈桃机场路)改扩建项目绿化工程初步完成建设任务,绿化里程10.9km,共栽植乔木1.9万株、灌木3330株、灌木绿篱2940延米、灌木模纹4.6万m^2、草坪花卉29.9万m^2,完成总投资2033.5万元。

2011年9月,初步完成新建高速公路绿化里程242.1km,其中丹东至海城高速公路144.2km、皮口至炮台高速公路42.4km、彰武至阿尔乡高速公路55.5km,共栽植乔木41.2万株、灌木1.3万株、灌木绿篱20万延米、草坪花卉167万m^2、土方106.2万m^3,最终投资金额10474.4万元。

2012年9月,初步完成新建高速公路绿化里程619.8km,其中丹东至桓仁(古城子)高速公路197.1km、桓仁至永陵高速公路66.6km、西丰至开原(金沟子)高速公路86.9km、抚顺(南杂木)至旺清门高速公路94km、辽宁中部环线新民至铁岭段高速公路74.9km、庄河至盖州高速公路100.3km。共设计栽植乔木45.3万株、灌木25.3万株、灌木绿篱29.3万延米、护坡植物9524.2万株、草坪花卉322.7万m^2、土方工程160.6万m^2。最终完成金额33704.1万元。

同年,为迎接第十二届全国运动会,提升沈桃机场路沿线景观品质,展现辽宁形象,省交通厅党组决定对丹阜高速公路沈桃段进行绿化完善提升,通过在原有基础上对机场路绿化薄弱部位和具备提升空间的段落进一步完善,打造成一条特色突出的景观绿化带。共栽植观赏性乔木592株、灌木190株、草坪花卉3.1万m^2。最终完成金额803.6万元。

2013年,初步完成沈阳绕城高速公路改扩建项目绿化工程建设任务,公路绿化里程81.88km。共设计栽植乔木4.9万株、灌木8万株、中分带绿篱4.9万延米、护坡植物

1456.3万株、草坪花卉147.8万 m²、土方工程41.2万 m²，最终完成金额13148万元。

同年，为了响应省委、省政府的要求，积极推进高速公路青山工程建设，完善提升省内高速公路绿化质量和形象，在省交通厅的支持下，省高速公路管理局对已开通高速公路实施了完善提升工程，投资17136.4万元，共计栽植乔木55.1万株、灌木7.3万株、绿篱39.6万 m、护坡植物2636万株、青山工程挖方段刺槐6.6万株、地锦46.6万 m。通过全省绿化会战，达到了进一步改善路域环境，全面提升绿化品位的目标，全力打造建设具有地域特色和高速公路文化元素的"畅、洁、绿、美"的通行环境。图3-6-12所示为凤城立交区绿化效果。

图3-6-12　凤城立交区绿化

2014年，为了提升沈阳市区主要出入口——三台子立交区的景观形象，省高速公路管理局对三台子立交围合区区新增空白区域实施了绿化建设，共设计栽植景观乔木8220株、花灌木1903株、护坡植物3万株、草坪花卉2.2万 m²、土方1.3万 m³，完成投资506万元。

(三)施工管理

辽宁省高速公路绿化工程从1998年开始实行招标投标制和施工监理制，按"四制管理"方式组织建设。

为保证工程质量，加快工程进度，控制工程投资，在项目开工前，首先健全制约机制、完善管理办法，实行程序化、规范化、制度化、科学化的建设管理原则。全面实行了项目法人责任制、工程招投标制、施工监理制和合同制管理。在绿化工程施工过程中，本着高标准、严要求的方针，充分发挥"政府监督、社会监理、法人稽查、企业自检"四级质量管理体系，严格控制质量，科学管理手段，健全管理机制。加大管理力度，自检自查，使绿化工程建设始终处于受控有序、良性发展的态势。

五、通信、监控、收费设施

通信、监控、收费设施是高速公路不可缺少的组成部分。通信用于传输高速公路为车辆运行及管理的信息;监控用于调节交通流量,报告高速公路区内气象状况、道路状况、限制车速最大限度地保证行车安全,提高道路通行能力;收费则执行借贷修路,收费还贷的原则,在封闭的高速公路主线或互通式立交通道上设置收费站。

在修建全国第一条里程最长的沈大高速公路时,采取典型试验。在交通流量较大的辽阳区段51km先建一套监控系统。1990年8月,完成了51部路上紧急电话、2台摄像机、4套超声波车辆控制器、2块二级发光管式可变情报板、6块可变限速标志,监控中心设置中央处理机1台、地图板1块、紧急电话控制台1部。1990年9月,沈大高速公路建成120路干线传输数字微波通信系统,总站设在沈阳,终端设在金州,线路长350km,由13个微波站组成。至2010年全省已建成29条,4043km的高速公路,全省通信、监控系统已建成。由最初的原始电台通信到无线电技术、再到光纤通信为主骨架覆盖全省的通信监控网络,已建成以计算机网络为依托,覆盖全省功能齐全的综合信息系统。全省收费里程3056km,共设288个收费站。从原始的人工收费,发展成人工和电脑的半自动化收费到不停车全自动收费。

(一)通信系统

通信系统,包含干线传输系统、管理处辖区的区域通信接入系统、电话程控交换系统、保证系统运行的时钟同步系统、用于系统维护管理的网络管理系统、紧急电话系统等6个子系统。组成通信系统的设备设施,包括通信管道、通信线缆、通信系统设备、会议电视设备、通信终端设备、隧道机电系统通信设施。

1988年11月,沈大高速公路沈阳至鞍山段和金州至大连段通车。为解决每日产生的收费额等信息传递问题,利用短波单边带电台进行语音通信,人工记录相关数据和信息。

1990年9月,沈阳至大连高速公路建成通车,通信系统也随之建成投入使用。该系统主要包括6种通信手段:一是全路2GHz频段120路干线传输数字微波通信系统;二是全路自动拨号无线电话系统;三是全路群呼式无线对讲通信系统;四是辽阳管理所至灯塔收费站间的电缆电话载波通信系统;五是由空分制小型用户电话交换机组成的中心电话交换系统;六是辽阳管理段电缆传输紧急电话通信系统。当时,该套数字微波通信系统和无线电话系统均是国内交通行业第一个运用电信行业先进技术的通信系统,紧急电话系统是国内第一套为用路人提供应急通信服务的应急通信设施。通信总站设在沈阳的辽宁交通宾馆,与收费站管理所、服务区之间的内部电话互联互通依靠数字微波通信系统和电话交换系统实施。高速公路上作业者的通信手段依靠群呼式无线对讲通信系统实现。

1992年,通信总站搬迁至省高速公路监控指挥中心的十三楼,并扩建了内部电话交换机设备,由空分制小型用户电话交换机升级为程控制中大型用户电话交换机,实现了省高速公路管理局、管理所、收费站、服务区各站点间的内部电话互联互通。1993年9月，建立了沈铁高速公路群呼式无线对讲通信系统。1994年9月，建立了省高速公路管理局至本溪管理所的UHF无线传输系统、沈本高速公路群呼式无线对讲通信系统，实现了本溪管理所、沈本高速公路与全局通信系统的并网。1996年，建立了全局会议电话系统，为全局远程会议提供了服务手段。1997年，在沈大高速公路鞍山管理段建设了50部无线紧急电话系统，扩大了为用路人提供应急通信服务范围。1998年，建立了沈本高速公路无线紧急电话系统、沈四高速公路群呼式无线对讲通信系统。1999年9月，建立了沈山高速公路群呼式无线对讲通信系统和无线紧急电话系统。2002年6月，建立了丹本高速公路、盘海营高速公路、锦朝高速公路、锦阜高速公路群呼式无线对讲通信系统。

1996年6~11月，利用当时技术先进的高密度聚乙烯管（HDPE）建设了省高速公路管理局至浑河收费站、沈阳至桃仙高速公路、沈阳绕城高速公路、沈阳至四平高速公路的通信管道。1998年8月~2000年6月，在沈阳绕城高速公路、沈阳至四平高速公路，运用当时电信行业技术先进的小容量的光纤数字通信传输系统，引进美国北电公司的ISDN程控用户电话交换系统和英国SEIMENS plc公司的电缆传输紧急电话系统，建成了当时国内先进的高速公路通信系统。

1998年，随着国内硅芯管技术的引进，辽宁省从沈山高速公路开始应用硅芯管建设通信管道。2002年，随着大容量光纤数字通信传输系统、C&C08系列程控用户电话交换系统、HONET高性能的综合业务接入系统以及国产光纤传输紧急电话系统、GSM无线传输紧急电话系统等技术在国内高速公路的起步应用，沈山等高速公路开始应用这些技术建设现代化高速公路通信系统。这个阶段是辽宁省高速公路大规模使用光纤通信技术的迅速发展阶段，也是使用光纤通信技术的成熟阶段。

1999年底，因2GHz频段划归公网GSM移动电话使用，由辽宁省移动通信公司出资将沈大高速公路2GHz频段120路干线传输数字微波通信系统更新为5GHz频段120路干线传输数字微波通信系统。2004年，沈大高速公路改扩建时，沈大高速公路全套无线通信系统停用，建设并使用了中容量光纤通信系统。2003年以后，随着公网GSM移动电话的普及应用，辽宁省高速公路群呼式无线对讲通信系统停止建设。

2003年11月，随着省高速公路管理局和沈阳绕城高速公路中大容量光纤数字通信传输系统和C&C08系列程控用户电话交换系统的投入使用，辽宁高速公路的小容量的光纤数字通信传输系统和ISDN程控用户电话交换系统停用，沈阳绕城高速公路的小容量的光纤数字通信传输系统停用。2007年9月，应沈抚同城化的需要，沈抚高速公路停止收费，该路的通信系统设备和终端设备拆除停用，并将系统设备迁移到新建的石庙子收费站安装使用。随着公网GSM移动通信的普及应用，高速公路紧急电话的使用率大大降低，从2008年初开始，高速公路上的紧急电话陆续拆除，保留隧道内的紧急电话。

(二)监控系统

监控系统,包含交通信息采集系统、闭路电视监视系统、道路交通信息处理决策系统、信息发布系统、监视显示系统等5个子系统。结构形式分为监控中心、监控分中心、监控外场设施。组成监控系统的设备设施包括：监控业务数据管理及计算机网络设施、监控系统综合业务处理设备、图像监视设施、信息发布设施、信息采集设施、监控系统线缆、隧道监控设施、隧道消防监测控制设施。

1990年,在沈大高速公路辽阳段开始了监控系统的建设,这是全国较早建立的高速公路监控系统。此系统包括大型情报板、限速标志、闭路电视、超声波车辆检测器和软件系统,能完成基本的道路运行状况收集、信息发布和紧急救援功能。同期在沈大高速公路相关路段建设了大型可变情报板和可变限速板。

1998年,沈四、沈阳绕城高速公路监控系统由英国西门子plc公司承建。该系统由交通信息采集系统、闭路电视监视系统、道路交通信息处理决策系统、信息发布系统、监视显示系统等5个子系统组成,结构上分为管理局监控中心、管理处监控分中心和外场设备三级。外场监控设备包括可变限速标志、视频监视设备、感应线圈车辆检测器等；监控分中心主要完成处理监控设备所收集的路况数据,下达可变限速标志的指令,检测监控设备的工作状态,并与监控中心进行数据交换。监控中心主要完成收集各监控分中心的数据,实现整个系统的数据存储和处理决策,监视全线道路运行情况。各监控分中心形成局域网,并通过光纤通信网与监控中心连接,形成广域网结构。其计算机系统包括服务器、通信计算机、交通监控计算机、紧急电话计算机、集线器、路由器、大屏幕显示器、打印机等。1996年5月~1998年11月,引进香港维昌洋行和台湾新众公司的高速公路隧道监控系统,建设了本溪大峪、韩家岭高速公路隧道的监控系统,为隧道管理提供了先进的技术手段。

从2002年开始,随着沈丹、沈山、盘海营、锦朝、锦阜等高速公路机电系统的建设和监控中心升级改造的实施,辽宁高速公路的监控系统进入了全面发展阶段。各管理处都设置了监控分中心,监控中心和分中心接收道路车流量信息、主要路段的道路气象信息和道路运行状况图像监视信息,并进行高速公路相关交通数据的汇总、统计和决策处理。在这些路段的监控系统中,引进了广播电视行业技术先进的基于MPEG II技术的图像数字传输系统、德国SBH公司的高速公路交通控制系统、高速公路气象检测系统,美国威创公司的36屏DLP技术制式大屏幕投影系统,建成了国内先进的高速公路监控系统。

(三)监控中心

1. 指挥调度

高速公路管理机构组建初期,采用电信传真、电话和单边带电台等通信手段,收集收费额、交通流量、交通肇事、收费站运行等信息,行使调度职能。1991年,省高速公路管理局成立总值班室,主要负责高速公路运行信息收集、信息发布和指令下达,调度职能得到加强。

1999年,沈四、沈环监控系统建成,监控中心计算机系统开始投入,在计算机网络系统的支持下,区域监控系统数据如车检器交通流量数据、情报板信息、摄像机图像信息等实时传送到监控中心,监控中心可以通过监控系统对高速公路运行状况进行监控,统一指挥调度功能得到进一步加强。

2001年7月,监控调度值班系统软件投入使用。作为对监控系统收集道路信息的补充,该系统实现对天气预报、天气实况、交通肇事、交通阻塞、道路管制等高速公路运行信息的计算机管理,监控中心能够更加全面地了解全省高速公路运行管理情况,提高了信息收集的准确性和及时性,指挥调度工作全面进入信息化阶段。

2. 公众服务

1995年,省高速公路管理局通过辽宁商广台、沈阳交通广播电台播发高速公路信息,开辟了为广大用路人服务的新渠道。2007年,辽宁省高速公路建立了公众服务系统,这是以监控系统为基础,结合其他业务信息,以提供对外信息服务为主导,搭建的综合信息发布平台。该系统采用电话自动声讯播报、Internet网络查询、电话和网络人工受理、服务区触摸屏终端查询、网站信息发布、高速公路可变信息标志、移动短信息发布等多种服务功能及信息发布方式,发布高速公路最新路况信息、路网信息、政策信息、维修救援服务信息、收费业务、路政业务信息。2007年7月,面向社会开通96199咨询投诉服务热线电话。

3. 信息系统

1986—1995年,计算机以单机小规模应用为主。1995年,省高速公路管理局监控室成立计算机室,管理信息化工作全面起步。

(1)软件设施建设

1986—1995年,除辽阳监控系统软件和可变情报板控制软件外,在管理方面仅有一个统计交通流量和收费额的软件程序。1995年底,收费额统计、车流量统计软件开始使用。1996年11月,自行开发的高速公路管理信息系统(LEMIS)正式投入使用。该系统包括收费信息、交通量信息、设备管理、路政管理、路况基本信息、计划管理与综合统计、地理信息等子系统。1998年8月~2000年6月,英国西门子plc公司承建的监控软件系统,具有收集各分中心上传的交通数据、气象数据、图像信息,完成紧急救援、信息发布、数据统计查询等多项功能,该系统的建成奠定了辽宁高速公路监控现代化的基础。1999年6月~2000年5月建设的收费系统,具有收费业务参数管理、公务卡管理、收费人员管理、财务管理、收费业务管理、交通量统计、图像稽查、储值卡管理、罚没款管理、逃费黑名单管理、月票卡管理等功能,收费业务进入电子化阶段。2001年7月,自主开发的监控调度值班系统软件,使天气预报、天气实况、路面状况、交通肇事、交通阻塞、交通管制、交接班等信息全部实行计算机管理,提高了信息收集的及时性和准确性。2005年,辽宁省高速公路综合信息系统投入使用,实现收费、监控、管理信息三大系统数据共享。引进移动高速短信平台,通过手机短信向省高速公路管理局领导和相关人员发送路况和调度信息。2006年3月,推广使用公文流转软件,实现收文、发文、签发、批阅等行政事务的无纸化。2008年,桌面视频会议系统开始应用。

(2)硬件设施建设

1995年10月,省高速公路管理局机关的局域网建成,各管理所利用局微波线路或通过市话线路进行远程访问。1999年3月,完成局机关大楼综合布线系统,布设160个信息点。2002年1月,利用光纤通信系统,沈四、沈环高速公路管理处与局之间的计算机网络传输速率提高到2Mbps。2003年7~9月,引进IBM小型机系统。2003年11月,沈山、沈丹、盘海、锦朝、锦阜高速公路等管理处的局域网建成,并与局机关连接。此后各条高速公路建设时都同期完成了计算机网络的建设,计算机广域网覆盖全局各管理处。2005年7月,建成全省交通系统信息传输主干网,该网络是以交通厅机关、厅直属各单位、各市交通局等行业主管部门为主要服务对象,连接除沈阳外的13个省辖市,实现交通系统内部计算机网络的互联互通。

(四)收费设施

1988年11月,沈大高速公路沈阳至鞍山、金州至后盐通车131km,设置10个收费站。沈阳至桃仙设置2个收费站,至2015年,辽宁4043km的高速公路已建成,265个收费站从人工收费到半自动收费发展到全自动收费。

1. 收费站构成

收费站是全封闭的高速公路必经的出入口,收费站由办公楼、收费雨棚、防撞岛、收费亭、场区管网、水泥混凝土路面组合成收费配套设施,依据交通流量多少在收费站设置出入口,例如2进4出、4进8出、10进12出、9进18出等,还设置超限检测口。

2. 收费方式

人工收费,是指对进入高速公路网络的车辆发给通行卡以及出口处验卡收费等程序全部由手工操作完成的收费管理方式,即人工判定车型,人工套用收费标准,人工收钱、找零、给发票。

1988年11月3日,沈大高速公路沈阳至鞍山段、大连至三十里堡段开通后,即采用人工收费方式。

半自动收费,是指通行费的计算过程由计算机和人共同完成,同时采用人工收费的方式。这种方式除人工决定通行费计算的主要依据车型外,所有主要信息都是由人工输入计算机。其特点是,使用一些设备代替人工操作,降低了收费员的劳动强度,将人工审计核算、人工财务统计报表转变为计算机数据管理,减轻了收费管理人员的劳动强度,通行费流失会有所减少,漏洞会得到一定程度的控制。

2001年5月,沈大高速公路半自动收费系统一次试运行成功,这是当时国内里程最长、车道数最多、网络规模最大、设备较为先进的高速公路半自动收费系统。整个系统共投资7000万元,全长375km,包括120条车道、27个收费站、1个监控总中心和7个监控分中心。2002年12月,沈四高速公路半自动收费系统一次运行成功,此系统共包括3个收费分中心、12个收费站、83条车道。2003年12月,沈山、盘海、锦阜、锦朝高速公路半自动收费系统成功开通,至此,全省高速公路通行费收取实现"一卡通"。

全自动收费,是指收取通行费的全过程均由系统完成,驾驶员驾驶车辆直接与系统交互,操作人员不需直接介入,只需对设备进行管理监督及处理特别事件。全自动收费方式是在全自动计费、人工找零的基础上,采用非现金交易的方式。非现金交易的种类有很多,如储值卡、记账卡、牌照识别记账、银行信用卡、不停车车载卡等。全自动收费方式又分为全自动停车收费方式和全自动不停车收费方式。全自动不停车收费方式,是在全自动停车收费的基础上发展起来的,在停车自动收费系统的基础上增加车载卡处理单元。利用电子、计算机与通信技术,使驾驶员不需停在收费站付费,以缓解因收费而造成的车辆排队现象。2009年,部分收费站采用全自动不停车收费方式,即"辽通卡"付费。当年9月,沈阳市内至桃仙机场高速公路实行ETC收费,在沈阳和桃仙收费站各设一条ETC收费车道;10月,在新民收费站入口车道安装一台自动发卡机,全省高速公路开始向自动化收费方向发展。

第七节 高速公路工程监理

一、监理工作的起步

1984—1986年,在沈大高速公路建设期间,省总指挥部(办公室)设立工程监理处,并制定《工程监理暂行办法》。

1987—1990年,实行分项工程监理制。监理工程师常驻工地,全权代表总指挥部负责所管理项目的标准、质量、技术,处理施工中出现的各种问题,加强质量控制和施工指导。在强化全面质量管理的同时实行质量否决权,结算时无工程监理的签证无效;对不合格的项目不验收,坚决返工。建立试验室,充实配备必要的检测仪器,除在沈阳、大连建立中心试验室外,在主要施工现场建立工地试验室,为把好质量关提供检测数据。不断加强对施工过程中的跟踪检测工作,有力地保证工程质量。1989年,按照交通部工程管理司关于有计划地开展监理试点工作,并逐步结合国情进行施工监理工程师试点工作。省质监站作为监管部门按照交通部文件精神,根据省交通厅的要求,积极组织省交通科学研究所在国道102线锦州大凌河特大桥、省道鞍羊线张荒地辽河特大桥新建工程实行监理工程师试点。试点取得建设单位、施工单位、监理单位三方都满意的初步效果,同时也得到省交通厅、省质监站及地方交通主管部门的首肯。省质监站通过施工监理实践,摸索出具有辽宁特点的监理施工方法,制定出辽宁省试行公路建设工程监理的一系列规章制度。

1990年,省交通厅批准成立全省第一家交通工程监理机构,即"辽宁省交通建设工程监理事务所",监理所为省交通科学研究所的监理科室。

1991—1995年,开始实行社会工程监理制,省交通厅根据国家重点工程项目的管理要求,采用"菲迪克"合同条款,并结合高等级公路建设实际,正式采用社会工程监理制度,实行工程监理公开招标选择监理单位。

1991年,交通部批准辽宁省交通科学研究所具有承担省内高等级公路和大型桥梁工程监理、咨询检测资格,并颁发证书。

1992年,省交通勘测设计院成立监理机构(即监理室);1993年1月,省交通厅批复为"辽宁驰通公路工程监理事务所"。

1993年,经省交通厅研究安排,由省质监站牵头、省交通专科学校及铁岭市公路工程质量监督站3家组成"沈铁高速公路监理机构"。其间,部分市质监站纷纷成立监理咨询服务公司,对在本行政区域内的省重点工程项目实施监理。抚顺市质监站对外环高速公路、丹东市质监站对大洋河大桥、阜新市质监站对尹家窑大桥等项目进行监理。

1993年,省交通厅批复省交通高等专科学校将勘察设计所更名为公路工程设计监理咨询公司。沈阳公路设计院、省路桥总公司先后成立监理公司承担高速公路监理任务,在普通公路系统,各市根据省交通厅的指示精神,由各市公路处设计室分别组建公路监理公司。

1996—2001年,按照省交通厅要求,贯彻国家政企分开精神,社会监理机构面向建设市场转制。

1996年,为适应改革开放需要,有利于进入市场,交通部要求"监理单位必须是具有独立经营权,能够独立进行经济活动的实体",省交通厅要求各监理机构逐步与母体脱离,成为独立的法人。省交通科研所率先改制,剥离人员,独立经营,更名为"辽宁第一交通工程监理事务所"。

1999年,根据国家要求政企分开的精神,经历2~3年的改制,各市交通局将监理公司独立成为法人单位或股份制独立法人单位。具有代表性的是丹东诚达公路工程监理咨询有限公司。该公司的前身是丹东市交通局成达交通工程监理所,2001年率先转制为以民营资本为主体的股份制监理公司。各市积极吸纳诚达公司的成功经验,先后成立本行政区域的监理企业,并积极参与本地区的监理任务。

相对于公路工程,水运工程监理改制较晚。2000年,交通部批复锦州兴港工程监理有限公司丙级资质,随后丹东江华水运监理事务所成立并取得丙级资质。大连港监理公司、营口港监理公司为交通部直管时资质转过来进行监管。2004年,交通部调整管理工作模式,将水运质监站下放到地方进行管理,水运工程监理市场才真正形成。

到2016年底,全省共有监理单位41家,其中有公路甲级专项资质的16家(含有公路机电专项资质的1家、有特殊独立隧道专项资质的1家、有特殊独立大桥专项资质的3家)、有公路机电资质的1家、有公路乙级资质的10家、有公路丙级资质的8家;有水运甲级资质的5家(含有水运机电专项资质的1家)、有水运乙级资质的1家。全省的监理企业资质等级分布与结构更加合理,专项及增项资质不断增加。

二、监理工作的规范和稳步发展

1993年5月,沈本高速公路小堡至南芬国际标段正式开工建设,该项目是辽宁首次采用施工招投标和亚行贷款项目,也采用了国际上现行的工程监理制,严格实施"菲迪克"条款管理,一切都遵循国际惯用的土木工程条款的规定。为保证工程建设,还确定由交通厅副厅长兼总工程师曹右元为中方总监理工程师,省交通科学研究所副所长兼总工程师黄培元为中方常驻现场的总监理工程师代表。美国路易斯·伯杰咨询公司承担外方监理工作。

按照"菲迪克"条款要求,明确了监理工程师的职责,规范了承包人的行为,制定了统一的监理工作程序和质量检验、试验表格,规定了监理抽检频率和数量,坚持合理工序和严格转序手续,运用检测、试验数据控制工程质量,利用各种形象进度图表监控施工进度,加强合同管理和支付控制,确保工程进度与投资支付同步,实现了支付和形象进度微机化管理。由于严格履行招投标合同和监理合同,尽职尽责地完成工作任务,监理工作赢得了各方面赞誉,为今后辽宁高速公路建设全面实施工程监理制开了个好头,积累了宝贵的经验。

1995年,交通部制定了《公路工程监理单位资质等级标准》。辽宁省第一交通工程监理事务所(原辽宁省交通建设工程监理事务所),经过6年的监理工作,建立健全了一整套的施工监理规章制度,在辽宁省高等级公路建设管理工作中具备了比较丰富的国内、国际招标工程的监理施工经验,培养和造就了一支比较过硬的监理队伍,经申请并获得批准,成为全国交通系统首批十家、辽宁首家公路工程甲级监理单位。

1996年起,随着国家"九五"计划的实施,铁四、沈山高速公路(均为亚洲银行贷款项目)相继开工建设,辽宁迎来了第一个高速公路建设高潮,监理制得以全面推行,监理队伍日益壮大,监理工作也开始进入规范化发展阶段。交通部相继颁发了《公路工程施工监理规范》《公路工程施工监理合同范本》等规范,"严格监理、热情服务、秉公办事、一丝不苟"成为监理工作的16字方针,要求监理工程师对工程质量、工程进度、计量支付和合同管理、信息管理进行全方位、全过程的控制,通过高速公路建设实践,逐渐形成了建设单位、施工单位、监理单位三方相互制约的管理模式。

1998年12月,交通部发布了《公路工程施工监理招标投标管理办法》。1999年7月,在丹本高速公路建设上,辽宁首次开展了公路工程施工监理招投标工作,开始建立公路工程监理市场竞争机制,监理单位作为独立法人企业参与竞标,为监理工作进一步规范化、稳步发展奠定了良好的开端。监理机构开始增加,监理队伍开始壮大,逐步产业化并成为高速公路建设市场最富活力的主体之一。

通过推行工程监理制,辽宁高速公路建设工程的管理体制开始向社会化、专业化、规范化的先进管理模式转变。这种管理模式,在项目法人与施工单位、项目法人与监理单位之间,形成了以经济合同为纽带,以提高工程质量和建设水平为目的的相互制约、相互协作、相互促进的一种新的建设项目管理运行机制。

1999年,省质监站出台《辽宁省公路工程施工监理市场管理办法》。

2005年,省质监站发布《关于对全省监理企业年审和监理人员执业资格登记》《辽宁省交通工程监理企业资质专家评审管理办法》。

2006年,为规范现场监理机构与监理人员工作行为,省质监站出台《辽宁省交通基本建设工程现场监理工作管理规定》。

2008年2月,省质安局制定《辽宁省公路水运工程施工监理市场管理办法》,对监理企业资质管理、监理人员资格管理、监理市场准入管理、监理执业管理、监理动态信息管理、监理业务培训管理、罚则等内容进行规定,目的是加强全省公路水运工程施工监理市场的管理,规范监理市场的主体行为和市场秩序,促进监理市场健康有序发展。

2009年3月,省质安局制定《辽宁省公路水运工程监理信用评价实施细则(试行)》;2015年根据交通运输部重新修订的监理信用评价办法,制定并出台了《辽宁省公路水运工程监理信用评价管理办法》。对监理企业信用评价、监理人员信用评价、信用评价管理等内容进行规定,目的是加强全省公路水运工程监理市场管理,维护公平有序竞争的市场秩序,增强监理企业和监理人员的诚信意识,推动诚信体系的建设。

三、监理工作的规范提高和繁荣发展

进入2000年以后,辽宁高速公路建设蓬勃发展,特别是沈大高速公路改扩建工程开工建设,工程建设的规模化、市场化程度逐步提高,带动了辽宁公路监理行业的繁荣发展,社会监理机构迅速发展,监理队伍日益壮大。

2007年,新版《公路工程施工监理规范》颁布实施,使监理工作进一步标准化、规范化,对监理单位、机构和监理人员作出明确定义,对监理的工作内容进行了丰富和完善,增加了安全和环保的监督和管理内容,明确细化了监理的职责,为辽宁公路监理行业规范化发展创造了条件。

2016年7月22日,交通运输部发布《公路工程施工监理规范》(JTG G10—2016),新规范自2016年10月1日起实施。

多数监理机构通过了ISO质量管理和环境管理体系认证,逐步开始实施监理项目法人制,监理人员通过资格考试,持证上岗,高素质的监理人才开始出现了竞争,监理的规模和监理水平基本满足市场发展需要,监理行业真正进入了市场化运作。政府监督机构对监理行业也开始实行动态管理和监督检查,逐步建立健全了监理企业和监理人员的信誉评价体系。

辽宁公路监理20余载的发展历程,从起步到繁荣发展,见证了整个高速公路建设的全过程,监理制度已逐步走向成熟,辽宁的高速公路建设管理体制也实现了向社会化、专业化、规范化的先进管理模式转变,为提高工程建设质量、促进技术进步、有效控制建设投资、缩短建设工期作出了应有的贡献。

四、监理市场的监督管理

(一)监理企业的监督管理

省质监站最初是以培育和扶持监理企业建立和发展为主,最初的"辽宁省交通建设工程监理事务所"等监理单位资质的申报,作为主管部门不但履行相关初审手续,还陪同到交通部质监总站进行申报。

在国道102线锦州大凌河特大桥、省道鞍羊线辽河特大桥新建工程实行监理工程师试点过程中,派人员进行跟踪监督工作过程与工作质量。

1990年初,省局成立了监理科,主要对沈环、沈本项目的监理工作进行平时的监督检查。

1993年起,实行了监理企业年检,最初主要是对企业上一年的工作是否存在应暂停执业和监理人员注册登记(此时的监理人员注册执业资格是每年年初审一次,并发布执业准许通知),1996年后开始了以监理企业年审制,来推动监理机构与事业母体单位脱钩,变为独立经营的企业。省交通科研院和省设计院及省路桥总公司的单位变为事业单位企业化管理,单位也相应变为了企业管理模式。地方市级监理企业也认识到,监理企业隶属建设单位公路处和行政管理单位市交通局,更是起不到所应达到的第三方监督管理的作用。以丹东诚达公路工程监理咨询有限公司成功的改制,带动了各市监理企业的纷纷改制。到1999年时,仅有本溪、铁岭两市监理公司还隶属建设单位公路处,省高速公路管理局多次下文件进行督促,到2000年两市改制完成,此时省高速公路管理局也已经将培育扶持监理市场转化为对监理市场的规范。

(二)监理人员资格监督管理

除原沈大高速公路指挥部内部建设单位的监督人员承担监理工作外,监理人员最初源于沈本高速公路工程项目的启动,由于亚洲银行贷款项目要求派出本地监理人员,来源主要是设计、科研、院校的富余人员组成监理队伍。

1. 监理人员资格审批

1992年,交通部下发《公路、水运工程监理工程师注册办法》,开始实行监理工程师注册执业资格制度。监理工程师在不同专业范围内分专业监理工程师和监理工程师,监理工程师注册贯彻执行交通部下发的文件,各省按要求上报申报人员,交通部批准的原则,除通用的条款外,批与不批参考该省是否有准备修建的高速公路。交通部第一批批准的监理人员是京津塘高速公路,在北京、天津、河北三地内批准20名监理工程师资格。从第四批开始,批复辽宁省监理工程师人员资格。

2003年初,交通部取消监理工程师资格的审批制度,取代的是监理工程师资格考试制度。2003年底,在条件基本成熟的情况下,开始监理工程师资格考试试点,辽宁省成为全国4个试点考试省份之一,并同时承担考试结束后,交通部在辽宁省的阅卷服务工作。2004年起,交通部每年均进行监理工程师执业资格考试。2008年,由于国务院对全国各种资格考试进行清理,当年停止考试。2009年,由于全国交通基本建设投资很大,经交通运输部请示国务院,又开始交通系统资格过渡考试工作,2015年暂停考试工作。

2008年初,省交通厅党组提出对公路工程监理人员进行整顿的要求,省交通厅出台并下发《辽宁省公路工程监理员考试办法》。同年2月20日组织辽宁省第一次监理员资格考试,到2010年共举办6次监理员资格考试,有1166人次通过考试,获得执业证书。

2. 监理人员执业登记

1996年,交通部发布《公路水运监理工程师资质管理办法》,要求对执业的监理人员进行注册登记。1997年全省首先对高速公路执业的监理人员进行注册登记,2003年开始对普通公路、水运执业的监理人员进行执业登记。实行注册登记资格后,凡没有取得执业登记号的监理人员没有上岗执业资格。

3. 监理人员"黑名单"

按照交通部2001年建立公路建设动态信息管理和《关于建立公路工程监理工程师执业信息管理系统的通知》的要求,省质监站从2005年开始,在原监理市场管理系统中,对原处罚的监理人员达到应停止执业的以及已经被业主和质监部门清除的监理人员实行"黑名单"制,使监管部门共享信息平台,同时完善监理人员执业信息管理系统,建立健全监理管理信息数据库,发布有重大违法违规等不良记录的单位和个人"黑名单"信息。"黑名单"制的实施,使管理工作部门共同对有劣迹的监理人员实行动态监管。

(三)监理企业资质管理

1. 监理企业"年审制"

年审,既审查监理企业与特有资质的等同能力,对当年承揽工程项目情况和监理企业人员情况及项目监理工作情况进行审查,也对原资质审批时与现行制度要求不相符的地方进行规范,推动监理企业体制改革。针对原来质监部门成立的监理机构、后期各市公路管理处下属设计所成立的监理公司存在政企不分、同体监督的弊端,在年审中要求其在一定时限内通过体制改革,达到现行体制要求。

2. 监理企业资质专家评审

2005年,依据交通部《公路水运工程监理企业资质管理规定》,省质监站制定《辽宁省交通工程监理企业资质专家评审管理办法》,规定监理企业资质许可和已获得资质等级监理企业资质检验、定期检验与年审必须经专家评审后,方可予以批准或审核通过,保证审核过程公开、公正、透明。依据此办法,出台《辽宁省交通工程监理市场管理专家库管理办法》,并组建以省质监站副站长杨芳国等17人的公路水运工程监理市场管理第一届专家组。之后,全省丙级监理企业资质许可、企业定期检验与年审,均实行专家审核制度。

(四)项目监理管理

1991年,交通部工程管理司下发《关于在"八五"期间开展公路工程质量监督和工程监理工作的意见》。在总结全国监理试点工作经验的基础上,提出条件许可的工程项目在实施过程中,实行工程监理。

1993年,根据省交通厅的要求,全省全面实行工程监理制度,对所有招标工程进行项目监理和质量控制。省质监站按照分级管理的原则,加强对监理单位、监理人员及实行工程监理制度的工程项目的监督管理工作,促进工程监理工作开展。对省组织招标的单项工程在500万元以上的工程进行施工监理的管理工作,其他监理工作由市质监站组织和管理。对实行施工监理的项目,省质监站对监理单位的工作程序、试验室、检测试验的方法、数据处理及工作质量进行监督检查;对工程质量进行随机抽查核验;对施工单位的质量自检体系和规章制度执行情况进行检查。

辽宁省交通工程项目的开展,按监理依据不同划分为:试点总结"菲迪克"与中国国情相结合阶段,此阶段修建丹东至本溪、沈阳外环高速公路;以"菲迪克"条款为主要依据制定的《公路工程施工监理规范》(JTJ 077—95)施行阶段,此阶段修建的高速公路代表项目为沈阳至山海关高速公路、丹东至本溪高速公路;以合同管理为主要依据的新《公路工程施工监理规范》(JTG G10—2006)于2007年7月施行,此阶段监理代表项目为朝阳至黑水、沈吉等高速公路项目的开展。施工项目监理,提高工程质量和投资综合效益,有效控制建设工期,保证交通基础设施建设的持续快速发展。

第八节 高速公路与经济社会发展

交通运输是国民经济的基础性、服务性产业,是合理配置资源、提高经济运行质量和效率的重要基础,是将世界联系在一起的纽带。高速公路是20世纪30年代出现的、专为汽车运输提供服务的道路交通设施,是经济社会发展到一定阶段的客观要求、必然产物。作为国民经济的基础产业之一,高速公路的发展受控于经济社会发展的总体水平,反映着经济社会对公路运载能力的需求,经济越发达,人们的生活水平越高,对出行的便捷性和物流的高效畅通就有更高的要求,这就刺激了高速公路的建设与发展。与此同时,高速公路以其自身所具有的行车速度快、通行能力强、运输成本低、行车安全舒适等技术经济特点,在经济社会发展中扮演着重要角色,对经济社会发展具有积极有力的推动作用,其社会经济效益显著、社会影响深远。

一、改革开放后辽宁省的经济社会发展

改革开放以来,辽宁省以经济建设为中心,不断解放思想、深化改革、扩大开放、开拓创新,经济建设和社会事业取得了辉煌成就。特别是在党中央、国务院做出振兴东北老工业基地的重大战略部署后,辽宁的经济建设和经济发展又翻开了新的历史篇章。

(一)国民经济与人民收入

历经三十多年的发展,辽宁综合经济实力显著增强,生产总值跨越万亿元大关,人均生产总值超过3000美元,地方财政一般预算收入突破千亿元,标志着辽宁全省经济进入一个新的重要阶段。

1. 经济总量快速扩张,经济实力明显增强

改革开放以来,辽宁经济发展迅速,经济实力增强。全省生产总值由1980年的281.0亿元增加到2013年的27077.7亿元,年均增长10.1%;特别是实施振兴东北老工业基地战略以来的10年间增长速度明显加快,年均增速达到12.4%(表3-8-1、图3-8-1)。人均生产总值由1980年的811元增加到2013年的61686元,年均增长14.0%。地方财政一般预

算收入2013年实现3343.8亿元,是1980年(86.9亿元)的38.5倍,年均递增11.7%。

辽宁省主要经济指标情况　　　　　　　　　　　　　表3-8-1

年份	全省生产总值			工业总产值		农林牧渔业总产值		全省人均生产总值(元/人)
	绝对值(亿元)	指数	三次产业比重	绝对值(亿元)	指数	绝对值(亿元)	指数	
1980	281.0		16.4:68.4:15.2	444.0		73.5		811
1985	518.6		14.4:63.3:22.3	715.1		118.1		1413
1990	1062.7		15.9:50.9:33.2	1348.2		273.8		2698
1995	2793.4		14.0:49.8:36.2	3055.5		691.8		6880
2000	4669.1	108.9	10.8:50.2:39.0	4249.5	117.1	967.4	99.2	11226
2001	5033.1	109.0	10.8:48.5:40.7	4480.3	109.0	1045.7	106.6	12041
2002	5458.2	110.2	10.8:47.8:41.4	4888.0	113.0	1132.5	108.3	12986
2003	6002.5	111.5	10.4:47.5:42.1	6055.8	121.2	1200.0	107.1	14258
2004	6872.7	112.8	11.2:47.7:41.1	8603.9	140.8	1510.5	107.9	16297
2005	8009.0	112.3	11.0:49.4:39.6	10814.5	125.9	1671.6	107.5	18983
2006	9251.2	113.8	10.6:51.1:38.3	14168.0	120.0	1738.1	107.0	21802
2007	11023.5	114.5	10.3:53.1:36.6	18249.5	128.8	2128.0	104.0	25725
2008	13461.6	113.1	9.7:55.8:34.5	22720.5	114.6	2476.9	106.5	31258
2009	15212.5	113.1	9.3:52.0:38.7	28152.7	123.5	2704.6	103.3	35239
2010	18457.3	114.2	8.8:54.1:37.1	36219.0	128.7	3106.9	105.2	42355
2011	22226.7	112.2	8.6:54.7:36.7	41776.7	115.3	3633.6	106.0	50760
2012	24846.4	109.5	8.7:53.2:38.1	49031.5	117.4	4062.4	104.9	56649
2013	27077.7	108.7	8.6:52.7:38.7	52892.0	108.9	4349.7	104.2	61686

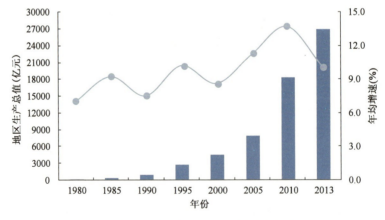

图3-8-1　1980—2013年辽宁省地区生产总值及增长率

2. 产业结构不断优化,发展方式实现新转变

改革开放以来,辽宁紧紧围绕结构调整与升级,始终坚持各具特色、相辅相成、互相促进、协调发展的产业战略,使产业结构不断优化,日趋协调。全省生产总值三次产业结构由1978年的14.1:71.1:14.8演变为2014年的8:50.2:41.8,第一、二产业增加值所占比重分别下降6.1个百分点和20.9个百分点,第三产业增加值所占比重上升27个百分点,经济发展逐步实现以第二产业为主向三次产业协调发展的转变(图3-8-2)。

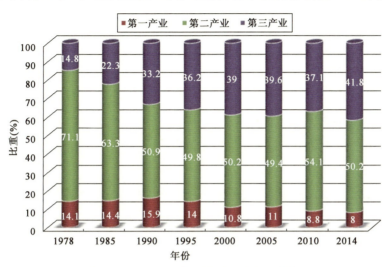

图3-8-2　1978—2014年辽宁省产业结构比重构成

3.工业经济实力全面提升,新型产业基地强势崛起

辽宁省工业基础雄厚,改革开放三十年,辽宁工业历经拓展、深化、攻坚和提高等阶段,规模不断扩大,效益稳步提高。全省规模以上工业总产值由1985年的715.1亿元增加到2013年的52892.0亿元,年均增长18.1%(图3-8-3)。规模以上工业实现利税由1978年的94.7亿元增加到2013年的5372.62亿元,年均增长12.2%。石油化工、冶金、机械和电子等传统支柱产业通过不断调整改造、发展壮大,逐步形成了以装备制造业、原材料工业和农产品加工业为主体的工业体系。

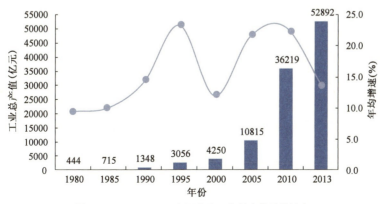

图3-8-3　2000—2013年辽宁省工业总产值及增长率

4. 区域经济发展日趋协调,沿海与腹地良性互动的区域经济新格局初步形成

改革开放以来,辽宁区域经济发展取得巨大进步,特别是实施东北老工业基地振兴战略以来,全省加快推进"五点一线"沿海经济带建设、积极推动沈阳经济区一体化发展以及"突破辽西北"在内的各有侧重、各具特色、良性互动的区域发展战略,加快了区域经济一体化进程,区域综合经济实力进一步增强。

"五点一线"建设成果显著,以大连为龙头的沿海经济带率先发展,与沈阳经济区共筑辽宁经济脊梁。2013年,沿海经济带(包括大连、丹东、锦州、营口、盘锦、葫芦岛6市)生产总值13742.3亿元,占全省的50.8%;地方财政一般预算收入1544.0亿元,占46.2%;全社会固定资产投资11590.1亿元,占46.2%;社会消费品零售总额4484.3亿元,占42.6%;出口总额492.1亿美元,占76.2%;实际使用外商直接投资193.2亿美元,占66.5%。

加快区域经济一体化进程,以沈阳为核心的沈阳经济区打造腹地经济,支撑起辽宁经济的半壁江山。2013年,沈阳经济区(包括沈阳、鞍山、抚顺、本溪、营口、阜新、辽阳、铁岭8市)生产总值16555.4亿元,占全省的61.1%;地方财政一般预算收入1773.9亿元,占53.1%;全社会固定资产投资13889.1亿元,占55.3%;社会消费品零售总额6094.3亿元,占57.9%;出口总额192.0亿美元,占29.7%;实际使用外商直接投资108.4亿美元,占37.3%。

大力实施"突破辽西北"战略,辽西北地区发展潜力巨大。2013年,辽西北地区(包括阜新、铁岭、朝阳3市)生产总值2649.3亿元,占省的9.8%;地方财政一般预算收入286.6亿元,占8.6%;全社会固定资产投资2484.3亿元,占9.9%;社会消费品零售总额915.8亿元,占8.7%;出口总额14.1亿美元,占2.2%;实际使用外商直接投资9.7亿美元,占3.3%。

5. 人民生活水平与质量显著提高,和谐辽宁建设再上新台阶

改革开放以来,辽宁人民生活蒸蒸日上,城乡居民收入水平快速增长,消费结构加快升级,生活质量显著提高。改革开放的成果不断惠及于民,和谐辽宁建设取得巨大成就。

城乡居民收入快速增长。全省城镇居民家庭人均可支配收入由1978年的363元增加到2013年的25578元,年均增长12.9%,其中,实施振兴战略十年来年均增长13.5%。农村居民家庭人均纯收入由1978年的185元增加到2013年的10523元,年均增长12.2%,其中,实施振兴战略十年来年均增长13.6%。

居民消费结构加快转型升级,家用小客车、信息通信产品、住房等消费热点持续升温,城镇居民家庭恩格尔系数由1980年的56.8%下降到2013年的32.2%,农村居民家庭恩格尔系数也由1980年56.3%下降到2013年32.9%。城市居民人均住宅建筑面积由

1978年的6.5m² 增加到2013年的28.8m²,农村居民人均住房面积由1978年的10.9m² 增加到2013年的30.8m²。

(二)人口与城镇化

1.城镇化发展基础良好、水平领先

2013年,辽宁省户籍城镇化率为66.45%,比全国人口城镇化率53.73%高出12.72个百分点,在全国31个省(自治区、直辖市)中排名第5。辽宁全省地级市14个,县级市17个,城市数量达到31个,城镇化水平在全国领先。2012年全国地级市城市化率平均值为37.74%,辽宁有盘锦、本溪、沈阳、抚顺、锦州等11个地级市城市化率高于全国平均水平,铁岭、葫芦岛、朝阳3个地级市城市化率低于全国平均水平;城市化率在70%以上的省辖市有1个、60%~70%之间的省辖市4个、50%~60%之间的省辖市有1个、40%~50%之间的省辖市有5个、30%~40%之间的有3个(表3-8-2)。

2012年辽宁省14个省辖市户籍城镇化率排名 表3-8-2

排名	地 级 市	2012年城镇化率(%)	2011年城镇化率(%)	增幅(%)
1	盘锦市	83.60	82.64	0.96
2	本溪市	67.60	67.31	0.29
3	沈阳市	66.08	65.62	0.46
4	抚顺市	65.51	65.67	-0.16
5	大连市	62.85	62.48	0.37
6	鞍山市	50.14	50.18	-0.04
7	营口市	48.82	48.25	0.57
8	阜新市	45.16	45.14	0.02
9	辽阳市	43.81	43.76	0.05
10	丹东市	43.51	43.03	0.48
11	锦州市	40.30	40.55	-0.25
12	铁岭市	33.70	33.23	0.47
13	葫芦岛市	31.80	31.64	0.16
14	朝阳市	30.44	30.07	0.37

注:数据来源于《2012年中国城市化率调查报告》,2014年3月出版。

辽宁的城镇化和工业化相辅相成。新中国成立初期,国家出于战略安全的需要,实施重工业优先发展的战略,辽宁因为基础优势,国家对其加大了资金、物质等各方面投入,辽宁迅速建立了以重工业为主体、工业门类比较齐全、基础比较雄厚的工业体系,成为全国主要的工业和原材料基地。围绕重工业项目进行城市扩建是辽宁城镇化较为迅速的时期,20世纪60年代初期,辽宁城镇化率曾达到47.4%,远远高于当时全国平均水平。辽宁的城市布局也由工业结构分布决定,表现出区域的不平衡性和带状集中性:中部地区城镇化增长快、水平高,辽宁中部城市群形成比较早,大、中、小城市发展较合理,城市集中和扩展特点较为鲜明,城市集约化相对较高。由重工业带动城镇化,是辽宁城镇化发展的突出特点。

2.城镇化进程不甚协调,增长乏力

2012年,全国县级市平均城镇化率为31.92%,全国有42%的县级市城镇化率高于全国平均水平。当年,辽宁省17个县级市中,仅调兵山、瓦房店、北票、普兰店4个县级市城镇化率高于全国平均水平,县级市城镇化率总体上低于全国平均水平(表3-8-3)。因此,辽宁省的城镇化,更适合叫"城市化"。在辽宁人口结构中,城市容纳人口占48.4%,小城镇占12.8%,农村占38.8%,呈现出两头大、中间小的不合理结构。全省包括县城在内的636个建制镇中,城市人口不足600万人。特大城市和大中城市发展很快,但县城和建制镇存在着规模小、发展慢、功能欠缺等问题。造成辽宁省在城镇化进程中,形成"大城市越来越大,小城镇仍然很小"的"马太效应"格局。

2012年辽宁省17个县级市户籍城镇化率排名　　　　表3-8-3

排名	县级市	2012年城镇化率(%)	2011年城镇化率(%)	增幅(%)
1	调兵山市	74.94	74.47	0.47
2	瓦房店市	35.93	35.45	0.48
3	北票市	34.40	34.57	-0.17
4	普兰店市	33.94	33.60	0.34
5	凤城市	31.91	31.42	0.49
6	大石桥市	31.12	30.67	0.45
7	开原市	27.94	25.19	2.75
8	庄河市	26.48	26.42	0.06
9	盖州市	26.23	26.04	0.19
10	海城市	25.91	26.02	-0.11
11	兴城市	24.23	24.36	-0.13
12	东港市	23.85	23.11	0.74
13	凌海市	21.98	21.87	0.11
14	新民市	22.34	21.60	0.74
15	灯塔市	21.10	19.45	1.65
16	凌源市	20.76	20.82	-0.06
17	北镇市	19.28	21.56	-2.28

注:数据来源于《2012年中国城市化率调查报告》,2014年3月出版。

3.人口呈输出态势,总量呈降低趋势

当前,东北三省大部分城市的总人口数量和非农人口数量呈下降趋势,作为人口输出大省的东北三省尤为突出,有高达86.51%的城市人口数量在减少(表3-8-4)。辽宁省作为东三省人口最多的地区,虽然人口输出力度不及吉林、黑龙江,但"十二五"以来平均人口流出数量接近10万人/年。2003—2013年辽宁省人口数量变化见表3-8-5。

2012年我国东部地区及东三省人口迁移情况 表3-8-4

地区	迁入率(%)	迁出率(%)	总迁移率(%)	净迁移率(%)
全国	12.89	13.96	26.85	−1.07
北京市	5.48	7.18	22.66	8.3
天津市	12.95	7.78	20.73	5.17
河北省	7.7	8.23	15.93	−0.53
辽宁省	5.99	7.18	13.17	−1.19
吉林省	11.64	14.81	26.45	−3.17
黑龙江省	12	15.33	27.33	−3.33
上海市	9.63	4.68	14.31	4.95
江苏省	9.65	8.57	18.22	1.08
浙江省	9.31	7.31	16.62	2
福建省	14.19	14.36	28.55	−0.17
山东省	7.09	7.17	14.26	−0.08
广东省	11.34	13.04	24.38	−1.7
海南省	7.81	9.14	16.95	−1.33

注:数据来源于《2012年中国城市化率调查报告》,2014年3月出版。

2003—2013年辽宁省人口数量变化 表3-8-5

年 份	人口(万人)	增长率(%)	年 份	人口(万人)	增长率(%)
2003	4161.6	—	2009	4256.0	0.23
2004	4172.8	0.27	2010	4251.7	−0.10
2005	4189.2	0.39	2011	4255.0	0.26
2006	4210.4	0.51	2012	4244.0	0.21
2007	4231.7	0.51	2013	4238.0	−0.20
2008	4246.1	0.34			

注:数据来源于《2014年辽宁省统计年鉴》。

(三)道路运输与机动化

2014年,辽宁省民用汽车数量为539万辆,比2003年增加了436万辆,年增长率达16.2%(表3-8-6);特别是2008年后,机动车数量增长速度进一步提升。2013年,沈阳、大连民用汽车数量分别为125万辆、103万辆,名列辽宁省前两位。朝阳市民用汽车拥量增长最为迅速,年增长率高达35.4%;增速相对较慢的本溪、铁岭,民用汽车保有量增长率也均超过11%,分别为11.8%和11.4%。

2003—2013年辽宁省民用机动车拥有量增长趋势(单位:万辆)　　　表3-8-6

年份	2003	2004	2005	2006	2007	2008	2009	2010	2011	2012	2013	2014
数量	103.5	127.1	153.8	187.1	217.4	242.0	300.1	347.9	402.2	449.6	482.8	539

数据来源:《2004—2014年辽宁省统计年鉴》。

民用汽车拥有量的持续快速增长将成为未来辽宁省交通运输需求增长的主要动力。"十一五"期间,辽宁省民用汽车拥有量的年均增长速度达到了14.4%(图3-8-4)。"十二五"期间,民用汽车拥有量增长态势虽略有放缓,但是依然保持了10.3%的增速。随着辽宁省未来人均收入水平的进一步提高,辽宁省机动化水平还将进一步增强,主要表现在私人汽车拥有数量的大幅提升。2013年,辽宁省万人拥有汽车数量为1115辆,与人口密度相近的日本万人拥有汽车数量5928辆(2012年数据)相比差距明显。由此可见,辽宁省民用汽车拥有量还有广阔的增长空间,是未来高速公路交通需求增长的主要因素。

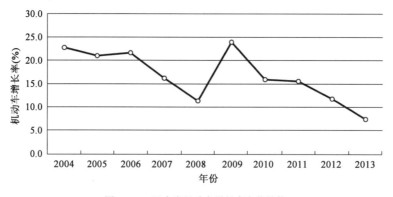

图3-8-4　辽宁省机动车增长率变化趋势

二、经济社会与高速公路的协同发展

1990年9月,"神州第一路"——沈大高速公路建成通车,证明了中国发展高速公路势在必行,标志着辽宁乃至中国进入高速公路时代。此后25年时间里,辽宁的高速公路建设伴随着全省经济的快速发展取得了辉煌的业绩,高速公路通车里程由1990年的375km增加到2014年的4172km(表3-8-7、图3-8-5),高速公路网络覆盖全省陆域县市,密度达到发达国家水平。一方面,经济社会发展对交通运输系统提出新的更高的要求,并在资金、技术等层面上提供支持,推动了高速公路的发展;另一方面,高速公路的快速发展有助于经济社会总量的扩张、质量的提高以及结构的优化,从而促进经济社会全面发展。两者间是紧密相关、相互影响、相互促进的关系。

辽宁省高速公路通车里程及地区生产总值变化一览表　　　　表 3-8-7

时期	"七五"	"八五"	"九五"	"十五"	"十一五"	"十二五"
年份	1990	1995	2000	2005	2010	2014
里程(km)	375	470	1210	1780	3043	4172
地区生产总值(亿元)	1062.7	2793.4	4669.1	8009.0	18457.3	28626.6

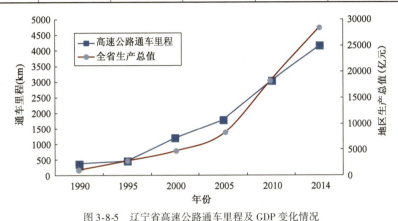

图 3-8-5　辽宁省高速公路通车里程及 GDP 变化情况

(一)经济社会发展促进高速公路建设

区域经济社会发展是高速公路建设需求的源泉。区域经济的持续快速发展,一方面能够为高速公路项目建设提供财力支持和经济保障,另一方面也必然引发旺盛的客货运输需求,使高速公路保持一定规模的交通流量。在微观上使项目获得良好的财务效益和可持续发展能力;宏观上促进沿线地区经济发展以及社会进步,产生更大的社会经济效益。同时,社会经济发展水平提高以及科学合理的发展规划和良好的政策,是高速公路建设运营的外部环境。社会文明程度的提高,将使人们的交通观念及价值观发生改变,提升对公路交通事业的认知程度。交通科技水平以及管理水平和人员素质的提高,先进的交通管理方式与手段的应用也将促进高速公路的建设与发展。

经济社会发展对于高速公路建设与运营的正向促进作用是至关重要的,这是高速公路建设发展所必须具备的外部环境。

1. 完善综合运输体系是高速公路建设发展的必然要求

从运输系统内部协调发展的观点来看,交通运输体系内各种运输方式协调性越好,高速公路项目的优势也就越能得到更好的发挥,交通运输对于经济、社会的服务功能及保障作用越能得以充分体现,交通运输的可持续发展能力也必然得到增强。截至 2014 年,辽宁省高速公路总里程已达 4172km,形成了以国家高速公路为主体,省级高速公路为补充的"通关达海"的高速公路交通网,全省所有陆域县全部实现"县县通"高速公路,高速公路在辽宁综合运输体系中的地位越来越突出。高速公路连接了辽宁全部 14 个地级市以及全部陆域县市,承担着区域间、省际以及大中小城市间的中长距离运输,缓解了普通干线公路的运输压力,使路网结构层次和功能配置趋向合理,能够满足不同货物种类、旅客出行的需求,为全社会生产和生活提供安全、舒适、高效、可持续的运输服务。可以说,辽宁交通运输的现代化、综合运输体系的建设离不开高速公路的快速发展,高速公路是辽宁构建现代化高效综合运输系统的重要基础。

2. 经济社会发展是产生高速公路建设需求的源泉

(1) 经济发展是高速公路建设和发展的前提

区域经济实力是高速公路产生和发展的必然前提和基础。高速公路是经济社会发展到一定程度的产物,其路网建设规模、发展速度与经济结构、发达程度密切相关。具体表现在经济实力雄厚和综合发展水平高的国家和地区,能够为高速公路项目建设提供强有力的财力支持和经济保障。同时,区域及地区之间的经济、商贸、文化活动频繁,人流、物流移动加快,能够引发旺盛的运输需求,促进高速公路的发展。

经济实力较强的发达地区,高速公路建设发展速度往往较快,而经济基础薄弱欠发达地区,高速公路的建设规模和发展速度往往受到地区经济因素的制约和影响。辽宁不同地区的经济发展水平和经济实力地域差别很大,由于经济发达的城市和地区具备高速公路建设必需的经济基础和必要的高速公路运输需求,因此,辽宁高速公路网建设过程中,经济水平高的地区成为优先发展的重要节点。辽宁第一条高速公路——沈大高速公路,连接了辽宁经济最为发达的辽南、辽中区域——沈阳、辽阳、鞍山、营口、大连五市,构筑起了辽宁重要的经济走廊。截至2014年,辽宁全省14个地级市以及全部陆域县市均以高速公路连接,经济发展水平较高的沈阳、大连、鞍山等城市高速公路建设规模和密度均高于其他地区,发展步伐也较快。2013年辽宁省各地级市国民经济相关指标与高速公路里程和密度见表3-8-8和图3-8-6。

2013年辽宁省各地级市国民经济相关指标与高速公路里程和密度 表3-8-8

地 区	地区生产总值 (亿元)	人均生产总值 (元)	高速公路通车里程 (km)	公路里程 (km)	高速公路比重 (%)	高速公路密度 (km/100km²)
沈阳	7158.7	86850	616.5	12350.4	5.0	4.7
大连	7650.8	110600	531.1	12589.4	4.2	4.2
鞍山	2623.3	72606	228.5	7435.9	3.1	2.5
抚顺	1340.5	63922	267.3	6330.2	4.2	2.4
本溪	1193.7	69118	208.9	4277.8	4.9	2.5
丹东	1107.3	45596	335.7	8668.1	3.9	2.2
锦州	1344.9	43497	234.1	7766.4	3.0	2.4
营口	1513.1	61937	189.4	4285.0	4.4	3.6

续上表

地 区	地区生产总值（亿元）	人均生产总值（元）	高速公路通车里程（km）	公路里程（km）	高速公路比重（%）	高速公路密度（km/100km²）
阜新	615.1	34259	310.8	6701.5	4.3	3.0
辽阳	1080.0	58236	130.6	3494.2	3.7	2.7
盘锦	1351.1	94052	124.8	3551.9	3.5	3.1
铁岭	1031.3	34143	313.6	11096.0	2.8	2.4
朝阳	1002.9	33591	386.0	14753.7	2.6	2.0
葫芦岛	775.1	29915	146.0	7672.1	1.9	1.4

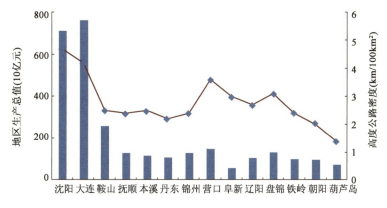

图 3-8-6　2013 年辽宁各地级市生产总值与高速公路密度

（2）经济持续快速增长为高速公路的发展提供稳定的资金保障

改革开放以来，特别是实施东北老工业基地振兴战略以来，辽宁经济社会呈现良好发展态势，经济发展水平持续提高，综合实力不断增强，经济运行的稳定性也进一步提高。2000—2014 年辽宁全省生产总值总量由 4669.1 亿元增长到 28626.6 亿元，年均递增 11.5%（表 3-8-9）；地方财政一般预算收入由 295.6 亿元增长到 3190.7 亿元，年均递增 18.5%；全省人均生产总值由 11177 元增长到 65201 元，年均递增 13.4%。随着经济的发展，辽宁高速公路投资规模较以前有大幅度的提高，由 2000 年的 53.1 亿元增加到 2014 年的 87.3 亿元，最高达到 2009 年的 178.1 亿元，辽宁的高速公路建设发展步伐不断加快。1990—2014 年的 24 年间，辽宁省的高速公路通车里程增加了 3797km，年均增加 158km；2000—2014 年的 14 年间，辽宁省的高速公路通车里程增加了 2962km，年均增加 212km。

根据国内外公路发展规律：在经济尚不发达时，以发展公路规模为主；向中等发达过渡时，则以提高公路技术等级结构水平为主。借鉴发达国家高速公路发展的经验，在人均生产总值从 2000 美元增长到 4000 美元这一发展阶段，公路尤其是高速公路建设将获得超前发展。2007 年辽宁生产总值就跨越万亿元大关，人均生产总值超过 3000 美元，2014

年全省人均生产总值达到 10614 美元,这意味着辽宁高速公路的建设与运营管理发展水平要迈上一个新的台阶才能适应经济社会发展的需求。1995—2014 年辽宁省经济社会发展与高速公路里程增长速度见图 3-8-7。

辽宁省经济社会发展与高速公路建设主要指标　　表3-8-9

时期	"七五"	"八五"	"九五"	"十五"	"十一五"	"十二五"
年份	1990	1995	2000	2005	2010	2014
地区生产总值(亿元)	1062.7	2793.4	4669.1	8009.0	18457.3	28626.6
年均增速(%)	—	10.23	8.58	11.15	13.70	9.0
财政收入(亿元)	129.3	184.4	295.6	675.3	2004.8	3190.7
年均增速(%)	—	7.3	9.9	18.0	24.3	12.3
人均生产总值(元)	2698	6880	11177	19074	42355	65201
年均增速(%)	—	20.6	10.2	11.3	17.3	11.4
里程(km)	375	470	1210	1780	3043	4172
年均增速(%)	—	4.6	20.8	8.0	11.3	6.5

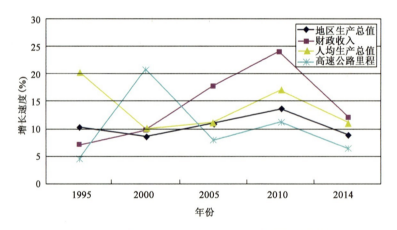

图 3-8-7　辽宁省经济社会发展与高速公路里程增长速度

(3)经济发展对高速公路建设提出了更高要求

工业化进程的加快,产业结构的优化升级,将促使货物运输规模和结构发生较大变化,要求公路交通运输必须向高效和优质服务的方向发展。

首先,在货运方面,工业化是货物需求结构趋向高附加值和多样化,生产过程和组织的逐步社会化和规模化以及分工的专业化,对发展高速公路提出迫切要求。一方面,生产过程的中间需求大幅度增加,最终产品的加工深度不断增加,需求品种和式样的多样化,以及附加值的提高,导致高价值、多品种、多类型货物迅速大幅度增加,对运输可靠性和灵活性的要求空前强烈。另一方面,区域内经济联系的密切,经济一体化的加强,扩大了货物运输的空间范围和规模,增加了对连接区域的快速、大容量、高适应性的干线运输及其基础设施的强烈需求。为满足产业升级和市场竞争需要,基础设施要向规模化、信息化、可持续的现代化方向发展。作为综合运输体系的重要组成部分,高速公路主要承担各经济区域间、城市间的快速客货运输任务,对区域高新技术产业、物流业等的发展有巨大的推动作用。正是在工业化的推动下,高速公路才得到迅速普及和发展。

其次,在客运方面,客运需求的安全、高效、快捷、舒适及个性化、多样化的变化趋势,对高速公路的发展提出了不断增长的需求。随着经济的发展以及人们收入水平的提高,客运需求不仅总量迅速扩大,而且需求结构也发生重大变化。交通消费成为仅次于住房消费的第二大消费项目,导致适应这种交通消费方式的个性化交通工具——私人小汽车迅速普及。随着全省经济的持续发展,人民生活水平的进一步提高,未来的客运需求增长空间较大,必将推动高速公路的进一步发展。

最后,在运输工具方面,汽车的大规模生产和销售推动了高速公路等大容量、快速交通设施的建设发展。随着改革开放步伐的加快,我国汽车工业迅速发展,借助于人民生活水平的提高,汽车产量和销量大幅增加,小客车迅速并大规模进入城市居民家庭,成为人们代步工具。这刺激了居民平均出行率迅速增长,除上下班通勤外,包括城市购物、市郊休闲度假以及城际旅行等自驾车出行率显著增长,并且极大地提高了人们的机动性,增加了出行便捷性和出行距离,节约了出行时间,扩大了出行距离和范围,使人们对大容量、快速度的高速公路的需求更加旺盛,同时对高速公路安全性、服务质量、配套设施完善性等均提出了新的要求。因此,有必要也能够通过合理的规划和相应的政策引导措施,实现高速公路建设和汽车工业互动发展的良性循环态势。

(4)区域经济发展与资源布局是高速公路发展的内在因素

区域经济布局与发展战略是高速公路发展的引导因素。区域经济布局与发展规划、自然资源分布状况等是高速公路规划、设计的重要影响因素。高速公路要跟上区域经济发展的步伐,需要依据国家及区域不同时期的政策导向,综合考虑不同区域的地理区位条件,经济发展水平和发展阶段,有差异地确定不同区域高速公路建设发展规模和水平,实行差异化发展。进入21世纪以来,辽宁省委、省政府先后做出了"辽宁沿海经济带""沈阳经济区""突破辽西北"三大战略部署,辽宁高速公路建设规划紧紧围绕三大战略进行调整,加强对三大经济区域的高速公路建设安排。

同时,高速公路的建设必须重视其在带动区域资源开发方面的作用,并与社会经济及产业的发展有序衔接,与区域整体规划和社会经济发展规划相适应。随着小城镇和卫星城建设的兴起,高速公路作为快速高效的运输方式,是中心城区与小城镇及卫星城经济联系和人员流动的重要通道;区域经济布局的调整,高新技术开发区域产业园区的建设以及城镇化战略的实施等,都将进一步推动高速公路的建设。在此基础上,高速公路产业带等发展模式就是高速公路与社会经济要素有机结合的结果。

（5）区域资源分布影响高速公路网的布局

资源分布对高速公路建设的影响主要体现在两个方面：一是作为省市高速公路网规划的一个重要考虑因素，影响高速公路网络的走向和布局；二是资源开发能带来客货运需求，促进满足快速、舒适、安全等多元化需求的高速公路的建设。

3.社会进步为高速公路建设及运营提供良好的外部环境

区域社会发展水平的提高为高速公路建设及运营提供良好的外部环境。区域社会文明程度的提高，将使人们的交通观念以及价值观发生转变，提升对公路交通事业的认知程度。交通科技水平以及管理水平和人员素质的提高，先进的交通管理方式与手段的应用也将促进高速公路的建设与发展。同时，科学合理的发展规划和良好的政策环境对高速公路的建设发展也是具有非常重要的意义。

（1）良好的政策环境

改革开放以来，国家以及省政府通过各项有利于高速公路建设的政策导向，加强高速公路建设发展的宏观管理和行业指导，并逐步完善了相关法律法规，有力地促进了高速公路规划建设目标的顺利实现。

（2）区域城镇化进程加快与人民生活水平提高促进了高速公路的发展

工业化、城镇化、市场化和国际化进程的进一步加快，城乡之间、地区之间的人员往来和商品交换快速增加，对交通运输服务产生了更高的要求。国外经验表明，城市化水平越高，人均出行需求越大。目前我国城镇居民的平均出行次数是农村居民的8~9倍。随着城市化进程的加快，城市群和城镇带更加密集，人口聚集带动产业集聚，城市功能增强，城镇消费群体扩大，引起大量人员、物资的交流，公路客货运输量的显著增长，促使各地必须加快城际高速公路等快速交通网络建设。

人们生活水平的进一步提高，消费结构显著变化，不仅会产生大量的公路客运需求，并呈现多样化、个性化趋势，方便、快捷、舒适、安全、自主等价值取向能明显增强。就消费结构而言，人们开始由"吃、穿、用"向"住、行、休闲"升级，小汽车等高档耐用消费品逐步进入大众消费，旅游已成为人们休闲的主要方式之一，人们对出行的需求日益加大。未来人民生活水平的提高和家庭小客车的激增将促使人均出行次数的增加，要求有现代化的公路交通运输网络和运输服务体系与之相适应。因此，随着社会经济的发展、人民生活水平的提高，高速公路交通需求潜力巨大。同时，人们的交通需求不仅表现在数量的快速增长，也表现在对高品质运输服务的要求更加强烈，多元化、个性化的价值取向增强，对交通的服务形式、内容与质量都将提出越来越高的要求。交通的发展必须体现"以人为本"，更多地考虑方便社会公众，保障公众安全，更好地满足人民群众日益增长的交通运输需求。

(3)汽车化社会起步阶段需要加快高速公路建设

伴随着经济总量的快速增长,辽宁的民用汽车保有量一直处于迅速增长态势,2000—2014年间年均增长速度达到21.6%。随着汽车化社会的来临,公路客货运输量将呈现持续增长的态势,对高速公路的运输需求也将随之提高,也就是说,民用汽车保有量与高速公路通车里程之间存在着正相关的关系(表3-8-10)。

辽宁省历年民用汽车保有量与高速公路通车里程　　　　表3-8-10

时期	"九五"	"十五"	"十一五"	"十二五"
年份	2000	2005	2010	2014
高速公路里程(km)	1210	1780	3043	4172
年均增长率(%)	—	8.0	11.3	6.5
民用汽车(万辆)	78.6	153.8	347.9	539.0
年均增长率(%)	—	14.4	17.7	11.6

2000—2014年间,辽宁民用汽车保有量与高速公路通车里程总体上处于同步变化趋势(图3-8-8),未来民用汽车保有量仍会保持增长势头。在民用汽车保有量不断上升、道路需求不断增加的双重推动下,辽宁高速公路将按照全省高速公路网规划安排保持持续增长态势。

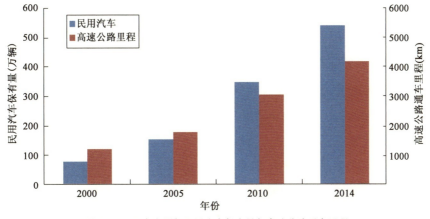

图3-8-8　辽宁省历年民用汽车保有量与高速公路通车里程

(4)区域科技发展对高速公路建设与运营的促进作用

科技发展为高速公路工程建设不断提供先进技术和手段。科技的进步和发展,提高了高速公路设计、施工质量以及高速公路运营管理水平。通过科技创新,突破技术瓶颈,支撑高速公路交通基础设施建设,充分发挥已有设施效能,能够提高高速公路系统的供给能力,降低运输成本,提高运输效率,保障出行安全,改善运输服务,提高管理水平与服务质量,缓解资源制约,为建立节约型交通行业、提高高速公路可持续发展能力构筑坚实的基础。辽宁省在高速公路建设中,十分重视将科技进步与工程建设紧密结合,应用高新技术手段,提高勘察设计质量;采用新工艺、新技术,提高建设的速度和质量;实施电子政务建设,利用信息技术、管理技术和计算机技术等在高速公路监控、收费系统的集成应用,为高速公路的运营管理提供了有力的支持。

(5)科技人才资源的培养为高速公路事业的快速发展提供了有力支撑

在交通运输业快速发展的过程中,交通人才资源所起到的基础作用是不容忽视的。各种高新技术在交通运输业中得到广泛应用,一批具有国际先进水平的工程项目和科研项目陆续完成,体现了交通人才的高超技术水平。交通系统以开放理念打造科技创新工程和人才工程,积极与国内外科研院所开展广泛的交通科技交流与合作,为公路交通事业的可持续发展提供了重要的技术保障。高素质人才的培养将为高速公路的建设和运营管理提供支持,促进高速公路事业可持续发展。

4. 高速公路建设推动经济社会发展

交通运输条件是影响区域经济发展的重要因素。在微观上,交通运输条件影响着经济活动的区位选择;在区域整体发展上,交通干线运输能力的大小和路线走向决定了交通经济带在空间上的范围和分布,促进了区域经济空间结构的形成,影响着区域的自我发展能力;在宏观上,交通运输是区域间密切联系的纽带,决定着区域的区位条件和开发开放程度。

20世纪90年代以来,随着改革开放的不断深入和经济社会的快速发展,辽宁省日益重视现代化交通设施建设,以适应经济社会发展的要求,高速公路建设进入了快速发展阶段。高速公路的规划建设,从改善经济发展环境、吸引国内外资金与技术投入、调整产业布局、发展新兴产业经济带等方面,促进了高速公路沿线地区经济的发展,并为沿线地区的经济发展提供了便利的交通条件,促进了社会经济迅速发展、经济布局与结构不断优化、经济增长方式逐步转变、综合竞争力不断提升。随着高速公路网络化进程的加快,其规模经济效益应逐渐显现出来,在经济社会发展中的影响和作用将越来越显著。

(二)高速公路建设对区域宏观经济的影响

1. 高速公路产生的国民经济效益

高速公路建设的国民经济效益是指项目建成后,改善了区域交通状况,降低了运输成本,促进了公路运输业的发展,刺激了由区域间客货运量的增加而产生的效益(或减少的损失)。国民经济效益是高速公路使用者所获得的效益,从国家和社会的角度,进行高速公路建设项目的国民经济效益分析和评价,是宏观上合理配置国家有限资源、真实反映项目对国民经济贡献的需要,有利于引导投资方向、控制投资规模、提高投资决策的科学化水平。

按照现行公路建设项目国民经济效益评价方法的相关规定,高速公路建设项目的国民经济效益主要包括:运输成本降低效益、旅客及货物在途时间节约效益、交通事故减少效益等。

通过对辽宁高速公路项目在其立项可研报告以及后评价报告中对国民经济效益的测算,可以看到高速公路与普通公路相比较,其国民经济效益十分显著。

(1)运输成本比普通公路节约30%左右

与普通公路相比较,在车辆运行速度、载重量、车型、车况相同的情况下,高速公路由于路面质量好、坡度小、行车干扰少、起停次数少、对轮胎的磨损小,能确保高速公路上各型汽车达到或接近其经济速度行驶,使得车辆燃料消耗小,延长车辆使用寿命,降低运输成本,为道路使用者带来显著的直接经济效益。普通汽车的经济时速一般在80～100km/h,而高速公路的设计行车速度一般为80～120km/h,因此,汽车在高速公路上行驶能够达到其经济时速,提高燃料利用率,减少油耗,节约运输成本。资料显示,高速公路上的运输成本一般可以比普通公路下降30%左右。

(2)运行时间比普通公路节约近50%

时间节约效益是高速公路项目经济效益的重要组成部分。由于高速公路运输条件及设备完备,运行速度快,可以大大缩短旅客及货物的在途时间,充分发挥运输工具的能力,产生显著的时间节约效益。高速公路的平均车速约为100km/h,普通公路约为50km/h,汽车在高速公路上行驶的时间一般可以比在普通公路上行驶节省一半左右。另外,高速公路与普通公路相配套,可以实现门到门运输,转装环节少,能够节省货物在途时间。

随着辽宁高速公路里程的不断延伸,规模效益逐步发挥,辽宁人民已经切实感受到了高速公路带来的时间、空间观念上的变化。从省会沈阳到其他13个地级市基本上当天可以往返,这在以前是难以完成的。

(3)交通事故显著减少

安全是反映运输质量的重要指标。高速公路由于采取了控制出入、交通限制、分隔行驶、汽车专用、自动化控制管理系统等确保行车快速、安全的有效措施,尤其是消除了机动车与非机动车以及行人之间的混合交通现象,与普通公路相比,具有交通构成简单、车速均匀、无横向干扰、无对向干扰等特点,提供了良好的交通环境,从而使交通事故比普通公路大大减少,有利于保障交通安全,减少运输伤害。统计资料显示,高速公路的交通事故率仅为普通公路的1/3～1/2,事故造成的经济损失也就相应降低。

2. 高速公路带来的社会经济效益

高速公路作为社会经济系统重要的交通基础设施,其对经济和社会整体发展所产生的影响,是通过它与国民经济各部门和社会再生产各环节之间的技术经济联系和交互式作用来实现的。高速公路的社会经济效益不仅在于其本身的获利能力,以及使用者所获得的各种利益,更重要的是它对社会经济的各宏观领域所产生的影响,包括高速公路及其承载的公路现代化运输体系在支撑国家和区域经济发展、推动社会进步、保障国家安全、服务可持续发展等各个方面所产生的综合效益。社会经济效益是高速公路在经济发展与社会进步中所产生的无形效益,它并非由高速公路使用者直接获得,其受益范围与群体是十分广泛的。

概括起来,高速公路对社会经济的促进作用主要表现在三个方面:一是高速公路投资建设活动本身通过促进建筑业的相关产业产值增长而直接对增加国民生产总值、拉动区域经济增长的作用;二是高速公路投入使用后,因通行能力增加和行车条件改善,使影响区域出行条件更加便利、运输服务业发展所产生的效益;三是因缓解交通"瓶颈"制约,改善投资环境和区位条件而对区域产业发展产生的巨大波及作用,从而对区域宏观经济发展产生持续而深远的促进作用。

高速公路是保障社会经济持续快速健康发展的重要交通基础设施。交通运输是国民经济的流动载体,社会经济的迅速发展需要快速、便捷的交通运输系统作为支撑。高速公路作为一种现代化交通方式以及综合运输体系的重要组成部分,其迅速发展满足了经济增长方式转变时期,市场经济条件下,商品与资源大规模流通,客货运输结构调整、规模成倍增长对高质高效运输体系的要求,是保障国家和区域社会经济持续快速健康发展的重要交通基础设施。

高速公路具有快速、安全、舒适、大容量的特征,自1990年辽宁第一条高速公路——沈大高速公路建成通车至今20多年的高速公路建设发展期,也是辽宁经济社会迅速发展、经济布局与结构不断优化、经济增长方式逐步转变、综合经济实力不断提升的20多年。1990—2014年的24年时间里,辽宁全省生产总值年均增长9.6%,城镇居民人均可支配收入增长17倍,农村居民人均纯收入增长了12倍,人民生活总体达到小康水平。

高速公路在建设期间通过建设资金的大量投入,带动沿线公路建筑业及相关产业产值的提高。按照现代交通与经济的相互关系理论,在运营期间,高速公路所提供优越交通条件能够提升沿线地区区位优势,改善投资环境,吸引资金、技术、人才聚集,带动生产效率的提高,促进沿线地区经济和产业取得超常增长,使沿线城市的经济发展水平与实力显著提升。

沈大高速公路后评价报告的分析结果(表3-8-11)显示,沈大高速公路建设期间沿线五市生产总值年均增长9.0%,高于全省1.0个百分点;1990—1992年运营期间,沿线五市生产总值年均增长10.9%,高于全省2.3个百分点。沈阳绕城高速公路后评价报告的分析结果(表3-8-11)显示,通过系统动力学模型运算,1992年项目开工建设到2002年项目实施直接拉动沈阳市生产总值的增长达到18.83亿元,对沈阳市同期生产总值的贡献率为1.5%。

沈大、沈阳绕城高速公路沿线地区经济指标增长情况　　　　表3-8-11

高速公路	建设期				运营期			
	年份	沿线地区生产总值	年均增速(%)	同期全省生产总值增速(%)	年份	沿线地区生产总值	年均增速(%)	同期全省生产总值增速(%)
沈大高速公路	1986	326.6	9.0	8.0	1990	562.5	10.9	8.6
	1989	521.3			1992	785.2		
沈阳绕城高速公路	1992	273.0	12.9	11.0	1996	771.8	10.3	8.6
	1995	682.7			2000	1119.1		

辽宁经济发展正处于全面奔小康的关键时期,也是经济发展的转型期。在此期间,处理好交通建设与经济发展两者之间的动态协调关系十分重要。从辽宁经济社会发展的实际需求来看,现有高速公路规模与结构尚不能完全满足社会经济发展的要求,因此,未来还需积极推进高速公路的建设。

3. 高速公路的发展推动了辽宁工业化进程

西方发达国家的高速公路是在政治、经济、军事等多重因素的驱动下起步建设的,总结和分析其内在的深层次原因可以发现,工业化和工业社会的发展是高速公路在世界各地迅速普及与发展的动力源泉。辽宁高速公路的建设和发展也是源于改革开放以来工业化发展进程的需要,同时又推动了辽宁工业化步伐的加快,从而促进了辽宁经济的快速发展。

工业化使货物需求结构趋向高附加值和多样化,生产过程和组织的逐步社会化和规模化以及分工的专业化,对发展高速公路这种现代化的交通运输方式提出更为迫切的要求。一方面,工业化的发展进程中,整个社会生产过程的中间需求大幅度增加,最终产品的加工程度不断加深,产品品种和式样的多样化以及附加值的提高,市场进一步扩大和细化,高价值、多品种、多类型货物迅速大幅度增加,对运输可靠性和灵活性的要求空前强烈;另一方面,地区内经济互动和联系密切,尤其是经济一体化的加强,扩大了货物运输的空间地理范围和规模,增加了对连接地区的快速、大容量、高适应性的干线运输及其基础设施的强烈需求。

高速公路运输具有快速、便捷、灵活的特点,能够满足工业化发展过程中货物运输的总量与结构需求。在工业化的推动下,高速公路得到迅速普及和发展。同时,高速公路的建设发展,使区域交通条件显著改善,又带动了区域的工业化发展,使经济迅速增长,两者相互协调相互促进,带动了区域经济社会与交通的一体化和可持续发展。

辽宁已经迈上新型工业化道路,主导产业逐步向资本与技术密集型产业转移,工业加工能力明显提高,高附加值工业产品和消费品产量逐步提高,而"订单经济""物流经济"

"跨国经济"等新型经济模式将对交通运输的质量提出更严格的要求,新型工业化对运输服务效率和质量也提出了更高的要求,迫切需要发达的高速公路交通网络系统支持,以满足不断增长的多样化的运输需求,为工业化进程提供基础设施保障。

4.高速公路的建设发展是保障区域经济发展战略实施的重要手段

高速公路建设作为交通基础设施,具有投资巨大的特点,其建设是国家和地方宏观调控和实施产业投资战略的重要手段之一,在推动和促进国家和地区经济发展战略的顺利实施中发挥十分重要的作用。

进入21世纪以来,辽宁省委、省政府先后做出了"辽宁沿海经济带""沈阳经济区""突破辽西北"三大战略部署,制定了一系列扶持政策,公路交通基础设施先行建设发展是其中的一个重要举措,也是三大战略的重要基础保障条件。随着高速公路投资建设力度的加大,经过10多年的努力,辽宁建立起了较为密集的高等级公路网,高速公路建设和发展迅速,已形成以国家高速公路为主骨架的高速公路大通道和以沈阳为中心的高速公路交通枢纽,优化了综合运输结构,打造了高效、快捷的现代化物流运输平台,为进一步加快东北老工业基地振兴贡献重要力量。

交通运输对地区经济的发展具有很强的基础性、先导性作用,是经济社会发展必须投入的社会先行资本。与其他运输方式相比,高速公路具有显著的技术经济优势,区域经济的交通纽带作用更强,可以更大程度地提高可达性和市场范围、促进地区间的交流,使影响和辐射区域在更大空间范围上融入国民经济甚至世界经济发展中去,在与外部经济联系中加快自身经济发展进程,推动区域经济社会的快速、协调、健康发展,实现区域经济发展战略目标。

5.高速公路是发展外向型经济的重要基础

现代社会条件下,对外经济贸易对一个国家和地区国民经济发展具有"助推器"或"引擎"的作用。外向型经济发展的核心是以出口规模扩张和档次提升来带动产业高度化,将国内生产要素的优化配置与国际市场供需连接起来。对外经济的发展、外向型经济的形成,有利于国民经济结构的调整与优化,增强经济综合实力和国际竞争能力。

随着经济全球化和我国加入WTO,经济的发展和运输产业的升级换代,对交通运输的需求从"量"的方面逐渐更多地表现在"质"的方面,从要求不断提高运输能力逐渐转化为不断提高运输的服务水平。经济的贸易交换模式的转变,要求有可靠的、服务精良的运输服务系统作为保障。国内企业通过提高服务质量和降低经营成本来提高其市场竞争力,也对交通运输服务水平、运输系统的可靠性、运输系统经济性提出更高的要求。高速公路的建设,能够改善沿线地区的交通条件,优化投资环境,加速沿线地区的经济、技术交流,促进区域产业结构的调整和产品结构的升级。高速公路沿线地区往往是区域主导产业、高新技术、高附加值、出口创汇产业的聚集区,沿线一些传统的纺织、轻工、家电等行业通过合资合作与引进,消化国内外先进技术,生产水平、产品质量和档次已有了根本性变化。而高速公路大通道和区域网络的建设,能够促进商品和各种经济资源要素的自由流动和充分竞争,使区域的产业发展环境更符合外向型经济发展的要求,为参加国际经济与贸易竞争创造条件。

同时,通过高速公路的建设运营使沿线区域可达性提高,激活并增强了地区间资源配置、人才与技术交流、商品交易活动,调整了沿线地区的产业布局,促进沿线区域三次产业结构优化,加快外贸产业化进程。随着高速公路的建设,沿线地区农业产业逐步由传统农业向现代化农业转变,工业产业由劳动密集型向技术密集型、资金密集型转化,并逐渐实现规模化、集约化。

随着辽宁高速公路建设的进一步发展,辽宁高速公路将形成连接周边省份,与全国公路网相配合,通过"一带一路"建设进而与亚洲公路网衔接的具有国际性的高速公路通道,对于振兴东北老工业基地、促进经济发展具有十分重要的意义。

6.高速公路网络化产生规模经济效益

网络经济学认为,任何网络都具有一个基本的经济特征:连接到一个网络的价值取决于已连接到该网络其他用户的数量,在其他条件不变动情况下,连接到一个较大的网络要优于连接到一个较小的网络。高速公路也是如此,其作用在形成一定规模网络系统的时候可以更充分地显现出来。国外研究表明,车辆在高速公路上运行距离一般达到500～800km时才能发挥其最大经济效益。换言之,当高速公路在多点之间的延伸距离能够达到500～800km时,区域高速公路的网络化、规模化效益就会更加突出,对于所服务区域经济社会发展的促进和保障功能更加显著。

经过20多年的建设,辽宁高速公路已经形成了一个以国家高速公路为主体,省级高速公路为补充的"通关达海"的高速公路交通网,并在辽宁的经济发展中发挥其良好的规模经济效益。

(三)高速公路建设对沿线地区产业发展的影响

1.高速公路建设促进产业布局调整

高速公路的建设能够改善沿线交通条件,调动经济发展潜力,在高速公路沿线形成区位优势,并产生强烈的吸引力,形成产业布局上的相对集中和聚集,加快区域的产业布局调整与优化,从而带动区域产业的迅速发展。

2.扩展区域产业发展空间

高速公路对区域产业空间布局的影响主要是通过产业的聚集和扩散作用实现的。从高速公路建设对城市产业发展空间的影响来看，高速公路建设通过改善城市的对外交通条件，使交通"瓶颈"对产业发展的约束降低。大中城市建设过程中往往会出现中心区工业企业集中、人口密度大、用地紧张、环境恶化等经济布局的结构性矛盾，使工业企业产生"外溢"现象。高速公路的建设，沿线聚集效应的增加，使得各类生产要素和工业企业大规模向城市边缘地区尤其是各类工业园区与开发区集中，也自然对城市的"外溢"产业产生了巨大的吸引力，并且能够通过聚集的资金和技术优势，为其发展提供新的机遇和活力，获得超常的"产业聚集经济效益"。同时，也为城市中心区发展商贸、商务办公、文化娱乐业等创造条件，使城市的服务功能得到进一步完善和增强。高速公路建设带动下的这种城市用地的置换和城市产业发展空间及规模的有序扩张，从整体上促进了城市产业布局的调整和优化，使城市交通和经济发展走上良性循环的道路，从而对带动城市经济发展产生极其深远影响。

从高速公路的建设对区域产业布局调整的作用来看，高速公路最初只是连接区域经济中心城市的主要路段，这一时期的聚集作用主要体现在离城市距离较近的高速公路出入口附近。当中心城市的聚集作用发展到一定程度时，中心城市的经济开始沿高速公路辐射，扩散作用同时发展，使经济发展空间逐渐扩大，并带动相关产业迅速发展。随着工业化进程的加快和高速公路的发展，逐步建设起连接区域大中城市的线路，高速公路通道开始形成。一些传统产业、污染较严重的产业逐步从区域经济中心城市向高速公路沿线或中等城市迁移。经济中心城市的高科技产业、金融、信息、教育等第三产业发展更为迅速，并进一步建设起连接周边小城镇和卫星城的高速公路，区域高速公路网络初现雏形。以大城市为核心，以城市群为基本构架的经济区域开始形成，区域内部的经济一体化日益增强，高速公路产业带和城市群在区域经济发展进程中逐步形成并迅速成长起来。

辽宁高速公路建设及沿线城市的经济与产业发展情况就清晰地显示了这一发展演变历程。经过20多年的建设发展，辽宁已实现省会沈阳市到其他地级市全部由高速公路连接。从1990年沈大高速公路通车以来，高速公路就成了辽宁产业布局的主要轴线之一。随着沈大、京沈等高速公路的建设，区域交通条件的显著改善，加上有力的国家政策支持，沈阳市的重工业逐步向周边地区和城市转移，支柱产业已由原来的钢铁、机械等转变为现代化加工制造业、精细化工业、汽车工业、新材料、航天航空、电子信息等现代化、高技术产业，传统产业转移至周边城市，成了这些地区的支柱产业，带动了区域经济的全面发展。

3. 促进区域产业布局模式由点轴型项网络化方向发展

在高速公路建设的推动下，影响区域产业布局模式的基本形态是由点轴型布局模式向网络布局模式发展。在高速公路建设初期，区域内高速公路主要连接区域经济实力强、发展较快的大城市，这一时期区域的产业布局也主要以点轴型布局模式为主，大城市间的商品、信息、技术、资金流动随着交通便利程度的提高而更加频繁,经济实力不断提升的同时,也带动了沿线地区中小城市经济的迅速发展。随后建设的高速公路主要连接区域大城市与中小城市,或连接区域与周边城市,使高速公路逐步形成区域性网络,产业布局模式也逐步向网络化方向发展。大城市的辐射带动作用进一步增强,部分产业向区域内众多交通便利的中小城市转移,使其经济实力迅速提升,形成新的经济增长点,促进了区域经济的一体化发展。

4. 高速公路建设推动产业结构优化

产业结构表现为区域内各种类型的产业部门之间及产业内部的比例关系。产业结构的合理化与高度化是区域经济增长质量和可持续发展能力的重要标志。改革开放以来,辽宁产业结构调整已经取得了巨大成效,国民经济总量增长从主要由第一、第二产业带动转变为主要由第二、第三产业带动,但还存在着产业技术含量不高、经济增长方式亟待转变、节能与环保形势严峻、对就业的带动作用有待提高等问题。

高速公路的建设除了直接带来交通建筑业产值增加外,对沿线区域的运输业、物流业等现代服务业也具有直接的促进作用;此外,通过交通区位优势的提升,对于沿线地区资源开发、新兴产业园区的布局规划也有间接的促进作用,对于受影响区域三次产业结构及产业内部结构调整具有明显的导向性作用;能够提高产业技术水平,带动区域建立与高速运输和产业密集分布所适应的产业结构体系,从而促进区域经济增长方式的转变,提高产业经济竞争能力,对推动经济社会的持续、健康发展具有重要意义。

高速公路的建设显著改善了沿线地区的交通基础设施条件,促进了生产要素加速流通和资源的合理配置,带动了区际贸易的发展,使区域经济在更大的范围内融入市场竞争中去。在区域经济发展内部形成既有分工又有协作、紧密联系的有机整体,区域产业结构也逐步向着合理化、高度化方向发展。20多年来,辽宁因高速公路建设所带来的沿线投资环境的改善、区位优势及综合竞争力的提升效益有目共睹。借助于有利的外部环境影响,高速公路沿线各类企业、开发区的建立,促使科技含量和附加值高的产品大幅度增加,增强了非农产业对富余劳动力的吸纳能力,推动了区域的劳动力由农村向城镇、由农业向工业、由第一产业向第二、三产业转移,从而影响了沿线产业结构的变化与改善。三次产业结构的趋势大体表现为第一产业比重下降,二、三产业比重上升,特别是第三产业的比重上升更为显著。

(四)高速公路建设对资源开发的影响

1. 高速公路建设加速土地资源开发利用

高速公路的建设及其形成的高速度、大容量的现代化运输通道,有力地提升了沿线土地的交通区位优势,调整了相关区域的产业和人口布局,诱导了大量新的资本在其周边投入运营,提高了高速公路所连接的端点(中心城市)和主要节点(沿线主要城镇)区域土地资源的开发利用强度,有力地带动了高速公路沿线地区的土地增值。

高速公路的建设对土地价值的影响,往往在项目实施之前就已产生,表现为高速公路出入口附近的土地由原来的农业用地转化为商业用地,产生土地增值效益。同时,高速公路的建设带动了沿线地区工业用地的开发,随着工商企业大量入驻,当地的经济发展速度不断加快、产业规模逐渐扩大,又将吸引大量居民迁居至此,加速了房地产业的建设发展,住宅地价也会明显提高。

同时,高速公路的建设加速了沿线地区土地资源的开发利用,促使沿线地区形成了区位优势,能够引导沿线土地利用方式相应的改变,优化了农业和工商业的土地利用结构,提高了综合经济效益。

2. 高速公路建设促进旅游资源开发利用

高速公路以其快速、安全、舒适、通行能力大等特点对旅游资源的开发、利用影响十分广泛。高速公路的建设使得出行时间缩短,都市度假旅游圈的半径也因此得以扩大。理论与实践表明,高速公路的建设可以对推动沿线旅游产品的开发与旅游产业带的形成产生直接的促进作用。

(1)扩大了都市度假旅游圈半径

"都市旅游圈"一般是以某个规模较大的中心城市为核心,借助于发达的现代化交通网络,在较短时间内(通常为1~3小时)内可以到达的区域范围内的旅游资源的整体。高速公路的建设使出行时间极大缩短,过去很多"远郊区"成为"近郊区",主要景点与城市的距离也随之缩短。在汽车普及率不断提高、大城市逐步进入汽车化社会的时代,高速公路影响区域内各个景点成为区域内居民短期出游的目的地,各地区路由资源互补,旅游特色多样,可以满足不同居民对于旅游休闲的不同需求。

(2)促进沿线地区旅游资源的开发

高速公路所提供的便捷的运输条件,必然加快其沿线地区潜在资源的开发和利用,特别是为沿线旅游资源的开发和旅游景区的建设创造了有利条件,为旅游客流输送提供了便捷的交通出行条件,带动了沿线地区旅游业的繁荣。

通过旅游区域合作,可以集中人力、财力,打破地区和部门限制,在平等互利基础上进行旅游资源的开发、经营管理、市场影响,形成区域整体特色,提高区域旅游整体竞争能力,促进区域旅游业的发展。

(3)开拓了自驾车旅游市场

自驾车旅游作为一种旅游新产品,由于其自由及个性化的魅力,逐渐在我国的一些经济发达地方迅速流行。高速公路的建成通车所形成的通达快速交通网络,为居民自驾车旅游市场的开拓创造了条件。

随着汽车越来越多地走进普通家庭,以各大主要旅游城市间为目的地的自驾车旅游将成为"有车族"的旅游时尚,高速公路作为自驾车旅游中不可或缺的环节,对于这种个性旅游市场的开拓起着举足轻重的作用。完善的高速公路网的形成,极大地促进辽宁自驾车旅游业的发展,给辽宁旅游事业带来了新的发展契机。

(五)高速公路建设对社会的影响

1. 高速公路建设增加劳动就业机会

高速公路建设与运营所增加的就业机会包括直接就业机会和间接就业机会。直接就业机会是指高速公路建设期间从事施工建设的就业人数与运营期间养护管理就业人数等;间接就业机会是指高速公路建设改善了区域的投资环境,改变了地区的投资需求,带动了建筑、建材、机械制造、汽车工业的发展,使各种服务业随之兴起,为地区居民提供的就业机会。如高速公路建设期间,供应高速公路建筑材料、土石材料、沥青材料等行业会吸引大量订单,从而要求这些行业增加劳动力以进行生产、处理订单并运送材料;高速公路运营期间,由于交通便利条件带动当地经济发展,相关服务业和商业的发展会增加劳动力的就业机会,而相应地从事这些行业与经济部门的人员随后又将工资收入消费和投资在其他行业和经济部门,使这些行业与经济部门诱发新的岗位需求。据测算,公路建设每投资1亿元,可为公路建筑业直接创造就业岗位达2000个,同时为相关产业提供就业岗位可达5000个。

除此之外,高速公路的建设密切了城乡联系,推动了交通、商贸、旅游和服务等事业的发展,促进了建筑业、制造业等有关行业的发展,同时吸纳了沿线及相关地区的大量劳动力,并推动其逐渐由农村向城镇、由农业向非农业、由第一产业向第二、三产业转移,而且在此过程中还解决了大量农村劳动力的就业问题。

2. 高速公路建设促进城镇化发展

高速公路及其所形成的运输方式技术经济特性,决定了它对沿线交通节点的开发力度、开放程度和提升的强度更大。随着高速公路网规划的实施,高速公路网的覆盖性和通达性将大幅提高。特大或大城市凭借高速公路等发达的交通基础设施,联系中小城市并在社会经济活动中发挥更强烈的辐射作用和聚集效应,并且,依托便利的交通运输网络,各市县将较好的把区位优势和资源优势转化为经济优势,为城镇体系的进一步发展创造有利条件。另外,高速公路的发展使得人口和产业向城市聚集,将扩大原有城市的规模并带动新的城镇群体或大都市连绵区的出现,调整区域城镇体系的布局,加速沿线的城镇化进程,促进城乡发展和城镇化水平的进一步提高。

(1)高速公路促进了卫星城和其他小城镇的发展,推动城乡一体化建设

高速公路在沿线地区都设置有出入口和联络线,通过提供便利、快捷、安全、舒适的道路交通服务设施,方便了沿线地区城镇间的交通出行。交通便利加上郊区生活居住环境良好等其他有利条件,位于高速公路沿线郊区居民住宅区吸引了更多的城市人口。另外,城市相对集中、过于密集的工业企业因市中心地价过高等原因也有向郊区转移的趋势,带动了卫星城的形成与发展。

与此同时,随着高速公路的快速发展和区域经济实力的逐步增强,城市不断扩张和向外延伸,城乡之间的联系越来越紧密,乡村工业具有与城市工业实行专业协作的行业结构和以城市为导向的产品结构。在农村,各种轻纺、食品加工、建材、建筑等产业都是以服务城市为目的的,而且这种为城市服务行为发展较快的地区,小城镇形成就很快。同时,委托加工、专业化协作、城乡联营以及集团经营等各种经营形式也加速了小城镇的形成和发展。这种紧密的城乡合作关系必须依托高速公路的支持。高速公路的发展,使得城乡经济联系越来越紧密,差别在不断缩小,极大地促进了中小城镇的崛起和发展。

中小城镇是城镇体系的中坚力量,在各区域中心城市与广大农村腹地之间具有重要的纽带和中继站作用,其崛起和发展,不仅有利于带动农村地域性经济的发展,实现农村发展的梯度推进,而且有利于推进城乡协调与融合,推动小城镇的发展,加快城乡一体化进程。

(2)高速公路推动人口城镇化及促进人口合理布局

近代社会的城镇化具有多方面的特征,但其本质是乡村人口向城镇人口转移,农业人口向非农业人口转移,一般仍多采用城镇人口占总人口比重来衡量城镇化水平。

高速公路的建设,加速了城镇化进程,特别是显著改善了城乡接合部交通条件,提升了其区位优势,使沿线地区城镇人口"极化"速度大大加快。沿线一些重要城镇的中心城市功能和职业特色不断加强,强化了这些城市以经济开发为基础的对人口的吸引能力,促使高速公路沿线城市化水平的提高,从而进一步推动了区域城镇化的进程,使区域人口布局和城镇体系发生重大变化。

另外,高速公路的建设与发展也促进了城市人口的合理布局,其主要表现在两个方面。首先,由于中心城市的卫星城镇和沿线其他小城镇的建设发展,吸纳了很大一部分从农村转入城市的人口,利于城乡间人口的合理流动,既促进了小城镇的发展,也减缓了中心城市人口的膨胀速度,减轻了中心城市的压力;其次,完善的城镇交通体系,加上快速高效的高速公路网络,有利于吸引市区人口迁移到高速公路沿线新建的小区居住,使沿线居民可以到离家较远的地方工作,从而满足居民白天在城市里上班、晚上居住郊区和周边卫星城的要求,有利于城镇人口的合理布局。

(3)高速公路优化和加速了城镇体系建设

城镇群是在特定的地域范围内具有相当数量的不同性质、类型和等级规模的城镇,以一个或两个特大或大城市作为地区经济的核心,借助于现代化的交通工具和综合运输网络以及高度发达的信息网络,共同构成的一个相对完整的城镇"集合体"。而以高速公路、铁路等形成的发达的交通运输网络,是城镇群之间空间运输联系得以实现的物质基础,是城镇群发生与发展的支撑条件。在区域高速公路建设带动下所形成的城市群类型,主要有金字塔型、多核型、网络型、带状型四种。金字塔型城镇群的形成大多数都充分利用了高速公路对沿线城镇发展的带动作用,做到"交通先行",加大干线公路设施的建设力度,拉动经济的发展,从而形成有凝聚力和吸引力的中心城镇;多核型、网络型、带状型的城市群空间上与公路干线的走向基本一致,城镇密集,网络化经济格局已经形成,物资运输和人员流动十分频繁。随着市场经济的发展,与其他经济区或经济协作区联系的方便程度和时间距离,成为制约经济发展和城镇化发展的重要因素,而高速公路满足了交通运输高速化的需求,适应了城镇群之间对运输效率的高要求,从而加速了城镇体系的建设与发展。

第四章
高速公路建设及运营管理规章制度

第一节 省级相关法规

《辽宁省高速公路管理条例》（以下简称《条例》）于1994年9月25日由辽宁省第八届人民代表大会常务委员会第十次会议通过，共7章、49条，包括高速公路管理体制和机制、管理控制区的范围、管理的安全问题、清障工作的相关问题四方面内容。

《条例》于2004年和2006年依据国家新颁布的《中华人民共和国行政许可法》的相关规定进行了两次修改。于2004年6月30日根据辽宁省第十届人民代表大会常务委员会第十二次会议《关于修改〈辽宁省高速公路管理条例〉的决定》进行第一次修正；于2006年1月13日根据辽宁省第十届人民代表大会常务委员会第二十三次会议《关于修改〈辽宁省高速公路管理条例〉的决定》进行第二次修正。修正后的《条例》共7章、48条。

2015年7月30日，根据辽宁省第十二届人民代表大会常务委员会第二十次会议通过的《关于修改〈辽宁省高速公路管理条例〉的决定》进行第三次修正。修正后的《条例》共7章、39条。

第二节 建设市场管理相关规章制度

一、建设市场管理

（一）《辽宁省公路建设市场管理实施细则（试行）》

《辽宁省公路建设市场管理实施细则（试行）》（辽交质监发〔2005〕67号）是根据交通部《公路建设市场管理办法》而制定的，旨在加强辽宁省公路建设市场管理，规范公路建设市场秩序，保证公路工程质量，促进公路建设市场健康发展，包括总则、管理职责、市场准入管理、市场主体行为管理、动态管理、相关责任、附则共7章、60条，由辽宁省交通厅印发，自2005年4月8日起施行。辽宁省交通厅于1999年公布的《辽宁省公路建设市场管理实施细则》同时废止。

(二)《辽宁省公路水运工程施工监理市场管理办法》

《辽宁省公路水运工程施工监理市场管理办法》(辽交质监发〔2008〕31号)旨在加强辽宁省公路水运工程施工监理市场管理,规范监理市场的主体行为和市场秩序,促进监理市场健康有序发展,包括总则、监理企业资质管理、监理人员资格管理、监理市场准入管理、监理执业管理、监理动态信息管理、监理业务培训管理、罚则和附则共9章、41条,由辽宁省交通厅印发,自2008年2月20日起施行。

(三)《辽宁省交通建设施工企业安全生产管理人员考核管理暂行办法》

《辽宁省交通建设施工企业安全生产管理人员考核管理暂行办法》(辽交质监发〔2009〕58号)是根据交通运输部《公路水运工程安全生产监督管理办法》《公路水运工程施工企业安全生产管理人员安全生产考核实施意见》而制定的,旨在加强辽宁省交通建设工程施工企业安全生产管理人员考核管理工作,规范安全生产管理人员的行为,包括总则、考核标准、考核程序、考核管理和附则共5章、27条,由辽宁省交通厅印发,自2009年3月3日起施行。

(四)《辽宁省公路养护工程市场准入实施细则》

《辽宁省公路养护工程市场准入实施细则》(辽交质监发〔2007〕188号)是根据交通部《公路养护工程市场准入暂行规定》及有关法律、法规而制定的,旨在培育和规范辽宁省公路养护工程市场,提高公路养护工程质量和投资效益,包括总则、职责与权限、资质条件、实施范围、资质评定与管理和附则共6章、32条,由辽宁省交通厅印发,自2007年6月28日起施行。

(五)《辽宁省公路水路建设市场信用评价管理暂行规定》

《辽宁省公路水路建设市场信用评价管理暂行规定》(辽交建发〔2008〕85号)是根据交通部《公路建设市场管理办法》《港口建设管理规定》《航道建设管理规定》和《关于建立公路建设市场信用体系的指导意见》而制定的,旨在加强辽宁省公路、水路建设市场管理,推进市场信用体系建设,规范从业单位和从业人员行为,维护统一开放、竞争有序的市场秩序,包括总则、信用评价内容职责及等级划分、信用评价考核标准程序方法、信用信息管理发布仲裁、奖惩和附则共6章、32条,由辽宁省交通厅印发,自2008年3月25日起施行。

(六)《辽宁省公路施工企业信用评价实施细则》

《辽宁省公路施工企业信用评价实施细则》(辽交建发〔2009〕77号)旨在推进辽宁省

公路建设市场信用体系建设,维护统一开放、竞争有序的市场秩序,促进公路建设又好又快发展,包括总则、信用评价内容职责及等级划分、信用评价方法与程序、信息发布与奖惩、附则共5章、28条,由辽宁省交通厅印发,自2009年3月20日起施行。原《辽宁省公路施工企业信用评价实施细则(试行)》(辽交建发〔2008〕86号)、《关于辽宁省公路建设市场信用评价动态管理的补充规定》(辽交建发〔2008〕276号)和《关于首次进入辽宁省公路建设市场施工企业信用备案工作实施意见的通知》(辽交建发〔2008〕244号)废止。

(七)《辽宁省公路水运工程监理信用评价实施细则(试行)》

《辽宁省公路水运工程监理信用评价实施细则(试行)》(辽交质监发〔2009〕91号)是根据交通运输部《公路水运工程监理信用评价办法》和《辽宁省公路建设市场信用评价管理暂行办法》而制定的,旨在加强辽宁省公路水运工程监理市场管理,维护公平有序竞争的市场秩序,增强监理企业和监理人员诚信意识,推动诚信体系的建设,包括总则、监理企业信用评价、监理人员信用评价、信用评价管理、附则共5章、35条,由辽宁省交通厅印发,自2009年3月26日起施行。

(八)《辽宁省公路建设项目施工许可审批实施办法》

《辽宁省公路建设项目施工许可审批实施办法》(辽交建发〔2008〕6号)是根据《中华人民共和国行政许可法》《中华人民共和国公路法》《交通行政许可实施程序规定》(交通部2004年第10号令)、《公路建设市场管理办法》(交通部2004年第14号令)及《关于实施公路建设项目施工许可工作的通知》(交公路发〔2005〕258号)等有关法律、法规和规章而制定的,旨在加强和规范公路建设项目管理,保证公路建设项目合法、有序建设,保障辽宁省公路建设项目施工依法实施行政许可审批,共15条,由辽宁省交通厅印发,自2008年1月9日起施行。

(九)《辽宁省公路工程重点建设项目施工分包管理规定(试行)》

《辽宁省公路工程重点建设项目施工分包管理规定(试行)》(辽交基建发〔2015〕386号)是根据《中华人民共和国招标投标法》《建设工程质量管理条例》《公路工程施工分包管理办法》《公路建设市场管理办法》等有关法律、法规和规章而制定的,旨在规范公路工程重点建设项目施工分包活动,加强公路建设市场管理,保障工程建设质量和安全,包括总则、管理职责、分包的条件、合同管理、行为管理、附则共6章、31条,由辽宁省交通厅印发,自2015年9月25日起施行。

二、招投标管理

根据《中华人民共和国招标投标法》《中华人民共和国招标投标法实施条例》《公路工

程施工招标投标管理办法》《公路工程勘察设计招标投标管理办法》《公路工程监理招标投标管理办法》《辽宁省招标投标管理办法》等有关法律、法规和规章的规定,针对公路工程重点建设项目,省交通厅先后出台了加强招投标管理的若干规定。

(一)《辽宁省交通厅关于进一步加强公路工程重点建设项目招投标管理的若干意见》

《辽宁省交通厅关于进一步加强公路工程重点建设项目招投标管理的若干意见》(辽交建发〔2014〕310号)是根据《中华人民共和国招标投标法》《中华人民共和国招标投标法实施条例》等法律、法规而制定的,旨在进一步加强辽宁省高速公路及普通公路省直管重点建设项目招投标管理工作,规范招投标活动,维护公开、公平、公正、诚信的建设市场环境,保护招投标活动当事人的合法权益,包括各方职责、招投标管理程序、编制招标文件、依法评标、公告公示、招标代理、评标专家管理、举报和投诉处理共8个方面、33条,由辽宁省交通厅印发,自2014年6月11日起施行。

(二)《辽宁省专业工程建设项目招标代理机构管理规定》

《辽宁省专业工程建设项目招标代理机构管理规定》(辽建发〔2008〕12号),旨在加强招标代理机构管理,其包括招标代理资格审核认定、年度评价、业绩考核等方面内容共21条,由辽宁省建设厅、交通厅、水利厅和中国民用航空东北地区管理局联合印发,自2008年3月1日起施行。

三、设计审批管理

(一)《辽宁省公路工程重点建设项目勘察设计管理办法(试行)》

《辽宁省公路工程重点建设项目勘察设计管理办法(试行)》(辽交建发〔2014〕313号)旨在加强辽宁省公路工程重点建设项目勘察设计管理工作,保证工程质量和安全,控制工程造价,提升勘察设计水平,包括总则、招投标、勘察设计、勘察设计咨询监理、外业验收、设计审批、质量监督、信用评价、罚则、附则共10章、56条,由辽宁省交通厅印发,自2014年6月11日起施行。

(二)《辽宁省高速公路工程设计变更管理办法》

《辽宁省高速公路工程设计变更管理办法》(辽交计发〔2005〕262号)是根据交通部《公路工程设计变更管理办法》而制定的,旨在加强辽宁省高速公路建设管理,规范设计变更审批程序和管理行为,包括总则、设计变更条件及类别划分、设计变更的审批、职责与责任追究、附则共5章、29条,由辽宁省交通厅印发,自2005年10月1日起实施。原《辽宁省高速公路建设工程设计变更管理办法》(辽交计发〔2004〕45号)废止。

(三)《辽宁省公路工程项目主要材料价差调整管理办法》

《辽宁省公路工程项目主要材料价差调整管理办法》(辽交造价发〔2016〕415号)是根据《中华人民共和国合同法》《辽宁省公路工程设计变更管理办法》等法律、法规和规章而制定的,旨在加强公路工程建设管理,进一步规范辽宁省公路工程材料价差调整行为,完善工程建设合同风险职责,维护项目发包人和承包人的合法权益,本着公正、公平、合理、风险共担的原则,适用于辽宁省高速公路新建、改扩建、养护维修项目及省管普通公路重点项目,共18条,由辽宁省交通厅印发,自2015年10月15日起施行。

(四)《辽宁省公路工程设计变更管理办法》

《辽宁省公路工程设计变更管理办法》(辽交基建发〔2016〕369号)是根据《建设工程勘察设计管理条例》(国务院令第279号)、《公路工程设计变更管理办法》(交通部令2005年第5号)等法规而制定的,旨在加强辽宁省公路工程建设管理,规范公路工程设计变更行为,包括总则、申报、审批与实施、罚则、附则共5章、27条,由辽宁省交通厅印发,自2016年9月26日起施行。原《辽宁省公路工程设计变更管理办法》(辽交基建发〔2015〕387号)和《关于进一步加强公路工程设计变更管理工作的若干意见》(辽交建发〔2014〕311号)同时废止。

第三节 项目管理相关规章制度

辽宁省高速公路建设工程管理,从1984年建设沈大高速公路开始,始终严格执行全国人大常委会、国务院、部委联合、发展和改革委员会、交通部、建设部所发布的与高速公路建设相关的法律、法规及各项方针政策,严格遵守基本建设程序。辽宁省始终坚持"统一规划、统一建设、统一管理、统收统支、统贷统还"的既定模式。

1986—1993年,在计划经济转向市场经济的过渡时期,辽宁省交通厅完成项目前期工作后,下达省省高等级公路建设总指挥部办公室实施。此阶段仍处在计划经济的管理模式,权责不够明确,管理不够严密。1994年,经过多年的高速公路建设管理实践,逐步建立并完善高速公路建设管理机制。1997年,省交通厅作为全省高速公路建设项目的主管部门,授权总指挥部办公室作为全省高速公路建设的项目法人,负责建设中的工程施工、质量、进度、资金运营的全过程管理。为加强高速公路建设工程管理,建立投资控制、工程质量、工期、安全、廉政责任约束机制,规范项目法人行为,明确其责权利,确保工程质量,确保工程进度及安全,提高投资效益。1999年3月,省交通厅编制《辽宁省公路建设管理办法汇编》,包括办法、规定、细则等12项内容,实行项目报建、资信登记、资质认证、开工报告、招投标、合同管理、工程监理、质量监督等制度。2000年10月,交通部颁布《公路建设四项制度实施办法》,包括项目法人责任制、项目招投标制、工程监理制、项目合同制。省高建局按照交通部《公路建设项目法人资格审查标准》,申请公益性公路建设项目法人,取得一级法人资质。在招标过程中,严格执行项目法人招标定标、专家评标、政府监督的公开、公平、公正的评标办法;在项目建设实施中,执行二级监理制,工地设总监办及高级驻地办和总中心试验室及分试验室,进行工程全方位监理;在合同管理中,对路基、路面、交通工程、房建、机电、通信、绿化、设计、监理、招标文件编制、环保验收、交通工程检测、技术服务、征地动迁等方面,全部实行合同管理。

经过多年实践,辽宁省形成了完整的工程管理体制、质量保证体系、技术支持体系及廉政建设监督体系、安全保证体系。在实施过程中,从建设的工程准备、征地动迁、工程招标、工程施工管理,到资金使用划拨、监督、审计,廉政建设完成工程项目移交等环节,均制定出一整套的管理办法。

一、建设项目管理

建设项目管理包括:建设项目开工前准备、实施、交工及竣工验收3个阶段。

开工前的准备工作有:项目建设程序履行、征地动迁、招投标、项目指挥部的组建。

国家批复项目,由省交通厅委托设计单位编制初步设计文件,向交通部报函申请审批,交通部组织审查后向省交通厅行文批复;地方批复项目,由省交通厅向省发改委报批,或由建设单位(省高建局)向省交通厅报批。项目用地预审、征地组卷,由省国土资源厅负责组织相关材料,报国土资源部,经国务院同意后,由国土资源部向省政府行文批复。环境影响报告书,由省交通厅委托具备资质的单位编制。国家批复项目环境影响报告书,经国家环保总局评估同意后向交通部行文批复;省批复项目环境影响报告书,向省环境保护厅报批。水土保持方案报告书,由省交通厅委托具备资质的单位编制。国家批复项目水土保持方案报告书,由水利部组织评估后向省交通厅行文批复;省批复项目水土保持方案报告书,向省水利厅报批。2005年3月,交通部《公路建设市场管理办法》规定,公路建设项目实行施工许可制度。

项目建成后,高建局或行业主管部门进行验收,以确定项目是否可以试运营。经过2年缺陷责任期后,组织竣工验收。经竣工验收后,向省高速公路管理局移交,开始正式运营。

二、工程质量管理

1984—1986年,总指挥部(办公室)设立工程监理处,各市分指挥部设立质量监督科,施工单位配备专职质量检查员,形成三级质量保证体系,作为质量管理的依据。

1987年后,辽宁省采取各种措施加强质量管理,如实行"政府监督、法人管理、社会监理、企业自检"四级质量管理体系;监理工程师常驻工地,全权代表总指挥部负责所管理项目的标准、质量等问题,实行质量否决权,结算时无工程监理的签认无效;建立项目指挥部,实施靠前动态管理;实行优质优价和工程监理优监优酬制度。1999年,省交通厅开展质量年活动,较好地解决了困扰公路建设多年的桥头跳车、伸缩缝不平、路基局部沉陷等质量通病;省交通厅邀请有丰富经验的技术人员组成专家组,厅长每年亲自带队对项目进行两次系统、全面的检查,及时解决建设过程中的技术质量问题;实行工程参建单位、设计单位、监理单位法人代表工程质量终身责任制等。

在"政府监督、法人管理、社会监理、企业自检"四级质量管理体系中,企业负责材料、工序、产品质量的自检自查;监理负责材料、工序、产品质量的随机抽查、生产过程的旁站监理、施工转序检查签认和自检体系工作质量的监理、检查;项目指挥部、质量稽查大队负责产品质量的抽查和监督及自检体系工作质量的检查、考核、监督;省质监站派驻现场的监督办负责产品质量的抽查、鉴定,代表政府对自检体系、监理、质检大队工作质量进行监督检查。分工把口,各负其责,层层把关,形成有效的质量管理网络。

为防止转包、违法分包现象出现和不合格原材料进场,严格审查进场施工队伍,对不符合投标书承诺、不能满足施工需要的施工队伍坚决清除,杜绝"一流队伍投标、二流队伍进场、三流队伍施工"的现象。

(一)《辽宁省高速公路建设工程质量优质优价实施办法(修订稿)》

《辽宁省高速公路建设工程质量优质优价实施办法(修订稿)》(辽高建质安发〔2014〕132号)是为进一步加强辽宁省高速公路建设质量管理,稳步提升工程建设质量,全面落实施工标准化,充分发挥"管控一体化系统"的质量管理作用,在工艺及成品质量上奖优罚劣而制定的,包括总则、评定办法、定量评定、定性评定、特殊处罚、优质优价的评比及上报、优质优价结算、附则共8章、24条,由辽宁省高等级公路建设局印发,自2014年6月24日起实施。

(二)《辽宁省高速公路建设工程质量优监优酬实施办法(修订稿)》

《辽宁省高速公路建设工程质量优监优酬实施办法(修订稿)》(辽高建质安发〔2014〕132号)是为稳步提高辽宁省高速公路建设质量,规范施工行为,确保工序规范、成品质量优良,打造全过程精品工程,在工艺及成品质量上奖优罚劣而制定的,包括总则、评定办法、定量评定、定性评定、特殊处罚、优监优酬的评比及上报、优监优酬结算、附则共8章、26条,由辽宁省高等级公路建设局印发,自2014年6月24日起实施。

(三)《辽宁省高速公路拌和站及试验室管控系统管理细则(试行)》

《辽宁省高速公路拌和站及试验室管控系统管理细则(试行)》(辽高建质安发

〔2014〕131号)是为切实加强辽宁省高速公路工程建设信息化管理,规范施工行为,强化过程控制,确保工程质量,落实拌和站管控一体化系统、交通工程试验室监控系统在工程建设中的应用而制定的,包括总则、各方责任、附则共3章、14条,由辽宁省高等级公路建设局印发,自2014年6月24日起实施。

(四)《辽宁省公路水运工程质量监督规定》

《辽宁省公路水运工程质量监督规定》(辽交质监发〔2008〕66号)是根据交通部《公路工程质量监督规定》和《水运工程质量监督规定》并结合辽宁省实际而制定的,旨在加强公路、水运工程质量监督,保证公路、水运工程质量,保护人民生命和财产安全,包括总则、质监机构设置与职责、监督程序、质量督查、监督工作管理、附则共6章、37条,由辽宁省交通厅印发,自2008年4月9日起实施。原《辽宁省公路工程质量监督管理实施办法》和《辽宁省水运工程质量监督实施细则》同时废止。

(五)《辽宁省公路水运工程质量与安全督查实施细则》

《辽宁省公路水运工程质量与安全督查实施细则》(辽交质安发〔2015〕232号)是根据交通运输部《公路工程质量监督规定》《水运工程质量监督规定》《公路水运工程安全生产监督管理办法》《公路水运工程质量安全督查办法》《公路建设市场督查工作规则》并结合辽宁省实际而制定的,旨在规范辽宁省公路水运工程质量与安全生产督查工作,促进公路水运工程建设质量、安全生产管理水平和市场诚信意识不断提高,实现督查工作的科学性和有效性,包括总则、督查内容与方式、督查工作程序、督查要求、督查结果处理、附则共6章、38条,由辽宁省交通厅印发,自2015年6月4日起实施。

(六)《辽宁省交通建设工程材料质量管理办法(试行)》

《辽宁省交通建设工程材料质量管理办法(试行)》(辽交质监发〔2009〕119号)是为加强交通建设工程材料质量管理,明确工程材料销售、使用管理责任,规范工程材料质量管理工作,确保交通建设工程质量和结构安全而制定的,包括总则、质量管理责任、工程材料准入管理、监督抽检、附则共5章、39条,由辽宁省交通厅发布,自2009年5月1日起施行。

(七)《辽宁省交通建设工程质量事故处理规定》

《辽宁省交通建设工程质量事故处理规定》(辽交质监发〔2005〕69号)是根据国务院《建设工程质量管理条例》《特别重大事故调查程序暂行规定》和交通部《公路工程质量事故等级划分和报告制度》《水运工程质量事故等级划分和报告制度》等有关规定并结合辽

宁省交通建设管理实际而制定的，旨在加强辽宁省交通建设工程质量管理，维护国家财产和人民生命安全，保证工程质量事故及时、顺利查处，包括总则、事故分类和分级、事故报告与现场保护、事故调查、工程修复、工程质量事故应急处理、责任认定和追究、附则共8章、62条，由辽宁省交通厅印发，自2005年4月8日起施行。原《辽宁省高速公路工程质量事故处理暂行规定》同时废止。

（八）《辽宁省公路工程质量鉴定实施细则》

《辽宁省公路工程质量鉴定实施细则》（辽交质监发〔2005〕50号）是根据交通部《公路工程竣（交）工验收办法》和《公路工程质量鉴定办法》等有关规定而制定的，旨在加强辽宁省公路工程质量鉴定工作管理，规范工程质量鉴定工作，实现质量鉴定工作程序化、标准化，真实、准确、科学定位工程质量，包括总则、工程质量评定、工程质量鉴定、附则共4章、38条，由辽宁省交通厅印发，自2005年3月18日起施行。原《辽宁省公路工程质量鉴定补充标准》（工监〔1996〕277号）、《辽宁省公路工程质量鉴定规则》（工监〔1996〕278号）同时废止。

（九）《辽宁省公路水运工程施工质量自检体系管理规定》

《辽宁省公路水运工程施工质量自检体系管理规定》（辽交质监发〔2006〕108号）是根据国家、交通部有关规定而制定的，旨在强化辽宁省公路、水运工程施工质量自检体系管理，促进工程建设施工管理和质量水平的不断提高，包括总则、机构和人员、任职资格、工作职责、工作内容、工作管理、责任追究、附则共8章、44条，由辽宁省交通厅印发，自2006年5月1日起施行。原《辽宁省公路工程施工企业质量自检体系管理暂行规定》同时废止。

（十）《辽宁省公路水运工程质量举报投诉处理程序规定》

《辽宁省公路水运工程质量举报投诉处理程序规定》（辽交工监高发〔2011〕31号）是根据《建设工程质量管理条例》《信访条例》和《公路建设监督管理办法》等有关法规、规章而制定的，旨在规范公路水运工程质量举报投诉受理、调查工作，维护工程建设各方当事人的合法权益，确保工程建设质量，保障人民生命财产安全，包括总则、受理、调查、回复、附则共5章、24条，由辽宁省交通工程质量与安全监督局印发，自2011年5月1日起施行。

（十一）《辽宁省高速公路路用材料产品质量监督抽检工作规定（试行）》

《辽宁省高速公路路用材料产品质量监督抽检工作规定（试行）》（辽交工监综

〔2011〕25号)是为规范辽宁省高速公路路用材料产品质量监督抽检工作而制定的,包括总则、抽检办法、现场抽样、试验检测、结果处理、工作纪律、附则共7章、37条,由辽宁省交通工程质量与安全监督局印发,自2011年3月14日起施行。

三、安全生产管理

1985年5月,为预防工程事故,省沈大公路改扩建工程总指挥部办公室制定"六不准"规定:前道工序不经验收签字,下道工序不准施工;隐蔽工程不经监理人员签字,下道工序不准施工;没有切实的防寒措施,又未经上级主管部门批准,不准在低温条件下施工;沥青路面不准在雨中施工;发生事故没有处理妥善,不准继续施工;没有相应的安全设施,不准带有冒险性施工。"六不准"的规定延续执行多年,对施工安全起到了保障作用。

2002年3月,省高等级公路建设局对沈大高速公路改扩建工程封闭路段的安全做了具体规定。在签订工程承包合同的同时,签订安全生产合同;将安全工作列入施工单位"优质优价"和监理工作"优监优酬"考核内容;监理单位要对安全工作严格检查和监督。同时,高建局与各施工、监理单位签订安全生产合同,实行安全生产合同管理。

(一)《辽宁省交通建设工程安全生产监督管理办法(试行)》

《辽宁省交通建设工程安全生产监督管理办法(试行)》(辽交质监发〔2008〕88号)是根据《公路水运工程安全生产监督管理办法》《辽宁省建设工程安全生产管理规定》等有关法规、规章而制定的,旨在加强辽宁省交通建设工程安全生产监督管理工作,预防和减少施工生产安全事故,保障人身及财产安全,包括总则、安全生产条件、安全责任、安全生产监督检查、附则共5章、67条,由辽宁省交通厅印发,自2008年3月30日起施行。

(二)《辽宁省公路水运工程施工企业安全生产管理人员考核管理办法》

《辽宁省公路水运工程施工企业安全生产管理人员考核管理办法》(辽交质安发〔2016〕385号)是根据交通部《公路水运工程安全生产监督管理办法》《公路水运工程施工企业安全生产管理人员安全生产考核管理办法》等法规和制度并结合辽宁省实际而制定的,旨在加强辽宁省公路水运建设工程施工企业安全生产管理人员考核管理工作,规范安全生产管理人员的行为,包括总则、考核申请、证书延期与变更、证书使用及管理、附则共5章、27条,由辽宁省交通厅印发,自2016年10月17日起施行。原《辽宁省公路水运工程施工企业安全生产管理人员考核管理暂行办法》(辽交质监发〔2010〕65号)同时废止。

四、征地动迁管理

修建沈大高速公路时,省政府制定"政治动员、行政干预、经济补偿、各方支持"的方针,解决征地动迁等问题,给予受损失的单位、个人合情合理的补偿。1995年,修建沈阳过境绕城、沈铁、沈本高速公路时,省高等级公路建设总指挥部制定了全省统一的征地动迁补偿标准,与高速公路沿线各市政府签订征地动迁投资包干协议。沈山高速公路建设期间,省政府制定了"政治动员,行政协调,政策倾斜,经济补偿,各方支持"建设方针,省总指挥部修订了高速公路建设征地动迁补偿标准。1998年国家颁布新土地管理法后,省交通厅会同省国土资源厅、省林业厅等部门联合制定辽宁省高速公路征地动迁补偿标准,对各项土地类、地上物、树木等补偿标准作出详细规定。并分别于2005年、2010年、2014年和2015年根据社会经济发展及相关要求,进行了适当修订。

《辽宁省高速公路建设征地动迁补偿实施方案》(辽政〔2015〕198号)是为落实振兴辽宁老工业基地的战略部署,做好高速公路建设项目征地动迁工作,为工程建设创造一个良好的外部环境,根据有关法律、法规及有关规定并结合辽宁省实际而制定的,包括征地动迁实施原则、征收土地及其他费用、房屋地上物补偿标准、征占林木补偿标准、果树补偿标准、电力设施动迁补偿标准、邮电通信设施动迁补偿标准、农田灌溉水利设施等动迁补偿标准、施工运输道路补偿标准、乡村道路连接和田间作业道补偿标准、厂矿企事业单位动迁补偿标准、征地动迁不可预见费、各市征地动迁办公室办公经费共十三方面内容,由辽宁省人民政府于2015年12月31日发布实施。

五、廉政建设管理

回顾过去30多年的高速公路建设相关的廉政规章制度建设,应该说辽宁省走过了从无到有、从点到面乃至全覆盖,从单一到形成体系的逐渐发展并完善的过程。1985年11月,在沈大高速公路开工一年以后,省交通厅成立了纪检组。1993年,省厅首次成立了反腐败工作领导小组。1994年10月,厅成立了监察处,后改名为监察室。围绕高速公路建设廉政工作找准位、定好位、站好位,在上级纪委和厅党组的坚强领导下坚持与时俱进,求实创新,坚持教育、制度、监督、惩处、改革多管齐下,抓住工程建设重点环节,标本兼治,综合治理,从源头上堵塞漏洞。

(一)《关于实行党风廉政建设责任制规定的实施细则》

1999年11月,厅党组印发《贯彻〈关于实行党风廉政建设责任制的规定〉的实施细则》,划分了各单位、各部门的职责范围,规定了各级党组织、领导班子应承担的18个方面的责任内容,列出了就实施责任追究的13种情况,强化了各级党组织、领导班子和领导干部自觉落实党风廉政建设责任制的责任意识,确保党中央、国务院、省委、省政府关于党风廉政建设重大决策和部署的贯彻落实。

(二)《辽宁省交通工程建设廉政规定》

2001年6月,省交通厅印发了《关于印发〈辽宁省交通系统反腐败抓源头工作实施意见〉和〈辽宁省交通工程建设廉政规定〉的通知》,对前期工作程序、招投标、施工组织、建设资金管理、监督检查等方面提出了具体要求,规范了工程建设市场行为,强化了监督管理,有效遏制腐败现象,为交通建设提供良好的社会环境和有力的纪律保障。

(三)《党风廉政建设责任制考核办法》

2002年,省交通厅党组制定《党风廉政建设责任制考核办法》,将党风廉政建设责任内容量化为四方面29项进行专项考核,采取自查自评、民主测评和组织考评的办法,进行综合评分。厅党组将考核结果作为领导干部业绩评定、奖励惩处、选拔任用的重要依据。凡涉及领导干部的评先评优、选拔任用等事项,都要听取纪检监察部门的意见,由纪检监察部门把关。

(四)《辽宁省交通厅关于进一步加强公路工程设计变更管理工作的若干意见》

《辽宁省交通厅关于进一步加强公路工程设计变更管理工作的若干意见》(辽交建发〔2014〕311号)是在交通运输部印发的《公路工程设计变更管理办法》和辽宁省交通厅印发《辽宁省公路工程设计变更管理办法(试行)》基础上而指定的,旨在进一步加强辽宁省公路工程设计变更管理工作,切实保证工程质量和安全,严格控制投资,杜绝和遏制不合理变更,包括明确职责、界定权限、重点难点、加强监督和责任追究五个方面共10条,由辽宁省交通厅印发,自2014年6月11日起施行。

(五)《辽宁省交通厅关于进一步加强公路工程重点建设项目招投标管理的若干意见》

《宁省交通厅关于进一步加强公路工程重点建设项目招投标管理的若干意见》(辽交建发〔2014〕310号)是根据《中华人民共和国招标投标法》《中华人民共和国招标投标法实施条例》等法律、法规而制定的,旨在进一步加强辽宁省高速公路及普通公路省直管重点建设项目招投标管理工作,规范招投标活动,维护公开、公平、公正、诚信的建设市场环境,保护招投标活动当事人的合法权益,包括各方职责、招投标管理程序、编制招标文件、依法评标、公告公示、招标代理、评标专家管理、举报和投诉处理8个方面、33条,由辽宁省交通厅印发,自2014年6月11日起施行。

(六)《辽宁省交通厅党组关于全面落实党建工作和党风廉政建设责任制实施办法(试行)》

《辽宁省交通厅党组关于全面落实党建工作和党风廉政建设责任制实施办法(试

行)》是根据党中央和省委有关规定以及省政府党组《关于全面落实党建工作和党风廉政建设责任制的规定》(辽政党组〔2015〕6号)而制定的,旨在认真贯彻党要管党、从严治党方针,全面落实省交通厅党组抓党建工作和党风廉政建设责任制,进一步加强全厅党的建设和党风廉政建设,包括总则、主要职责、工作机构与责任追究、附则共4章、11条,由辽宁省交通厅印发,自2015年6月19日起施行。

六、建设资金管理

建设沈大高速公路时,实行两级投资包干责任制,省交通厅同沈大公路改扩建工程总指挥部(办公室)为一级包干责任制,各市分指挥部(办公室)及其他基层承建单位为二级包干责任制。总投资包干,超支不补。包干节余资金按"五五"分成,上交50%,留用50%,留用部分按"6:3:1"比例分别作为公路事业基金、职工集体福利基金和生产奖励基金。1991年后,在沈阳至本溪高速公路等建设中,实行省市征地动迁投资包干责任制。省交通厅对各市征地动迁费用实行"计量支付制"。

辽宁省高速公路建设所用投资均由省交通厅统一拨付,统贷统还。资金来源为国家补贴,地方拨款,自筹资金,贷款。建设资金分级管理、分级负责,专款专用。省高等级公路建设局制定《辽宁省高速公路施工单位建设资金监管规定》,对建设资金的使用全过程监管。从1991—2003年期间建设的高速公路项目均进行项目开工审计,由省审计厅出具开工审计报告。从2004年开始建设的高速公路项目,国家取消了开工前审计这一审批环节。从1991年开始高速公路建设项目由省审计厅进行在建项目审计和竣工财务决算审计,并出具审计报告。

《辽宁省高速公路建设资金支付审批程序及权限暂行规定》(辽高建财发〔2011〕85号)是根据省委办公厅文件《省委办公厅省政府办公厅印发〈省纪委、省委组织部关于实行党政主要领导不直接分管人事、财务、物资采购和工程项目的暂行规定〉的通知》(辽委办发〔2010〕35号)精神,对原有的《辽宁省高等级公路建设局机关财务管理办法》《辽宁省高建局项目指挥部财务管理及会计核算办法》《辽宁省高速公路建设项目工程价款结算办法》《辽宁省高速公路建设征地动迁财务管理及会计核算暂行办法》等进行修改而制定,包括机关经费、项目指挥部经费、工程款、征地动迁、招标管理费的核算、支付手续、审批程序等方面内容,由省高建局印发,自2011年5月31日期施行。

七、工程招投标管理

1986年,沈大公路腾鳌堡大桥开始招标试点。1993年,省交通厅决定,凡是高等级公路工程一律实行公开性招投标制和全方位工程监理制。同年3月,省建委正式批准省交通厅设立招投标办公室。沈阳至本溪(小堡至南芬段)公路作为国内第一条利用亚洲开发银行贷款的建设项目,正式实行国际竞争性公开招标。为保证招标的公开、公正、公平性,由省交通厅、计委、建设厅、纪检委、检察院和专家组成评标委员会。

1993年,采用业主标底计算评标办法;1999年,开始尝试复合标底评标办法;2002年,开始试行最低投标价评标办法,此办法虽然有利于降低工程造价,强化廉政建设,但存在个别投标人低价抢标、围标等问题,容易给施工企业带来较大的经济负担;2005年,开始采用合理低标价法。

省高建局逐步完善招标监督体系,从源头上预防腐败行为发生。省交通厅设立招投标管理机构,负责对招投标活动的监管;邀请省纪委、省检察院对招投标实行全程监督;对资审文件和投标书递交截止时间、评标结果等进行公示,接受社会监督。

(一)《辽宁省高等级公路建设局施工招标工作管理规程(试行)》

《辽宁省高等级公路建设局施工招标工作管理规程(试行)》(辽高建招发〔2014〕169号)是根据《中华人民共和国招标投标法》《招标投标法实施条例》《工程建设项目施工招标投标办法》《公路工程施工招标资格预审办法》《公路工程施工招标投标管理办法》以及国家、交通运输部相关招标投标管理规定并结合辽宁省高速公路建设管理实际而制定的,旨在为规范和加强高速公路建设施工招标投标管理,包括总则、招标工作管理职责及分工、招标程序及工作要求、招标档案管理、招标纪律与监督管理共五方面20条内容,由辽宁省高等级公路建设局印发,自2014年8月18日起施行。

(二)《辽宁省高等级公路建设局勘察设计及勘察设计监理招标工作管理规程(试行)》

《辽宁省高等级公路建设局勘察设计及勘察设计监理招标工作管理规程(试行)》(辽高建招发〔2014〕241号)是根据《中华人民共和国招标投标法》《招标投标法实施条例》《公路工程勘察设计招标投标管理办法》《辽宁省公路工程重点建设项目勘察设计管理办法(试行)》以及国家、交通运输部相关招标投标管理规定并结合辽宁省高速公路建设管理实际而制定的,旨在规范和加强高速公路勘察设计及勘察设计监理招标投标管理,包括总则、招标工作管理职责及分工、招标程序及工作要求、招标档案管理、招标纪律与监督管理共五方面20条内容,由辽宁省高等级公路建设局印发,自2014年12月5日起施行。

(三)《辽宁省高等级公路建设局施工监理招标工作管理规程(试行)》

《辽宁省高等级公路建设局施工监理招标工作管理规程(试行)》(辽高建招发〔2014〕242号)是根据《中华人民共和国招标投标法》《招标投标法实施条例》《公路工程施工监理招标投标管理办法》以及国家、交通运输部相关招标投标管理规定并结合辽宁省高速公路建设管理实际而制定的,旨在规范和加强高速公路施工监理招标投标管理,包括总则、招标工作管理职责及分工、招标程序及工作要求、招标档案管理、招标纪律与监督管理共五方面20条内容,由辽宁省高等级公路建设局印发,自2014年12月5日起施行。

八、建设市场管理

1992年前,辽宁省高速公路建设市场尚未开放,建设项目由交通系统的省公路工程局、各市公路工程处专业施工队伍承包,实行投资包干制。1993—1999年,全省高速公路建设开始采用招投标选择施工队伍,建设市场只对本省具有与高速公路建设相关专业的铁路、房建、水利、油田等施工队伍开放,在招标过程中对本省交通系统的施工队伍给予3%优惠。1999年3月,省交通厅制定《辽宁省公路建设市场管理实施细则》,建立"统一、开放、竞争、有序"的公路建设市场。

2001年,国务院公布《关于禁止在市场经济活动中实行地区封锁的规定》,禁止市场经济活动中的地区封锁行为,破除地方保护。辽宁省解除资信登记和施工许可证制度。

2002年,交通部发布《关于对参与公路工程投标和施工的公路施工企业资质要求的通知》,打破部门和地区界限,以不同的工程规模、技术标准和施工难度、专业性,选择具有一定资质的施工企业参与投标和施工,保证施工质素高、信誉好的企业参与高速公路建设。

(一)《辽宁省公路建设市场信用信息管理实施细则(试行)》

《辽宁省公路建设市场信用信息管理实施细则(试行)》(辽交建发〔2010〕353号)是根据交通运输部《关于印发公路建设市场信用信息管理办法的通知》(交公路发〔2009〕731号)《关于印发公路施工企业信用评价规则的通知》(交公路发〔2009〕733号)等有关规定并结合辽宁省公路建设市场的实际而制定的,旨在进一步加强辽宁省公路建设市场信用信息管理,规范从业单位和从业人员的市场行为,包括总则、信用信息内容、信用信息的征集与更新、信用信息发布与管理、附则共5章、31条,由辽宁省交通厅印发,自2010年12月8日起施行。原《辽宁省公路、水路建设市场信用评价管理暂行办法》(辽交建发〔2008〕85号)废止。

(二)《辽宁省公路施工企业信用评价规则(试行)》

《辽宁省公路施工企业信用评价规则(试行)》(辽交建发〔2010〕375号)是根据交通运输部《关于印发公路施工企业信用评价规则的通知》(交公路发〔2009〕733号)而制定的,旨在进一步规范辽宁省公路施工企业信用评价工作,维护统一开放、竞争有序的市场秩序,包括评价范围及分类、评价依据、方式、方法、程序等方面内容,由辽宁省交通厅印发,自 2010 年 12 月 24 日起施行。原《辽宁省公路施工企业信用评价实施细则》(辽交建发〔2009〕77 号)废止。

(三)《辽宁省公路水运工程试验检测管理实施细则》

《辽宁省公路水运工程试验检测管理实施细则》(辽交质监发〔2006〕27 号)是根据交通部《公路水运工程试验检测管理办法》(交通部令 2005 年第 12 号)而制定的,旨在加强辽宁省公路水运工程试验检测活动的管理,维护试验检测市场秩序,规范试验检测工作,保证公路水运工程质量及人民生命和财产安全,包括总则、职责与权限、检测机构资格管理、检测人员资格管理、试验检测活动、监督管理、附则共 7 章、82 条,由辽宁省交通工程质量与安全监督局印发,自 2005 年 12 月 1 日起施行。

九、行政执法类

《辽宁省交通建设工程质量安全监督管理办法》(辽宁省人民政府令第 303 号)是为加强交通建设工程质量安全监督管理,防止和减少生产安全事故,保障人民群众生命财产安全,根据有关法律、法规并结合辽宁省实际而制定的,包括适用范围、各方质量安全责任、监督及处罚等方面内容共 36 条,由辽宁省人民政府发布,自 2017 年 1 月 1 日起施行。

第五章
高速公路建设科技成果

第一节 高速公路建设科技创新

一、总体情况

科技创新是驱动辽宁省高速公路实现稳步、快速发展的核心动力。自沈大高速公路建设以来,无数的科技工作者与工程实践者善于思索、敢于创新、勤于创造,勇于打破常规,不断攻克一个又一个技术壁垒,敢于攀登一座又一座科学技术高峰,用智慧和劳动书写辽宁省高速公路30年科技发展的诗篇。

回顾30年的发展历程,辽宁省高速公路科技创新工作先后经历从无到有、由弱变强的历史演变,科技成果也经历了从国外引进和消化吸收逐步实现向自主创新与独立研发方向的转型实践。在此期间,依托辽宁省高速公路发展实践,涌现了一批如SBS改性沥青、SMA沥青玛蹄脂混合料、高模量外加剂等在行业内外均具有较强影响力的科技创新成果,为工程质量不断提升、工程设计不断完善、工程施工不断规范提供了强有力的技术支撑,更成为展示辽宁省交通科技发展的重要名片。截至2016年底,依托辽宁省30年高速公路建设实践,由辽宁省高等级公路建设局(高建局)、辽宁省交通规划设计院(设计院)、辽宁省交通科学研究院(科研院)、辽宁省高速公路管理局(高速局)等各家单位牵头组织开展的专项课题研究超过80项,共形成了专项成果15项、出版了地方性技术规范8部。

二、科技创新与成果实践

(一)吸纳转化与技术突破阶段

1. 沈大高速公路建设技术实现高速公路行业技术发展"零突破",开创高速公路科技攻关的先河

1984年,沈大高速公路的开工建设正式开启了我国高速公路事业的发展篇章。在无任何高速公路建设经验指导的条件下,沈大高速公路全体建设者凭借对公路建设的执着

以及对高速公路建设技术的深入思索,自行设计、自行施工、自主研究,并克服重重难关,创造性地开展了道路石油沥青炼制技术等专项研究工作,取得了一批当时在全国范围内具有极强影响力和行业突破性意义的研究成果,并为接下来全国范围内各个地区修建高速公路提供了参照样板。

在沈大高速公路工程实践过程中,通过专项科研重点研究形成了道路沥青在高速公路路面施工的成套应用技术,攻克了石油沥青在北方寒冷地区高速公路路面低温开裂等技术难题,为沥青材料性能不断提升和高速公路的大面积应用奠定了坚实的理论研究与试验分析基础;在海湾盐滩地段施工中,为防止路基整体沉陷,采用高路堤预压施工;在软土路基地段,首次使用了塑料排水插板,在普兰店海湾大桥引线施工中采用了大抵抗线松动爆破。一系列新技术的成功应用有效保障了工程建设质量,为摸索高速公路建设的成套技术体系提供了极为重要的支撑。

与此同时,大规模的机械化施工作业则是当时技术成果与工程实践结合产生的又一个重要突破。1984年沈大高速公路建设开始引进连续式沥青混合料拌和机,自动行走的摊铺机为沥青混凝土的铺筑起到了推进作用,速度快、质量好,改变了以前只用人工拌摊的沥青面层结构,采用机械拌和、机械摊铺,路面粗糙度显著降低,平整度、密实度均显著提高。

1986年,交通部在沈大高速公路召开全国高等级公路机械化施工的现场会议,充分肯定了机械化施工取得的经验和成绩。在中国公路行业发展史上,沈大高速公路机械化施工开创中国高速公路"机械化施工"之先河,全国范围内迅速掀起机械化施工推广应用的实践热潮,各省市纷纷从实际出发,开始逐步摸索优化公路建设施工组织模式,极大地提升工程建设进度和工程建设效率。

除了在技术应用研究与装备机械化实践方面取得突破外,当时的建设者们还十分注重技术经验的积累与总结。1983年引进日本《高速公路设计要领》,作为沈大高速公路设计的主要借鉴标准,并结合辽宁情况制定了《高速公路建设标准方案》。1987年开始,高速公路建设总指挥部便着手启动辽宁省高等级公路成套技术指导性文件的编纂工作,编制出高速公路的路基、桥梁、路面、防护工程等22部技术操作规程,用于指导工程实践。在参照当时公路工程技术标准的基础上,通过对沈大高速公路建设技术应用进行全面总结,并充分融合辽宁省地区特点与行业发展趋势,1994年,正式出版了《高等级公路施工技术规程》(以下简称《规程》),填补了我国在高等级公路建设技术规范的空白。《规程》包含路基工程、路面工程、桥涵工程、交通工程共4篇39章182节,内容包含总则、材料要求、施工工序要求、质量标准等部分,是当时我国第一部关于高等级公路施工指导的著作。这部著作是沈大高速公路成功技术经验与智慧的完美结晶,同时也标志着我国高速公路建设技术发展迈上新台阶。

2. 沈大改扩建工程实现高速公路改扩建工程技术"零突破",为改扩建技术创新树立标杆

沈大高速公路改扩建工程,北起于沈阳过境绕城高速公路金宝台互通式立交,经辽阳、鞍山、营口市,南止于大连后盐收费站,路线全长348km。

为确保工程质量和建设工期,省交通厅制定《沈大高速公路改扩建工程创一流实施纲要》,确定的建设指导思想和奋斗目标是:以"建一流工程,塑最好工程作品,树全国的样板,再现神州第一路的风采",坚持"质量一流、设计一流、施工一流、管理一流",借鉴国外高速公路改扩建工程的成功经验,抓好设计、材料、工艺、设备、施工监理、监督、科学管理及廉政建设各个环节,把沈大高速公路改造成全国标准最高、工程质量最好、技术领先、建设造价合理、资金运行安全、工程组织管理科学规范、建设行为廉政高效的全国样板工程。

为圆满完成建设一流样本工程的神圣使命,全体建设者集中智慧、勤奋攻关,全力破解建设技术难题,以勇攀科技高峰的勇气和攻克难关的坚定信心不断积累,在技术研究与工程应用推广的道路上积累了十分宝贵的经验,为全国范围内改扩建工程建设实施提供了重要参考。

纵观沈大高速公路建设工程实际特点,主要面临以下几大技术难点,一是需解决加宽后新旧路基的不均匀沉降;二是加宽路基水塘区软土地基处理加固;三是旧路桥头路基沉陷;四是新旧桥涵连接质量与结构安全;五是大跨径隧道施工技术;六是SBS改性沥青、SMA路面首次大规模应用的质量控制。

针对以上的问题,建设者采取了积极主动的攻关策略,积极争取省厅设立了多个专项课题开展科技攻关,并结合工程推进实施检验和完善课题成果向应用的转化途径。

1)路基加宽关键技术研究与实践

沈大高速公路改扩建工程是当时国内首条进行改扩建的高速公路项目。因此在设计阶段并没有成功的改扩建工程经验可以参照。2001年,省交通厅设立"沈大高速公路改扩建工程路基加宽技术的研究"课题(项目编号0107)。

通过课题研究,明确了新加宽路基工后沉降量控制标准;提出软土路基段的处置方案、施工工艺;提出路基加宽技术室内、外试验报告;提出了路基加宽的设计施工技术指南,为工程设计与施工提供了有力的指导。

在工程设计中,路基采用双侧加宽,利用原中分带;软基处理到位,避免桥头跳车;新旧路基结合部加强了处理,延长路面使用寿命,共节省费用4.5亿元。在工程施工过程中,参建者严格按照设计要求施工,并通过采取强夯、冲击压实等特殊处理工艺,进一步加强路基接缝部位的压实质量,有效解决了差异沉降的问题。经鉴定,研究成果达到了国际先进水平,并于2005年分别获得辽宁省、中国公路学会科技进步三等奖。

2）路基连续压实控制技术研究

对于改扩建路基施工而言,面临最大的问题就是如何保证压实质量,消除新旧路基的差异沉降,减少路面开裂风险。这一问题的解决既需要在技术方面提出保障措施、利用冲击压实和强夯等,同时更需要在现场质量控制方面提出一套行之有效的保障措施。

为解决这一难题,省交通厅于2002年设立专题"沈大高速公路改扩建工程路基压实质量过程控制技术的研究"开展研究工作。研究中通过对不同路基填料压实特性、力学特性的分析,提出了不同材料压实工艺、压实度、含水量和强度间的关系,并根据不同填料的实际特性需求,提出了适宜的压路机选型参数、碾压层数、遍数、速度、工序组织等管理对策。同时组织研发了现场CPMC连续压实过程监测与控制分析系统,并建立了系统采集数据与实测数据间的对应关系与评价标准,提出了路基压实质量控制技术应用指南等成果,有效指导了工程建设。

3）大跨度隧道建设技术研究与实践

韩家岭隧道位于沈大高速公路,最大开挖宽度达22.482m,是当时国内最大跨径的高速公路隧道工程。隧道跨度越大,相应开挖掌子面受扰动的程度越大,风险也越大。因此,如何避免和有效防范开挖过程随时可能出现的塌方危险是建设者面临解决的首要问题。同时,面临着计算方法、力学验算程序适用性等多方面技术问题。为此,辽宁省交通厅设立了"韩家岭隧道可靠性研究"课题,对其从力学分析、理论计算和模型试验验证等多个方面开展深入研究工作,并取得了重要研究成果。

（1）首次对四车道大跨度隧道开展了模型模拟试验,模拟实际施工工序,验证工艺的可行性,为确定实际开挖施工工艺积累了宝贵经验。

（2）成功模拟隧道开挖掌子面前方岩体内部发生的先期位移和开挖瞬间释放的弹性位移和空间变形效应,真实反映了隧道开挖的三维空间变化。

（3）首次实现对大跨度隧道稳定性的检测评估。

（4）进一步完善时间序列分析方法,提出相应理论和建模方法,提出信息加权分析算法,编制开发时序分析软件。

（5）建立四车道跨度公路隧道开挖围岩位移预测和稳定性预报模型与分析方法,并自行开发了计算程序,根据实际实测数据进行了位移预测和稳定性预报。

（6）根据隧道岩体分级标准要求考虑分级指标,建立了公路隧道岩体分级神经网络方法并对工程进行了围岩分析。

研究多项成果在工程实践中的实际应用,填补当时国内在大跨度隧道稳定性监测与评估方法研究领域的空白,并有效保障工程建设的顺利实施。

4）沥青玛蹄脂碎石路面技术实践成果

在沈大高速公路改扩建工程建设前,辽宁省高速公路沥青路面一直采用悬浮密实型的结构设计形式。这一设计形式所面临最大的问题是夏季泛油和车辙现象,一直困扰着辽宁省高速公路的科技工作者。辽宁省交通厅科技处在1996年3月主持召开了"改性沥青应用技术研究调研报告"的专家会议,会议提出:"采用沥青玛蹄脂碎石混合料(SMA技术),掺和木质素纤维对辽宁是适宜的,应作为改性沥青应用技术研究的重点"。在此之后,沥青玛蹄脂碎石混合料便成为辽宁省高速公路沥青路面研究的重点。为全面掌握这项国外引进的新技术,辽宁省交通厅于1998年决定开展为期三年的专题研究工作,提出了适宜辽宁省的SMA混合料设计、拌制及路面施工工艺,并且编制了《沥青玛蹄脂碎石混合料(SMA)路面施工技术指南》。科研成果获得2001年辽宁省科学技术进步三等奖和2003年中国公路学会科学技术二等奖。

作为SMA技术在辽宁省正式大规模推广应用的开山之作,沈大高速公路改扩建工程全线375km上面层全部采用了这项技术。经过多年运营管理实践验证,SMA技术应用有效解决了常规路面常见的高温泛油、车辙严重等技术问题,大幅提高了路面结构的使用寿命。这项技术在本项目的应用取得了空前的成功,成为引领后期SMA技术在全国各省、市、区、县路面施工的典范。

(二)创新与集成实践阶段

1.沈山高速公路建设技术创新与成套技术实践,推动一大批科技成果向工程实践生产力的转化

沈山高速公路是国家公路主骨架北京至沈阳高速公路的重要组成部分,是国家和辽宁省"九五"期间重点建设项目。路线全长361km,采用双向6车道的标准。项目于1997年6月开工,山海关至锦州段于1999年9月建成,锦州至沈阳段2000年9月份建成通车。

项目建设初期,辽宁省交通厅确立了"严字当头、质量第一、受控有序、争创一流"的建设方针,制定了"质量一流、管理一流、设计一流、施工一流"的建设目标,并在整个项目建设过程中始终如一、不折不扣地贯彻落实,为我国高速公路发展事业谱写了新的篇章。

在项目的建设过程中,全体建设者十分注重应用技术的集成创新工作,尤其在苇塘软土区处理、风积沙处理、深水大河架梁技术、服务区建筑技术等方面取得丰硕成果。

1)先进的建设标准

根据交通预测结果,到2020年,沈山高速公路年均日交通量将达到5.5万辆,但当时我国并未出台任何关于4车道以上高速公路相关的技术标准,无法有效指导本项目的设计。为解决这一关键难题,建设者们查阅、分析了大量有关资料,并结合本项目特点,最终确定了双向6车道(特殊路段8车道)的建设标准,并同时拟定了路线、线形设计标准。沈山高速公路设计阶段采用的标准与1998年实行的工程技术标准相当吻合,这也充分说

明当时论证成果是正确的。

2）苇塘软土区处理技术

项目穿越近70km的苇塘沼泽地段和水田区，地质条件为连续段落的软塑黏土，沿线沟壑纵横交错、地下水极为丰富，难以施工，更难以寻找适合的土体填料。为此，辽宁省交通厅开展"地基处置与路基填筑材料的研究"专题研究。建设者们组织各方多次专题论证，从设计、施工到管理，全过程跟踪，总结出了一套行之有效的办法。采取统一取土、就地备料的施工方式，在路基两侧按规划挖土晾晒后做路基填料，取土形成坑槽用作养鱼池，有效降低了工程造价，美化了环境。在晾晒过程中，由于土体含水量大，短时间内难以完成，建设者创造性地掺拌白灰，逐步探索总结了一套"薄分层、勤翻晒、早压实"的工序要点，并通过实践检验具有显著效果，有效减少了施工工期。经过三年沉降观测，该处置方法充分经受了考验。

3）风积沙填料筑路技术

风积沙是本项目仅有的可用于填筑路基的筑路材料，但这种材料为粉细砂类，无级配，含黏土颗粒极少，黏聚性差且不易稳定，干燥时松散，浸水后更是变为流态。在施工中如不采取有效的措施，很难形成路基强度。为攻克这一技术难题，建设者们充分发挥了集体智慧，开展"风积沙作为路基填筑材料可行性研究"专题研究工作，充分试验检测材料性能，并深入论证其填筑路基的可行性和方法措施。经过多方多轮次的研讨、论证，最终确定采用"水撼砂＋黏土包边"相结合的施工技术。这一技术应用一是解决了干燥松散的问题，增强了风积沙的黏聚性；二是解决了水多之后砂体失稳问题，有效保障了填筑效果。风积沙路基路段总长100km，节约造价近6亿元。经过多年的观测，风积沙路基段质量十分稳定，这说明施工技术应用取得了成功。

4）毫秒级非开放性爆破挖方技术

沈山高速公路锦州到绥中路段部分挖方段落为混杂岩石结构，其中坚硬岩高达70%以上，平均挖深10m，最深处达28m，且段落长400m。如此大段落的硬岩挖掘施工给工艺和工期带来巨大挑战。面对这一技术难题，建设者们创造性采用了毫秒级非开放性爆破挖方技术与定向爆破技术，并结合美国进口钻机钻孔，极大提高了施工效率与质量，为后续施工顺利推进奠定了坚实基础。

5）深水大河综合架桥技术

辽河特大桥是众多难点工程中难度最大的一项。辽河特大桥全长1800m，共涉及60孔T梁。桥梁吊装过程中最大的难题是如何克服河宽流急的不利自然条件顺利完成T梁的架设施工。经过多方深入研究论证，最终根据不同的地形、施工条件提出了四种综合性架梁方案。即龙门架人工架设；桥上不能运梁，加强级垂直高吊架设；桥上运梁架设和下导梁拖拉架设。这种综合性的架梁工艺体系为解决辽宁省深水大河桥梁施工开辟了崭新路径。与此同时,在本桥主河槽墩台施工中,有效利用枯水季节提供的有利时机,及时打设钢护筒围堰,并在墩柱上预留牛腿支撑结构,为盖梁施工提供了极大的便利,确保了工程快速高效推进,取得了显著的经济和工程效益。

6)服务区建筑关键技术

兴城服务区跨路餐厅是沈山高速公路的标志性工程。欧式建筑风格配合大面积景观广场、绿地营造出了一种大气磅礴的壮观气质。餐厅的主体跨线大量采用部分预应力混凝土箱梁结构,两侧塔为钢筋混凝土结构,是当时国内跨度较大的房屋建筑区,同时更是国内高速公路建设中首例结构新颖、造型奇特、科技含量高、标准高的建筑工程。为确保工程顺利推进,建设者们采取了多项革新技术。一是对塔楼筒体基础进行了加桩处理,增加了桩基竖向和水平向的承载能力。二是在项目施工中调整了混凝土的强度等级,改善锚具局部受压过大问题。三是对箱梁外露部分采取了苯板保温,同时加大了非预应力钢筋的型号,进一步增强了整个建筑的稳定性。

2. 桓仁(辽吉界)至丹东(古城子)高速公路建设技术创新与成套实践,为高速公路行业向着"两型"方向发展转型提供了重要借鉴

桓仁(辽吉界)至丹东(古城子)高速公路,是国家高速公路网和东北区域高速公路网的重要组成部分,是吉林省和黑龙江省最便捷的出海快速大通道。它的建设,有利于完善辽宁省高速公路网布局,彻底解决鹤大公路落后的通行状况,促进丹东港快速发展,提高通道服务水平和运输能力,开发沿线地区的矿产和旅游资源,对于发展少数民族地区经济、加强国防建设、推动边境经贸合作与发展、振兴辽宁老工业基地具有十分重要的推动作用。

桓仁(辽吉界)至丹东(古城子)高速公路起点位于辽宁省与吉林省交界处的新开岭,终点位于丹东市振安区古城子互通式立交,在桓仁县北侧与桓仁至永陵高速公路连接,在终点处与沈阳至丹东高速公路终点和丹东至大连高速公路起点连接,途经本溪市桓仁县、丹东市宽甸县、凤城市、振安区和元宝区。路线全长 196.617km。

本项目是交通运输部北方寒冷地区高速公路典型示范工程,同时也是省厅科技环保示范工程。辽宁省地处我国东北部地区,冬冷夏热、东湿西干、季节温差大等独特自然气候特点对这一特殊区域高速公路建设管理体系与技术手段创新提出了更高的要求。尤其在极端低温环境、复杂地形地质条件、脆弱敏感的生态植被环境等不利客观因素的综合作用下,传统以工程为主体的设计、施工、管理理念与技术体系势必将面临更为严峻的考验。

在工程建设过程中,坚持以重视生态环保、彻底解决质量通病问题为指导思想,以环保水保工程与主体工程同时设计、同时施工、同时投产使用为建设方针,以科技创新为项目核心,以争创高速公路典型示范工程中的示范工程为建设目标,将"适用的就是最好的""自然的就是最美的"及"施工中最小程度的破坏,施工后最大限度的恢复"等理念贯穿到建设全过程。在施工中,坚持"先防护再开挖""先支挡再弃渣"以及"早深埋,早治

理,早覆盖,早绿化"的原则,确保环保水保始终处于可控状态,真正做到"建设前绿水青山,建设后青山绿水"。

为全力支撑北方寒冷地区典型示范工程与省厅科技环保示范工程创建,全面攻克寒冷地区特殊气候、自然、生态环境下高速公路建设的关键技术瓶颈,贯彻落实交通运输部提出的"六个坚持、六个树立"的要求,大力推广"安全、耐久、节能、环保"的新型建设理念,2010年,经辽宁省交通厅研究决定设立重点科研项目对北方寒冷地区高速公路建设面临的设计、施工、管理、生态环保、节能减排等多个方面开展专项综合课题攻关,同时报请交通运输部批准作为"部省联合科技项目"对寒冷地区高速公路建设成套技术开展专项研究工作。

"寒冷地区高速公路建设成套技术研究"(部省联合项目任务书编号2010-353-321-070,厅科研重点项目任务书编号201018)由辽宁省高等级公路建设局、长安大学、辽宁省交通规划设计院、辽宁省交通科学研究院、辽宁省高速公路管理局、辽宁省交通工程质量与安全监督局6家单位共同合作完成,依托于桓仁至丹东高速公路创建"北方寒冷地区高速公路典型示范工程"建设实践,完成了科研创新、整合与成果推广应用工作。

本课题重点围绕寒冷地区高速公路的勘察设计新理念、安全保障关键技术、工程耐久性关键技术、低碳节能关键技术、生态环保关键技术、典型示范工程建设信息化管理系统应用技术6个专题方向开展研究工作,共涵盖子项课题23项。内容覆盖设计、施工、管理、运营等全寿命周期,内涵更是包括理念创新,工艺集成,思路、方法的创造等多方面。

通过全面深入的研究工作,本课题在寒区高速公路勘察设计理念与方法研究、工程耐久性关键技术研究、公路融合景观设计理论与方法研究、节能减排技术体系研究、智能化信息化监管平台研究等方面取得了多项宝贵研究成果,对完善我国高速公路建设技术管理体系。缓解工程建设与生态保护间的突出矛盾、实现建设理念与发展模式的转型实践具有十分重大的探索与指导意义。

1)勘察设计理念创新

结合寒冷地区建设环境特征,对公路设计新理念进行了深化和发展,提出了寒冷地区高速公路的设计新理念:以安全为核心,重点解决工程低温防寒问题,树立质量第一意识;以优良设计为导向,灵活运用技术指标,树立设计创新意识;以保护改善环境为目标,正确处理建设与环境的关系,树立环保优先理念;以节约资源为目标,协调成本与其他限制的矛盾,树立工程总体最优思想。

2)寒冷地区高速公路安全保障关键技术创新

(1)根据高等数学的相关计算方法,提出空间曲率计算方法,建立不同车型的运行车速预测模型。确定运行车速特征指标,建立高速公路线形设计一致性模型,并提出其标准及建议值。

(2)在对比分析国内外支承长度和限位装置计算方法的基础上,建立墩梁相对位移谱模型,提出梁式桥防落梁设计理念和防落梁设计方法。开展混凝土和钢弹塑性挡块抗震性能试验,研究横桥向防落梁措施布置和设计方法。归纳总结桥台震害成灾模式,研制用于桥台伸缩缝处碰撞缓冲的耗能型金属橡胶减震器。

3)工程质量耐久技术创新

(1)对于寒冷地区浅表易滑塌边坡应坚持动态设计理念,并坚持排水与防护相结合的综合处治方案,通过疏导边坡内水体、改善边坡结构以及合理的防护措施解决滑塌病害。

(2)通过对沥青混合料中粗集料、细集料和沥青结合料的分析,提出了辽宁省不同地区、不同交通量条件下高温性能和低温性能设计指标。

(3)根据丹通交通量和自然环境的划分,初步确定出丹通高速公路的典型结构。

(4)混凝土的抗渗性随含气量的增大呈现先提高后降低的趋势,即存在一个最佳含气量值,本试验中该值为5%。

(5)引气剂的掺入方式对新拌混凝土的含气量影响较大,采用后掺法可获得较大的含气量,最佳振捣时间为60s,不得超过120s。

(6)利用硅烷处理水泥混凝土路面、桥面以及桥梁墩柱,可以取得良好的保护水泥混凝土不受冻融、盐冻以及腐蚀的效果,能够有效延长混凝土的使用寿命。

(7)从初支湿喷及二次衬砌模筑两方面对衬砌施工工艺展开研究,提出用插钉的形式来检测喷射混凝土的厚度;二次衬砌的施工工艺和材料的加热及保温技术也是关键之处,寒区隧道的防排水应遵循以排为主、排防结合的原则。

(8)针对辽宁省气候特点提出适合寒冷地区的隧道消防管道材料要求。

(9)隧道抗冻措施可采取提高混凝土强度等级和采用钢筋混凝土结构形式来实现。同时衬砌应全环设置沉降缝。

(10)寒冷地区高速公路高填土涵洞设计方法研究。

通过模型试验得出高填土涵洞垂直土压力分布、涵洞结构应力分布和涵洞周围土层的沉降变形分布,并分析填土材料土性参数、地基处理方式的不同对拱涵、盖板涵两种涵洞结构形式的垂直土压力分布的影响。基于有限元分析软件,完成数值模拟研究,得出四个主要因素——地形边界条件、填土特性、地基土特性和涵洞结构形式与涵洞垂直土压力的关系。模拟出涵洞周围沉降位移分布,涵洞结构高、低应力区分布,结果与模型试验相同,可以为模型试验研究提供补充。选取鹤大高速公路两种涵洞结构形式完成现场试验研究,得出土压力-填土高度关系曲线,分析涵洞上部中心点处、涵台顶部处土压力测试值的分布。采用自适应遗传算法——神经网络系统(AGA-BP)实现对涵洞结构断面测点变形(应力)的预测研究。通过三种预测效果对比表明AGA-BP确定的网络预测系统泛化能力强,应用到高填土涵洞结构变形(应力)预测研究是可行的且具有优良的性能。

(11)寒冷地区高速公路涵洞整体式基础设计方法研究。

通过研究发现地基的刚度对降低差异沉降有重要意义,设计中应当对地基的刚度提出要求,根据可能的差异沉降力,计算地基最佳刚度并提出了简单易行的计算公式。通过涵洞内力分析可知,结构力学算法大于数值模拟算法,数值模拟算法大于模型试验,因此按结构力学算法偏于保守。提出了基础跨中和端部弯矩计算公式和适用情况,供设计内力计算、选材(型)、配筋参考,并提出基础设计中垮工结构、钢筋混凝土结构的采用原则和适用条件。

(12)寒冷地区高速公路波折钢腹板梁成套技术研究。

通过研究建议以全截面受力来计算波折腹板组合箱梁桥的抗弯承载力。在合理设置横隔板的情况下,可忽略偏心荷载的不利影响,按对称荷载作用下的箱梁进行设计。根据波折腹板组合箱梁极限状态的破坏形式,提出了波形腹板抗弯承载力的计算公式。研究了新开发高性能钢 Q370 qENH 的耐候性能,耐候性钢桥设计、制造以及安装等方面要点,建立耐候性钢桥时变性能评估系统以及管理养护系统,为耐候钢桥的后期运营管理提供参考。

4)生态环保创新

(1)环境景观

研究并确定了高速公路景观尺度;分析 Kaplan 模型及动视觉条件的景观敏感度,确定以驾驶员水平视觉角度、车前可视距、视力集中点和最深视野为分级参数,将公路景观敏感度分为三级,并阐述了每个敏感区的属性。

(2)劣质边坡

采用高速公路岩石边坡植被袋网格化防护方案,并对辽宁朝阳地区的灌木群落、适生植物的抗旱性、多花胡枝子的生态适应性、榛子和紫穗槐生态适应性比较进行研究。

(3)生态示范服务区

对比分析了复合式生态土壤系统处理单元及 MBR 系统处理单元去除 COD、氨氮、TN、TP 等指标的效果。对比分析了地源热泵系统与燃煤锅炉供暖技术。

5)绿色节能技术创新

(1)隧道照明

提出了性价比较高的光源即 LED 灯、隧道照明灯具布置方案,构建了三层基于 DALI 智能照明控制系统。设计了基于模糊控制理论的隧道照明控制算法,通过镇流器,使隧道照明能根据外部环境的变化进行连续调光,达到既满足行车安全又节约能源的目的。

(2)橡胶沥青

通过试验对橡胶沥青的高、低温性能,指标衰减规律以及橡胶沥青混合料的室内试验研究进行了系统的分析,并且研究了橡胶颗粒沥青混合料路面除冰雪的性能,最后通过铺筑试验路检测橡胶沥青的实际应用状况。

(3)阻燃温拌

研制开发出 LK 型无卤复合阻燃剂,提出了寒冷地区阻燃温拌沥青混合料的施工温度。对阻燃改性沥青进行阻燃性能评价,并采用 DSR 试验和 BBR 试验对阻燃改性沥青进行高低温性能评价和分级。

6)管理信息化技术创新

(1)高速公路建设管理系统

通过电子信息化管理技术、网络化平台共享技术、数据库搭建技术与网络安全保障技术等的运用,开发了高速公路建设项目管理信息系统,实现了高速公路建设管理关键环节的过程信息化控制目标。

(2)远程信息化质量监控系统

开发了远程信息化质量监控系统,实现了对试验室、拌和站业务远程授权、监督、管理、行使职权、履行职责。信息数据全面实时共享、透明,远程记录生产全过程以便追溯,遏制数据造假、保证工程质量。较早提出将物联网的概念用于拌和站管控一体化以及交通工程质量检测和数据分析平台,解决了数据的即时共享、现场异常情况及时处理等实际问题,实现了拌和站管控一体化和交通工程质量检测管控一体化。

其中,试验室质量检测与数据智能分析平台利用先进的传感器技术和自主研发的嵌入式系统对原有试验设备进行数字化改造,实现试验数据的自动采集,完成软硬件一体化;首次在试验室引入自动采集、监控技术,构建了业务管理、试验监控、数据分析一体化平台。

(3)ETC 系统建设

在运营阶段,ETC 建设是提高道路服务水平的主要手段。结合辽宁省高速公路特点进行了适用性分析,选定采用辽宁省高速公路 ETC 系统。从总体规划、技术方案、运营管理三个方面研究了辽宁省高速公路 ETC 系统的实施方案,并实际验证了其可行性。

(三)新材料

1. 高模量沥青混凝土技术

高模量沥青混凝土通过使用高模量外加剂的方式实现。通过改善沥青混合料的内摩擦角和黏聚力,减少沥青混合料在荷载作用下的应变和高温塑性变形,从而达到提高沥青混合料模量、延缓车辙产生、延长路面使用寿命的目的。该技术有效改观高速公路中面层建设理念,为按照功能性设计路面结构提供新的路面材料,也为实现路面的长寿命设计提供理论支持。

开发了具有自主知识产权的"路宝"高模量沥青混凝土外加剂,如图 5-1-1 所示,填补了我国路用改性聚乙烯/丙烯的空白,价格比国际市场同类产品降低 20%～40%。编制出版了辽宁省地方标准《高模量沥青混合料施工技术规范》,如图 5-1-2 所示,于 2009 年 12 月 16 日正式实施。

图 5-1-1　"路宝"高模量沥青混凝土外加剂

图 5-1-2　辽宁省地方标准

首次提出高模量沥青混凝土以动稳定度 DS 值(试验温度 60℃、轮压 0.7MPa)达到 5000 次/mm 以上,45℃、10Hz 条件下动态模量达到 2000MPa 以上,45℃、0.1Hz 条件下达到 500MPa 以上,作为高模量沥青混凝土的界定标准。

"高模量沥青混凝土应用技术研究"成果达到国际先进水平,2009 年获辽宁省科技进步二等奖,如图 5-1-3 所示。

图 5-1-3　"高模量沥青混凝土应用技术研究"获奖证书

2. 沥青玛琋脂碎石混合料 SMA 技术

SMA 作为一种由少量纤维稳定剂、细骨料以及较多填料组成的沥青玛琋脂填充粗骨料骨架间隙的间断级配结构,具有良好的高温抗车辙、低温抗开裂、抗水损害、抗滑性能,耐疲劳,能延长路面使用寿命。

2004年,"高速公路路面SMA技术推广应用的研究"获得辽宁省科技进步三等奖,并且,于2006年1月经辽宁省质量技术监督局批准发布了《沥青玛蹄脂碎石混合料设计与施工技术规范》。SMA路面能够减少早期病害,延长道路使用寿命30%以上。采用改性沥青SMA技术较普通改性沥青混凝土路面每年要节约投资成本和养护成本约1.81万元/km。

SMA技术不仅适用于新建高速公路、城市道路及机场跑道的铺筑,同时也适用于高速公路的养护维修,是道路发展的新趋势,具有良好的应用前景。

3. SBS改性沥青技术

SBS是一种热塑性弹性体,是以丁二烯和苯乙烯为单体,采用阴离子聚合制得的线形或星形嵌段共聚物。SBS通过聚苯乙烯嵌段的聚集形成一种三维结构,它分散在沥青中,聚苯乙烯末端赋予材料足够的强度,中间嵌段聚丁二烯又使共聚物具有特别好的弹性。

SBS改性沥青的高低温性能明显优于普通沥青,同时SBS改性沥青混合料的路用性能也有较大幅度的提高,从而减小路面破损产生的概率,尤其应用在高速公路路面工程中,具有良好的高温抗车辙和低温抗裂能力。

1998年辽宁省引进该项技术,2001年省厅为指导2002年在建的丹东至本溪、盘锦至海城、锦州至阜新和锦州至朝阳高速公路路面改性沥青的使用,通过实施"SBS改性沥青混合料应用于高速公路路面的技术研究"项目,编制了《SBS改性沥青应用技术标准》,并且,于2006年1月经辽宁省质量技术监督局批准发布《SBS改性沥青混合料设计与施工技术规范》。

应用证明,沥青路面使用SBS改性沥青之后,可以推迟路面维修期至少三年以上,维修养护费用大幅降低。同时进入维修期的路面,SBS改性沥青路面出现坑槽、龟裂等病害的概率也远低于普通沥青路面,因而维修养护工作量要比同期的普通沥青路面大幅减少,也节省了大量的维修资金。

4. 温拌(阻燃)沥青混合料技术

随着我国关于环境保护、节能减排、防震减灾等方针政策的提出,交通行业开始对温拌技术和阻燃技术进行应用研究。2010—2014年,阻燃温拌沥青混合料技术在丹东至海城、丹东至通化、桓仁至永陵、抚顺至通化、阜新至盘锦、建昌至兴城等高速公路隧道中推广应用,总里程约100km。节省燃油将达500余吨,减少CO、CO_2等废气排放约2000t。

阻燃温拌沥青混合料技术将有效降低拌和温度,改善隧道内施工工作环境、有力保障公路隧道中的行车安全、延长公路隧道路面的使用寿命,必将有广阔的推广应用前景。

温拌沥青混合料技术所获奖项如图5-1-4、图5-1-5所示。其在高速公路建设中的应用如图5-1-6、图5-1-7所示。

第五章

高速公路建设科技成果

图 5-1-4　温拌(阻燃)沥青混合料技术中国公路学会获奖证书

图 5-1-5　温拌(阻燃)沥青混合料技术辽宁省科学技术获奖证书

图 5-1-6　温拌沥青混合料　　　　　　　　图 5-1-7　热拌沥青混合料

5. 橡胶沥青技术

橡胶沥青具有高温稳定性和低温抗裂性好、防止反射裂缝、降噪、减薄路面、使用寿命长、水密性好、抗老化等优点；主要用于石屑封层、热拌沥青混合料中间层、CAPE 封层和热拌沥青混合料。适用于新建及改扩建各等级公路面层、旧沥青路面薄层罩面、水泥混凝土路面改造、桥面防水层、碎石封层、路面灌缝等橡胶沥青在建设工程中的铺筑如图 5-1-8 所示。橡胶沥青因其良好的路用性能，可以合理减薄面层厚度，综合造价可降低 50 元/m² 以上。

图 5-1-8　铺筑橡胶沥青

橡胶沥青是指采用废旧轮胎胶粉作为改性剂，与沥青在一定反应条件下，经充分搅拌、剪切、研磨、发育后制备而成的一种新型改性沥青。废胶粉与沥青混溶过程中，加入少量活化剂或胶粉降解剂，提高改性效果，同时可以加入 SBS 改性剂，形成复合改性沥青技术。

橡胶沥青混合料高温稳定性、抗车辙能力、水稳定性、低温抗裂性能以及抗疲劳性能与 SBS 改性沥青混合料相当。该技术解决了辽宁省以往沥青路面出现的车辙、水损害等早期破坏现象，延长了路面使用寿命，且成本比 SBS 改性沥青低 150 元/t 以上。废旧胶粉循环利用可大量节约资源，并有效保护环境。

(四)新设备

1. 施工新设备

在辽宁省高速公路项目建设中，积极推广应用各种新型设备，以提高高速公路施工质量及标准化水平。建设项目普遍采用的新型设备主要有大吨位强夯设备、路基冲击压实设备、数控机床钢筋加工设备及智能化张拉与压浆设备等。

1)大吨位强夯设备应用

在高速公路项目建设软弱地基处理施工中,大吨位强夯设备因其具有设备简单、经济易行并且效果明显等优点得到了广泛推广应用。特别是在高速公路改扩建项目施工中,对于消除新旧路基不均匀沉降,促进新填路基加速沉降固结,起到了很好的应用效果。

在辽宁省高速公路建设技术规范中,对路基强夯处理进行了明确要求,一般新建路基或主线加宽路基两构造物间长度小于150m全部采用强夯补压,分别为清表碾压后路基填筑1.5m、路床顶面下20cm和中间部位,根据路床顶面高度不同采用单击1000kN·m夯击能(夯锤直径2.5m换算单位夯击能203.7kN·m,有效影响深度4m,满夯一遍,夯印搭接三分之一)来确定中间强夯的补压层数。

在满足施工技术规范前提下,施工现场主要采用的几种大吨位强夯设备有:

(1)SQH350强夯机

该设备夯击能达350t·m,采用大单绳拉力卷扬以及大功率发动机,最大提升绳速可达120m/min,大幅提高作业循环次数。2倍率工作时,将17t夯锤提至20m高度只需40s。具有高强度臂架,晃动更小,寿命长;可承担更大倾翻力矩,有效延长回转机构寿命;具备施工作业数据显示功能,便于施工管理;方便维护、运输等特点。

(2)SWTM500履带式强夯机

该设备夯击能达500t·m,具有大底盘设计,全液压驱动,轮距大,强夯作业稳定性好;臂架采用高强度钢管焊接桁架结构,前伸式臂头结构更适应强夯作业,整机性能更稳固;采用大功率的发动机,动力强劲,可满足对复杂环境的动力需求;独有的四支腿设计,方便履带架自由伸缩,提高工效;负荷传感,极限负荷调节及电液比例微速控制,使设备具有卓越的操作性;具备系统管理工作软件,方便用户远程了解机器作业状况等应用特点。

2)冲击压实设备应用

为在高速公路项目建设路基施工过程中确保路基填筑质量,促进路基填料迅速压实,在辽宁省高速公路项目建设中广泛应用了路基冲击压实技术。比较有代表性的是蓝派冲击压实设备。

冲击压实技术是指利用非圆形的冲击压实设备产生出持续性、大振幅(22cm)、低频率(1.5~2Hz)的冲击波对地表进行连续冲击,进而使填筑材料迅速由塑性体向弹性体转化的一种压实新技术。冲击压实技术处理最大特点是在保证质量的前提下可以获得更厚、更稳定的承重结构层并且压实处理效率非常快,其压实效率比常规压路机提高3~5倍。能够有效地化解工程质量和工程进度二者之间的矛盾。

冲击压实技术优势:

(1)工作效率高:冲击压实设备正常工作速度可达10~15km/h,振动压路机的正常工作速度为3~5km/h,而强夯作业为点击作业。

(2)有效加固深:冲击压实一次性有效加固深度最大可达1~2m,振动压路机为30~60cm。

(3)冲击能量大,持续时间长:冲击压实最大冲击力可以达到250t,而传统的振动压实机械仅仅能够达到70~80t。

(4)实现压实的全面性:和振动压实机械一样能够对整个填筑区域进行全面、迅速、充分的压实。而强夯仅仅在夯点范围能进行压实。

(5)保护环境,节约资金投入:根据有关经济分析,冲击压实技术破裂稳固工艺相比传统的破碎、起运工艺相比,资金可以节省50%。而且旧水泥混凝土板块还能够作为基层直接利用,不再产生工程废弃物。

3)数控机床钢筋加工设备

钢筋作为高速公路建设的主要建材,其加工质量及水平对高速公路整体建设质量有着重要影响,是高速公路建设标准化施工的重要标志。钢筋加工及绑扎是一种劳动密集型作业项目,所占劳务费甚高,而且具有极高的自动化潜能。为加强辽宁省高速公路项目建设中钢筋加工水平,我们在建设工程中广泛推广数控机床钢筋加工设备,提高了钢筋加工机械化程度和生产率,降低了生产时间和劳动强度,并提高了钢筋加工质量。在现场主要使用的数控机床钢筋加工设备主要如下。

(1)钢筋笼滚焊机:设备分1250mm、1500mm、2000mm、2500mm等型号,14m、18m、22m、27m四种规格;一次性可以成型14m(含错位部分)、18m、22m或7m的钢筋笼。

(2)数控弯弧机:该设备多个机头可同时工作,五个弯曲机头可沿轨道移动,协同作业,生产效率高,PLC控制,操作简单,易维护。并且配备自动储料架,自动移动钢筋原料,承载能力强,大大降低工人劳动强度,是专门针对高速公路标准化施工的数控钢筋加工设备。

4)智能化张拉与压浆设备

(1)智能张拉设备

智能张拉设备利用计算机控制技术,实现了预应力张拉全过程智能化,不需要人工开泵、人工手动测量伸长值的张拉工艺。设备具有张拉力到位,同步精确,自动控制张拉应力、加载速率、停顿点、持荷时间等要素,自动采集并校核伸长值误差。能够有效杜绝人为因素干扰,保证桥梁预应力张拉施工质量符合规范和设计要求。可以随时随地观察张拉数据,检查张拉规范性。系统采用程序智能化控制,不受人为、环境因素影响;停顿点、加载速率、持荷时间等张拉过程要素安全符合桥梁设计和施工技术规范要求;操作智能张拉检测系统除计算机操作人员外不需要额外培训,计算机操作界面简单、便捷。设备不仅支持不同吨位的千斤顶共享一套设备,同时具有单孔张拉和检测锚下预应力测试功能。针对张拉不符合规范要求的张拉结果,系统将在统一的界面报警。并对不符合要求的张拉结果提出处理意见和措施。

(2)智能压浆设备

智能压浆设备由智能高速搅拌台车系统、压浆系统、测控系统、循环回路系统等组成。浆液在由预应力管道、制浆机、压浆机等组成的回路内持续循环以排净管道内空气,及时发现管道堵塞等情况,并通过加大压力进行冲孔,排除杂质消除致使压浆不密实的因素。设备在管道进、出口分别设置有精密传感器实时监测压力,并实时反馈给系统主机进行分解判断,测控系统根据主机指令进行压力的调整,保证预应力管道在施工技术规范要求的浆液质量、压力大小、稳压时间等重要指标约束下完成压浆过程,确保压浆饱满和密实。主机判断管道充盈的依据为进出口压力差在一定时间内是否保持恒定。

设备可以实现浆液管道保持循环排出管道内空气,管道内浆液从出浆口导流至储浆桶,再从进浆口泵入管道,形成大循环回路,浆液在管道内持续循环,通过调整压力和流量,在管道内空气通过出浆口和钢绞线丝间空隙完全排出,还可排出孔道内残留杂质;精确调节和保持灌浆压力自动实测管道压力损失,以出浆口满足规范最低压力值来设置灌浆压力值,保证沿途压力损失后管道内仍满足规范要求的最低压力值。关闭出浆口后长时间内保持不低于 0.5MPa 的压力。灌浆过程由计算机程序控制,压浆过程受人为、环境因素影响降低,准确监测到浆液温度、环境温度、灌浆压力、稳压时间等各个指标,切实满足规范设计要求。自动记录压浆数据并打印报表,通过无线传输技术,将数据实时反馈至相关部门,实现预应力管道压浆的远程监控。

2.检测设备

1)检测机构的发展

辽宁省最先进行检测建设的单位主要有以科研为主的辽宁公路试验检测中心,以设计为主的辽宁省交通规划设计院试验检测中心,以及省公路局在铁岭为普通公路检测投入建立的铁岭公路处试验室。

辽宁公路试验检测中心(以下简称"公路检测中心")隶属于辽宁省交通科学研究院,1991年1月经辽宁省计划委员会和辽宁省交通厅发文成立,由原辽宁省交通科学研究所的中心试验室和辽宁省交通技术质量监督检验站合并而成,前者于1959年成立,后者于1984年由辽宁省技术监督局发文审批成立。公路检测中心通过辽宁省技术质量监督局的计量认证及质量认证,获得了辽宁省技术质量监督局颁发的《资质认定计量认证证书》。于2000年5月通过交通部资质审查,获得公路工程试验检测机构综合甲级资质。

辽宁省交通规划设计院试验检测中心最初是为设计服务的试验室,后期为驰通监理公司在高速公路设立工地试验室。驰通监理公司独立成立了沈阳驰通检测中心,省设计院为旧桥加固和预防性养护将省院设计室申报公路综合甲级检测机构。

随着各市质监系统的建立,铁岭公路处试验室将设备和人员划给铁岭质监处。随着近年人员和设备的不断更新,已发展为乙级试验检测机构。

1989年,各市质监站检测中心相继成立。辽宁省质监系统试验检测中心取得国家交通部公路工程综合乙级资质,拥有试验设备2000余台(套)。

1990年,国家成立国家计量认证交通评审组。省质监站加强交通计量检定工作管理,要求各市质监机构检测中心尽快通过国家计量认证评审。1991年,省质监站在盘锦召开全省公路质监系统试验检测计量认证工作会议,对全省质监系统检测中心计量工作提出要求。各市质监机构检测中心先后通过国家计量认证资格,具有对外进行检测服务的能力和资质。

2007年,继续开展"交通工程项目建设监控管理系统设备改造项目",市质监站的硬件改造和安装工作基本完成,进行系统调试和软件后期测试工作,对与该系统配套的计算机、软化点及针入度等设备进行统一验收和调拨。

1989—2010年,各市质监机构检测中心建设持续加强,资质等级和设备数量保持较高水平,见表5-1-1。

1989—2010年各市质监机构检测中心情况表　　　　　　　　　　表5-1-1

市级质监机构检测中心分布	设备总数(台/套)	交通资质等级
沈阳市	117	公路综合乙级
大连市	130	公路综合乙级
鞍山市	100	公路综合乙级
抚顺市	129	公路综合乙级
本溪市	97	公路综合乙级
丹东市	112	公路综合乙级、水运材料丙级
锦州市	91	公路综合乙级
营口市	109	公路综合乙级、水运材料乙级
阜新市	115	公路综合乙级
辽阳市	88	公路综合乙级
铁岭市	90	公路综合乙级
朝阳市	108	公路综合乙级
盘锦市	111	公路综合乙级、水运材料丙级
葫芦岛市	71	公路综合乙级

2)检测技术手段

1989—2010年,为了从技术层面切实加强工程监督质量控制,辽宁省质安局(质监站)积极争取省交通厅的资金支持,累计投入6000余万元,不断引进国际、国内先进的检测设备,加强全省质监机构试验检测中心建设,进行路面、桥梁、隧道自动化检测设备的推广与应用,包括路面厚度雷达检测设备、路面弯沉值落锤检测、路面平整度探头检测、混凝土智能回弹检测等。

(1)检测设备功能简介

路面厚度雷达检测仪,用于精确测定沥青混凝土路面的厚度,在具体工程实施中,对震慑偷工减料行为、控制工程质量具有重要作用;路面落锤式弯沉测定仪,用于路基、路面弯沉测定,保证检测精度,减少人为因素造成的检测误差,是工程质量控制的重要手段;路面平整度激光检测仪,采用激光检测的现代化手段,可全面、完整地评价高等级路;超声波混凝土检测仪,对于快速检测混凝土的强度,具有重要作用;桩基混凝土无损检测仪,用于成桩混凝土的无损检测,具有保证成桩混凝土质量和桥梁运营安全的重要作用。

先进的检测设备对于维护试验检测市场秩序,规范试验检测工作,科学、客观、严谨、公正地检测公路、水运工程质量,保证人民生命和财产安全具有十分重要的作用。

(2)检测设备引进进程

2004年,锦州、铁岭市质监站引进公路地质雷达检测系统。

2005年,鞍山市质监站引进公路地质雷达检测系统,营口、抚顺市质监站引进落锤弯沉检测设备。

2006年,锦州、铁岭市质监站引进落锤弯沉检测设备,丹东、抚顺市质监站引进公路地质雷达检测系统。辽宁省质监站引进交通工程标志标线检测设备,可对交通工程指标和参数进行检测,并利用超声波检测仪对混凝土强度进行超声回弹综合法检测。

2007年,鞍山、朝阳市质监站引进落锤弯沉检测设备,本溪、朝阳、辽阳、营口市质监站引进公路地质雷达检测系统,沈阳市质监处引进对路面平整度等指标进行连续检测的激光断面仪。

2008年,盘锦、丹东、辽阳、本溪市质监处引进落锤弯沉检测设备,阜新、葫芦岛市质监站引进公路地质雷达检测系统;省质监站为各市处(站)检测中心配置超声波混凝土检测仪、针入度、软化点、检桩仪、车辙试验机(含成型机)等设备。

2009年,沈阳市质监处引进落锤弯沉检测设备,增加沥青混合料旋转压实设备;盘锦市质监处引进公路地质雷达检测系统和冻融循环检测设备。

各市试验检测机构从成立初期的检测设备陈旧落后、检测项目比较单一,发展到现在的不仅具备常规试验检测设备,同时也拥有地质雷达、落锤式弯沉仪、激光平整度仪等先进无损检测设备的乙级试验检测中心。其中各市试验检测机构拥有地质雷达14台、落锤式弯沉仪13台,先进试验检测设备拥有量位居全国前列,见表5-1-2。先进的检测设备和科学的检测数据,为监督工作提供有力的技术保障。

2004—2009年试验检测设备引入情况表 表5-1-2

市处(站)	引进雷达年份	引进落锤弯沉仪年份	配置其他设备情况
沈阳市质监处	2004	2009	2007年配置多激光断面仪,2009年配置旋转压实仪

续上表

市处(站)	引进雷达年份	引进落锤弯沉仪年份	配置其他设备情况
大连市质监站	2009	—	2008年配置超声波混凝土检测仪
鞍山市质监站	2005	2007	2008年配置超声波混凝土检测仪
抚顺市质监站	2006	2005	2008年配置超声波混凝土检测仪
本溪市质监处	2007	2008	2008年配置超声波混凝土检测仪
丹东市质监处	2006	2008	2008年配置超声波混凝土检测仪
锦州市质监站	2004	2006	2008年配置超声波混凝土检测仪
营口市质监站	2007	2005	2008年配置超声波混凝土检测仪
阜新市质监站	2008	—	2008年配置超声波混凝土检测仪
辽阳市质监处	2007	2008	2008年配置超声波混凝土检测仪
铁岭市质监站	2004	2006	2008年配置超声波混凝土检测仪
朝阳市质监站	2007	2007	2008年配置超声波混凝土检测仪
盘锦市质监处	2009	2008	2008年配置超声波混凝土检测仪,2009年配置冻融循环设备
葫芦岛市质监站	2009	2008	2008年配置超声波混凝土检测仪

(3)检测技术推广

随着新设备的应用和普及,省质安局(质监站)每年组织各市质监处(站)举办仪器设备标定和技术交流活动。

1990年,在铁岭召开公路工程检测中心现场会、水泥混凝土强度快速测定现场经验交流会。

2006年,组织无损检测业务培训班和公路地质雷达检测系统现场培训。

2007年,邀请美国专家与省内9家雷达设备应用单位的28名专业技术人员进行技术交流,由专家在实际路段上进行现场参数设置与速度调节的演示,解决雷达设备应用过程中曾经遇到的技术问题。

同年,召开全省公路水运工程试验检测相关工作会议。会议对检测员考试阅卷、检测机构等级评审(专家培训)、检测自动化管理、现场检测技术交流和质监系统检测设备管理等议题进行了深入探讨和分析。

2008年,根据全省质监系统雷达设备的使用状况和工程检测任务的双重需求,组织全省质监系统公路地质雷达系统应用技术交流会。

同年,组织省质安局技术人员在本辽高速公路对无核法沥青压实度检测仪、裂缝观测仪、低应变检桩仪和涂层测厚仪等新型无损检测设备进行技术培训,在沈吉高速公路中寨子隧道进行隧道锚杆长度检测方法现场技术培训。

(4)检测技术应用

1989—2010年,省质安局(质监站)加快先进检测技术在质监工作中的应用步伐,尤其是公路地质雷达测厚和落锤弯沉检测技术,在施工过程监督和交竣工质量检测中得到全面应用,为准确评价工程质量提供技术支持和保证。沈大高速公路竣工验收过程中首次开展机电工程的检测工作,田庄台大桥在交工验收过程中进行动静载检测。

高速公路通过采取预应力空心板预制内模采用钢模,克服顶板厚度很难满足设计要求的问题;桥面混凝土掺加玻璃纤维,施工中取消泵送混凝土,确保桥面铺装的质量;高填方路基、湿陷性黄土路段和台背填筑施工采用强夯机、偏心振动碾等重型压实设备,解决路基不均匀沉降和工后沉降问题,保证路基的强度和整体性。普通公路通过推广和应用改性沥青稀浆纤维封层、高模量沥青混凝土等先进建养技术,引进先进大型沥青混合料拌和设备,农村公路基层施工采用场拌或者堆拌,促进公路建设整体质量的提高。沈大高速公路、201线丹东段、202线样板路、大连城八线为代表的一批高速公路和普通公路优质工程的涌现,其中沈大高速公路改扩建工程以其科技、质量和外观的完美结合,成为辽宁公路建设史上的一个典范工程,得到交通部、省政府以及社会各界的普遍好评。交通工程建设已经由粗放的劳动密集型向集约的技能密集型转变,工程的施工、试验检测已经由以人工为主的低水平操作向以机械化、电子化、智能化为手段的自动与半自动作业的方向转变。

3)检测行业监管手段

(1)试验检测管理办法

1990年4月,省质监站下发《关于加强对油厂、拌和厂、预制厂的试验检测机构监督管理的通知》。同年,省质监站制定《辽宁省交通工程试验检测中心仪器设备管理办法》。

1997年2月,省质监站制定《辽宁省高等级公路施工监理中心试验室管理暂行办法》,明确中心试验室承担各种公路工程常规试验检测项目,规定中心试验室设置标准、仪器设备配置、试验检测项目、管理要求。

1999年3月,省质监站制定《辽宁省公路工程试验检测市场管理暂行办法》,规定公路工程试验检测机构管理内容为:试验检测许可、资质管理、执业要求、申诉与仲裁等,以维护试验检测市场秩序,规范试验检测工作,保证工程建设质量,适应工程建设市场需要。

2005年,省质监站制定《关于印发沥青拌和站试验室管理规定的通知》,对试验检测人员资质要求、试验检测能力、仪器设备配备和工作环境等方面提供统一标准。

2006年2月,省质监站制定《辽宁省公路水运工程试验检测管理实施细则》,对职责与权限、检测机构资格管理、检测人员资格管理、试验检测活动、监督管理等内容进行规定,加强全省公路水运工程试验检测活动的管理,维护试验检测市场的秩序,规范试验检测工作,保证公路水运工程质量及人民生命和财产的安全。

2007年,省质监站制定《辽宁省交通(公路)工程质量监督系统试验检测专用仪器设备管理办法》。

2008年，省质安局制定《辽宁省公路水运工程建设项目工地试验室临时专项检测能力认定管理办法（试行）》。

（2）试验检测资格认定

省质安局（质监站）负责公路工程综合类乙、丙级和水运工程材料类乙、丙级，水运工程结构类乙级的等级评定工作；负责公路工程综合类甲级、公路工程专项类和水运工程材料类及结构类甲级的受理、核查，并提出核查意见转报质监总站进行评定。

2005年，省质监站开展试验检测等级资格的换证和评定工作。

2006年，检测资格评定申请开始在网上接受申报和登记。同年，对进入公路水运工程的外埠检测机构和检测人员，实行资格审查确认和备案登记制度。

2008年，根据交通部质监总站的要求，对全省应用的申报管理进行演示和答疑，并按照交通部质监总站试验检测机构申报监管工作的总体要求，对全省检测机构申报评定系统进行改造升级和测试管理。同年，修改制定《外埠检测机构备案登记表》，对进入辽宁市场的外省试验检测机构信息实施备案管理，并对备案结果进行网上公告。外埠检测机构备案信息根据实际情况适时公布，并实施动态监管考核。

2009年，组织5家检测机构评定或换证的专家评审工作，完成相应的网上审核、发文和等级证书等工作。

（3）工地试验室能力认定

辽宁省质安局（质监站）负责检测机构检测能力认定工作的统一监督管理。

2006年，按照《辽宁省公路水运工程试验检测管理实施细则》要求，省质监站开展高速公路工地试验室能力认定工作，各市质监站开展本地区试验检测机构的能力认定工作。

2008年，对辽新高速公路、辽河特大桥项目的工地试验室进行审核，对已通过能力认定的29家工地试验室下发文件，并制作能力认定证书。

2009年10月，省质安局对彰武至阿尔乡高速公路路基桥涵工程工地试验检测机构进行资格审查和现场评审，并完成相关检测人员上岗资格考核等工作，下发正式文件，公布5家试验检测机构通过资格审查，允许承担彰武至阿尔乡高速公路路基桥涵工程试验检测业务，其派驻现场的5个工地试验室陆续通过现场考核评审，取得路基桥涵工程临时专项检测资格；25人通过试验检测人员资格审核，取得彰武至阿尔乡高速公路路基桥涵工程上岗资格。同年，完成对援建四川项目的检测机构审核及工地试验室能力认定工作。

截至2010年，省质安局（质监站）认定的高速公路工地试验室共有134家，各市已报省备案的沥青拌和站试验室共有56家。

（4）公路水运工程试验检测信用评价

依据《关于印发公路水运工程试验检测信用评价办法（试行）的通知》，省质安局（质监站）负责本辖区内公路水运工程甲级及专项试验检测机构和试验检测工程师的信用评价和上报；负责乙级、丙级试验检测机构和试验检测员的信用评价及其评价结果发布。1989—2010年，省质安局（质监站）对在本地区从事公路水运试验检测工作的省外试验检测机构和人员的信用情况进行评价，并将评价结果及时向其注册地的省级质监机构转报。

(5) 材料、设备比对试验

为进一步加强市场监管，提高检测机构检测工作质量，从2001年起省质安局（质监站）每年定期举办全省检测机构水泥和沥青比对试验。

2001年，省质安局（质监站）组织全省检测机构参加省技术监督局水泥比对试验和全国水泥比对试验。

2002—2009年，省质安局（质监站）每年组织全省等级检测机构和工地试验室、沥青拌和站开展水泥和沥青（或改性沥青）比对试验。

2008年，省质安局（质监站）组织全省公路地质雷达设备比对试验，通过设备技术比对，得到多台设备复现性和相关性数据，为提高公路平整度和路面厚度检测水平提供保障。

2009年，省质安局（质监站）组织全省检测机构开展改性沥青、水泥比对试验，共有184家检测机构（含沥青拌和站及工地试验室）参加比对试验，对不合格的机构进行停业整顿和对试验室及技术负责人进行通报批评。

(6) 材料抽样检测

2006年，开展全省水泥和基质沥青抽样检测工作，组织各市质监站对省内所有在建高速公路、普通公路、水运工程项目，进行路用水泥和沥青的抽样检测工作。以覆盖所有路用水泥及沥青材料为原则，水泥和沥青材料随机选取一个批次，采用一次盲样处理、异地检测的方式。8月，协调完成交通部对沈抚高速公路标线涂料的抽样工作。

(7) 专项监督检查

1995年，省质安局（质监站）下发《关于对各市检测中心首次联检的通报》对全省检测中心进行检查。

2005年，省质安局（质监站）在全省公路、水运工程建设市场范围内开展"交通基本建设质量数据打假年"活动，集中整治编造数据、出具假报告的行为，保证试验检测数据和质量，保证资料的科学准确。

2007年，按照交通部质监总站的要求，省质安局（质监站）组织公路水运工程试验检测专项整治活动。

2008年，交通部质监总站对辽宁省检测机构专项治理工作进行督查，省质安局（质监站）汇报辽宁省公路水运工程试验检测市场监管工作情况，演示推广使用的监督管理系统试验检测管理部分和质监系统试验检测监控系统，陪同总站领导和部检测专家到辽新高速公路工地试验室、省公路工程试验检测中心、沈阳市公路工程试验检测中心和辽宁省交通高等专科学校试验检测中心进行专项督查。

2009年,全省范围内开展检测市场专项治理工作,并对三年来专项治理工作进行总结。

4)科技项目研发手段

1989—2010年,省质安局(质监站)利用现代科学技术,创新质量监督系统工作方式和运行模式,进一步利用、整合、开发包括质量监督、监理市场管理、检测市场监管、施工市场监管和内部管理等质量监督资源,构筑完整的综合管理平台,推进业务规范、政务公开,增强服务、监管和依法行政能力,全面提高质监系统工作水平,科学发展质量安全监督事业。

期间,组织研究开发5个项目,包括公路工程试验检测监控系统研究与开发、交通工程质量监督综合信息管理系统研究与开发、交通工程质量检测与数据智能分析平台、辽宁区域超声回弹综合法检测混凝土强度的应用研究、旧桥加固维修工程质量检验和评定标准研究与制定。其中,有3个研发项目产生较大影响和效果。

(1)公路工程试验检测监控系统研究与开发

2005年,为了建立规范的试验检测市场信用管理制度和信息管理网络,由省质安局(质监站)牵头,组织抚顺市质监站和中百科技软件公司联合研发"辽宁省公路工程试验检测监控系统"。

2009年,该系统被交通运输部质监总站检测机构甲级申报系统所采用,并在全国推广。

(2)交通工程质量监督综合信息管理系统研究与开发

2005年11月,省质监站开始研究开发辽宁省交通工程质量监督综合信息管理系统项目,2007年10月17日课题通过验收。网络建设本着高起点、硬件与软件系统并置的原则进行,采用先进、实用的计算机网络软硬件设备,以及先进的网络信息技术,使该课题的总体研究开发技术达到国内质监行业领先水平。

管理系统内容。依托"辽宁省交通系统骨干网",建立辽宁省交通质量监督综合信息发布与交流的大型管理平台,各市质监站建设符合本地工作实际的地区质监子网页,实现全省质量监督工作信息的网上发布与查询,同时与省交通厅信息网实现对接,成为其下属的分支子网;依托互联网,建立质监系统政府公众信息网,面向社会、有选择地发布质量监督工作信息,实现部分业务的公开、透明,同时与交通部质量监督总站信息网实现对接,进行信息交流;依托先进、统一的数据库后台,建立质量监督系统大型业务应用平台,包括开发交通质监系统质量综合信息交流平台、开发监理市场信息管理平台、开发试验检测市场信息管理平台、开发施工市场信息管理平台、开发质量监督信息管理平台。

管理系统构成。采用先进的Web网络技术,建立质监系统大型综合信息管理平台。网站建设分为两部分:在骨干网内部发布的、同后台数据库结合的综合业务信息网;面向社会发布信息的公众信息网。可依靠辽宁省交通系统骨干网,成为辽宁交通信息网下的"质量监督"子网。中心数据库的建设分为两级:综合性信息数据库,用于面向各级交通主管部门、市级质监站、质量工作相关部门的信息发布;统计类信息数据库,用于质监系统内部管理,设置一定的访问权限,并存放于本地计算机。

管理系统作用。该系统整合质量监督、市场监管、内部管理等各类质监信息,建立以先进的网络通信技术为基础,以系统全面的数据库体系为支撑,上连交通部质监总站、省交通厅,下连地方各市级质监站,横向连接交通工程质量工作相关各单位的辽宁省交通工程质监综合信息管理系统,为各级交通部门的科学决策提供多渠道、多种媒体的信息资源服务。

该系统建立起监理、检测、施工、监督行业数据,监理、试验检测、施工等信息管理平台建设同具体业务实际相结合,切实发挥信息化网络技术对提高质量监督和市场管理等工作的动态管理水平,真正实现主要业务工作的现代化管理;建立完善的安全体系,加强系统安全管理。特别是建立起三个市场从业主体的信用档案以及实施"黑名单"制,利用外网受理、内网处理、外网发布的网络技术手段,实现对全省交通工程质量监督及交通建设市场监管信息的有效管理,提高对社会公众的服务能力。

该系统采用多层结构应用软件,具有界面友好、操作方便、安全可靠等特点,实现"两网、一库、四平台"等功能,具有可扩展性。

(3)旧桥加固维修工程质量检验评定标准研究与制定

该课题深入研究国内外旧桥加固维修工程的相关实例,对旧桥加固方法的适用范围、施工工艺及质量控制要点等的分析和总结。于2006年12月5日通过验收。

该课题通过编制《旧桥加固维修工程质量检验评定标准》,形成科技成果。该标准的单位工程、分部工程、分项工程划分较为合理,质量评定等级划分为合格与不合格,比较适合旧桥加固改造工程,涵盖的分项工程内容比较齐全,基本满足辽宁省主要桥型结构(简支梁桥、双曲拱桥等)多种加固方法的质量评定需要。该标准填补旧桥加固质量评定标准空白,广泛应用于全省旧桥加固维修工程的质量管理,对规范旧桥加固维修工程的建设行为、施工质量控制、工程质量的评定起到积极作用。

5)专家鉴定手段

作为质量鉴定及质量事故的仲裁机构,省质安局(质监站)多次主持或参加质量问题、质量举报及突发质量事故的调查处理工作,专家本着实事求是、求真务实的原则,科学地进行事故的处理和定性工作。

6)试验检测队伍建设

1989—2010年,为加大对试验检测市场的行业管理力度,全省加强试验检测队伍建设。试验检测人员业务素质和技术水平的不断增强,对提高试验检测工作质量,促进检测市场快速发展有重要意义。

(1) 管理制度建设

1990年,省质监站下发《辽宁省公路工程试验检测人员职责》。

1998年,省质监站下发《辽宁省公路工程试验检测资格培训管理实施细则》。

1999年,省质监站下发《水运工程工程试验检测技术培训暂行办法》。

2002年,省质监站下发《辽宁省公路、水运工程试验检测机构资质管理实施细则》。

2005年,省质监站下发《辽宁省公路、水运工程项目试验检测人员执业管理暂行规定》。同年,还下发《关于印发公路水运工程试验检测人员考试办法(试行)的通知》。

2006年,省质监站下发《辽宁省公路水运工程试验检测人员考试实施细则》。

(2) 检测机构建设

1999—2016年,随着检测管理制度不断完善,省质安局(质监站)不断加大对检测市场的培育,检测机构数量逐步增加,由1989年全省只有1家检测机构,发展到2016年拥有检测机构89家、沥青拌和站试验室58家,检测市场已经初具规模。

1999—2010年,全省共审批检测机构73家,全省检测资质等级审批工作,遵循3种管理办法:

①按照原检测制度办法审批检测机构。

1999—2005年,全省共审批检测机构16家。具体评定结果如下:

1999年4月、6月、8月,省公路工程试验检测中心、省交通高等专科学校试验检测中心、沈阳高等级公路建设总公司公路工程试验检测中心分别获得公路工程检测机构乙级资质等级。

2000年3月,抚顺市公路工程试验检测中心获得公路工程检测机构乙级资质等级;5月省公路工程试验检测中心获得公路工程试验检测机构甲级检测资质等级。

2001年3月,沈阳鑫通公路工程监理咨询有限公司试验检测中心获得公路工程检测机构乙级资质等级。

2002年2月,沈阳公路工程监理有限责任公司试验检测中心、省路桥建设二公司试验检测中心、东煤沈阳公路工程试验检测中心、沈阳铁路局工程质量监督站沈阳检测中心、大连公路工程集团有限公司试验室、中铁十三局集团三处计量测试中心获得公路工程检测机构乙级资质等级。

2003年12月,中港第一航务工程局第三工程公司试验室获得水运材料甲级检测资质。

2004年12月,沈阳鑫通公路工程监理咨询有限公司试验检测中心、辽河石油勘探局筑路工程试验检测中心、省第三监理咨询事务所试验检测中心获得乙级资质。

②按照2005年交通部12号令审批检测机构。

2005年11月,交通部颁布《公路水运工程试验管理办法》(交通部2005年12号令),调整试验检测机构等级标准和评定程序。按照12号令要求,全省从2006年开始对原有检测机构和新申请机构进行换证和评定,并启用网络申报和审批系统,检测市场管理进入网络管理新阶段。

2006年—2009年4月,省质安局共审批12批,具体评定结果如下。

2006年6月第1批:沈阳政基市政工程质量检测有限公司和抚顺市公路工程监理试验检测中心(公路丙级)、锦州兴港工程监理有限公司试验室(水运材料丙级)。

2006年9月第2批:中铁十三局三公司试验检测中心和沈阳公路规划设计院工程试验检测中心(公路乙级)、朝阳华程公路工程监理中心试验室和中铁十九局第三工程有限公司(公路丙级)、岫岩县公路管理段试验室(公路综合丙级)、大连理工大学振动与强度测试中心(水运结构乙级)。

2007年3月第3批:东北煤田地质局沈阳测试研究中心和沈阳高等级公路总公司试验检测中心(公路乙级)、大连市交通工程试验检测中心、大连公路集团有限公司试验室和中铁九局工程检测试验中心(公路综合乙级)、大连力和公路工程有限公司试验室、中铁十九局第一工程有限公司试验室、中铁十九局集团公司计量测试中心、中铁十三局第一工程有限公司试验室(公路丙级)、庄河市公路工程试验检测室(公路综合丙级)。

2007年8月第4批:省弛通监理事务所试验检测中心、沈阳鑫通公路工程监理咨询有限责任公司试验检测中心、沈阳市公路工程试验检测中心、省交通勘测设计院试验检测中心(公路乙级)、辽宁交通建设集团有限公司试验检测中心、大连永兴公路工程有限公司检测试验室、大连海事大学道桥检测中心试验室、大连市宏远建设监理咨询有限公司检测试验室、大连宝泉建设工程检测试验有限公司、大连鹏宇公路工程有限公司中心试验室、沈阳市公路建设股份有限公司公路工程试验检测中心(公路丙级)。

2007年10月第5批:辽宁大通公路工程有限公司试验检测中心(公路丙级)。

2007年11月第6批:辽阳市公路工程试验检测中心、本溪市公路工程试验检测中心、朝阳市交通工程试验检测中心(公路乙级)、沈阳诚达公路工程有限公司试验检测中心、沈阳市沈北新区公路管理处鹏运道桥试验检测中心(公路丙级)、营口万衡建材检测有限公司(水运材料乙级)、丹东市交通工程试验检测中心(公路乙级、水运材料丙级)。

2008年3月第7批:辽河石油勘探局筑路工程试验检测中心、葫芦岛市交通工程试验检测中心、铁岭市公路工程试验检测中心、抚顺市公路工程试验检测中心、阜新市公路工程试验检测中心、鞍山市公路工程试验检测中心、省第三监理咨询事务所试验检测中心(公路乙级)、营口市交通工程质量监督站试验检测中心(公路乙级、水运材料乙级)、盘锦市交通工程质量监督站试验检测中心(公路乙级、水运材料丙级)。

2008年4月第8批:省交通高等专科学校公路工程质量检测中心(公路乙级)、中铁十九局第三工程有限公司、沈阳政基市政工程质量检测有限公司、中铁十三局第一工程有限公司试验室(公路乙级升级)、辽宁凯程路桥有限公司试验检测中心、沈阳众磊道桥有限公司试验检测中心、大连旅顺万里达公路工程处试验室、丹东诚达公路工程监理咨询有限公司检测试验检测中心(公路丙级)。

2008年6月第9批:锦州市交通工程质量与安全监督处试验检测中心(公路乙级)、铁岭市弘达公路工程监理处试验室、省路桥建设总公司试验检测中心(公路丙级)、大连万鹏港口工程检测有限公司(水运材料乙级)。

2008年10月第10批:大连宝泉建设工程检测试验有限公司、沈阳市公路建设股份有限公司公路工程试验检测中心(公路乙级升级)、新民市公路管理处试验检测中心、省交通勘测设计院岩土工程公司试验检测中心(公路丙级)。

2008年12月第11批:本溪市路达公路工程有限公司试验室、本溪顺鑫工程有限责任公司试验室、本溪公路监理有限公司试验检测中心、朝阳建设集团公路工程试验检测中心(公路丙级)。

2009年4月第12批:省路桥建设二公司试验检测中心(公路乙级)。

③按照2008年交通部新的等级标准和评定程序审批检测机构。

2008年,交通部质监总站下达《公路水运工程试验检测机构等级标准》及《公路水运试验检测机构等级评定程序》。

2009年5月—2010年,省质安局按照新标准进行检测等级评审,取得检测等级资格的有:

2009年5月第1批:葫芦岛鑫达公路工程监理咨询有限责任公司中心试验室、沈阳方正建设监理有限公司试验检测中心(公路综合丙级)。

2009年7月第2批:鞍山市纵横建设工程检测有限公司、辽宁省公路勘测设计公司试验检测中心(公路丙级)。

(3)检测执业建设

①检测人员资格。

1990年,省质监站下发《辽宁省公路工程试验检测证管理规定》,并对从事试验检测工作的试验检测人员发放检测证。

2005年,举办5期试验检测资格培训班,培训人员285名,其中公路工程试验检测工程师2期93名、试验检测员2期140名;水运试验检测培训班1期52名;沥青拌和站试验检测人员专项技术培训1期。1989—2005年,全省经资格培训的试验检测人员达到2268名。

2006年,召开全省试验检测人员考试工作会议,并于6月组织第一次公路工程试验检测人员考试。辽宁省首次在全省检测人员考试中大规模采用网上报名和计算机考试的方式,也是全国规模最大、率先组织此种方式考试的省份。当年,获得检测师证书282人,获得检测员证书167人。

1989—2010年,全省共有1228人取得试验检测新颁资格证书。

②检测人员培训。

1989年,分别举办试验检测人员培训班、各市质监站试验检测人员、部分施工单位试验检测人员培训班,共有40人参加。1990年、1999年、2000年,举办6期公路工程试验检测培训班。1991年、1992年、2004年,举办5期检测人员培训班,共有236人参加培训。2001年、2003年,举办11期试验检测培训班,共有1603人参加。

③专家库组建。

2006年,全省公路水运专家库成员49名,其中公路检测专家35名、水运检测专家14名。

2007年,全省共有公路检测专家41人、水运检测专家15人。

2008年,根据交通部质监总站对检测专家管理的要求,省质监站下发《关于调整公路水运工程试验检测专家名单的通知》,开始对公路水运试验检测专家库定期进行调整。调整后,全省公路检测专家40人、水运检测专家14人。

三、管理科技创新情况

信息化建设是提升辽宁省高速公路建设领域综合管理效率与水平的重要手段,是推动辽宁省交通运输行业科学发展的强大动力,是实现辽宁省构建现代化交通运输体系目标的重要途径。因此,有必要建立一个现代、务实、高效、安全的高速公路综合信息化管理平台,以实现信息的快速搜集、同步处理和流转分析,提高办公效率、降低办公成本,确保高质量、低成本完成工程项目。

作为辽宁省交通厅信息化工作2013—2015年规划重点建设的子系统,"辽宁省高等级公路建设局公路建设综合管理平台"以辽宁省高速公路建设管理为主线,通过先进的电子信息化技术,实现对辽宁省高速公路从立项、实施到验收全过程的"科学、规范、协同、实时、实效"管理,为省交通厅信息化工作规划任务的完成提供重要支撑。

(一)项目目标

构建数据信息交换共享中心;构建综合统计查询与分析平台;构建综合业务管理信息系统;构建全局统一的综合办公自动化平台。

"辽宁省高等级公路建设局公路建设综合管理平台"包含综合业务管理子平台系统、现场质量保障子平台系统两部分。综合业务管理子平台系统共分为两级管理平台,一级平台服务于辽宁省高建局各职能部门的工程建设期行业管理,二级平台主要应用于各项目指挥部的工程管理。二级平台系统应用依据实际业务流程覆盖施工企业、监理单位相关业务需求,具备数据录入采集、汇总、输出报表、分析等电子化处理功能。

(二)平台建设成果

通过需求调研阶段和系统开发定制与测试阶段,系统已经部署完成,主要业务成果如下。

1. 一级平台:局行业管理平台

辽宁省高速公路建设项目综合管理平台,如图 5-1-9 所示。

图 5-1-9　辽宁省高速公路建设项目综合管理平台

业务功能包括:

(1)综合查询

平台提供多种查询形式的综合查询功能,如图形、报表、台账等。

(2)前期管理

设置建设项目生命周期,划分合理的建设阶段。对工程建设管理前期的进展工作进行计划、实施、监控,并整理前期各阶段的报告、技术文件及相关审批批文。建设程序按建设项目性质,前期管理的业务流程分为基本建设项目流程和养护改善工程流程。

(3)投资控制

主要包含投资计划编制审批、概算管理、费用支出、业务设置等功能。通过投资计划与实际费用发生进行数据提取后的对比来实现投资过程控制。

(4)征地拆迁

包含业务功能有征地拆迁标准、征地拆迁行政区域设置、征拆协议执行、个案信息、拆迁问题、征地拆迁计划、征地拆迁进度。通过征地拆迁的计划与进度的实时对比实现对征地拆迁过程控制。

(5)合同管理

合同管理是项目过程管理的核心业务,主要由业主单位、监理单位、承包人协作完成;合同管理机构的设置遵循分级负责、分工协作、互相监督、共同把关的原则进行管理。

(6)资金管理

根据制订的年度和季度计划,自动形成路线投资和财务准备计划供人工调整。过程中对各项目各类借款程序的申请、审批与资金支付在系统中进行审批申请。同时系统支持在线用款申请,可以对各个项目的用款计划进行统一分析、汇总、分配,使建设财务部门能根据自己的需要对各项目的用款情况进行全盘的分析,以利于资金的统筹调拨。最终可以对业主申请用款的批复情况进行查询;能对业主按月度用款、年度用款、开工累计用款情况等各类工作需要进行查询。

(7)质量管理

主要业务功能包括质量监督计划、质量监督、质量监督整改、质量督察整改复查。

(8)安全管理

工程项目施工过程中具有施工线路长、难度大、参与单位多的特点,安全是工程施工中的重要方面,安全工作主要包含安全应急预案的查询检索、安全事故管理、安全计划、安全月报等内容。使各级管理部门能够实现安全事故的事前防范、事中及时处理、事后实时总结的目的。

系统业务功能主要包括安全活动、安全费用、安全简报、安全整改台账。

(9)应急管理

高速公路项目建设过程中的关键性工程、控制性工程以及有重大风险因素和安全隐患的部位,以分类、分级的方式进行细化和针对性管理,通过 GIS 平台进行直观展示和查询。主要业务功能包括关键节点设置、应急预案登记、应急资源管理、应急信息登记、现场视频、指挥调度。

(10)技术管理

主要业务功能包括技术要求、技术亮点、技术咨询、技术培训、技术推广。通过系统对日常技术管理方面的文件、信息、过程资料进行备案,提供查询。

(11)环保管理

业务功能包括环保文件管理、环保之星进度管理、环保投资管理、环境监理管理、查询分析。通过对环保工作进行业务分解,并记录登记各环节的业务资料以此实现环保管理对系统功能的要求。

(12) 信访管理

系统提供对信访事件信息的登记功能,同时为事件信息配置相关处理部门和人员。同时对于重点事件或者设置了监督要素的事件(如解决时限要求等),系统提供监督与提醒功能。最后系统提供对信访事件的登记、管理人员与进展信息的监督与汇总分析。

(13) 竣工资料管理

按照《交通部竣工文档编制规范》和有关规定,把工程建设过程中产生的文件、图纸、照片、影像资料通过分类管理,归纳组织加以保存,作为工程竣工验收的资料;方便技术人员查询资料和文档,以及领导工作检查、质量检查;为项目今后的维护运营管理等提供方便。

(14) 协同办公

办公自动化系统供业主使用,实现内部无纸化办公,它实现业主日常办公所需要的所有功能,由我的桌面、文档管理、公文处理、行政办公、系统管理等多个相对独立的子模块组成,这些模块可以根据实际需要分期部署实施,而且可以完全满足不同层次用户的业务需求,且能充分地共享数据,有机地协调工作。

2. 二级平台:局项目管理平台

辽宁省高速公路建设项目执行控制系统,如图 5-1-10 所示。

图 5-1-10　辽宁省高速公路建设项目执行控制系统

业务功能包括:

(1) 合同管理

合同管理是项目过程管理的核心业务,主要由业主单位、监理单位、承包人协作完成;合同管理机构的设置遵循分级负责、分工协作、互相监督、共同把关的原则进行管理。

(2) 变更管理

施工标段可通过变更申报将变更进行上报,通过流程审批。批复后的数据将作为变更后数据为其他业务提供基础数据。主要功能包括变更申报管理、变更批复管理、变更台账与统计查询、变更资料管理。

(3)计量支付管理

计量支付管理子系统主要从系统形成各期计量报表与财务支付月报表、建立计量台账、达到计量过程监控目的三个角度考虑设置计量管理模块,包括清单计量、变更计量、其他项目计量。系统内置计量支付报表,并通过设定申请与审批流程,完成中期计量的网上操作,并自动形成中期支付报表,系统设计的超计监控功能可有效预防计量项的超计与重计。

(4)计划进度管理

计划管理包括:计划编制、计划变更、进度控制、计划审批、计划查询等。

建立项目总控计划管理体系,通过业主对项目计划和进度的实时监控与协调,完成由承包商、监理、业主、上级单位协作的项目全过程计划进度动态管理。通过将计划进度管理与目标考核结合,实行多层计划管理。工程计划进度可采用实物工程量指标、费用指标进行度量分析。通过过滤器可以从全项目多层计划中筛选需要的中短期计划,如年度、季度、月度计划等。各个管理层次可以按需要设置条件查询项目计划和执行情况。通过设置工期、费用变化临界值,可以对出现的问题自动预警,以便及时发现和解决。

(5)质量管理

主要业务功能包括质量监督计划、质量监督、质量监督整改、质量督察整改复查。

(6)安全管理

工程项目施工过程中具有施工线路长、难度大、参与单位多的特点,安全是工程施工中的重要方面,安全工作主要包含安全应急预案的查询检索、安全事故管理、安全计划、安全月报等内容。使各级管理部门能够实现安全事故的事前防范、事中及时处理、事后实时总结的目的。

系统业务功能主要包括安全活动、安全费用、安全简报、安全整改台账。

(7)资金管理

根据制订的年度和季度计划,自动形成路线投资和财务准备计划供人工调整。过程中对各项目各类借款程序的申请、审批与资金支付在系统中进行审批申请。同时系统支持在线用款申请,可以对各个项目的用款计划进行统一分析、汇总、分配,使建设财务部门能根据自己的需要对各项目的用款情况进行全盘的分析,以利于资金的统筹调拨。最终可以对业主申请用款的批复情况进行查询;能对业主按月度用款、年度用款、开工累计用款情况等各类工作需要进行查询。

(8)应急管理

高速公路项目建设过程中的关键性工程、控制性工程以及有重大风险因素和安全隐患的部位,以分类、分级的方式进行细化和针对性管理,通过 GIS 平台进行直观展示和查询。主要业务功能包括关键节点设置、应急预案登记、应急资源管理、应急信息登记、现场视频、指挥调度。

(9)环保管理

业务功能包括环保文件管理、环保之星进度管理、环保投资管理、环境监理管理、查询分析。通过对环保工作进行业务分解,并记录登记各环节的业务资料以此实现环保管理对系统功能的要求。

(10)材料管理

高速公路在建设过程中,为保障工程材料的质量,减轻承包单位购置、储备工程材料时资金的压力,项目办采用由施工单位提出材料计划、管理单位统一采购、施工单位领用、材料款按消耗使用量扣回的材料管理方式统一管理。

系统拟提供的功能模块有,材料信息、材料计划管理、材料采购合同、材料到场管理、材料领用管理、材料扣款管理、材料管理综合查询。

(三)项目取得的经济效益成果

辽宁省高速公路综合管理平台依托于辽宁省高速公路扎实稳固的管理机制优势,围绕"提高工程建设管理质量与效率"这一根本目标,覆盖了项目管理、机关管理、职责管理、业务流程管理等多各方面,研究架构十分庞大,研究内容包罗万象。课题研究形成的指南规范将作为辽宁省高速公路建设管理准则,从更深层次推动辽宁省高速公路建设管理体系的完善与水平的提升,并最大限度地预防在建设管理中出现机构职能重叠、职责混乱等原因而导致的办公效率低、管理水平差等问题的发生。

辽宁省高速公路建设综合管理平台基于先进的项目管理思想和方法开发,以工程项目管理为主线,涉及工程项目前期工作管理、文件批复、征地动迁、工程量清单管理、合同管理、投资计划、工程计量、支付、工程进度、设计变更、质量管理等业务,实现自动对工程相关资料的分类、汇总和归档,并能综合查询、统计分析,自动生成各种统计图表,同时对所有数据统一管理,安全共享,同步更新。通过权限管理,既能达到信息共享,又能保障数据安全。对审核过的数据集中保存在中心服务器,以便对外发布和领导决策使用。

施工单位通过专网向中心服务器报送数据,监理驻地办、总监办、项目指挥部等通过专网连接到中心服务器,可以实时审批、查看、汇总各种数据文档,对这些数据核查后,进行集中汇总、归类存储,并把有效、真实的数据通过专网报送到上一级管理机构,最后统一集中存放到高建局的数据中心;下属单位可通过专网查询、检索相关数据,以便于工作的开展,并且可以通过系统汇总分析,把各种数据、材料整理成为有形的材料,上报上级部门或通过高建局网站发布信息。随着应用的不断深化和完善,必将为提高全省高速公路建

设管理水平、促进企业管理的规范化、科学化发挥很好的作用,产生可观的经济效益和社会效益。主要体现为:

(1)提高了工程管理规范化程度,强化了对管理过程中基础数据准确性的要求。通过把管理业务流程、规范、制度计算机化,避免了手工操作容易产生的工作差错和随意性问题,解决了在手工管理中不好解决的一些薄弱环节或问题,如对计量基础数据的拆分,在计量过程中从用户端开始,就可以控制超计问题(超过合同金额无法输入),规范了结算管理、质量安全管理、进度管理等方面业务及数据,数据规范化、准确性、集成性得到明显提高,促进了工程管理业务的规范化。

(2)促进和实现工程管理业务协调运作。通过制订一系列责任制,初步建立了高度集成的工程管理过程中各单位、各部门分工协调的业务及数据责任体系,实现了投资、工程进度、质量控制等业务的分层管理、分级控制和规范协调运作;避免了手工运作时各方数据、台账不一,容易产生混乱的现象。

(3)初步形成了较为完整的高度集成的投资控制数据、进度管理、计量支付、质量共享信息资源库,避免了数据重复输入,数据在使用过程中不断升值,形成丰富资源为工程管理和决策者所使用,也为阶段性竣工验收、竣工决算打下较好的数据基础。

(4)进一步提高了业务工作质量和效率,增加了透明度。通过系统的使用,大量的数据存储、计算、处理、传递可以用项目管理信息系统实现,减少了人工工作量,数据传输、处理的速度加快,准确性、一致性提高,提高了业务工作质量和效率以及工作中的透明度。如计量支付网上审核、痕迹保留,使审批中的每个流程都有据可查,使管理人员可以把更多的精力放在分析和预测工作上。

(5)促进了管理优化和资源优化配置,降低工程成本。通过系统化的高速公路建设管理系统的运用,对实际管理和施工中的各种业务提出了更高的要求,也为各种管理流程优化提供了手段。如计量支付网上预审等,对提高工作效率、加快资金周转、降低工程造价都起到了积极作用。

(6)提高了管理工作的预见性和决策的准确性、可靠性。通过信息及时传递加工处理,加快信息反馈,管理人员得以根据历史信息快速对工程进度、成本等做出预测,发现一些问题,调整管理计划、做出相应决策,做到"有的放矢",在问题发生之前提出解决方法,并帮助找出优化解决方案。

业务数据规范化、明细化、集成化,也使得深层次的统计决策分析成为可能。

(7)强化了岗位责任制和责任意识,方便岗位绩效评估。岗位责任制可以以项目管理系统为载体,清楚地展现各工作岗位的工作量、效率,从而明确各岗位的责任,问题出在哪里、哪个环节薄弱,一目了然。

(8)提高了工程建设参与者对应用信息化手段管理高速公路建设项目的认识,促进了人们对现代高速公路工程建设管理理念的更新,增强了规范化、科学化管理意识,提高了各参与人员的计算机水平,进而整体提高了人员素质。

(9)辽宁省高速公路建设综合管理平台系统还为省内其他大型工程建设项目管理信息化的应用提供了借鉴,其意义已超过了辽宁省高速公路建设管理系统本身。同时随着辽宁省高速公路的建设发展,该系统将进一步发挥其潜在的优势,给高速的建设管理带来更多的经济和社会效益。

第二节　重大科研课题

在30年的高速公路建设里程当中,依托高速公路工程实践,辽宁省科技工作者攻克了一批技术难题,形成了一系列可用于指导设计、施工、生产、教学、管理等各项工作的重大科研成果。本节结合高速公路,摘取一些对当时高速公路建设技术发展具有突出影响意义的课题成果进行记录。

一、高速公路道路石油沥青炼制与应用的研究

(一)立项背景

20世纪80年代,为适应国民经济发展的需要,改善我国公路运输状况,有计划、有步骤地修筑一些高速公路势在必行,但高速公路投资多、要求高,特别是对沥青材料的要求更高。当时在国产道路石油沥青产品中无一能符合要求,必要时还要重金从国外进口沥青。鉴于上述情况及考虑到今后高速公路持续发展。为使我国道路石油沥青质量赶上世界先进水平和满足修建高速公路的需要,充分利用辽河油田资源。因此在1985年4月至1989年12月期间,开展了"高速公路道路石油沥青炼制与应用的研究"课题的研究。

(二)研究内容

课题对用欢喜岭、曙光稠油炼制道路石油沥青的工艺,沥青混合料各种物理学性质及铺路性能等方面进行研究。

(三)取得成果

研究得到的欢喜岭沥青及沥青混合料的各项物理力学性能达到了 JTJ 014—86 规范的技术指标,主要技术性能均与日本沥青相当,适宜在高速公路上使用。使用欢喜岭沥青铺筑的高速公路试验路段,符合国家规定的公路工程质量评定标准,经四年的使用实践考验,达到了国家"七五"公关科研项目关于"重交通道路沥青实用技术"的考核目标,是我

国当时唯一的抗高温变形、抗低温开裂的温度稳定性均好的国产沥青。

(四)取得经济效益与社会效益

(1)可使稠油得到合理利用,充分发挥稠油特点,生产优质道路石油沥青产品和低凝轻油产品;

(2)解决修建高速公路用石油沥青问题,为国家节省大量外汇;

(3)提高路面质量,延长使用寿命,节约路面养护费用;

(4)提高行车时速及舒适性,减少燃料消耗,降低运输成本等。

(五)成果的影响力

该项研究成果证明,应用欢喜岭沥青可以提高路面使用性能,延长路面寿命,减少养护费用,不仅可以取代进口沥青修筑高速公路,还可向国外出口,具有重大的社会效益、经济效益。本项目1990年获辽宁省科技进步一等奖。

(六)应用情况

截至鉴定日期,沈大高速公路已应用欢喜岭沥青约3.2万t,铺筑路面百余公里,京津塘高速公路也开始应用双喜岭沥青,同时该沥青向日本出口4000t。

二、沈大公路沥青路面裂缝防治的研究

(一)立项背景

日本、美国、加拿大等国开展此项研究工作已30多年,但多局限于对沥青混合料理论方面的研究探讨,对解决沥青路面实际开裂问题存在诸多疑难。

(二)研究内容

为防治沥青路面裂缝,提高行驶舒适性,降低车辆行驶费用,更好地为沈大线修建服务,特开展本课题的实用性研究。

(三)取得成果

通过对试验路进行的周期性观测及改善路面材料防冻性能的室内试验,同时根据对沈大路已修路面的调查研究,分析裂缝原因,有针对性地提出防治路面开裂方案。

(四)取得经济效益与社会效益

成果将继续应用到沈大线及其他沥青路面工程中去,对延长路面耐用性指数,提高行

驶舒适性,降低车辆行驶费用,具有明显的社会效益。

(五)成果的影响力

本项目研究成果在辽宁省高速公路路面养护和防治中大面积推广应用,取得了良好效果,沿用至今。保证了高速公路桥面防水与桥面铺装的良好使用状态,延长了桥面及桥梁使用寿命和服务质量,具有极高的实用价值。

(六)应用情况

根据对沈大公路已修路面的调查研究,分析裂缝原因,有针对性地提出防治路面开裂的试验路方案并铺筑试验路。

三、高等级公路地质不良地段处理方法的研究

(一)立项背景

沈山线遇到大面积围塘地带,属于不良地基。传统施工方法并不适用于此类基底处理,需通过课题深入研究具体处理方法。

(二)主要研究内容

从物理、化学角度分析拟定多种处理方案,结合试验在充分论证基础上,提出综合效益最佳的方案。研究推荐方案的施工技术提出指导意见。提出施工管理的各项指标要求。

(三)取得成果

提出适用的不良地基处理方法,确保基底承载能力,确保路基稳定。

(四)取得经济效益与社会效益

课题研究成果有针对性地提出了不同类别地基的处理方法,为辽宁省下一阶段设计提供了依据。

(五)成果的影响力

本成果应用于后期高速公路路面设计与施工控制中,对指导后期不良地基设计体系完善具有重要意义。

(六)应用情况

成果在丹本高速公路、锦朝高速公路、沈抚高速公路、沈彰高速公路、铁朝高速公路、

沈吉高速公路、本辽高速公路、阜盘高速公路、辽新高速公路、沈大改扩建、沈大大庄连接线、土羊高速公路、大窑湾疏港路、沈康高速公路、朝黑高速公路、沈吉高速公路、长兴岛疏港路、草南高速公路、丹海高速公路、皮炮高速公路、彰阿高速公路、桓丹高速公路、桓永高速公路、抚通高速公路、辽开高速公路、新铁高速公路、庄盖高速公路、沈阳绕城高速改扩建、阜盘及北延伸线高速公路、建兴高速公路、辽滨疏港高速公路、灯辽高速公路、沈四改扩建高速工程实践中得到广泛应用。

四、韩家岭隧道结构可靠性评定研究

（一）立项背景

韩家岭隧道作为大跨度隧道，其力学变形水平与常规隧道存在较大差异，施工中存在隐患。通过开展可靠度评定，提前掌握隧道受力变形情况，预判各类不确定因素并提前预防，有效保障隧道结构安全。

（二）主要研究内容

隧道实时观测和量测技术研究、设计校核与实测结果分析研究、隧道结构原始和施工过程可靠性计算评定，工程竣工隧道体系可靠性分析。

（三）取得成果

可靠度评定方法。

（四）取得经济效益与社会效益

课题研究成果形成了一整套关于隧道全过程安全性评价的方法体系，对保障隧道结构安全具有指导意义。

（五）成果的影响力

成果应用于沈大高速公路改扩建工程，有效保证了大跨度隧道施工期和工后安全，成果填补了结构安全评定的空白，在业内具有一定影响力。

（六）应用情况

成果有效保障了沈大改扩建工程韩家岭隧道的安全施工服役。

五、沈大高速公路改扩建工程路基压实质量过程控制技术研究

（一）立项背景

不同填料特性条件下对路基压实工艺要求存在较大差异。通过施工过程中对不同填

料在不同工艺下的实际压实效果分析,可提出最优化的压实工艺方案,同时通过施工过程中实时动态监测,有效检验路基压实真实效果。

(二)研究内容

研究不同填料压实特性,研究不同填料在动荷载下的变形特征,研究不同填料下适宜的压实工艺,研究现场压实质量控制方法和均匀性评价方法。

(三)取得成果

建立路基压实过程连续监控体系,建立压实质量均匀性评价标准,提出路基压实质量控制技术指南。

(四)取得经济效益与社会效益

课题研究成果形成了一套关于不同填料下对应的压实工艺控制体系和现场控制方法,有效保证了沈大改扩建工程路基压实质量。

(五)成果的影响力

本成果应用于沈大高速公路改扩建工程,有效保证了路基压实质量,成果填补了当时在路基压实质量连续测定方法的空白,并已在铁路行业全面推广,在业内具有较强影响力。

六、辽宁省高速公路高品质水泥混凝土施工技术研究

(一)立项背景

近年,辽宁省高速公路桥涵工程防撞墙、伸缩缝混凝土出现普遍剥蚀损坏。分析原因主要在于混凝土自身抗冻性能不足,无法有效抵御盐腐蚀。通过课题研究与成果应用,以提高混凝土耐久性能,减少后期运营维护成本。

(二)主要研究内容

项目结合辽宁地区气候、环境和高速公路建设特点,以冻融破坏指数为指标,研究冻融环境作用等级划分方法和标准,并确定了不同混凝土应用部位的环境作用类别和等级;重点分析了原材料关键指标、配合比等对混凝土力学性能、抗渗性、抗冻耐久性和变形性能的影响,揭示了有关规律,并提出了原材料质量要求和配合比设计方法;结合依托工程开展了成果应用,并系统提炼了抗冻耐久水泥混凝土的施工工艺要求;对比分析了经济效益、社会效益与环保效益,总结编制了原材料性能要求、配合比设计指导意见和施工技术

指导意见等资料并已用于指导实体工程施工。

(三)取得成果

(1)针对不同混凝土应用部位建立了合理的环境作用等级分类标准,构建了指导后期公路水泥混凝土结构设计的环境作用等级划分体系,填补了国内空白。

(2)通过室内试验确定了不同原材料性能指标、配合比与混凝土力学性能、耐久性能、变形特性间的相互影响规律,并提出了相应的原材料质量与性能控制指标,提升了水泥混凝土工程的内在品质。

(3)依据课题成果的实际应用,编制了《辽宁省高速公路高品质水泥混凝土成套技术应用指南》,并编制了《施工技术指南》。

(四)取得经济效益与社会效益

与普通水泥混凝土相比,抗冻耐久水泥混凝土造价平均减少约25元/m^3,消耗粉煤灰和矿渣粉等工业废料约100kg。仅以沈阳至四平改扩建工程、铁岭至本溪高速公路、丹东大东港疏港路为例,3个项目需应用抗冻耐久水泥混凝土约95万m^3,将创造直接经济效益2375万元,消耗工业废弃物9.5万t,同时减少水泥用量9.5万t,相应减少标准煤消耗9975t,减少温室气体排放2.16万t。预计到2020年,预期新开工项目还将消耗约300万m^3以上水泥混凝土,将继续创造直接经济效益7500万元以上,累计直接经济效益将突破1亿元以上,将固化处理工业废弃物40万t以上,减少标准煤消耗4.2万t,减少温室气体排放9万t以上。除此以外,课题成果应用将保障水泥混凝土构件使用寿命,减少维修养护投入及封闭施工对交通运行造成的安全影响,降低交通事故发生率。

(五)成果的影响力

本成果具有较强的实用性和显著的效益,对辽宁省高速公路行业技术进步具有里程碑意义。

(六)应用情况

成果在桓丹高速公路、机场高速公路、灯辽高速公路、沈平改扩建工程实践中得到广泛应用。

七、寒冷地区高速公路建设成套技术研究

(一)立项背景

辽宁省地处我国东北部地区,冬冷夏热、东湿西干、季节温差大等独特自然气候特点为这一特殊区域高速公路建设管理体系与技术手段创新提出了更高的要求。尤其在极端低温环境、复杂地形地质条件、脆弱敏感的生态植被环境等不利客观因素的综合作用下，传统以工程为主体的设计、施工、管理理念与技术体系势必将面临更为严峻的考验。

为认真贯彻落实交通运输部提出的"六个坚持、六个树立"的要求，全面攻克寒冷地区特殊气候、自然、生态环境下高速公路建设的关键技术，大力推广"安全、耐久、节能、环保"的新型建设理念，桓仁至丹东高速公路经交通运输部批准确立创建"北方寒冷地区高速公路典型示范工程"的建设目标。

本项目依托桓仁至丹东高速公路典型示范工程，对于寒冷地区高速公路的勘察设计新理念与安全保障新技术、寒冷地区高速公路质量病害防治关键技术、寒冷地区高速公路桥涵结构物耐久设计方法、寒冷地区高速公路环境友好型生态节能技术、典型示范工程建设信息化管理系统应用技术五项专题开展研究工作。

为充分体现本项目在寒冷地区高速公路建设理念、管理模式、技术革新及节能环保技术应用等方面的积极探索意义，不断提升示范工程的建设管理内涵，深入拓展科技创新成果的应用路径，经交通运输部批准，本项目将作为部省联合攻关项目全面开展课题研究工作。

（二）主要研究内容

（1）寒冷地区高速公路勘察设计新理念与安全保障新技术研究

包含子课题：寒冷地区高速公路勘察设计新理念与方法研究、强震区公路防落梁破坏抗震技术研究、运行车速理论在寒冷地区高速公路设计中的应用研究。

（2）寒冷地区高速公路质量病害防治关键技术研究

包含子课题：寒冷地区高速公路路基处治综合技术研究、寒冷地区高速公路骨架密实型水泥稳定碎石基层技术研究、寒冷地区高速公路路面耐久典型结构与材料研究、寒冷地区高速公路高品质混凝土专项技术研究、寒冷地区高速公路隧道光面爆破施工技术研究、寒冷地区高速公路隧道初期支护湿喷混凝土施工技术研究。

（3）寒冷地区高速公路桥涵结构物耐久设计方法研究

包含子课题：寒冷地区高速公路高填土涵洞设计方法研究、寒冷地区高速公路涵洞整体式基础设计方法研究、寒冷地区高速公路波折钢腹板梁成套技术研究。

（4）寒冷地区高速公路环境友好型生态节能技术研究

包含子课题：寒冷地区高速公路隧道照明节能技术研究、寒冷地区高速公路隧道路面阻燃温拌沥青路面技术研究、寒冷地区橡胶沥青路面技术应用研究、寒冷地区高速公路环保与景观设计关键技术研究、寒冷地区高速公路劣质边坡生态防护技术研究、寒冷地区高速公路生态环保型服务区典范工程建设技术研究。

(5)典型示范工程建设信息化管理系统应用技术研究

包含子课题:辽宁省高速公路建设管理系统研究、交通工程质量检测与数据智能分析平台的应用技术研究、拌和站管控一体化平台应用技术研究、远程信息化质量监控系统平台技术研究、ETC电子不停车收费系统技术研究。

(三)取得成果

针对当前寒冷地区高速公路建设在设计、施工、生态环保、节能减排、建设管理等方面存在的不足,本项目通过大量的国内外调研、理论分析、室内外试验与工程实践,提出了适合于寒冷地区高速公路设计的新理念,建立了基于运营安全空间曲率的高速公路运行车速预测模型与线形安全评价方法;提出了寒冷地区高速公路沥青路面典型结构,研发了高模量沥青等新型材料;研发了适用于寒冷地区高速公路的抗渗、抗冻、抗腐蚀的高性能混凝土并提出配合比设计方法、材料要求与施工质量保证体系;提出了适合寒冷地区高速公路的景观设计方法和生态保护、恢复技术;研发了基于DALI协议接口的照明系统与拌和站管控一体化、远程监控、交通工程智能检测等管理系统,提高了高速公路建设管理水平。

发表论文47篇,申请专利18项,研发新产品5项,出版地方性指导规范11部。

(四)取得经济效益与社会效益

课题成果在20年运营期内将创造经济效益7.2亿元以上,减少温室气体排放200万t,减少标准煤消耗70万t以上。

(五)成果的影响力

本成果整合了辽宁省为应对寒冷地区特殊气候条件下设计、施工、管理方面的各种创新技术措施,有效地指导了工程建设与管理,对寒冷地区高速公路建设技术进步具有重要推动作用。

(六)应用情况

成果在桓丹高速公路、桓永高速公路、抚通高速公路、辽开高速公路、新铁高速公路、庄盖高速公路、沈阳绕城高速公路改扩建、阜盘及北延伸线高速公路、建兴高速公路、辽滨疏港高速公路、灯辽高速公路、沈四改扩建高速工程实践中得到广泛应用。

八、沥青稀浆封层的研究

(一)立项背景

沥青稀浆封层具有耐磨、抗滑、防水、平整等性能,由于用乳化沥青作结合料稀法常温拌和和摊铺,具有施工快、造价低、用途广、能耗省等优点,是一种路面新材料、新工艺、新结构。

(二)研究内容

对适用于沥青稀浆封层的沥青乳液的研究;对适用于沥青稀浆封层矿料要求的研究,进行配合比设计;沥青稀浆封层施工工艺的研究;铺筑试验路面,定期观测;研制稀浆封层施工机具及设备。

(三)取得成果

完成了沥青乳液的选择、矿料要求指标、稀浆混合料配合比设计的室内试验,并铺筑了试验路面,提供了有价值的应用成果。

(四)取得社会效益与经济效益

由于沥青稀浆封层使用的石屑为采石场废杂物,封层很薄,沥青用量很少,拌和摊铺机机械化施工效率很高,充分发挥了乳化沥青优越性,其造价低于任何沥青表面处治层,且其使用性能及耐久性较好,有极大的社会效益与经济效益。

(五)成果的影响力

沥青稀浆封层,是一种路面新材料、新工艺、新结构,具有显著的社会效益、经济效益和推广价值。其成果填补了我国的一项空白,居国内领先地位。1990年获得辽宁省政府科学技术进步三等奖、辽宁省交通厅科技进步一等奖。

(六)应用情况

在沥青路面修建与养护中,已铺筑30余公里稀浆封层试验路面,经2年行车考验,证明这种路面具有良好的防水、抗滑、耐磨等性能,并显示了施工进度快、工程造价低、路面质量好等优点。

九、改性沥青的路用性能研究

(一)立项背景

根据国外最新的研究成果已知,沥青混合料的低温抗裂性能与沥青性质关系很大。因此,在辽宁省冬夏温差大、冬季低温问题尤为突出的气候条件下,研制道路改性沥青已经势在必行。

(二)研究内容

提高沥青混合料的低温抗裂性能;改善沥青混合料的热稳定性;提高沥青混合料的力

学强度;提高沥青路面的耐久性,延长其使用年限,提高经济效益。

(三)取得成果

研制出了以热塑性弹性体为主体的沥青改性剂,可用于道路石油沥青的改性。由于热塑性弹性体的作用,使改性沥青具有一定的弹性和强度,感温性降低,在不降低沥青混合料热稳定性的基础上,能够显著地改善其低温抗裂性,同时改善了与酸性石料的黏结力;并且生产工艺简便,其性能基本不受施工温度的影响,安全无污染,具有较高的实用价值,特别适合在我国寒冷地区高等级公路面层上使用。

(四)取得经济效益与社会效益

由于改性沥青减少路面裂缝和车辙,提高了路基路面的稳定性和强度,延长路面使用年限,可节省路面折旧费。同时路面使用性能的提高,减轻了车辆振动和部件磨损,节省了车辆保养维修费用,提高车速或保持设计车速,节省燃料和行车时间,提高了行车舒适性。经济效益和社会效益都是难以计算的。

(五)成果的影响力

该项研究为国内寒冷地区的道路沥青改性提供了可喜的成果,填补了省内空白,达到国内同行业先进水平,具有相当的经济效益和较高的实用价值,可在寒冷地区高等级公路面层上推广使用。项目获得辽宁省交通厅科学技术进步二等奖。

(六)应用情况

完成了室内研究试验,研制出了热塑性弹性体沥青改性剂和改性沥青,并修建了试验路。

十、XF6B 沥青稀浆封层机

(一)立项背景

第一代稀浆封层机的工作过程全靠手动操作来完成,不但增大操作工的劳动强度,而且分散操作工的精力,不能把全部注意力放在提高稀浆及路面的质量上,不易保证高质量的封层路面,因而急需自动稀浆封层机的研发。

(二)研究内容

研制一台具有施工进度快、省工、省料、路面质量好、污染少等特点的自动稀浆封层机。路面具有防水、防滑、平整、耐磨等特性。可用于旧沥青路面的修复、新沥青路面的封闭,也可铺在白色或水泥路面上做保护层。

(三)取得成果

本机全部达到设计要求,样机工作原理正确,结构及参数选择合理,运用性能满足筑路要求,造型美观大方,操作方便、可靠。

(四)取得经济效益与社会效益

沥青稀浆封层法因具有独特的优点,在美国、日本等国早已推广应用,在我国已列入"七五"攻关项目,目前尚处开发研制阶段,本机属国内首次研制的样品。该机施工进度快,修路成本低,路面质量好,环境污染少,因而具有显著的经济效益及社会效益。

(五)成果的影响力

本机生产效率高,筑路成本低,路面质量好,环境污染少,填补了我国自行式沥青稀浆封层机的空白,属国内领先水平。该项目获得辽宁省交通厅科学技术进步三等奖。

(六)应用情况

该样机能转载石屑、沥青乳液、水和水泥,并能将其按一定比例半合成稀浆,然后按所要求的厚度均匀平坦地摊铺在路面上,以得到与细粒试沥青混凝土相似的新路面。

十一、智能型沥青混合料稳定度试验仪

(一)立项背景

沥青混合料稳定度试验以及其他稳定类材料的试验是很重要、很严格的,尤其精度的要求随科学技术的发展越来越高。目前此类仪器需求量大,且向高精度、智能化、多功能方向发展,而国内现有产品都难以多方位满足试验要求,国外产品水平较高但价格极其昂贵。

(二)研究内容

设计一种性价比优于 ELE 系列产品,应用后完全可以替代进口产品,节省大量外汇,同时也为我国公路试验仪器的国产化、智能化奠定基础。

(三)取得成果

研发出 LJWSY-A 型智能沥青混合料稳定度试验仪。

(四)取得经济效益与社会效益

LJWSY-A 型智能沥青混合料稳定度试验仪,其性能不低于 ELE 系列产品,同时每台可节约外汇 4000 多美元。

(五)成果的影响力

LJWSY-A 型智能沥青混合料稳定度试验仪为省内首创,属国内先进水平。项目获得辽宁省交通厅科学技术进步三等奖。

十二、沥青玛琋脂碎石混合料(SMA)应用技术的研究

(一)立项背景

根据省交通厅科技处于 1996 年 3 月 8 日主持召开"改性沥青应用技术研究调研报告"的专家研讨意见:"采用沥青玛琋脂碎石混合料(SMA 技术),掺和木质素纤维对辽宁是适宜的,应作为改性沥青应用技术研究的重点"。为此,在消化吸收欧美国家 SMA 技术的基础上,进行该课题研究。

(二)研究内容

适宜辽宁的 SMA 混合料设计、拌制及路面施工工艺;SMA 混合料抗高温变形、抗低温开裂的温度稳定性以及耐疲劳等物理力学性能;利用德国 JRS 公司的木质素纤维铺筑 SMA 混合料试验路段,定期定点对其路用性能进行检测;SMA 混合料的评价技术与指标。

(三)取得成果

编制《沥青玛琋脂碎石混合料(SMA)路面施工技术指南》。

(四)取得经济效益与社会效益

在路用性能方面可延长使用寿命 20%~30%。

(五)成果的影响力

编制《沥青玛琋脂碎石混合料(SMA)路面施工技术指南》,从总体上提高了 SMA 路面的技术水平。

(六)应用情况

当时在沈本线铺筑了 1km 试验段。

(七)科研成果

2001年获得辽宁省科学技术进步三等奖,2003年获中国公路学会科学技术二等奖。

十三、沥青玛琋脂碎石混合料(SMA)木质素纤维开发研究

(一)立项背景

SMA是当时目前国际上沥青路面面层工程的一项先进技术,即采用物理方法改善沥青混合料的性能。该技术系通过路用纤维在填充间断级配矿料空隙的沥青胶浆中的网状结构提高沥青混合料的高温稳定性、低温抗裂性、抗磨损性及抗老化性。因此,形成网状结构的木质素纤维是SMA技术的关键材料。

(二)研究内容

适宜辽宁的SMA混合料设计、拌制及路面施工工艺;SMA混合料抗高温变形、抗低温开裂的温度稳定性以及耐疲劳等物理力学性能;利用德国JRS公司的木质素纤维铺筑SMA混合料试验路段,定期定点对其路用性能进行检测;SMA混合料的评价技术与指标。

(三)取得成果

消化吸收国外技术,建立木质素纤维主要技术指标的检测手段;利用现有原料(选用或委托有关单位提供)进行二次加工生产木质素纤维的生产工艺研究;根据木质素纤维的生产工艺,研制生产设备。

(四)取得经济效益与社会效益

该产品应用里程1000km。

(五)成果的影响力

在木质素纤维性能要求项目、检测方法和生产工艺(含原料配方和设备选型配套)方面的成果,有一定创新性,木质素纤维质量指标确定方面居国内先进水平。

(六)应用情况

沈山、桓永、丹海、阜盘、丹通、抚通等10余条高速公路。

十四、高速公路路面长期使用性能的研究

（一）立项背景

此课题是美国公路研究战略计划（SHRP）研究项目中的一项，课题的主要目的是通过对各种不同计划和补强的路面结构的长期调查，检验路面结构设计方法，总结不同养护措施的实际效益。我国交通部于1998年开始对"高等级公路路面长期使用性能"进行立项研究。该课题由交通部公路研究所主持，选择不同地理位置及气候条件的省作为参加单位，在第一期工作中，辽宁省交通科学研究所为北方季节性冰冻地区的参加单位。

（二）研究内容

结合东北冰冻区特点和辽宁省路面工程和路面使用中存在的问题，选择建立特种观测路段（SPS），一般观测路段（GPS）；路面使用性能的观测内容、观测方法和使用仪器设备的研究；路面设计及施工资料和试验数据的收集整理，观测路段路面使用性能及路面病害基本数据调查测试，计算机录入及汇总，形成了 CNLTPP 数据采集系统数据库。

（三）取得成果

(1) 建立高速公路路面长期使用性能的研究，LTPP 数据采集系统数据库。
(2) 统一路面使用性能的观测内容、观测方法和使用仪器设备的研究。
(3) 路面设计及施工资料和试验数据的收集整理，观测路段路面使用性能弯沉值、摩擦系数、构造深度、车辙变形及路面病害基本数据调查测试，计算机录入及汇总。

（四）取得经济效益与社会效益

根据全国课题组的研究计划，完成了第一阶段的主要研究内容。

（五）成果的影响力

该课题取得的成果为辽宁省高速公路建设设计与施工提供了大量的参考数据和资料，减少高速公路病害发生，延长了使用寿命，具有极高的实用价值。

（六）应用情况

在沈阳至山海关高速公路选择不同路面结构的路段，建立特种观测路段（SPS）。在已建成的沈山高速公路选择施工工艺符合规范要求的，有代表性路段建立一般观测路段（GPS）。

十五、高等级公路检测技术研究

(一)立项背景

新型快速无损检测设备不断推出,关于高等级公路路基路面快速无损检测的国家技术标准和规范尚不完善,所以,本课题对辽宁省的高等级公路路基路面快速无损检测技术开展研究并且制定检测技术标准。

(二)研究内容

本课题研究高效、实用的无损检测技术及相应配套设备;检测设备校准方法的制定;检测参数的技术设计;检测数据的统计及分析。

(三)取得成果

编制了《检测技术试行标准》。

(四)取得经济效益与社会效益

《检测技术试行标准》在全省实施,大幅提高了辽宁省高等级公路路基路面试验检测水平。

(五)成果的影响力

提出高等级公路快速无损检测的方法为高速公路的运行及维修提供依据,延长其使用寿命。提出辽宁省高等级公路路基路面试验检测技术试行标准。

十六、桥面铺装技术的研究

(一)立项背景

随着交通量和重型车辆的增加,特别是超载现象严重,沥青混凝土桥面铺装出现了一些较为普遍的病害,主要表现为高速公路通车1~2年后,桥面出现不同程度的泛白、唧浆、坑槽等病害,这不仅影响行车安全,更重要的是由于水渗透到桥面板,将严重影响桥梁寿命。也给桥面维修工作带来了很大困难,造成了巨大经济损失。辽宁地区是全国冬季冻融循环次数最多的省份之一,加之冬季撒除冰盐和超载交通的影响,桥面铺装破损问题在辽宁省尤为严重,使一些桥梁过早地遭到破坏,甚至成为危桥。为此,亟须对桥面铺装层结构的设计与施工中的关键技术问题加以研究,制定一套指导铺装结构设计与施工的规程。

(二)研究内容

(1)桥面铺装层的防、排水技术的研究:研究确定桥面防水层的材料及配比;研究确定桥面铺装渗入水的排除措施;室内试验验证防水层各项指标;

(2)防水层施工技术的研究:针对常温施工或热施工防水黏结层,研究切实可行的施工工艺;

(3)铺装层层间黏结问题的研究:根据沥青混凝土的特点,研究解决沥青铺装层层间黏结及与水泥混凝土铺装层的黏结问题。

(三)取得成果

课题研制开发的 HUT-1(北方专用)系列防水层与国内其他防水材料相比,具有以下优势:①流淌温度从 155℃提高到 170℃;②低温柔性从 -15℃提高到 -35℃;③浓盐水浸泡后,防水层抗渗能力不降低(>0.2MPa);④混凝土基层开裂 3mm,防水层不开裂;⑤抗剪强度(-35℃)>1MPa。均具有国内领先水平。解决了热 SBS 改性沥青施工难的问题,并编制了《热 SBS 改性沥青防水黏结层的防水技术指标要求和施工工艺指南》,在国内处于领先水平;编制了《桥面铺装设计与施工技术指南》,适用于辽宁省乃至东北地区高速公路桥面铺装。

(四)取得经济效益与社会效益

采用本课题的研究成果,将大大减少桥面铺装早期病害的产生,致使每年的养护费用有所下降。同时路面服务状况改善后,将带来车辆运输成本的节约。通过采用合理有效的桥面铺装防排水体系,将提高桥面铺装的使用性能、延长桥梁的使用寿命,从而将产生巨大的经济效益,其潜在的社会效益也是无法估量的。

(五)成果的影响力

查新检索显示相关研究没有关于重点解决桥面铺装层间黏结、研制适合于北方寒冷地区的桥面防水黏结层的报道。本课题通过室内试验、试验路铺筑,对桥面防排水技术作了较系统的研究,研制出适合北方寒冷地区的桥面防水层,并编制了《桥面铺装设计与施工技术指南》,填补了省内乃至国内的空白,达到了国内领先水平。

(六)应用情况

广泛应用于 2002 年后新建与维修养护的高速公路水泥混凝土桥面铺装工程中,应用效果良好,有效地解决了桥面早期破损的问题。

十七、高速公路路面 SMA 技术推广应用的研究

（一）立项背景

1996—1999 年,先后修建了沈本、沈大、沈四、沈山四条普通沥青 SMA 试验路,通车运行后,由于高温、重载的原因,都存在不同程度的泛油问题,影响了 SMA 技术在辽宁省的应用。为此,辽宁省交通厅立项开展了"高速公路路面 SMA 技术推广应用的研究",在对以前修建的四条 SMA 试验路分析、总结的基础上,进行试验研究,修建了新的改性沥青 SMA 试验路,通过对路用性能的分析与评价,提出了适合辽宁省实际情况的矿料、沥青胶结料质量技术要求、级配范围、配合比设计方法和施工工艺,进一步完善了 SMA 技术,使之能够得以推广应用。

（二）研究内容

（1）SMA 混合料的动稳定度 DS 值（试验温度 60℃、轮压 0.7MPa）,非改性沥青为 1500 次/mm,改性沥青为 3000 次/mm。

（2）裂缝率相对常规热拌沥青混合料减少 50%。

（3）改善路面抗滑性能,增强行车的安全性,降低噪声,提高路面服务质量。

（三）取得成果

（1）通过对已修建的沈本、沈大、沈四、沈山四条 SMA 试验路存在问题的分析,解决了 SMA 路面出现的泛油问题,促进了 SMA 技术的进一步完善和提高。

（2）对矿料、纤维稳定剂及沥青胶结料的选择及质量技术要求等做出了具体规定。

（3）调整确定了适宜辽宁地区的 SMA16（13）混合料矿料级配范围、配合比设计技术要求及检验指标。

（4）编制了《改性沥青 SMA 混合料设计与施工指南》,为在辽宁省推广应用 SMA 技术提供了技术保障。

（四）取得经济效益与社会效益

SMA 技术已在省内高速公路上推广应用 3000 余公里,创造经济效益近 2 亿元。

（五）成果的影响力

通过课题的研究,解决了一直困扰 SMA 路面的泛油问题,保证了 SMA 路面同时具有良好的高温、低温性能,抗疲劳性能和抗滑性能,研究成果达到了国内领先水平。提出的 SMA 对原材料的要求、矿料级配范围、配合比设计技术要求、检验控制指标、施工工艺在

技术上有创新。

(六)应用情况

沈山、锦朝、锦阜、外环、沈抚、抚南、沈四、沈大、丹大、沈彰、铁朝、本辽、沈康、辽新、丹海、皮长、彰通、辽开、桓永、抚通、丹通、新铁、庄盖、阜盘等高速公路。

(七)科研成果

2004年获得辽宁省科学技术进步三等奖。

十八、沥青玛琋脂碎石混合料(SMA)木质素纤维中试生产研究

(一)立项背景

木质素纤维在沥青混合料中得到推广应用,其使用目的由最初的抗反射裂缝的产生转变到对沥青混合料综合性能的改善,使用场合也由最初的沥青加铺层发展到各式各样的沥青混合料中,这些变化导致木质素纤维用量大幅增加。为满足市场需要,生产出品质达到国外水平价格满足工程预算要求的产品,确立该研究项目。

(二)研究内容

通过路用木质素纤维中试生产的研究,为其工业化生产做好科学、可靠的技术准备。

(三)取得成果

生产能力:5t/班,制定合理的生产工艺;合理选型配套设备;建立产品质量检测手段;提出资源利用、环境保护、安全生产措施。

(四)取得经济效益与社会效益

产品成本明显低于国内外同类产品。

(五)成果的影响力

产品性能达到国外同类产品技术水平。

(六)应用情况

应用于丹本、盘海高速公路SMA试验路段。

十九、高速公路抗滑表层粗集料应用技术研究

(一)立项背景

丹庄高速公路沿线没有玄武岩,但存在辉绿岩、花岗岩、安山岩、斜长岩等岩石,而且花岗岩储量丰富,能够满足高速公路建设的需要。为此开展了本课题的研究,研究如何利用当地的材料,以节约工程造价。

(二)研究内容

(1)通过采取抗剥离措施,粗集料与基质沥青的黏附性达到4级以上,与改性沥青的黏附性达到5级;

(2)使用花岗岩、斜长岩铺筑的 SMA 沥青路面高温抗车辙、低温抗开裂、抗水损害;

(3)延长路面使用寿命30%以上;

(4)编制出适合辽宁省实际情况的高性能沥青混合料粗集料设计、施工技术标准。为其他如辽宁省储量丰富、价格相对便宜的花岗岩、安山岩等粗集料在抗滑表层中的应用打下良好的基础。

(三)取得成果

(1)通过采取适当的措施,实现了就地取材、充分利用工程所在地的现有粗集料资源,以满足工程建设的需要、达到节约造价的目的。

(2)研究出提高花岗岩等酸性石料与沥青黏附性的方法,改善了沥青混合料的水稳定性,避免路面出现早期破坏。

(3)编制了适合辽宁省实际情况的《高速公路抗滑表层粗集料设计与施工技术指南》,为其他辽宁省储量丰富、价格相对便宜的花岗岩等粗集料在抗滑表层中的应用打下良好的基础。

(四)取得经济效益与社会效益

节约工程造价40余万元。

(五)成果的影响力

课题组通过研究,实现了就地取材、充分利用工程所在地现有的粗集料资源,以满足工程建设的需要、达到节约造价的目的。

课题组编制的《高速公路抗滑表层粗集料设计与施工技术指南(建议稿)》为其他辽宁省储量丰富的花岗岩等地产石料在抗滑表层中的应用打下良好基础,具有一定的指导

意义。

（六）应用情况

在丹庄高速公路铺筑了2km(单幅)花岗岩SMA试验路。

二十、高速公路柔性基层结构研究

（一）立项背景

按照路面基层的材料不同,高等级公路沥青路面结构形式分为刚性基层、半刚性基层、柔性基层及柔性和半刚性基层组合式四种类型。目前,我国在各个等级的道路上普遍使用的是半刚性基层沥青路面。

半刚性基层在使用过程中存在如下难以克服的缺点：

(1)半刚性基层材料收缩量大,造成路面产生反射裂缝；

(2)半刚性基层非常致密,水进入后,很难从基层迅速排走,进而改变了半刚性基层与沥青面层的界面条件,使路面的受力条件趋向不利,成为导致路面破坏的重要原因之一；

(3)半刚性基层材料在使用过程中,其材料的强度和模量会在自然因素和行车荷载的综合作用下因疲劳而逐渐衰减；

(4)半刚性基层沥青路面对超载车来说具有更大的轴载敏感性。

（二）研究内容

研究的主旨是在尽量少增加建设期投资的前提下,通过设计合理的柔性基层路面结构形式,减少路面的反射裂缝,降低路面发生早期损坏的概率,提高路面结构的耐久性,降低路面全寿命周期内的成本,提高路面的服务质量,使公路更好地服务于社会。

（三）取得成果

按照我国现行路面设计方法提出了三种柔性基层沥青路面结构、并进行了经济成本对比分析;通过室内试验、试验路的铺筑与后期观测,系统总结了级配碎石和沥青碎石的设计方法和合理级配范围。编制了《辽宁省高速公路柔性基层沥青路面施工技术指南》。

（四）取得经济效益与社会效益

为柔性基层沥青路面的推广应用提供了技术储备。

（五）成果的影响力

编制了《辽宁省高速公路柔性基层沥青路面施工技术指南》,对辽宁省高速公路应用柔性基层具有一定的指导意义。

(六)应用情况

按照提出的柔性基础路面结构的方案铺筑了共计3km(单幅)试验路,并对试验路每隔三个月进行了跟踪观测,调查裂缝、车辙状况。

二十一、高速公路桥面防水层技术方案的研究

(一)立项背景

自从高速公路水泥混凝土桥面铺装设计上采用沥青混凝土铺装以来,桥面防水层在辽宁省高速公路上的使用已有近20年的时间,防水层位于水泥混凝土与沥青混凝土铺装层之间,一方面要求它具有防水功能,保护水泥混凝土桥主梁和铺装,另一方面要求防水层具有足够的黏结力,连接两铺装层,使桥面铺装成为一个整体,发挥铺装的重要保护作用和功能层作用。辽宁省在桥面防水层技术方面应用比较早,而且不同的防水层技术在辽宁省都有应用,如卷材类、涂膜类、涂料和土工布组合类等。防水层在使用过程中也暴露出许多问题,如层间黏结力不好,抗剪性能差,致使沥青混凝土铺装早期破坏,每年需要进行桥面铺装维修的工程很多,不但增加了维修费用,而且影响高速公路通行和运营能力,造成经济效益和社会效益的巨大损失。这种状况很大程度是由于防水层的选择和使用不当造成的。省厅领导高度重视防水层技术的应用,早在2001年9月即立项进行了桥面铺装技术的研究,其中研究目标之一为解决水泥混凝土铺装层与沥青混凝土铺装之间的黏结问题。结合当时我国及省内沥青混凝土铺装技术的现状,课题提出一些防水层应用技术方面有益的建议,并选择两种防水层方案即HUT型和SBS改性沥青进行桥面防水层试验路的铺筑,同时提出了桥面铺装技术尚需进一步解决的问题和建议。从2004年以来,新建和改扩建工程桥面防水层多采用热SBS改性沥青撒碎石技术。

时隔几年,辽宁省的高速公路建设任务很重,包括新建和维修养护的工程项目。桥面防水层技术的应用由于设计上的粗略叙述、材料选用上的随意性、施工上的质量监控缺失使得各种防水层技术表现得都不尽如人意。

从技术上、经济上论证哪种防水层方案更适于高速公路水泥混凝土桥面防水是十分必要的,为指导桥面防水技术的正确使用,更好地发挥桥面防水层和铺装层的作用,有效解决辽宁省高速公路桥面防水层及铺装早期破损问题,2005年8月,课题组受辽宁省交通厅委托,立项开展"高速公路桥面防水层技术方案的研究"课题(项目编号200504),计划2006年底完成。

(二)研究内容

该课题研究旨在对防水层技术进行全面调研,并对各种方案进行技术、经济比较,根据辽宁的实际情况,推荐出适合辽宁的高速公路桥面防水层技术方案。

(三)取得成果

推荐出合理的高速公路桥面防水层技术方案。

(四)取得经济效益与社会效益

课题组通过广泛调研和大量室内试验,对涂膜类、卷材类、热改性沥青撒碎石、涂料纤维同步喷洒技术四种桥面防水层技术方案进行全面技术经济性比较,从实际使用效果、室内试验结果、施工难易程度、经济性进行全面比较分析,推荐出改性沥青撒碎石技术为适合辽宁省实际情况的首选桥面防水层技术,并通过室内试验对比,建议给予涂料纤维同步喷洒技术桥面防水层技术一定的注意,并继续跟踪其使用效果。

(五)成果的影响力

本项目推荐的热改性沥青撒碎石方案的研究成果在后续辽宁省高速公路建设设计与施工中大面积推广应用,取得了良好效果,沿用至今。保证了高速公路桥面防水与桥面铺装的良好使用状态,延长了桥面及桥梁使用寿命和服务质量,具有极高的实用价值。

(六)应用情况

抚通高速公路、新铁高速公路、丹通高速公路、辽开高速公路、阜盘高速公路、建兴高速公路等工程上有全面使用,应用总体情况良好,没有出现桥面泛白、坑槽、水损害等病害。

二十二、《沥青玛琋脂碎石混合料设计与施工技术规范》编制

(一)立项背景

为了系统总结辽宁省在应用 SMA 技术方面的经验和研究成果,规范 SMA 路面的设计与施工方法,积极稳妥地推动这项技术在辽宁省公路上的应用,辽宁省交通厅于2003年下达了辽宁省地方标准《沥青玛琋脂碎石混合料设计与施工技术规范》的编制任务。

(二)研究内容

编制出适合辽宁省实际情况的《沥青玛琋脂碎石混合料设计与施工技术规范》,规范

SMA 路面的设计与施工方法,促进 SMA 技术在辽宁省的进一步推广应用。

(三)取得成果

出版辽宁省地方标准《沥青玛琋脂碎石混合料设计与施工技术规范》。

(四)取得经济效益与社会效益

规范指导设计施工的 SMA 路面已达 3000 余公里,节约工程造价 2 亿多元。

(五)成果的影响力

编制的辽宁省地方标准《沥青玛琋脂碎石混合料设计与施工技术规范》已在全省正式实施,有效地指导了 SMA 路面的设计和施工。

(六)应用情况

在辽宁省高速公路新建工程及维修工程中应用。

二十三、温拌沥青混合料应用研究

(一)立项背景

热拌沥青混合料(HMA)因其优良的路用性能成为沥青路面铺装中广泛应用的材料。但沥青混合料产业是一项资源、能源消耗型产业,需要消耗大量的石材、沥青、重油、柴油等。且由于热拌沥青混合料必须在一定的高温状态下摊铺碾压,因此当气温降低至一定温度时,由于混合料散热太快容易导致压实度不足,不利于沥青路面的施工,严重影响了工程的施工进度。另外,由于气温原因,施工期受到限制,一些工程为了赶工期,极容易出现压实度不足等施工质量问题。同时,热拌沥青混合料在生产和使用过程会产生大量的 CO 等有毒气体,不但威胁生产和施工人员的身体健康,还会对环境造成严重污染。

(二)研究内容

明确沥青胶结料的降黏机理,确定原材料选择标准、混合料组成设计以及施工生产工艺和主要技术指标,从而达到降低施工温度、延长施工季节、节约能源、保护环境的目的。

(三)取得成果

研发出一种温拌沥青混合料,发表学术论文 4 篇,《基于 Sasobit 实现温拌化的沥青性能研究》《基于乳化技术温拌沥青混合料应用研究》《掺加 Sasobit 沥青胶结料性能试验与分析》《Laboratory Evaluation of the Warm Mix Asphalt Performance in Liaoning》;编制出《温拌沥青路面设计施工技术指南》。

（四）取得经济效益与社会效益

从直接经济效益分析看，使用温拌沥青混合料技术与 SBS 改性沥青相比较，节省费用由两部分构成：采用温拌技术能降低拌和、摊铺温度30℃左右，1t 沥青混合料减低30℃能节省费用为 2.763 元/t；节省材料使用和生产加工费用 260 元/t。同时，低温拌和避免了加热滚筒和拌缸等在持续高温状态下工作，能够延长设备的使用寿命，降低维修养护成本，这部分的效益也是较大的。使用温拌沥青混合料，同普通 HMA 相比，能够减少 CO_2、CO 等气体的排放量、粉尘等有害物质的散发，减少施工中对施工人员的伤害和环境污染。非常符合现代经济发展和交通特点的需求，也非常符合我国发展绿色的和可持续的道路交通事业，建设节约型社会的方针，因此具有良好的市场应用前景，在一定条件下可以取代传统的热拌沥青混合料，具有显著的社会效益和环境效益。

（五）成果的影响力

通过大量室内试验研究和实体工程铺筑，证明了节能减排型温拌沥青混合料在高温抗车辙、低温抗开裂、抗水损害、抗疲劳、静（动）态模量等路用和力学方面性能优良；通过辽宁省科技厅组织的专家鉴定，项目研究具有创新性，成果达到国际先进水平。

（六）应用情况

项目研究成果在岫水线、弯道线、庄林线、大盘线、大锦线、京哈线等公路建设中铺筑了实体工程近100km，路用效果良好。

（七）科研成果

2009 年获得辽宁省科学技术二等奖，2014 年获得中国公路学会技术一等奖。

二十四、高模量沥青混凝土应用技术研究

（一）立项背景

车辙是我国高等级公路出现的早期病害之一，在我国高等级公路的半刚性沥青混凝土路面结构中，对车辙病害产生影响最大的是中面层。如果遇到高温持续时间长，将使沥青路面在重交通条件下迅速变形破坏，产生车辙。如果采用一种抗车辙性能优良的沥青混凝土做中面层，减少车辙的深度或推迟车辙的出现，从而延长路面的使用寿命，这样可以在设计使用期内尽量减少路面因车辙原因导致的维修，保证道路良好的功能和正常服务质量。

(二)研究内容

本项目主要是考虑除限制超载外,对中面层沥青与沥青混合料的性能进行研究,希望能在考察国内外此项技术研究及应用的基础上,通过大量的试验研究,提出一种具有较高模量的沥青混凝土,减少沥青混合料在荷载作用下的应变,增强沥青混合料的高温稳定性,加大中面层混合料向下传递荷载的扩散角,减少底面层的荷载作用,充分发挥路面各结构层功能,从而降低路面结构病害。在不降低沥青混合料低温性能、耐疲劳性能的同时大幅度提高中面层沥青混凝土的高温稳定性和沥青复数剪切弹性模量 G^* ,确保路面结构的服务功能、延长沥青混凝土路面的使用寿命,科学地解决路面建设先期投资与长期使用性能、长远经济利益的矛盾。

(三)取得成果

高模量沥青混凝土的动稳定度 DS 值(试验温度60℃、轮压0.7MPa)达到5000次/mm以上,提出了以45℃、10Hz 条件下动态模量达到2000MPa 以上,45℃、0.1Hz 条件下动态模量达到500MPa 以上,作为高模量沥青混凝土的界定标准;通过调研和室内研究,开发出高模量低标号沥青,并提出其技术指标。经过几种外掺剂和低标号沥青、基质沥青、改性沥青的混凝土对比试验,提出了高模量沥青混凝土的技术要求;自主研制开发出"路宝"牌高模量沥青混凝土外掺剂,提出了具体技术指标,填补了我国路用改性聚乙烯/丙烯的空白,产品已批量生产;研究分析表明:高温状态时,高模量沥青混凝土路面产生的应变只是SBS改性沥青路面的1/3,大大降低路面产生车辙的概率,高模量沥青混凝土适合于路面温度在45℃以上地区。将其应用于高速公路中面层,会使路面结构更趋合理。同常规热拌沥青混合料对比,路面使用寿命相对延长30%以上,提高了路面的服务质量;在2006年分别于抚顺—南杂木高速公路路面中面层铺筑了2.7km、鹤岗—大连二级公路(东港段)路面上面层铺筑了2km试验路的基础上,2007年又在沈阳至彰武高速公路铺筑了21km、辽宁全省10个市的普通公路上铺筑试验推广路段88.6km,总结了施工工艺和质量控制指标;提交"高模量沥青混凝土应用技术的研究"项目研究报告、工作报告等技术文件;编制出版了《高模量沥青混凝土施工技术规范》,能够指导高模量技术在公路建设中的大规模应用。

(四)取得经济效益与社会效益

在寿命周期内计算,使用高模量沥青的混合料较普通沥青混合料节省费用31.3%,较SBS改性沥青混合料节省费用7.29%;使用"路宝"牌外掺剂的混合料较普通沥青混合料节省费用26.5%,较SBS改性沥青混合料节省费用2.08%;使用PR-M等其他类高模量外掺剂的混合料较普通沥青混合料节省费用 22.7%,较 SBS 改性沥青混合料增加费用 3.13%。

(五)成果的影响力

目前,全国在建的高速公路有数千公里,辽宁省近期规划的高等级公路近 1000km,需要及时研究分析产生车辙病害的原因,针对这些原因,找到解决问题的办法。本项目研究的高模量沥青混凝土应用在高速公路沥青路面中、下面层或者普通公路的中上面层,能够从内因方面解决沥青混凝土产生的车辙问题,减少车辙的深度或推迟车辙的出现,提高行车的安全性和舒适程度,延长维修周期,降低维修费用,保证道路的功能和正常使用。另外,高模量外掺剂的使用,除保证沥青混合料性能外,减少了 SBS 改性沥青需要加工设备等缺点,造价低。研究成果的推广应用具有显著的经济效益、社会效益和环境效益,前景广阔。

(六)应用情况

2006 年在抚顺—南杂木高速公路路面中面层铺筑了 2.7km、鹤岗—大连二级公路(东港段)路面上面层铺筑了 2km 试验路,2007 年又在沈阳至彰武高速公路铺筑了 21km、辽宁全省 10 个市的普通公路上铺筑试验推广路段 88.6km。

(七)科研成果

2009 年高模量沥青混凝土技术获得辽宁省科学技术二等奖。

二十五、重载交通下长寿命沥青路面结构应用技术研究

(一)立项背景

随着我国国民经济的快速增长,高速公路得到了很大发展。据统计,在我国所建高速公路中,沥青路面比例达到了 90% 以上。随着国家经济建设的不断发展,公路交通量不断增加、汽车轴载出现加大的趋势,交通渠化形成,超载、重载车的问题也越来越突出。在这种情况下,我国高速公路沥青路面的早期损坏问题已经成为一个引人注目的普遍性问题。主要体现在三个方面:一是损坏时间早,有的建成后 1~2 年就出现了不同程度的开裂和车辙等破坏现象,个别路段通车当年就出现了大面积损坏,远远达不到设计寿命;二是损坏范围广,全国各地都出现了过早破坏;三是损坏程度重,有的损坏不是局限在沥青表面层,基层也发生损坏。

路面结构过短的服务寿命给交通运输和交通基础设施建设带来了不利影响。因此,急需根据新形势下交通荷载的特点,开展长寿命路面结构研究,为路面结构新的设计理论

和方法奠定基础,科学地树立全寿命周期成本分析的建设和养护理念,降低全寿命周期内的工程造价,保证畅通,使公路建设更好地为经济建设服务。

为此立项开展了本课题的研究,借鉴国际上较为成熟的长寿命沥青路面的结构形式和设计经验,对其技术、经济性进行综合分析,辩证地应用到我国的沥青路面设计中,提出适合我国应用的长寿命沥青路面结构,并用加速加载试验进行验证,最终提出我国长寿命沥青路面的推荐结构形式。从而节约路面的寿命周期成本,延长沥青混凝土路面的使用寿命,科学地解决路面建设先期投资与长期使用性能、长远经济利益的矛盾,提高路面服务功能,使之更好地为我国的经济建设服务。

(二)研究内容

本项目的研究,从长寿命沥青路面结构的服务功能和设计理念的分析着手,研究路面结构设计的控制指标,并根据辽宁省重载交通的荷载参数和环境气候条件,开展长寿命路面结构常用材料适应长寿命服务相关路用性能指标的研究(例如材料的疲劳阈值),综合以上研究成果,开展适合辽宁省省情的长寿命路面结构组合的研究,通过理论分析初步确定长寿命路面结构适合的组成及厚度,在以上研究成果的基础上,开展加速加载试验,对初步研究成果进行验证,对长寿命路面结构设计方法进行检验和修正,最终完善长寿命路面结构设计方法,推荐适合辽宁省的长寿命沥青路面的典型结构。为这项先进的技术能够在辽宁省得到应用打下良好的基础。

(三)取得成果

发表论文15篇,出版专著3部。

(四)取得经济效益与社会效益

在路面结构的寿命期内,长寿命路面结构比普通路面结构每年每公里节约67.93万元,节约费用13.59%。长寿命路面结构能够节约路面的寿命周期成本,延长沥青混凝土路面的使用寿命,科学地解决路面建设先期投资与长期使用性能、长远经济利益的矛盾,提高路面服务功能,使之更好地为我国的经济建设服务。

采用长寿命路面结构能够提高行车的安全性和舒适程度,延长维修周期,降低维修费用,延长路面使用寿命,并可减少由于道路养护所引起的行车延误时间;减少交通阻塞,使驾车者获得较持续的速度;可维持较高的服务水平,具有良好的社会效益。

(五)成果的影响力

提出了路面材料三参数疲劳模型,通过试验首次确定了常用路面材料的疲劳阈值;提出了长寿命沥青路面设计控制指标和基于三参数疲劳方程的设计方法;推荐了长寿命沥青路面典型结构,通过加速加载试验,验证了设计方法及典型路面结构的路用性能。项目研究成果对重载交通长寿命沥青路面建设具有指导作用。社会、经济和环境效益显著,推广应用前景广阔。研究成果总体达到国际领先水平。

(六)应用情况

2012年4月至2013年10月,在沈阳绕城高速公路改扩建工程全线82km及2014年4月开始的沈阳至四平高速公路全线160km改扩建工程设计及施工中,应用了"重载交通长寿命沥青路面结构应用技术研究"课题的研究成果,在柔性基层、半刚性基层和沥青混凝土面层施工中,从原材料、配合比设计、施工工艺、质量管理等方面按长寿命沥青路面的要求加强控制,取得了良好的路用效果。

(七)科技成果

获得2015年辽宁省科技进步三等奖。

二十六、阻燃温拌沥青混合料在季冻区隧道路面中的应用技术研究

(一)立项背景

随着公路建设的快速发展,公路隧道的数量也与日俱增,工程规模也越来越大,如2007年1月建成的亚洲第一、世界第二的秦岭终南山隧道,全长约18.02km。截至2009年底,我国公路隧道为6139处/394.20万延米。其中特长隧道120处/52.57万延米,长隧道743处/122.62万延米,已经成为世界上公路隧道最多的国家。

由于沥青混凝土较水泥混凝土隧道路面铺装具有突出的优势,在近年来新建的隧道中,大多采用沥青混凝土路面的铺装形式。目前,我国隧道沥青路面铺装与相邻路面一样,主要采用热拌沥青混合料,沥青胶结料多采用聚合物改性沥青,施工中要求摊铺、碾压的温度较高(160℃左右),施工过程中会产生大量的热辐射和有毒沥青烟气,沥青混合料的施工温度越高,产生的有毒烟气越多。由于隧道是个相对封闭的环境,在路面施工作业面附近,高温和难以散开的有毒浓烟使得施工作业环境非常恶劣,给施工人员的身体健康带来严重负面影响,同时由于沥青浓烟影响能见度,隧道沥青路面铺装的质量也难以保证。沥青与其他有机物一样,在空气中具有可燃性。因此,往往交通事故起火后会连带沥青路面燃烧导致灾害规模扩大。

(二)研究内容

通过本项目研究,拟解决两方面技术问题:一是解决隧道路面铺装沥青混合料在火灾

发生时的阻燃、抑烟问题。二是通过采取适当的技术手段,改善隧道内施工环境,降低施工温度,减少有害气体的排放,降低烟雾浓度。同时,项目研究除达到上述两个目的外,还将研究综合考虑采用上述技术措施后,沥青混合料的路用性能,力争通过研究,使沥青混合料的路用性能与未采取温拌阻燃措施的混合料的路用性能指标相仿,能够满足季冻区隧道路面的使用要求。

(三)取得成果

在学术期刊发表论文 8 篇《Experimental study on the flame retarding and smoke-suppressing performance of asphalt mixture》《阻燃温拌沥青混合料在隧道路面中的应用研究》《SBS 改性无卤阻燃沥青的研制》《季冻区阻燃改性沥青的研发及性能评价》《阻燃温拌沥青混合料阻燃抑烟性能试验研究》《环保型阻燃沥青性能分析与评价等》;编制了《季冻区公路隧道阻燃温拌沥青混合料路面施工技术指南》。

(四)取得经济效益与社会效益

该项目研究成果的应用,使得高速公路建设期节省燃油将达 2000 余吨,减少 CO、CO_2 等废气排放约 7800 余吨。温拌阻燃沥青技术将改善隧道内施工工作环境、有力地保障了公路隧道中的行车安全、延长公路隧道路面的使用寿命,经济效益和环境效益十分显著。

(五)成果的影响力

自主研制了以密胺磷酸盐、可膨胀石墨等无卤阻燃剂为主要原料的环保型 LK 沥青阻燃剂,达到国内外同类产品的先进水平。开发的阻燃改性沥青与其他阻燃沥青比较,低温性能明显改善,满足季冻区改性沥青的技术要求。研制的阻燃和温拌复合技术不仅具有优良的路用性能,且可有效减少烟雾排放,改善施工环境,减少火灾发生时沥青路面燃烧产生的危害。铺筑了隧道阻燃温拌沥青路面实体工程,验证了技术参数,并总结施工工艺。该项目研究成果经济与社会效益显著,推广应用前景广阔,总体达到国际领先水平。

(六)应用情况

该项目研究成果在辽宁省丹通、丹海、桓永、抚通、庄盖、阜盘、建兴等高速公路长大隧道路面中得到推广应用,总里程超过 100km。

(七)科研成果

本项目 2012 年获得中国公路学会科学技术三等奖,2012 年获得辽宁省科学技术二等奖。

二十七、足尺沥青路面加速加载试验数据采集与综合分析系统

(一)立项背景

追溯一个世纪特别是近三十年的研究发展历史,路面加速加载试验(APT)逐渐成了公路交通科研领域的独立分支。因其在路面性能检验与评价、路面结构损伤机理分析等方面的独有作用,始终为业内普遍关注的热点。截至目前全世界有超过16种的APT设备或设施在40多个国家和地区服役,为该地区的公路交通建设与发展提供了重要技术保障。我国自20世纪80年代引进APT设备以来,至今已有交通部公路研究院、重庆交通研究所、同济大学、东南大学等多家研究机构拥有APT系统。从试验室小型APT设备到大型足尺APT系统都在持续地为我国公路交通科研提供着大量颇具参考价值的研究成果和工程指导经验。项目承担单位把握行业前沿动态,于2009年定制了国际首台MLS66型足尺路面加速加载试验设备,该设备是迄今为止最先进的第三代直线可移动式足尺APT设备,利用MLS66开展足尺沥青路面加速加载试验无可供借鉴经验,特别是此套系统具有较高的加载效率,将会在试验过程中产生海量的路面性能检测数据。如何在保障MLS66处于良好的工作状态的基础上,协调路面加载与路面性能试验检测及其数据信息处理分析之间的关系,实现自主化试验设计与实施是面临的关键而亟待解决的问题。

(二)研究内容

项目以如何利用MLS66开展足尺沥青路面加速加载试验为目标。根据MLS66的加载运行和环境模拟特点,依托实际APT项目,归纳APT设计、MLS66加载操作以及APT环境模拟的方法与流程。同时,组合路面结构力学响应监测、结构承载能力评价、车辙检测与分析以及结构内部温、湿度环境监测等APT路面性能试验检测过程及其方法,搭建APT路面性能监测系统、总结数据采集与分析的工作流程。依托APT项目,反复实践和完善,编制《足尺沥青路面加速加载试验规程(MLS66)》。以《规程》为基础,通过需求分析、功能设计、算法实现等部分的研究,搭建基于互联网技术的APT综合信息服务平台。

(三)取得成果

在国际上,首次将足尺APT设备应用于钢桥面铺装性能验证和预防性养护技术方案的性能评价,受邀多次参加重要的国际学术会议交流经验;首次编制了《足尺沥青路面加速加载试验规程》,填补了该领域国内外空白;出版专著两部,即《足尺沥青路面加速加载试验实践导论》和《MLS足尺沥青路面加速加载试验》,成为国内首部专门论述加速加

试验设计及其实现的专著;发表论文 5 篇,EI 收录 2 篇;所搭建的足尺路面加速加载试验综合信息系统是国际首个基于网络平台的路面性能信息服务系统。

(四)取得经济效益与社会效益

利用项目不同阶段的研究成果,自 2010 年正式开展路面加速加载试验以来,先后完成了"滨海路辽河特大桥钢桥面铺装加速加载试验""辽宁省高速公路橡胶沥青路面加速加载试验""辽宁省高速公路沥青路面典型结构加速加载试验"和"重载交通下场寿命沥青路面加速加载试验"等 10 余项 APT 项目,支撑了 8 项省部级科研课题的顺利完成。利用项目的研究成果,确定了滨海路辽河特大桥钢桥面铺装方案,通车至今的 5 年时间里,未出现明显的道路破损与病害,使用状况良好;高速公路橡胶沥青路面、沥青路面典型结构和场寿命沥青路面结构加速加载试验研究结论在丹通高速公路、桓永高速公路、沈丹高速公路、沈本高速公路以及沈四高速公路改扩建设计中得到了广泛的采纳,一方面改善了高速公路沥青路面的结构设计、另一方面促进了橡胶沥青技术和场寿命沥青路面技术的应用,累计推广应用 800 余公里,促进了再生技术、废旧橡胶改性沥青技术以及普通公路沥青路面典型结构在辽宁省国省干道维修和改扩建工程中的应用,由此直接创造产值近 6 千万元,节约建设资金 1.1 亿元。

(五)成果的影响力

路面加速加载试验系统及其试验技术,形成路面材料和技术研发重要载体,是检验和优化现有路面技术方案的必要手段,因其在公路交通科研中的重要作用,其研究成果的推广:

(1)缩短了路面新材料、新技术的研发周期,加快了路面材料与技术的应用推广;

(2)促进了沥青路面结构设计的改善,降低了沥青路面工程的技术风险;

(3)提高了沥青路面结构力学性能分析的可靠性,为合理确定沥青路面养护时机提供了有力的工具,由此为合理制订沥青路面养护方案奠定了决策基础。

(六)应用情况

项目的研究结论在滨海路辽河特大桥、丹通高速公路、桓永高速公路、沈丹高速公路、沈本高速公路以及沈四高速公路改扩建设计中得到了广泛的采纳。

(七)科研成果

本项目 2013 年获得中国公路学会科学技术二等奖,2014 年获得辽宁省科学技术三等奖。

二十八、橡胶沥青碎石封层技术应用研究

（一）立项背景

橡胶沥青碎石封层技术作为一种预防性养护技术，应用到我国高速公路罩面工程中，利用橡胶沥青的经济环保、高弹性、高黏结力和优良的抗老化性能等优势。为高速公路沥青路面预防性养护增加一种方法，对辽宁的高速公路预防性养护技术手段进行补充。从而树立交通工程基本建设的良好形象，带来巨大的社会效益。

（二）研究内容

本项目通过对橡胶沥青碎石封层的性能特点分析，重点研究了橡胶沥青和碎石的控制指标，并建立了简化计算模型方法进行材料组成设计。运用低温黏结性能试验、湿轮磨耗试验、层间剪切试验、小型加速加载试验和表面磨耗试验（自主开发）研究了橡胶沥青碎石封层的各项性能，提出了橡胶沥青碎石封层的性能要求。通过小型加速加载试验和表面磨耗试验，提出了橡胶沥青碎石封层的沥青撒布量控制指标，并总结出泛油率和石料质量损失率随温度的变化规律。

（三）取得成果

开发了表面磨耗试验机，获得了发明专利1项；铺筑了2km试验路；编制《高速公路橡胶沥青碎石封层施工技术指南》，可指导橡胶沥青碎石封层技术在辽宁省乃至全国高速公路养护工程中应用。

（四）取得经济效益与社会效益

该技术与2cm的沥青混凝土薄层罩面的成本相比，橡胶沥青碎石封层节省经济造价约40%。

（五）成果的影响力

为研究薄层罩面类技术材料开发了表面磨耗试验机，获得了发明专利1项；编制的《高速公路橡胶沥青碎石封层施工技术指南》为后续的技术应用提供了参考依据。

（六）应用情况

在辽宁省普通公路上铺筑了2km试验路段。

二十九、泡沫沥青温拌混合料技术

(一)立项背景

热拌沥青混合料因其优良的路用性能被道路工程界普遍采用,成为道路铺装中的主流技术。但其较高的施工温度不但不利于环保、节能,而且会影响路面使用寿命。传统的基质沥青和改性沥青由于高温黏度大,在混合料拌和及摊铺过程中,为保证混合料的均匀性及可压实性,主要措施是提高施工温度,高温条件下不仅使胶结料材料老化加快,混合料使用寿命降低,而且会消耗大量能源,增大 CO、CO_2、SO_2、氧化氮类有害气体的排放,污染施工环境和空气质量。这严重违背当前保持绿色生态和可持续发展的需要。为解决沥青混合料在生产拌和、摊铺过程中的环境保护和能源消耗等问题,并提高沥青路面使用性能,延长铺设容许时间,温拌沥青混合料技术研究成为热点。温拌沥青混合料是一类拌和温度和施工温度介于热拌沥青混合料(150~180℃)和冷拌(常温)沥青混合料之间,性能达到热拌沥青混合料标准的新型沥青混合料。截至2012年底,温拌沥青技术在辽宁省普通公路路面、高速公路新建隧道路面及养护工程路面中应用已超过80km。该技术在应用过程中仍存在一些问题:①温拌添加剂或温拌沥青市场价格较高、国内产品不稳定或限于试验研发阶段;②温拌材料添加工艺、温拌沥青混合料施工工艺不完善;③温拌材料的评价指标不明确,难以进行质量控制。

(二)研究内容

通过本项目的研究,开发出环保且成本低廉的温拌沥青混合料。从国内外泡沫沥青温拌混合料的制备工艺及应用情况调研着手,深入了解沥青机械发泡机理,确定沥青发泡实现温拌效果的技术参数范围。运用室内沥青发泡设备,制备不同参数条件下的泡沫沥青,对其路用性能进行检测,对不同拌和条件下的泡沫沥青混合料进行路用性能评价。研究得到的泡沫沥青温拌混合料各项路用性能指标不低于普通热拌沥青混合料,并根据试验路铺筑情况总结编写《泡沫沥青温拌混合料施工技术指南》,从而指导泡沫沥青温拌混合料路面的设计与施工。

(三)取得成果

发表学术论文3篇《Study on modified asphalt foaming characteristic basing on energy analysis》《沥青机械发泡特性分析与评价》《泡沫温拌沥青混合料在辽阳北石线的应用研究》《泡沫温拌沥青混合料路用性能研究》;编制《泡沫沥青温拌混合料施工技术指南》。

（四）取得经济效益与社会效益

沥青机械发泡法与表面活性剂法和有机添加剂法相比，可大大节省生产成本，理论计算每吨沥青混合料可节约成本 5.9～8.5 元，拌和站实测每吨沥青混合料可节约成本 2.3～5.0 元，因此，采用沥青机械发泡法实现温拌，其经济效益十分显著。

泡沫沥青温拌混合料比普通热拌沥青混合料，在保证混合料性能同时，能够降低混合料施工温度 20～40℃，延长施工工期，减少能源消耗以及减少 CO、CO_2、NO_x 等有毒气体的排放量 30% 以上，能够有效减少施工中对施工人员的健康危害和周围环境污染，环境效益十分显著。

（五）成果的影响力

本项目研究成果的推广应用，将大大改善施工环境，提高路面质量。

（六）应用情况

本项目在辽阳市北石线改造工程中应用研究成果，铺筑一条泡沫沥青温拌混合料试验路，辽阳市北石线为 3 级公路，全长 4800m，路面宽约 7m，层厚 5cm，试验路采用 AC-13 泡沫沥青温拌混合料。

三十、SBS 改性沥青混合料应用于高速公路路面的技术研究

该课题由辽宁省交通规划设计院承担完成，研究时间为 2001 年 4 月～2003 年 12 月。

（一）立项背景

近年来，随着我国高速公路建设事业的迅猛发展，交通及气候条件对高速公路路面使用性能的要求也越来越高，一方面高速公路行驶车辆的重载、超载现象严重，并且渠化交通加重了车辆轴载对路面的破坏；另一方面，我国多数地区四季温差变化很大，沥青路面经受着气候条件变化的考验。

提高沥青路面的使用性能，采用合理的混合料级配是一方面，另一方面沥青的性能对路面的影响也非常大。辽宁省在沈山高速公路之前沥青路面表面层和中面层采用普通重交通道路石油 AH-90 号，路面下面层采用 AH-110 号沥青，早期竣工的高速公路使用的沥青标号更高。在沈山高速公路的表面层辽宁省首次采用了进口壳牌 AH-90 沥青，但是通过沥青及混合料的室内试验表明，壳牌沥青与国产重交通沥青没有本质的区别，省交通科学研究院曾经对沈山高速公路表面层所采用的壳牌沥青进行了 SHRP 分级试验，其评价等级为 PG64-22，只能满足一般路段的交通要求，沥青混合料的室内试验也显示，采用壳

牌沥青的 AK-13A 型抗滑表层混合料车辙试验的动稳定度只能达到 800~1000 次/mm，这样对于重载交通路段或者上坡路段，其高温性能明显不足，很容易使路面产生车辙，同时沥青混合料的水稳定性也不好。现阶段国外以及我国许多省份都开始采用改性沥青来提高路面的高低温使用性能，2002 年辽宁省的丹本、盘海、锦阜以及锦朝高速公路的建设都将进入到最后的沥青面层铺筑阶段，设计上已经考虑对以上项目沥青路面的表面层和中面层都采用 SBS 改性沥青，因此本课题就是对目前我国最常用的 SBS 改性沥青进行研究，提出其设计与施工指南，用以指导上述在建项目的施工。

(二) 研究目标和主要内容

1. 项目研究目标

通过改性沥青成品的室内试验，对不同品种的改性剂生产的改性沥青的路用性能指标进行比较，选择适合辽宁气候特点的改性剂；提出改性沥青大规模生产的工艺流程以及控制、检测方法；根据改性沥青的特性，提出改性沥青混合料的配合比设计方法及注意事项，以指导大规模的施工。

2. 主要研究内容

(1) 通过室内试验，选择适合辽宁气候特点的改性剂品种；

(2) 改性沥青加工设备的选择；

(3) 改性沥青加工的工艺和流程研究；

(4) 改性沥青室内检测方法研究；

(5) 改性沥青现场加工与工厂化生产质量控制方法研究；

(6) 改性沥青混凝土路面设计与施工工艺研究，并编写《辽宁省改性沥青混凝土路面设计与施工技术指南》；

(7) 铺筑试验路，对其路用性能指标进行观测。

(三) 取得的成果、效益

本课题研究通过室内试验，对辽宁的辽河、西太、北方三种基质沥青掺配不同品种和剂量的改性剂生产的改性沥青及其混合料进行了大量的室内试验，从而提出了改性沥青及混合料的技术性能指标。通过现场铺筑改性沥青试验路，研究改性沥青路面的施工工艺，并对路用性能指标进行观测和跟踪，并编写了《高速公路改性沥青路面设计与施工技术指南》。

经鉴定课题研究成果达到国际先进水平，并于 2004 年 12 月获得辽宁省科技进步三等奖。

(四)成果影响力及应用工程

课题研究紧紧与生产实践相结合,其科研成果对于2002年辽宁省在建的丹本、盘海、锦朝、锦阜高速公路沥青路面的施工具有极大的指导意义。并应用于多条高速公路路面的设计,主要有沈阳绕城高速公路扩建工程、灯塔至辽中高速公路、庄河至盖州高速公路等。

三十一、风积沙作为沈山高速公路路基填筑材料可行性研究

该课题由辽宁省交通勘测设计院承担完成,研究时间为1996年1月~1998年5月。

(一)立项背景

沈山高速公路沿线存在大量的风积沙。为利用风积沙填筑路基,减少路基远运土,节省工程造价而立项进行专题研究。

(二)项目研究目标

用理论与试验数据论证风积沙作为沈山高速公路路基填筑材料可行性;结合沿线风积沙特性,提出风积沙填筑路基的施工工艺,施工期间指导施工。

(三)主要研究内容

对风积沙进行室内试验,包括CBR、回弹模量、击实等试验项目;修建试验路,总结施工工艺,包括填筑层厚、压实机具、检测方法等。

(四)取得的成果、效益

科研成果指导了沈山高速公路风积沙路基段的设计与施工;使用了沿线风积沙1600万 m^3,与远运土相比较,节省投资5.03亿元,经济效益可观。

(五)成果影响力及应用工程

研究成果经鉴定,达到了国内同行业领先水平;为辽宁省风积沙地区修建高速公路提供了可靠的数据和经验;并应用于沈山高速公路修建路基工程。

三十二、沈大高速公路改扩建工程路基加宽技术研究

该课题由辽宁省交通规划设计院承担完成,研究时间为2001年8月~2004年12月。

（一）立项背景

根据辽宁省交通厅2001年交通科技重点项目计划,将沈大高速公路改扩建工程建成一流的工程,辽宁省交通厅立项"沈大高速公路改扩建工程路基加宽技术的研究"课题（项目编号0107）,并在2001年8月与交通厅科技处签订了《科研项目计划任务书》。课题研究旨在为沈大高速公路改扩建工程路基加宽工程提供填筑材料要求、施工工艺、软基处理方案等技术措施和科学依据,指导设计与施工。

（二）项目研究目标和主要研究内容

1. 项目研究目标

明确新加宽路基工后沉降量控制标准;提出软土路基段的处置方案、施工工艺;提出路基加宽技术室内、外试验报告;提出路基加宽的设计施工技术指南。

2. 主要研究内容

路基加宽工后沉降控制在8cm,研究路基加宽技术方案;国内外研究状况及类似工程处治方案的调研与分析;旧路加宽采用材料的技术、施工工艺的调研与分析;铺筑路基试验路段,确定观测断面,并埋设沉降、土压力、水平位移、孔隙水压力等观测仪器,进行施工和工后观测及室内外试验;进行路基试验路技术总结、编制设计施工技术指南。

（三）取得的成果、效益

路基试验路于2001年10月竣工（包括路面结构）,课题组于2001年12月完成了《路基试验路施工技术总结报告》,在此基础上编制了《高速公路路基加宽技术施工指南》;路面竣工后,工后沉降观测到2004年7月结束,工后沉降最大值1.4cm,小于新旧路基不均匀沉降控制指标1.7cm,小于课题科研合同要求的新加宽路基工后沉降值控制指标8cm;路基、路面在新旧搭接处未发现纵向裂纹,圆满完成了课题任务,达到了课题研究的目的。

根据课题成果,路基采用双侧加宽,利用原中分带;软基处理到位,避免桥头跳车;新旧路基结合部加强了处理,延长路面使用寿命,共节省费用4.5亿元。

经鉴定研究成果达到了国际先进水平,并于2005年分别获得辽宁省、中国公路学会科技进步三等奖。

（四）成果影响力及应用工程

研究成果在沈大高速公路改扩建工程中进行了广泛应用,有效地指导了路基工程的建设,提高了工程质量,延长了公路使用寿命,并具有显著的经济效益;研究成果具有良好的应用推广价值,为浙江省杭甬、江苏省沪宁和沪杭高速公路改扩建工程提供了借鉴。

三十三、京沈高速公路盘锦地区地基处治及路基填料的研究

该课题由辽宁省交通勘测设计院承担完成,研究时间为1995年5月~1999年8月。

(一)立项背景

京沈高速公路经盘锦市苇田区18km,地层为软弱土;该区域属无砂石地区。为解决软弱地基处理、路基填料、施工工艺等技术关键而立项专题研究。

(二)项目研究目标和主要研究内容

1. 项目研究目标

研究路基两侧取土的可行性;路基掺灰处理的可行性;软弱土处理技术。

2. 主要研究内容

盘锦苇田区软弱地基的最佳处治方案及实际沉降规律研究;盘锦苇田区采用两侧取土填筑的施工方案和施工工艺研究。

(三)取得的成果、效益

提出了路基两侧取土填筑路基的相关要求,以使其CBR和路基顶面回弹模量均达到设计及规范要求,解决了路基填料和施工工艺的关键问题;明确了软弱地基,一般路基采用自重预压及基底填筑80cm石渣处治方案;桥头路基采用碎石桩处治后,路基稳定性取得良好效果;实际工程中应用路基两侧取土,比外运土节省投资8322万元。

经鉴定课题成果达到了国内领先水平。

(四)成果影响力及应用工程

科研成果指导了京沈高速公路盘锦苇田区18km的软弱土地基处理;就地取土填筑路基技术解决了盘锦苇田区无砂石修建公路的技术关键;为辽宁省其他高速公路软弱土地基处理提供了经验;成果应用于京沈高速公路苇田区路基设计与施工,取得良好效果。

三十四、公路涵洞整体式基础研究

该课题由辽宁省交通规划设计院主持,与东北大学合作完成,研究时间为2009年5月~2011年11月。

(一)立项背景

在高等级公路设计过程中,盖板涵、拱涵、箱涵的应用非常普遍,一般情况下,其基础

形式为明挖扩大基础,基底承载力能满足设计要求。但由于受公路平纵指标限制,线位处地质条件的影响,尤其是高填土涵洞,出现涵洞基底承载力不足的情况,考虑处理地基的不便和成本因素,使设计者采用整体式基础。

目前,整体式基础在涵洞设计中已经相当普遍,尤其是中、高填方涵洞(6m以上)。国内的科研、设计机构,对涵洞的受力形态,包括高填方涵洞都做过一定深度的研究,但针对整体式基础的涵洞,还没有专门立项进行研究。在房建结构中,虽然有"地基承载力深度修正条件的结构补偿"的概念,但其与公路的边界条件有很大区别,所以公路结构设计不能套用房建结构设计。设计中主要依据《公路桥涵地基与基础设计规范》与《公路圬工桥涵设计规范》,但由于规范的针对性不强,具有局限性及计算手段不完善,使设计采用的基础承载力指标、基础材料的选用、地基的处理等不是十分明确和恰当,造成基础尺寸选取、钢筋配置不合理和工程造价加大。本项目通过对高填土涵洞整体式基础所需承载力指标研究、基础计算模式研究、基础材料优化研究,从而避免不必要的地基处理费用,达到节省涵洞基础造价的目的。

(二)研究目标和主要内容

1. 项目研究目标

本课题针对涵洞的分离式、整体式基础进行研究,通过数值模拟、试验室模型、现场试验相结合的方法,分别对整体式、分离式基础要求的地基承载力、受力模型及结构计算进行系统研究。

2. 主要研究内容

(1)对浙江、广西、江西、四川等省市公路涵洞整体式基础设计以及铁路涵洞整体式基础设计进行调查,了解同行业设计及研究动态。

(2)以辽开高速公路现场实体涵洞为实体模型,建立数学模型,进行数值模拟,研究涵洞周边土体和涵洞本身的应力应变在时间、空间上分布规律。

(3)以辽开高速公路现场实体涵洞为实体模型(与数值模拟模型同一实体模型),选择相似材料制作试验室小比例实体模型,进行试验室模型试验,研究涵洞周边土体和涵洞本身的应力应变分布规律,并与上述数值模拟结果进行对比分析。

(4)依托辽开高速公路现场实体涵洞,预埋传感器,在整个施工期、服役早期进行应力应变监测,进而研究涵洞周边土体、涵洞本身的应力、应变分布规律。

(5)通过上述计算、试验,对试验室模型试验、数值模拟试验、实体结构现场监测资料进行分析整理,计算各种工况下极限承载力,建立涵洞地基破坏模型,完成上述预定技术服务目标。

（6）通过上述计算、试验,与设计中一般采用倒梁法进行对比分析,对倒梁法进行具体化,提出计算方法与模式。

（三）取得的成果、效益

提出了基础跨中和端部弯矩计算公式和适用情况,供设计内力计算、选材（型）、配筋中参考。

提出基础设计中圬工结构、钢筋混凝土结构的采用原则和适用条件。

提出了换填的条件、位置、规模等换填中遵循的原则。

地基的刚度对降低差异沉降有重要意义,设计中应当对地基的刚度提出要求,根据可能的差异沉降力,对计算地基最佳刚度,提出了简单易行的计算公式。

课题结果的应用将使得设计施工更有针对性,通过降低基底要求承载力,避免了许多不必要的地基处理费用,从而大大节约了投资,结合不同地质条件可减少涵洞总投资0～25%。同时,发表论文1篇。

经鉴定该研究成果达到国内先进水平,获得中国公路学会科学技术二等奖。

（四）成果影响力及应用工程

课题成果解决了行业技术难题,确定了涵洞地基土破坏模式,并对规范中地基承载力的条款进行了补充,给出了新的基础内力计算公式,并提出施工中应注意的问题。课题组编制的《公路涵洞整体式基础研究》为今后辽宁省涵洞整体式基础设计提供了新的思路和经验,同时具有技术指导意义。该成果在西丰安民（吉辽界）至开原金沟子高速公路中进行了应用。

三十五、高填土涵洞设计方法的研究

该课题由辽宁省交通规划设计院主持,与东北大学合作完成,研究时间为2005年9月～2011年6月。

（一）立项背景

随着公路等级的提高与大量山区高等级公路的修建,为满足公路的较高线形标准的要求,并为符合减少弃方、保护环境、节省造价的设计理念,高填土涵洞的数量和填土高度均呈递增趋势。目前,我国的低填土条件下涵洞结构设计采用《公路桥涵设计规范》规定,涵洞的设计荷载采用垂直土压力计算公式$\sigma = \gamma h$进行计算,在进行高填土涵洞设计时,若仍然采用这个公式计算土压力,一些高填土涵洞的结构尺寸将过分保守,造成经济上不必要的浪费;另一方面,由于高填土涵洞没有合适的土压力计算理论,部分高填土涵

洞凭经验比拟设计,使涵洞结构尺寸偏小,导致部分高填土涵洞在施工期间或填土完成后即出现各种不同形式的开裂破坏病害,增加加固维修费用。

实际上当铺设涵洞时,涵洞会对其周围的填土、地基的应力场和位移场产生影响,反过来,涵洞结构自身的应力状态也会受到改变。涵洞与其周围填土、地基共同作用,构成一个变形、受力相互协调,彼此间相互关联、相互影响的统一结构体系。所以,单纯应用公路规范中的公式显然因忽视填土等其他影响因素脱离了实际受力情况,正确计算涵洞竖直土压力就显得尤为重要。涵洞垂直土压力的计算理论,不同行业的设计部门采用不同的计算公式。其计算理论和方法存在较大的差异,而且关于高填土涵洞的计算均没有明确的计算公式。

因此正确认识分析涵洞破坏原因,建立相应的合理土压力计算公式,采取经济而有效的工程措施预防涵洞病害的发生,在涵洞研究课题中显得尤为突出,同时也是很有实际意义的。

(二)研究目标和主要内容

1. 项目研究目标

课题组通过相似材料模型试验、数值模拟、以桓仁新开岭至丹东高速公路涵洞施工为依托的高填土涵洞上部垂直土压力现场监测,重点研究了决定高填土涵洞结构设计的荷载-垂直土压力关系,完成以下目标:

(1)提出"附加应力"和"土拱效应"共同影响的高填土涵洞垂直土压力分布理论;

(2)基于垂直土压力分布,建立了刚性和柔性两种地基处理方式对应的高填土涵洞土压力计算公式;

(3)利用自适应遗传算法——神经网络系统(AGA-BP)预测涵洞结构断面测点变形(应力)。

2. 主要研究内容

(1)试验室物理模型试验研究

首先收集国内外已建成的高填土涵洞的设计和使用情况的资料,主要包括涵洞的结构形式、构造尺寸、填土高度、设计理论和方法,以及使用年限、现状等情况。

采用相似材料,制成一定比例的拱涵或盖板涵的相似模型,分别模拟不同填高、不同结构形式(盖板涵、拱涵)、不同跨径的实际状况,在试验室进行静载试验,静力试验时分级逐渐加载,以模拟堆填过程,观测涵洞本身和填料应变和变形情况,并对涵洞整个加载过程中的变形与受力状态进行研究。

(2)数值模拟试验与理论研究

根据试验室研究的物理模型,确定数学模型,研究确定位移与荷载边界条件,采用有限元法进行计算分析,并与试验室和现场试验结果对比研究。

(3)现场变形观测研究

结合在建公路涵洞的施工,主要是对高填土涵洞在涵顶分层填土及碾压过程中,对涵洞主要受力部位发生的应变进行观测,反分析涵洞的受力状态。在施工中,预先在涵洞周围的敏感部位的不同方向以及不同的填土层,预埋光纤和钢弦式传感器,在施工的不同阶段、竣工验收、服役一年内分别在静力、动力荷载作用下进行位移变形和加速度观测,静力荷载工况为:在施工期为填土自重,即不人为施加荷载,竣工验收时实行满荷载(达到设计值),采用涵洞上布满重型卡车的方法施加,投入运营后为交通自然荷载。动力荷载在施工期和投入运营后为自然荷载,竣工验收时实行重型卡车同步调跳跃加载和重型卡车不同速度匀速通过的方法施加。

(4)高填土涵洞的土压力计算、稳定性理论与设计理论与方法

结合试验研究与现场观测,采用岩土工程方面的理论,重点对"土拱效应"进行理论分析和研究,优化设计参数,总结出高填土下涵洞的设计理论和方法。

(三)取得的成果、效益

在期刊《东北大学》发表论文《高填土涵洞土压力理论与涵洞结构变形智能预测》,在期刊《北方交通》发表论文《考虑不同填土参数的高填土涵洞土压力分布研究》,在期刊《地下空间与工程学报》发表论文《基于高填土涵洞相似材料模型的土压力研究》。

课题计算设计的涵洞与高架桥相比投资节约投资49%,与不考虑"土拱效应"的设计方法相比投资节约投资14%。而且由于本项目的实施,及时解决了施工过程中出现的问题,保证了高填土涵洞的施工安全和质量,消除了施工中和今后运营中的安全隐患,又加快了施工进度,缩短了施工期,确保了全路顺利通车。由此可以看出高填土涵洞设计采用本研究的计算方法能得到较好的经济效益。

课题成果达到国内先进水平,并获得2012年中国公路学会科技进步三等奖。

(四)成果影响力及应用工程

通过现场试验,对施工中填土高度对涵洞受力的影响有了更深入的了解,对涵顶填土的施工控制有一定的指导作用。

课题提出的土压力计算公式在相关涵洞设计中得到推广应用,通过推广设计人员对高填土涵洞的应力分布更加清晰,对提高设计质量和节约工程造价起到重要作用。课题组编制的《高填土涵洞设计方法的研究》为辽宁省高填土涵洞设计提供了新的思路和经验,对涵洞设计具有重要的技术指导意义。

本课题的研究成果在鹤大高速公路恒仁新开岭（辽吉界）至丹东古城子段的涵洞设计中进行了应用。采用课题的土压力计算公式设计的涵洞共计107道，并对部分涵洞进行现场检测，获得较翔实、完整的数据。对现场试验数据进行汇总分析，表明涵洞实际应力分布与模型试验、数值模拟计算结果基本一致。

三十六、丹庄高速公路软土路基处理技术的研究

该课题由辽宁省交通勘测设计院承担完成，研究时间为2003年3月～2004年12月。

（一）立项背景

本课题是配合辽宁省丹东—庄河高速公路建设项目而设立的。丹庄高速公路全长135km，其中软土路基长度50.415km；占路线总长的37.3%。因此，软基处治成为该路建设的技术关键。

（二）研究目标和主要内容

1. 项目研究目标

通过研究控制软土路基处理设计以工后沉降量≤30cm；完成国内软基处理方法、使用效果的资料调研报告；提出软基处理观测断面的观测报告；编制软基处理施工技术指南。

2. 主要研究内容

（1）根据软基设计时经过经济、技术比选确定的粉喷桩、塑料排水板、振冲碎石桩、自重预压四种软基处理措施，进行软基处理技术的研究。

（2）通过软基处理的现场观测和试验、分析软基设计方案的技术性能，研究填土与沉降、填土与水平位移、填土与土压力的关系，并总结设计与施工技术。

（3）在软基处理方案的施工过程中，课题组在施工现场指导软基处理施工。

（4）编制《软基处理的施工技术应用指南》。

（三）取得的成果、效益

课题组通过埋设沉降、水平位移、土压力传感器获得了齐全、完整、翔实的观测数据；提出了路基填筑速率和沉降速率的关系，得出了四种软基处理措施路堤填筑速率的控制标准。可以为今后辽宁省软基路堤控制施工提供参考；提出了辽宁地区软土路基处理的工后沉降量宜小于20cm的标准；根据研究结果，总结了软土地基变形规律，综合分析了不同处治措施的技术适应性，并根据辽宁软土的特点，提出了辽宁地区软基处理设计的推

荐方案,同时编制了《软基处治施工技术指南》;课题成果已应用于丹东至庄河高速公路工程,并经过一年期的跟踪观测,证明所提出的处治措施合理、可行,经济效益和社会效益显著,具有推广应用价值。

课题成果在丹庄高速公路上的应用,减少沉降量土方,节省投资 12177 万元;缩短工期,提前运营增加收费 26000 万元;减少桥头跳车维修费 4110 万元;延长路面使用寿命,节省投资 4200 万元;研究成果总计节省投资 8.5 亿元。

经鉴定课题成果在国内已达到领先水平。

(四)成果影响力及应用工程

科研成果指导了丹庄格栅公路软基处理的设计与施工;为辽宁省其他高速公路软基处理提供了可借鉴的经验;成果应用于丹庄高速公路软土路基处理,取得良好效果。

三十七、应用运行车速理论提高高速公路安全性研究

该课题由辽宁省交通规划设计院主持,与同济大学合作完成,研究时间为 2006 年 8 月~2008 年 8 月。

(一)立项背景

公路运输在带来高效、快捷、方便的同时,交通安全问题也越来越突出,特别是我国高速公路安全形势日益严峻,事故率远高于普通公路,交通安全已成为政府和公众广泛关注的社会问题。公路设计工作对公路建设质量好坏起着关键的作用,原有以设计车速为基础的公路路线设计方法存在不足,国外早在 20 世纪 60 年代就开始了运行车速的研究,近年来,德国、法国以及澳大利亚等发达国家广泛采用以运行速度为基础的路线设计方法,我国在相关领域的研究还处于起步阶段。运行车速的引入,可以有效解决路线设计指标与实际行驶速度所要求的线形指标脱节的问题,改善路线设计质量,提高公路路线设计的安全性和协调性。因此,为充分发挥辽宁省高速公路网的效能,提高高速公路设计水平,预防和减少交通事故的发生,最大限度降低事故损失,保证运营安全,适时开展运行车速理论和方法的研究是十分必要和迫切的。

(二)研究目标和主要内容

1. 项目研究目标

根据我国的实际情况,建立可信的运行车速模型,以此为基础形成一套科学的、合理的、可操作性强的公路安全评价与设计方法。

2. 主要研究内容

(1)既有高速公路安全营运状况调研,建立运行车速模型。收集国内外相关研究资

料;调查已有高速公路运行车速、交通流状况、设计资料;调查分析不同车道数条件下交通流分布状况、运行车速;分析不同线形指标组合和交通状态对运行车速的影响;建立适合于辽宁省特点的基于运行车速的高速公路路线设计安全性评价模型。

（2）运用基于运行车速的高速公路路线设计安全性评价模型评价高速公路路线几何线形均衡性。运用运行车速模型评价高速公路平面线形的均衡性;运用运行车速模型评价高速公路纵断面线形的均衡性;运用运行车速模型评价高速公路横断面过渡的协调性。

（3）不同交通状态和环境下高速公路几何线形均衡性和均衡驾驶研究。分析高速公路不同几何线形和交通组合状态对运行车速及安全性的影响;调查分析不同车道数和交通组合状态对运行车速及安全性的影响;调查分析不同天气条件下（冰雪路面、潮湿路面）车辆运行状态,对车速及安全性的影响;运用计算机仿真软件进行仿真模拟研究,模拟不同交通组成、道路环境及管理控制对车速的影响,研究瓶颈路段的均衡驾驶;研究货车对高速公路运行安全及运行车速的影响。

（4）编写基于运行车速理论的辽宁省路线安全设计指南。

（5）建立安全评价软件系统。根据观测、分析、统计的数据,按照运行车速模型,建立路线安全评价软件。按照不同的车道数、交通流、交通组合、气候条件等因素对路线线形指标、运行安全等进行分析评价。

（三）取得的成果、效益

对反映公路线形空间几何特征的平、纵、横技术指标及隧道、桥梁等结构物影响因素进行了全面深入的分析,提出公路线形综合指标概念,建立包括空间曲率、曲率变化率、曲线转角、纵坡度、车道宽度等指标的三维公路线形空间客观描述模型;建立基于高速公路几何线形综合指标的运行车速预测模型和基于空间曲率的高速公路运行车速预测模型;基于车速协调性需求,研究车速变异系数、客货极差比、路段车速离散度、断面车速差、车速降低系数等运行车速特征指标与事故率的关系,建立高速公路线形设计一致性模型;结合我国实际情况,提出我国高速公路线形设计一致性标准和设计方法,给出高速公路线形设计一致性技术指标建议值;编写辽宁省路线安全设计指南、建立安全评价软件系统;获辽宁省科技进步三等奖、中国公路学会科技进步二等奖。

课题成果的应用可以完善公路设计、施工、运营中的技术环节,同时还可为公路运营管理措施的实施提供科学依据;通过工程技术在实际工程中的运用,可以有效提高公路的运营安全,从而显著减少公路交通事故造成的巨大经济损失和不良社会影响;为其他地区危险路段的治理改造提供宝贵经验,为我国相关技术规范的修订提供借鉴。

经鉴定该成果总体上达到国际领先水平。

(四)成果影响力及应用工程

研究成果能够提高设计质量和行车安全性,取得良好的经济效益和社会效益。利用课题成果对鹤大高速公路进行了安全性评价,对后续省内设计项目采用本项目编写系统进行运行车速检验。

三十八、辽宁高速公路桥梁管理系统研究与开发

该课题由辽宁大通公路工程有限公司主持,与辽宁省高速公路管理局、东北大学、辽宁省交通规划设计院合作完成,研究时间为2008年7月~2011年7月。

(一)立项背景

高速公路桥梁养护维修即将进入高峰期。因此,高速公路管理部门迫切需要具有综合管理决策特点的智能化管理技术对桥梁进行有效的管理。桥梁智能化管理技术是一门新的综合管理技术,它将桥梁基础数据、病害数据、检查与检测、技术状况评估、结构退化预测、维护对策与政策基准以及经济分析等内容有效的集成在一起,协助桥梁管理部门制定合适的桥梁养护管理政策及长期维护规划。随着科技的发展和各地区桥梁管理水平的提高,桥梁管理者对桥梁智能化管理技术提出了新的要求。在进行适应新形势下桥梁智能化管理技术研究的同时,培养适合本地区桥梁管理人才的工作也是当务之急。

(二)研究目标和主要内容

1. 项目研究目标

结合辽宁省地域特点、多年桥梁养护加固经验和桥梁养护加固科研成果,对桥梁技术状况、安全性、耐久性、适应性、经济性评价,并对桥梁技术状态退化预测模型进行研究,最终形成一整套桥梁管理系统。

2. 主要研究内容

(1)引入预防性养护理念,确定了典型病害间关联度及取值范围,建立了桥梁承载力安全性、耐久性、适应性、最佳养护时机等多因素综合评价模型,开发了桥梁管理系统。

(2)在国内首次采用马尔可夫模型、灰色理论研究桥梁构件承载力随服役时间的变化关系,建立了桥梁技术状况预测系统;首次采用智能层次分析法建立了桥梁单因素与多因素决策系统。

(3)开发的桥梁管理系统采用模块化结构设计,功能完善,性能稳定,操作方便,为公路养护管理部门制订桥梁养护方案提供了决策支持。

(三)取得的成果、效益

获得了计算机软件著作权(辽宁高速公路桥梁管理系统 V1.0),软件产品登记(辽宁高速公路桥梁管理系统 V1.0),并发表了《GPR signal analysis of post-tensioned prestressed concrete girder defects》《营口互通立交桥病害分析及维修加固技术》《桥梁管理系统的分析与设计》等 5 篇论文。

利用辽宁高速公路桥梁管理系统 V1.0 进行桥梁的管理、养护,可以节省人力、物力;能够提供有效的养护手段和合理的安排计划,使有限的资金得到有效的利用;提高桥梁的养护质量,延长了桥梁的使用寿命,减少由于封闭道路增加的社会综合运输成本;可以选择桥梁最佳养护时段,提高桥梁的社会综合服务能力,发挥长期经济效益。

经鉴定该成果总体上达到国内领先水平。

(四)成果影响力及应用工程

辽宁高速公路桥梁管理系统 V1.0 的使用极大方便了管理部门养护工作,有效地提高养护单位的养护水平和管理效率;取得良好的经济效益和社会效益。并应用于辽宁省高速公路 13402 座/955216 延米桥梁检测、养护及日常管理。

三十九、季冻区桥梁盐冻腐蚀防治技术研究

该课题由辽宁大通公路工程有限公司主持,与哈尔滨工业大学、东南大学、辽宁省高速公路管理局、辽宁省交通厅公路管理局合作完成,研究时间为 2009 年 7 月~2011 年 6 月。

(一)立项背景

对辽宁省桥梁的初步调研发现,许多桥梁的使用时间不足 10 年,混凝土即产生了非常严重的剥蚀,钢筋锈蚀也较严重,路桥的使用寿命远未达到其设计使用年限。其主要原因:其一,冻融对混凝土腐蚀问题比较突出。冻融次数、最低气温、温差是造成水泥混凝土破坏的主要因素,在反复冻融作用下不仅混凝土产生冻害,而且加剧钢筋锈蚀。其二,冬天采用含盐除雪剂,个别采用卤水除冰雪解决桥面结冰,对桥梁混凝土与钢筋造成极大损害。"盐与冻"破坏在一座桥上可能同时存在。其三,桥梁防排水构造和混凝土材质缺陷,水不能迅速排出使混凝土处在长期水或盐溶液浸泡下促使混凝土加速破坏。

(二)研究目标和主要内容

1. 项目研究目标

针对处于寒冷、严寒和腐蚀地区我国公路、桥梁建设的特点,开展寒冷、严寒和腐蚀地

区水泥混凝土路桥材料受盐冻腐蚀调查,材料受盐冻腐蚀破坏程度评价方法及指标的研究,提高路桥水泥混凝土耐久性的防冻涂装和防渗防腐关键技术研究,制订相应的技术指南,对提高辽宁省寒冷、严寒地区水泥混凝土结构的耐久性、延长水泥混凝土结构使用寿命、提高投资效益、加快经济建设步伐有重要意义。

2. 主要研究内容

(1)辽宁地区混凝土桥梁结构环境类别及其作用等级分区研究。通过对辽宁气象资料分析,考虑年冻融循环次数与降水量因素研究桥梁构件环境作用分区。

(2)盐冻环境下混凝土损伤机理研究,修正了氯离子在混凝土中的传输模型。研究单一盐冻腐蚀与考虑荷载与盐冻耦合作用的腐蚀破坏作用。

(3)混凝土表面用渗透增强剂的研制与喷涂、混凝土表面涂层防腐、修补用聚丙烯腈纤维聚合物胶粉水泥砂浆和高性能水泥砂浆研制与施工工艺研究。

(4)修补用高性能混凝土:单掺单级配高性能细石混凝土,单掺双级配高性能混凝土,双掺双级配高性能混凝土,高性能混凝土施工工艺等研究。

(5)混凝土桥梁预防盐冻腐蚀系统性设计与构造研究。包括桥梁结构各主要构件的设计。

(6)在役桥梁未经防治盐冻腐蚀环境耐久性检验与评价。

(三)取得的成果、效益

延长桥梁的使用寿命,有效节省养护资金,可以减少桥梁养护成本10%~15%以上,将提高桥梁养护综合效益,其经济效益极其可观,使得养护水平迈上新的台阶,促进交通行业养护技术进步,并且研究成果能够在类似环境地区应用,具有重要的理论意义与应用价值。同时通过与大专院校、养护管理单位共同研究,培养了一大批相关技术领域内的设计、科研和管理人才,推动了交通事业的发展。社会经济效益显著,推广应用前景广阔。

同时,发表了《辽宁地区盐冻腐蚀环境下混凝土桥梁结构损伤》《盐冻环境下混凝土提高耐久性的措施》《辽宁地区桥梁结构环境类别分区研究》等5篇论文。

经鉴定课题成果达到国际先进水平。

(四)成果影响力及应用工程

应用结果表明研究成果能够提高桥梁结构抵抗盐冻腐蚀的能力,延长使用寿命,具有较高应用推广价值,对辽宁省类似工程起直接指导作用。经过数十座桥梁的试验验证,课题成果已大量应用于辽宁省数千座高速公路桥梁养护中,并逐渐应用到普通公路的桥梁养护,成功地实现了成果转换。

四十、辽宁省隧道管理系统研究与开发

该课题由辽宁大通公路工程有限公司主持,与辽宁省交通规划设计院公路养护技术研发中心、东北大学、辽宁省高速公路管理局合作完成,研究时间为2011年9月~2013年9月。

(一)立项背景

近年来,随着辽宁省高速公路建设跨越式发展,公路隧道建设迎来了新的高峰,丹通、桓永、旺南、庄盖多条高速均处于辽东山区,共修建隧道116座/103682延米,建设的隧道座数和总长度均超越辽宁省以往任何公路线路,且首次出现2座特长隧道,隧道数量约占全省现有公路隧道总数50%。而在整个公路网中,隧道又是一个薄弱环节,一旦出现问题,将会导致整个路网瘫痪。所以,建立并使用一套适应辽宁省实际情况的隧道管理系统是十分必要的。

(二)研究目标和主要内容

1. 项目研究目标

建立有自主知识产权、可自主维护更新的辽宁公路隧道管理系统;建立隧道管理信息数据库;系统实现数据查询、评价、决策功能;可以生成隧道维修养护方案并输出隧道养护报告。

2. 主要研究内容

(1)全新开发了包含隧道土建结构、机电设施、其他工程设施与运营安全管理等内容的隧道管理系统。

(2)创新性地将运营安全管理评价纳入隧道总体技术状况评价中,建立了适合辽宁地区的隧道技术状况评价体系。

(3)提出了基于平均标度修正法的隧道土建结构技术状况评价方法;提出了以设备完好率为基础的机电设施技术状况评价方法,建立适合辽宁地区特点的机电设施维修与养护模块。

(4)从辽宁省公路隧道运营管理体制出发,提出了隧道运营安全管理状态的评定方法,建立了隧道运营安全管理及预警指标体系。

(5)根据辽宁地区养护实际情况,对隧道衬砌等土建结构病害进行定量化分级评价,提出维修处治方案,并建立了综合单价费用估算模型。

(6)采用基于智能层次分析法的理想逼近点法,建立了隧道单因素与多因素决策模型。

（7）基于地理信息系统（GIS），实现了隧道的空间地理定位与业务数据的快速查询，使信息查询与统计可视化、图形化。

（8）开发了基于 Android 系统的隧道外业采集平板终端，减少外业采集人员的工作量。

（三）取得的成果、效益

辽宁省隧道管理系统的应用，提高桥隧管理效率，节省65%的人力；方便养护部门对于桥隧技术状况的了解和养护决策，编制养护维修计划，进行维修费用分析与管理，有计划地通过养护、维修、加固等手段，提高运行安全状态、服务水平，延长使用寿命，逐步实现养护的良性循环，节约20%～25%的综合养护与管理费用；提高了养护质量，减少由于封闭道路增加的社会综合运输成本，养护工作从被动转为主动。

同时，获得软件著作权：高速公路隧道（土建结构）外业采集系统；并发表《基于 Silverlight 技术的隧道土建结构管理系统开发》《公路隧道技术状况评价体系研究》《隧道管理系统研究与开发》等5篇论文。

经鉴定研究成果达到国际先进水平。

（四）成果影响力及应用工程

辽宁省隧道管理系统的应用体现了隧道养护与管理的信息化领域的前沿进展，对于桥隧养护与管理体系的完善、人才梯队的培养具有重要的推动作用；并应用于辽宁省高速公路223座/200705延米隧道检测、养护及日常管理。

四十一、辽宁省公路桥梁管理系统信息集成及推广应用

该课题由辽宁省交通规划设计院公路养护技术研发中心主持，与辽宁大通公路工程有限公司、东北大学、辽宁省高速公路管理局、辽宁省交通厅公路管理局合作完成，研究时间为2013年2月～2014年12月。

（一）立项背景

截至2012年底，据不完全统计，高速公路共有12269座桥（单幅）/773256延米。桥梁投入使用后，需要对桥梁的质量进行检测，了解和掌握桥梁的技术状态，根据桥梁的技术状态提出具体的维修方案、施工图设计等措施，从管理者角度出发，及时掌握桥梁在全过程管理中所处状态，有必要对上述信息进行集成，便于管理者在当前或若干年之后查询、统计、分析各年的维修、进展、投资使用等情况。

(二)研究目标和主要内容

1. 项目研究目标

结合辽宁省公路管理职能部门的管理要求,对桥梁从建成通车到经历维修加固后竣工通车的全过程采用信息化手段进行管理,开发具有自主知识产权、能够自己维护更新的桥梁管理信息集成系统。

2. 主要研究内容

(1)构建了基于支持决策分析的桥梁养护管理全过程体系,制定了项目工作流程,实现了桥梁项目全生命周期流程管理。

(2)结合技术状况等级、天气及工程进度等情况,制定了系统多级预警机制,为用户发送预警信息。

(3)开发完成了基于Silverlight技术的桥梁360°全景图展示和基于技术状况等级的桥梁地理信息展示模型。

(4)编制《辽宁省公路桥梁养护加固技术指南》。

(三)取得的成果、效益

辽宁省公路桥梁管理系统信息集成及推广应用能够提高公路总体服务水平和社会综合服务能力;通过桥梁信息集成,提高桥梁管理效率;通过系统对桥梁养护维修加固项目全过程生命周期管理,结合工作流方式,提高桥梁运行安全状态;实现全方位动态管理,提高公路运输安全保障。编制了《辽宁省公路桥梁养护加固技术指南》。

经鉴定课题成果在国内已达到领先水平。

(四)成果影响力及应用工程

该成果的推广和应用,促进了桥梁管理的信息化、规范化进程,提高了桥梁综合养护能力和管理水平,经济与社会效益显著,课题成果应用于辽宁省高速公路13402座/955216延米桥梁检测、养护及日常管理等多领域的综合性管理工作。

四十二、东北地区后张预应力混凝土梁式桥梁病害检测技术研究

该课题由辽宁大通公路工程有限公司主持,与东北大学、吉林大学、辽宁省交通勘测设计院、辽宁省交通厅公路管理局合作完成,研究时间为2005年8月~2007年11月。

(一)立项背景

20世纪50年代预应力混凝土桥梁在国外已大量修建,辽宁省于60年代开始兴建,

到 2004 年辽宁省地方干线公路修建预应力混凝土桥梁共 2 万延米、高速公路达 11 万延米。1985 年英国一座预应力桥梁倒塌，2004 年辽宁省田庄台大桥塌桥，经国内外调查、发现均由于预应力钢绞线锈蚀断裂导致桥梁倒塌。预应力混凝土桥梁破坏是脆性突然发生、预应力病害有隐蔽性。从提高桥梁安全度实施预防性养护，急需开展对预应力混凝土桥梁损伤检测技术研究。

(二)研究目标和主要内容

1. 项目研究目标

通过课题研究探索预应力混凝土梁应力释放规律；提供两种应力释放方法优化方案、具体工艺操作手册；根据不同钻孔直径与深度的应力释放试验数据建立数学模型，开发计算机仿真应用程序，计算误差符合工程检测要求；根据模型梁的雷达试验结果并经实桥检验修正、分别建立混凝土梁典型空洞缺陷图形库和钢束锈蚀率 15% 以上定性分析的图形库；设计并二次开发的雷达探测软件能够自动探测到混凝土梁在一定深度内的空洞缺陷和位置，提供相关软件和操作手册。

2. 主要研究内容

(1)采用应力释放方法，成功引入应力释放率概念，判定预应力混凝土桥梁现存应力；通过应力释放过程仿真，将试验结果浓缩成多种数学模型，实现了通过浅层释放条件下获得现存应变值的检测方法，具有工程应用价值。研制了混凝土钻孔专用设备，探索出水冷条件下现有桥梁的应力释放检测新工艺。

(2)通过雷达扫描图像数据进行特征分类，建立了典型缺陷图形库，基于小波分析工具提取图形库的数学特征，利用计算机对病害进行识别，开发了相应的自动识别软件，具有创新性。

(3)超声波定点检测与雷达快速扫描相结合，提高了预应力孔道病害检测精度。

(三)取得的成果、效益

研发了应力释放成套设备；开发钻孔应力释放过程的动态仿真系统；开发了基于典型缺陷的自动识别软件；发表了《雷达识别预应力混凝土梁内预应力束孔道缺陷》《GPR signal analysis of post-tensioned prestressed concrete girder defects (SCI 检索)》2 篇论文。

通过应力释放、雷达与超声波相结合的病害检测技术，对大型预应力混凝土桥梁工作状况进行迅速、准确评价，及时预报，防止这类桥梁脆性破坏突发事故产生，避免桥梁中断交通造成社会经济损失、环境污染和人员伤亡。同时节约大量资金，经济效益显著。

经鉴定课题总体上达到国际先进水平。

(四)成果影响力及应用工程

本课题应力释放方面的成果可应用到现役混凝土结构的定量安全评价中,雷达病害检测方面的成果,可以在专业人员配合下使用,今后可积累更多完善病害图形库,并培训一批专业人员,有利推广使用。

课题成果应用于沈阳绕城高速公路后丁香大桥(1426m)、苏北大桥(1361m)、沈丹高速公路草河口大桥(986.7m)、沈四高速公路平顶堡大桥(734.4m)、长春远达大桥(234.88m)、鹤大线大洋河大桥(816m)等工程,试验结果与课题研究成果相吻合,总体应用情况较好。

四十三、桥梁加固新技术、新工艺研究

该课题由辽宁大通公路工程有限公司主持,与大连理工大学、辽宁大学、辽宁省交通规划设计院、辽宁省交通厅公路管理局合作完成,研究时间为2001年6月~2004年8月。

(一)立项背景

随着我国国民经济的发展,我国的公路建设事业取得了不断地发展,到2001年底全国公路总里程已达169万km,桥梁总座数已达28.4万座/1065万延米。除近些年修建的新桥按较高等级的荷载设计标准修建外,大量的是在20世纪50~70年代修建的低标准公路桥梁,并且已经达到或接近设计基准期,由于自然环境的自然侵蚀和近期超载超限车辆增多,桥梁的损伤甚为严重,据了解全国三类以下桥梁有3.7万座/118万延米,分别占全国桥梁总数量和总长度的13%与11%,辽宁省病危桥梁改造与加固任务是十分艰巨的。

(二)研究目标和主要内容

1. 项目研究目标

研究提出加固设计理论与方法及配套软件;根据病害机理,提出设计与施工改进建议;确定在役桥梁质量评定分类指标;制定旧桥加固经济评价方法;编写有针对性适合辽宁省的加固钢筋混凝土桥梁的新工艺设计施工指南;研究采用新材料、新工艺桥梁加固方法,提高桥梁耐久性、适用性,使承载能力达到或接近新建同类桥梁水平,加固费用不超过新建同类加固桥梁的20%~50%。

2. 主要研究内容

(1)结合北方寒冷地区特点,研究FRP布材及其与混凝土表面黏结,在环境温度

-17~8℃冻融循环 50~100 次条件下 FRP 及其加固混凝土结构抗冻性能,在 23℃经 30 天浸水条件下 FRP 材料水腐蚀性能,以及 FRP 布材在应力幅值 40%~60%经 500h 长期荷载作用下 FRP 的徐变特性研究。

(2)成功地研究不中断交通状态下采用 FRP 布材加固桥梁的试验,通过:①试验室内在疲劳机上模拟动荷载,频率 1Hz,应力幅值 0.583~0.417 连续动荷载作用下粘贴 FRP 加固混凝土梁;②在现有桥梁日交通量在 3000 台次作用下粘贴 FRP 加固桥梁。

(3)研制适用于不同环境温度(>5℃)与相应加固施工工艺和不中断交通粘贴 FRP 布材加固桥梁需要的"黏结剂"与"浸胶机"并提出专利申请。

(4)对国内外采用 FRP 加固桥梁的研究成果进行校验,提出相应理论计算公式的修正。提出梁体在反拱状态下粘贴 FRP 技术。总结加固工程实际经验,提出 FRP 等桥梁加固施工工艺与预算定额。结合实桥试验总结辽宁地区桥梁承载能力衰减模型及裂缝开展与承载能力关系模型。

(5)补充当前桥梁质量分类指标,提出用裂缝、固有频率劣化度、可靠指标等量化方法和标准。

(6)总结辽宁地区钢筋混凝土桥梁的碳化与钢筋腐蚀规律基础上提出辽宁地区桥梁耐久性与剩余寿命评估方法。

(三)取得的成果、效益

发表《冻融循环对纤维增强塑料与混凝土黏结性能的影响研究》《碳纤维布加固已承受荷载的钢筋混凝土梁抗弯性能试验研究及抗弯承载力计算》《基于模糊综合评判和层次分析法的钢筋混凝土梁桥安全性评估》4 篇论文;研发了纤维布浸胶机、结构专用胶,获得专利:桥梁动态结构胶,复合纤维布浸胶机。

当前桥梁养护与运输管理部门还不能提供桥梁日常养护维修费用与运输成本等国民经济与财务年效益所需数据。而且课题研究成果当前尚未公布与鉴定,仅仅在大通公司承担工程项目中应用。经过大量依托工程验证,加固费用为重建费用的 0.3549,大大节约投资。

经鉴定该课题成果达到国际先进水平。

(四)成果影响力及应用工程

该课题成果对于北方寒冷地区和不中断交通状态下粘贴纤维布加固钢筋混凝土桥梁具有重要意义,具备极大的推广价值;并应用于辽宁省多条高速公路百余座桥梁维修加固,经过几年运营,使用效果较好。

四十四、基于现有传感器的桥梁无线检测成套技术研究

该课题由辽宁大通公路工程有限公司主持,与哈尔滨工业大学合作完成,研究时间为2005年8月~2008年7月。

(一)立项背景

现有的桥梁检测过程中数据传输均采用有线电缆方式完成。此技术手段虽有数据传输效率高、准确性高和技术成熟的优点,但是在大跨度桥梁结构测试中,随着桥梁跨径的增大,传感器数量随之增加,有线电缆用量剧增,布置和撤离有线电缆工作量大,导致现场测试周期长、效率低,甚至可能导致几千米的有线电缆布线工作量变得难以实施;众多的有线电缆分布复杂凌乱、容易接错线位,为后期的数据处理带来难以补救的损失;大型桥梁检测工作周期长,须在晚上看守试验现场以防止有线电缆被损、被盗等弊端。因此,有理由认为现有的桥梁检测技术手段明显落后于桥梁工程的建设水平。在一定程度上这制约了桥梁工程技术水平的提高,使得一些新结构、新技术、新材料和新设计思想难以得到现场试验验证。

上述问题的存在对桥梁结构检测技术提出了新的、更高的要求。开展大型桥梁结构的检测采用无线传输与遥测技术研究显得非常必要。

(二)研究目标和主要内容

1. 项目研究目标

提交基于现有传感器的无线检测成套技术成果;形成桥梁无线测试技术系统的成套技术、产品样机、定型设计、使用说明;完成室内外对比分析技术报告;相应软件的开发;编制桥梁无线检测技术应用指南。

2. 主要研究内容

(1)在系统总结和详细评述目前国内外桥梁结构测试系统研究和应用现状的基础上,针对现有的以导线进行数据传输存在的问题,提出了桥梁静、动态的无线测试系统整体结构设计,并进行了其实现、调试和验证工作。

(2)针对桥梁结构静态测试特点,利用C++Builder进行软件的编程,结合数据库技术进行了测试数据库结构的设计和研究,实现对数据的操作管理;针对其桥梁应用环境的特点,提出无线通信协议平台设计,进行了无线信道通信协议的设计,以此实现在特殊环境中数据的无线传输;针对数据的需求,提出进行数据库结构的设计,实现对数据的操作管理;进行系统的软件设计,实现数据的无线传输、存储、显示和处理等功能;进行了软件的调试与验证,验证了可行性、可靠性和稳定性。

(3)针对桥梁结构动态测试的特点,实现动态信号的采集;进行无线信道通信协议的设计,实现数据的无线传输;进行软件的设计主控软件、采集节点子系统中单片机软件的设计、调试与试验,实现主站和副站之间的数据的无线传输;后处理实现对动态测试参数频率、阻尼和冲击系数的数据处理、分析和评价。

(三)取得的成果、效益

研发了桥梁无线测试系统(设备);开发了桥梁无线测试系统配套软件;获得专利:基于传感器的桥梁无线检测系统。

桥梁无线测试系统取消了导线,降低了测试成本,直接产生了经济效益;缩短了时间,提高了效率,间接地提高了经济效益;桥梁无线检测技术的研究成果将形成产品出口,为国家获得外汇收入,产生经济效益。

经鉴定该成果总体上达到国际先进水平,其中结构测试的数据集成发射技术达到国际领先水平。

(四)成果影响力及应用工程

桥梁无线测试系统不仅可以用于长大跨径的桥梁,亦可用于为数众多的中小跨径桥梁的检测工作。据初步统计,截至2006年我国现有的55万余座,六成以上桥梁存在技术标准低、通行能力差、结构性缺陷或不同程度的功能性失效隐患,急需进行桥梁检测,以了解桥梁所处的实际状况。这说明了我国桥梁已经从大规模兴建转入到建、养并重的历史阶段。桥梁无线测试系统可适应于振弦式传感器、电感式传感器、电阻式传感器、加速度传感器,故还可以广泛应用于大型建筑、公路、大坝、涵洞、地铁等大型土木工程的应变、位移、裂缝、结构动力性能等参数的监测。因此其发展前景好。

沈环高速公路后丁香大桥于2008年4月由辽宁大通公路工程有限公司进行了检测,检测中采用了由辽宁大通公路工程有限公司和哈尔滨工业大学共同研发的桥梁无线检测成套设备对桥梁进行了荷载试验,取得了良好的试验效果,后期在大量桥梁检测中得到有效应用。

四十五、辽宁省高速公路轴载谱分析研究

该课题由辽宁省交通规划设计院主持,与辽宁省高速公路管理局合作完成,研究时间为2010年11月~2013年11月。

(一)立项背景

随着我国国民经济水平的快速增长,科技实力的显著提高,行驶在高速公路上的车辆

无论是类型还是载质量都较20世纪60、70年代有很大不同。但目前无论是《沥青路面设计规范》还是《公路路基设计规范》对车辆荷载的相关规定还都是来源于早期的轻交通水平。那时货车载质量基本上都在8t左右，少数能达到10t，车辆类型多以双轴车为主。因此，规范规定路面设计荷载较轻，与实际行驶的交通量不符。

准确的荷载输入是进行正确的结构设计的关键。为得到高速公路实际承受荷载的大小，立项开展了本项目的相关研究工作。

（二）研究目标和主要内容

1. 项目研究目标

完成辽宁省高速公路轴载谱统计及分析；提出沥青路面设计荷载及基于高温性能的路面纵坡限值；提出不同交通等级条件下路基工作区；提出车辆动载系数及桥梁荷载提高系数。

2. 主要研究内容

（1）统计完成辽宁省高速公路轴载谱。

项目分析了2年期间内的近1.5亿条辽宁省高速公路计重收费数据，完成车辆类型划分，并对每种车辆类型的各个车轴的载重建立数据库。利用此数据库，可得到不同交通等级，不同保证率水平的道路设计荷载及累计轴重作用次数。此成果可用于高速公路及普通公路路面设计。

（2）依据轴载谱数据，得到沥青路面设计中的部分参数。

①得到不同交通等级，不同可靠度水平下路面设计荷载；

②依据"时温等效"原理，得到了基于沥青路面高温性能的路线纵坡限值；

③完成不同交通等级，不同可靠度水平下路基工作区深度。

（3）完成不同平整度下，路面动载系数测量。

（4）依据轴载谱得到路基设计参数，提出路基强度及模量标准。研究了满足此标准的路基冲击压实工艺方法。

（5）依据轴载谱得到路面设计参数，提出通过提高沥青路面抗车辙性能。

（三）取得的成果、效益

首次提出符合辽宁省特点的轴载谱分布图；提出月影响系数、小时影响系数等概念，并在交通量换算中具体应用；动态测定车辆轴载大小，并建立车速与轴载的关系；根据已得到的轴载谱分布图，确定沥青路面、水泥路面当量轴载换算系数；确定辽宁省不同等级公路桥梁的设计荷载；依据本项目提出的轴载谱相关成果，首次提出路基工作区的概念。

辽宁省于 2013 年至 2015 年对省内京哈高速公路、丹锡高速公路、鹤大高速公路、长深高速公路、阜锦高速公路、沈康高速公路路面进行了维修,维修总里程为 1188km。依据本项目提出的车道系数理论,根据不同车道位置选取不同维修方式,有效节约资金。

同时,课题组撰写了《基于轴载谱的路基纵向工作区分析》《轴载谱在路面车辙预测中的应用》2 篇论文。

经鉴定课题研究成果达到国内领先水平。

(四)成果影响力及应用工程

课题研究确定了辽宁省高速公路断面的轴载谱参数及其代表值,确定了辽宁省重、中、轻交通水平下的车辆类型系数和当量轴载换算系数代表值;确定了不同交通水平下沥青道路在高温状况时的最大纵坡值,首次提出了利用轴载谱参数确定路基工作区深度的方法和计算公式;基于轴载谱参数,确定了辽宁省公路桥梁设计跨中弯矩及支点剪力提高系数;通过重载交通下车辆-路面动载实测,确定了动载与车速、平整度的变化关系。

该研究成果具有创新性,达到国内领先水平并在辽宁省 2013 年至 2015 年的京哈高速公路、丹锡高速公路、鹤大高速公路、长深高速公路、阜锦高速公路、沈康高速公路路面维修工程(维修总里程为 1188km),北京至哈尔滨高速公路沈阳至四平段(总长 255km),北京至哈尔滨高速公路绥中(冀辽界)至盘锦段改扩建工程等项目中进行了应用。

四十六、沈大路改扩建工程路面加铺技术的研究

该课题由辽宁省交通规划设计院主持,与哈尔滨工业大学、交通部公路科学研究院合作完成,研究时间为 2001 年 9 月~2004 年 12 月。

(一)立项背景

随着沈大路等一批早期修建的高等级公路相继进入大中修和改扩建的时期,我国的公路事业的重点也将转移到旧路养护、改扩建工程上。沈大高速公路经过十多年的运营,有些路段路面的整体强度还是比较好的,而有些路段情况较差,因此有必要针对沈大路的实际情况研究一套路面加铺技术方案。

与新建道路相比,改扩建工程中出现了许多新的问题,在旧路加铺时,原有路面存在的裂缝如果处理不当,很容易向上扩散反射到加铺层,形成贯穿裂缝,造成加铺面层的早期损坏。在进行加铺层设计时,我国现行《公路沥青路面设计规范》(JTJ 014—97)存在不少问题,已失去了指导意义。

本课题对外省高速公路和一级公路改造工程进行了调研;调查了沈大路的实际路面情况;研究了加筋材料在沈大路改扩建工程中的实际应用;提出了新的路面加铺设计方

法,为国内道路改扩建工程积累了宝贵的经验。

(二)研究目标和主要内容

1. 项目研究目标

提出沈大路旧路面加铺层设计方法及相应的工程技术方案;提出延缓反射裂缝,减少纵向裂缝及旧路综合利用的技术措施;提交室内试验报告及试验路总结报告;提出玻璃纤维格栅的比选及全线应用技术方案;提出路用性能指标:①竣工验收时,路面摩擦系数≥55;②加铺半刚性基层的沥青路面竣工时,路表弯沉值≤0.23mm;③在单车道累计轴载作用次数小于设计值的条件下,3年内沥青路面的车辙深度小于0.8cm;④避免路面水损害早期破坏现象的发生;编写改扩建工程路面设计与施工技术指南。

2. 主要研究内容

(1)路面的利用:建立路面结构承载力评价方法;

(2)反射裂缝的防治措施:①玻璃纤维格栅的应用;②采用沥青碎石或大粒径沥青碎石混合料防止反射裂缝;

(3)减少新旧沥青路面结构层结合部纵向裂缝的处治措施,采用玻璃纤维格栅减少结合部的纵向裂缝;

(4)研究确定加宽部分的路面结构;

(5)根据原路面的具体情况灵活地采用多种加铺方案;

(6)采用加速加载设备对试验路进行验证。

(三)取得的成果、效益

(1)在调研、现场调查、室内试验、理论分析及试验路铺筑的基础上,课题研究所提出的路面加铺结构总体方案合理、可靠,具有创新性,对沈大高速公路的改扩建工程提供了强有力的技术支持,保证了工程质量、缩短了工期、降低了造价,取得了巨大的经济效益和社会效益。

(2)结合理论分析以及试验路检测,修正了路面结构厚度补强公式,建立了土基和旧路回弹模量与弯沉指标换算的经验公式,为现行规范的补充和完善提供了科学依据。

(3)通过对大粒径沥青碎石混合料的试验研究,提出了沈大路下面层混合料的设计与施工的控制指标,有效地保证了工程质量。

(4)采用冻融劈裂,低温小梁弯曲,劈裂蠕变,车辙与疲劳试验,综合分析评价加筋沥青混合料性能。土工织物和纤维加筋后,沥青混合料的高温性能得到显著提高,特别是纤维加筋沥青混合料的高温性能非常突出。加筋后沥青混合料的疲劳性能得到改善,从而延长使用寿命。

(5)根据课题研究成果,编写了《辽宁省高速公路沥青路面加铺设计与施工技术指南》。

经鉴定课题研究成果达到国际先进水平,并于2006年先后获得了辽宁省、中国公路学会科技进步三等奖。

(四)成果影响力及应用工程

课题研究成果对于我国高速公路改扩建路面加铺工程具有重要的指导意义,研究成果达到国际先进水平,并在沈大高速公路改扩建工程中进行了应用。

四十七、高速公路沥青路面热再生技术方案研究

该课题由辽宁省交通规划设计院主持,与辽宁省交通科学研究院、辽宁省高速公路管理局合作完成,研究时间为2009年3月~2011年12月。

(一)立项背景

课题是采用专用机械设备对旧沥青路面或者回收沥青路面材料(RAP)进行处理,并掺加一定比例的新集料、新沥青、再生剂(必要时)等形成路面结构层的技术。再生技术能够最大限度地利用废旧沥青混合料,直接节省大量的石料和沥青资源,有效保护开采砂石料带来的环境和生态破坏,以及废弃旧料占用的大量土地资源。

(二)研究目标和主要内容

1. 项目研究目标

提出在温度、水、疲劳综合作用下的改性沥青及其混合料的老化机理;对SBS改性沥青及改性沥青SMA路面,提出可行的热再生设计、施工方案,并提出再生性能恢复指标。

2. 主要研究内容

(1)提出不同路面病害形式、路面状况下热再生适用条件。

(2)提出厂拌和现场热再生的配合比设计、结构设计和施工工艺方法。

(3)提出改性沥青的老化机理及其性能恢复指标:采用再生剂恢复性能之后,SBS改性沥青的指标应符合规范的要求,针入度60~80(0.1mm),软化点不低于55℃,弹性恢复不低于65%。

(4)提出厂拌和现场热再生沥青混合料的主要控制指标:60℃车辙试验动稳定度不低于3000次/mm,残留稳定度不低于80%,冻融劈裂残留强度不低于80%,低温弯曲试验破坏应变不小于2300$\mu\varepsilon$。

(三)取得的成果、效益

沥青路面就地热再生技术作为目前国内的一项新型路面养护技术,适用于高等级公路沥青混凝土路面早期病害防治,符合国家"十二五"倡导的"节约能源,降低温室气体排放强度,发展循环经济,推广低碳技术,走可持续发展之路"的建设发展理念。

颁布辽宁省地方标准《沥青路面就地热再生技术指南》(DB 21/T 2346—2014)。

经鉴定课题研究成果在国内处于领先水平。

(四)成果影响力及应用工程

本课题的研究成果应用于高速公路养护维修设计中,为施工、管理提供了理论支撑;通过近两年的工程实践,采用沥青混凝土就地热再生技术,可以充分利用旧料,通过选择适当的配比及新旧料掺和比例,再生得到质量优良的再生混合料。该技术目前已经进入比较成熟的阶段,可以推广应用于高等级公路的路面维修工程。该技术已经在省内多个高速公路设计项目中应用,如:大连—庄河高速公路养护项目、沈阳—大连高速公路养护项目、铁岭—阜新高速公路养护项目等。

四十八、京沈高速公路辽宁段沥青路面结构研究

该课题由辽宁省交通勘测设计院主持,与哈尔滨工业大学合作完成,研究时间为1997年1月~1998年8月。

(一)立项背景

京沈高速公路是国家高速公路网G1(京哈高速公路)的重要组成部分,通车后可形成一条新的东北三省出入关快速通道。由于辽宁省路面上下基层采用半刚性基层,水泥稳定类粒料存在刚度过大、不宜拌和均匀、缩裂较多等问题,对京沈高速辽宁段路面结构与材料进行研究变得十分必要。

项目大胆研究了石灰、粉煤灰稳定沙砾及碎石的材料性能,并突破现行规范中的"密实型级配"而改为"紧密、嵌挤骨架、密实型级配"原则,使其结晶型改为结晶—胶凝型,以减少刚度、增加韧性,达到抗裂的目的。有效地利用工业废料,对延长路面的使用寿命、节省工程造价和养护费用、充分利用地方资源、挖掘本地区潜在优势具有重要的现实意义。

(二)研究目标和主要内容

1. 项目研究目标

课题研究成果旨在指导并完成京沈高速公路辽宁段路面设计,并使本段沥青路面设

计创一流水平。

2. 主要研究内容

(1) 路面结构的研究,主要解决沥青路面抗滑与抗裂两项技术难关。

(2) 沥青抗滑面层主要是进行 AK-13 型沥青混合料的应用研究,以提高抗滑指标。

(3) 路面上下基层采用半刚性基层,主要针对以往辽宁省水泥稳定类粒料刚度过大、不易拌和均匀、缩裂较多等问题进行改进开发与研究,大胆采用石灰、粉煤灰稳定沙砾及碎石,并突破现行规范中的"密实型级配"而改为"紧密、嵌挤骨架、密实型级配"原则,使其结晶型改为结晶-胶凝型,以减少刚度,增加韧性,达到抗裂的目的。

(4) 路面结构层施工工艺的研究。

(三) 取得的成果、效益

在京沈高速公路上大量采用工业废料——粉煤灰,保护环境、降低工程造价,取得了巨大的社会效益和经济效益。

沥青混凝土抗滑表层在分析论证的基础上,对 AK-13 的级配进行了调整和试验,使沥青混凝土抗滑表层更加密实,增加了抗水损害的性能,提高了抗裂性、抗疲劳、抗滑性能,取得了较好的路用效果。

经鉴定课题研究成果达到国内先进水平,并于 2004 年获得辽宁省科学技术奖励委员会颁布的三等奖。

(四) 成果影响力及应用工程

对基层的拌和、摊铺、防止离析等重要施工工艺进行了深入、认真的研究,提出了《路面基层施工指南》是可行的,对保证京沈高速公路基层的施工质量,发挥了积极作用。总体评价该成果达到国内先进水平;研究成果在京沈高速公路建设工程中进行了应用,共节省经济效益和社会效益 2.76 亿元。

四十九、紧密嵌挤骨架密实型水泥稳定碎石基层应用研究

该课题由辽宁省交通规划设计院主持,辽宁省高等级公路建设局合作完成,研究时间为 2008 年 6 月~2010 年 12 月。

(一) 立项背景

辽宁省基层水泥稳定碎石一般仍然采用连续级配的材料组成设计,同时水泥的掺量还采用老的经验值 4%~5.5%,施工结束后就会出现每 3m、4m 有 1 道裂缝的现象,这样势必造成路面早期破损的发生,但由于我国幅员辽阔,南北东西地理、气候等都差异巨大,

按照全国仅有的一本规范和标准来进行材料组成设计和施工路面基层是很难达到预期的效果的。因此,必须加快研发和应用具有辽宁特色的紧密嵌挤骨架结构的水泥稳定碎石基层,总结出路用性能良好的路面基层结构组合形式、混合料的组成设计和相适应的施工工艺,以进一步提高辽宁省高速公路路面的建设质量,改善路面使用性能,延长路面使用寿命。

根据国内外调研了解到,紧密嵌挤骨架结构的水泥稳定碎石与常规级配水泥稳定碎石相比,具有优良的抗裂性能和力学性能,不但减轻沥青路面的裂缝率,而且还可提高路面的承载力,从而提高沥青路面的耐久性。因此,紧密嵌挤骨架结构的水泥稳定碎石具有较好的发展前景。

(二)研究目标和主要内容

1. 项目研究目标

本课题主要为改善水泥稳定碎石混合料的级配,以减少路面基层裂缝数量,减少路面基层水损害及路面早期破损,提高辽宁省高等级公路的路面使用性能而立项研究。

2. 主要研究内容

(1)通过对辽宁省水泥稳定碎石路面基层的调研,分析现行规范在基层集料级配范围上的不足;

(2)通过室内试验研究确定紧密嵌挤骨架结构水泥稳定碎石基层合理的级配范围,研究确定水泥掺量、粉煤灰添加比例对混合料性能的影响;

(3)通过试验路的铺筑,研究路面基层产生裂缝之后,其相应的裂缝处理方法以及对面层裂缝产生的影响;

(4)结合辽宁省的施工现状,铺筑试验路,观测使用情况;

(5)规范辽宁省水泥稳定碎石的施工工艺,编写紧密嵌挤骨架结构水泥稳定碎石基层设计与施工指南。

(三)取得的成果、效益

研究成果的应用可以减少基层裂缝,延长路面使用寿命,满足行车安全、舒适的目的;成果中双拌和工艺有助于解决骨架基层拌和均匀性的问题;适当掺加粉煤灰可以明显改善混合料的和易性和密实性,并可以减少水泥用量,降低工程造价;同时,基层强度高,收缩性小,可以有效减少半刚性基层的干缩和温缩裂缝;编写《紧密嵌挤骨架结构水泥稳定碎石基层设计与施工指南》。

经鉴定研究成果达到国际先进水平。

（四）成果影响力及应用工程

课题成果可以为今后辽宁省高速公路和一般公路沥青路面半刚性基层的设计与施工提供一套完备的技术，在辽宁省公路建设中具有广阔的应用前景；该技术目前已经在省内高速公路设计项目中推广应用，如：丹东—通化高速公路设计、丹东—海城高速公路、庄河—盖州高速公路、阜新—盘锦高速公路等工程。

五十、公路桥涵计算机交互式设计系统

该课题由辽宁省交通规划设计院承担完成，研究时间为1998年4～12月。

（一）立项背景

在高等级公路的设计中，桥涵设计工作占90%。因此，利用计算机辅助设计，提高桥涵设计的效率，减轻设计人员的劳动强度，缩短设计周期，具有十分重要的现实意义。

因此，随着高速公路建设项目的增多，我院在引进消化国内外桥涵设计软件的基础上，组织人力，继公路中小桥涵CAD系统之后，进行了公路桥涵计算机交互式设计系统开发。

（二）研究目标和主要内容

1. 项目研究目标

主要研究公路、桥涵设计等方面的计算机软件开发平台，该平台将公路、桥涵设计与计算机有机地结合起来，完全脱离图板，在计算机上实现公路、桥涵设计，包括常规设计与非常规设计，以减轻设计人员繁重的重复体力劳动，提高设计效率。

2. 主要研究内容

在Windows 9X操作系统下，基于Auto CAD R14图形支撑平台，采用全新的面向对象技术编程工具ObjectARX，开发公路桥涵计算机交互式设计系统，它提供了以Visual C/C++为基础的开发环境及应用系统接口。程序应能实现：工程量自动统计、图纸自动绘制、构造配筋智能化，并建立相应的符号库、部件库。

（三）取得的成果、效益

开发完成了公路桥涵计算机交互式设计系统，该系统结构分析计算准确，绘制的图纸规范美观，符合制图标准；互工设计方式的应用，既克服了人机对话设计方式中不可变化的缺点，又克服可参数化设计中不可视的问题；系统需要的硬件条件宽松，基于Auto CAD R14图形平台兼容性高，编程语言利用适当，可移植性强，可以大量普及。

利用公路桥涵计算机交互式设计系统进行辅助设计,绘制一张施工图仅需1min完成一座桥梁或一道涵洞计算需要20~30min,和手工计算绘图相比较,完成各种涵洞设计可提高工效10倍。

经鉴定课题成果达到国内领先水平,并于2004年获辽宁省科技进步二等奖。

(四)成果影响力及应用工程

系统具有覆盖面广、技术先进、实用性强、功能齐全、易于普及等特点,不仅在院内受到广大技术人员的信赖,而且有些软件也得到了国内同行的欢迎,取得了显著的社会效益,课题成果在丹庄高速公路等后续工程中均进行了应用。

五十一、大跨度隧道技术的研究

该课题由辽宁省交通规划设计院主持,与东北大学、重庆交通科研设计院合作完成,研究时间为2001年8月~2004年12月。

(一)立项背景

根据辽宁省交通厅2001年交通科技重点项目计划,为辽宁省沈阳—大连高速公路改扩建工程解决技术难点问题,将沈大高速公路建成一流的工程,辽宁省交通厅立项"沈大高速公路改扩建工程大跨度隧道技术的研究"课题(项目编号0105),并在2001年8月与交通厅科技处签订了《科研项目计划任务书》,课题研究旨在为沈大高速公路改扩建工程大跨度隧道的设计、施工提供技术措施和科学依据,指导设计与施工。

(二)研究目标和主要内容

1. 项目研究目标

本课题将采取多种研究手段,研究解决沈大高速公路改扩建工程中韩家岭单洞4车道隧道设计与施工的关键技术,用于沈大高速公路的改扩建工程,指导韩家岭隧道的设计与施工,同时为将来我国其他高速公路大跨度隧道的设计与施工提供一套较为成熟的技术体系,填补我国高速公路在这一领域的空白。

2. 主要研究内容

研究隧道设计断面、支护方式、支护参数、开挖方式和开挖工艺,总结出隧道在施工各阶段力学行为的分布和变化情况,并找出施工中易出现危险的工点。

(三)取得的成果、效益

课题成果避免了沈大高速公路韩家岭段大开挖方案带来的环境破坏,同时单洞4车道公路隧道的研究在国内外都是一项开创性工作。

课题组编制《大跨度隧道设计与施工指南》，为高速公路大跨度隧道设计与施工提供了技术指导；在完成项目研究的同时，撰写并发表了论文7篇。

经鉴定课题成果达到了国际先进水平，并于2006年获得辽宁省科学技术进步三等奖、中国公路学会科技进步二等奖。

(四)成果影响力及应用工程

该项目依托跨度为22.48m的大跨度韩家岭隧道，通过数值分析、室内模型试验提出了隧道衬砌内轮廓断面、衬砌结构及参数，以及隧道开挖施工的优化方案，为工程设计与施工所采用；并通过现场监控两侧与反分析研究，验证了各参数及方案的合理性，保障了工程顺利实施；编制的《大跨度隧道设计与施工技术指南》为同类项目的设计与施工提供了技术指导；课题成果在沈大高速公路韩家岭隧道工程中进行了应用。

五十二、沈山高速公路监控系统、收费系统、通信系统的研究

该课题由辽宁省交通勘测设计院承担完成，研究时间为1997年3~12月。

(一)立项背景

随着辽宁省交通运输业的迅速发展，近年来相继修建了沈大、沈本、沈四、沈抚及沈环高速公路，预计"九五"期间建成沈山高速公路，以形成"一环五射"的公路建设格局。

目前，辽宁省高速公路监控、收费、通信系统的建设远远落后于高速公路主体工程的建设。仅在沈大高速公路辽阳路管理处建立试验性质的小系统，取得一定的实践经验；在沈本高速公路隧道段建设隧道监控系统，其他路段一片空白；沈四、沈环拟建的机电系统，受投资的限制，其功能和规模还有很多需要完善和扩充之处。

为利用沈山高速公路建设创一流这一大好机遇，我们在认真总结辽宁省高速公路机电系统建设和运营管理的经验教训的同时，调研国内外成功的建设管理方法，考察国内外成熟的先进技术和设备，集思广益，精益求精，从科学性、经济性、实用性出发，提取出沈山高速公路监控、收费、通信系统建设的最佳模式。

(二)研究目标和主要内容

1. 项目研究目标

课题以沈山高速公路机电系统为主，从路网角度出发，结合辽宁省实际情况，引进先进技术，引进管理方法，总结国内高速公路管理自动化系统建设经验，形成辽宁省的高速公路管理自动化系统的建设标准及规模，为辽宁省高速公路管理自动化系统标准化建设

奠定基础。

2. 主要研究内容

（1）沈山高速公路监控系统规模的研究：根据交通量发展，合理确定交通监控策略，并从路网角度出发，确定沈山高速公路监控系统的规模及构成；

（2）沈山高速公路收费系统规模的研究：根据辽宁省高速公路收费管理需求，研究出既满足全省路网管理的需求，又满足"一路一公司"管理模式的收费系统；充分利用光纤数字传输系统，形成集多媒体于一体的计算机广域网实时处理系统，以克服国内已建成的同类系统数据处理速度慢、效率低的弊端；采用非接触IC卡技术，使收费系统安全性、扩充性大大提高；

（3）沈山高速公路通信系统规模的研究：充分利用光纤数字传输系统，为沈山高速公路监控系统、收费系统提供高质量的多媒体数字传输通道，并利用数字程控交换技术，实现全网内的ISDN功能，为高速公路管理自动化的实现奠定基础。

（三）取得的成果、效益

高速公路监控系统的应用，将使高速公路增加速度、减少延误、防止事故、降低燃油消耗、减少污染。从而大大提高了高速公路的运营效率。

高速公路收费系统的应用不但使收费过程中的人为作弊行为降低到最低程度，使高速公路的经济效益得以充分发挥，还缩短了收费过程，使高速公路服务水平得到提高。

高速公路通信系统的运作，使高速公路各管理部门的信息得到及时收集和处理，为高速公路自动化管理提供了一条高质量的"信息高速公路"。

同时，发表了《辽宁省高速公路网收费系统几个问题的探讨》《沈山高速公路监控系统的监控策略及系统设计》《浅谈沈山高速公路通信管道设计特点》等3篇论文。

经鉴定课题成果达到国内领先水平，并于2000年11月获得辽宁省政府科技进步三等奖。

（四）成果影响力及应用工程

课题从沈山高速公路监控、收费、通信系统出发，对全省高速公路机电系统规模、标准进行了研究，在路网机电设计方面填补了国内空白。

课题具有极高的实用性，可以指导高速公路机电系统设计，不但适用于省内高速公路机电项目，也适用于国内类似工程设计。课题成果在沈阳至山海关高速公路等省内高速公路设计中均进行了应用。

五十三、中朝鸭绿江界河公路大桥关键技术研究

该课题由辽宁省交通规划设计院主持，与同济大学、辽宁省公路管理局合作完成，研

究时间为2009年8月~2011年11月。

(一)立项背景

中朝鸭绿江界河公路大桥及接线是连接我国和朝鲜的重要通道,是构建东京—首尔—平壤—北京—莫斯科—伦敦欧亚国际大通道的重要组成部分。其中主桥全长1266m,主跨636m,采用五跨双塔双索面钢箱梁斜拉桥结构。建成后的大桥将是我国北方地区跨径最大的斜拉桥。

中朝鸭绿江界河公路大桥举世瞩目,政治意义重大,所处地理位置环境相对恶劣,因此钢桥面铺装、钢结构防腐、关键受力构件、斜拉索构件的设计和施工技术复杂,为了能建设出高品质大桥,需要进行专题试验研究和科技攻关,为此,特开展相关课题研究。

(二)研究目标和主要内容

1. 项目研究目标

通过研究,提出钢桥面铺装设计方法、钢箱梁正交异性板关键构造设计方法、索塔钢锚梁关键构造设计方法等一整套关键技术;依据相关成果完成鸭绿江大桥初步设计及施工图设计;形成大桥建设技术总结报告,为今后北方地区大跨径桥梁建设提供依据及参考;在总结滨海公路辽河特大桥关键技术研究和本项目研究成果的基础上,编制《辽宁省公路钢斜拉桥设计施工技术指南》。

2. 主要研究内容

(1)钢桥面铺装关键技术研究;

(2)钢箱梁正交异性板关键构造技术研究;

(3)索塔钢锚梁关键构造技术研究;

(4)编制《辽宁省公路钢斜拉桥设计施工技术指南》。

(三)取得的成果、效益

课题研究成果中,钢锚梁疲劳设计荷载确定及桥面板关键结构疲劳计算方法以及严寒地区钢桥面铺装技术,属于突破创新成果;其他研究成果属于总结提高成果。

项目的研究,解决了高地震烈度严寒地区钢箱梁斜拉桥建设的一些关键技术问题,重点解决钢桥面铺装的疲劳破损、钢桥面板的疲劳开裂及高地震烈度下大跨径斜拉桥的抗震安全性问题,提高钢箱梁斜拉桥对特殊自然条件的适应能力及其耐久性。研究成果推动了特殊地区大跨径钢箱梁斜拉桥技术的发展,具有重要理论意义和工程实用价值。研究成果直接服务于严寒地区桥梁基础设施建设,对促进区域经济社会发展,加快东北老工业基地振兴等国家重大战略的实施,具有重要的经济社会意义。

项目根据研究成果优化了钢锚梁的设计方案,目前大桥钢锚梁的用钢量为790t,比较于常规的钢锚箱或钢锚梁设计至少节省钢材200t,大大节省了用钢量,节省工程造价约380万元,经济效益显著。

同时,发表学术论文30余篇,编写了《辽宁省公路钢斜拉桥设计施工技术指南》。

经鉴定,课题成果已达到国际领先水平。

(四)成果影响力及应用工程

中朝鸭绿江界河公路大桥关键技术研究,一方面,为钢桥面铺装体系设计提供技术指导和理论依据;另一方面,也为ERS铺装体系这种国内自主创新的铺装体系的进一步研究探索提供参考。通过研究,希望改变钢桥面铺装研究和理论分析相互脱节的现状,突出北方寒冷地区特点,为北方寒冷地区工程设计、材料研发和铺装结构试验提供必要的理论支持依据。课题提出的设计指标、施工工艺、试验检测方法和验收标准,对于北方寒冷地区钢桥面铺装的实施具有极大的指导意义和技术促进作用,应用前景广阔。课题成果在中朝鸭绿江界河公路大桥工程中进行了应用。

五十四、辽宁省强震区公路梁式桥防落梁破坏抗震技术研究

课题由辽宁省交通规划设计院主持,与同济大学、东北大学、大连海事大学合作完成,研究时间为2009年8月~2011年11月。

(一)立项背景

"汶川"地震中梁桥的典型震害主要有墩-梁相对位移过大导致的落梁、挡块破坏、伸缩缝破坏、相邻梁的碰撞、桥台开裂等。其中,墩-梁相对位移过大导致落梁破坏会带来严重的后果。桥梁落梁破坏,会造成交通线完全中断,给震后的救援工作带来了极大不便,造成了巨大的生命和财产损失,因此结合辽宁省公路桥梁结构特点,研究防落梁措施和抗震设计技术,对于减轻桥梁地震破坏和改进我国公路桥梁抗震规范具有重大的意义。

(二)研究目标和主要内容

1. 项目研究目标

辽宁省公路桥梁绝大多数为梁桥,其中尤以桥面连续简支空心板桥、结构连续装配式T梁桥及小箱梁桥居多,占到桥梁总数的80%以上。至目前为止,辽宁省公路桥梁的抗震设计基本按《公路工程抗震设计规范》(JTJ 004—89)(已经作废)和《公路桥梁抗震设计细则》(JTG/T B02-01—2008)执行,受规范条文的局限性,对防落梁抗震设计及构造措施考虑较少,造成抗震设防目标不够明确。因此项目结合辽宁省公路桥梁结构特点,研究防

落梁措施和抗震设计技术,以指导梁式桥的设计与施工。

2. 主要研究内容

(1)梁、墩合理搭接长度:主要针对采用板式橡胶支座的梁式桥,结合辽宁省强震特点,通过对国内外规范的对比分析,研究影响墩、梁搭接长度的主要因素,提出基于地震烈度的合理梁、墩搭接计算公式。

(2)墩、梁连接,相邻梁连接构造措施与计算、设计方法:在比较、分析国内外现有墩、梁连接,相邻梁连接构造措施和装置的基础上,采用理论分析、数值模拟结合模型试验,主要研究墩、梁连接,相邻梁连接的适用范围,连接构造措施、防落梁效果以及主要影响因素,计算、设计方法。

(3)横向混凝土抗震挡块、弹塑性挡块的合理构造、设计与计算方法:通过混凝土挡块抗震性能试验,研究影响挡块抗震性能的因素,给出挡块的设计建议;利用钢材的弹塑性性能,开发弹塑性挡块,使挡块在强震作用下发生屈服变形,耗散地震能量,不但可以防止地震中落梁,又不增加墩台所受地震力是本项研究的重点。

(4)钢筋混凝土桥台抗震性能分析及胸(背)墙防撞保护措施。

(5)地震作用下桥面连续多跨简支体系梁桥防落梁问题研究。

(三)取得的成果、效益

(1)项目提出的梁、墩合理搭接长度简化计算公式优化了辽宁省强震区桥梁抗震设计,并为今后桥梁抗震设计规范的修订提供了依据。

(2)依托编制的《辽宁省公路梁桥防落梁抗震设计指南》,按不同抗震设防烈度给出墩梁搭接长度;提出了混凝土挡块的设计计算方法;提出了纵桥向限位装置的主要构造及分析方法;这些内容弥补了《公路桥梁抗震设计细则》(JTG/T B02-01—2008)的不足,为辽宁省强震区桥梁的防落梁抗震设计提供了理论依据。

(3)所采用的全桥动力分析建模技术、近断层地震动效应分析方法及桥台胸墙强度分析精细化有限元模型可应用于辽宁乃至全国范围内桥梁抗震分析,并促进分析技术提高及进步。

(4)项目开展的混凝土挡块抗震性能试验,对比目前常规设计方法及项目组改进的设计方案进行试验,探讨分析了剪切钢筋数量、剪切钢筋位置、施工缝、钢筋规格等对挡块抗震性能的影响,并提出了设计建议。

同时,发表学术论文5篇,编写了《辽宁省公路梁桥防落梁抗震设计指南》。

经鉴定,课题成果已达到国内领先水平,并于2012年5月被确认为省级科学技术成果,2012年12月获中国公路学会科学技术三等奖。

（四）成果影响力及应用工程

研究成果为辽宁省强震区桥梁的防落梁抗震设计提供了重要的理论依据，具有非常广泛的推广价值，对今后我国抗震设计规范的修订具有重要的参考价值。课题成果在丹海高速公路狼洞沟公公分离式立交、塔子沟公公分离式立交工程中进行了应用。

五十五、高地震烈度严寒地区钢箱梁斜拉桥（滨海公路辽河特大桥）关键技术研究

课题由辽宁省交通规划设计院主持，与同济大学、辽宁省交通厅公路管理局合作完成，研究时间为2008年5月~2010年10月。

（一）立项背景

为适应国民经济快速增长的需要，大跨径钢结构桥梁逐渐成为大跨径桥梁中的主流。辽宁省滨海公路辽河特大桥为主跨436m的双塔双索面钢箱梁斜拉桥，是大跨径扁平钢箱结构在我国严寒地区的首次应用，大桥位于郯庐断裂带上，地震参数较高。项目以辽河特大桥为依托，针对高地震烈度严寒地区特殊的自然条件及其对桥梁结构的特殊要求，在对国内早期扁平钢箱梁开裂破损及其机理、国内钢桥面铺装的主要问题、大跨径斜拉桥抗震分析及减隔震设计现状等进行调查分析的基础上，深入系统地开展高地震烈度严寒地区钢箱梁斜拉桥的一系列关键技术研究，进一步完善现行桥梁及钢桥面设计规范的相关内容，推进钢箱梁斜拉桥在严寒地区滨海环境下的应用。

（二）研究目标和主要内容

1. 项目研究目标

开发重载交通地区扁平钢箱梁的设计计算方法、钢桥面铺装设计计算方法、严寒地区滨海环境混凝土结构耐久性评定方法及指标等一整套关键技术研究。

2. 主要研究内容

(1) 严寒地区钢桥面铺装关键技术研究；
(2) 严寒地区扁平钢箱梁关键技术研究；
(3) 高地震烈度区大跨径钢箱梁斜拉桥抗震性能及合理结构体系研究。

（三）取得的成果、效益

课题成果对于今后进一步完善现行桥梁及钢桥面设计规范的相关内容，推进钢箱梁斜拉桥在严寒地区滨海环境下的应用，对促进桥梁建设可持续发展，加快西部大开发和东

北老工业基地振兴战略实施,具有重要经济、社会意义。

同时,发表学术论文4篇,编写了《高地震烈度大跨径斜拉桥合理抗震体系与减震措施报告》《高地震烈度大跨径斜拉桥抗震设计指南》。

经鉴定,课题成果达到国内领先水平。

(四)成果影响力及应用工程

课题成果可以为今后辽宁省和全国严寒地区钢桥面铺装、大跨径斜拉桥抗震及扁平钢箱梁设计与施工提供一套较完备的技术,具有广阔的前景。课题成果在滨海公路辽河特大桥工程中进行了应用。

五十六、京哈高速公路绥中(冀辽界)至沈阳段风积沙路基改扩建关键技术研究

课题由辽宁省交通规划设计院主持,与辽宁省高等级公路建设局、辽宁省交通科学研究院合作完成,研究时间为2013年1月~2014年6月。

(一)立项背景

北京至哈尔滨高速公路(编号G1)是国家高速公路网中规划的由北京出发的七条放射状路线之一,是东北地区公路交通运输的大动脉,绥中(冀辽界)至沈阳段高速(以下简称绥沈高速公路)为京哈高速公路的组成部分之一。绥沈高速公路于1997年7月开工建设,绥中至锦州段于1999年9月通车。锦州至沈阳段于2000年9月通车,路线全长360.4km,设计速度120km/h,按路基宽度34.5m的6车道建设。2010年全段交通量为46672辆小客车/日,自通车以来年平均增长率为7.4%,由于交通量增长较快,全线V/C达到0.56,部分路段拥堵严重,因此计划于近期对其进行改扩建,改扩建为10车道及以上高速公路标准。

绥沈高速公路K563~K662(原设计桩号K261~K360)有长约99km路段为利用风积沙填筑的路基。在加宽改造施工过程中如何保证风积沙路基的稳定将关系到绥沈高速公路保通期的运营安全,关系到改扩建的施工质量和工程造价,直接影响设计和施工方案,是各方面关注的重点。

(二)研究目标和主要内容

项目研究目标:针对绥沈高速公路改扩建工程沿线遇到的原路利用风积沙填筑的特殊路基段在设计及施工中存在的关键技术开展研究,指导绥沈高速公路改扩建设计、施工,达到充分利用原有路基、确保路基稳定、减小新旧路基的差异沉降、提高工程质量、降低工程造价的目的。

风积沙颗粒组成细且颗粒单一均匀,粉黏粒含量很少,具有渗透系数大、黏聚力小、松散性强、保水性差等特点。风积沙常年受风蚀作用,颗粒磨圆,颗粒间的黏结力差,不易形成整体,在外力作用下表面易产生位移。风积沙段落高速公路加宽改造时如何保证路基稳定,多车道(8车道以上)风积沙路基加宽后整体稳定性及差异沉降控制需进行深入研究。课题主要研究内容如下:

(1)风积沙路基段检测及评价;

(2)风积沙路基段加宽结合部处理技术;

(3)施工期振动荷载对风积沙旧路基稳定性的影响及预防措施;

(4)多车道(8车道以上)风积沙路基加宽后整体稳定性及差异沉降控制分析;

(5)加宽路基不同填料对老路基的影响。

（三）取得的成果、效益

随着经济的快速发展,交通量持续快速的增长,原有高速公路的加宽改造将不可避免,而本课题组提出的风积沙路基加宽方案,将具有设计的合理性、技术的可行性等特点,从而取得良好的经济效益、社会效益,推动高等级公路加宽改造工作向更高层次的发展。课题组共发表了《京哈高速公路绥中至沈阳段改扩建风积沙路基削坡方案研究》《京哈高速公路绥中至沈阳段硬路肩及边坡路基检测与设计建议》3篇论文。

经鉴定,项目成果达到国内领先水平。

（四）成果影响力及应用工程

高速公路风积沙路基加宽在国内尚属首次,课题采用各种先进设备对绥沈段高速公路现有风积沙路基进行检测及综合评价,通过对风积沙路基拼宽的研究,指导绥沈高速公路改扩建工程的具体设计与施工,为省内外其他高速公路改造的设计与施工提供经验与借鉴。

课题的研究成果直接指导辽宁省绥沈段高速公路改扩建工程中风积沙路基加宽的设计与施工。鉴于绥沈高速公路在辽宁省、东北地区乃至全国公路网中的重要地位,在其改扩建施工过程中不能封闭交通。课题在各种不利组合荷载情况下,对路基的稳定系数进行了计算,在保证路基稳定的前提下,提出了建议的削坡坡比、台阶形式、台阶高度等结论,并经过了试验路的验证,能够保证路基在加宽施工过程中做到路基稳定,同时不封闭交通。

五十七、温拌沥青的推广应用研究

课题由辽宁省交通科学研究院主持,与辽宁省高等级公路建设局、辽宁省交通厅公路管理局合作完成,研究时间为2012年1月~2013年12月。

(一)立项背景

热拌沥青混合料因其优良的路用性能被道路工程界普遍采用,成为道路铺装中的主流技术。但其较高的施工温度不但不利于环保、节能,而且会因影响沥青的性能而影响路面使用寿命,在北方地区还会因环境气温影响而使施工活动受到更多的限制。

传统的基质沥青和改性沥青由于高温黏度大,在混合料拌和及摊铺过程中,为保证混合料的均匀性及可压实性,主要工艺是将沥青胶结料从常温加热到150~170℃,矿料从常温加热到160~220℃,拌和后混合料的出料温度不低于140~185℃。如此高的温度,不仅使沥青胶结料老化加快,混合料使用寿命降低,对施工人员构成危害,而且会消耗大量能源,增大CO、CO_2、SO_2、氧化氮类有害气体的排放,污染施工环境和空气质量,违背了当前保持绿色生态和可持续发展的需要。

另外,由于热拌沥青混合料必须在高温条件下摊铺碾压,因此当气温降低至一定温度时,由于混合料散热过快,容易导致压实度不足。为了保证施工质量,致使热拌沥青混合料的容许施工期非常短,严重影响工程施工进度。同时,由于禁止施工期较长,一些工程为了赶工期,极容易出现施工质量问题,进而影响路面的使用品质和使用寿命。

辽宁省自2006年开始,对温拌沥青混合料技术开展研究工作。先后设立了"温拌沥青混合料应用技术研究"和"阻燃温拌沥青混合料在季冻区隧道路面中的应用技术研究"两个项目,均由辽宁省交通科学研究院主持完成,现已通过鉴定验收。通过前期项目研究,明确了沥青的降黏机理,针对有机添加剂法和表面活性平台法温拌方式提出了温拌沥青混合料技术指标要求和施工工艺控制要求,编写了《温拌沥青混合料设计施工技术指南》和《季冻区公路隧道阻燃温拌沥青混合料路面施工技术指南》。

截至2011年底,温拌沥青混合料技术在辽宁省普通公路路面、高速公路新建隧道路面及养护工程路面中应用总面积达到20万m^2,2012年计划在高速公路新建隧道路面应用超过50万m^2。该技术在应用过程中仍存在一些问题:①温拌剂市场产品多,使用者难以选择质优价廉的产品;②温拌材料添加工艺、温拌沥青混合料施工工艺不完善;③温拌技术适用条件不明确;④温拌材料(温拌剂或温拌沥青)的评价指标不明确,难以进行质量控制。

(二)研究目标和主要内容

项目的研究从国内外温拌沥青技术应用情况调研着手,分析温拌材料的市场情况,对辽宁省应用的温拌沥青路面质量状况、各类温拌剂应用效果、温拌技术施工工艺等进行系统总结,通过室内试验及试验路铺筑,研究确定温拌技术的适用条件及应用范围,推荐2~3种适用于辽宁省的温拌材料,建立温拌沥青技术质量评价体系,并根据室内试验及实体工程应用情况编写《温拌沥青路面设计与施工技术指南》,从而指导温拌沥青混合料技术在辽宁省顺利推广应用。

主要内容包括:

(1)温拌沥青技术应用情况调研;

(2)温拌沥青技术使用性能评价研究;

(3)温拌沥青技术适用条件研究;

(4)温拌沥青技术质量评价体系研究;

(5)温拌沥青技术施工工艺研究;

(6)编写《温拌沥青路面设计与施工技术指南》。

(三)取得的成果、效益

取得的成果主要有:

(1)发表学术论文8篇;

(2)编制《温拌沥青路面施工技术规范》。

温拌沥青混合料与热拌沥青混合料相比,在保证混合料性能的同时,可降低混合料施工20~50℃,延长施工工期,减少能源消耗以及减少CO、CO_2、NO_x等有毒气体的排放量30%以上,能够有效减少施工中对施工人员的健康危害和周围环境污染,环境效益十分显著。

(四)成果影响力及应用工程

项目研究成果的推广应用将大大改善施工环境,提高路面质量。2011—2012年,温拌沥青技术在辽宁省公路工程建设中大规模推广应用,其中高速公路隧道中推广应用约32.5km,普通公路路面中推广应用约146.2km。

五十八、基于半刚基层的沥青路面改造技术研究

课题由辽宁省交通科学研究院主持,与哈尔滨工业大学、同济大学、辽宁省高速公路管理局合作完成,研究时间为2010年1月~2014年11月。

(一)立项背景

公路沥青路面改造已成为辽宁省路面建设的主要内容。截至2014年,辽宁省高速公路网建设已基本形成,普通公路超过10万km。大部分路面结构形式为半刚性基层沥青路面。随着使用时间的增加,路面病害日趋严重,亟须采取改造措施恢复路面使用性能。半刚性基层沥青路面改造是路面研究领域的关键技术问题。对于辽宁省乃至全国季冻区大部分进入寿命末期的半刚性基层沥青路面,如何充分利用原有材料,保证改造效果,尚缺乏成熟的经验和方法。传统的路面改造设计一直沿用新建工程的技术方案,缺乏考虑改造和新建工程之间的巨大区别,部分改造后道路病害迅速出现,产生了不良的社会影响和巨大的经济损失。原路面状况分析是进行改造设计的前提。国内外相关技术缺乏对半刚性基层沥青路面材料和结构参数的准确检测方法,不能有效判定路面病害原因,难以定量确定原路面剩余价值,限制了路面结构改造设计的针对性和合理性。基于性能的改造结构设计方法是合理确定半刚性基层沥青路面改造方案和保证改造效果的必然技术途径。路面设计的最终目的是保证改造后的路面使用性能。理想的设计方法应综合考虑环境、荷载、材料、成本等因素对路面性能的影响,控制路面性能的衰减水平,实现技术与经济的平衡。项目立足我国季冻区和辽宁省半刚性基层沥青路面改造技术需求,针对路面改造设计流程中的关键技术难题开展研究,构建了实用化的路面改造设计方法及路面绿色长寿命化的改造技术方案,所取得的研究成果已在辽宁省高等级沥青路面改造项目中推广应用,扭转了传统改造设计过于依赖经验、无章可循的局面。

(二)研究目标和主要内容

在总结辽宁省半刚性沥青路面多年的建设、维修、改造经验的基础上,借鉴、吸收国内外路面研究的最新成果,利用多年路面性能数据检测结果,采用先进的研究手段,分析研究当前我国半刚性基层沥青路面改造技术中的难题,总结提出适合半刚性基层沥青路面改造结构决策、诊断及设计方法,从而提高旧路维修改造的设计水平,充分利用旧路材料,保证改造后的路面的耐久性和使用性能。

针对服役半刚性基层沥青路面结构破坏状态难以量化的技术难题,对传统的局部钻芯取样方法进行了深入研究及优化。创造性地开发了基于现场芯样的路面病害特征评价标准、基于间接拉伸试验的材料的力学及体积指标的测试方法;通过大量室内试验,建立了辽宁省典型路面改造材料的设计参数库;基于多维、异构和海量的路面性能及影响因素数据,利用大数据分析手段并结合专家经验,建立了包含显著路面性能影响因子,体现辽宁省沥青路面性能衰变特点,多指标的路面性能结构行为模型,为改造结构设计提供了依据。通过上述研究,构建了基于性能的多指标的路面改造结构设计方法并编制了相关设计软件。

(三)取得的成果、效益

项目核心技术均取得自主知识产权,获得软件著作权1项,发表学术论文10余篇,EI检索3篇,撰写专著2部,编制了《辽宁省基于半刚性基层的沥青路面改造技术指南》(建议稿)。经鉴定,项目成果达到国际先进水平。

在国省干线大中修养护设计中得到广泛利用,显著提高了道路养护维修水平,节省了大量建设资金,近3年创造直接经济效益3亿元,同时还大大降低了不可再生资源的消耗,显著提高了路面改造的可持续发展水平,具有良好的社会效益和环境效益。

(四)成果影响力及应用工程

沥青路面改造关键技术的推广应用,可准确判断路面结构各层的破坏状态,最大化地分析原路面的剩余价值。技术成果的推广能够显著降低路面改造成本,维持路面服务寿命,延长维修周期,降低维护费用。

项目研发的检测技术和设计方法已在辽宁省高速公路预防性养护方案制订、国省干线大中修养护设计中得到推广,具体包括G305庄林线大修设计,营大线大修设计,盘海、沈大高速公路预防性养护方案设计,沈大、沈彰和本辽高速公路预防性养护方案设计等。

五十九、无机结合料稳定铁尾矿砂道路基层的应用研究

课题由辽宁省交通科学研究院主持完成,研究时间为2013年5月~2015年5月。

(一)立项背景

大量铁尾矿不仅占用了土地,造成了资源的浪费,而且也给人类生活环境带来了严重污染和危害,破坏生态平衡等问题,现已受到了全社会的广泛关注。尽管我国在矿产资源综合利用方面取得了很大进展,但我国尾矿综合利用率仅为7%左右,远低于国外60%的利用率,和发达国家相比差距很大,大量的尾矿只能堆放在尾矿库。加大尾矿综合利用研究的投入,开展困扰尾矿大宗利用关键问题的技术攻关,研发出具有自主创新、高附加值的尾矿砂应用新途径正成为业界共识。2010年4月,工业和信息化部、科技部、国土资源部、国家安全监管总局等有关部门组织编制了《金属尾矿综合利用专项规划(2010—2015)》(以下简称《专项规划》),规划要求大力开展尾矿的综合利用,不断提高尾矿资源综合利用率,减少土地占用,保护环境,消除安全隐患。《专项规划》计划在未来5年,在重点领域、重点技术以及重点项目上投入540亿元用于金属尾矿的综合利用,力争在2015年实现综合利用率由目前的7%提高到15%的目标,并逐步减少尾矿的堆存量。可见,"十二五"期间,大宗尾矿砂的综合利用技术的研发和应用研究具有重要意义。

(二)研究目标和主要内容

铁尾矿的存放严重污染环境、占用大量土地,且处理维护费用高、风险大,因而铁尾矿的综合应用已引起了人们的高度重视。在铁尾矿砂中加入水硬性胶凝材料(水泥或石灰),在一定条件下压实成型并养生后可形成板体,其强度和刚度得到明显提高,具有与水泥稳定碎石(沙砾等)相似的半刚性材料的特性。考虑到公路工程需要大量的建筑材料,因此以辽宁省大量堆存的铁尾矿砂作为研究对象,通过系列的分析、试验、数值优化以及工程试应用,将铁尾矿砂成功应用于普通公路路面基层中。

项目以辽宁省大量堆存的特细铁尾矿砂作为研究对象,通过系列的分析、试验、数值优化以及工程试应用,研究:

(1)铁尾矿砂稳定道路基层无机结合料的选择;

(2)铁尾矿砂稳定料的固化机理;

(3)稳定料的力学性能(抗压强度、劈裂强度);

(4)稳定料的耐久性能(温度稳定性、抗冻融循环、耐盐侵蚀等);

(5)水泥、石灰等稳定铁尾矿砂基层的施工工艺。

通过这些研究,将铁尾矿砂成功应用于普通公路路面基层施工中。

(三)取得的成果、效益

取得的成果包括:

(1)使用本项目研究的无机结合料稳定尾矿砂基层7天无侧限抗压强度大于0.8MPa,劈裂强度大于0.5MPa,冻融劈裂强度大于0.4MPa,经过5次冻融循环后残留强度比达到75%以上。

(2)将无机结合料稳定尾矿砂成功应用于普通公路道路基层,降低普通公路路面基层工程造价11.45%。

(3)编写了《无机结合料稳定铁尾矿砂基层设计施工技术指南》,能够指导无机结合料稳定铁尾矿砂基层在公路建设中的大规模应用。

(4)发表相关学术论文8篇。

(5)培养高级工程师3人,工程师2人。

每吨水泥稳定铁尾矿砂混合料节约费用5.2元,若普通公路宽度按10m、基层厚度按40cm计算,则普通公路基层可节约费用约4.99万元/km。按水泥稳定碎石混合料材料成本45.4元/t计,则使用水泥稳定铁尾矿砂(尾矿砂掺量分别为15%、20%、25%)可节约费用分别约为14.10%、11.45%、4.40%。

把铁尾矿砂用在路面基层中,会收到巨大的社会效益:

(1)可以大量消耗铁尾矿,为现有尾矿库腾出库容,减少对周围环境的污染。

(2)减少土地的占用量,节约耕地资源。

(3)可以大量减少河沙和土石方的消耗量,避免破坏土地和环境。

(四)成果影响力及应用工程

我国很多地区钢铁产业发达,铁矿石矿藏丰富,每年生产大量尾矿砂,将这种资源应用于公路建设中,开发尾矿砂的再利用技术,能够提高其经济价值,达到降低环境污染、节约矿山资源、减少土地占用的目的,市场需求前景广阔,项目成果在全国范围内均具有广阔的推广应用前景。

2014年8月,在辽阳市罗铧线大修工程中,在K0+135~K1+225路段1090m路面施工中应用了"无机结合料稳定铁尾矿砂道路基层的应用研究"课题组研究的成果,在半刚性基层和底基层应用了水泥稳定铁尾矿砂混合料,取得了良好的路用效果。

六十、高速公路运行安全研究

课题由辽宁省交通科学研究院主持,与哈尔滨工业大学、辽宁省高速公路管理局、辽宁省交通规划设计院合作完成,研究时间为2013年1月~2015年5月。

(一)立项背景

随着我国高速公路的快速发展,高速公路交通事故数量逐年上升,高速公路交通事故死亡人数明显增加,高速公路的安全性未能有效体现。

分析表明,与一般道路交通事故相比,高速公路交通事故有着明显不同的特征和规律。"措施不当"和"疏忽大意"应该属于交通事故构成的主观要件。进一步分析,由"措施不当"和"疏忽大意"引起的事故也大都是超速行驶、疲劳驾驶和违章装载这三种原因引起的,这三种现象能够滋生和蔓延,引起大量的事故,造成严重的危害,形成不易控制的态势,是由高速公路三个方面的特定环境所决定的,即高速公路的管理环境、运输环境和道路环境。

因此,项目主要对辽宁省高速公路的交通运行和交通安全状况进行后评估,同时开展高速公路线形、交通工程及沿线设施优化设计研究工作,从而提高高速公路的管理水平,改善高速公路的运输环境和道路环境。

(二)研究目标和主要内容

1. 项目研究目标

该技术的研究成功,将会提高辽宁省高速公路网安全运行管理水平,优化开展高速公路线形设计、交通工程及沿线设施设计,将会在交通发展中起到如下几点作用:

(1)建立一套适用于辽宁省高速公路网的交通安全评价、事故多发点鉴别与改善方法,促使高速公路运行安全评价更加规范化、科学化,并全面考虑当地气候环境特点与技术特点的结合,由此真正地发挥技术的优势。

(2)提出交通安全服务水平概念,给出各级交通安全服务水平的取值范围,为管理单位提供技术支持。

(3)提出辽宁省高速公路网事故多发点养护与管理建议、基于行车安全的高速公路几何线形运用与改善建议,促使高速公路的设计工作更加合理。

(4)建立辽宁省高速公路道路交通及交通事故地理信息系统,实现事故信息数据管理、统计分析、交通安全状况评估及事故多发点的识别,从而提高辽宁省高速公路网安全运行管理水平,减少事故率。

综上,项目对辽宁交通事业的更好更快发展具有极大的推动作用,是造福社会的有力创举。

2. 主要研究内容

(1)辽宁省高速公路运营状况调查分析,建立高速公路道路交通地理信息系统和交通事故地理信息系统。

(2)辽宁省高速公路交通安全评价及事故多发点鉴别,交通安全服务水平及安全性评价研究;工程应用——辽宁省高速公路交通安全评价与事故多发点鉴别。

(3)高速公路交通事故多发点成因分析及安全改善措施研究,事故多发点突出事故诱导因素识别研究;事故多发点的安全改善措施与安全控制策略研究。

(4)基于行车安全的高速公路线形优化研究,高速公路交通事故预测模型研究,考虑行车安全性的线形优化研究,高速公路互通立交出入口交通事故特征及安全改善对策研究。

(5)高速公路交通工程及沿线设施安全性评价与优化设置研究。

(三)取得的成果、效益

发表学术论文8篇:《FREEWAY WORK ZONE REAR-END CONFLICT STUDY BASED ON TWO TRAFFIC CONFLICT INDICATORS》《基于事故数据及安全服务水平的高速公路安全性评价方法》《考虑车道变换影响的高速公路交通事故预测模型研究》等;编写了《高速公路在设计、养护、管理方面提高运行安全的指导意见》;申请国家发明专利1项,为"一种高速公路事故多发点鉴别系统及方法"。

应用项目科研成果,对辽宁省沈大、沈山、沈本、丹本、铁朝、沈康二期六条高速公路进行了事故多发点鉴别、原因分析及改善措施建议,提出的事故多发点准确,原因分析详尽合理,改善措施经济可行。在辽宁省高速公路2015年监控摄像头增设、事故多发路段改善、交通设施维护等安全管理工作中应用,项目研究成果为保障辽宁省高速公路运行安全提供了技术支持,具有显著的社会效益与经济效益。

(四)成果影响力及应用工程

项目研究成果的推广应用,将大大提高辽宁省高速公路的安全运行环境,提高公众影响力。

六十一、多聚磷酸改性沥青混合料应用技术研究

课题由辽宁省交通科学研究院主持,与大连理工大学、辽宁省交通厅公路管理局合作完成,研究时间为 2013 年 1 月~2014 年 12 月。

(一)立项背景

我国从 20 世纪 80 年代开始探索研究道路改性沥青,目前,所使用的改性沥青多为聚合物改性沥青。常见的改性剂主要有热塑性橡胶类苯乙烯丁二烯嵌段共聚物(SBS)、橡胶类丁苯橡胶(SBR)、热塑性树脂类聚乙烯(PE)与乙烯-醋酸乙烯共聚物(EVA)及废旧橡胶粉等。其中,由于改性剂 SBS 可有效改善沥青高温、低温性能,提高沥青抗老化和耐疲劳性能,因此成为生产改性沥青的首选。目前,我国 SBS 改性沥青生产量占改性沥青生产总量的 60% 以上,但为了节约施工成本,大多数施工单位都采取自制的 SBS 改性沥青。

以 SBS 改性沥青为典型代表的聚合物改性沥青在具备良好路用性能的同时,在实际应用中也发现了一些问题。

(1)SBS 改性剂的用量较多,一般掺量要达到 3% 以上,才能有明显的改善效果,高等级公路其掺量更是高达 5%,较高的用量使得改性沥青的成本昂贵。

(2)改性沥青的改性效果受加工设备、加工工艺等因素影响很大,生产中需要专业生产设备和专业技术人员操作,方可保证改性沥青的良好性能,增加了生产难度和施工成本。

(3)自制 SBS 改性沥青的热存储性能往往都比较差,存储时间稍长便会发生分层离析现象,需要现用现生产,影响了改性沥青的使用性能。

一般来说,聚合物改性沥青是通过掺加适量的聚合物改性剂,达到改善某一性能的目的。其生产工艺是先将改性剂与沥青溶胀,再使用专业设备对沥青进行搅拌、剪切,使改性剂研磨到一定的细度,均匀地分散在沥青中,并采用稳定工艺进行成品沥青稳定,这是一个物理共混的改性过程。且因 SBS 改性剂与基质沥青在分子量、密度、溶解度及其物理化学性质方面都存在较大差异,致使二者相容性较差,存在高温存储稳定性差、易离析等现象,严重的在存储两三天后便出现离析分层现象,严重影响道路施工质量及沥青的改性效果。同时,随着国际油价的上涨,作为石油的副产物,沥青和 SBS 价格也越来越高。

目前,SBS改性剂价格已达到20000~25000元/t,加重了道路的施工建设成本。

多聚磷酸(PPA)改性沥青具有存储稳定性好,高温性能和抗老化性能好等优点,而PPA对沥青的改性属于化学改性,可有效弥补传统聚合物改性沥青的不足,提高其路用性能。尤其是当采用复合改性时,不但保持了SBS改性剂的优良改性性能,同时也发挥了多聚磷酸的优良存储稳定性,并且多聚磷酸价格在8000~10000元/t,仅为SBS改性剂价格的1/2~1/3,具有很高的性价比。

(二)研究目标和主要内容

项目通过对多聚磷酸(PPA)的改性机理分析,结合PPA改性沥青性能研究,综合确定其最适宜掺量。横向比较SBS改性沥青与PPA+SBS复合改性沥青及混合料路用性能,评价分析PPA的加入对沥青的性能影响变化,从而总结出PPA+SBS复合改性沥青的施工工艺,并铺筑实体工程,验证其混合料路用性能,提出性能控制指标,编写施工技术指南等。研究成果的成功应用,对改善自制改性沥青性能,提高沥青路面施工质量,延长道路使用寿命,降低工程造价与维修养护费用等具有重要意义,为辽宁省乃至我国的道路改性材料发展奠定一定的技术基础与知识储备。

主要内容包括:

(1)多聚磷酸(PPA)改性沥青的改性机理研究及掺量选择;

(2)PPA改性沥青及复合改性沥青的性能评价;

(3)PPA改性及复合改性沥青混合料的性能评价;

(4)PPA改性及复合改性沥青混合料施工工艺研究;

(5)铺筑试验路,进行试验路检测与跟踪检测;

(6)编写《多聚磷酸改性沥青混合料施工技术指南》。

(三)取得的成果、效益

取得的成果为:

(1)PPA添加到基质沥青中,可显著提高沥青的高温性能,掺量越多,高温性能越好,但对低温性能没有任何改善作用。

(2)通过PPA与SBS复合改性,有助于增强改性沥青的高温性能、耐老化性能和热存储性能,且在保证改性沥青技术性能的同时,降低工程造价。

(3)使沥青由溶胶结构转变为溶胶-凝胶结构,促使SBS颗粒均匀分散于沥青中,形成更稳定的空间网络结构,有助于改善改性沥青的热存储稳定性能和耐老化性能,探究了PPA对沥青的改性机理。

(4)综合PPA改性沥青、PPA+SBS复合改性沥青的技术性能研究和改性机理分析,外加剂PPA的合理掺量范围为0.75%~1.5%。

（5）系统对比评价了PPA+SBS复合改性沥青混合料与传统SBS改性沥青混合料的路用性能和力学性能。PPA可增强沥青路面结构的高温抗变形能力，对低温性能没有影响。

（6）铺筑实体工程，验证PPA改性沥青混合料的路用性能，通过检测与观测，路面使用性能良好，并编制了《多聚磷酸改性沥青混合料施工技术指南》。

（7）发表学术论文3篇。

研究发现，在保证沥青混合料良好路用性能的同时，PPA可替代部分SBS。对辽宁省典型高速公路路面结构，当沥青层采用PPA+SBS改性沥青混合料时，和采用SBS改性沥青混合料相比，会为路面结构带来更好的高温抗车辙能力。PPA+SBS复合改性沥青混合料表现出与5%SBS改性沥青混合料相接近的路用性能。

同样，以双向4车道高速公路为例，采用PPA+SBS复合改性沥青混合料代替传统SBS改性沥青混合料，将节省2.8万元/km改性剂成本。

（四）成果影响力及应用工程

PPA+SBS复合改性沥青混合料和传统SBS改性沥青混合料相比，有相当或更好的路用性能。在改性沥青中加入适量的PPA，可有效地改善改性沥青的热存储稳定性，这对方便施工组织，提升路面的施工质量，降低养护、维修成本有积极作用。PPA+SBS复合改性沥青较传统SBS改性沥青可以降低成本85~130元/t，此技术大面积推广使用，势必带来可观的经济效益、社会效益。

项目组于2014年8月6日在昌法线（昌图—法库）二级公路维修罩面工程中上面层K0+000~K0+500铺筑了500m（10500m²）AC-10型多聚磷酸改性沥青混合料试验路，并就近选取掺量为4%SBS改性沥青的路面K0+500~K1+000作为对比试验段，进行了对比检测与观测。

六十二、辽宁省高速公路路面管理系统信息集成及推广应用

课题由辽宁省交通科学研究院主持，与辽宁省高速公路管理局、辽宁省交通厅通信信息总站、辽宁交通信息技术有限公司合作完成，研究时间为2013年1月~2015年12月。

（一）立项背景

路面管理系统PMS是应用系统分析理论高效利用有限资源进行路面管理的方法，也是集数据采集、性能评价、预测与制订养护计划为一体的计算机辅助决策系统，在许多国

家得到了广泛的应用。虽然国外路面管理系统的应用起步较早,系统比较完善,但是这些系统与本国的公路管理体制相结合,并且路面结构特性、材料性质、养护技术和地理气候条件等与辽宁省也有很大差异。此外,我国高速公路交通量大、累计轴载量大与超载现象严重的特点是国外没有的。由于检测数据积累量少与精度不高,国外的性能评定模型与预测模型也不能准确地反映我国公路的现状与变化趋势。虽然辽宁省在以往的公路养护中也做了一些的研究,积累了相关的经验,但是相关数据积累不足,在分析路面结构、材料、交通量和受自然环境影响等因素时往往力不从心。此外,新材料、先进的养护技术和科学的管理方法的发展也将路面管理技术推上了更高的层次。

(二)研究目标和主要内容

项目在辽宁省公路路面管理系统推广基础上,对现有的管理系统进行消化、吸收,并研究辽宁省的高速公路路面数据评价方法,同时对检测技术措施进行补充、完善及优化,综合提升检测技术的针对性,将路面检测技术与养护管理系统进行合理对接。同时集成养护管理相关数据,建立完善的路面养护管理数据库,在此基础上,对集成数据进行深入挖掘、分析,开发养护设计软件,为高速公路的养护方案和大中修设计方案的合理化制订起到辅助决策的作用,从而提高使用路面管理系统制订养护方案的合理性,提高辽宁省高速公路路面养护管理水平。

项目的主要研究内容包括辽宁省高速公路路面养护管理数据采集、维护、分析、应用管理机制;辽宁省高速公路路面养护数据分析评价方法研究;大中修设计方法和初步养护方案制订研究;构建辽宁省高速公路路面养护管理数据库;开发基于GIS平台展示技术研究;编制《辽宁省高速公路路面检测及大中修设计技术指南》。

(三)取得的成果、效益

取得软件著作权1项,申请软件著作权1项,发表学术论文2篇。

(四)成果影响力及应用工程

项目研究成果的推广应用,将对路面养护管理、路面养护决策提供有效的技术支持。

六十三、季冻区钢桥桥面铺装高模量高韧性沥青混合料技术研究

课题由辽宁省交通科学研究院主持,与辽宁省高等级公路建设局合作完成,研究时间为2014年1月~2015年12月。

(一)立项背景

我国已建成并投入使用的大跨径钢箱梁桥近百余座,其中相当一部分铺装层发生了

较为严重的大疲劳裂缝和高温永久变形病害,严重影响通车功能,并产生不良的社会影响。正交异性板钢桥桥面铺装的使用条件较一般沥青路面、机场道面要严酷得多,主要表现在三个方面:一是正交异性板在荷载作用下产生的复杂变形导致铺装层使用条件严酷;二是长大跨径桥梁一般为索吊结构(斜拉桥、悬索桥等),这种结构在风荷载、汽车荷载作用下长期处于颤振状态,不利于铺装层的使用;三是我国大多数桥梁加劲梁采用的是钢箱梁,密不透风,夏季高温在70℃以上,温度稳定性引起的拥包、车辙、横向推移、开裂一直都是钢桥桥面铺装的主要质量通病。

目前,钢箱梁桥的应用越来越广泛,对于我国季冻区,钢桥桥面铺装需要一种高温模量更高、低温韧性更强的沥青混合料,并且需要一种高温、低温条件下性能仍能保持稳定的黏结层材料。

(二)研究目标和主要内容

项目研究的主要目的是,针对季冻区的特殊气候特点,分析并确定季冻区钢桥桥面铺装沥青混合料以及黏结层技术指标,研制出一种高温模量更高、低温韧性更强的钢桥桥面铺装沥青混合料,并进行钢桥桥面铺装黏结层材料的选择与钢桥桥面组合体系方案的优化,并对施工工艺进行研究,减轻和防止季冻区钢桥桥面铺装的低温开裂病害以及高温车辙病害,大幅提高季冻区钢桥桥面铺装的使用寿命,取得良好的经济和社会效益。

研究内容有以下4个方面:

(1)钢桥桥面沥青混合料铺装运营状况调查研究;

(2)沥青混合料增模增韧技术研究与性能验证;

(3)黏结层材料选择与开发;

(4)季冻区钢桥桥面铺装结构组合体系研究与施工工艺研究。

项目研究涉及以下3个方面的关键技术:

(1)季冻区钢桥桥面铺装层受力状况模拟分析;

(2)沥青混合料增模增韧技术;

(3)高模量高韧性沥青混合料技术体系施工技术。

(三)取得的成果、效益

发表学术论文2篇《钢桥面铺装技术比较与分析》《ERS铺装体系在中朝鸭绿江界河公路大桥中的应用》;编制《季冻区钢桥桥面铺装高模量高韧性沥青混合料设计与施工技术指南》。

高模量高韧性沥青混合料GG-5铺装体系较国内外现有的浇筑式沥青混凝土、双层SMA、ERS及环氧树脂沥青混合料EA等铺装体系,不但性能大幅提升,而且施工工艺简单,施工周期短,施工成本可降低 30% 以上,并且消耗一定量的废旧轮胎粉,具有良好的环境效益。此外,高模量高韧性沥青混合料铺装体系还可提高钢桥面铺装的使用寿命,减少维修次数,提高交通服务水平。因此,高模量高韧性沥青混合料铺装技术还具有良好的社会效益。

(四)成果影响力及应用工程

项目研究成果的推广应用,将提高钢桥面铺装的性能与使用寿命,并节约大量的工程费用。

项目尚未在实体工程中应用。项目组于 2017 年 7 月在京哈线毛家店收费站跨线桥进行试验工程铺装。

六十四、交通标志标线养护评价指标与快速检测技术研究

课题由辽宁省交通科学研究院主持,与辽宁省交通高等专科学校、辽宁省高速公路管理局合作完成,研究时间为 2014 年 1 月~2016 年 12 月。

(一)立项背景

公路交通标志标线设施作为重要的基础设施之一,在保障交通安全方面作用显著。对其实施科学的养护管理和检测评价,保持设施的完善和有效,是促进交通可持续发展的基础工作。国内外大量研究和实践证明,有效地使用公路交通标志标线等安全设施,可显著减少交通事故,提高道路通行能力,同时可使有限的资金最大限度地发挥作用,实现资源节约和环境友好的最佳组合。

(二)研究目标和主要内容

项目总体目标是建立高效、快速的高等级公路交通标志标线现场检测技术,规范和制定标志标线快速检测标准和控制指标,为标志标线的日常养护维修及作为道路语言为交通安全运营、管理服务功能提供技术支持和帮助,并编制《交通标志标线快速检测技术指南》。

项目的研究内容是交通标志标线的维修养护技术要求和养护评价方法研究、交通标志标线快速检测技术在养护领域内的应用技术研究、标志标线维修养护判定标准和控制指标研究,编制《交通标志标线快速检测技术指南》。

(三)取得的成果、效益

发表学术论文 3 篇,编制《交通标志标线快速检测技术指南》。

(四)成果影响力及应用工程

项目提出了基于视觉安全的道路交通标志标线评价指标,开发了道路交通标志标线自动化快速采集检测技术,对交通标志标线的检测评价具有重要指导意义。

六十五、季冻区水泥混凝土路面耐久性检测评价与修复技术研究

课题由辽宁省交通科学研究院主持完成,研究时间为 2014 年 1 月 ~ 2015 年 12 月。

(一)立项背景

季节性冻土地区,简称季冻区,是指地表土冬季冻结,夏季全部融化的区域,主要分布在东北三省、内蒙古、甘肃、宁夏、新疆北部等,其面积占全国季冻区面积 50% 以上,在季冻区,由于冰雪、冻害及除冰盐等环境作用,水泥混凝土路面的早期损坏现象较为严重,大大影响其耐久性和服务水平。

目前,辽宁省高速公路总里程已突破 4000km(包括收费广场 247 个,服务区约 68 个),但由于辽宁省具有夏季多雨、冬季多雪(融雪剂用量大)的气候特点,收费广场和服务区的水泥混凝土路面普遍出现了不同程度的耐久性损伤,如表面剥蚀露骨、板块断角碎裂、板底脱空等病害,严重的已发展成为结构性损伤,影响行车安全和使用寿命。

辽宁省高速公路水泥混凝土路面结构主要应用于收费广场和服务区,但针对季冻区水泥混凝土路面的养护目前仍存在一些需要解决的问题。

(1)季冻区水泥混凝土路面耐久性状况检测评价体系不完善

《公路水泥混凝土路面养护技术规范》(JTJ 073.1—2001),是目前水泥混凝土路面养护管理可供依据的唯一标准,其是以满足路面使用要求的最低标准作为养护质量标准的,路面养护决策阈值偏低,如达到该标准,多数需要进行大、中修,属于改正性养护的范畴。另外,该评价指标体系中也未考虑季冻区除冰盐及冻融损伤状况对养护决策的影响。因此,需要研究季冻区水泥混凝土路面耐久性检测与评价标准,提出耐久性养护决策方法与标准,实现预防性养护。

(2)季冻区水泥混凝土路面耐久性修复技术不成熟

除冰盐及冻融是导致季冻区水泥混凝土路面早期破损的主要原因,如不及时进行修复,将很快会发展成坑槽、孔洞、断裂等结构性破坏,因此,沥青薄层罩面技术应该是季冻区水泥混凝土路面耐久性修复的有效手段,它不但可以解决除冰盐和冻融的损伤问题,而且可以提高行车舒适性,延长路面使用寿命。

目前,超薄磨耗层、开普封层、橡胶沥青混凝土等薄层罩面技术已在辽宁省沥青混凝

土路面的养护中得到广泛的应用,并取得了良好的效果,但将其应用于水泥混凝土路面的罩面养护中还需解决层间黏结、水泥混凝土界面处理技术、施工工艺等问题,需要进行适用性研究和优化改进。

(二)研究目标和主要内容

通过对辽宁省典型环境区域高速公路水泥混凝土路面病害的调查,总结分析季冻区水泥混凝土路面病害产生原因及损伤机理,提出季冻区水泥混凝土路面耐久性状况检测方法与评价标准,开发一种高性能沥青薄层罩面技术层间胶结材料,推荐优化的混凝土界面处理方法,制定沥青薄层罩面技术的适用条件、养护决策标准及施工工艺,推动沥青薄层罩面技术在辽宁省水泥混凝土路面耐久性预防性养护中的应用。

结合工程实际,采用典型区域病害调查、室内模拟试验、试验路验证相结合的研究方法,开展季冻区水泥混凝土路面耐久性检测评价与修复技术研究,课题组拟定以下研究内容:

(1)技术调研;

(2)省内典型环境区域高速公路水泥混凝土路面病害调查;

(3)季冻区水泥混凝土路面病害产生原因及损伤机理研究;

(4)水泥混凝土路面耐久性状况检测与评价技术研究,提出季冻区水泥混凝土路面耐久性检测方法与评价标准;

(5)水泥混凝土路面沥青薄层罩面技术适用条件、养护决策标准研究;

(6)水泥混凝土路面沥青薄层罩面技术层间胶结材料选型与开发、混凝土界面处理方法比选与优化研究;

(7)水泥混凝土路面沥青薄层罩面技术施工工艺研究;

(8)水泥混凝土路面沥青薄层罩面技术路用性能检测与评价方法研究。

(三)取得的成果、效益

1. 成果

(1)提出了季冻区水泥混凝土路面耐久性检测方法与评价标准;

(2)提出水泥混凝土路面沥青薄层罩面技术适用条件、养护决策方法与标准;

(3)开发出一种高性能的沥青罩面层与水泥混凝土层的层间胶结料,其高温(60℃)层间抗剪强度大于0.3MPa,解决沥青薄层罩面技术的层间黏结问题,并提出相关施工工艺;

(4)铺筑了3项实体试验路,验证了高黏性层间黏结材料的路用性能,通过检测与观测,路面使用性能良好。

2. 效益

项目提出了季冻区水泥混凝土路面耐久性状况检测方法与评价标准,开发了一种高性能沥青薄层罩面技术层间胶结材料,推荐优化的混凝土界面处理方法,制定沥青薄层罩面技术的适用条件、养护决策标准及施工工艺。

(1)有利于保证交通安全,提供较高的服务水平,并且达到降噪的效果。相对于原来的水泥混凝土路面,加铺超薄磨耗层后的沥青路面抗滑性能大大增强,车辆在处理紧急情况中的制动性能大大提高,车辆行驶过程中更加安全平稳。车轮与路面两级减振,因此行车舒适性好,还能起到降低噪声的效果。

(2)减少由于道路养护所引起的行车延误时间,使路面维持较高的服务水平。该研究实现了快速修复,在水泥混凝土预防性养护中较传统工艺大大缩减了施工工期,碾压后即可通车,减少由于道路养护所引起的行车延误时间,使驾驶员获得较自由的行驶空间,使路面维持较高的服务水平,做到交通可持续发展。

(3)节约社会资源,保护生态环境。旧水泥混凝土路面大修时,在不提高原路面高程的情况下,必须换板或全部挖除重建。换板、挖除所产生的废旧材料造成的环境污染和自然资源的消耗,已成为重要的社会问题。采用铣刨表面层加铺超薄罩面后,不但结构层本身不受破坏,还可以从根本上解决资源浪费这个问题。除此之外,加铺超薄磨耗层罩面用的沥青混凝土还可以再生利用,有效地节约了能源,保护了生态环境。

(四)成果影响力及应用工程

项目研究成果的推广应用,将大大提高水泥混凝土路面耐久性,延长使用寿命,降低混凝土养护作业对交通影响。

项目分别于2015年8月8日在虎庄收费广场、2015年8月13日在甘泉服务区和2015年8月16日在十里河收费广场铺筑三条试验路。其中,虎庄收费广场铺筑面积约270m^2,甘泉服务区铺筑面积约300m^2,十里河收费广场铺筑面积约1878m^2。

六十六、渤海海峡跨海通道辽宁登陆点及区域配套集疏运体系研究

课题由辽宁省交通科学研究院主持,与辽宁省交通规划设计院、大连市交通规划勘察设计院有限公司合作完成,研究时间为2015年1~12月。

(一)立项背景

渤海海峡跨海通道建设是一项复杂的系统工程,渤海海峡跨海通道从提出设想到建设需要前期评估、决策、设计、施工等各子系统协同实现,其中项目的前期研究工作尤为重要,是保证项目成功建设、有效运行、实现最大效益的关键环节。开展跨海通道前期研究

工作,对未来渤海海峡跨海通道项目进行客观的评估,为未来渤海海峡跨海通道工程规划、建设提供科学的依据,是十分有意义的。确定渤海海峡跨海通道登陆点和配套集疏运区域是渤海海峡跨海通道建设项目前期研究的关键,一方面项目规划设计、投资估算必须依据登陆点和配套的集疏运区域确定,另一方面项目建成后须依赖发达的集疏运体系才能充分发挥跨海通道的服务功能。因此需要科学合理地评估登陆点和配套集疏运区域,并以此确定各个时期跨海通道项目的发展目标,确保环渤海地区经济的正常、快速、有序发展。

（二）研究目标和主要内容

项目开展渤海海峡跨海通道辽宁登陆点及区域配套集疏运体系研究,提出辽宁侧陆地登陆点的比选和推荐方案,研究配套综合交通枢纽场站的功能与布局,设计区域集疏运体系规划推荐方案,跟踪跨海通道建设关键技术的进展,可以为渤海海峡跨海通道工程效益最大化、损失最小化提出科学合理的建议,为跨海通道前期规划研究提供技术储备和决策依据。

研究围绕配套渤海海峡跨海通道的集疏运体系建设展开,具体研究内容包括:课题调研、渤海湾跨海通道登陆点选择研究、渤海海峡跨海通道一体化综合集疏运体系研究、渤海海峡跨海通道配套交通运输枢纽规划研究、渤海海峡跨海通道配套区域集疏运通道规划研究、渤海海峡跨海通道建设关键技术跟踪研究。

（三）取得的成果、效益

发表学术论文4篇,其中EI收录论文3篇,其他论文1篇。

通过课题的研究,课题组建立了一套系统的渤海海峡跨海通道评价体系,采用科学先进的分析方法,研究了渤海海峡跨海通道辽宁登陆点和辽宁侧区域配套集疏运体系,为交通行业该类超大型跨海项目的前期研究和规划建设奠定了良好的基础,促进了科技进步,具有良好的经济效益和社会效益。

（四）成果影响力及应用工程

课题研究成果为渤海海峡跨海通道的战略规划与建设提供良好的借鉴,可推动渤海海峡跨海通道项目的实施,加速环渤海地区的经济发展。

应用工程为规划中的渤海海峡跨海通道工程。

六十七、橡胶粉复合改性沥青推广应用的研究

课题由辽宁省交通科学研究院主持完成,研究时间为2015年1月~2016年12月。

(一)立项背景

在SBS改性沥青中加入橡胶粉,不但可以提高沥青的弹性,改善沥青的高温、低温性能,还可以扩大沥青的使用温度范围,同时废胶粉资源丰富、价格低廉、加工工艺简单,又不污染环境,还能实现废弃轮胎的资源化。综上可以看出,SBS橡胶粉复合改性沥青的研究具有重要的经济意义、环保意义和社会意义,符合可持续发展的原则。橡胶粉复合改性沥青技术作为一种复合改性技术近些年在省内外得到了研究和应用,由于其优良的路用性能,具有良好的推广应用前景。

(二)研究目标和主要内容

由于橡胶粉复合改性沥青具有良好的路用性能,通过研究,将其成功推广应用于高速公路建设中,延长道路使用寿命,产生显著的经济效益和社会效益,为国民经济的发展做出贡献。

主要内容:

(1)对橡胶粉复合改性沥青的应用情况进行调研;

(2)适用于辽宁省高速公路建设的橡胶粉复合改性沥青技术指标的研究;

(3)橡胶粉复合改性沥青混合料路用性能的研究;

(4)通过橡胶粉复合改性沥青实体工程的应用,总结完善施工工艺,研究质量控制标准;

(5)对橡胶粉复合改性沥青推广路段使用效果进行评价;

(6)编写《橡胶粉复合改性沥青应用技术指南》。

(三)取得的成果、效益

成功研制了具有良好路用性能的橡胶粉复合改性沥青,橡胶粉复合改性沥青混合料具有较好的高温稳定性、低温抗裂性能和抗疲劳性能、抗水损害性能;结合调研结果及室内混合料试验结果,提出了适用于辽宁省高速公路建设的橡胶粉复合改性沥青技术指标;将橡胶粉复合改性沥青成功应用于高速公路面层,降低工程造价12.15%;编写了《橡胶粉复合改性沥青应用技术指南》,能够有效指导橡胶粉复合改性沥青在高速公路建设中的大规模应用;发表相关学术论文3篇;申请国家专利1项。

从建设成本考虑,SBS橡胶粉复合改性沥青混合料较SBS改性沥青混合料节约造价4.47%。在寿命周期内计算,使用SBS橡胶粉复合改性沥青的混合料较普通沥青混合料节省费用30.9%,较SBS改性沥青混合料节省费用12.15%。

橡胶粉复合改性沥青技术使路面服务状况得到改善,降低路面早期破坏,提高路面高温抗车辙性能、低温抗开裂性能,延长路面使用寿命,提高公路交通安全性和服务功能,从而带来运输成本的节约,具有重大的社会效益。

(四)成果影响力及应用工程

橡胶粉复合改性沥青可以大大降低高温的影响,提高路面抗车辙能力,提高行车舒适性。橡胶粉复合改性沥青路面具有较好的水稳定性、低温抗裂性能,提高了路面耐久性,橡胶粉复合改性沥青路面的使用年限比普通沥青路面长很多,早期病害相对较少,可以降低养护费用,延后大中修年限,节约运营成本。

根据橡胶粉复合改性沥青路面的技术经济特点,可将其应用于高速公路、普通公路的沥青路面中,其使用性能和综合性能相比普通沥青混凝土路面有显著的优势。

应用工程包括:2014年8~9月,在灯辽高速公路辽中至灯塔方向K23+000~K28+020、K28+980~K34+480段,铺筑了10.52km 4cm上面层LAC-16橡胶粉复合改性沥青试验路;2014年9月3~4日,在沈康三期高速公路维修工程康平至沈阳方向K5+090~K7+750段,由辽宁省路桥建设集团有限公司铺筑了约2.7km 3.5cm上面层SMA-13L橡胶粉复合改性沥青试验路。

六十八、辽宁省沥青路面长期性能研究

课题由辽宁省交通科学研究院主持,与辽宁省高速公路管理局合作完成,研究时间为2015年1月~2016年12月。

(一)立项背景

辽宁省高速公路已超过4000km,高速公路内路网已基本形成。可以预计,在未来几年内,辽宁省公路行业仍然面临着较重的建设任务,同时公路建设的重点将由以建设为主,转为建设与养护并举,并逐渐向以养护为主的方向发展。面对如此大的路网规模,辽宁省每年均需投入大量的资金进行建设和养护,如何进一步提高辽宁省沥青路面使用性能和服务水平,延长沥青路面使用寿命与大中修周期,保证建设与养护资金的有效利用,实现全寿命周期经济最优化是公路科技人员亟待解决的核心问题。

沥青路面长期性能研究是通过广泛的资料调查分析、试验检测及成果总结,系统研究交通荷载、环境气候、结构、材料、施工、设计和养护维修措施等影响路面性能的基本要素,并探索各要素之间的联系和规律,从而构建科学完整的工程理论体系,对沥青路面的设计、施工养护、维修、运营和管理等方面的实践提供指导和帮助。

在国内外相关研究的基础上,开展辽宁省不同地区、交通量及结构形式的沥青路面长期性能研究,目的在于提高辽宁省沥青路面使用性能,延长沥青路面使用寿命与大中修周

期,实现全寿命周期经济成本最低,为沥青路面建设、养护、管理技术的进步提供支撑。

(二)研究目标和主要内容

在总结国内外研究成果的基础上,针对辽宁省的沥青路面性能特点,开展沥青路面长期性能研究,提升辽宁省沥青路面使用性能,延长沥青路面使用寿命与大中修周期,并为开展辽宁省沥青路面长期性能的全面研究奠定基础。项目的研究总体目标概括为:

(1)长期性能优化及保证措施。通过对结构、设计、施工、养护、材料、环境、路基等因素的系统总结和深入研究,从设计、养护和施工角度,提出进一步提升和保证长期性能的改进措施。

(2)加速加载试验与路面长期性能的关系。基于加速加载试验成果和长期性能监测数据,深入挖掘加速加载试验成果,建立加速加载试验与路面长期性能的过渡关系,为路面结构性能跨尺度分析提供依据。

(3)辽宁省高速公路沥青路面典型病害发生规律理论总结。针对辽宁省高等级沥青路面典型病害——车辙和横向裂缝问题,总结辽宁省相关经验,研究其发生机理和关键性影响因素,验证并建立车辙及横向裂缝预测模型。

(4)奠定开展全面长期性能研究的基础。建立长期性能研究的数据采集机制、开发分析、存储和展示平台,为从更长期角度开展路面性能研究提供方法和工具支持。

课题在国内外调研的基础上围绕技术关键展开专门研究。具体研究内容包括辽宁省沥青路面长期性能现状总结分析、长期性能观测路段划分及检测方案研究、长期性能数据采集及试验研究、长期性能数据库建立、沥青路面性能关键影响因素及保证措施研究、加速加载试验与路面长期性能相关性研究。

(三)取得的成果、效益

发表学术论文3篇,获得国家专利1项,获得软件著作权1项。

项目提出了延长辽宁省高速公路沥青路面使用寿命的技术建议,提出了设计和养护协调考虑的新思路,从全寿命周期角度降低了路面建设与养护成本。项目研究成果为辽宁省沥青路面设计、建设和养护提供了技术支持,经济效益和社会效益显著。

(四)成果影响力及应用工程

项目针对路面设计、建设和养护过程中的技术问题,提供可行的改进建议;研制了长期性能数据存储、展示和分析平台,为系统开展长期性能研究提供了有效的软件工具;分析标定了体现辽宁省环境、荷载、材料特点的PCI衰减模型;基于辽宁省高速公路沥青路面长期性能特点,给出了路面病害控制原则。项目研究成果为辽宁省沥青路面设计、建设和养护提供了技术支持,经济效益和社会效益显著,总体达到国际先进水平。

项目在库盘线(库二线)台安至黄沙段改造工程、辽宁省高速公路预防性养护设计中得到了应用,推荐了能够保证路面长期使用性能的路面结构。

六十九、多车道高速公路工程技术标准研究

课题由辽宁省交通规划设计院有限责任公司主持。

(一)立项背景

根据经济发达地区的交通建设与发展经历,高速公路的改扩建将成为今后公路建设的重点内容之一。目前,辽宁省还存在一些超负荷运营的高速公路,如京哈高速公路沈四段、沈阳绕城高速公路等均进行改扩建,京哈高速公路绥沈段也计划进行改扩建。京哈高速公路绥沈段于1997年7月开工建设,其中绥中至锦州段于1999年9月通车,锦州至沈阳段于2000年9月通车,路线全长360.4km,设计速度120km/h,6车道标准,路基宽度34.5m,其中互通立交区、服务区、挖方段、特大桥(无硬路肩)、跨线桥梁按照42.0m 8车道一次建成,目前计划对其改造为8车道以上的高速公路。由于我国缺少对多车道高速公路设计的经验,相关的配套标准条文因无研究成果支持而无法落实,致使设计、建设人员"无标准可循"。对于车道数不低于8的高速公路而言,在交通流特征、车道设计、运营管理等方面有其自身特点,可定义为"多车道高速公路"。本课题主要针对车道数大于8的高速公路进行研究。与4车道、6车道高速公路相比,多车道高速公路本身在通行能力、运营安全方面有着特殊性。我国还没有对多车道高速公路的通行能力进行过充分研究,仅在标准中提到"8车道高速公路应能适应将各种车型折合成小轿车的年平均交通量60000~100000辆"。如何针对具体多车道高速公路进行分车道设计,实现客货分离,减少行车干扰,提高通行能力等,这就需要综合考虑交通安全、工程经济、服务水平等方面的需要,同时还需要考虑施工期交通组织情况,结合地域特点、经济发展趋势,按照可持续发展的理念科学合理确定改扩建的标准、规模、方案等具体技术问题,因此在2012年4月~2014年12月期间,开展了"多车道高速公路工程技术标准"课题的研究。

(二)研究内容

1. 通行能力研究

(1)基于实际调查的交通流数据,对国内外多车道高速公路基本路段各车道通行能力、互通立交区段各车道通行能力进行研究,并对京哈高速公路绥沈段交通流特性进行调查以及分析。

(2)结合研究成果以及实际交通特性分析,最终给出绥沈段高速公路8车道、10车道

以及12车道通行能力,对通行能力结果进行分析,并且对现状绥沈段高速公路通行能力水平进行计算。

2. 改扩建技术标准可行性研究

(1)对通道交通量进行调查,结合交通量预测所考虑的各个因素,对通行交通量进行预测,并根据预测结果,提出通道内交通量解决方案及建设时序。

(2)通过对原路改扩建标准以及新建通道标准选择进行对比分析,结合通行能力、工程规模、满足交通需求以及施工期交通组织等方面的因素,经过综合分析,确定各段改扩建的合理标准。

(3)通过通行能力、行车安全、施工期交通组织、占地、工程规模、工期、运营管理、路容景观、控制因素、工程造价以及各方面汇总意见等11个方面进行比较,提出合理方案。

3. 多车道高速公路安全性研究

(1)提出国外多车道高速公路运营横断面布置形式、进出口匝道安全设计、标志标线设置情况以及交通运行组织方案。

(2)结合国内外研究成果以及调研情况,针对多车道高速公路安全性进行分析。

(3)提出多车道高速公路安全性保障措施。

4. 多车道高速公路施工组织关键技术研究

(1)提出保证4车道通行的一般路段施工期交通组织方案。

(2)对全线典型桥梁进行检测评定,根据桥梁检测评定结果以及交通组织方案,提出绥沈段高速公路桥梁拼宽方案。

(3)提出保通条件下挖方段施工方案、保通条件下跨线桥拆除方案。

(三)取得成果

(1)根据对实际调查的绥沈段高速公路交通特性以及国内外多车道高速公路通行能力调研分析,确定绥沈段高速公路加宽至8、10和12车道通行能力。

(2)基于交通量、通行能力、工程造价、区域路网规划以及全寿命周期成本条件下,根据综合经济评价,提出绥沈段高速公路合理的技术标准,基于确定的技术标准,对整体式拼宽与分离式拼宽进行比较。

(3)对绥沈段高速公路加宽至8、10和12车道安全性进行分析,并提出保证行车安全性所采取的措施。

(4)基于确定的技术标准,论述施工期交通组织方案的可行性。

(四)取得经济效益与社会效益

随着辽宁省经济又好又快的发展,交通等基础设施的建设取得了丰硕的成就。项目研究成果的应用和推广将直接解决改扩建中的关键技术难题,显著提高辽宁省交通安全水平和公路运输质量,进一步推动辽宁省公路交通发展水平;通过交通条件的改善带动辽宁省工业及第三产业的全面发展与振兴,促进社会经济的发展和人民生活水平的提高;此外还可降低多车道高速公路的事故率并节约土地,以科学发展观推动可持续发展,达到节能减排的效能,为辽宁省公路建设及国家有关政策的制定提供依据,为辽宁省国民经济发展提供良好的交通环境,全面促进我国可持续发展战略的实施。

项目的预期研究成果能够为辽宁省多车道高速公路改建提供通行能力、安全性、横断面组合设计、交通组织等关键问题的解决方案,并且根据东北地区交通流的特征确定指路标志系统的设计方法,这对今后类似工程的实施具有示范指导意义。此外,还有助于改善多车道高速公路运营安全管理的问题,其经济和社会效益巨大。

(五)应用情况

随着沈大、杭甬、沪杭、沪宁高速公路改扩建的具体实施,我国早期建设的高速公路拉开了改扩建的序幕。项目的研究成果将对辽宁省高速公路改扩建方案的研究提出新的思路和方法,为我国高速公路改扩建过程的标准化工作做出一定的贡献。同时还可指导新建多车道高速公路的安全性设计,为其提供科学合理的技术支持。依据项目研究成果,还可对其他各类大型交通基础设施安全运行及相关研究产生一定影响,从而拥有广阔的市场前景。

七十、水泥基复合材料在混凝土桥梁维修加固中的应用研究

课题由辽宁省交通规划设计院有限责任公司公路养护技术研发中心(辽宁大通公路工程有限公司)主持,东南大学、大连海事大学和辽宁省交通厅公路管理局合作研发完成。项目起止时间为2013年2月~2014年8月。

(一)立项背景

随着中国桥梁事业的高速发展,很多在20世纪80、90年代建设的桥梁在经历了长时间的使用之后,出现了各种各样的病害。桥梁结构的病害(例如混凝土裂缝、渗水、表面风化、剥落、露筋和钢筋锈蚀,混凝土保护层碳化、基础冲蚀等)严重影响了桥梁结构的安全性和行驶的舒适性。针对出现的病害,需要采取有效手段进行加固维修,以保证桥梁结构的正常使用。对受损混凝土梁桥桥面连续构造进行加固和修补,只能减缓桥面连续构造的破损,延缓病害发生时间,其潜在危害并没有消除,必须从根本上改善混凝土梁桥面连续构造的使用性能。因此,如何加强混凝土梁桥桥面连续构造在服役期间的耐久性能和使用寿命,尤其针对辽宁省的特殊气候环境和行车荷载作用条件下如何加强混凝土

梁桥桥面连续构造的使用性能,成为刻不容缓的研究课题。水泥基复合材料表现出类似金属在单轴荷载作用下的应力-应变关系,即所谓的应变强化效应。这种优良的力学性能,克服了混凝土开裂后应力迅速降低、裂缝急速开展的缺点。水泥基复合材料使用符合节能环保的要求,与其他掺合料复配可降低混凝土水泥用量,减小裂缝宽度和自由干燥收缩,有利于提高结构的耐久性能,使结构更加节能环保,是今后桥梁维修养护加固技术发展的新方向。

(二)研究目标和主要内容

项目研究目标:水泥基复合材料凭借其出色的抗裂缝能力和良好的黏结抗拉性能,能够与旧桥结构的现有混凝土紧密黏结,同时可以将FRP栅格嵌裹在水泥基复合材料层中,实现FRP栅格和旧桥结构通过水泥基复合材料黏结层紧密相连,共同承受结构荷载,以达到提高旧桥结构承载能力的目的。

课题主要研究内容如下:

(1)进行国内外调研工作;

(2)水泥基复合材料研制及其应用技术研究;

(3)水泥基复合材料和FRP格栅加固混凝土桥梁技术应用研究;

(4)水泥基复合材料用于混凝土桥面铺装快速维修技术应用研究;

(5)水泥基复合材料用于桥面连续结构应用研究;

(6)水泥基复合材料用于隧道加固应用研究。

(三)取得的成果、效益

建立了水泥基复合材料桥面连续构造的数值和试验模型,对数值模拟与试验结果进行分析,提出水泥基复合材料桥面连续构造的设计及施工工艺,并将水泥基复合材料用于实体工程,尝试进行桥梁腹板加固和隧道衬砌加固,考察其工程应用效果,并通过预埋的应力应变片进行观测,验证其使用性能。

经鉴定,项目成果整体达到国内领先水平。

(四)成果影响力及应用工程

课题研究成果在小草线本溪市境内七道河大桥以及本桓线本溪市满族自治县境内(S305)三架岭隧道混凝土结构维修加固施工中进行了实际应用,经过半年的运营,各加固维修部位均没有出现明显裂缝,达到了预期的加固效果。为省内外其他公路桥梁、隧道混凝土结构维修加固施工提供经验与借鉴。

课题的研究成果直接应用于辽宁省公路桥梁、隧道维修加固工程施工。本课题研究成果表明水泥基复合材料可大大加快施工进度,在浇筑完成后,基本不需要进行机械振捣即可流满模板。在隧道衬砌加固修补中,水泥基复合材料可用于锚喷施工,提高加固修补施工速度。

七十一、辽宁综合交通运输大通道建设研究

课题由辽宁省交通规划设计院有限责任公司主持。

(一)立项背景

国家"一带一路"倡议的实施,为辽宁在"新常态"条件下推动经济社会持续健康发展提供了难得的重要机遇。积极融入国家"一带一路"倡议,有利于辽宁从区位地缘优势出发,充分发挥完善的港口、公路、铁路等交通运输基础设施网络,构建贯通东北亚、连接中蒙俄、到达欧洲境内的综合交通运输大通道,扩大辽宁全方位对外开放,统筹辽宁三大区域协调发展,打造带动辽宁发展的战略支点,促进新一轮东北老工业基地全面振兴。建设辽宁综合交通运输大通道,打造贯通欧亚的贸易通道与经济走廊,既是落实国家"一带一路"倡议中打造向北开放重要窗口的客观要求,也是实现辽宁老工业基地振兴发展的现实需要。因此在2015年1月~2015年12月期间,开展了"辽宁综合交通运输大通道建设研究"课题的研究。

(二)研究目标及主要内容

课题研究目标包括:
(1)提出"辽满欧"海铁联运大通道建设方案;
(2)提出"辽蒙欧"海铁联运大通道建设方案;
(3)提出"辽海欧"出海大通道建设方案。
针对上述研究目标,课题对以下三个方面进行了研究:
(1)"辽满欧"海铁联运大通道建设研究;
(2)"辽蒙欧"海铁联运大通道建设研究;
(3)"辽海欧"出海大通道建设研究。

(三)取得成果

研究借鉴应用国内外先进理论,吸纳国内国际运输通道建设经验,根据"一带一路"倡议,围绕打造"中蒙俄经济走廊"的要求,明晰了大通道的发展定位和战略布局,明确了基础设施、节点城市、运输组织方式等方面的建设任务,提出了推进口岸便利化、建立沟通协作机制、加大宣传推广力度等方面的保障措施,为辽宁综合运输大通道的建设发展提供

了重要支撑。

（四）取得经济效益与社会效益

（1）充分发挥交通运输的综合优势和整体效益，探索水路、公路、铁路等多种运输方式融合发展模式，合理布局不同区域、不同层次、不同方式的运输网络，促进综合交通加快发展。

（2）客观评价辽宁综合交通运输大通道建设与开放型经济发展的关系，探讨辽宁省面向东北亚区域及欧洲国家的开放合作机制，加快辽宁"走出去"战略实施步伐，推进以大连、营口和锦州港为重要节点的"中蒙俄经济走廊"建设，不断激发老工业基地振兴发展的内在动力。

（3）加强与周边国家和地区的互联互通，促进辽宁更好地融入世界经济，获得更大的发展空间，实现与沿线省份和国家的互利共赢。

（五）成果的影响力

研究成果在大通道概念、港口腹地和建设运营理念等方面取得了新的突破，建立了比较完整的大通道架构，首次提出了"辽满欧""辽蒙欧""辽海欧"三条综合交通运输大通道，填补了该研究领域的空白。经鉴定，项目成果达到国内领先水平。

（六）应用工程

课题的研究成果直接指导辽宁省综合交通运输大通道的建设，扩大辽宁全方位对外开放，统筹辽宁三大区域协调发展，打造带动辽宁发展的战略支点，促进新一轮东北老工业基地全面振兴。

七十二、《辽宁省超多车道高速公路技术标准》编制研究

课题由辽宁省交通规划设计院有限责任公司主持。

（一）立项背景

作为国家高速公路网中七条放射状路线之一的北京至哈尔滨高速公路（编号 G1），是东北地区公路交通运输的大动脉，是东三省南下西进入关的重要通道，其组成部分绥中（冀辽界）至沈阳段高速公路（以下简称绥沈高速公路），是辽宁省高速公路网的重要组成部分。绥沈高速公路自通车以来交通量年平均增长率为 10.14%，由于交通量增长迅速，全线 V/C 达到 0.52，部分路段拥堵严重，计划于近期对其进行改扩建。经过大量的方案论证工作，目前长约 230km 的绥中（冀辽界）至盘锦段推荐方案为改扩建至客货分离式断面的 12 车道，盘锦至沈阳段长约 130km 改扩建至整体式断面的 10 车道。

目前,我国现行高速公路技术标准和规范体系主要以《公路工程技术标准》(JTG B01—2014)为龙头,配套有路线、路基、路面、桥涵、交通工程等设计规范。但现行的技术标准主要适用于8车道及以下高速公路,对于10车道及以上的超多车道高速公路,由于交通流量大的特点,在横断面组成、车道划分、互通立交的设置等方面面临全新的技术问题。考虑到多车道甚至超多车道高速公路建设将是辽宁省,乃至全国一个时期内公路建设的重要形式,而10车道及以上高速公路的技术标准,也存在大量需求。对于超多车道高速公路的基础研究工作还有待进一步深入和突破,工程经验还有待进一步总结提高,交通运输部鼓励各地方交通主管部门在满足国家强制性标准要求的前提下,结合具体需要,在相关研究和工程实践的基础上,制定地方标准规范。

基于上述考虑,为了能给辽宁省绥沈高速公路扩容项目的顺利实施提供技术支持,为全国的超多车道高速公路建设提供指导标准,在2015年3月~2015年11月,开展了《辽宁省超多车道高速公路技术标准》编制研究。

(二)研究目标及主要内容

课题研究目标包括:
(1)开展超多车道高速公路整体式横断面研究;
(2)开展超多车道高速公路分离式横断面研究;
(3)编制《辽宁省超多车道高速公路技术标准》地方标准。

(三)取得成果

成果及主要研究结论如下:
(1)超多车道高速公路整体式横断面不同设计速度下左侧硬路肩宽度建议值见表5-2-1。

左侧硬路肩宽度建议值　　　　　表5-2-1

设计速度(km/h)		120	100	80
左侧硬路肩宽度(m)	一般值	3.00	3.00	3.00
	最小值	3.00	2.50	2.50

(2)超多车道高速公路分离式横断面,从实际情况出发,边分带采用外幅路基为双路拱,分设式波形梁钢护栏隔离。

(四)取得经济效益与社会效益

(1)项目研究成果为依托工程绥沈高速公路扩容项目横断面的设置提供了技术支撑。通过国内外研究现状的调研,结合依托工程的分析,提出了整体式横断面左侧硬路肩的建议值和分离式横断面边分带的最小值,为绥沈高速公路扩容工程标准横断面的设置提供了支撑。

（2）课题是辽宁省交通厅"超多车道高速公路改扩建成套技术研究"课题研究成果的系统总结。课题组在总结辽宁省多个多车道高速公路建设经验的基础上，全面梳理吸收了"超多车道高速公路改扩建成套技术研究"的系列研究成果，辅以国内外相关资料，制订了绥沈高速公路扩容工程的总体技术方案，编制了《辽宁省超多车道高速公路技术标准》各章节具体内容，形成了辽宁省超多车道高速公路建设全面技术政策，成为绥沈高速公路工作的重要技术标准依据。

（五）成果的影响力

课题组编制完成《辽宁省超多车道高速公路技术标准》。研究成果将对辽宁省其他多车道高速公路的建设和改扩建提供重要参考。

课题发表《复合式断面高速公路除雪方案研究》论文1篇，在第十三届中日冬季道路技术交流会发表。

（六）应用工程

项目依托工程为绥沈高速公路扩容工程。根据项目工可报告，绥中（冀辽界）至盘锦段长约230km总投资约380亿元。

七十三、斜拉桥索锚结合部拉索持续应力下腐蚀状态智能监测技术研究

课题由辽宁省交通规划设计院有限责任公司公路养护技术研发中心（辽宁大通公路工程有限公司）主持。

（一）立项背景

拉索是缆索结构桥梁的主要承重构件，由于索锚结合部的结构特点，该区域的腐蚀状态监测一直难以实现，形成了结构安全隐患，大型桥梁工程结构复杂、规模巨大，隐蔽性工程较多，难以用一般的手段来监测与控制。建立智能化的结构状态监测和辨识系统，对结构关键隐蔽性工程长期性能的发展进行预测和控制是桥梁工程发展的必然趋势和方向。因此在2014年1月~2015年6月，开展了"斜拉桥索锚结合部拉索持续应力下腐蚀状态智能监测技术研究"课题的研究。

（二）研究内容

课题对索锚结合区域结构构造特征及环境特征调研；索锚结合部拉索腐蚀及应力既有监测技术调研；辽宁省斜拉桥索锚结合部拉索腐蚀主要影响因素研究；监测指标体系的建立；金属腐蚀与其电阻变化间关系理论分析；电阻变化与斜拉索材料腐蚀状态的关系模

型建立;多测试指标结合的拉索腐蚀状态监测方法研究;腐蚀监测用传感装置研发;腐蚀监测采集硬件装置研发;网络化在线采集控制及分析技术研究;监测结果智能实时判断及可视化技术研究;监测功能软件系统编写开发。

（三）取得成果

通过项目研究形成了基于电阻法,考虑温度、湿度等多参数耦合的索锚结合部拉索腐蚀状态的实时监测技术,建立了腐蚀监测指标体系与相应模型;研制了腐蚀监测专用传感器与采集仪,编制了电阻式腐蚀监测系统软件,开发完成了拉索腐蚀实时监测系统。

经鉴定,项目成果总体达到国际先进水平,其中基于电阻法的多参数耦合索锚结合部拉索腐蚀状态的实时监测技术达到国际领先水平。

（四）取得经济效益与社会效益

项目在研发过程中采用电阻、温度和湿度等多参数的拉索综合监测评估技术,解决了拉索锚固区封闭空间无法监测的难题,为确定斜拉索腐蚀状态提供依据,避免了盲目的换索工程,节约桥梁管理养护成本,提高桥梁运营安全水平,项目成果实用价值较强,具有显著的经济效益、社会效益。

（五）成果的影响力

项目成果有效解决索锚结合部拉索长期工作性能难以科学预测和实时控制的问题,有助于养护管理单位掌握拉吊索的健康状况,确保大桥运营安全,避免安全事故的发生,节约桥梁管理养护投入,避免不必要的斜拉索更换。项目成果不但可用于斜拉桥,而且也可用于其他缆索支撑体系桥梁索锚部位的监测。通过监测结果能够为桥梁的养护、维修决策提供技术支撑,使拉索的更换时机更合理化,可以很大程度节约桥梁的运营成本。项目获2016年度沈阳市科技进步三等奖。

（六）应用情况

2014年7月,项目组对鸭绿江大桥和辽河大桥进行了调研,分别在两座桥选取了测区,安放了腐蚀试验箱进行桥位区局部环境的腐蚀试验。2015年7月,项目组完成了腐蚀监测设备的验证,完成了传感器样机,完成了远程监测测试工作。

腐蚀监测系统的研发以及在依托工程中的测试验证了项目所提出的腐蚀监测方法的可行性,其应用为桥梁管养单位及时掌握拉索锚固区腐蚀状态提供数据支撑,填补了长期以来拉索隐蔽区无监测措施的空白。根据用户反馈,测试系统操作简单,监测结果可以直接给出截面腐蚀率的判定。系统还具有预警功能,用户可结合项目编写的指南合理、科学

七十四、在役桥梁浅基础检测与加固技术研究

课题由辽宁省交通规划设计院有限责任公司公路养护技术研发中心(辽宁大通公路工程有限公司)主持。

(一)立项背景

目前,浅基础桥梁在普通公路中所占比重较大,这些桥梁至今仍在国民经济的发展中起到重要作用。随着我国的经济发展,公路行车密度及重型车辆日益增多,桥梁浅基础由于外界条件影响会出现不同程度的缺陷、下沉、倾斜等病害,而车辆荷载的不断提高和洪水的威胁势必会加剧这些病害的发展。在桥梁检测中,往往只注意桥梁上部结构,对基础重视不够。而对浅基础桥梁影响最大的是冲刷,冲刷会使基础埋置深度减小,削弱了墩台的稳定性,又会造成墩台承载力不足,发生墩顶位移或晃动,重造成桥墩歪倒、梁落,严重的可导致全桥坍塌。这方面的教训是深刻的。传统浅基础检测采用开挖目测的方式,工作效率低,对结构产生不利扰动。因此在2014年1月～2015年6月,开展了"在役桥梁浅基础检测与加固技术研究"课题的研究。

(二)研究内容

课题研究内容包括在役桥梁浅基础的病害情况、检测与加固技术调研;国内外物探技术及其设备的应用情况调研;物探技术应用于桥梁浅基础检测的适用条件研究;基于物探技术检测浅基础的现场测试技术研究;基于物探技术的浅基础测试数据分析技术研究;国内外桥梁技术状况评价方法研究;辽宁地区桥梁浅基础评价指标和评价标准研究;多种加固技术加固在役桥梁浅基础的适用性研究;基于静压技术的在役桥梁浅基础加固技术研究;基于升浆法的在役桥梁浅基础加固技术研究;总结研究成果,编制《在役桥梁浅基础检测与加固技术指南》等。

(三)取得成果

通过对常用物探方法的分类研究,结合在役桥梁浅基础的特点,提出了适用于桥梁浅基础检测的物探方法,形成了相应的检测成套技术;在现行《公路桥梁技术状况评定标准》(JTG/T H21)的基础上,补充完善了在役桥梁浅基础的评价方法,并提出了相应的评定指标及分级标准;研究并形成了适合于桥梁浅基础加固的静压桩法和升浆法应用技术,可指导在役桥梁浅基础检测与加固工作开展;编制的《在役桥梁浅基础检测与加固技术指南》可用于实际工程。

经鉴定,项目成果总体达到国际先进水平。

(四)取得经济效益与社会效益

通过项目成果,实现在役桥梁浅基础检测、技术状况评价、维修加固,弥补在桥梁检测中对浅基础的养护不足,避免突发事故的发生,对于在役桥梁浅基础的养护具有广泛的工程应用前景以及显著的经济效益和社会价值。

(五)成果的影响力

项目将物探技术应用于桥梁浅基础的无损检测,及时地对桥梁浅基础进行检测,这种检测方法具有创新性,可避免费时费力开挖检测过程,减少对基础的扰动。根据检测评价结果,提出合理的加固维修方案,这对桥梁养护行业具有重要的意义。

(六)应用情况

2014 年 10 月～2015 年 7 月,在朝阳市黑水镇小叶线哈拉道口大桥和老官地大桥应用本项目成果对其浅基础病害进行了无损检测。试验过程中对不同物探技术的现场设备选型、探测测线布置、测试流程以及数据采集方法、分析评价方法等进行了深入的研究。通过全面的对比分析,基于物探方法的浅基础检测技术可有效地进行浅基础病害检测与评价,且检测过程中无须基础开挖,减少了对基础的扰动,能及时发现潜在的安全隐患,延长了桥梁的使用寿命。

七十五、多车道高速公路通行能力及交通组织方式研究

课题由辽宁省交通规划设计院主持,与东南大学、南京全司达交通科技有限公司、交通运输部公路科学研究院合作完成,研究时间为 2015 年 1～12 月。

(一)立项背景

近年来,随着国内经济迅速发展,高速公路交通量持续增长,我国早期建设的大量 4、6 车道高速公路已经不能满足交通需求,服务水平日益恶化。8 车道以上高速公路逐年增加。在重要的运输通道内,高速公路的多车道化将是未来高速公路的发展趋势。

与 4 车道、6 车道高速公路相比,多车道高速公路本身在通行能力、运营安全方面有着特殊性。但是,我国还没有对多车道高速公路的通行能力展开充分研究,在多车道高速公路的安全性方面积累数据与研究成果也相对较少,相关的配套标准条文因无研究成果支持而无法落实。这些现状导致我国缺少 8 车道以上高速公路的设计经验,没有行之有效的理论体系指导高速公路改扩建工程的开展。

在此背景下,2015 年 1～12 月期间,开展了"多车道高速公路通行能力及交通组织方式研究"课题的研究。

(二)研究目标及主要内容

课题总体目标:针对多车道(8车道以上)高速公路的通行能力计算方法、交通安全分析方法和交通组织方案多目标评价与优化方法等研究内容展开研究,在国内尚属首次。预期成果将在多车道高速公路的通行能力计算方法和交通安全评价方法方面有所创新,有望为辽宁省高速公路改扩建方案提供理论依据,优化多车道高速公路通行能力,提升多车道高速公路运营安全性,填补国内多车道高速公路改扩建领域研究的空白,预期成果研究水平将达到国内领先水平,部分成果达到国际先进水平。

课题从研究多车道高速公路不同交通组织方式下的交通流运行机理入手,构建多车道高速公路通行能力和交通安全分析模型。在此基础上,提出多车道高速公路交通组织方案多目标评价方法,并建立多车道高速公路交通组织方式关键参数优化方法。主要研究内容为:

(1)多车道高速公路交通流运行特征;

(2)多车道高速公路通行能力与交通安全分析模型;

(3)多车道高速公路交通组织方案多目标评价方法;

(4)基于微观交通仿真的多车道高速公路交通组织方式关键参数优化方法;

(5)多车道高速公路通行能力及交通组织方式关键技术实证研究。

(三)取得的成果

课题从高速公路通行的安全性、高效性、可靠性与稳定性方面分析了包含整体式、长途集散式、客货分离式等高速公路交通组织方式对高速公路主通道通行能力及交通运行的影响。通过对区域综合运输网络各交通方式运输特性的把握与研究,提出了高速公路货运专用车道通行能力分析方法和服务水平分级方法、8车道以上高速公路整体式、客货分离式和"长途+集散"式的通行能力分析方法、多车道高速公路交通组织方式多目标评价和优化设计方法、多车道高速公路安全动态评估方法和恶劣天气组合条件下的安全限速值计算方法。发表了4篇高水平学术论文,申请了4项发明专利,完成了1项软件著作权。

经专家委员会验收评定,课题研究成果达到国际先进水平。

(四)取得社会效益与经济效益

依托课题的研究成果,实现了公路主通道交通组织分析技术的知识产权自主化;完善了区域综合运输网络多车道高速公路交通组织的基础理论体系;开发了符合我国实际需求,适用于大覆盖面积、全客货运方式(公、铁、水、航)的区域综合运输网络交通组织分析软件,并提出了面向客货分离式多车道高速公路的通行能力分析方法和事故风险预测方法;优化了多车道高速公路交通组织方案的科学性。项目首次明确了10车道及以上规模高速公路的交通组织技术,为区域范围内公路主通道的规划、设计与交通组织实践提供了强有力的技术支撑;为《公路工程技术标准》(JTG B01)、《公路路线设计规范》(JTG D20)等工程标准和规范的修订提供理论依据。

课题研究成果在京哈高速公路绥中至沈阳段进行了集成示范应用,确定了未来京哈高速公路绥中至沈阳段多车道环境下的交通组织方式,为科学决策提供了强有力的理论技术支撑。

(五)成果影响力及应用工程

课题研究成果不仅为《公路工程技术标准》(JTG B01)、《公路路线设计规范》(JTG D20)等工程标准和规范的修订提供理论依据,同时也为区域范围内公路主通道的规划、设计与交通组织实践提供了强有力的技术支撑,从而促进沿线社会与经济的快速、持续、稳定发展,社会效益、经济效益显著。

课题研究成果在京哈高速公路绥中至沈阳段改扩建工程建设方案论证中进行了集成示范应用,确定了未来京哈高速公路绥中至沈阳段多车道环境下的交通组织方式。此外,研究成果在辽宁多条高速公路主通道进行了大范围、集中化的推广,为东北地区区域综合运输体系的科学构建与社会经济的稳定发展提供了有力的技术理论支持。

七十六、基于综合交通运输体系的高速公路主通道交通量分析与预测研究

课题由辽宁省交通规划设计院主持,与东南大学、南京全司达交通科技有限公司、国家发改委综合运输研究所合作完成,研究时间为2015年1~12月。

(一)立项背景

京哈高速公路绥中(冀辽界)至沈阳段(以下简称"京哈高速公路绥沈段")是东北地区进出关和辽宁省连接北京、天津和河北等地区的重要公路通道,也是辽宁省高速公路网布局中的一条横向主线。在辽宁省综合运输体系中,未来京哈高速公路将与长深高速公路和大广高速公路以及沈山铁路、秦沈铁路客运专线、哈大铁路、高新铁路、新义铁路、锦承铁路、哈大铁路客运专线和京沈客运专线等构成辽宁省南北方向的综合运输大通道。这一通道对辽宁省、东北其他地区乃至北京、天津、河北等地区的发展将起到决定性的作用。

京哈高速公路绥沈段在辽宁省境内沿线经过沈阳、鞍山、盘锦、锦州和葫芦岛等城市,地理位置十分重要。近年来,随着高速公路沿线城市和其他影响区域经济的快速发展,京哈高速公路绥沈段的交通压力日益加大,全线各路段平均交通量已达到5万辆/日,某些路段的交通量甚至超过了6.5万辆/日,而京哈高速公路绥沈段目前为双向6车道,已无法满足交通需求。因此,辽宁省提出扩容改造京哈高速公路绥沈段,特别是基于交通需求不断增长的考虑,将交通压力较大的路段扩建成双向12车道。

为了对京哈高速公路绥沈段改扩建工程进行科学谋划,合理地预测未来京哈高速公路绥沈段的交通需求是关键。京哈高速公路绥沈段位于沈阳山海关通道,该方向包含了铁路、公路、水运和民航四种运输方式,因此京沈高速公路未来交通量增长必须面向综合交通运输体系,不仅需要考虑沿线经济发展和其他公路交通量的发展变化,而且还要考虑运输通道中其他运输方式的技术经济特性和客货运量的变化趋势。目前,工程领域对于区域性综合交通走廊的交通需求预测尚缺少系统性的研究成果和分析工具,建立一套面向区域综合交通运输体系的、系统有效的交通需求分离理论与方法,并开发相应的工程应用分析软件,是当前亟须解决的问题。

在此背景下,2015年1月~2015年12月,开展了"基于综合交通运输体系的高速公路主通道交通量分析与预测研究"课题的研究。

(二)研究内容

课题遵循"理论研究→技术开发→工程应用"的研究思路,依托京哈高速公路绥沈段,对综合交通运输通道演化规律、综合交通总需求预测技术、综合交通网络建模技术、综合交通方式划分技术、综合交通网络方式分配技术、综合交通体系中高速公路主通道客货比例预测、综合交通运输体系中公路主通道交通需求分析关键技术实证等方面进行研究。

(三)取得成果

项目组在系统梳理区域综合交通运输通道中交通运输与社会经济、空间演化、产业转型之间相互作用机理的基础上,提出了综合交通运输系统交通需求分析的"1+4"理论体系,建立了多模式交通运输系统方式划分模型、基于综合运输体系的交通需求分析"四阶段"修正模型、多模式交通网络路阻函数和枢纽节点阻抗函数,提出了多模式综合交通网络的计算机图形表达方法和一体化交通分配方法,发表了5篇高水平学术论文,申请了3项发明专利,完成了5项软件著作权,研究成果达到国际先进水平。

(四)取得经济效益与社会效益

依托课题的研究成果,实现了公路主通道交通需求预测技术的知识产权自主化;完善了区域综合运输网络需求预测的基础理论体系;首次明确了10车道及以上规模高速公路的交通需求预测技术,为区域范围内公路主通道的规划、设计提供了强有力的理论技术支撑;为《公路工程技术标准》(JTG B01)、《公路路线设计规范》(JTG D20)等工程标准和规范的修订提供理论依据。

课题研究成果应用于对京哈高速公路绥中(冀辽界)至盘锦段改扩建工程建设方案的决策之中,为科学决策提供了强有力的理论技术支撑。

(五)成果的影响力

课题研究成果不仅为《公路工程技术标准》(JTG B01)、《公路路线设计规范》(JTG D20)等工程标准和规范的修订提供理论依据,同时还可以广泛应用于全国区域综合交通运输体系的规划研究、建设决策等实践中,具有重要的指导辅助作用,社会效益、经济效益显著。

(六)应用情况

课题研究成果应用于京哈高速公路沈阳(王家沟)至铁岭(杏山)段改扩建工程施工建设期间区域交通组织方案设计,有效保障了京哈高速公路沈阳(王家沟)至铁岭(杏山)段改扩建施工期通道内交通的正常顺畅通行,为项目的施工建设提供了良好的环境,同时也保障了区域经济的平稳运行。

应用课题研究成果对京哈高速公路绥中(冀辽界)至沈阳段未来的客货运交通量进行了预测分析,分析结果成为确定京哈高速公路绥中(冀辽界)至沈阳段改扩建建设方案的重要依据。

七十七、基于状态检测与荷载试验相结合的中小跨径桥梁快速检评技术研究

课题由辽宁省交通规划设计院有限责任公司公路养护技术研发中心(辽宁大通公路工程有限公司,以下简称"研发中心")主持。

(一)立项背景

截至2013年底,据不完全统计,全省公路桥梁达到36766座/1351157延米。其中特大桥梁59座/104048延米,大桥2085座/481771延米,中桥5959座/343517延米,小桥28663座/421821延米。其中中小跨径桥梁座数占总数的94.2%,数量较大,如何采用一种方法可以快速地对其进行承载能力评定显得尤为重要。

项目申报是研发中心在总结多年桥梁动静荷载试验工作基础上提出的。因为当前桥梁动静荷载试验工作存在以下不足:

(1)传统的荷载试验方法是以静载试验观测为主来获取桥梁在试验荷载作用下的结

构响应参数,以此通过与理论计算结果的比较验证桥梁的当前技术状况。传统的荷载试验方法需要动用大量的人力、物力,耗费较多的时间和经费,这对于在役桥梁的检测,特别是数量较多的中小跨径桥梁,是难以接受的。

(2)传统的荷载试验均需较长时间封闭交通,对无法长时间中断桥梁的交通运行,很难进行传统的荷载试验。

(3)目前的桥梁技术状态检验方法与静荷载试验评价的桥梁技术状态结果可能不一致。

针对以上存在的问题,为达到快速评定中小跨径桥梁承载能力的需求,开展了"基于状态检测与荷载试验相结合的中小跨径桥梁快速检评技术研究"课题的研究。

(二)研究内容

(1)快速检测方法研究

总结中小跨径桥梁技术状况检测的内容与需求,并通过引入便携式移动数据采集终端,改变传统手工纸质检测方式,实现了桥梁检测、检测结果的录入和处理电子化、智能化的有机集成,提高桥梁技术状况检测效率。

提出的定点常荷载加载方法,在无须调整汽车数量和汽车载质量的前提下,实现测试截面分级加载,同时获取了更多桥跨特征截面的内力和变形规律。定点常荷载加载方法简化荷载试验实施过程,降低了对现场人员的技术要求,更重要的是大大缩减了试验封闭交通时间。

(2)快速检测设备研发

基于远距离、非接触式的光电法,研制了单、多测点光电挠度仪。该设备可实时、自动、同时测量桥梁不同位置的挠度。设备操作简单,安装方便,无须人工读数及记录测量结果,避免烦琐的现场布线,有效提高现场测试效率。

总结应变快速测试的需求,针对工具式应变计,研发了无线采集卡(采集卡包含采集模块、控制模块和无线传输模块);对于数码应变计,加入了无线传输模块。两种无线应变传感器的研发,解决了现场布线带来的不便,提高了测试效率。

(3)快速布载软件开发

开发桥梁快速布载软件,可以自动给出最优的车辆布载方式,并可实现荷载试验分级加载过程控制及荷载试验数据后处理等功能。该软件改变传统手工试算方法布置加载车辆工作量大、工作效率低和试验效率低等缺点,同时避免加载时其他截面效率超标的潜在危险。

(4)快速评价技术研究

基于《公路桥梁承载能力检测评定规程》(JTG/T J21—2011),通过对8m钢筋混凝土空心板及 16m 先张预应力混凝土空心板的缺损状况、材质状况及状态参数进行检测评定和单梁荷载试验,建立基于技术状况和荷载试验的桥梁承载能力综合评价方法。开发的中小跨径桥梁快速检评系统,将综合评定方法通过计算机程序加以实现,用户可通过网络在浏览器中完成对桥梁承载能力的快速评定,进一步加快中小跨径桥梁承载能力的检评工作。

（三）取得成果

（1）提出了基于定点常荷载的荷载试验加载方法;
（2）提出了基于状态检测和荷载试验相结合的中小跨径桥梁综合评价方法;
（3）自主研发了基于光电原理的远距离非接触式单测点、多测点光电挠度仪设备;
（4）自主研发了基于 ZigBee 技术的无线应变采集与传输装置;
（5）开发了具有自主知识产权的成套检测与评价软件;
（6）形成了包含快速检测方法、快速检测设备软件与快速评价方法在内的成套解决方案;
（7）获得了 2 项计算机软件著作权,分别为普通公路桥梁移动数据采集系统 1.0（2016SR246534）、公路桥梁特殊检测试验集成系统（2016SR244227）。

（四）取得经济效益与社会效益

（1）减少荷载试验封闭交通时间 50%,实现快速检测;
（2）降低动、静荷载试验成本 30%,提高经济效益与社会效益;
（3）基于状态检测和荷载试验相结合的中小跨径桥梁综合评价方法可有效提高桥梁评价质量;
（4）研究成果可有效提升公路行业桥梁状态检测评定的整体技术水平。

（五）成果的影响力

课题研究成果较好地弥补了中小跨径桥梁传统检评方法的不足,并通过大量的模型试验、数值模拟、理论分析及实际工程应用等方式验证了研究成果的可操作性及实用性,提高了桥梁检测评定的整体技术水平,可为相关行业规范的编制及修订提供技术支持。项目研究成果在中小跨径桥梁检评工程中具有广泛的应用前景,成果的应用必将带来显著的经济效益和社会效益。

（六）应用情况

项目研究成果已在十几座中小跨径桥梁的检测与评定中应用,可快速有效地实现桥梁的检评,研究成果实用性强。

七十八、适合东北地区的低成本桥梁健康检测系统开发

课题由辽宁省交通规划设计院有限责任公司公路养护技术研发中心(辽宁大通公路工程有限公司)主持。

（一）立项背景

随着我国公路桥梁的发展,管养任务日益繁重,其结构安全状况一直是公众特别关心的问题。目前,多数结构复杂、社会影响力重大的超大跨径桥梁已配备了较为完善的健康监测系统,以实时了解自身的运营状态,保障运营安全。然而,近年来桥梁倒塌事故常常发生于普通跨径桥梁中,安全问题在此类桥梁中更加突出,受到养护经费和人员的限制,现有健康监测系统并不适用于该类桥梁。因此,开发一种适用普通跨径桥梁的健康监测系统,且考虑东北严寒地区温度低且温差大对系统的影响,将对保障普通跨径桥梁的安全运营具有重要的工程实际意义。在2015年1月~2016年12月期间,由辽宁省交通规划设计院主持,与辽宁省高等级公路建设局、辽宁省交通科学研究院合作开展了"适合东北地区的低成本桥梁健康检测系统开发"课题的研究。

（二）研究内容

针对辽宁省常见公路桥梁类型及其病害特点,研制一套经济实用、小型化、智能化、网络化的多类型传感器集成设备,同时将现代公路桥梁管理理论与物联网技术相结合,从而形成公路桥梁集群化、网络化的监测管理,形成一套适合于东北地区的桥梁健康监测系统,以有效降低桥梁监测成本,确保辽宁省普通跨径桥梁的安全运营。主要包括以下工作内容：

(1)开展公路桥梁健康监测关键参数选取方法研究;

(2)开展集群式桥梁预警指标及其阈值研究;

(3)开展适用于温差大或寒冷地区的传感器选型及布控研究;

(4)研发多类型传感器系统集成设备;

(5)建立辽宁省公路桥梁集群健康监测系统。

（三）取得成果

(1)提出了适合东北地区的集群式桥梁预警指标及其阈值的确定方法;

(2)确定了适用于温差大或寒冷地区的传感器类型;

(3)研发了一套适合东北地区的桥梁集群监测的多类型传感器系统集成设备;

（4）建立了适合东北地区的集群式桥梁健康监测系统；

（5）获得了两项实用新型专利，分别为嵌入式数据采集卡（ZL201620081568.5）、嵌入式桥梁健康监测装置（ZL201620081570.2）。

（四）取得经济效益与社会效益

项目研究成果达到了国内领先水平。研究成果的应用将全面推进桥梁养护管理的信息化和安全管理现代化进程，提高桥梁安全管理水平和效率，实现桥梁养护管理决策的科学化，推动行业健康监测技术的进步，为相关行业规范的编制及修订提供技术支持，并对提升桥梁预防性养护理念，建设节约型预防性养护体系具有积极作用，为低成本安全监测系统在东北严寒地区的推广和普及奠定了坚实的基础。研究成果已成功应用于辽宁省内多座桥梁的健康监测。研究成果的应用大幅降低了盲目人工检测和加固的费用，提升了桥梁运营安全管理水平，产生了显著的经济效益和社会效益。因此，具有良好的推广使用前景。

（五）成果的影响力

（1）项目成果可有效提高桥梁健康监测效率，提升桥梁养护水平；

（2）所开发的健康监测系统可同时对多座公路桥梁进行集群式的长期监测及安全预警，降低桥梁安全风险；

（3）成果的应用能够为管理部门提供养护及维修加固的合理化建议；

（4）本系统与传统的大型桥梁健康监测系统相比，单位指标监测成本降低40%。

经鉴定，项目成果达到国内领先水平。

（六）应用情况

课题所开发的低成本桥梁安全监测系统现已应用于沈阳市绕城高速苏北大桥和后丁香大桥、本溪市丹阜高速草河口大桥、辽阳市本辽高速榆林公铁立交桥、沈阳市大转弯互通B匝道桥、新民市国道京哈线G102毓宝台大桥、锦州义县国道庄林线G305张家堡大桥、丹东丹锡高速大孤山枢纽立交2号桥和E匝道桥的长期安全监测中。

七十九、公路隧道裂损衬砌修补组合结构实用技术研究

课题由辽宁省交通规划设计院有限责任公司公路养护技术研发中心（辽宁大通公路工程有限公司）主持。

（一）立项背景

我国共建设公路隧道11359座，总长9605.6km。辽宁省公路总里程达到104679km，公路隧道总数量达241座/20.9万延米。2012年9月开通的丹通、桓永、旺南、庄盖多条高速公路共修建隧道116座/103682延米,且首次出现2座特长隧道。

根据辽宁交通规划设计院对2013—2016年省内高速和普通公路隧道定期检查情况,除2012年新开通隧道病害较少外,其余高速和普通公路隧道结构普遍存在病害,主要有衬砌后开裂、脱空、渗水等。个别普通公路隧道病害已经相当严重,尤其在冬季低气温的影响下,经常出现封闭交通的情况。

目前,我国公路隧道通常采用人工方式进行检测和评估。人工检测存在效率低下、危险性大等特点,甚至要动用大型起重设备将检测人员运至隧道拱顶。检测时,检测人员通常结合隧道病害的表观特征和所在地区的地质、气候、水文等情况及施工总结资料等信息,依据人工经验对病害进行判断,主观性较强。

随着计算机技术和图像识别技术的迅猛发展以及相关理论的不断完善,基于数字图像识别的测量技术已深入裂缝宽度测量、破损识别、变形监测、岩体碎石识别等土木工程领域,并发挥着非接触、相对便捷、直观和精确的优势。因此,研发一种能便捷、定量、快速、准确地测量隧道衬砌表观病害特征值的图像检测技术成为隧道工程结构无损检测领域的迫切需要之一。

针对以上存在的问题,为达到快速检测评定隧道衬砌表观病害的目的,开展了"公路隧道裂损衬砌修补组合结构实用技术研究"课题的研究。

(二)研究内容

(1)公路隧道衬砌裂损病害的分类、成因及危害程度研究

进行辽宁省公路隧道衬砌病害和运营现状调研,总结国内外既有的隧道检测技术,开展隧道检测新设备、新技术调研。通过分析既有公路隧道勘察、设计和施工过程,系统地总结严寒地区公路隧道常见裂损病害及其特征,研究严寒地区公路隧道裂损病害的分类、量化参数、产生原因和危害程度。

(2)病害的图像预处理技术研究

结合室内试验与现场测试,针对隧道内图像拍摄条件,分析拍摄角度、相机误差和拍摄距离对图像的影响,研究亮度、对比度、灰度等参数对病害图像的影响,提出易于识别的图像预处理方法和参数调整技术。

(3)病害的图像识别和指标量化识别算法研究

通过分析隧道衬砌裂损病害不同的参数化特征,开展衬砌裂损病害类型识别技术研究。针对不同的裂损类型,开展预处理后病害图像噪声去除、全局阈值、边界锐化和边界提取等图像识别算法研究,提出中远距离裂损病害指标量化图像识别算法。

(4)非接触式检测仪硬件开发及集成技术研究

开展隧道衬砌裂损非接触式检测仪总体方案设计、设备硬件选型和集成技术研究,开

发检测仪图像识别软件。建立基于《公路隧道养护技术规范》(JTG H12—2015)的综合评价方法。开发隧道衬砌表观病害快速检评系统,将综合评定方法通过计算机程序加以实现,用户可通过系统对衬砌表观病害进行快速评定,进一步加快高速公路隧道衬砌表观病害检测检评工作。

(三)取得成果

(1)提出了基于图像识别的隧道衬砌表观病害的检测办法;
(2)自主研发了基于CCD的隧道衬砌表观病害采集系统;
(3)自主研发了基于工程车的隧道采集设备的搭载系统;
(4)开发了具有自主知识产权的成套检测与评价软件。

(四)取得经济效益与社会效益

(1)使运营隧道的检测更加快捷、准确,促进隧道的养护工作从人为检测向人工智能方向转化,提高隧道的养护科技含量及质量。
(2)可节省约40%检测时间,综合降低25%的检测成本。
(3)在有限空间、有限时间内完成裂损衬砌检测工作,极大地缩短了隧道封道时间,社会公众满意度得到明显提升。

(五)成果的影响力

课题对在役公路隧道图像识别检测技术进行了系统化的研究和开发,提出了基于图像识别的新型隧道检测体系,自主研发了公路隧道裂缝及渗漏水检测设备,并在此基础上建立了软硬件一体化的公路隧道裂损衬砌检测系统,为隧道信息化、智能化检测提供了新思路。课题研究成果较好地弥补了传统隧道检测方法的不足,并通过大量的试验及实际工程应用验证了研究成果的可操作性和实用性,提高了隧道检测技术的行业整体技术水平,促进了隧道裂损衬砌图像识别检测技术在交通行业的发展。研究成果在运营公路隧道的检测工程中具有广泛的应用前景,带来了显著的经济效益和社会效益,随着进一步的应用推广,必将成为隧道检测的中坚力量。

(六)应用情况

项目研究成果已在辽宁省多个高速公路隧道的检测与评定中应用,可快速有效地实现隧道表观衬砌的检评,研究成果实用性强。

八十、基于客货分离的既有高速公路评价和改造技术研究

课题由辽宁省交通规划设计院有限责任公司公路养护技术研发中心(辽宁大通公路

工程有限公司)主持。

(一)立项背景

随着我国经济的发展,我国高速公路必将进行更多的拓宽改造。目前沈山高速公路交通量较大,局部路段交通量已趋于饱和,部分路段非常拥挤,交通事故增加,现有6车道高速公路已不能满足交通运输的需求,需要进行拓宽改建。通过项目的研究,既有服务于沈山高速公路改扩建实际工程需求的现实意义,又可为国内后续高速公路的拓宽改造提供坚实的理论基础和实践经验。因此在2015年1月~2016年12月期间,开展了"基于客货分离的既有高速公路评价和改造技术研究"课题的研究。

(二)研究内容

(1)既有路面评价及基于全寿命周期成本的处理方法

分析既有路面的交通流组成和轴载分布,结合车辆行驶速度、路面平整度、路面抗滑等要求,根据沈山高速公路沿线气候环境,分析路面荷载和材料要求。

总结历年养护经验,分析路面病害特征和发展规律,以近年检测数据为基础,分析沥青层和基层结构强度,通过室内试验评价,分析沥青材料的利用价值。

以既有路面评价为基础,划分不同破损类型和程度的维修路段,根据路面的交通荷载,分路段、分车道确定路面改造措施,运用全寿命周期成本最低化的标准,科学合理地最大限度利用路面铣刨材料和结构强度。

(2)既有桥梁承载能力评价及加固技术研究

对沈山高速公路目前运营的车型进行研究,明确不同车型的代表车型。对比研究不同代表车型对不同加宽改造形式后的桥梁受力性能的影响。

对国内外桥梁检测评价相关规范及成果进行调研,结合历年定期检测及特殊检测结果,对桥梁承载能力进行评价。开展沈四改扩建废弃板梁的受弯、受剪破坏性试验,确定试验板梁实际承载能力,修正承载能力评价结果。

对采用不同的抗弯及抗剪加固前后的模型梁进行试验对比分析,研究不同加固方法对板梁受弯、受剪性能的影响;研究处治单板受力病害的加固技术;研究不中断道路交通或少中断交通时间的可行的加固技术。

(3)既有桥梁耐久性评价及维修技术研究

结合沈山高速公路历年检测结果对既有桥梁耐久性病害进行统计,结合国内外研究成果和规范标准,对既有桥梁耐久性进行评价。

现场调研沈山高速公路沿线不同环境区域、结构不同部位混凝土典型耐久性病害,重点开展氯离子含量测试,分析氯离子侵蚀规律,建立桥梁耐久性影响因素分布模型。

考虑桥梁所处的环境区域、结构的不同部位,对国内现有的维修材料进行调研,针对桥梁处于季冻区除冰盐环境的特点,备选出桥梁耐久性病害维修材料。开展备选材料的冻融、盐冻、抗氯离子渗透性试验,提出适用于沈山高速公路的耐久性病害维修材料。

(4)既有防撞设施评价及改造技术研究

开展现场调研,采集现有护栏的高度、厚度、防腐情况等,现场截取护栏样品,进行试验室基本力学分析。依据现行规范,对波形梁钢护栏的安全性能进行评价。总结护栏的防护水平,确定护栏构件可重复使用的原则。

调研沈山高速公路交通情况,收集近3~5年与车辆碰撞护栏相关的交通事故,总结车辆比例、运行速度、车辆质量、碰撞速度以及碰撞角度等数据。建立防护水平与防护等级及交通安全设施投入的关系。综合造价、安全防护水平和护栏的可利用程度等,确定沈山高速公路原路既有护栏防护等级和设置原则。

研究沈山高速公路既有防撞设施的改造技术,提出至少三种波形梁钢护栏改造方案,并进行经济性分析及改造之后的防护效果分析。在考虑经济和安全的基础上,为实车碰撞试验推荐一种方案。

(三)取得成果

1.既有路面评价与改造技术研究

(1)提出了基于客货分离的客车专用车道的路面荷载标准;

(2)研发了沥青模拟老化试验装置,提出了沥青老化时间与工程实际使用时间的对应关系;

(3)研发了能够反馈路面信息的感温、感湿、夜光标线智能技术。

2.既有桥梁承载能力评价与加固技术研究

(1)提出了客车专用通道的桥梁荷载标准;

(2)提出了状态检测和荷载试验相结合的承载能力评价方法;

(3)基于服役多年旧梁的破坏性试验研究,得到了加固前后的受力性能、破坏机理及承载力;

(4)提出了铰缝新型配筋加固法。

3.既有桥梁耐久性评价与维修技术研究

(1)建立了沈山高速公路沿线桥梁的氯离子含量分布模型;

(2)建立了沈山高速公路既有桥梁耐久性评价方法;

(3)研发了适用于寒冷地区濒海环境下的桥梁维修用高性能混凝土及砂浆材料。

4.既有防撞设施评价及改造技术研究

(1)提出了客车专用车道护栏防撞等级的确定方法;

(2)研究出了对既有护栏改造并使之达到现行规范的 Am 或 SBm 防护等级的方法。

(四)取得经济效益与社会效益

(1)在满足安全性、耐久性、使用功能的前提下,最大限度地利用原路筑路材料、构筑物及附属设施,降低工程造价,减小对现有交通的影响;

(2)项目研究成果可为设计工作的开展和建设单位决策提供技术支撑,并为国内其他高速公路改扩建项目提供借鉴及经验;

(3)项目研究成果可延长原路使用寿命、降低后期养护成本、提升养护水平,为管理部门提供养护及维修的合理化建议。

(五)成果的影响力

项目根据沈山高速公路的实际情况,结合多年工程实践经验,通过理论分析、数值模拟、模型试验和工程验证等多种方式,科学合理地建立了既有道路、桥梁、防撞等设施的评价方法,提出了最佳的维修改造技术和实施方案,项目研究成果总体达到国际先进水平。研究成果较好地弥补了客货分离高速公路改扩建中原路评价与改造技术的不足,并通过大量的试验和理论分析等方式验证了成果的可操作性及实用性,提高了我国改扩建项目的整体技术水平,促进了行业技术进步,可为相关行业规范的编制及修订提供技术支持,对其他高速公路改扩建的建设和我国高速公路的发展具有重要意义。

(六)应用情况

随着我国经济的发展,在接下来的一段时期内,我国高速公路必将进行更多的拓宽改造。项目研究成果的应用,可在保证安全及耐久的前提下,实现旧物利用、节约能源,最大限度地利用原路筑路材料、构筑物及附属设施,降低工程造价,在改扩建工程中具有广泛的应用前景。项目研究成果的应用将带来非常可观的经济效益、社会效益、环境效益。

第三节　主要科技成果

30 年来,辽宁交通依托高速公路工程实践开展了大量卓有成效的科研工作,并取得丰硕科技成果,出台了多项地方性技术标准,出版了多部行业专著,并获得多项专利等知识产权授权。

一、地方规范

颁布辽宁省地方标准 8 部,见表 5-3-1。

辽宁省地方标准 表 5-3-1

序号	标准号	标准名称	主要起草单位	批准日期	实施日期
1	DB 21/T 1403—2006	沥青玛碲脂碎石混合料设计与施工技术规范	辽宁省交通科学研究院	2006.1.25	2006.2.25
2	DB 21/T 1754—2009	高模量沥青混合料施工技术规范	辽宁省交通科学研究院	2009.11.26	2009.12.26
3	DB 21/T 1847—2010	沥青路面厂拌热再生技术指南	辽宁省交通科学研究院	2010.12.20	2011.2.16
4	DB 21/T 1995—2012	超薄磨耗层设计与施工技术规范	辽宁省交通科学研究院	2012.6.18	2012.7.18
5	DB 21/T 2234—2014	高速公路微表处设计与施工技术规范	辽宁省交通科学研究院	2014.2.21	2014.2.28
6	DB 21/T 1402—2006	SBS改性沥青混合料设计与施工技术规范	辽宁省质量技术监督局	2006.1.25	2006.2.25
7	DB 21/T 2346—2014	沥青路面就地热再生技术指南	辽宁省质量技术监督局	2014.7.15	2014.9.15
8	DB 21/T 2397—2015	公路桥梁加固工程质量检验评定标准	辽宁省质量技术监督局	2015.1.5	2015.3.5

二、主要专著

科研院在路面加速加载和高模量沥青混凝土技术方面，共计出版发行学术专著3部。分别是：《足尺沥青路面加速加载试验实践导论》《高模量沥青混凝土》和《MLS足尺沥青路面加速加载试验》。

《足尺沥青路面加速加载试验实践导论》由田泽峰、范兴华、刘云全在总结三年来辽宁省开展足尺沥青路面加速加载试验研究所积累的经验和取得成果的基础上编著而成。全书分为上、下两篇，上篇为方法篇，详细介绍基于MLS66的足尺沥青路面加速加载试验方法，包括足尺路面加速加载设备与试验等知识。

《高模量沥青混凝土》由刘云全、朱建平编著，依据交通部2005年西部交通建设科技项目"高模量沥青混凝土应用技术研究"研究成果，总结推广使用经验，结合分析国外相关研究设计理论，阐述了高模量沥青混凝土的设计方法、应用范围以及在路面结构层中的作用，并对我国高模量沥青混凝土指标体系提出了建议。全书内容包括高模量沥青混凝土应用现状、路面温度场与路面结构层模量、高模量沥青混凝土力学特性、高模量沥青混合料路用性能、高模量沥青混合料对路面结构的影响、高模量沥青及外掺剂研究开发等。

《MLS 足尺沥青路面加速加载试验》系统地介绍了利用足尺路面加速加载试验设备 MLS66 开展试验的基本试验设计方法和数据采集方法，以及近年来开展的代表性足尺路面加速加载试验项目主要成果。全书共分为 6 章，第 1~3 章主要介绍路面加速加载试验的背景、方法，包括沥青路面与加速加载试验、MLS66 的加速加载试验设计与实现、加速加载试验数据的采集；第 4~6 章为利用 MLS66 开展足尺沥青路面加速加载试验的实例，包括钢桥面铺装加速加载试验、高速公路沥青路面加速加载试验和微表处加速加载试验。该书是对国内首次采用第三代直线式足尺路面加速加载设备的总结，可为未来拟选用此类设备开展相关研究的科研机构在试验设计、设备使用、路面性能检测与评价以及试验数据分析方面提供借鉴。

三、主要专利、版权

发明专利 5 项，实用新型专利 5 项，软件著作权 9 项，见表 5-3-2。

主要专利和版权　　　　　　　　　　　　　　　　表 5-3-2

年　份	名　　　称	权属类别
2002	一种由储蓄连续直供使用温度沥青的定量进行加热装置 ZL01250574.9	实用新型专利
2010	强黏结性乳化改性沥青及其制备方法 ZL201010589416.3	发明专利
2010	路用膨润土基乳化沥青及其制备方法 ZL201010580532.9	发明专利
2013	沥青路面结构抗剪试验夹具 ZL201320068112.1	实用新型专利
2013	一种路面材料表面磨耗测试装置 ZL201310111559.7	发明专利
2014	一种高模量沥青混凝土添加剂 ZL201310006664.4	发明专利
2013	沥青路面温湿度场计算软件 V1.0	软件著作权
2015	沥青路面养护综合设计系统 V1.0	软件著作权
2010	公路数字涵洞系统 V1.0	中华人民共和国国家版权局 2010SR068131
2013	辽宁省交通规划设计院信息化管理系统 V2.0	中华人民共和国国家版权局 2013SR082894
2013	公路数字桥梁改扩建系统 V1.0	中华人民共和国国家版权局 2013SR083605
2013	基于 CARD/1 软件道路设计系统的二次开发软件 V8.2	中华人民共和国国家版权局 2013SR111027
2013	辽宁地区高速公路上部设计系统 V2.0	中华人民共和国国家版权局 2013SR111034

续上表

年份	名称	权属类别
2014	高速公路隧道（土建结构）外业采集系统 V1.0	中华人民共和国国家版权局 2014SR181668
2012	辽宁高速公路桥梁管理系统（简称 LBMS）V1.0	中华人民共和国国家版权局 2012SR100741
2015	基于无线传输技术的沥青路面裂缝宽度实时监测系统	实用新型专利
2015	一种沥青混凝土抗车辙剂及其制备方法	发明专利
2016	一种高稳定性防风施工标志牌	实用新型专利
2016	一种安装于桥梁防撞墙上的防风施工标志牌	实用新型专利

第六章
高速公路运营管理与文化建设

第一节　高速公路运营管理

一、总体情况

（一）管理体制

辽宁省高速公路管理局是省交通厅直属的副厅级行政事业单位，负责对建成通车的高速公路实施集中统一管理，主要包括通行费收缴、道路养护、路政执法、通信监控、超限治理等工作内容。辽宁省高速公路管理局下设20个区域管理处、1个应急处置中心。每个区域性管理处管养里程为150～300km，为副处级单位，具体负责辖区内道路养护维修、通行费收缴、路政执法、通信监控等工作的实施；应急处置中心为副处级单位，主要职责是负责自然灾害以及人为因素造成的高速公路桥梁、涵洞坍塌，路基冲毁、塌陷，路面、桥涵等大面积损伤或严重污染等方面的应急处置修复工作。

（二）线路情况

辽宁高速公路是东北及内蒙古东部地区进京入海的陆路交通主通道，截至2016年末，已建成通车26条，主线里程4195km，密度2.88km/100km^2。其中国家高速公路13条，里程3442km；省级高速公路13条，里程754km。管养主线桥梁13462座96.06万延米，其中特大桥77座14.94万延米，大桥1856座47.85万延米；管养隧道221座20万延米，其中特长隧道4座1.36万延米，长隧道66座9.87万延米。全省14个地级市、100%的陆地县（区）已全部通高速公路。

（三）车道情况

截至2016年末，全省高速公路8车道里程650km，6车道里程337km，4车道里程3208km。

(四)服务设施

1. 收费站

收费站主要设在高速公路进出口互通立交处,以及高速公路起点、终点或省界主线上。收费站由办公楼(包括收费人员休息室)、业务用房、收费雨棚、收费亭、活动栏杆、监控设施等组成,主线收费站规模较大,互通立交匝道收费站依据交通流量确定建设规模。1995年前,沈大、沈本、沈铁和沈阳过境绕城高速公路建设的收费站办公楼建筑面积一般控制在600~700m²。1995年后,由于增加收费设施、监控实施等,建筑面积扩大到800~900m²。截至2016年末,全省高速公路开通运营收费站293个。

2. 服务区

辽宁省高速公路服务区是高速公路的附属设施,是为行驶在高速公路的车辆提供停泊、加油和维修,为驾乘人员提供如厕、餐饮、购物、住宿、信息、娱乐等服务的公共场所。1988年10月,沈阳至大连高速公路开通,我国第一个高速公路服务区——井泉服务区投入运营。随着高速公路的不断延伸,高速公路服务区也在不断发展。截至2016年末,辽宁省共有高速公路服务区71处,总占地面积7390亩,总建筑面积43万m²,共有停车位10530个、公厕140座、餐厅150个、商场142个、加油站136座、汽车修理厂140个,日均接待顾客82万人次,当日最高可达214.2万人次。

3. 路况信息发布情况

辽宁省高速公路总值班室成立于1991年,后更名为辽宁省高速公路指挥调度中心。经过25年的发展,全省高速公路已经形成由1个指挥调度中心、20个指挥调度分中心构成的路网运行管理体系。其主要职责为:负责全省高速公路正常运行的监控和调度指挥工作;负责全省高速公路的应急指挥调度工作;负责提供全省高速公路通行信息,受理用路人的咨询、服务请求和投诉。

全省高速公路路网监测与应急处置工作遵循"统一指挥、科学调度、分级负责、协调联动、信息归口"的原则,以指挥调度部门为主,安监、养护、收费等相关部门各司其责,配合开展,并与交警、消防等部门协调联动;以信息化技术为支撑,以多媒体为手段,不断完善公众出行服务体系,依托96199热线电话(已经与12328并线运行)、政务微博、短信平台、微信、手机APP、可变信息情报板、交通广播、外部网站、报纸等多种载体,为社会公众、有关单位提供综合、动态的出行信息服务,包括实时路况、交通资讯、收费服务、天气实况、服务区、旅游名胜、车辆救援、投诉处理等,得到社会各界好评,服务水平稳步提升。

2013年7月31日,建成沈阳绕城高速公路智能交通系统,标志着辽宁省高速公路信息化、智能化水平迈入了全国先进省份行列,也标志着"智慧交通"建设在辽宁省高速公路的顺利起步。截至2016年末,覆盖全省高速公路的通信传输、信息采集、路网监测系统基本建成,全省高速公路网共建有3428路固定监控视频、80路移动视频、45个交通气象监测点、438套车流量检测器、1173套视频事件检测器、867套信息发布设备,实现了对道路运行状况、交通流量、交通事件等信息的实时感知,及时发布。

(五)运输能力

1988年10月,沈阳至鞍山、大连至三十里堡131km高速公路建成通车,标志着辽宁省正式步入高速时代。高速公路里程逐年增加,路网更加密集,为社会公众出行和生产生活提供了更加便捷的通行条件。随着经济社会的不断发展,高速公路收费站出口缴费车流量也随之增加。1988年,全省高速公路出口缴费车流量为12.2万台次,其中客车、货车分别为9.1万台次、3.1万台次。经过近30年的发展,到2016年,全省高速公路出口缴费车流量达到1.7亿台次,其中客车、货车分别为1.3亿台次、0.4亿台次;日均出口缴费车流量达到47.1万台次,其中客车、货车分别为36.4万台次、10.7万台次。由于社会公众生活水平的提高,出行需求逐年增大,客车流量呈现大幅度增长趋势;货车流量近几年出现波动,但整体仍呈现增长态势,具体见表6-1-1。

1988—2016年各年度收费站出口缴费车流量情况 表6-1-1

年 份	客车(万台次)	货车(万台次)	合计(万台次)
1988	9.1	3.1	12.2
1989	69.9	23.3	93.2
1990	107.0	35.6	142.6
1991	156.2	51.9	208.1
1992	288.0	95.8	383.8
1993	484.9	161.2	646.1
1994	585.0	194.5	779.5
1995	756.9	251.7	1008.6
1996	1287.7	428.1	1715.8
1997	1487.9	494.7	1982.6
1998	1609.5	535.1	2144.7
1999	2692.5	895.2	3587.7
2000	4288.3	1425.8	5714.2
2001	5394.3	1793.5	7187.9
2002	6053.2	2012.6	8065.8
2003	5858.9	1948.0	7806.9
2004	5248.2	2089.8	7338.0
2005	6980.0	3072.0	10052.0

续上表

年　份	客车(万台次)	货车(万台次)	合计(万台次)
2006	7454.0	2252.8	9706.8
2007	7294.2	2443.4	9737.6
2008	7442.8	2542.3	9985.1
2009	8132.0	3098.5	11230.6
2010	9401.6	3497.8	12899.4
2011	8006.5	3636.1	11642.6
2012	8445.3	3216.7	11662.0
2013	9506.4	3445.9	12952.3
2014	10315.3	3713.5	14028.8
2015	11615.2	3434.5	15049.7
2016	13333.1	3922.2	17255.3

二、运营管理成效

(一)养护管理

1. 体制机制

辽宁高速公路养护管理在当时国内尚无高速公路养护先例可借鉴的情况下,先后经历了委托养护、自主养护、市场化专业化养护3种模式和人工配备简单工具养护、以机械为主人工为辅的养护、机械化养护3种作业方式,经过不断探索和尝试,逐步在养护管理机制、养护作业方式、机具车辆配置、劳动定额和养护队伍建设等方面建立完整的管理制度体系,积累了丰富的养护管理经验,为全国高速公路养护规范制定做出了重要贡献。

30年来,辽宁省高速公路养护管理坚持"预防为主、全面养护、科学管理、确保畅通"的工作方针,牢固树立"以人为本,以车为本"的服务理念,努力创造快捷、安全、畅通、美观的通行环境,高速公路养护水平始终处于国内领先水平。

辽宁省高速公路通过养护方式的管理创新,实现了被动养护向预防性养护的转变,实现了人机结合的半机械化作业向机械化养护作业的转变,实现了自我养护向市场化养护的转变,并按照管理与生产分离的原则,通过全面推进和深化养护运行机制改革,实现养护管理和生产作业的分离。3种养护作业方式介绍如下。

(1)人工养护

早期的高速公路养护,因公路刚建成,以路面清扫、边坡防护、桥涵构造物等损坏的修复及小病害的处治为主要内容,采取人工配以简单工具养护为主的养护方式,保证了路况完好。

（2）人机结合养护

随着高速公路通车里程的逐年增加，交通流量剧增，路面病害增多，人工养护方式已不能适应高速公路养护发展需要。

机械化养护为主、人工养护为辅的人机结合养护，顺应了高速公路不断发展的需要，较好地完成了高速公路路基、路面、桥涵、隧道、绿化、附属设施的养护与维修工作，发挥了应有的作用。

（3）机械化养护

2005年，辽宁高速公路开始步入机械化养护新阶段。2005年，配备2套组合型小型划线机、1套组合型振荡标线机、5台美国SS125DC型灌缝机、1台CLG856型装载机等养护维修设备，2台护栏板清洗车，用于高速公路养护维修工作。2006年4月，购置7台中标牌ZLJ5051TSL型道路清扫车。同年6月在沈大高速公路完全实行机械化清扫。2007年6月，配备隧道清洗设备，作业效率达到人工作业的100倍，实现隧道机械化清洗。到2007年7月，共配备吸尘清扫车28台，在全省全面实行机械化清扫。机械化清扫作业的实施大大降低了养护工人的数量，道路清扫工人由原来的1119人降至565人。2007年12月，全省高速公路道路清扫、路面修补、绿化浇水、绿篱修剪、草坪修剪、护栏板清洗、隧道清洗、除雪防滑等养护作业全部实现了机械化，提高了养护作业效率及养护质量。

2007年起，逐步完善高速公路养护运行机制；2010年实现全省高速公路道路养护市场化管理；2014年进一步深化养护运行机制改革，构建了"市场化与专业化"相结合的养护模式，实现了"一处一公司"的日常养护布局。统一补充完善了养护定额标准，细化了养护清单内容，实行计量支付，提高了养护单位积极性。确定了各管理处在计划编制、招投标、检查监管、资金结算等方面的主体责任地位，管理处监管责任意识显著增强。三种养护模式介绍如下。

（1）委托型养护

1986年10月，沈大公路沈阳至鞍山段93km一级公路建成，由刚组建的沈大高速公路管理处接管和养护，由于自身缺乏养护队伍，采用委托养护方式，分别承包给公路沿线公路管理部门或施工单位进行养护，承包单位负责路面清扫、边坡防护、桥涵、构造物毁坏修复、病害处治，以及冬季清除冰雪。

（2）自主型养护

1988年10月，沈大高速公路沈阳至鞍山、大连至三十里堡131km建成通车，沈大高速公路管理处组织下属单位管理所自行组建养护队伍，对高速公路实行自主养护管理。沈大高速公路管理处下属的每个管理所配专车，以驾驶员为班长，另雇边远地区劳动力6人，专车专人组成固定的养护队伍，采取巡视养护的办法，及时清除公路上的杂物，迅速修复损坏的隔离栅、防撞板、标志牌等公路设施，并及时排除路障。

1990年9月,沈大高速公路全线通车,随后沈阳至桃仙机场一级汽车专用公路封闭收费,沈本、沈抚、沈铁和沈阳过境绕城高速公路相继建成通车,高速公路养护里程达到571km。经过几年探索和实践,自主养护模式逐渐成熟。各高速公路管理所养护里程为50~60km,养护队编制6~10人(合同工),平均每1.5km设置1名养护工(协议工),高速公路养护逐步规范化。1996年11月,辽宁省高速公路管理局制定了《高速公路养护技术规范》,共10章277条,涵盖了路基、路面、桥涵、隧道、交通工程设施、绿化、除雪、防汛以及服务设施等方面。

(3)市场化与专业化养护

随着经济体制改革和市场经济发展,自主养护方式已不适应高速公路快速发展的需要,必须对现有的养护体制进行改革。自2005年开始,辽宁省高速公路逐步实施市场化养护,通过招标选择专业化公路养护和施工队伍实施高速公路养护。2007年5月,辽宁省高速公路管理局制定了市场化养护方案和养护市场化管理办法。

为了提高道路养护功效,更好地为社会提供安全、畅通、快速、舒适、美观的通行条件,配合管理体制改革,辽宁省高速公路管理局于2008年在丹大高速公路启动道路养护市场化试点工作,2009年总结完善市场化养护管理办法,继续在沈大、沈丹、本辽高速公路扩大推广范围,2010年在全省高速公路全面推行市场化养护,全面实现管养分离。

2014年2月,全省道路新一轮市场化养护工作顺利启动。根据管理处管辖区域,全省划分为20个养护标段,每个合同段管养里程150~300km,养护工期为5年,面向全国范围公开招标,共确定了7家公路养护工程施工二类甲级资质的道路养护单位。养护单位每60~90km设置1处养护工区,至2016年末全省共设置高速公路养护工区55处。对公路的日常小修保养推行定额管理和计量支付,严格有效控制所有从业单位养护履约行为,加大各养护单位资金投入,大幅提升养护机械设备保有水平与驻地建设标准。高速公路养护作业实现了"从路面向路下延伸",思想观念上完成了"从被动养护向主动养护"方向转变,特别在路面保洁、绿化、路基排水疏通及标准段建设等方面均取得了长足的进步,养护质量及管理规范化水平明显提升,较好地保证了整体路网高效、安全、优质运营。主要体现在以下几方面:

①丰富管理手段,推进养护作业标准化建设。建立了季度考评的《优养优酬管理办法》,出台了《养护作业规范》与《养护质量评定标准》,编制了《养护工人工作手册》,规范了养护管理和作业行为。引入社会暗访公司进行不定期抽查,收效明显。养护车辆全部统一标识,养护作业工具、着装全部实现制式统一,养护工区内部建设、内业管理水平得到稳步提升,社会形象良好。

②启动隧道专业化养护。为有效应对全省223座隧道的管养工作,形成长效机制,2014年1月开始,辽宁省高速公路管理局组织相关部门及专家多次进行实地调研与论

证,制订了隧道专业化养护工作方案,从检查、检测、维护、维修4方面着手,明确了专业化养护内容、职责划分、养护模式、养护费用测算等内容,并于同年8月启动实施。

伴随道路养护市场化工作的不断深入开展,辽宁省高速公路通过试点运行、总结经验、完善标准、规范模式、逐步推广的阶段性探索与努力,开创出专业化养护新格局,实现了"及时、快速、优质、高效"的高速公路养护管养目标。一是隧道养护专业化,充分利用社会优质资源,建立集土建结构、机电、消防设施等于一体的隧道系统养护体系,完善隧道应急保障制度,保证隧道设施处于良好的技术状态,确保隧道交通运营安全;二是路面养护专业化,在全省高速公路重点线路构建专业化养护工区,以应急处置中心为依托,保留并培育一支养护规范化、规模化的专业养护队伍,增加设备配置,提升养护机械专业化水平,按照"平急结合"的原则,承担灾毁抢修和部分专业化养护工程任务,进一步提高养护效率和质量。

通过不断优化养护队伍结构,辽宁省高速公路逐步形成了道路市场化、隧道养护专业化、路面养护专业化相辅相成的养护管理"综合养护"大格局的基本架构,引导施工企业逐步向高速公路专业化养护方向发展,切实增强高速公路通行保障能力。

为了减少高速公路全寿命周期成本,延长道路的使用寿命,辽宁省高速公路初步建立起以检测自动化、分析数字化、管理信息化、决策科学化的高速公路预防性养护体系。

(1)在路面养护维修方面,自2012年起,利用国内最先进的路况快速检测系统对全省高速公路技术状况进行自动检测,并实现路网和车道检测的全覆盖;同时通过信息化手段处理检测指标,诊断分析病害,保证了路面技术状况评定结果的准确性,确保养护维修方案制订的科学性。

(2)在桥梁养护方面,加强桥梁检测及维修加固,进一步完善桥梁检测指标,逐步将全省高速公路小桥纳入专业检测项目,并增加特大桥梁、特殊结构桥梁的特殊检测工作,通过采用仪器设备进行现场测试、荷载试验及其他辅助试验,对桥梁结构材料的缺损状况、病害成因、桥梁结构承载能力或桥梁防灾能力做出科学明确的判定,制订具备针对性的维修处置措施,提供运营管理及维修加固的科学依据,确保桥梁运行安全。

为进一步整体提升辽宁高速公路运营管理与服务能力,打造符合新形势下信息化、高效化、科学化的道路养护管理目标,辽宁省高速公路不断研究探索养护技术的创新和提升,不断加强信息化支撑体系的建设和完善。主要采用技术如下:

(1)运用辅助决策分析技术。通过路面管理系统和桥梁管理系统等相关检测数据进行路网状况分析,由科学的对比分析查明数据指标变化原因,并根据路面使用性能、桥梁技术状况衰变程度,统筹确定养护维修处置方式,以保持或恢复路面、桥梁的使用性能。

(2)构建信息技术平台。在全行业范围开展信息化顶层设计工作,将原有的养护、收费、监控、综合信息等管理系统进行资源整合,避免各系统间的交互困难,通过人、车、路、环境及智能化管理措施的综合考虑,构建出科学合理、具有一定前瞻性和先进性的管理架构与业务架构,搭建出以需求为导向、以数据为核心的信息化平台,使业务管理模式及其信息化支撑体系进一步适应新形势下的高速公路管理需要。

(3)建立健全技术政策体系。以智能高效、绿色环保、安全可靠、经济实用、耐久适用为原则,围绕科学决策、日常养护、预防性养护、大中修工程、桥隧加固、应急处置、智能运营、绿色养护和机械化养护等主要环节,建立健全符合辽宁省省情的高速公路管理技术政策体系,引领并有效推动先进技术的科学合理应用,提升高速公路技术保障能力,逐步实现高速公路管理发展的标准化、规范化和科学化。

按照交通运输部"综合交通、智慧交通、绿色交通、平安交通"的总体要求,辽宁省高速公路以服务国民经济、服务公众出行、服务社会管理为出发点和落脚点,充分发挥高速公路管理的体制优势,着力提升核心竞争力与养护管理水平,不断适应经济社会发展新形势,不断满足人民群众更加多样、更高水平的交通运输服务需求。

2. 养护资金投入与使用

辽宁省高速公路养护资金主要来源于高速公路通行费收入,实行收支两条线管理。养护资金主要用于高速公路管养中的基本支出、征收业务支出、公路保养及维修改造支出、机电维护及改造支出、除雪防滑支出、路产恢复及宣传支出等,以保障高速公路功能完好,为社会公众提供畅安舒美的行车环境。1986—2016年,辽宁省高速公路管理局共投入养护费用261.11亿元(表6-1-2)。

辽宁省高速公路养护费用明细表　　表6-1-2

序　号	年　份	养护费用(万元)	备　注
1	1986	35.60	
2	1987	622.50	
3	1988	814.36	
4	1989	2074.94	
5	1990	1915.45	
6	1991	2625.21	
7	1992	4022.32	
8	1993	8768.71	
9	1994	7532.81	
10	1995	10872.73	
11	1996	21321.15	
12	1997	16482.25	
13	1998	20579.18	
14	1999	32401.77	

续上表

序 号	年 份	养护费用(万元)	备 注
15	2000	45747.36	
16	2001	41423.74	
17	2002	59408.51	
18	2003	78462.30	
19	2004	67287.08	
20	2005	97529.17	
21	2006	93728.65	
22	2007	75320.33	
23	2008	95922.19	
24	2009	143974.09	
25	2010	138508.47	
26	2011	170369.87	
27	2012	173883.58	
28	2013	244112.82	
29	2014	312351.58	
30	2015	372968.52	
31	2016	270098.00	
	合计	2611165.24	

3. 管理能力与水平

1)养护管理队伍

辽宁省高速公路养护工作实行集中统一、分级管理。辽宁省高速公路管理局负责组织指导监督全面养护工作,直接主持高速公路大中修工程,各管理处负责辖区内高速公路日常维修养护。养护管理机构主要由辽宁省高速公路管理局工程养护处、应急处置中心和管理处工程设备科构成。

(1)工程养护处

工程养护处负责全省高速公路道路、桥涵、隧道、绿化等日常养护管理工作,负责公路大中修工程、抗洪抢险等灾害预防的组织与管理工作。

(2)管理处工程设备科

管理处工程设备科是高速公路维修养护的基层管理机构,负责管段内道路、桥涵、隧道、绿化等日常养护工作的组织与管理,处管工程项目、水毁抢修等灾害预防工作的组织与实施,全处车辆设备、水电暖设施、收费设施、交通安全设施等固定资产的综合管理。

(3)应急处置中心

辽宁省高速公路管理局养护维修中心成立于1996年2月,1998年4月改称养护维修管理处,2008年5月改称应急处置中心,主要负责因自然灾害以及人为因素造成的高速公路桥梁、涵洞坍塌,路基冲毁、塌陷,路面、桥涵、隧道大面积损伤或严重污染等的应急处置修复工作。

2)养护装备

1989年1月,省高速公路管理局购置8台吸尘清扫车,每50km配备1台,用于路面保洁。

1991年,从德国引进4台尤尼莫克UI750道路综合养护车,每100km配备1台,用于道路维修、除雪防滑和护栏板及标志清洗。1995年12月,吸尘清扫车扩充至13台,每50km配备2台,并辅以2km配备1名道路清扫工。

1995年,在沈大高速公路72km处组建小型综合养护基地,购进1套意大利生产的玛连尼M60E140L型拌和设备和1台摊铺宽度为9m的德国产弗格勒沥青混凝土摊铺机等路面维修设备,初步具有路面小修能力。

1996年,在沈阳管理所组建大型设备基地,并配置1台澳大利亚TS-16X/C-1型道路排障车、2台美国福特大型除雪铲、1台美国事故标志车、1台大型起重机、1台德国维特根1900VC型铣刨机、2台压路机、1台装载机、2台黄河自卸货车、2台捷克太脱拉翻斗车、1台加油车、1台沥青洒布车、1台沥青路面养护车等,用于高速公路道路维修、排障救援、抢险救灾等工作。

1997年8月,购进10台沥青路面养护车,每50km配备1台,用于路面维修,用滚筒式搅拌烤料代替了人工喷灯烤料进行路面修补,改变了传统的人工修补方式,形成了以机械为主、人工为辅的人机结合养护方式,提高了养护机械化程度。

1998年6月,成立养护维修管理所,增配4台捷克太脱拉翻斗车、1台日本小松挖掘机、1台压路机、1台滚筒式筛选机、1台锤式破碎机等养护维修设备,负责全省高速公路的养护维修工作,进一步提高了养护机械化程度。

1999年,购入路面修补车、大型铣刨机等养护设备,引进桥梁检测车,研制了防滑料撒布车、剪草机、护栏板修复机等设备,使路面修补、除雪、标线更新、苗木灌溉、护栏板平整等养护项目提高了机械化养护水平。

2001年,购入1台摊铺宽度为12m的德国弗格勒摊铺机、1台德国维特根2000DC型铣刨机、2台德国BM202AHD-2型双钢轮振动压路机、1台美国HERCUIES型车载式全功能划线车、2台国产压路机、2台国产综合养护车、1台沥青洒布车、1台散装水泥车、1台自行式移动标志车等养护维修设备,进一步提高路面维修能力。

2002年,引进1台德国VOLVOCHSSIS型桥梁检测车、2台美国SS125DC型灌缝机等预防性养护设备,开始对全省高速进行预防性养护。

2003年,购置德国边宁荷夫TBA-240沥青混凝土拌和设备,在锦州建立拌和站,全省高速公路路面维修能力得到加强。

2005年,购置2套组合型小型划线机、1套组合型振荡标线机、5台美国SS125DC型灌缝机、1台CLG856型装载机等养护维修设备以及2台护栏板清洗车,用于高速公路养护维修。实行机械化养护作业减少了养护工人的数量,降低了养护工人的劳动强度,提高了养护作业效率和养护质量。

2006年4月,购置7台中标牌ZLJ5051TSL型道路清扫车,同年6月在沈大高速公路完全实行机械化清扫,如图6-1-1所示。

2007年6月,配备隧道清洗设备,作业效率达到人工作业的100倍,实现隧道机械化清洗。到2007年7月,共配备吸尘清扫车28台,在全省全面实行机械化清扫。机械化清扫作业的实施大大降低了养护工人的数量,道路清扫工人由原来的1119人降至565人。2007年12月,全省高速公路道路清扫、路面修补、绿化浇水、绿篱修剪(图6-1-2)、草坪修剪、护栏板清洗(图6-1-3)、隧道清洗(图6-1-4)、除雪防滑(图6-1-5)等养护作业全部实现了机械化,提高了养护作业效率及养护质量。

图6-1-1　道路机械化清扫

图6-1-2　绿篱修剪作业

图6-1-3　护栏板清洗作业

图6-1-4　隧道清洗作业

图 6-1-5　除雪防滑作业

2010 年 12 月,全省共配置清扫车 56 台;沥青路面养护车 34 台,平均每 85km 1 台;清障车 45 台,平均每 70km 1 台,实行 24 小时清障救援服务;高空作业车 19 台,平均每个管理处 1 台,用于高空作业维修;防撞护栏抢修车 5 台,用于防撞护栏维修。全省高速公路全面实现机械化养护。

2014 年,投入专项资金,增配热风修补车等专业设备 14 台(套),提高路面专业维修水平。经过半年的调研、论证,应急处置中心已编制完成《路面专业化养护实施方案》,并深入研究新型路面修补技术,开展了一系列专业培训和演练。同步开展了专业化路面养护工作,通过专业设备、专项作业,高标准处治了沈山高速公路路面病害、丹庄高速公路桥头跳车,体现出快速、高效、优质的专业化处治能力,确保道路安全畅通。

4.养护管理

(1)技术规范、标准

1990 年 4 月,辽宁省高速公路管理局制定了《高速公路养护管理暂行规定》,规定了养护标准、养护方法、养护质量检查评定办法。1992 年 3 月制定了《高速公路工程管理办法》和《高速公路养护管理办法》,规定了高速公路的工程和养护管理内容、养护质量考核、养护检查标准、养护质量评定标准、奖罚办法、内业管理等,进一步细化、完善了工程和养护质量的考核。1996 年 11 月制定了《高速公路养护技术规范》,确定了高速公路养护的基本方针、任务和养护技术政策、质量要求,明确了养护组织机构的工作职责,制定了高速公路养护管理办法及考核标准。2003 年实行了桥梁养护工程师制度,设立专职桥梁养护责任人,成立桥梁养护工作组。2005 年制定了《辽宁省高速公路工程养护管理考核办法》(表 6-1-3),明确了高速公路养护管理工作的目标、养护质量考核办法、养护质量评定、日常养护工作重点内容,提高了工程养护人员素质和养护管理水平。2007 年 4 月制定了《道路标准化养护作业标准》，规范了土路肩、边坡、排水设施、防护设施等项目的养护标准，在全局范围内展开了高速公路标准化路段建设工作。2009年3月，实行桥梁、隧道、高填深挖路基等基础设施安全隐患排查工作制度，成立了桥涵、隧道、高填深挖路基安全隐患排查常设组织机构。2012年，科学实施维修养护工作。联合科研机构和专业养护公司等系统分析评估路况检测数据指标，科学制订了2013—2015年路面维修养护规划。2014年，建立了季度考评的《优养优酬管理办法》，出台了《养护作业规范》与《养护质量评定标准》，编制了《养护工人工作手册》，规范了养护管理和作业行为。引入社会暗访公司进行不定期抽查，收效明显。目前，已进场的535台养护车辆全部统一了标识，养护作业工具、着装全部实现制式统一，养护工区内部建设、内业管理水平得到稳步提升，社会形象良好。

《辽宁省高速公路工程养护管理考核办法》内容　　　　表6-1-3

项目	养护内容	养护标准	满分	检查标准	备注
路基 (20分)	路肩整修	土路肩表面清洁，杂草不高于15cm	4分	每50m为一处，一处不合格扣1分	随时修整
		路肩平整坚实，外边缘成线			
	边坡维护	土边坡无冲沟（宽度≥20cm、深度≥10cm）、坍塌或坡面不顺适	4分	有一处不合格扣1分	随时修整
		路堑边坡无浮石，落石清理及时			
		石砌边坡完整无损，坡面无杂草			
	排水设施清理	土边沟、石砌边沟、泄水槽、截水沟等及时清除淤泥、排除堵塞、清理杂草	4分	有一处不合格扣1分	汛前汛后
	排水设施维修	石砌排水设施完整无损，如有损坏及时修复	4分	有一处不合格扣1分	随时修整
	挡墙	挡墙砌石完整无损，墙面无杂草	4分	有一处不合格扣1分	随时修整
路面 (27分)	路面保洁	行车道、硬路肩、紧急停车带、匝道及时清捡散落物并及时清扫，无杂物	12分	每50m为一处，有垃圾或杂物即为一处，每处扣1分	随时修整
		路缘石下无杂物，杂草中央分隔带及路两侧无杂物			
	病害维修	路面无坑槽（面积大于0.04m²或深度超过5cm）	10分	有一处不合格扣1分	拥包、沉陷5m²以内要求24h内处理
		路面无拥包（高度超过5cm）			
		路面局部无沉陷（深度超过3cm）			
	缘石维修	缘石无倾覆、缺口，路面与缘石间无明显缝隙	5分	有一处不合格扣1分	72h修复

续上表

项 目	养 护 内 容	养 护 标 准	满分	检 查 标 准	备 注
桥涵 (15分)	上部构造	防撞墙无缺损及锈蚀	5分	有一处不合格扣1分	防落网、防眩板24h内修复，其他72h内修复
		伸缩缝无损坏，保证行车安全			
		防落网保持完好、无锈蚀			
		防眩板无倒歪或缺损			
		钢管扶手无损坏及锈蚀			
		泄水孔无堵塞			
	下部构造	墩台、锥坡等圬工砌体完好，无开裂、下沉，坡面无杂草	5分	有一处不合格扣1分	随时修整
	涵洞	排水畅通，进出口无堵塞	5分	有一处不合格扣1分	随时修整
		涵墙、八字翼墙无损坏			
桥涵隧道 (15分)	上部构造	防撞墙无缺损及锈蚀	4分	有一处不合格扣1分	防落网、防眩板24h内修复，其他72h内修复
		伸缩缝无损坏，保证行车安全			
		防落网保持完好、无锈蚀			
		防眩板无倒歪或缺损			
		钢管扶手无损坏及锈蚀			
		泄水孔无堵塞			
	下部构造	墩台、锥坡等圬工砌体完好，无开裂、下沉，坡面无杂草	4分	有一处不合格扣1分	随时修整
	涵洞	排水畅通，进出口无堵塞	3分	有一处不合格扣1分	随时修整
		涵墙、八字翼墙无损坏			
	隧道	路面清洁，拱圈、衬砌、侧壁洞顶完好	4分	有一处不合格扣1分	随时修整
		确保标志齐全，通风、照明、通信等设施完好			
		及时清除洞口上方危石、浮石、塌落物、积雪、积水和挂冰等			
附属设施 (10分)	刺线、网栅	网栅保持完好、无锈蚀	2分	有一处不合格扣1分	72h内修复
		刺线缺口及时修复，立柱无歪倒			
	中分带网栅	网栅保持完好、平顺、无锈蚀	2分	有一处不合格扣1分	48h内修复
	钢护栏	及时修复损坏钢板，钢板线形保持顺适	2分	有一处不合格扣1分	钢护栏损坏单侧长度16m以内，在确保行车安全的前提下，24h内修复；损坏长度32m以内，48h以内修复，以此类推
		无锈蚀			

续上表

项目	养护内容	养护标准	满分	检查标准	备注
附属设施（10分）	导向柱、轮廓标	保存完好，无锈蚀、无遮挡	2分	有一处不合格扣1分	72h内修复
	标志牌	牌面及立柱无损坏、倒歪、锈蚀、遮挡	2分	有一处不合格扣1分	每年4月清洗
		牌面字迹清晰，清洗及时			
绿化（20分）	树木	灌木及时修剪整形，树形统一协调	10分	每50m为一处，有一处不合格扣1分；枯树发现5株以上扣2分	遮挡路上设施指在视线200m范围内遮挡标志牌、紧急电话等，随时修整
		枯树及时拔除，适时补植新树			
		树木无歪倒、无病虫害			
		边坡植物与护栏保持50cm距离，不得伸入护栏或遮挡路上设施			
	草坪花卉	花卉及草坪间杂草及时清除	10分	有一处不合格扣1分	随时修整
		无病虫害			
		中央分隔带、路肩草坪整齐，不高于15cm，不得匍匐于路缘石上			
除雪防滑（20分）	准备工作	组织严密、分工明确、措施得力	5分	有一项不合格扣1分	执行除雪防滑预案
		机械落实可靠，维修保养完好			
		防滑材料准备充足到位			
	除雪防滑	主线、匝道、收费广场及服务区按照除雪预案规定清除残冰、积雪	15分	有一处不合格扣1分	执行除雪防滑预案，除雪时限以每年除雪防滑预案规定时间为准
安全（3分）	安全作业	严格执行《工程养护安全制度》	3分	有一项不合格扣1分	有安全细则
内业档案（5分）	工程档案管理	工程养护技术规范齐全	2分	有一项不合格扣1分	
		各项资料准确、完整、有序，整理归档及时			
		各种记录表格齐全，填写准确、统一成册、定期归档			
	微机管理	及时更新路况普查、桥梁养护系统和路面养护系统等数据库	1分	有一项不合格扣1分	
		内业原始资料微机化管理			
	报表	填报及时、准确，上报按时，报表清楚、准确、齐全	2分	有一项不合格扣1分	

注：1. 一、四季度进行除雪防滑检查，二、三季度进行绿化养护检查。
    2. 无隧道的管理处按照桥梁项目检查，有隧道的管理处按照桥梁隧道项目检查。

(2)定额管理

高速公路养护定额管理从零起步,经过多年实践探索逐步形成。1987年在沈大公路南北两端即将建成高速公路之际,辽宁省交通厅经与省计委充分协商,暂定高速公路养护费用每公里7000元。1993年随着高速公路使用时间不断增长,维修养护工作量不断增加,养护费用调整为每公里9000元。2001年为了强化养护管理,全面提高养护水平,省交通厅确定高速公路养护费每公里20000元(包括绿化养护、车辆大修等),匝道为每公里9000元。2005年根据交通部颁发的《公路养护工程管理办法》和《公路工程施工定额》,结合多年来辽宁省高速公路养护的实际情况,本着定额水平先进合理的原则,辽宁省交通厅制定了《辽宁省高速公路小修保养定额》,该定额适用于管养范围内的高速公路及其附属设施经常进行维修养护施工作业。养护工程定额根据日常作业项目共分为路基、路面、桥涵、隧道、附属设施、保洁、绿化、路况检测、大中桥检测、灌缝、防汛、养护巡逻等12项。通过工、机、料的消耗,核定了全省统一的养护项目费用。根据各条线路各养护费用计算管段的交通流量、路况、气候等因素对受其影响的作业项目进行修正,力求养护费用的制定更加合理。至此,公路保养费用测算步入定额管理阶段。2006年11月编制完成《辽宁省高速公路管理综合计划指标定额(试行)》,并在2007年高速公路通行费收支计划编制中试行,养护定额步入科学合理的计划定额指标管理行列。2010年底,高速公路保养费平均每公里2.3万元。2012年依据《关于调整辽宁省公路建设项目概算和预算编制人工费单价的通知》(辽交建发〔2011〕159号)有关规定,调整养护、维修人工费,高速公路保养费平均每公里增加到4万元。2014年辽宁省高速公路以沈桃机场路、沈阳绕城高速公路为示范路,根据高速公路重点区域、交通流量等特点,重新调整路面人工保洁配备标准、机械清扫循环区间划分、绿化养护标准等,调整路面保洁、养护巡查、绿化养护等费用定额,调整后每公里养护费用增加到6万元。

(3)路况管理

为了全面掌握高速公路道路基本状况,为科学制定养护维修政策、编制养护维修计划提供依据,辽宁省高速公路从1988年开始实施路况普查。路况普查每年春、秋两季由各管理处组织实施,采用人工踏勘方式,使用专业仪器设备进行路面弯沉测试、横断面测绘、摩擦系数测定、平整度测量、绘制路况示意图、填写路况普查登记表及桥梁房屋卡片、填写路面及构造物现状调查表等工作。1997年辽宁省高速公路管理局开发建立了道路路况信息数据库,实现了微机化管理。该数据库收集了路面弯沉、平整度、摩擦系数等数据,为道路桥梁维修管理的决策提供了依据。2000年省高速公路管理局委托专业路面检测单位对高速公路的路面平整度、弯沉值、摩擦系数等指标采用专项检测车进行检测,保证了检测数据的准确性,实现了高速公路道路状况的科学分析评定。

2000—2001年期间,交通部、国家统计局组织开展第二次全国公路普查。辽宁省高速公路在沈阳、桃仙、东陵三个管理处开展路况普查试点,2001年在总结沈阳地区三个管理处路况普查试点工作经验的基础上,组织全省19个管理处开展高速公路里程普查及路况登记工作,11月底完成了公路普查外业调查、数据资料录入、数据资料汇总、公路电子图集绘制等工作,圆满完成第二次全国公路普查工作,为全面准确地掌握全省高速公路数量及构成情况,制定发展战略、编制规划,完善管理提供了科学依据。

2005年,引进并推广应用了交通部开发的桥梁管理信息系统(CEBMS)及道路养护管理信息系统(CPMS),并于2009年升级为网络版。桥梁、养护管理系统的使用,为高速公路道路、桥梁养护维修提供了科学指导。

2008年全面委托路面、桥梁专业检测机构,对全省高速公路路面、桥梁进行系统检测,建立完整的数据库,建立预防性养护模型,为全面开展预防性养护奠定了基础。自2012年起,利用国内最先进的路况快速检测系统对全省高速公路技术状况进行自动检测,并实现路网和车道检测的全覆盖。

5. 预防性养护

(1)预防性养护体系

近年来,随着公路养护事业的发展,全寿命周期成本理念逐步树立,在高速公路投入运营后,如何选择适当的时机,选择适用的技术措施,降低全寿命周期养护成本,延长高速公路使用寿命,成为高速公路养护面临的新课题。辽宁省高速公路养护工作始终坚持"防治结合,预防为主"的方针,通过路面灌缝、坑槽修补等养护方式,降低路面渗水、损坏,在一定程度上提高了路面的使用功能。2007年,辽宁省高速公路管理局、省交通科学研究院、省交通勘测设计院共同合作,研究开发高速公路预防性养护体系,建立了高速公路沥青路面的预防性养护体系模型,2008年初方案通过厅党组评审,开始在道路养护中进行试验路段铺筑应用。

(2)数据采集与分析

预防性养护体系模型的建立,需要采集大量的路面技术指标。为了保证路面各项技术指标全面、准确,2007—2009年进行高速公路的路面弯沉、摩擦系数、平整度和车辙的检测工作。通过对历年检测数据的整理与分析,于2008年初步建立预防性养护模型,并在2009年和2010年的高速公路养护维修方案中得以应用。

(3)技术试验与应用

2007年,辽宁省高速公路管理局与省科研院进行预防性养护试验路段的铺筑工作,同年9月完成了锦阜高速公路锦州至阜新方向K32+000~K32+500雾封层试验路铺筑和盘海高速公路盘锦至海城方向行车道K16+000~K16+500微表处试验路铺筑(图6-1-6),为预防性养护技术的扩大试验奠定了基础。2008年在锦阜高速公路、沈阳绕城高速公路进行了超薄磨耗层(图6-1-7)试验,在沈阳绕城高速公路、丹大高速公路大庄段进行了 SMA10 超薄磨耗层试验,在沈山高速公路、盘海高速公路进行了微表处试验。2009 年在锦阜高速公路和盘海高速公路进行微表处和超薄磨耗层扩大试验路段摊铺。2010 年在沈阳绕城高速公路、沈丹高速公路沈阳至本溪段、丹大高速公路大庄段进行微表处、超薄磨耗层和热再生(图 6-1-8)的推广应用。2014—2016 年经过三年的时间,完成了沈海高速公路全线超薄磨耗层罩面的推广应用。2015 年在阜锦、长深、平康、铁朝、丹锡、丹阜、沈海、鹤大、新鲁高速公路等 14 条高速公路部分路段的路面进行了微表处罩面的推广应用。

图 6-1-6 微表处施工作业

图 6-1-7 超薄磨耗层施工

图 6-1-8 热再生施工作业

预防性养护技术的应用,不仅提高了道路技术状况,而且降低了养护维修成本,为预防性养护体系的全面实施提供了良好的技术支持。

6. 大中修

随着高速公路运营年限的增加,早期建设的高速公路沥青路面逐渐进入大中修期。从 2002 年起,在沈大高速公路结合大修按 8 车道标准进行全面改扩建的同时,辽宁省高速公路管理局对沈阳过境绕城高速公路等进行中修,通过维修路况得到了很大的改观。中修后的沈山高速公路如图6-1-9所示,2002—2015年辽宁大中修工程一览见表6-1-4。

图6-1-9 中修后的沈山高速公路

大中修工程一览表   表6-1-4

年份(年)	项目名称	工程地点	投资情况（万元）	主要工程量
2002	沈本路面中修	沈本高速公路 K13+534～K63	2917	路面105.6万m^2、桥面6.5万m^2、伸缩缝812m
2002—2003	环城路面中修	沈阳绕城高速公路 K0～K81+321	14484	路面171.5万m^2、桥面16.6万m^2、伸缩缝2809m
2003	沈丹小堡至南芬路面中修（K63～K88+224）	沈丹高速公路 K63～K88+224	4560	路面39.6万m^2、桥面9.1万m^2、伸缩缝1543m
2003	沈铁路面中修（K0+543～K49+140）	沈铁高速公路 K0+543～K49+140	8366	路面111.7万m^2、桥面4万m^2、伸缩缝593m
2004	沈山路面中修（K297+667～K657+840）	沈山高速公路 K297+667～K657+840	22253	路面363.9万m^2、桥面1.5万m^2
2005—2006	沈山路面中修（K297+667～K526+450）	沈山高速公路 K297+667～K526+450	20793	路面177.5万m^2、桥面9790m^2、伸缩缝225m
2005—2006	铁四路面中修（K49+140～K153+915）	沈四高速公路 K49+140～K153+915	32887	路面255.9万m^2、桥面15.8万m^2、伸缩缝2462m
2009—2010	沈阳至山海关高速公路维修工程（K297～K657）	沈阳至山海关高速公路维修工程 K297～K657	30320	路面133.3万m^2、桥面维修71座;预防性养护微表处完成56万m^2;大伸缩量伸缩缝47道。桥面维修11.1万m^2/271座,路面维修58万m^2,微表处62.7万m^2;大伸缩量伸缩缝2道;服务区路面3.4万m^2
2010	沈大高速公路辽阳至营口局部路段维修工程	沈大高速公路 K45～K148	3733	路面维修28.4万m^2

续上表

年份(年)	项目名称	工程地点	投资情况(万元)	主要工程量
2010	沈四高速公路路面维修工程	沈四高速公路 K0~K156	1382	路面维修9.8万 m^2
2013	京哈高速公路(沈阳至山海关段)、丹锡高速公路(锦州至朝阳段)、平康高速公路、长深高速公路(铁岭至朝阳段路面维修工程)	—	19499	主要维修方案为对原沥青路面病害进行铣刨重铺处理。该项目共划分3个合同段,累计维修里程261km
2014	丹锡高速公路(锦州至朝阳段)、阜锦高速公路、鹤大高速公路(大连至庄河段)、沈康高速公路路面维修工程	—	51475	主要维修方案为对原沥青路面病害进行铣刨重铺处理,部分线路采取拉毛后整体加铺的方案。该项目共划分5个合同段,累计维修工程242km
2015	鹤大高速公路(丹东至庄河段)路面维修工程、丹锡高速公路(锦州至朝阳段)路面维修工程	—	38472	对路面病害进行处理后,主线行车道、超车道进行整体加铺一层3.5cm SMA-13L,对主线硬路肩进行1cm稀浆封层罩面。路面破损采用铣刨重铺进行处理,对部分桥面破损病害进行维修处置

(1)项目管理

为强化高速公路建设项目管理,确保工程质量、建设工期和通行安全,提高投资效益,大中修项目采取国内公开竞争的方式对施工单位与监理单位进行招标,并严格履行招标程序,中标单位按合同约定履行责任和义务,确保工程按时限和确定的各项指标完成。每个项目由高速公路管理部门组建项目指挥部进行全方位管理。监理单位组建总监理工程师办公室,对工程项目的质量、工程进度、计量支付和合同执行进行管理与控制。施工单位组建项目经理部,负责整个施工项目的全过程。2008年管理模式进行了改革,由高速公路主管部门负责施工、监理招标等前期工作及施工期间的组织、技术指导、监督检查工作。基层管理单位负责所管辖路段的全部现场管理,包括主线施工的桥梁、路面、拌和站生产,以及石料、沥青、水泥、钢材等原材料质量控制。管理单位与施工单位签订工程廉政建设合同,规范和检查、监督双方人员的廉政工作行为,自觉抵制和遏制不正之风。

(2)施工管理

施工过程中,施工单位按项目指挥部和总监办批准的施工组织设计和工程进度计划,按照招标文件、施工图设计和《辽宁省高速公路质量检验标准》等文件规定,按合同工期、年度计划目标组织工程施工。按合同规定,施工单位各月份施工计划必须报监理工程师和项目指挥部审批后方可实施。施工过程中如发生设计变更、材料代用等情况时,按《辽宁省高速公路设计变更管理办法》规定程序和时限办理。严格履行质量控制程序和设计变更手续,未经监理签证转序的工程或未经批准进行的设计变更,监理工程师将责令返工,其返工损失由乙方承担。

为强化施工现场指挥调度,实现工程现场全方位管理,2009年辽宁省高速公路管理局制定了"局工程养护处对工程项目进行整体管理、指导、督查,下属管理处具体负责现场管理"的二级项目管理模式,管理局与沿线的管理处签订项目管理委托协议书,全权委托工程项目所在地的管理处负责现场管理具体工作,这也进一步调动了全员参建的工作积极性。

(3)质量管理

高速公路大中修工程实行"政府监督、法人管理、社会监理、企业自检"四级质量保证体系。省交通厅授权省交通工程质量监督站行使政府监督职能。施工单位严格按《辽宁省公路工程施工企业质量自检体系管理暂行规定》和《辽宁省公路工程试验检测市场管理暂行规定》的规定和要求,建立健全"控制有效、纵向到底、横向到边"独立的质量自检、自控管理体系,制定和完善质量岗位规范、质量责任及考核办法。配置足够的检测仪器设备和符合要求的专职质检人员,加强施工中自检。要求监理单位严格执行招标文件规定,遵守职业道德,加强对工程特殊部位的质量监控,对SBS改性沥青、沥青混凝土拌和料级配、路面高程、平整度、密实度和桥面铺装厚度要严加控制。

7. 绿化养护

辽宁高速公路绿化养护采用自主养护模式,以管理处管辖路段作为养护基本单位,每个单位设工程养护科负责日常的绿化养护管理工作,养护方式为小型机具养护和人工养护相结合,主要养护机具包括洒水车、绿篱修剪机、打药机、割草机,每1.5km设置1名养护工人。

1989年,辽宁省高速公路管理局制定《辽宁省高速公路绿化养护技术规范》,对一年四季中绿化植物的养护工作进行了详细说明,逐步建章立制、规范管理,多次通过组织针对性较强的绿化技术培训来提高管理人员的技术水平和实践能力,为辽宁省高速公路绿化养护管理水平的稳步提升打下了坚实的基础。

1999年春季,高速公路进行两翼绿化,建设以高速公路为中轴线,各向外延伸3km的可视范围内的景观带。高速公路封闭刺线以内以环境效益为主,建成高档次绿化格局,形成景观景点。

2004年5月,辽宁省高速公路管理局编写了《高速公路绿化养护技术手册》,详细描述了一年四季中绿化植物浇水、施肥、病虫害防治、修剪整形等具体养护内容,进一步提升了绿化养护管理水平。

2006年7月,购置7台车载割灌机,沈大高速公路实现了机械化绿篱、草坪修剪作业,机械化养护作业较大程度提高了绿化养护作业效率和养护质量。

2007年8月,另配置8台车载割灌机,沈山高速公路实现机械化绿篱、草坪修剪作业。至此全省主要高速公路干线基本实现了绿化机械化养护,同时为了减少人工作业时间和作业量,改为3km设置1名养路工人,提高了工作效率,降低了安全生产隐患。

2008年10月初,全省高速公路进行了资源整合,原设置的31个管理处整合为18个,每个管理处管养里程增加到150~300km。2008—2009年,先后以丹大、沈大、沈丹高速公路为试点,逐步开展了市场化养护研究和推广工作,将日常绿化养护工作由自主养护转型为面向社会招标养护的专业化养护模式。2008年12月管理局被国家林业局授予"美国白蛾防治工作先进集体"荣誉称号。

截至2010年底,全省高速公路共配备29台车载割灌机,平均每98km一台,全省高速公路实现绿篱、草坪修剪机械化作业;共有洒水车辆95台,平均每30km配备1台洒水车,进行绿化灌溉作业,全省高速公路绿化养护基本实现了机械化。

经过多年的建设发展,辽宁高速公路基本实现了中央分隔带灌木绿篱保存率达95%,防眩功能良好;两翼坡脚林带连续不间断,保存率达90%以上;边坡植物防护覆盖率达90%以上;立交区、中央分隔带和土路肩的草坪及花卉覆盖率达90%以上,对适宜绿化的劣质裸露坡面实施100%的生态植被恢复。有效改善了高速公路路域环境,形成了多条景观优美、安全舒适的绿色长廊,为用路人提供了相对封闭、安全、舒适的通行环境。

(二)收费管理

高速公路收取通行费管理,主要包括收费政策的制定与提出、费率标准的测定、收费方式的选择、收费站的设置与人员配备、收费票证的印刷保管存储与发放使用、收款及收费上缴、票据稽核、稽查等。2016年7月以前,辽宁省高速公路车辆通行费由各收费站负责收取,实行专款专用,统一上缴财政,建设资金实行统贷统还。2016年7月1日起,经省政府批准,高速公路车辆通行费征收转为企业化运营,收费主体变更为辽宁省高速公路建设投资集团有限责任公司,通行费统一收缴至该公司账户。

1988年10月,成立辽宁省高速公路管理处收费科,同时在沈阳、鞍山管理所设收费站。同年11月,沈阳至大连高速公路、沈阳至桃仙机场高速公路开通,设立宁官、达道湾、桃仙等第一批共8个收费站。到2016年末,共开通京哈、沈海、鹤大等13条国家级高速公路和沈康、抚通、辽开等13条省级高速公路,收费里程达4195km,设293个收费站。

收费方式,从原始的人工收费,发展为由人工和计算机共同完成的半自动化收费。

从1990年6月开始,收费系统开展了军事化管理、规范化服务活动。制定了《收费人员工作规范》,使用文明用语,全面规范服务行为。涉及用路人利益的事项一律予以公示,接受社会监督。在收费站出入口等重要部位设立承诺服务牌,承诺入口发卡时间低于7s,出口收费时间低于20s,车道等车不超过5台。经过二十多年的探索实践,树立了"以人为本、以车为本、全员服务"的现代化管理理念,形成了一整套科学的管理方法、管理标准和管理制度。

1. 收费方式

(1) 人工收费

人工收费方式,是对进入高速公路网的车辆派发通行卡以及出口处验卡收费等程序全部由手工操作完成的收费管理方式,即人工判车型,人工套用收费标准,人工收钱、找零、给发票。在收费管理过程中,辅以人工稽查和监督。1988年10月至2001年5月,辽宁省高速公路采取人工收费方式。

1988年10月发布的《辽宁省高速公路车辆通行费收费标准管理办法》,规定车辆通行费采用按里程计费和按次计费两种方法收费。凡车辆进入按里程计费的高速公路之前,汽车驾驶员在高速公路入口处收费站(以下简称收费站)领取高速公路通行卡,经写卡机登记后,才能进入高速公路。出口时,汽车驾驶员将通行卡交给出口处收费站,经读卡输入计算机进行数据处理后,打印出通行费收据,收费放行。凡车辆通过按次收取通行费的高速公路之前,汽车驾驶员在公路入口处收费站购车辆通行费票证,经值班人员验讫后,方可进入高速公路(俗称入口收费,出口验票)。

(2) 电子辅助人工收费

电子辅助人工收费方式,是指通行费的计算过程由计算机和人共同完成,人工收费的方式。这种方式除人工确定通行费计算的主要依据车型外,所有主要信息都输入计算机,减轻了收费员的劳动强度。

2001年5月20日,投资7000万元的沈大高速公路电子辅助人工收费系统一次试运行成功,这是当时国内里程最长、车道数最多、网络规模最大、设备先进的高速公路电子辅助人工收费系统。2002年12月10日,沈四高速公路电子辅助人工收费系统一次运行成功。2003年12月10日,沈山、盘海、锦阜、锦朝高速公路电子辅助人工收费系统成功开通。至此,全省高速公路通行费收取实现"一卡通"。

(3) 全自动收费

全自动收费是指收取通行费的全过程均由系统完成,驾驶员与车辆直接与系统交互,操作人员不需直接介入,只需对设备进行管理监督及处理特别事件。全自动收费方式是在全自动计费、人工找零的基础上,采用非现金交易的方式。非现金交易的种类有很多,如储值卡、记账卡、牌照识别记账、银行信用卡、不停车车载卡等。全自动收费方式又分为全自动停车收费方式和全自动不停车收费方式。全自动不停车收费(ETC收费)方式,是在全自动停车收费的基础上发展起来的,在停车自动收费系统的基础上增加车载卡处理单元,利用电子、计算机与通信技术,使驾驶员不需停在收费站付费,以缓解因收费而造成的车辆排队现象。目前,辽宁省部分收费站采用全自动不停车收费方式,即"辽通卡"付费。

2009年9月,沈阳市内至桃仙机场高速公路实行ETC收费,在沈阳和桃仙收费站各设2条ETC收费车道。2009年10月,在新民收费站入口车道安装一台自动发卡机,标志着辽宁省高速公路开始向自动化收费方向发展。2011年,在沈阳西、大连等22个收费站建设44条ETC车道,保证全省主要地级市高速公路出入口都设置了ETC车道;在阜新、岫岩等22个收费站安装自助发卡设备。2012年,在80个收费站建成160条ETC车道,使ETC站点覆盖率达到40.9%,ETC车道使用范围进一步扩大。与建行、工行采取深度合作,为用户使用ETC系统、电子支付通行费提供良好的便利条件。2013年,沈阳绕城高速公路智能化交通系统投入应用,达到了国内一流水平。新开通63个收费站135条ETC车道,ETC站点覆盖率达60.5%,提前两年完成省交通运输厅覆盖率目标,ETC基本覆盖了县级及以上城市、重要经济开发区和产业园区等主要出入口;组建ETC运营管理机构,加大ETC推广力度,累计实现ETC交易额1.48亿元。2014年,ETC覆盖率达到76.4%,ETC用户突破50万,高标准完成全国ETC联网建设与调试工作。2015年底,ETC覆盖率达到100%,ETC用户突破92万。截至2016年底,ETC用户突破131万,客车使用率为35.9%,非现金使用率为28.5%。

2. 收费标准

1994年9月,省人大颁布的《辽宁省高速公路管理条例》规定了车辆通行费的收取标准,由省物价部门会同省财政部门、省交通行政管理部门拟定,报省人民政府批准后实施。

(1)常规收费标准

1988年9月22日,朱家甄副省长主持召开辽宁省政府第32次省长办公会议,研究沈大、沈桃高速公路管理方式和收费标准。会议认为应先实行低收费,以利吸引交通量。会议确定小型车每车每公里0.05元,中型车每车每公里0.10元,大型车每车每公里0.15元。同年10月20日,省交通厅、物价局、财政厅联合下发《辽宁省高速公路车辆通行费收费标准》,沈阳至大连高速公路、沈阳至桃仙机场高速公路于10月25日起执行此标准。同时规定,凡持有牌证的各种车辆(包括国内、国外入境的各种客车、货车、拖挂车、半挂车、特种车、摩托车),除正在执行紧急任务的装有固定装置的消防车、医院救护车、公安部门的警备车外,在通过沈阳至大连高速公路、沈阳至桃仙机场高速公路时均应按规定缴纳通行费。通行费一律按车辆出厂标记的载重吨位、载客座位(不分空、重车)收费。对不能载货的特种车辆,按出厂标记的自重收费,各种车辆的具体收费标准见表6-1-5、表6-1-6。

沈阳至大连高速公路车辆通行费收费标准　　　　　表 6-1-5

征收类别	车辆种类				收费标准 [元/(车公里)]
	货车(含特种车)		客车		
1	小型货车	2.5t 以下(含 2.5t)	小型客车	19 座位以下(含 19 座位),摩托车	0.05
2	中型货车	2.5t 以上(不含 2.5t) 7t 以下(含 7t)	中型客车	20 座位以上(含 20 座位) 40 座以下(不含 40 座位)	0.10
3	大型货车	7t 以上(不含 7t) 15t 以下(含 15t)	大型客车	40 座以上(含 40 座位)	0.15
4	特种车	15t 以上(不含 15t) 40t 以下(不含 40t)	—		0.40
		40t 以上(含 40t) 60t 以下(不含 60t)	—		0.60
		60t 以上(含 60t) 80t 以下(不含 80t)	—		0.80
		80t 以上(含 80t) 100t 以下(不含 100t)	—		1.00
		100t 以上(含 100t)	—		1.20

沈阳至桃仙机场高速公路车辆通行费收费标准　　　　　表 6-1-6

征收类别	车辆种类				收费标准 (元/车次)
	货车(含特种车)		客车		
1	小型货车	≤2.5t	小型客车	≤19 座,摩托车	2
2	中型货车	2.5~7t(含 7t)	中型客车	20~40 座(不含 40 座)	4
3	大型货车	7~15t(含 15t)	大型客车	≥40 座	6
4	特种车	15~40t(不含 40t)	—		8
		40~60t(不含 60t)	—		10
		60~80t 以下(不含 80t)	—		12
		80~100t 以下(不含 100t)	—		14

1995 年 9 月 4 日,省政府决定统一全省高速公路车辆通行费收费标准,见表 6-1-7。

1995 年全省高速公路车辆通行费收费标准　　　　　表 6-1-7

类别	车型及规格		收费标准 [元/(车公里)]
	货车	客车	
小型车	≤2.5t	≤19 座	0.25
中型车	2.5~7t(含 7t)	20~40 座(不含 40 座)	0.30
大型车	7~15t(含 15t)	40 座以上(含 40 座)	0.35
特一型车	15~39t	—	1.00
特二型车	40~79t	—	2.00
特三型车	80t 以上	—	4.00

第六章
高速公路运营管理与文化建设

1999年1月11日,为加快全省高速公路建设步伐,加速修建高速公路所用贷款的偿还进度,省政府决定调整全省高速公路通行费收费标准,调整后的收费标准见表6-1-8。

1999年调整后的高速公路(不含沈阳过境绕城、沈抚、沈阳至桃仙机场高速公路)**通行费收费标准**　　　　表6-1-8

类　别	车型及规格		收费标准
	货　车	客　车	[元/(车公里)]
小型车	≤2.5t	≤19座,摩托车	0.35
中型车	2.5～7t(含7t)	20～40座(不含40座)	0.40
大型车	7～15t(含15t)	40座以上(含40座)	0.50
特一型车	15～39t	—	1.30
特二型车	40～79t	—	2.60
特三型车	80t以上	—	5.20

沈阳过境绕城高速公路、沈抚高速公路、沈阳至桃仙机场高速公路按车辆通行次数改为小型车每车次10元,中型车每车次15元,大型车每车次20元,特型车的收费执行全省统一的收费标准。

2000年3月1日,省政府统一调整全省高速公路车辆通行费收费标准,同时调整车型分类标准,调整后的收费标准见表6-1-9。

2000年调整后的全省高速公路车辆通行费收费标准　　　　表6-1-9

类　别	车型及规格		收费标准
	货　车	客　车	[元/(车公里)]
小货车	≤2.5t	≤10座	0.35
中型车	2.5～7t(含7t)	11～28座	0.60
大型车	7～14t(含14t)	29座以上	1.00
特一型车	14～39t(含39t)	—	1.30
特二型车	39～79t(含79t)	—	2.60
特三型车	79t以上	—	5.20

2003年8月27日,省政府决定从9月1日起全省高速公路按照国家新的车型分类标准收费,见表6-1-10。

2003年辽宁省高速公路通行费收费标准　　　　表6-1-10

类　别	车型及规格		收费标准
	货　车	客　车	[元/(车公里)]
第1类	≤2t	≤7座	0.35
第2类	2～5t(含5t)	8～19座	0.60
第3类	5～10t(含10t),20ft集装箱货车	20～39座	1.00
第4类	10～15t(含15t),40ft集装箱	≥40座	1.30
第5类	15t以上	—	1.60

2005年4月1日,省政府决定从4月10日起调整全省高速公路车辆通行费收费标准,货车车型识别以装载质量和轴型为准,见表6-1-11。

2005年辽宁省高速公路通行费收费标准 表6-1-11

类别	车型及规格		客车	收费标准 [元/(车公里)]
	货车			
	装载质量	轴数		
第1类	≤2t	2轴货车	≤7座	0.35
第2类	2~5t(含5t)	2轴货车	8~19座	0.60
第3类	5~10t(含10t)	2轴货车	20~39座	1.00
		3轴普通货车		
	20ft集装箱货车	—		
第4类	10~15t(含15t)	3轴半挂列车	≥40座	1.20
	40ft集装箱或装载两个20ft集装箱货车	—		
第5类	15t以上	4轴以上的货车或4轴以上的半挂列车	—	1.40

为进一步完善高速公路车辆通行计费方式,降低合法运输车辆的收费标准,适度增加超限超载车辆的运输成本,通过经济调节手段消除车辆超限超载利益驱动因素,规范道路运输市场经济秩序,维护高速公路路产路权,经省政府同意,决定从2008年1月23日起,对通行辽宁省高速公路货运车辆(下称货车)实行计重收费。具体收费标准见表6-1-12。

2008年高速公路货车计重收费标准 表6-1-12

	基本费率		0.07元/(t·km)
货车收费标准	合法装载(不超限)车辆车货总质量限定标准		两轴货车≤17t,三轴货车≤27t,四轴货车≤35t,五轴货车≤43t,六轴及六轴以上货车≤49t
	合法装载车辆	车货总质量≤5t	按基本费率0.07元/(t·km)计收
		5t<车货总质量≤35t	按基本费率0.07元/(t·km)线性递减至0.04元/(t·km)计收
		35t<车货总质量≤49t	按基本费率0.04元/(t·km)非线性递减至0.0286元/(t·km)计收
		5t<车货总质量≤17t的两轴和三轴货车	按基本费率0.07元/(t·km)线性递减至0.0432元/(t·km)计收
	超限车辆	超限率≤30%	车货总质量未超限部分按合法装载车辆计重收费标准计收,超限部分按照合法装载车辆轴型的最低费率与基本费率的平均值计收

续上表

货车收费标准	超限车辆	30%＜超限率≤100%	车货总质量未超限部分按合法装载车辆计重收费标准计收;对超限0~30%(含30%)部分,按照合法装载车辆轴型的最低费率与基本费率的平均值计收;对超限30%~100%(含100%)部分,按基本费率的3倍线性递增至6倍计收
		超限率＞100%	车货总质量未超限部分按合法装载车辆计重收费标准计收;对超限0~30%(含30%)部分,按照合法装载车辆轴型的最低费率与基本费率的平均值计收;对超限30%~100%(含100%)部分,按基本费率的3倍线性递增至6倍计收;对超限100%以上部分,按基本费率的6倍计收

注:1. 车货总质量不足5t的按5t计。
2. 计重取整办法:计重质量单位以0.1t为单位。不足0.1t的,按照"四舍五入"的办法取整。
3. 计费取整办法:为方便收费找零,缩短车辆停留时间,将收费计费尾数归结取整为"5元"或"10元"。具体取整归结办法如下:费额尾数≤2.50元,舍去;2.50元＜费额尾数≤7.50元,按5元计收;7.50元＜费额尾数≤10.00元,按10元计收。

2009年,省政府决定从4月10日起,调整全省高速公路车辆通行费收费标准。高速公路车辆通行费实行按车型收费和计重收费两种计征方式,对客运车辆按车型收费标准计征车辆通行费;对货运和客货两用车辆按计重计征车辆通行费,当计重收费系统发生故障时按车型计征车辆通行费。具体收费标准见表6-1-13、表6-1-14。

2009年调整后高速公路车型收费标准 表6-1-13

类 别	车型及规格		客 车	收费标准[元/(车公里)]
	货 车			
	装载质量	轴 数		
第1类	≤2t	2轴货车	≤7座	0.45
第2类	2~5t(含5t)	2轴货车	8~19座	0.80
第3类	5~10t(含10t)	2轴货车	20~39座	1.15
		3轴普通货车		
	20ft集装箱货车	—		
第4类	10~15t(含15t)	3轴半挂列车	≥40座	1.45
	40ft集装箱或装载两个20ft集装箱货车			
第5类	15t以上	4轴以上的货车或4轴以上的半挂列车	—	1.70

2009年调整后的高速公路货车计重收费标准 表6-1-14

货车收费标准	基本费率	0.09元/(t·km)
	合法装载(不超限)车辆车货总质量限定标准	两轴货车≤17t,三轴货车≤27t,四轴货车≤35t,五轴货车≤43t,六轴及六轴以上货车≤49t

续上表

货车收费标准	合法装载车辆	车货总质量≤5t：按基本费率0.09元/(t·km)计收
		5t < 车货总质量 ≤35t：按基本费率0.09元/(t·km)线性递减至0.0486元/(t·km)计收
		35t < 车货总质量 ≤49t：按基本费率0.0486元/(t·km)非线性递减至0.0346元/(t·km)计收
		5t < 车货总质量 ≤17t的两轴和三轴货车：按基本费率0.09元/(t·km)线性递减至0.066元/(t·km)计收
	超限车辆	超限率≤30%：车货总质量未超限部分按合法装载车辆计重收费标准计收，超限部分按基本费率计收
		30% < 超限率 ≤100%：车货总质量未超限部分按合法装载车辆计重收费标准计收；对超限0~30%（含30%）部分，按基本费率计收；对超限30%~100%（含100%）部分，按基本费率的3倍线性递增至6倍计收
		超限率 > 100%：车货总质量未超限部分按合法装载车辆计重收费标准计收；对超限0~30%（含30%）部分，按基本费率计收；对超限30%~100%（含100%）部分，按基本费率的3倍线性递增至6倍计收；对超限100%以上部分，按基本费率的6倍计收

注：1. 车货总质量不足5t的按5t计。
2. 计重取整办法：计重质量单位以0.1t为单位。不足0.1t的，按照"四舍五入"的办法取整。
3. 计费取整办法：当通行费总额小于5元时，按5元计收。费额尾数 < 2.50元的，舍去；2.50≤费额尾数 < 7.50元的，归5元；7.50元≤费额尾数≤10.00元的，归10元。

为贯彻落实《辽宁省人民政府关于统一调整完善辽宁省交通建设投资集团有限责任公司组建方案的批复》（辽政〔2016〕47号）精神，经省政府同意，将全省高速公路车辆通行费收费标准进行如下调整：车辆通行费收费主体为辽宁省交通建设投资集团有限责任公司。高速公路车辆通行费实行按车型收费和计重收费两种计收方式，对客运车辆按车型收费标准计收车辆通行费；对货运和客货两用车辆按计重计收车辆通行费，当计重收费系统发生故障时按车型计收车辆通行费。车型收费标准见表6-1-15。

2016年全省高速公路执行统一的车辆通行费车型收费标准　　表6-1-15

类　别	车型及规格		客　车	收费标准[元/(车公里)]
	货　车			
	装载质量	轴　数		
第1类	≤2t	2轴货车	≤7座	0.45
第2类	2~5t（含5t）	2轴货车	8~19座	0.80
第3类	5~10t（含10t）	2轴货车	20~39座	1.15
		3轴普通货车		
	20ft集装箱货车	—		
第4类	10~15t（含15t）	3轴半挂列车	≥40座	1.45
	40ft集装箱或装载两个20ft集装箱货车	—		
第5类	15t以上	4轴以上的货车或4轴以上的半挂列车	—	1.70

当单车拖曳另一辆挂车时,该组合车辆的车型按照高于主车一个类别的车型分类标准执行。

货车计重收费标准:

合法装载(不超限)车辆车货总质量限定标准:两轴货车≤17t,三轴货车≤27t,四轴货车≤35t,五轴货车≤43t,六轴及六轴以上货车≤49t。

合法装载(不超限)车辆:基本费率为0.09元/(t·km)。车货总质量≤5t的(不足5t的按5t计),按基本费率计收;5t<车货总质量≤35t的,按基本费率0.09元/(t·km)线性递减至0.0486元/(t·km)计收;35t<车货总质量≤49t的,按0.0486元/(t·km)非线性递减至0.0346元/(t·km)计收。其中,对5t<车货总质量<17t的两轴和三轴货车,按基本费率0.09元/(t·km)线性递减至0.066元/(t·km)计收。

超限车辆:对车货总重不超过55t的普通超限车辆,未超限部分按合法装载车辆计重收费标准计收;对超限0~30%(含30%)部分,按基本费率计收;对超限30%~100%(含100%)部分,按基本费率的3倍线性递增至6倍计收;对超限100%以上部分,按基本费率的6倍计收。对车货总重超过55t的普通超限车辆,未超过55t的部分按上述标准计收,超过55t的部分按基本费率的16倍计收。

在全省高速公路入口设置超限检测站,对车货总重超过55t的违法超限车辆实施阻截劝返,并根据治超的实际,积极推广入口称重阻截管理;对收费站出口超限车辆的数据定期向路政管理部门报送,并对超限50%以上的违法超限车辆及称重作弊车辆按照《关于辽宁省高速公路实行计重收费后超限车辆认定和处罚标准的通知》(辽治超办发〔2008〕1号)规定及时向路政管理部门报告。

部分车辆通行费实行优惠的收费标准:

①绿色通道车辆

合法装载的界定标准:两轴货车车货总质量不得超过20t(含20t);三轴货车车货总质量不得超过30t(含30t);四轴货车车货总质量不得超过40t(含40t);五轴货车车货总质量不得超过50t(含50t);六轴及以上货车车货总质量不得超过55t。

收费标准:对整车并合法装载运输鲜活农产品的绿色通道车辆,免收车辆通行费;对超过合法装载运输界定标准的车辆,但未超过55t的,未超限部分按普通车辆合法装载收费标准计收,超限部分按基本费率计收;对车货总重超过55t的绿色通道车辆,按普通超限车辆计收。

②运输国际标准集装箱车辆

车货总质量优惠限值:根据国际标准集装箱海运最大限载值确定运输国际标准集装箱车辆车货总质量优惠限值为四轴车辆运输20ft集装箱37t,运输40ft集装箱44t;五轴车辆运输40ft集装箱46t,运输两个20ft集装箱63t;六轴车辆运输40ft集装箱48t,运输两个

20ft 集装箱 65t。

收费标准:车货总质量未超过优惠限值标准的车辆,按普通车辆收费标准的 85% 计收;超过优惠限值标准的车辆,按普通车辆收费标准计收。

③运输油气等化学危险品标准罐车辆

未超限车辆按普通车辆收费标准计收。对超限车辆,未超限部分按合法装载计费标准计收,超限 0~50%(含 50%)部分按基本费率计收;对超限 50% 以上的车辆,按普通车辆收费标准计收。

④其他车辆

继续执行沈阳绕城高速公路等对本籍 9 座及 9 座以下(蓝色牌照)小型客车实施的免收车辆通行费政策。对辽宁省实施集约化、规模化、公司化经营的集装箱货运企业和道路客运企业享受优惠政策车辆的收费标准,由省交通运输厅同有关部门根据国家和省有关规定另行制定。

逃缴通行费车辆的处理办法:

经查实,属故意逃缴通行费行为的车辆,按下列标准收费。

有以下情形之一的,按路网中单向与本站最远距离的 2 倍收取通行费。

①丢卡、损卡车辆。计费 IC 卡丢失或人为损坏,导致出口站无法读取网上通行信息,驾驶员又不能准确提供入口收费站和入口时间的车辆。

②换卡车辆。经查实出站车辆途中有换卡行为的车辆。

③U 形或 J 形行驶车辆。经查实违反交通安全规定、途中掉头返回入口站或入口邻近站,形成 U 形行驶或 J 形行驶的车辆。

④头挂分离车辆。车辆到达目的地前,把重载挂车停放在出口站邻近服务区、停车场、立交区等地,车头就近出收费站后返回取挂车,或由其他车头将挂车拖出出口站。

⑤称重作弊车辆。车辆在称重检测过程中使用垫板、气囊、千斤顶等液压装置,减轻计费重量逃缴通行费的车辆。

有以下情形之一的,按路网中单向与本站最远距离的 3 倍收取通行费。

①假冒军警、绿色通道、国际标准集装箱、油气化学危险品标准罐车、运输跨区作业联合收割机和插秧机车辆,伪造机动车行驶证件办理 ETC 的车辆。

②闯口车辆。在出口闯口或在非正常车道出口逃缴通行费的车辆。

驳载车辆,按车辆超限 100% 收取通行费。计重及计费取整办法:

计重取整办法,计重质量单位以 0.1t 为单位,不足 0.1t 的按照"四舍五入"的办法取整。

计费取整办法,为提高收费速度,缩短车辆停留时间,将收费额计费尾数归结取整为 5 元或 10 元,当计算费额小于 5 元时,按 5 元计收。费额尾数小于 2.50 元的,舍去;2.5

元≤费额尾数<7.50元的,按5元计收;7.5元≤费额尾数≤10.00元的,按10元计收。为保证高速公路车道畅通,货运车辆只在收费站出口进行一次称重测量。

(2)特殊车辆收费标准

从1994年开始,对定点、跑长线的国营、个体大中型客车,凭运输管理部门的批件,按月实际通行总次数的9折优惠收费。1995年对沈阳市长途客运沈本线的客运车辆及本溪市所属企事业单位,专线客货运输和个体车辆实行月票按8折优惠收费。2000年对常年定线运输的大型客运车辆实行月票按8折优惠收费。

2004年9月起,对经省级道路运输管理机构批准,经营高速公路客运并安装GPS卫星定位系统的客运班车,按照客运经营主体的客运组织方式、车辆档次、集约化和规模化经营程度,月票优惠标准分为6.5折、7折、7.5折三个档次,见表6-1-6。

2004年辽宁省高速公路营运客车通行费优惠标准 表6-1-16

优惠程度	优惠标准
6.5折	经营主体集约化、规模化的实体公司,运输组织方式为公司统一经营(非承包、挂靠经营),经营车辆数量在60辆以上。新开辟、处于客流培育期半年内的高速公路客运线路。符合以上条件之一且车辆类型等级为高级车
7折	经营主体集约化、规模化的实体公司,运输组织方式为公司统一经营(非承包、挂靠经营),经营车辆数量在30辆以上60辆以下。经营主体为线路公司,运输组织方式为公司统一经营(非承包、挂靠经营)。符合以上条件之一且车辆类型等级为高级车
7.5折	经批准经营的高速公路客运班车。符合享受6.5折、7折的要求,但公司在上一年度发生一次死亡5人(含5人)以上特大道路交通责任事故。符合以上条件之一且车辆类型等级为中高级车

2005年3月起,对辽宁省国际标准集装箱运输车辆高速公路通行费实行优惠政策。对符合申报企业自有车辆总载质量不少于300t,其中载质量为8t及以上的重型载货车辆,载质量不少于90t或专用货车不少于车辆总数的20%,车辆新度系数0.45以上,车辆自营,非挂靠等条件的企业国际标准集装箱运输车辆,运送40ft集装箱或两个20ft集装箱的运输车辆按第3类收取通行费1.00元,运送一个20ft集装箱的运输车辆按第2类收取通行费0.60元。

同年11月1日,省政府决定开通交通部规定的哈尔滨至海口国家级示范绿色通道。对整车合法装载(不超限)鲜活农产品的运输车辆,在通行沈山、沈阳北环、沈四高速公路时,收费标准在原有收费车型的基础上降一型收费(一型车不再降型);对超限的整车运输鲜活农产品车辆,不给予降型收费的优惠政策,但不扣车、不卸载、不罚款,保证此类车辆优先通行。

2006年6月23日,省交通厅批准,对辽宁省国际标准集装箱运输车辆高速公路通行费实行优惠政策。明确申报企业条件为:

①申报企业自有集装箱运输车辆总数不少于10台,考虑企业实际情况,对已取得高

速公路通行费优惠卡的集装箱运输企业,目前没有达到 10 台集装箱运输车辆的,给予一年调整期限,到 2007 年 7 月 1 日仍未达到要求的,取消已享有的集装箱运输车辆高速公路通行费优惠政策。

②申报企业的集装箱运输车辆必须是企业自有自营车辆,不得为挂靠经营的集装箱运输车辆办理高速公路通行费优惠卡。优惠标准为:运送 40ft 集装箱或两个 20ft 集装箱的运输车辆按第 3 类收取通行费。

2007 年 3 月 7 日,省交通厅批准对辽宁省高速公路运营客车通行费实行优惠政策。按照客运组织方式、车辆档次、集约化和规模化经营程度,高速公路客运班车月票优惠标准分为 6.5 折、7 折、7.5 折、8.5 折四个档次,自 4 月 1 日起执行。具体优惠档次划分标准为见表 6-1-17。

2007 年辽宁省高速公路运营客车通行费优惠标准　　　　表 6-1-17

优惠程度	优惠标准
6.5 折	经营业户为集约化、规模化的实体公司,运输组织方式以公司化经营(非承包经营)为主,公司化经营车辆数量在 100 台以上。符合以上条件且车辆类型等级为高级车
7 折	经营业户为集约化、规模化的实体公司,运输组织方式为公司化经营(非承包经营),公司化经营车辆数量在 50~100 台。符合以上条件且车辆类型等级为高级车
7.5 折	经营业户为集约化、规模化的实体公司,运输组织方式为公司化经营(非承包经营)的车辆。新开辟、处于客流培育期半年内的高速公路客运线路。符合以上条件之一且车辆类型等级为高级车
8.5 折	经批准经营高速公路但未达到 6.5 折、7 折、7.5 折标准的客运班车。符合享受 6.5 折、7 折、7.5 折的要求,但公司在本年度发生一次死亡 3 人(含 3 人)以上特大道路交通责任事故的。符合以上条件之一且车辆类型等级为中高级车

2008 年,省政府决定从 1 月 23 日起,对通行辽宁省高速公路的货运车辆(下称货车)实行计重收费,并对部分车辆实行优惠政策,见表 6-1-18。对逃缴通行费的车辆处理办法见表 6-1-19。

2008 年辽宁省高速公路货车通行费优惠标准　　　　表 6-1-18

优惠车辆类型	优惠政策
绿色通道车辆	鲜活农产品是指新鲜的蔬菜、水果,鲜活水产品,活的畜禽,新鲜的肉、蛋、奶,冰冻和冰鲜保存的肉类和水产品。畜禽、水产品、瓜果、蔬菜、肉、蛋、奶等的深加工产品及花、草、苗木、粮食等不属于鲜活农产品范围
	对整车合法装载(未超限)鲜活农产品的车辆,按正常车辆收费标准的 75% 计收;对超限车辆,未超限部分按普通车辆合法装载收费标准计收,超限 0~30%(含 30%)部分按合法装载车辆轴型的最低费率与基本费率的平均值计收,超限 30% 以上部分按基本费率计收

续上表

优惠车辆类型	优惠政策
运输国际标准集装箱车辆	根据国际标准集装箱海运最大限载值,确定运输国际标准集装箱车辆车货总质量优惠限值为:四轴车辆运输20ft集装箱37t,运输40ft集装箱44t;五轴车辆运输40ft集装箱46t,运输两个20ft集装箱63t;六轴车辆运输40ft集装箱48t,运输两个20ft集装箱65t
	车货总质量未超过优惠限值标准的车辆,按普通车辆收费标准的85%计收;超过优惠限值标准的车辆,按普通车辆收费标准计收
运输油气等化学危险品标准罐车辆	未超限车辆按普通车辆收费标准计收;对超限车辆,未超限部分按合法装载计费标准计收,超限0~30%(含30%)部分按照合法装载车辆轴型的最低费率与基本费率的平均值计收,超限30%以上部分按基本费率计收

逃缴通行费车辆的处理办法及收费标准　　　　　　表6-1-19

逃费车辆类型	处理办法及收费标准
丢卡、损卡车辆	计费IC卡丢失或人为损坏,导致出口站无法读取网上通行信息,驾驶员又不能准确提供入口收费站和入口时间的车辆,按路网中单向与本站最远距离的2倍收取通行费
换卡车辆	经查实出站车辆途中有换卡行为的,按路网中距离本站单向最远距离的2倍收取通行费
U形或J形行驶车辆	经查实车辆属违反交通安全规定、途中调头返回入口站或入口邻近站,形成U形行驶或J形行驶,按路网中与本站最远距离的2倍收取通行费
驳载车辆	超限车辆在临近目的地途中,把货物分载给其他车辆,经查实后,按超限100%收取通行费
头挂分离车辆	车辆到达目的地前,把重载挂车停放在出口站邻近服务区、停车场、立交区等地,车头就近出收费站后返回取挂车,或由其他车头将挂车拖出出口站,经查实后,按路网中距本站最远距离2倍收取通行费
假冒军警车辆逃缴通行费的车辆	按路网中距离本站单向最远距离的3倍收取通行费
闯口车辆	在出口闯口或在非正常车道出口逃缴通行费的车辆,按路网中距离本站单向最远距离的3倍收取通行费

2008年6月6日,省交通厅批准,按照集装箱运输企业规模化、集约化和组织化程度,对车货总质量未超过优惠限值标准的国际标准集装箱运输车辆,高速公路通行费分别按普通车辆收费标准的6.5折、7折和7.5折计收,自6月23日起执行。计收条件见表6-1-20。

2008年辽宁省国际标准集装箱运输车辆通行费优惠标准　　　表6-1-20

优惠程度	优惠标准
6.5折	集装箱运输企业规模化、集约化程度高,具有较完善的现代化管理模式,且自有集装箱运输车辆不少于50辆
7折	集装箱运输企业规模化、集约化程度较高,有相应的组织能力和管理手段,且自有集装箱运输车辆不少于20辆
7.5折	集装箱运输企业有一定的规模和组织能力,且自有集装箱运输车辆不少于10辆

2009年4月7日,省政府决定从4月10日起,执行对通行辽宁省高速公路部分货运车辆实行收费优惠政策,见表6-1-21。

2009年调整后的货运车辆通行费优惠标准 表6-1-21

优惠车辆类型	优 惠 政 策
绿色通道车辆	鲜活农产品是指新鲜的蔬菜、水果,鲜活水产品,活的畜禽,新鲜的肉、蛋、奶
	对整车合法装载(未超限)鲜活农产品的车辆,按正常车辆收费标准的75%计收;对超限车辆,未超限部分按普通车辆合法装载收费标准计收,超限部分按基本费率计收
运输国际标准集装箱车辆	车货总质量优惠限值:四轴车辆运输20ft集装箱37t,运输40ft集装箱44t;五轴车辆运输40ft集装箱46t,运输两个20ft集装箱63t;六轴车辆运输40ft集装箱48t,运输两个20ft集装箱65t
	车货总质量未超过优惠限值标准的车辆,按普通车辆收费标准的85%计收;超过优惠限值标准的车辆,按普通车辆收费标准计收
运输油气等化学危险品标准罐车辆	未超限车辆按普通车辆收费标准计收。对超限车辆,未超限部分按合法装载计费标准计收;超限0~50%(含50%)部分按基本费率计收;对超限50%以上的车辆,按普通车辆收费标准计收
超限车辆	在2009年12月31日前,对超限车辆超限0~30%(含30%)部分,暂按合法装载车辆轴型的最低费率与基本费率的平均值计收

鲜活农产品的常见品种示例见表6-1-22。

鲜活农产品品种表 表6-1-22

类 别		常见品种示例
新鲜蔬菜	白菜类	大白菜、普通白菜(油菜、小青菜)、菜薹
	甘蓝类	菜花、芥蓝、西兰花、结球甘蓝
	根菜类	萝卜、胡萝卜、芜菁
	绿叶菜类	芹菜、菠菜、莴笋、生菜、空心菜、香菜、茼蒿、茴香、苋菜、木耳菜
	葱蒜类	洋葱、大葱、西香葱、大蒜、蒜苗、蒜苔、韭菜
	茄果类	茄子、青椒、辣椒、西红柿
	豆类	扁豆、荚豆、豇豆、豌豆、四季豆、毛豆、蚕豆、豆芽、豌豆苗
	瓜类	黄瓜、丝瓜、冬瓜、西葫芦、苦瓜、南瓜、舌瓜、佛手瓜、蛇瓜
	水生蔬菜	莲藕、荸荠、水芹、茭白
	新鲜食用菌	平菇、原菇、金针菇、滑菇、蘑菇、木耳
	多年生和杂类蔬菜	竹笋、芦笋、金针菜(黄花菜)
新鲜水果	仁果类	苹果、梨、海棠、山楂
	核果类	桃、李、杏、杨梅、樱桃
	浆果类	葡萄、提子、草莓、猕猴桃、石榴
	柑橘类	橙、橘、柑、柚、柠檬
	热带及亚热带类	香蕉、菠萝、龙眼、荔枝、橄榄、枇杷、椰子、芒果
	什果类	枣、柿子、无花果
	瓜果类	西瓜、甜瓜、哈密瓜、香瓜

续上表

类　别		常见品种示例
鲜活水产品 （仅指活的、 新鲜的）	普通水产品	鱼类、虾类、贝类、蟹类
	其他水产品	海带、紫菜、海蜇
活的畜禽	家畜	猪、牛、羊、马、驴(骡)
	家禽	鸡、鸭、鹅
新鲜的肉、 蛋、奶		新鲜的鸡、鸭、鹅、鹌鹑蛋，新鲜的家畜肉和家禽肉、新鲜奶

3. 收费站

高速公路收费站是指收取车辆通行费而建立的交通设施，严格执行收费政策，落实上级单位制定的规章制度，保证收费工作24小时不间断正常进行。收费站根据所处的位置可以分为主线收费站和匝道收费站两种。1988年10月，沈阳至大连高速公路、沈阳至桃仙机场高速公路开通，设立了宁官、达道湾、桃仙等第一批共8个收费站（图6-1-10），隶属于各管理所，由其直接领导，负责车辆通行费的收取，每个收费站设置站长、副站长、出纳员、票证员、值班站长、收费员等岗位。2000年5月，增设监控员岗位。2003年11月，增设超限检测员岗位。2008年由入口超限检测、出口车型收费调整为出口计重收费后，原来的超限检测员岗位更名为执勤员岗位。截至2016年末，全省共开通收费站293个，其中连接河北、吉林、内蒙古主线收费站10个。2013年起，全省35个收费站创建文明服务示范站，到2016年末扩展到70个。文明服务示范站始终坚持"以车为本、以人为本"的原则，牢固树立"服务于经济发展、服务于社会和谐、服务于民生改善"的理念，提高服务标准，延伸服务内涵，提升服务水平，全面树立辽宁高速收费站窗口的良好形象。通过开展示范站创建活动，力争收费服务做到"七个百分百"。

图6-1-10　改扩建后的沈大高速公路大连收费站

4. 绕城高速公路小型客车免费情况

沈阳过境绕城高速公路(G1501)是国家高速公路网的重要组成部分,于 2010 年 11 月开始进行改扩建,2013 年 7 月 31 日竣工交付使用。改扩建后,为充分发挥沈阳绕城高速公路(以下称"绕城高速公路")方便、快捷、安全的资源优势,减轻沈阳市中心城区交通拥堵压力,推动沈阳地区经济发展,并综合考虑辽宁省高速公路实施计重收费及在重点收费站入口实行货车超限检测的实际情况,经报请省政府同意,对绕城高速公路上下的辽 A 号牌小型客车免收通行费,其他车辆正常收取通行费。2015 年 10 月 8 日,经省政府同意,将浑南新城收费站纳入沈阳绕城高速公路小型客车免费范围,提高了前往沈阳市政府及相关政府单位上下班及办事车辆通行效率,有效缓解地方道路拥堵情况。截至 2016 年底,沈阳绕城高速公路免收小型客车 2876.8 万台次、2.4 亿元。

为减轻人工收费车道压力,方便车辆快速通行,缓解收费广场交通压力,发挥 ETC 车道畅通、快捷的优势,要求在绕城高速公路免费的辽 A 号牌客车全部安装电子标签并通行 ETC 车道,最大限度利用 ETC 车道资源。

(三)服务区管理

服务区有着公益性的基本属性,是高速公路服务社会大众的重要窗口。辽宁省高速公路服务区始终坚持科学化管理、品牌化经营、人性化服务,为顾客提供 24 小时不间断的全天候服务,全省服务区已构建成为一个完整的公共服务体系。

辽宁省高速公路服务区由辽宁省高速公路实业发展有限责任公司集中统一管理。辽宁省高速公路实业发展有限责任公司下辖 19 个分公司,各分公司直接管理 3~5 处服务区。公司已与分公司签订经营管理目标责任书,通过经营指标和管理指标的双重考核,对其经营和管理行为进行约束。

1. 布局及规模

依据《高速公路交通工程及沿线设施设计通用规范》(JTG D80—2006),辽宁省高速公路服务区平均每 60km 设置一处,除兴城服务区采用上跨式布局外,均为分离式对称布局(图 6-1-11)。2016 年底,为适应服务区经营发展需要,将新建的腰堡服务区主体建筑结构由"线"形变为"品"字形,将井泉服务区改造为打通内路的开放式布局。

服务区占地依据交通流量设计,大部分为 60~80 亩,沈阳至大连高速公路沿线服务区为满足车流量和客流量需求,占地为 200~300 亩,如图 6-1-12 所示。

2. 服务项目

全省服务区均设置有免费停车场、汽车加油站、汽车修理厂或自修区、卫生间、餐厅、超市、客房等基础设施,为车辆和驾乘人员提供车辆停放、加油、修车、如厕、餐饮、购物、住宿等服务,服务区服务项目见表6-1-23。

图6-1-11　沈山高速公路兴城服务区

图6-1-12　沈大高速公路复州河服务区

在此基础上,服务区还不断丰富和延伸服务项目与内容,提供免费饮用开水、温水洗漱等服务项目,并增设母婴室、第三卫生间、手机加油站、触摸式显示屏、爱心雨伞、健身器材、儿童乐园(图6-1-13)、沙发、遮阳伞、围树椅、小车张拉膜遮阳棚等人性化设施设备,同时设立了天气预报发布板和投诉公示板,开通24小时投诉电话,在规定时限内向顾客反馈处理情况,征求顾客意见。

图6-1-13　服务区儿童乐园

依托辽宁省高速公路96199服务热线,提供24小时免费救援服务,为路上受困人员、车辆免费运送食品、饮水、修车配件、油料等。

服务区服务项目一览表

表 6-1-23

序号	名称	所在高速公路名称	位置桩号	初始运营时间	占地面积（m²）	建筑面积（m²）	停车位数量（个）	加油枪数量（个）	餐位	旅店床位（个）	修理厂（个）	商店个数（个）	备注
1	井泉	G15沈海高速公路	36	1988年9月	161333	7163	280	24	360	27	2	2	
2	首山	G91辽中环线公路	59	2008年9月	60000.3	3754.74	146	24	72	20	2	2	
3	甘泉	G15沈海高速公路	97	1989年10月	200000	7800	285	22	360	40	2	2	
4	辽河	G16丹锡高速公路	175	2002年8月	39960	4018	200	24	180	32	2	2	
5	岫岩	G16丹锡高速公路	48	2011年9月	80040	5483.15	148	24	70	无	未营业	2	
6	析木	G16丹锡高速公路	112	2011年9月	40000	6386.35	108	12	150	34	2	2	
7	熊岳	G15沈海高速公路	204	1989年	29348	4058	125	20	180	24	2	2	
8	万福	S19庄盖高速公路	59	2012年9月	40000	5798.9	156	24	未营业	未营业	未营业	2	
9	西海	G15沈海高速公路	172	2004年8月	213440	8269	404	29	470	26	2	2	
10	三十里堡	G15沈海高速公路	319	2004年8月	202101	6966.18	452	24	258	34	2	2	
11	皮口	G11鹤大高速公路	1386	2010年1月	55405	5922.68	77	24	未营业	未营业	未营业	2	
12	普兰店	S12皮长高速公路	32.5	2011年11月	40300	5596.89	154	24	0	24	未营业	2	

续上表

序号	名称	所在高速公路名称	位置桩号	初始运营时间	占地面积（m²）	建筑面积（m²）	停车位数量（个）	加油枪数量（个）	餐位	旅店床位（个）	修理厂（个）	商店个数（个）	备注
13	复州河	G15沈海高速公路	256	2004年9月	198099	7580	209	22	300	22	2	2	
14	辽中	G1京哈高速公路	603	2000年9月	155044	3500	67	16	270	22	2	2	
15	高花	G1京哈高速公路	640	2000年9月	56028	3417.46	35	16	232	30	2	2	
16	柳河	G91辽中环线公路	159	2009年5月	46666	4450	110	24	456	0	2	2	
17	辽中南	G91辽中环线公路	110	2008年9月	39960	2962.24	85	12	80	0	2	2	
18	凌海	G1京哈高速公路	474	2000年9月	82041	3883	130	24	200	28	2	2	
19	义县	G2515锦阜高速公路	55	2002年8月	52768	3097	60	24	200	24	未营业	2	
20	松岭门	G16丹锡高速公路	351	2002年8月	37352	1980	77	10	140	15	2	2	
21	塔山	G1京哈高速公路	434	1999年9月	62031	4020	86	14	276	28	2	2	
22	兴城	G1京哈高速公路	396	2000年1月	240120	8276	200	16	324	65	2	2	
23	南杂木	S10抚通高速公路	4	2012年9月	40000	5156	128	24	144	未营业	未营业	2	
24	永陵	S10抚通高速公路	48	2012年9月	40000	6890	122	24	未营业	未营业	未营业	2	
25	旺清门	S10抚通高速公路	91	2012年9月	40000	5372	120	24	未营业	未营业	未营业	2	

续上表

序号	名称	所在高速公路名称	位置桩号	初始运营时间	占地面积（m²）	建筑面积（m²）	停车位数量（个）	加油枪数量（个）	餐位	旅店床位（个）	修理厂（个）	商店个数（个）	备注
26	绥中	G1京哈高速公路	345	2000年1月	112845	4485.76	112	14	312	32	2	2	
27	万家	G1京哈高速公路	306	1999年9月	80707	3997.7	62	13	158	51	2	2	
28	铁岭	G1京哈高速公路	748	1998年8月	46750	1834	56	8	82	14	2	2	
29	腰堡	G1京哈高速公路	727	1995年12月	34695	2487	56	16	196	20	2	2	
30	兰旗堡	G91辽中环线公路	216	2012年9月	40000	5798.9	122	24	300	34	未营业	2	
31	榆林	G1501沈阳绕城高速公路	27	2013年7月	93200	7120	202	24	210	32	2	2	
32	昌图	G1京哈高速公路	806.7	1998年8月	72703	7661.25	90	16	184	28	2	2	
33	宝力	G25平康高速公路	51	2008年10月	60070	4045.23	166	24	112	16	2	2	
34	西丰	S14辽开高速公路	31	2012年8月	40000	5000	91	48	未营业	46	未营业	2	
35	开原	G1京哈高速公路	777	1998年8月	51191	3300	95	16	194	13	2	2	
36	石桥子	G1113丹阜高速公路	180	1995年	40000	7000	140	24	144	无	未营业	2	
37	刘千户停车场	G1113丹阜高速公路	195	1993年	25000	4400	57	无	132	无	无	2	

第六章
高速公路运营管理与文化建设

续上表

序号	名称	所在高速公路名称	位置桩号	初始运营时间	占地面积（m²）	建筑面积（m²）	停车位数量（个）	加油枪数量（个）	餐位	旅店床位（个）	修理厂（个）	商店个数（个）	备注
38	古城子	G1501沈阳绕城高速公路	47.8	2012年11月	96670	5441.06	128	24	212	23	2	2	
39	凤城	G1113丹阜高速公路	39	2002年8月	40020	4010	84	16	170	9	2	2	
40	通远堡	G1113丹阜高速公路	91	2002年8月	46690	4146	144	23	148	0	2	2	
41	五龙山	G11鹤大高速公路	1168	2012年9月	93236	5599.89	160	24	100	36	2	2	
42	华来	S13永桓高速公路	47	2012年9月	40000	5483.18	94	24	0	36	未营业	2	
43	云峰山	G11鹤大高速公路	1025	2012年9月	40000	7620	94	24	140	34	未营业	2	
44	宽甸	G11鹤大高速公路	1111	2012年9月	40000	5372.27	137	24	80	34	未营业	2	
45	牛毛坞停车场	G11鹤大高速公路	1067	2012年9月	20000	1572	76	16	0	0	未营业	2	
46	大孤山	G11鹤大高速公路	1264	2005年9月	93380	4005	184	18	266	16	未营业	2	
47	庄河	G11鹤大高速公路	1322	2011年4月	52665	2470	99	24	无	无	未营业	2	
48	抚顺	G1212沈吉高速公路	22	2006年9月	40020	5444	132	18	173	17	2	2	

续上表

序号	名称	所在高速公路名称	位置桩号	初始运营时间	占地面积(m²)	建筑面积(m²)	停车位数量(个)	加油枪数量(个)	餐位	旅店床位(个)	修理厂(个)	商店个数(个)	备注
49	草市	G1212沈吉高速公路	159	2011年10月	40050	5483.15	164	24	未营业	未营业	2	2	
50	北三家	G1212沈吉高速公路	100	2010年9月	40010	4991.55	232	24	164	40	2	2	
51	彰武	G25长深高速公路	305	2008年12月	59973	4127	152	24	134	20	2	2	
52	法库	S2沈康高速公路	58	2008年11月	80000	5811	180	24	192	36	2	2	
53	康平	G25长深高速公路	254	2008年9月	59893	4127	156	24	112	20	2	2	
54	新民	G2511新鲁高速公路	9	2008年	40020	3125	152	24	144	16	2	2	
55	阜新	G25长深高速公路	399	2008年9月	73389	3754.62	216	24	160	16	2	2	
56	那四	G25长深高速公路	354	2009年9月	39970	3754.62	110	24	132	18	2	2	
57	冯家	G2511新鲁高速公路	72	2011年10月	40010	4991.55	118	24	168	34	2	2	
58	北镇	G16丹锡高速公路	78	2013年7月	40000	5798.9	224	24	未营业	未营业	未营业	2	
59	桃花吐	G25长深高速公路	506	2008年9月	59960	4090.4	128	24	未营业	未营业	未营业	2	
60	马友营	G25长深高速公路	454	2008年9月	59969	3754.74	184	24	72	未营业	未营业	2	

第六章 高速公路运营管理与文化建设

续上表

序号	名称	所在高速公路名称	位置桩号	初始运营时间	占地面积（m²）	建筑面积（m²）	停车位数量（个）	加油枪数量（个）	餐位	旅店床位（个）	修理厂（个）	商店个数（个）	备注
61	建平	G16丹锡高速公路	464	2010年9月	40100	5483.05	138	24	184	未营业	2	2	
62	大庙	G16丹锡高速公路	414	2010年9月	40100	5345.42	90	24	144	未营业	2	2	
63	三十家子	G25长深高速公路	674	2008年9月	53330	5361	124	24	168	未营业	2	2	
64	牛河梁	G25长深高速公路	602	2008年9月	115200	5677.32	202	24	80	未营业	未营业	2	
65	朝阳	G25长深高速公路	551	2008年9月	96242	4579	193	24	90	未营业	2	2	
66	九里停车场	G15沈海高速公路	331	1999年10月	70000	4288	90	无	500	20	2	2	
67	盘锦	G1京哈高速公路	534.7	2000年1月	200000	24510	430	18	380	96	2	2	
68	康平北	G25长深高速公路	213	2016年4月	40000	5000	91	无	350	48	2	2	
69	药王庙	S26兴建高速公路	54	2016年2月	40000	4370	145	24	200	48	2	2	
70	沈阳	G1501沈阳绕城高速公路	0.5	2009年3月	6364	37000	260	40	90	24	1	1	
71	毛家店	G1京哈高速公路	851	1999年1月	40000	9000	200	0	500	50	2	2	

3. 经营管理方式

三十年来，服务区经营管理完成了由计划经济体制向市场经济体制的转变，由全民事业单位向国有企业单位的转变，由分散独立管理向企业化自主统一管理的转变，经营理念由单纯的商业服务转向全面为用路人服务，经营方式先后经过了计划经营、承包经营、租赁经营、托管经营、BOT经营、合资经营等一系列尝试。

1990年12月，经辽宁省交通厅批准，成立了沈大高速公路辽阳、鞍山、营口、熊岳、那屯、海湾南服务区，为管理所的派出机构，全民事业单位，副科级，对经营部门实行计划经营，独立核算；1992年3月，辽宁省高速公路管理局设立经营科，负责全省高速公路服务区的经营管理工作。1993年2月，经辽宁省政府工业生产委员会批准，成立辽宁省高速公路实业总公司，2000年9月1日，更名为辽宁省高速公路实业发展总公司，是隶属于原辽宁省高速公路管理局的全民所有制企业（独立法人），对服务区经营部门实行承包经营、租赁经营、托管经营、BOT经营，集中统一经营管理；2016年5月16日，经辽宁省政府批准，公司改制并隶属辽宁省交通建设投资集团，名称由辽宁省高速公路实业发展总公司更名为辽宁省高速公路实业发展有限责任公司，对服务区加油站实行合资经营，对其他经营部门实行承包经营、租赁经营。

由辽宁省高速公路实业发展有限责任公司对服务区集中统一经营管理，避免了承包经营、BOT经营等方式存在的弱化社会效益、过度追求经营效益等问题。其优点在于一是能够有效地贯彻政府行业监管部门的管理要求，确保政令畅通；二是能够充分发挥整体优势，整合各种资源，发挥最大效能，全面提升运营服务能力与水平；三是能够统一服务规范和管理标准，建立起优质文明的服务体系；四是有效地解决了运营管理主体多元化的问题，可以避免管理部门重复设置、政出多门等问题，从而保证服务区经营管理和服务事业协调、持续发展。

（四）应急救援管理

1. 服务救援情况

依托高速公路管理处、服务区以及社会救援力量，对行驶在辽宁省高速公路发生故障车辆、长时间被困车辆以及用路人突发疾病等实施及时救助，为用路人通行安全提供保障。2007年，初步建立分布全省高速公路管理处、服务区的救援服务系统，在原有20台拖曳车辆的基础上投资645万元，购置拖曳车辆11台、服务车辆18台以及相关附属设备，组建了252人的救援服务队伍。2008年，启动高速公路救援服务网络，依托"96199"信息服务平台，在管理处、服务区分设48个救援服务点，配备240名救援人员。全年开展救援3114起，其中拖车服务1145台次，送油服务937次，其他服务1032台次。2009年，辽宁省高速公路管理局取消高速公路拖车收费项目,开展免费拖车服务,为用路人提供及时安全的救助服务。截至2016年末,辽宁省高速公路共设置应急救援组79处,配置救援车辆92台、救助人员344人,构建了国内同行业中规模最大的免费救助体系。共开展免费救援服务84338起,其中拖车服务60643台次,送油料服务19249次,其他服务4446台次。

2. 应急处置能力

突发事件应急处置主要包括:一是交通事故,按照所发生事故处理的权限,调度局属有关单位、部门,配合公安交警、消防、安监等部门及时处理高速公路发生的交通事故,保障人民群众平安顺畅出行。二是交通阻塞,通过视频监控、流量监测、综合巡查、交警通知、收费站报告、施工现场报告、社会举报、内部员工报告、局中心通知等途径获取管段交通堵塞信息,调度综合巡查人员,协调公安交警等部门及时采取多种措施,最大限度减少高速公路交通阻断,提高路网整体通行能力,努力为社会公众提供畅通、便捷的出行服务。三是除雪防滑调度,指挥调度部门将收集到的降雪信息及时通报给养护管理部门,掌握除雪防滑作业开展情况,下达养护部门和相关领导指令,掌握除雪防滑作业进度,落实交警部门的交通管制指令。四是路况险情调度,由于自然灾害、人为损坏等因素导致高速公路路基、路面、桥梁隧道等构造物、附属设施等技术状况急剧下降,运行情况已出现或可能出现危及行车安全情形,调度有关部门及时采取措施妥善处置,确保高速公路运营安全。五是恶劣天气处置调度,针对雨、雪、雾、大风、路面结冰、能见度降低等影响高速公路行车安全的天气,指挥调度部门多方收集信息,配合交警部门落实交通管制指令,确保高速公路安全畅通。

辽宁省高速公路自然灾害主要有洪水灾害和冰雪灾害。每年在汛期、冬季来临之前,高速公路管理部门提前制订防汛方案和除雪防滑预案,做好人员、物资、设备的准备工作,科学指导各管理处做好防汛救灾、除雪防滑工作。制定"24小时昼夜值班"制度、"三雨巡查"制度、"以雪为令,小雪12小时、中雪18小时、大雪24小时完成除雪,车道全部露出黑色,确保畅通""汛期高速公路中断交通后24小时内恢复交通"原则。多年来的抢险救灾,降低了洪水灾害和冰雪灾害对高速公路的影响,降低了交通事故,避免了人民群众和国家财产的损失。

(1)除雪防滑

1987—1991年配置的5台西德产UI700道路综合养护车,是辽宁省高速公路最早的除雪设备。1993年购置8台平地机,每50km配备1台,用于冬季除雪防滑。1994年又购置8台平地机,每50km配备数量达到2台。此后,新开通的高速公路每50km都按2台配置。1995年,在14台5090XE型扫地王车上加装快速除雪铲。同年从美国引进了2台福特快速除雪车。2001年10月,配置17台鞍山除雪王,用于融雪材料撒布和快速除雪。

2008年2月,改造停用除雪撒布车17台,加装除雪铲142台、融雪剂撒布机21个、传输带21台,在沈环高速公路进行快速除雪防滑作业试点。

到2010年12月,全省共计配备60台平地机、516台快速除雪铲、11台大型融雪剂撒布机、192台中型撒布机,平均每百公里配备15台快速除雪车、6.5台融雪剂撒布机,全省高速公路除雪防滑作业实现机械化。

1990年1月27~28日,沈大高速公路普降大雪,路面平均积雪一尺左右,最深厚度达到2m,高速公路管理部门出动2000多人次,动用200多台次除雪设备,在沿线交通部门和军队的大力支持下,于31日下午4时清除完路面积雪,全线通车。

2007年3月3~5日,辽宁遭遇百年不遇的特大暴风雪袭击(图6-1-14),高速公路路面平均积雪厚度超过60cm,个别路段积雪厚度达160cm,积雪总量2200多万 m^3,全省11条高速公路相继关闭。高速公路管理部门经过5天5夜的连续奋战,3月5日5时40分,复通沈桃机场高速公路;3月6日18时,复通沈山、沈阳过境绕城、沈四、沈大、沈抚5条高速公路重点收费站;3月8日7时,全省高速公路全部复通。在除雪救灾工作中,全局共投入除雪机械5069台次,撒布融雪材料6849t,出动人员31422人次;受理咨询电话241649次,向公众发布交通信息3157条;各管理处、服务区共向滞留车辆和人员免费提供饮用水、食品4800余份,免费运送油料近600L,救助滞留车辆1834台,解救滞留人员2436人,安置受困人员9800余人。现场除雪作业情况见图6-1-15。

图6-1-14 2007年特大暴风雪雪情　　　　图6-1-15 2007年特大风雪除雪作业

2012年10月,在沈桃机场高速公路配备滚刷进行除雪作业,提高了除净率,2013年11月在沈桃机场路使用植物基非氯液态环保型融雪材料,进一步提升了除雪效率,缩短了封闭时间,为用路人提供了安全畅通的通行环境。

到2016年12月,全省共计配备除雪机械及作业工装2319台,其中快速除雪铲1092台、融雪材料撒布机410台、滚刷式除雪工装228台、大型抛雪机10台、小型抛雪机188台、收费站除雪机械26套、平地机65台、装载机56台、重型自卸货车84台,可用于除雪的中型货车及洒水车底盘160台,平均每百公里配备24.4台快速除雪铲、9.7台融雪材料撒布机、6.8台滚刷,全省高速公路除雪防滑作业实现快速高效机械化。

(2)抗洪救灾

1995年7月29~31日,辽宁中部地区发生特大洪水,全省高速公路水毁严重,水毁路段70余处,直接经济损失达1320万元。3000多名职工艰苦奋战6天6夜抢修水毁公路,动用机械设备1400多台次,出动人员5000多人次,回填土石11195m³,投草袋子24000条,于8月1日9时45分恢复高速公路全线通车,保证了交通大动脉的畅通无阻,为全省抗洪救灾,营救灾民,运送物资,赢得了宝贵的时间。

1996年7月23日,沈阳地区普降暴雨,致使沈阳绕城高速公路东环段、北环段和沈铁高速公路部分高填方、深路堑段拱形网格护坡、石砌护坡、土边坡、泄水槽发生大面积滑塌、冲毁,沈阳绕城高速公路K35公铁立交桥桥台台背路基掏空、锥坡滑塌,直接经济损失达346万元。高速公路管理部门连续奋战,抢修水毁路段,保证了高速公路的安全畅通。

2005年辽宁省汛期提前,6月全省平均降水量比常年平均降水量多61.5%;7月辽宁省局部地区阵雨、雷阵雨天气较多,给高速公路基础设施造成了一定的损失;进入8月后,辽宁省各地普降大到暴雨,全省高速公路及其附属设施遭受不同程度的暴雨、洪水、雷击损害,个别路段出现了桥梁塌陷、挡墙坍塌、护坡滑塌等险情。8月13日,辽宁省抚顺地区遭遇罕见强降雨,晚9时左右,东陵管理处在进行"三雨"巡查时,第一时间发现沈抚高速公路李石寨桥桥面塌陷,管理局立即采取封闭交通措施,禁止任何车辆通行。接到险桥报告后,郑玉焯厅长、李雁鹏副厅长、袁广勤总工程师及曹文彬局长带领有关人员立刻赶赴现场进行勘查,并制订了紧急绕行方案:封闭沈抚高速公路交通,在高速公路上欲前往抚顺方向的车辆从东陵收费站下路,绕行北行线(普通公路);抚顺前往沈阳方向车辆通行普通公路。管理局立刻落实紧急绕行方案,通过沿线情报板提醒、疏导前往抚顺方向的车辆。8月14日根据交通厅紧急办公会精神,辽宁省高速公路管理局立即安排启用原抚顺开发区收费站为临时收费站的各项工作,8月15日养护维修处、监控通讯处等相关部门进入现场开始进行临时收费站的建设,收费亭基础浇筑、电缆光缆等管线布设工作随后跟上,保证8月21日早8时恢复沈阳至抚顺的高速公路交通,确保抚顺地区抗洪救灾工作的顺利进行。沈抚高速公路桥梁为七十年代修建的老桥,根据桥梁运营情况,高速局将发生险情的李石寨大桥、小甸子中桥进行改造处理,工程总投资1558.5万元。

2010年7月19日,辽宁省进入主汛期,连续多次发生强降雨,沈丹高速公路本溪、丹东段、沈吉、沈康、沈彰、铁阜、本辽、沈大等高速公路多处发生了路基沉陷、边坡滑塌、排水和防护工程冲毁等严重水毁灾情。8月5日,本溪地区发生强降雨,沈丹高速公路K158+500右侧边坡于8月5日、6日连续发生滑坡,滑塌范围为K158+450~K158+538,沿路基纵向长约88m,横向从边坡坡脚至滑坡体后缘坡长约85m,高差最大59m。险情发生后,厅党组第一时间组织辽宁省高速公路管理局、辽宁省交通规划设计院、中铁十三局等相关单位研究部署抢修、防护方案,采取清除滑坡体,分区评价危险性,采用锚索或锚杆框架防护,同时综合采取支挡等措施,在保证安全的前提下,以最快时间抢通封闭路段。2010年汛期,辽宁省高速公路管理局共出动抢险人员4779人次(其中养护公司4142人次)、大型机械设备1434个台次,清理路堑边坡滑塌土石方3.4万m^3,恢复排水构造物8564m^3,恢复桥涵护坡1412m^3/104处,恢复防护工程12203m^3,完成投资968.2万元。

2013年8月16日,暴雨骤降抚顺地区,地方公路、铁路全部瘫痪,沈吉、抚通高速公路多处路段发生地质灾害。东陵管理处在上级的正确指导下,快速组织机械设备连夜抢通水毁19处,疏导、劝返车辆千余台,为滞留驾乘人员提供食品800余份,收费站临时安置灾民1200余人。经昼夜奋战,次日8时沈吉、抚通全线恢复通车,成为通往灾区的唯一"生命通道"。应抚顺市政府要求,将南口前收费站设置为抢险救灾前线指挥所,并修建了高速路与地方公路相连的便道,方便大型机械进出灾区,同时,管段内所有收费站开设了"抢险救灾车辆专用通道",减免救灾车辆通行费1200余万元,保障了抚顺市抗洪救灾工作的顺利进行。管理处此次抢险救灾工作,得到了省、市及厅、局领导的高度评价,新闻媒体多次对抗洪抢险典型事迹进行报道。

2014年开始,建立了以辽宁省高速公路管理局应急处置中心专业抢险队伍为核心的应急救援体系,以各管理处人员、装备和具有国家一级资质的养护单位人力物力为支撑、技术能力为保障的应急队伍体系,有效应对雨雪雾冰等极端天气灾害及危化品泄漏、起火、坍塌等各类突发事件。基本形成一般灾害情况下公路应急救援2小时内到达,公路应急抢通24小时内完成的应急响应体系。

2015年,制定了自然灾害、公路交通运输生产事故、公共卫生事件、社会安全事件4大类、13项应急预案。开展直升机救援演练1次,隧道安全、消防安全等各种演练30余次。全省配备日常养护、专业维修、除雪防滑、应急救援等设备2783台套,建成防滑料储备库54座。

2016年,辽宁省高速公路管理局积极配合地方政府部门处置危化品泄漏事件7起,在24小时内完成"7·20"特大暴雨和"7·25"暴雨造成的高速公路阻断及多条高速公路边坡坍塌、排水设施冲毁等抢险工作。

(五)路政执法管理

高速公路路政管理是依法保护路产、维护路权的行政管理,其目的是使高速公路保持完好、畅通,发挥最大的社会经济效益。1986年6月,沈大公路管理处设公安科,沈阳和鞍山高速公路管理所分别设立公路公安派出所,负责路政管理工作。1991年11月,由公安科和公安派出所负责的路政管理工作移交给辽宁省高速公路管理局工程科和管理所工程股。1993年,路政工作重新归口辽宁省高速公路管理局公安科管理,各管理所工程股承担的路政管理工作移交给路政股。2004年5月,辽宁省高速公路管理局路政稽查处负责路政管理工作。

2004年6月,《辽宁省人民政府办公厅关于公布省本级实施行政许可主体和行政许可项目的通知》(辽政办发〔2004〕59号)授权辽宁省高速公路管理局保留三项行政许可项目,一是高速公路、高速公路用地、高速公路建筑控制区内占用、挖掘、使用行为许可,二是对确需行驶高速公路的超限运输车辆的审批,三是在高速公路用地范围内设置公路标志以外的其他标志审批。

2012年1月,辽宁省交通厅《关于公布全省交通行政执法主体首批确认名单的通知》(辽交政法发〔2012〕4号)公布新的交通行政执法主体名单,第395位为辽宁省高速公路管理局。

2015年8月,辽宁省政府发布《辽宁省人民政府关于公布省政府工作部门权责清单的通知》(辽政发〔2015〕28号),辽宁省高速公路管理局对照省政府《新一批拟取消下放和调整的行政审批等职权事项目录确认表》所列内容,梳理完成行政权力和责任清单。

依据省人民政府关于事业单位体制改革的相关要求,按照《关于调整省交通厅所属部分事业单位有关机构编制事项的批复》(辽编办发〔2016〕26号),原辽宁省高速公路管理局更名为辽宁省高速公路路政管理局,2016年8月8日正式成立,主要负责全省高速公路路政管理相关工作。

1. 路产路权管理

路产管理是对高速公路的主体工程、交通工程设施和各种辅助设施以及公路用地等的保护管理。路权管理是对路产所有权、经营权的维护管理。

1986年9月,辽宁省交通厅发布《沈大公路管理使用暂行办法》(以下简称《办法》),规定了路政执法范围。《办法》明确了禁止危及高速公路及其设施安全的行为,主要有:禁止在公路和公路用地上搭棚建房、砌墙夹障、摆摊售货、设置集市、打场晒粮、堆放杂物、倾倒垃圾、开沟引水、种植作物、放养禽畜、筑埂叠坝、挖土制坯、开山采石、沤粪积肥、埋设管线和电标、利用边沟灌溉、排水及其他有碍公路稳定、安全畅通的行为;禁止履带车和铁轮车在公路路面上行驶;禁止在大中型桥梁和渡口的上、下游各200m内采挖沙石、筑坝拦水、缩窄或扩宽河床、进行水下爆破、倾倒残土垃圾;禁止在距立交桥100m范围内挖土和在200m范围内开山采石;禁止砍盗伐和破坏公路树木、花草。同时,明确了需要办理行政许可审批手续的行为,主要有:农用履带拖拉机需要跨越公路时;重型车辆超过公路及桥梁承载标准时;利用桥涵加设闸门、渡槽、管线。跨(穿)越沈大公路修建铁路、公路、渡槽和增设道口或因特殊情况必须占用、利用公路和公路用地时,应征得沈大公路管理处同意,并签订协议。属临时性的,由沈大公路管理处批准;属永久性的,由辽宁省交通厅批准。临时性占用按规定收取占用费,损坏的,由建设单位负责修复或补偿。当公路树木与其他部门设施发生干扰时,应由双方单位进行协商后方可处理。如未经沈大公路管理处同意,擅自处理者应负责赔偿损失。《沈大公路管理使用暂行办法》还明确了对违反有关规定或对公路设施造成损坏的赔罚标准,对维护路产有成绩的给予荣誉或物质奖励的标准;明确了赔罚款的使用原则:罚没款上缴财政,赔款由沈大公路管理部门使用,70%用作恢复路产费用,30%用作路政宣传、路政车辆维修及奖励费用。

1989年7月,辽宁省政府发布《辽宁省高速公路管理办法》。1990年1月,制定《辽宁省高速公路路产侵占损坏赔偿计价收费规定》,明确各种侵占和损坏高速公路路产的具体赔偿金额,这是辽宁省首次颁布的高速公路路产赔(补)偿标准。

1994年2月,省公安厅、省交通厅在《关于高等级公路交通安全实行公安属地化管理问题的协商会议纪要》中明确,交警部门和公路部门共同负责事故现场清理、故障车辆及其他路障的排除。当交通事故导致路产损坏时,交警部门应及时通知公路部门出现场,由公路部门按规定提出路产赔偿金额,待路产处理完毕,由交警部门放行车辆和结案。公路部门对只造成路产损失、未造成人员伤亡和其他车辆损失的肇事车辆可暂扣行车证,并及时移送交警部门处理。

同年3月,省政府在《关于进一步加强公路路政管理的意见》中首次明确,在高速公路上的立交、匝道、收费口,也应按不得在高速公路两侧边沟外50m内修建永久性工程设施的规定办理。

同年9月颁布实施《辽宁省高速公路管理条例》(以下简称《条例》),规定了路政执法范围,明确了禁止危及高速公路及其设施安全的9种行为和需要办理行政许可审批手续的占(利)用高速公路及其设施、跨(穿)越高速公路的行为;综合考虑高速公路发展需要,确定了高速公路两侧50m的建筑控制区范围;在广告的管理上,规定未经高速公路管理部门许可,任何单位和个人不得在高速公路用地及收费站等设施上设置标志牌、广告牌、张贴标语和宣传物品,同时严禁在桥梁(含跨线桥)上设置标志牌、广告牌。

同年12月,在《关于对违章侵占、损坏高速公路及其设施罚款的通知》中,明确了对侵占、损坏高速公路及其设施的违章行为实施罚款的程序和标准。

2015年7月30日,辽宁省第十二届人民代表大会常务委员会第二十次会议60位委员一次全票通过关于修改《条例》的决定,同日,省人大以《辽宁省人民代表大会常务委员会公告(第32号)》在门户网站对外公布。此次《条例》修正后,增加了禁止违规烧荒、违法停车、逃缴通行费、强行闯口、堵塞车道等保障高速公路安全运行的规定。

2. 超限运输管理

辽宁省高速公路治理超限运输工作于2003年8月22日正式启动。共投资5550万元建成131个超限检测站,组建了近1300人的专职治理超限队伍。

整治的重点是通行辽宁省高速公路超过轴载限值标准50%以上的严重超限运输车辆。对超过50%以上的严重超限车辆,由所在市公路部门负责组织引导到指定地点自行卸载。处罚标准以超限程度和里程作为参数,对轴载超过交通部2000年发布的《超限运输车辆行驶公路管理规定》中的限定标准50%以上的车辆进行处罚。处罚基数为1000元,轴载超限50%~80%的,每公里加罚1元;轴载超限80%~100%的,每公里加罚5元;轴载超限100%~200%的,每公里加罚10元;轴载超限200%以上的,每公里加罚50元。

2004年6月,辽宁省交通厅、公安厅等10个部门联合下发《关于贯彻〈关于在全国开展车辆超限超载治理工作的实施方案〉的实施意见》。高速公路管理部门按照"统一口径、统一标准、统一行动"的要求,在已设的超限检测站点会同公安机关共同执法。主要对5种情形的车辆认定和纠正:①二轴车辆,其车货总质量超过20t的;②三轴车辆,其车货总质量超过30t的(双联轴按照两轴计算,三联轴按照三轴计算,下同);③四轴车辆,其车货总质量超过40t的;④五轴车辆,其车货总质量超过50t的;⑤六轴及六轴以上车辆,其车货总质量超过55t的;不可解体的大件运输车辆和多轴(七轴以上,含七轴)特种运输车辆按照交通部有关规定审批。在实施卸载、处罚并纠正违法行为后,要在开具的法律文书上记载车号、时间及卸载所载货物的名称和保全价值,当事人应签字确认。

在治理超限超载车辆过程中,采用称重、劝返、指定收费站下道和处罚的方法。对于车辆第一次超限超载且能主动卸载的,以教育为主,不予罚款,不收取公路补偿费,但在车主道路运输证附页上进行超限超载违章登记,并将车辆所属运输企业的情况抄告当地公安机关交通管理部门。对于车辆超限超载2次以上(含2次)的,除实施卸载和登记外,省高速公路管理局按照《中华人民共和国公路法》的规定,对单车处以每次1000元的罚款,并将超限超载车辆所属运输企业等情况抄告运管部门,按照有关规定予以处理。

2005年7月,辽宁省交通厅根据2005年3月国家七部委和中宣部印发的《关于印发2005年全国治超工作要点的通知》和2005年6月国务院办公厅印发的《关于加强车辆超限超载治理工作的通知》,下发了《关于印发辽宁省交通厅严厉打击车辆超限超载实施方案的通知》,制定了《辽宁省高速公路治超工作严管重罚阶段实施方案》,指导全省严管重罚阶段的治超工作。7月10日9时起,全省高速公路治理超限工作统一从集中治理阶段转为严管重罚阶段。继续坚持称重、劝返卸载、指定收费站下道与处罚相结合的治理工作方针,并制定了超限车辆处罚标准:

(1)对检测出的超限车辆,除责令其自行卸载外,对单车按以下比例处罚。超限比例在30%(含30%)以内的,处以5000元罚款;超限比例在30%~50%(含50%)的,处以1万元罚款;超限比例在50%~100%(含100%)的,处以2万元罚款;超限比例超过100%的,处以3万元罚款。

（2）对采取倒卡、倒货、冲关闯口、威逼利诱执法人员等手段进行恶意严重超限运输的车辆，一经查实，一律处以3万元罚款。

（3）对公路造成较大损害、当场不能处理的车辆，依据《中华人民共和国公路法》第八十五条第二款的规定，签发《责令车辆停驶通知书》，责令该车辆停驶并停放在指定场所；调查、处理完毕后，应当立即放行车辆，有关费用由车辆所有人或使用人承担。

（4）在万家、毛家店收费站对检测出的超限车辆，直接按新处罚标准进行处罚，发放带有特殊标识的通行卡，同时指定其在前方收费站（前卫和双庙子收费站）下道。对于未按《超限车辆通知书》的规定指定下道的超限车辆，在出口收费站按新标准进行二次处罚。

同时，省治理超限办公室进一步细化了超限比例在30%以内的车辆处罚标准，对超限比例在5%（含5%）以内的车辆，对其进行劝返卸载或指定前方收费站下道卸载。对未按规定卸载，重复在检测站进行检测的和未在指定前方收费站下道卸载继续行驶的超限车辆，对单车处以1000元罚款；超限比例在5%~10%（含10%）的，对单车处以每次1000元的罚款；超限比例在10%~20%（含20%）的，罚款2000元；超限比例在20%~30%（含30%）的，罚款5000元。以上车辆在接受处罚后，必须按规定进行卸载、劝返或指定收费站下道。

2008年1月，辽宁省治理车辆超限超载办公室下发了《关于辽宁省高速公路施行计重收费后超限车辆认定和处罚标准的通知》，省高速公路管理部门下发了《辽宁省高速公路车辆超限长效治理实施意见》，建立了经济调节和行政处罚相结合的治超机制，全省高速公路治理超限运输转入长效治理阶段。同时制定了长效治理阶段高速公路超限车辆认定标准和处罚标准。

认定标准：根据《道路车辆外廓尺寸、轴荷及质量限值》（GB 1589—2004）规定的车辆允许总质量最大限值的认定标准，2轴货车17t；3轴货车27t；4轴货车35t；5轴货车43t；6轴及以上货车49t。同时，严格限制车货总质量超过55t的非法超限运输车辆进入高速公路。

处罚标准：

（1）对于超过认定标准的超限运输车辆，高速公路路政管理部门责令其卸载，并按以下标准处罚：①对于车货总质量超限50%以下的车辆，以经济手段治超为主；对于车货总质量超限50%（含50%）以上的车辆（轴荷超过13t），采取经济调节和行政治超手段相结合的方式，在收取通行费后还要予以行政处罚，处罚基数为1000元，在此基础上，每超限100kg再加罚100元。对车货总质量超限100%以上（含100%）的车辆，处以最高上限30000元的罚款。②对采取倒卡、倒牌、倒货、非正常方式检测、冲关闯口、威逼利诱执法人员等手段进行超限运输的车辆，一经查实，车货总质量超限在50%（不含50%）以内的，处以5000元以下罚款；车货总质量超限50%以上（含50%）的处罚基数为5000元，在此基础上,每超限 100kg 再加罚 100 元。情节严重的车辆直接处以 30000 元罚款。③对运输不可解体货物的车辆擅自行驶高速公路,超过辽宁省高速公路超限运输许可规定的限高、限长、限宽标准的,处以 1000 元以上 3000 元以下罚款;情节严重的,处以 30000 元以下罚款。并由路政管理部门责令当事人按照规定补办审批手续。④对运输不可解体货物的车辆未按照超限运输通行证行驶高速公路的,由路政管理部门责令其改正,并处以 1000 元以上 5000 元以下的罚款。⑤对伪造、涂改、租借、转让超限运输通行证的,由路政管理部门予以收缴,并处以 1000 元以上 5000 元以下的罚款;构成违法超限运输的,按照超限比例一并处罚款。

(2)对超过认定标准的车辆,收费站的工作人员应当告知车主就近到停车场、卸(驳)载场自行卸(驳)载;对严重超过限载标准的,应当及时通知路政管理部门处理。路政管理部门接到相关信息后,应当采取措施禁止严重违法超限运输车辆继续行驶高速公路。

(3)有下列行为之一的,路政管理部门可以中止车辆运行,出具《责令车辆停驶通知书》,责令车辆停放到指定场所:①拒绝接受车辆超限检查、检测的;②违法超限运输状态未消除的;③对高速公路造成损害并拒绝赔偿的。被中止运行的车辆应当接受处理,停车等有关费用由当事人承担。处理完毕后,路政部门应及时放行车辆。

(4)超限运输车辆对高速公路造成损坏的,当事人应当按照高速公路赔(补)偿标准给予赔(补)偿。因超限运输造成高速公路损坏并导致严重后果,构成犯罪的,由司法机关依法追究刑事责任。

2008—2014 年底,累计处罚超过轴载限值标准 50% 以上的严重超限运输车辆 44723 台,行驶于辽宁高速公路的超限运输车辆得到有效遏制,保护了道路与桥梁的安全。

2015 年 4 月 21 日,辽宁省高速公路管理局与省公安厅交通安全管理局联合下发了《关于规范高速公路不可解体超限运输审批和监管工作的通知》(辽高管路发〔2015〕57 号),建立了不可解体超限运输信息备案制、护送申请制、通行监管制等内容,进一步完善了不可解体超限运输审批和监管工作。

依据交通运输部办公厅和公安部办公厅印发的《整治公路货车违法超限超载行为专项行动方案》相关要求,2016 年 9 月 21 日起,省开展"联合整治公路货车超限超载违法行为"专项行动,专项整治活动为期一年。专项整治活动要求统一执法标准,加强道路联合执法。严格按照《汽车、挂车及汽车列车外廓尺寸、轴荷及质量限值》(GB 1589—2016)规定的最大允许总质量限值,统一车辆限载标准。取消车货总质量超过 55t、平均轴载超过 10t 和载货超过车辆出厂标记载质量的超限超载认定标准;实行高速公路入口检测管理,禁止超限超载车辆进入高速公路行驶。省治超办完成了《关于进一步加强货车非法改装和超限超载治理工作的通告》《关于进一步做好货车非法改装和超限超载治理工作实施意见》《辽宁省整治公路货车超限超载违法行为专项行动方案》等文件的制定工作,辽宁省高速公路管理局联合省公安厅交通安全管理局制定了《全省高速公路货车超限超载治理工作实施意见》（辽高管路政发〔2016〕28号），会同公安部门健全完善道路联合执法协作机制，以超限检测站点为依托，开展联合执法，并推动联合执法常态化。

3. 行政许可审批

1995年10月，辽宁省交通厅规定，辽宁省高速公路管理局沿线各管理所具有行政处罚权。

根据《辽宁省人民政府办公厅公布省本级实施行政许可主体和行政许可项目的通知》，辽宁省高速公路管理局被赋予以下行政许可职能：①高速公路、高速公路用地和高速公路建筑控制区的占用、挖掘、使用的许可；②对确需行驶高速公路的超限运输车辆的审批；③在高速公路控制区范围内，设置公路标志以外其他标志的许可。

2005年，制定跨（穿）越高速公路行政许可实施细则和施工管理规定等一系列制度，完善了行政许可审批和监督管理机制。

到2010年底，全省共设置17个行政许可审批点，覆盖到14个省辖市和省界收费站，进一步方便了运输业户办理大件车行政许可手续，提高了大件车通行效率。依托省交通厅门户网站，试运行行政许可项目网上受理审批，行政许可服务手段更加丰富完善。

2013年，建设完成交通厅行政审批大厅，实现网上审批。规范基层执法场所建设，成立基层行政办事厅23处，为路人提供"一站式"便捷服务。全年共办理跨（穿）越及非公路标志、大件运输许可3.6万件。2014年，办理行政许可、大件运输许可、临时占道施工手续3.2万件。

2015年12月19日，按照国务院《关于规范行政审批行为改进行政审批有关工作的通知》（国发〔2015〕6号）的要求，辽宁省高速公路管理局选派首批路政管理员1名进驻省政府行政审批大厅承担窗口受理、业务咨询和解答工作；依据省政府办公厅关于持续推进"互联网＋政务服务"相关要求，将辽宁省高速公路管理局自建的辽宁省高速公路路政管理信息系统全部接入省网审批平台进行在线审批，自建审批系统与省政务服务审批大厅审批系统的数据交互工作完全满足省网审批平台的所有技术要求和数据交换要求。

第二节 公路建设与精神文明

一、精神文明创建

在沈大公路建设之初，省总指挥部就提出不但要建设一条高水平的公路，而且要锻炼一支能打硬仗的队伍，培育一种时代精神，做到建路育人，育人建路。三十多年来，广大高速公路建设者始终坚持"两个文明"一起抓,充分发扬"团结拼搏、艰苦奋斗、从严求实、争创一流"的"沈大精神",牢固树立建设"一流的设计,一流的施工,一流的管理,一流的质量,一流的环境"精品工程的建设目标,通过开展文明施工、文明管理、文明监理、文明工地和技术比武、岗位练兵等多项创建活动,培养造就了一支"思想好、作风硬、素质高"和"特别能吃苦、特别能忍耐、特别能战斗"的干部职工队伍,在辽宁省高速公路建设中取得了辉煌成就,赢得了多项殊荣。如1992年11月沈大高速公路建设工程(1984—1990年)被国家科技进步评审委员会评为国家科技进步一等奖;1992年沈大高速公路军用机场跑道获国家科技进步三等奖、中国人民解放军科技进步一等奖;2001年交通部下发《关于表彰1999—2001全国公路建设质量年活动优秀项目、优秀单位的决定》表彰京沈高速公路沈阳至山海关段为优秀项目、辽宁省高等级公路建设局为优秀项目法人;2003年交通部下发《关于公布2002年公路工程"三优"评选结果的通知》,公布京沈高速公路绥中(山海关)至沈阳工程被评选为一等奖、辽宁省高等级公路建设局被评选为获奖单位;同年京沈高速公路绥中至沈阳段公路工程被中国土木工程学会评为第三届中国土木工程詹天佑奖;2005年沈阳至大连高速公路改扩建工程被交通部授予全国交通建设十佳优质管理项目荣誉称号;2006年沈阳至大连高速公路改扩建工程被称为全国交通系统设施建设廉洁工程项目;2007年沈阳至大连高速公路改扩建工程荣获第七届中国土木工程詹天佑奖;2008年沈阳至大连高速公路改扩建工程荣获2008年度国家优质工程金质奖;2009年沈阳至大连高速公路改扩建工程荣获新中国成立60周年百项重大经典建设工程荣誉称号。

二、获得荣誉

(一)科技进步奖

1992年11月,沈大高速公路建设(1984—1990年)被国家科技进步奖评审委员会评为国家科技进步一等奖。获奖者有曹右元、韩忠顺、沈君墀、孙炜士、孙奎增、孙秋玉、翁昌年、周唯一、刘锡武、刘广江、杨有辉、蒋新生、郭昌惠、张炳惠、陈志淳。

1992年,沈大高速公路军用机场跑道获国家科技进步三等奖、中国人民解放军科技进步一等奖。

(二)优质工程奖

1. 国家级奖项

2003年11月,中国土木工程学会《关于颁发第三届詹天佑土木工程大奖的决定》,公布京沈高速公路绥中至沈阳段公路工程被评为第三届中国土木工程詹天佑奖。

2008年2月，中国土木工程学会《关于颁发第七届中国土木工程詹天佑奖的决定》，公布沈阳至大连高速公路改扩建工程获得第七届中国土木工程詹天佑奖。

2008年，国家工程建设质量奖审定委员会《关于表彰2008年度国家优质工程的决定》，决定沈阳至大连高速公路改扩建工程荣获2008年度国家优质工程金质奖。

2009年，沈阳至大连高速公路改扩建工程荣获新中国成立60周年百项重大经典建设工程荣誉称号。

2016年，中国建筑业协会《关于公布2016—2017年度第一批中国建设工程鲁班奖(国家优质工程)入选工程名单的通知》，公布建昌至兴城高速公路被评为2016—2017年度第一批中国建设工程鲁班奖(国家优质工程)。

2. 交通部奖项

1990年2月，交通部公布第一次全国公路工程"三优"项目，沈大高速公路沈阳至营口段获优秀设计和优质工程一等奖。

2001年，交通部《关于表彰1999—2001全国公路建设质量年活动优秀项目、优秀单位的决定》，表彰京沈高速公路沈阳至山海关段为优秀项目、辽宁省高等级公路建设局为优秀项目法人。

2003年2月，交通部《关于公布2002年公路工程"三优"评选结果的通知》，公布的获奖项目及获奖单位中京沈高速公路绥中(山海关)至沈阳为一等奖、辽宁省高等级公路建设局为获奖单位。

2005年12月，交通部《关于表彰全国交通行业文明创建工作先进集体和个人的决定》，授予沈阳至大连高速公路改扩建工程全国交通建设十佳优质管理项目荣誉称号。

2009年1月，中国公路建设行业协会《关于2008年度公路交通优质工程奖评选结果的通知》，评选沈大公路改扩建工程荣获2008年度公路交通优质工程一等奖。

2014年，交通运输部、国家安全生产监督管理总局联合将建昌至兴城高速公路项目评为2013年度公路水运建设"平安工程"。

3. 省级奖项

1988年，沈大高速公路沈鞍段路面工程浑河东桥、西桥、太子河东桥、西桥、北砂河西桥、南砂河东桥、宁官立交桥、周水子立交桥，被评为省优质工程。

1989年，沈大高速公路鞍山至营口段，被评为1998年省优质工程。

1990年2月，《辽宁日报》公布1989年省优质工程22项，其中沈大公路3项：沈大公路营口鲅鱼圈路面、沈大公路后盐至宫家路面、营大互通式立交。

1999年12月，"沈大高速公路环境现状分析与污染防治对策研究"荣获辽宁省政府科技进步二等奖。

2000年10月20日,"沈山高速公路绿化研究"荣获辽宁省政府科技进步二等奖。

(三)先进集体、文明单位和先进个人

1. 国家级奖项

1997年5月,辽宁省高速公路管理局沈阳管理所被团中央、交通部授予"青年文明号"荣誉称号。

1998年3月12日,辽宁省高速公路管理局在全国部门造林绿化工作中被全国绿化委员会授予"400佳单位"荣誉称号。

2005年3月9日,辽宁省高速公路管理局辽中管理处沈阳西收费站被全国妇联授予"全国巾帼文明岗"荣誉称号。

2005年3月15日,辽宁省高速公路管理局桃仙管理处被人事部、交通部授予"全国交通系统先进集体"荣誉称号。

2005年10月8日,辽宁省高速公路管理局被全国文明委授予"全国精神文明单位"荣誉称号。

2005年12月1日,辽宁省高速公路管理局沈阳收费站被交通部授予"全国交通系统文明示范窗口"荣誉称号。

2005年12月13日,辽宁省高速公路管理局团委被团中央授予"全国五四红旗团委"荣誉称号。

2006年12月20日,辽宁省高速公路管理局桃仙管理处沈阳收费站被团中央授予"全国五四红旗团支部"荣誉称号。

2007年3月3日,辽宁省高速公路管理局鲅鱼圈、丹东收费站被交通部授予"全国交通行业巾帼文明岗"荣誉称号。

2007年12月10日,辽宁省高速公路管理局桃仙管理处桃仙收费站被交通部授予"全国交通行业文明示范窗口"荣誉称号。

2008年,辽宁省高等级公路建设局被全国总工会授予"全国五一劳动奖状"。

2008年4月29日,辽宁省高速公路管理局苏家屯、鲅鱼圈、丹东收费站被全国妇联、奥组委授予"全国巾帼文明岗"荣誉称号。

2009年2月14日,辽宁省高速公路管理局铁岭管理处、营口管理处鲅鱼圈收费站、丹东管理处丹东收费站被全国妇女巾帼建功活动领导小组授予"全国巾帼文明岗"荣誉称号。

2009年4月28日,辽宁省高速公路管理局桃仙管理处沈阳收费站、营口管理处鲅鱼圈收费站、铁岭管理处铁岭收费站被全国总工会授予"全国工人先锋号"荣誉称号。

2009年12月9日,辽宁省高速公路管理局营口管理处被交通运输部授予"全国交通运输系统先进集体"荣誉称号。

2010年9月13日,辽宁省高速公路管理局沈阳西收费站被交通运输部授予"全国交通运输行业文明示范窗口"荣誉称号。

2011年3月7日,辽宁省高速公路管理局盘锦管理处盘锦收费站被全国妇联授予"全国巾帼文明岗"荣誉称号。

2011年4月5日,辽宁省高速公路管理局铁岭管理处开原收费站被全国总工会授予"全国工人先锋号"荣誉称号。

2011年11月1日,辽宁省高速公路管理局被交通运输部授予"2010年度公路交通阻断信息报送工作先进单位"荣誉称号。

2012年1月11日,辽宁省高速公路管理局丹东管理处被交通运输部授予"2011年全国交通运输行政执法评议考核优秀单位"荣誉称号。

2013年6月8日,辽宁省高速公路管理局国有资产处被交通运输部授予"2011至2012年度全国交通运输行业节能减排先进集体"荣誉称号。

2016年1月6日,辽宁省高速公路管理局被全国总工会授予"全国模范职工之家"荣誉称号。

2016年2月6日,沈大高速公路、辽宁省高速公路管理局大连收费站被团中央授予国家级"青年文明号"荣誉称号。

2016年4月25日,辽宁省高速公路管理局阜新管理处阜新收费站被全国总工会授予"全国工人先锋号"荣誉称号。

2. 省级奖项

(1)先进集体、文明单位

1990年12月,省委省政府召开"沈大高速公路庆功表彰大会",表扬了12家先进施工单位,同时表彰鞍钢、本钢、辽河油田等11家单位,授予孙炜士、曹右元、汪林、李树棉、孙秋玉、邵德贵、刘英海、王兆臣8名同志为"筑路功臣",同时通报表扬了交通厅为沈大高速公路建设做出的突出贡献。

1993年3月2日,辽宁省高速公路管理局沈阳管理所被省委和省政府联合命名为"辽宁省学雷锋先进集体"。

1995年9月27日,辽宁省高速公路管理局被省委、省政府授予"抗洪救灾先进单位"荣誉称号。

1996年4月28日,辽宁省高速公路管理局被省总工会评为"五一奖状先进创业单位"荣誉称号。

1998年3月22日,辽宁省高速公路管理局被省直机关工作委员会授予辽宁省直属机关"十大优质服务窗口"荣誉称号。

1999年5月11日,辽宁省高速公路管理局本溪管理处、瓦房店管理处被省交通厅、团省委授予1997—1998年度辽宁省交通系统"青年文明号"荣誉称号。

2002年6月1日,辽宁省高速公路管理局被省委、省政府授予"文明单位标兵"荣誉称号。

2002年8月,辽宁省政府印发《关于表彰全省公路建设先进集体和先进个人的决定》(辽政发〔2002〕47号),辽宁省交通厅、辽宁省高等级公路建设局等50个集体被授予全省公路建设先进集体称号,辽宁省高等级公路建设局局长郎庆周等20名同志被授予全省公路建设功臣称号,丹本高速公路项目指挥部前线指挥刘长辉等50名同志被授予"全省公路建设先进工作者称号"。

2002年9月6日,交通部、国家统计局授予辽宁省高速公路管理局普查办公室"第二次全国公路普查先进集体"荣誉称号。

2003年3月7日,辽宁省高速公路管理局桃仙管理处桃仙收费站、本溪管理处本溪收费站被省妇女联合会、省交通厅联合授予"辽宁省巾帼文明示范岗"荣誉称号。

2003年10月交通部《关于表彰交通行业环境保护工作先进集体和先进个人的通知》,表彰辽宁省高等级公路建设局丹本项目指挥部为交通环境保护工作先进集体。

2004年4月20日,辽宁省高速公路管理局团委、青工委被省直属机关工委授予"2003年度青年工作者先进单位"荣誉称号。

2004年4月29日,辽宁省高速公路管理局团委被团省委授予"辽宁省五四红旗团委"荣誉称号。

2004年8月30日,辽宁省高速公路管理局辽中管理处沈阳西收费站等5个管理处的5个收费站、局机关养护处工程科、兴城管理处路政稽查科、实业总公司万家服务区被团省委、省交通厅联合授予2003年度辽宁省"青年文明号"荣誉称号;同时,继续认定辽宁省高速公路管理局本溪管理处本溪收费站等5个收费站、实业发展总公司凌海分公司辽宁省"青年文明号"荣誉称号。

2005年3月18日,辽宁省高速公路管理局桃仙管理处沈阳收费站被省总工会授予辽宁省"五一劳动奖章""女职工十佳模范岗"荣誉称号。

2005年4月27日,辽宁省高速公路管理局大洼管理处被团省委授予"辽宁省红旗团支部"称号。

2005年10月19日,辽宁省高速公路管理局被省政府授予"抗洪救灾先进集体"荣誉称号。

2005年10月27日,辽宁省高速公路管理局盘锦管理处盘锦西收费站等7个收费站和实业发展总公司兴城服务区被团省委授予"青年文明号"荣誉称号。

2006年7月20日,省交通厅、团省委授予辽宁省高速公路管理局大连管理处大连收费站等5个单位、实业发展总公司甘泉服务区、西海服务区2005年度辽宁省交通系统省级"青年文明号"荣誉称号。继续认定桃仙管理处等3个管理处、大洼管理处盘锦西收费站等17个收费站、养护维修管理处工程科、兴城管理处路政稽查科、实业发展总公司兴城服务区等3个服务区辽宁省交通系统省级"青年文明号"荣誉称号。

2006年,沈阳至大连高速公路改扩建工程获得全国交通系统设施建设廉洁工程项目。

2007年,辽宁省高等级公路建设局被省总工会授予辽宁省"五一劳动奖章"。

2007年,辽宁省高等级公路建设局被省委省政府授予2005—2006年度辽宁省文明单位。

2007年7月2日,辽宁省高速公路管理局苏家屯、营口、瓦房店、三十里堡、台安、朝阳南等收费站被团省委、交通厅授予省级"青年文明号"。

2007年12月20日,辽宁省高速公路管理局团委被团省委评为"青年文明号活动优秀组织单位"荣誉称号。

2009年2月26日,辽宁省高速公路管理局东陵管理处抚顺西收费站被省精神文明委授予省级"雷锋号"荣誉称号。

2009年9月21日,辽宁省高速公路管理局丹东管理处丹东西收费站、营口管理处大盘收费站、盘锦管理处高升收费站、锦州管理处锦州收费站、铁岭管理处开原收费站被团省委授予省级"青年文明号"荣誉称号。

2009年,辽宁省高等级公路建设局被省委省政府授予2007—2008年度辽宁省文明单位。

2010年3月12日,辽宁省高速公路管理局盘锦收费站被省总工会授予"辽宁省先进女职工组织"荣誉称号。

2010年9月21日,省政府发布《辽宁省人民政府关于表彰成功扑救大连"7·16"大火做出突出贡献先进集体和先进个人的决定》(辽政发〔2010〕30号),本溪管理处消防队荣立集体三等功,路政科长彭程、消防队员王育荣立个人三等功。

2012年,辽宁省高等级公路建设局被省委省政府授予2010—2011年度辽宁省文明单位标兵。

2012年4月5日,辽宁省高速公路管理局东陵管理处被省委、省政府命名表彰为2010—2011年度省级文明单位。

2013年2月26日,辽宁省高速公路管理局被辽宁省精神文明建设指导委员会授予"辽宁省学雷锋学郭明义先进集体"荣誉称号。

2013年11月29日,辽宁省高速公路管理局阜新管理处阜新收费站被省直机关精神文明建设指导委员会授予"省直机关文明服务窗口"荣誉称号。

2014年1月3日,辽宁省高速公路管理局东陵管理处南口前收费站被团省委、省交通运输厅授予省级"青年文明号"荣誉称号。

2014年2月3日,辽宁省高速公路管理局东陵管理处抚顺东收费站被团省委授予省级"青年文明号"示范集体。

2014年3月6日,辽宁省高速公路管理局桃仙管理处沈阳收费站被辽宁省妇女联合会评为"辽宁省巾帼文明岗"荣誉称号。

2014年4月25日,辽宁省高速公路管理局阜新管理处阜新收费站被省总工会授予"省级工人先锋号"荣誉称号。

2014年4月28日,辽宁省高速公路管理局桃仙管理处桃仙收费站杨虹班组被省总工会评为"辽宁省优秀班组"荣誉称号。

2015年,辽宁省交通规划设计院被交通运输部授予全国交通运输系统先进集体。

2015年4月23日,辽宁省高速公路管理局丹东管理处被人力资源和社会保障部、交通运输部授予"全国交通运输系统先进集体"荣誉称号。

2015年4月23日,辽宁省高速公路管理局丹东管理处被辽宁省精神文明建设指导委员会办公室授予"全省文明单位"荣誉称号。

2016年1月26日,辽宁省高速公路管理局团委被团省委授予"全省共青团助力经济稳增长活动优秀青年集体"荣誉称号。

2016年3月3日,辽宁省高速公路管理局阜新管理处阜新收费站被省妇联授予"巾帼文明岗"荣誉称号。

2016年3月7日,沈吉高速公路、辽宁省高速公路管理局营口管理处熊岳西收费站、本溪管理处本溪收费站、大庄管理处普兰店收费站、宽甸管理处宽甸收费站、桓仁管理处桓仁收费站、鞍山管理处鞍山收费站、朝阳管理处朝阳南收费站被省交通厅、团省委授予辽宁省"青年文明号"荣誉称号。

(2)先进个人

1989年,辽宁省交通厅副厅长孙炜土、辽宁省交通厅公路工程局副局长孙秋玉被交通部授予全国交通系统先进工作者。

1994年,辽宁省交通科学研究院总工程师黄培元被交通部授予全国交通系统先进工作者。

1995年9月27日,辽宁省高速公路管理局王洪军、张启进同志被省政府授予"抗洪救灾先进个人"荣誉称号。

1998年,辽宁省交通勘测设计院院长李伟被交通部授予全国交通系统先进工作者;2003年,被辽宁省政府授予辽宁省劳动模范。

1999年5月11日,辽宁省高速公路管理局刘云峰同志被省交通厅、团省委授予"1997—1998年度辽宁省交通系统青年岗位能手"荣誉称号。

2001年,辽宁省交通规划设计院曲向进被交通部授予全国交通系统先进工作者。

2002年9月6日,辽宁省高速公路管理局秦秀忠、孙和山、于晓梅同志被交通部、国家统计局授予"第二次全国公路普查先进个人"荣誉称号。

2003年3月7日,辽宁省高速公路管理局锦州管理处锦州东收费站站长王双、桃仙管理处桃仙收费站站长董志轩同志被省妇女联合会、省交通厅联合授予"辽宁省巾帼建功标兵"荣誉称号。

2004年4月20日,辽宁省高速公路管理局孔令斌同志被省直机关工委授予"2003年度优秀青年工作者"荣誉称号。

2004年4月29日,辽宁省高速公路管理局单长刚同志被团省委授予"辽宁五四荣誉奖章"。

2005年3月15日,辽宁省高速公路管理局桃仙管理处董志轩同志被人事部、交通部授予"全国交通系统劳动模范"荣誉称号。

2005年,辽宁省高等级公路建设局局长郎庆周同志被人事部、交通部评为全国交通系统先进工作者。

2008年3月26日,辽宁省高速公路管理局李洪涛同志被省春运领导小组授予"2008年省春运工作先进个人"。

2008年10月15日,辽宁省高速公路管理局吴玉清同志被交通运输部授予"全国公路交通情况调查先进个人"荣誉称号。

2009年,辽宁省交通规划设计院路桥三室主任张强被交通部授予全国交通系统劳动模范。

2009年,辽宁省交通科学研究院科研开发中心副主任杨彦海被交通部授予"全国交通系统劳动模范"荣誉称号。

2009年12月9日,辽宁省高速公路管理局葫芦岛管理处万家收费站许江丽同志被交通运输部授予"全国交通运输系统劳动模范"荣誉称号。

2010年5月19日,辽宁省高速公路管理局鲅鱼圈收费站于宽同志被团省委授予2009年度"辽宁省优秀共青团员"荣誉称号。

2015年,辽宁省交通规划设计院党委书记席广恒、辽宁省交通科学研究院总工程师范兴华、辽宁省公路勘测设计公司党委书记、总经理李佳被人力资源和社会保障部、交通运输部评为全国交通运输系统劳动模范。

2015年1月28日,辽宁省高速公路管理局桃仙管理处王艳君同志被交通运输部授予"2012—2013年度全国交通运输行业文明职工标兵"荣誉称号。

2015年4月1日,辽宁省高速公路管理局桃仙管理处韩姝同志被团省委授予辽宁省十佳"最美青工"荣誉称号。

第六章
高速公路运营管理与文化建设

2002年8月,辽宁省政府印发《关于表彰全省公路建设先进集体和先进个人的决定》(辽政发〔2002〕47号)授予省交通厅等50个单位全省公路建设先进集体称号,授予郎庆周等20名同志全省公路建设功臣称号,授予刘长辉等50名同志全省公路建设先进工作者称号,名单如下:

全省公路建设先进集体名单(高速公路25个)

  辽宁省交通厅
  辽宁省高等级公路建设局
  辽宁省交通工程质量监督站
  沈山高速公路项目指挥部
  丹本高速公路项目指挥部
  盘海高速公路项目指挥部
  锦朝高速公路项目指挥部
  锦阜高速公路项目指挥部
  辽宁省交通勘测设计院
  辽宁省路桥建设总公司
  辽宁省路桥建设三公司
  辽宁省交通工程公司
  辽宁第一交通工程监理事务所
  沈阳高速公路工程建设总指挥部
  沈阳高等级公路建设总公司
  沈阳公路工程监理有限责任公司
  中铁第十三工程局第一工程处
  鞍山市高速公路建设指挥部
  丹东市公路工程处
  锦州道桥工程有限责任公司
  中铁十九局集团第三工程有限公司
  朝阳市高速公路建设指挥部
  北京城建集团有限责任公司
  吉林省交通建设集团有限公司
  黑龙江省公路桥梁建设集团有限公司

全省公路建设功臣名单(高速公路10名)

  郎庆周 辽宁省高等级公路建设局局长

石　坚　辽宁省交通工程质量监督站站长
杨雨清　辽宁第一交通工程监理事务所总监理工程师
崔青川　沈山国内段、锦朝高速公路项目指挥部前线指挥
徐祥生　盘海高速公路项目指挥部前线指挥
曲向进　辽宁省交通勘测设计院总工程师
王广山　辽宁省路桥建设三公司总经理
董建中　辽宁省路桥建设二公司平地机手
陈新华　中铁十九局集团第三工程有限公司项目经理
关兴华　中铁第十三工程局集团第一工程处项目经理

全省公路建设先进工作者名单（高速公路 25 名）

刘长辉　丹本高速公路项目指挥部前线指挥
赵云杰　锦阜高速公路项目指挥部前线指挥
刘志明　辽宁省高等级公路建设局总工程师
刘兆元　沈山高速公路国际段项目指挥部前线指挥
李树林　辽宁省高等级公路建设局计划处处长
李庆生　丹本高速公路项目指挥部质量管理工程师
何通海　盘海高速公路项目指挥部项目管理工程师
郝志平　辽宁省交通厅计划处处长
李　伟　辽宁省交通勘测设计院院长
曹继伟　辽宁省交通勘测设计院丹本高速公路设计代表
杨福仁　辽宁省交通工程质量监督站质量监督办主任
高声伟　辽宁省路桥建设三公司项目经理
王世惠　辽宁省交通建筑公司项目经理
李青春　辽宁省交通勘测设计院驰通监理公司总监理工程师
王春雷　辽宁第一交通工程监理事务所总监理工程师
徐　涛　沈阳公路工程监理有限责任公司总监理工程师
刘志禹　沈阳市高速公路工程建设总指挥部副主任
刘福东　沈阳铁路工程建设集团有限公司质检员
王才华　中铁第十三工程局第一工程处项目经理
王占峰　本溪市公路建设集团公司项目经理
高树义　丹东市公路工程处项目经理

王云龙　阜新市高速公路建设指挥部副主任
王晓红　(女)中铁十九局集团第三工程有限公司试验员
罗　敏　沈阳高等级公路建设总公司项目经理
赵尔芳　辽河石油勘探局筑路公司项目经理

第七章
高速公路建设项目

第一节　国家高速公路

一、沈大高速公路

(一)沈阳至大连高速公路

沈阳至大连高速公路(简称"沈大高速公路")(图7-1-1),北起沈阳市铁西区建设大路西端重工街路口,经北李官、宁官、苏家屯、灯塔、辽阳、鞍山、海城、大石桥、盖州、鲅鱼圈、瓦房店、三十里堡、金州、后盐,止于大连市甘井子区周水子,全长375km。根据2004年12月国务院审议通过的《国家高速公路网规划》,沈大高速公路金宝台至金州段342km划入沈阳至海口高速公路,编号为G15。

图7-1-1　1990年建成的沈大高速公路

沈大高速公路纵贯辽东半岛,连接沈阳、辽阳、鞍山、营口、大连五大工业城市,连接大连、营口、鲅鱼圈三大港口和沈阳桃仙、大连周水子两大国际机场以及许多大中型企业,是辽宁省重要经济干线,也是东北地区出海主通道。

沈大高速公路是"七五"时期交通部"两纵两横三个重要路段"国道主骨架规划——同江至三亚公路的重要组成部分,是"七五"期间国家重点建设项目。

1984年5月经国务院批准,国家计委批复沈大公路改扩建工程计划任务书和工程可行性研究报告。1984年11月省计委批复沈大公路改扩建工程初步设计,沈阳至盖县❶(西二台子)、瓦房店窝眼房至大连段300km按一级公路标准建设,中间盖县(西二台子)至瓦房店窝眼房段100km暂不动工。建设工期为1984—1988年,投资概算8.75亿元。1986年2月国家计委批复,沈大公路全线按一级公路标准建设,鞍山(大郑台)至大连(后盐)段全部采用新建西线方案,修建普兰店海湾特大桥。1987年8月省计经委批复沈大一级公路初步设计,建设里程375.5km,建设工期为1984—1990年,初步设计概算16.6亿元。

1987年9月经国家计委和交通部批准,省计经委批复沈大公路沈阳至鞍山、普兰店海湾特大桥至大连高速公路工程可行性研究报告。1987年12月省计经委批复沈大公路南北两头高速公路初步设计,建设里程155km。1988年9月国务院国发〔1988〕64号文件同意沈大公路全线建成高速公路。1991年7月省计经委批复沈大高速公路初步设计投资概算219873万元,其中一级公路投资166000万元,高速化工程投资53873万元。

沈大高速公路采用平原微丘区双向4车道标准,路基宽26m,路面宽4×3.75m,中央分隔带宽3m,两侧应急车道宽2.5m。设计行车速度120km/h。桥梁设计荷载汽车—超20级、挂车—120,并用450t平板车特级荷载验算,通行净高6.1m。

路面厚70cm,其中上面层为4cm中粒式沥青混凝土,中面层为5cm粗粒式沥青混凝土,下面层为6cm沥青碎石;路面基层为20cm路拌4%水泥稳定砂砾,底基层为35cm天然砂砾或矿渣。

主要工程量:路基土石方3500万 m^3,沥青混凝土路面930万 m^3;特大桥1座1206延米,大桥17座3893延米,中桥55座3169延米,小桥346座4634延米,涵洞704道,公铁立交4座,跨线桥75座(不含互通式立交跨线桥,下同);互通式立交26处;管理所7个,收费站25个,服务区6处,停车场6处;高速公路管理控制中心1个,微波通信站13处;沈阳至鞍山辅道98km;军用飞机跑道1处(长2800m、宽50m)。

1986年10月建成沈阳至鞍山段98km一级公路;1988年10月25日沈阳至鞍山、大连至三十里堡段131km建成高速公路;1989年8月31日鞍山(腾鳌堡)至营口(鲅鱼圈)段108km建成高速公路;1989年9月沈大高速公路军用飞机跑道建成试飞(图7-1-2);

---

❶ 现盖州市。

1990年8月20日营口(鲅鱼圈)至大连(三十里堡)段119km建成高速公路。

图7-1-2　1989年9月战斗机在已建成的飞机跑道试飞

工程于1984年6月27日开工,1990年8月20日竣工,工期6年2个月。

工程总投资219873万元,其中交通部补助44200万元,地方基建预算内投资160万元,省财政拨款6080万元,交通部委托借款3900万元,招商银行贷款14000万元,省财力拨改贷款3000万元,省公路养路费投资148533万元。平均每公里造价586万元。

耗用主要材料:钢材10万t、水泥60万t、木材5.7万m^3、沥青14万t、柴油3.6万t。

沈大高速公路由辽宁省沈大公路改扩建工程总指挥部组织建设,项目主管部门为辽宁省交通厅,项目负责人为省交通厅副厅长孙炜士,技术负责人为省交通厅总工程师曹右元。沿线沈阳、辽阳、鞍山、营口、大连市按省政府部署成立市分指挥部,主要负责辖区内征地动迁、地方协调和路基、中小桥涵施工。

工程设计单位:辽宁省交通勘测设计院,辽宁省交通科学研究所等单位参与部分项目设计。主要施工单位:辽宁省交通厅公路工程局、沈阳市公路工程公司、大连市公路工程公司、铁道部第十三工程局、交通部第一航务工程局三公司等。工程监理由省总指挥部办公室工程监理处及沈阳、大连、鞍山、营口、辽阳市分指挥部工程监理科承担。

1992年7月沈大高速公路工程通过国家验收,工程质量优良。1992年11月沈大高速公路建设被评为国家科学技术进步一等奖。同年,沈大高速公路军用飞机跑道工程被评为中国人民解放军科学技术进步一等奖。1993年9月沈大高速公路被交通部评为全国十大公路工程。

沈大高速公路是以地方自筹资金为主的"七五"期间国家重点工程。省政府制定了

"政治动员、行政干预、经济补偿、各方支持"的十六字建设方针,动员全省人力、物力、财力支持工程建设。在工程建设中,广大筑路职工发扬"团结拼搏、艰苦奋斗、从严求实、争创一流"的沈大精神,积极推行公路建设管理体制改革,实行多种形式的经济承包责任制,率先在全国开展工程招标;精心组织设计和施工,制定了具有中国特色的高等级公路设计和施工技术规定,全面推行机械化施工,实行工程监理制度,降低成本、缩短工期、保证质量、高速度完成建设任务,为全国高速公路建设提供了宝贵的经验。

(二)沈大高速公路改扩建工程

沈大高速公路改扩建工程(图7-1-3)起自沈阳过境绕城高速公路金宝台枢纽立交,经苏家屯、灯塔、辽阳、鞍山、海城、大石桥、盖州、鲅鱼圈、瓦房店、金州,止于大连后盐收费站,全长348km。

图7-1-3 2004年改扩建后的沈大高速公路

根据2004年12月国务院审议通过的《国家高速公路网规划》,沈大高速公路金宝台枢纽立交至大连金州枢纽立交段342km划入沈海高速公路,公路编号G15;金州枢纽立交至后盐段6km划入鹤大高速公路,公路编号G11。原沈大高速公路北李官至金宝台段10km划入沈阳过境绕城高速公路(G1501);沈阳出口建设大路至北李官段5km改造为沈阳迎宾路;大连后盐至周水子段11km作为国道黑大线大连市过境线。

沈大高速公路1990年全线建成通车,到2000年部分路段已运营15年,进入大修年限。根据辽宁省经济发展的需求及对未来交通量增长预测,省交通厅决定结合公路大修,按8车道标准改扩建沈大高速公路。2001年6月省交通厅完成《沈大高速公路改扩建工程方案》，经省政府同意，报国家审批。2001年7月交通部在沈阳召开技术论证会，邀请国内知名专家从经济合理、技术可行、实施可能等方面对《沈大高速公路改扩建工程方案》进行评估论证。2001年8月国家计委在沈阳召开会议，对《沈大高速公路改扩建工程方案》进行审查。2002年3月经国务院批准，国家计委批复《沈阳至大连高速公路改扩建工程方案》，2002年4月交通部批复《沈阳至大连高速公路改扩建工程初步设计》。

沈大高速公路改扩建工程采用双向8车道标准，路基宽42m，行车道宽8×3.75m，中央分隔带宽3m，两侧应急车道宽3m，设计行车速度120km/h。桥梁设计荷载汽车—超20级、挂车—120。隧道净宽19.45m，建筑限界净高5.5m。

路面厚73cm，其中上面层为4cm SMA-16L改性沥青混凝土，中面层为6cm AC-25L中粒式改性沥青混凝土，下面层为8cm AC-30L粗粒式沥青混凝土（坡度大于2%的上坡路段也采用SBS改性沥青混凝土）；上基层为18cm厂拌水泥稳定碎石、下基层为20cm厂拌水泥稳定碎石或水泥稳定砂砾掺破碎砾石，底基层为17cm厂拌二灰稳定砂砾或水泥稳定碎石。

主要工程量：路基土方3555万m^3，沥青混凝土路面1290万m^2；特大桥1座1233延米，大桥15座3414延米，中桥58座3598延米，小桥106座2162延米，涵洞528道，通道255座，跨线桥87座，公铁立交8座，互通式立交30座（含盘海线的海城枢纽立交、大石桥枢纽立交，新增5座互通式立交）；隧道1座521延米；收费站29个，服务区5处。征用土地1001公顷，动迁房屋7.09万m^2，动迁厂矿企事业单位96家。

沈大高速公路改扩建工程全部实行招投标，路基桥梁工程28个合同段、路面工程11个合同段、交通工程6个合同段、管理服务设施2个合同段、工程监理3个合同段。交通机电和绿化工程，省高等级公路建设局委托省高速公路管理局按照"四制管理"方式组织实施。

为保证工程建设期间交通分流及横向交通顺畅，省公路管理局在组织国道黑大线升级改造的同时，受省高等级公路建设局委托，按照"四制管理"方式，提前组织全线83座跨线桥新改建工程，于2001年10月开工，2003年10月全部竣工。

沈大高速公路改扩建工程采取在原路两侧对称加宽8m方式，局部路段因地形限制，为保护环境和维护群众利益采取单侧加宽或不对称加宽方式。新建4车道普兰店海湾特大桥作为北行线，原分幅桥改为南行线；韩家岭路段另辟南行线，新建4车道金州隧道。桥涵采取两侧加宽方式，基于标准、质量、安全规范和桥涵检测结果，采取新建、局部重建或加固处理；互通式立交、跨线桥拆除重建。路面工程基于标准、质量规范和工期、造价、环保等评估，主要采取将原路面作为基层，并对局部路段基层进行强化处理，新建沥青混凝土路面方式；对新改造加宽部分，按设计标准新建沥青混凝土路面。

改扩建工程分三阶段实施。第一阶段：2002年5月~2003年3月，在保证车辆正常运行的前提下,全线进行加宽部分路基、桥梁工程施工。第二阶段:2003年4月~2004年3月,全线封闭施工,对原有公路桥梁进行改造加固,实行新老桥梁横向连接;对原有公路局部路段进行改造,实现新老路基纵横衔接,同时进行路面基层和下面层施工。第三阶段:2004年4月~2004年8月,组织路面中上面层、交通工程及沿线配套工程施工,重点完成海湾特大桥和金州隧道两个控制性工程。

沈大高速公路改扩建工程于2002年5月28日开工,2004年8月29日建成通车,总工期27个月。

初步设计投资概算843643万元,实际工程投资742226万元,其中交通部补助49400万元,银行贷款692826万元。平均每公里造价2133万元。

沈大高速公路改扩建工程由辽宁省高等级公路建设总指挥部组织建设,项目主管部门为辽宁省交通厅,项目负责人为省交通厅副厅长张恭宪。公路沿线沈阳、辽阳、鞍山、营口、大连市政府按省政府要求组建市征地动迁办公室,具体负责行政辖区内征地动迁和地方协调工作,省交通厅代表省政府与各市政府签订征地动迁投资包干协议。

沈大高速公路改扩建工程实行项目法人责任制,依据省交通厅制定的《辽宁省高速公路建设项目法人责任制暂行规定》,项目法人省高建局根据建设项目战线长、工程量大、工期短的具体情况,组建3个项目指挥部,实行法人代表授权责任制。各项目指挥部对管段内工程质量、施工进度、投资控制、安全生产、廉政建设及征地动迁地方协调等实施全面管理。

工程设计单位:辽宁省交通勘测设计院。主要施工单位:辽宁省路桥建设总公司、沈阳高等级公路建设总公司、大连公路工程集团有限公司、北京城建集团、中铁十九局第三工程处、中铁十三局第一工程处、中铁一局集团有限公司、中铁十一局集团有限公司、中铁十二局集团有限公司、路桥二公局第三工程处、东盟营造工程有限公司、黑龙江省路桥建设集团有限公司、鞍山市公路工程总公司、抚顺市公路建设集团公司、丹东市公路工程处、武警交通二总队、大庆油田路桥工程公司、辽宁省交通工程公司、辽宁省交通建筑工程公司、辽阳市第四建筑工程公司、沈阳三鑫公路工程有限公司等。监理单位:北京育才工程监理公司、沈阳公路工程监理公司、辽宁驰通公路工程监理事务所。辽宁省交通工程质量监督站行使政府监督职能。

沈大高速公路改扩建工程受到国务院、国家计委高度重视,交通部将其列为全国高速公路改扩建示范工程。为全面搞好沈大高速公路改扩建工程,省交通厅制定《沈大高速公路改扩建工程创一流实施纲要》,确定"建一流工程、塑最好作品、树全国样板、再现神州第一路的风采"的指导思想和"质量一流、设计一流、施工一流、管理一流"的奋斗目标。借鉴国外高速公路改扩建成功经验,抓好工程设计、施工工艺、材料设备、科技创新、资金运行各个环节,全面实行项目法人责任制、工程招投标制、工程监理制、合同管理制和廉政建设责任制,把沈大高速公路改扩建工程建成全国标准最高、质量最好、技术领先、造价合理、资金安全、管理科学、行为规范、廉洁高效的样板工程。

沈大高速公路改扩建工程通过充分论证,认真汲取国内外的经验和专家意见,针对新老路基不均匀沉降产生的纵向裂缝、新老构造物结合部产生的纵向裂缝和沥青混凝土路面车辙、裂纹、松散、泛油等三大技术难关,通过反复试验,形成比较完善的设计和施工技术规范。路基施工关键选好填料,对加宽段路基基底采取抛石挤淤、塑料排水板、粉喷桩等方式特殊处理,设定台阶分层冲击碾压,对新老路基衔接部位采取强夯和设置土工格栅等措施,解决了新老路基衔接纵向裂缝难题。构造物施工采取提前释放变形内力,实行刚性连接措施,解决了新老构造物连接部位产生纵向裂缝难题。采用SMA改性沥青混凝土路面,解决了路面高温易出现车辙、低温易缩裂难题,提高路面使用寿命。全面完善排水措施,保证路面路基稳定。三大技术难关突破,为国内早期高速公路改扩建进行有益的探索,积累了宝贵的经验。

2004年8月29日辽宁省政府在大连后盐收费站广场举行沈大高速公路改扩建工程通车仪式。中共中央政治局常委、全国人大常委会委员长吴邦国出席通车仪式,并为通车剪彩。交通部部长张春贤,辽宁省省委书记闻世震、省长张文岳等领导同志出席通车仪式。

沈大高速公路改扩建工程竣工后,获评"全国交通建设十佳优质管理项目""廉洁工程项目""第七届中国土木工程詹天佑奖""国家优质工程金质奖""百项重大经典建设工程"。

二、沈阳过境绕城高速公路

(一)沈阳过境绕城高速公路

沈阳过境绕城高速公路起自北李官,经红旗台、造化、朱尔屯、王家沟、英达、东陵、石庙子、下深沟、白塔堡、下河湾、金宝台、宁官、张士,止于北李官,全长82km。根据2004年12月国务院审议通过的《国家高速公路网规划》,沈阳过境绕城高速公路划为城市环线,公路编号G1501,其中北李官至王家沟段30km划入京哈高速公路(G1),下深沟至造化段38km划入丹阜高速公路(G1113)。

沈阳过境绕城高速公路(图7-1-4)是辽宁省高速公路网主枢纽,连接沈大、沈山、沈丹、沈四、沈抚5条高速公路,并与京沈、京哈、黑大、丹霍、明沈、沈营、沈盘、沈平、沈通等国省干线公路及京沈、长大、沈丹、沈吉、秦沈等铁路相交。

1989年交通部将沈阳市列为国家公路主枢纽城市,并将沈阳过境绕城公路列为"八五"国家环城高速公路示范工程。1990年8月交通部批复沈阳过境绕城公路南段(含抚顺支线)设计任务书,1991年3月和1992年12月先后批复沈阳过境绕城公路南段(含抚顺支线)和北段初步设计。1994年2月辽宁省交通厅批复沈阳过境绕城公路东段初步设计,1995年4月省交通厅批复沈阳过境绕城公路西段改造投资计划。

图7-1-4　沈阳过境绕城高速公路

沈阳过境绕城高速公路采用双向4车道高速公路标准,路基宽26m,路面宽4×3.75m,中央分隔带宽2m,两侧应急车道宽3m(西段利用沈大高速公路,中央分隔带宽3m,两侧应急车道宽2.5m),设计行车速度120km/h。桥梁设计荷载汽车—超20级、挂车—120。

路面厚72cm,其中上面层为3cm沥青混凝土抗滑层,中面层为5cm中粒式沥青混凝土,下面层为7cm沥青碎石;路面上基层为17cm厂拌水泥稳定砂砾,下基层为20cm路拌水泥稳定砂砾,垫层为20cm天然砂砾(沈阳南段路面基层为32cm路拌水泥稳定砂砾,垫层为25cm天然砂砾)。

主要工程量:路基土石方822万m^3,沥青混凝土路面189万m^2;特大桥2座2787延米,大桥5座1534延米,中桥5座317延米,小桥16座260延米,涵洞168道,通道桥59座,公铁立交5座,跨线桥25座;互通式立交11处;管理处2个,收费站11个。征用土地599公顷,动迁房屋11.85万m^2。

沈阳过境绕城高速公路分4段进行建设:

南段(石庙子至金宝台)30.5km,1990年先期由沈阳市组织建设,1991年1月辽宁省政府决定由省高等级公路建设总指挥部接管,于1991年8月正式开工,1993年10月建成通车。

北段(北李官至王家沟)30.5km,实行工程招标,路基桥梁工程6个合同段,路面工程3个合同段,交通工程1个合同段,交通管理设施1个合同段。于1993年5月开工,1995

年9月建成通车。

东段(王家沟至石庙子)10.4km,实行工程招标,路基桥梁工程2个合同段,路面工程2个合同段,交通工程1个合同段,交通管理设施1个合同段。于1994年5月开工,1995年9月建成通车。

西段(金宝台至北李官)10.6km,利用沈大高速公路,新建北李官枢纽立交,改造张士、宁官互通式立交,完善各项配套设施。于1994年4月开工,1995年9月竣工。

项目整体初步设计投资总概算116059万元,实际工程投资138447万元,其中交通部补助20600万元,养路费投资101940万元,通行费投资8407万元,沈阳市投资7500万元。单位工程造价1748万元(包括沈抚高速公路)。

沈阳过境绕城高速公路由辽宁省高等级公路建设总指挥部组织建设,项目主管部门为辽宁省交通厅,项目负责人为省交通厅副厅长兼总工程师曹右元。沈阳、抚顺市按省政府部署组建市指挥部,具体负责行政辖区内征地动迁和地方协调工作,省交通厅代表省政府与各市政府签订征地动迁投资包干协议。

工程设计单位:辽宁省交通勘测设计院、沈阳市公路规划设计院。主要施工单位:辽宁省路桥建设总公司(原辽宁省交通厅公路工程局)、沈阳市公路工程公司、鞍山市公路工程处、丹东市公路工程处、朝阳市公路集团、沈阳铁路局沈阳工程处、辽河油田筑路工程公司、辽宁省交通工程公司、辽阳市第四建筑公司等。主要监理单位:辽宁第一交通工程监理事务所、沈阳市公路规划设计院监理办公室。

(二)沈阳过境绕城高速公路改扩建工程

沈阳绕城高速公路是1995年建成通车的,自通车以来交通量增长较快,年平均增长率为8.65%。随着交通量不断增加,现有4车道上的车流显得十分拥挤,服务水平明显下降,预测到2033年小客车日交通量79122辆,已超过4车道的通行能力。若不加宽改造,将会严重影响绕城高速公路能力的发挥,制约辽宁经济发展,因此省政府决定对沈阳绕城高速公路进行改扩建。

沈阳绕城高速公路改扩建工程路线全长81.88km,分为北环(北李官至王家沟)30.52km;东环(王家沟至下深沟)25.58km;南环(下深沟至金宝台)14.73km;西环(金宝台至北李官)11.05km。

改扩建后为双向8车道,路基宽41m,中央分隔带2m,设计行车速度100km/h,见图7-1-5。

设计荷载:路面设计标准轴载100kN,新建及加宽桥涵设计荷载公路—Ⅰ级,特载—480。设计洪水频率:特大桥1/300,路基、大、中、小桥、涵洞1/100。沥青混凝土路面,上面层3.5cm沥青玛蹄脂碎石(SMA-13L型),中面层6cm中粒式沥青混凝土(LAC-20型),

下面层 8cm 粗粒式沥青混凝土（LAC-25 型），基层 19.5cm 厂拌水泥稳定碎石，垫层 20cm 厂拌水泥稳定碎石，封层 0.5cm 稀浆封层。

图 7-1-5　已改扩建后的 8 车道沈阳绕城高速公路

黄河北大街城市主干路，设计行车速度 40km/h。路面标准轴载 100kN。路面结构：上面层 4cm SBS 改性沥青混凝土（AC-13C 型），中面层 5cm 中粒式沥青混凝土（AC-20C 型），下面层粗粒式沥青混凝土（AC-25F 型），1cm 同步碎石封层，基层 20cm 4.55% 厂拌水泥稳定碎石，下基层 20cm 4% 厂拌水泥稳定碎石，垫层 20cm 级配砂砾。

主要工程量：路基土石方 1257 万 m^3，沥青混凝土路面 754 万 m^2。特大桥 3 座 8298 延米，大桥 4 座 1145 延米，中桥 50 座 3052 延米，小桥 13 座 166.06 延米，通道桥 53 座 686 延米，公铁分离式立交 4 座 658 延米，跨线桥 12 座 1332 延米，涵洞 134 道，声屏障 12 道 4065 延米，互通式立交 21 处，收费站 21 处，服务区 2 处，养护工区 3 个，征用地 450 公顷。

北李官至王家沟于 2010 年 12 月开工，2013 年 7 月完工。王家沟至下深沟于 2010 年 12 月开工，2012 年 9 月完工。下深沟至金宝台于 2010 年 9 月开工，2012 年 9 月完工。金宝台至北李官于 2010 年 12 月开工，2013 年 6 月完工。工程概算投资 872133 万元，投资完成 797014 万元。资金来源 831791 万元，其中车购税 83600 万元，财政补助拨款 615 万元，沈阳、铁岭市财政拨款 163200 万元，银行贷款 584376 万元。

项目建设单位：辽宁省高等级公路建设局。监督单位：辽宁省交通工程质量与安全监督局。设计单位：辽宁省交通规划设计院。监理单位：辽宁驰通公路工程监理事务所等 3 家单位。

施工单位:路基4个合同段由沈阳高等级公路集团等4家单位承建,桥梁工程4个合同段由中铁十五局集团第五工程有限公司等4家单位承建;综合工程3个合同段由大连公路工程集团有限公司等3家单位承建;房建4个合同段由沈阳辰宇建设集团有限责任公司等4家单位承建。黄河北大街高架桥由中铁十九局集团第三工程有限公司承建。三台子ACD匝道由中铁十五局集团第五工程有限公司承建。

沈阳绕城高速公路围绕沈阳市区,人口稠密,交通流量大;与京沈、沈大等7条高速公路相连接,与丹霍、黑大等10余条国省道干线相交,跨越京沈、秦沈、苏北编组站等10处铁路,跨越浑河、丁香湖、八一干渠。施工环境复杂,2012年4月前,封闭王家沟至下深沟至金宝台段,金宝台至三台子至王家沟段边通车运营,边进行路基、桥涵加宽施工;2012年4月后封闭北李官至王家沟、金宝台至北李官段进行路基、路面、桥梁等工程施工。

沈阳绕城高速公路全线采用路灯照明,全线增设互通式立交6处,分离式立交28座,下深沟至白塔堡段4.2km路基改建为高架桥,增设智能交通系统及ETC自动收费系统,把绕城高速公路建设成为一条高标准、高质量、智能化、景观化的惠民之路,服务全运会,推动沈阳市乃至辽宁省的经济发展。

三、沈阳至丹东高速公路

(一)沈阳至丹东高速公路

沈阳至丹东高速公路(简称"沈丹高速公路"),起自沈阳青年大街南端,经桃仙、刘千户、边牛、石桥子、本溪市(小堡)、桥头、南芬、下马塘、连山关、草河口、通远堡、刘家河、凤城、五龙背,止于丹东市古城子,全长222km。根据2004年12月国务院审议通过的《国家高速公路网规划》,沈丹高速公路划入丹阜高速公路,公路编号G1113。

沈丹高速公路沿线(图7-1-6)多为山岭重丘区,跨越浑河、太子河、细河、金家河等河流,穿过千山山脉南端,经南天门岭、古松岭、黄岭、大黑山等山岭,与丹大、辽宁中部环线、沈阳过境绕城高速公路相连,并与丹霍、黑大、鹤大、十大、小小、沈环、张庄、桓盖等国省干线公路及沈丹等铁路相交。

沈丹高速公路是"八五"时期国家"五纵七横"国道主干线——丹东至拉萨高速公路的重要组成部分,其中沈阳至本溪高速公路(桃仙至南芬段)是中国政府第一个利用亚洲开发银行贷款建设的高速公路项目。沈丹、沈山高速公路相连构成辽宁省横跨东西的交通运输大动脉,也是连接朝鲜半岛的公路主通道。

沈丹高速公路前期工作始于"七五"中期。1990年10月国家计委批复沈阳至本溪公路项目建议书,1991年6月国家计委批复工程可行性研究报告,1991年12月交通部批复沈阳至本溪公路(桃仙至南芬段)初步设计。1998年8月国家计委批复丹东至本溪公路项目建议书,1998 年 10 月国家计委批复工程可行性研究报告,1999 年 2 月交通部批复丹东至本溪(南芬)公路初步设计。

图 7-1-6 沈丹高速公路

公路采用双向 4 车道标准,其中沈阳至桃仙段 14km,路基宽 23m,路面宽 4×3.75m,中央分隔带宽 1.5m(设置混凝土防撞挡墙),两侧应急车道宽 2.5m,设计行车速度 100km/h。桃仙至本溪小堡段 49km,路基宽 24.5m,中央分隔带宽 2m,两侧应急车道宽 2.5m,设计行车速度 100km/h。小堡至南芬段 25km,路基宽 23m,中央分隔带宽 1.5m,两侧应急车道宽 2.5m,设计行车速度 80km/h。南芬至凤城段 92km,路基宽 24.5m,中央分隔带宽 1.5m,两侧应急车道宽 2.5m,设计行车速度 80km/h。凤城至丹东古城子段 42km,路基宽 26m,中央分隔带宽 2m,两侧应急车道宽 3m,设计行车速度 100km/h。全线桥梁设计荷载汽车—超 20 级、挂车—120。隧道(单洞)净宽 10.5m,净高 5.5m。

沈阳至桃仙段路面厚 55cm,其中上面层为 4cm 中粒式沥青混凝土,下面层为 6cm 沥青碎石(1995 年加铺 5cm 沥青混凝土抗滑层),基层为 15cm 路拌水泥稳定砂砾,垫层为 30cm 天然砂砾。桃仙至本溪小堡段路面厚 62cm,其中上面层为 3cm 细粒式沥青混凝土,中面层为 4cm 中粒式沥青混凝土,下面层为 5cm 沥青碎石(2002 年加铺 4cm 沥青混凝土抗滑层),基层为 30cm 路拌水泥稳定砂砾或水泥稳定级配碎石,垫层为 20cm 天然砂砾或级配碎石。小堡至南芬段路面厚 55cm,其中上面层为 3cm 细粒式沥青混凝土,中面层为 4cm 中粒式沥青混凝土,下面层为 5cm 沥青碎石(2003 年加铺 4cm 沥青混凝土抗滑层),基层为 20cm 路拌水泥稳定砂砾或水泥稳定级配碎石,底基层为 20~25cm 填隙碎石。丹东至本溪(南芬)段路面厚 68cm,其中上面层为 4cm SBS 改性沥青混凝土(AK-13A 型),

中面层为 5cm SBS 改性中粒式沥青混凝土（AC-20I 型），下面层为 6cm 粗粒式沥青混凝土（AC-25I 型），上基层为 20cm 厂拌水泥稳定碎石或水泥稳定砂砾掺压碎砾石，下基层为 20cm 厂拌水泥（或二灰）稳定砂砾或水泥稳定碎石，垫层为 13cm 级配砂砾或级配碎石。

主要工程量：路基土石方 3129m³，沥青混凝土路面 450 万 m²；特大桥 2 座 2855 延米，大桥 58 座 18600 延米，中小桥 132 座 5625 延米，涵洞 337 道，通道桥 210 座，分离式立交 29 座；互通式立交 16 处；隧道 12 座 17424 延米（按单洞计算）；管理处 6 个，收费站 17 个，服务区 4 处。征用土地（含林地）1580 公顷，动迁房屋 14.86 万 m²，动迁厂矿企事业单位 106 家。

沈丹高速公路分三期建设：

一期工程：沈阳至桃仙段 14km，作为沈阳桃仙国际机场配套项目，当时采用一级汽车专用公路标准，由沈阳市负责建设，1987 年 9 月开工，1988 年 10 月建成通车。

二期工程：沈阳（桃仙）至本溪（南芬）段 75km，其中沈阳（桃仙）至本溪（小堡）49km，采用国内招标方式，路基桥梁工程 5 个合同段，路面工程 2 个合同段，交通工程 1 个合同段，管理服务设施 1 个合同段。1992 年 11 月开工，1994 年 9 月建成通车；本溪（小堡）至南芬段 25km，采用国际招标方式，按路段立体砍块，划分 4 个合同段，工程监理 1 个合同段。1993 年 5 月开工，1996 年 10 月建成通车。

三期工程：丹东至本溪（南芬）段 134km，路基桥隧工程 22 个合同段，路面工程 3 个合同段，交通工程 1 个合同段，管理服务设施 1 个合同段。工程监理 1 个合同段。交通机电和绿化工程，由省高速公路管理局按"四制管理"方式组织建设。工程于 1999 年 8 月开工，2002 年 8 月竣工，工期 36 个月。

沈丹高速公路初步设计投资总概算 684474 万元，实际工程投资 610569 万元，其中沈阳至桃仙段 9852 万元，沈阳（桃仙）至本溪（南芬）段 147521 万元，丹东至本溪（南芬）段 453196 万元，平均每公里造价 2750 万元。

投资来源：交通部补助 72500 万元，养路费投资 132923 万元，高速公路通行费投资 10047 万元，车辆购置附加费分成 8500 万元，亚行贷款 5000 万美元（折合人民币 39300 万元），银行贷款 274253 万元，国家财政债券 75000 万元。

沈丹高速公路由辽宁省高等级公路建设总指挥部组织建设，项目主管部门为辽宁省交通厅，其中沈本高速公路为亚行贷款项目，业主法定代表人为省交通厅厅长田育广，项目负责人为省交通厅副厅长张恭宪，技术总监为省交通厅总工程师曹右元；丹本高速公路项目负责人为省交通厅副厅长刘政奎。沈阳、本溪、丹东市按省政府部署组建市指挥部，具体负责行政辖区内征地动迁和地方协调工作，省交通厅代表省政府与各市政府签订征地动迁投资包干协议。

丹本高速公路实行建设项目法人责任制，依据省交通厅制定的《辽宁省高速公路建设项目法人责任制暂行规定》,项目法人省高建局组建丹本项目指挥部,实行法人代表授权责任制。项目指挥部对工程质量、施工进度、投资控制、安全生产、廉政建设及征地动迁地方协调等实施全面管理。

工程设计单位:辽宁省交通勘测设计院、交通部第二公路勘察设计院、沈阳市公路勘察设计院。主要施工单位:辽宁省路桥建设总公司、沈阳高等级公路建设总公司、铁道部第十三工程局、东北煤矿工程局、辽宁省水利工程局、铁道部第十八工程局、中铁十二局集团有限公司、中铁十九局第三工程处、沈铁工程总公司、中港第一航务工程局、本溪市公路工程处、丹东市公路工程处、大连公路工程总公司等。监理单位:辽宁省第一交通工程监理事务所、美国路易斯博杰国际咨询公司、辽宁省交通勘测设计院总监办公室、南京工苑建设监理公司等。辽宁省交通工程质量监督站行使政府监督职能。

沈丹高速公路是辽宁省第一条山岭重丘区高速公路,穿越高山峻岭,地质地形复杂,施工困难,投资较大。本溪(小堡)至南芬段25km,隧道2座单洞5050延米,大桥16座5465延米,桥隧比36%。该段土建工程、设备材料采购、监理咨询服务全部实行国际招标,通过招标引进国外监理工程师,按照"菲迪克"合同条款,对工程进行全方位管理,使工程管理更加规范化、标准化和科学化,同时对利用外资进行了有益的尝试。

为高标准、高质量将丹本高速公路建成环保景观示范路,2000年辽宁省交通厅制定《丹本高速公路工程创一流实施纲要》,提出争创设计一流、施工一流、管理一流、质量一流、景观一流的建设指导思想和奋斗目标。

丹本高速公路在建设中贯彻交通部"四制管理"规定,推行"政府监督、法人管理、社会监理、企业自检"四级质量保证体系,以交通部开展公路建设质量年为载体,围绕争创"五个一流"目标,实行"横向到边、纵向到底"和"优质优价、优监优酬"的管理模式,狠抓工程质量管理。同时,通过精心设计、反复论证,打造公路与环境和谐景观工程,种植乔木32万株,灌木10万株,紫穗槐、地棉920万株,草坪60万 m^2。2003年丹本高速公路项目指挥部被交通部授予交通环境保护先进集体。

(二)沈阳至桃仙段改扩建

沈丹高速公路沈阳至桃仙段原是沈阳市交通局在1987年期间修建的,该段起点沈阳市二环路中心跨浑河终点桃仙镇路线全长13.881km,宽23m,4车道,中央分隔带采用水泥混凝土防撞墙,上设防眩板。原沈阳至丹东高速公路起点收费站是浑河站(K1+250),由于交通量日益剧增,收费口压车较多,已满足不了通车需求。主线收费站(原浑河站)前移3.156km(K4+406),另建一处新收费站,新收费站至沈丹高速公路起点4.406km,划归城管部门管理。该路段是通往桃仙国际机场的主要疏港高速公路,随着交通量快速增长路况已不能满足要求,省委、省政府决定对沈阳至桃仙段进行改扩建,列入"十一五"

计划。

沈阳至丹东高速公路(沈阳至桃仙段)改扩建路基起自新收费站中心(K0+000对应管理桩号4+406),至桃仙镇东南(K11+680对应管理桩号16+213),顺接沈丹高速公路。路线全长11.68km。

双向10车道,路面按8车道修建(中央分隔带预留2车道,中央分隔带设计宽度10.5m),路基宽度49.5m。设计行车速度120km/h,设计路面标准轴载为100kN,设计汽车荷载等级为公路—I级,设计桥涵洪水频率为1/100。

路面上面层为3.5cm沥青玛蹄脂碎石抗滑层(SMA-13L型),中面层为6cm中粒式沥青混凝土(LAC-20型),下面层为8cm粗粒式沥青混凝土(LAC-25型),封层为0.5m乳化沥青稀浆封层,基层为20cm厂拌水泥稳定碎石,底基层为20cm厂拌水泥稳定碎石,垫层为15cm级配碎石。

完成路基土方266万m^3,沥青混凝土路面55.6万m^2;中桥2座148延米,小桥3座49延米,分离立交11座1045延米。通道桥4座46.5延米,跨线桥4座498延米,涵洞14道,互通式立交(下深沟、桃仙)2座;收费站1处,监控中心1处。

省交通厅2009年2月19日批复该项目工程初步设计,批复概算91222万元。实际完成86083万元,其中交通运输部投资4000万元。高速公路通行费17373万元,银行贷款55288万元,其他补助拨款9422万元。

建设单位为辽宁省高等级公路建设局;设计单位为辽宁省交通勘测设计院;监理单位为沈阳市公路工程监理有限责任公司、辽宁省交通规划设计院、辽宁艾斯特智能交通技术有限公司;质量监督单位为辽宁省质量技术监督局。

项目路基路面工程划分2个合同段,由大连公路工程集团有限公司、中铁十九局集团第三有限责任公司承建。交通管理设施工程1个合同段,由沈阳辰宇建设集团有限责任公司承建;机电工程2个合同段,收费系统由北京瑞华赢科技发展有限公司承建;智能系统由北京诚达交通科技有限公司承建;绿化工程3个合同段,由沈阳艺锦园林工程有限公司、鞍山市绿洲园林工程有限公司、营口市园林绿化工程有限公司承建。

沈阳至丹东高速公路(沈阳至桃仙段)改扩建工程,2009年4月开工,2009年9月完成路面中、下层摊铺及交通安全设施工程、配套房建、机电工程施工并开始通车试运营,2011年5月完成上面层摊铺,全线建成。

机场路改扩建工程的成功实施及投入运营,对加快桃仙航空港的集疏运能力,改善沈阳市对外窗口形象,促进沈阳经济发展具有十分重要的意义。

四、沈阳至抚顺高速公路

沈阳至抚顺高速公路(简称"沈抚高速公路"),起自沈阳过境绕城高速公路石庙子互通式立交,经汪家、李石寨,止于抚顺市三宝屯互通式立交,全长 12.75km。原公路为国道瑷大线(现为国家高速公路网编号 G202 沈阳至抚顺段),该路由 1991 年 3 月交通部批复包含在沈阳过境绕城公路南段项目中,时称抚顺支线。

沈抚高速公路(图 7-1-7)是"八五"期间辽宁省"一网五射两环"高速公路的组成部分,是沈阳通往抚顺和吉林的重要通道,对促进辽宁东北部地区经济发展具有重要意义。

图 7-1-7　沈抚高速公路

公路采用平原区 4 车道标准,路基宽 29m,路面宽 4×3.75m,中央分隔带宽 3m,两侧应急车道宽 3m,设计行车速度 120km/h。桥梁设计荷载汽车—超 20 级、挂车—120。

沈抚高速公路是在国道黑大线沈阳至抚顺一级公路的基础上按高速公路标准进行改造,全封闭全立交。路面改造采取在原一级公路路面上加铺两层,上面层为 5cm 中粒式沥青混凝土,下面层为 6cm 粗粒式沥青混凝土。中小桥涵进行改建或加固处理。另建辅道 13km,三级路标准,路基宽 8.5m,路面宽 7.5m,上面层为 4cm 中粒式沥青混凝土,下面层为 4cm 沥青贯入,基层为 18cm 水泥稳定砂砾或干压碎石。

主要工程量:路基土石方 64 万 m³,沥青混凝土路面 30.1 万 m²;中桥 2 座 166 延米,小桥 4 座 67 延米,涵洞 34 道,跨线桥 12 座,互通式立交 1 处,收费站 1 个。

项目于 1991 年 7 月开工,1994 年 9 月建成通车。初步设计投资概算包含在沈阳过境绕城高速公路南段中,实际工程投资 6414 万元。

沈抚高速公路由辽宁省高等级公路建设总指挥部组织建设,项目主管部门为辽宁省交通厅,项目负责人为省交通厅副厅长兼总工程师曹右元。沈阳、抚顺市按省政府部署组建市指挥部,具体负责行政辖区内征地动迁和地方协调工作,省交通厅代表省政府与各市政府签订征地动迁投资包干责任书。

工程设计单位:辽宁省交通勘测设计院、沈阳市公路规划设计院。主要施工单位:

辽宁省公路工程局第三工程处、机械运输处、抚顺市公路工程处等。监理单位:辽宁第一交通工程监理事务所。

五、沈阳至四平高速公路

(一)沈阳至四平高速公路

沈阳至四平高速公路(简称"沈四高速公路"),起自沈阳过境绕城高速公路王家沟互通式立交,经清水台、蒲河、铁岭、开原、昌图,止于毛家店,与吉林省长春至四平高速公路对接,全长160km。根据2004年12月国务院审议通过的《国家高速公路网规划》,沈四高速公路划入京哈高速公路,公路编号G1。

公路沿线为平原微丘区,跨越万泉河、凡河、柴河、清河等河流,与沈阳过境绕城高速公路相连,与京哈、沈环、彰桓、辽开、十大等国省干线公路及长大铁路相交。

沈四高速公路(图7-1-8)是国家高速公路网的主干线,也是"七五"期间,交通部"两纵两横三个重要路段"国道主干线同江至三亚公路的重要组成部分,纵贯辽北粮食产区,是辽宁省和东北地区重要经济干线,对振兴东北老工业基地经济发展具有重要作用。

图7-1-8 沈四高速公路

1990年辽宁省交通厅启动建设项目前期工作。1992年国家计委批复沈阳至四平高速公路项目建议书,1993年3月经国务院批准,国家计委批复沈阳至四平高速公路可行性研究报告,批准铁岭至四平段利用亚洲开发银行贷款1亿美元。1993年3月交通部批复沈阳至铁岭段初步设计,1995年4月交通部批复铁岭至四平段初步设计。1996年3月国家计委批复铁岭至四平高速公路利用外资方案。

沈四高速公路工程预可研阶段,路线选择在长大铁路西侧并与其平行。起点为沈阳

第七章
高速公路建设项目

市区北部小桥子,途经沈阳矿务局沈北煤田,因补偿费用过高,工可研阶段改为沿国道京哈线走向,并占用京哈线沈阳北出口路段10km。初步设计阶段将通过铁岭市的西线方案改为东线方案,既避免公路挤占辽河河道影响泄洪,又解决了铁岭市325电视转播台动迁费用不断增高的问题。

公路采用平原微丘区4车道标准,路基宽26m,路面宽4×3.75m,中央分隔带宽2m,两侧应急车道宽3m,设计行车速度120km/h。桥梁设计荷载汽车—超20级、挂车—120。

路面厚72cm,其中上面层为3cm沥青混凝土抗滑层,中面层为5cm中粒式沥青混凝土,下面层为7cm粗粒式沥青混凝土(沈阳至铁岭段为沥青碎石);上基层15cm为厂拌5%水泥稳定砂砾(沈阳至铁岭段采用路拌),下基层17cm为路拌5%水泥稳定砂砾,垫层为25cm天然砂砾。

主要工程量:路基土石方1795万m^3,沥青混凝土路面383万m^2;大桥20座5348延米,中桥32座2705延米,小桥52座1070延米,涵洞250道,通道桥128座,公铁立交5座,跨线桥38座;互通式立交9处;管理处3个,收费站10处,服务区4处。征用土地854公顷,动迁房屋6.25万m^2。

沈四高速公路分两段建设,工程全部实行招标:

沈阳至铁岭(建设村)段66km,分两期建设。一期工程沈阳至铁岭(辽海屯)50km,路基桥梁工程8个合同段,路面工程2个合同段,交通工程2个合同段,管理服务设施2个合同段。于1993年7月开工,1995年9月建成通车。二期工程铁岭辽海屯至建设村段16km,路基桥梁工程4个合同段,路面工程1个合同段,交通工程1个合同段,管理服务设施1个合同段。于1995年5月开工,1998年8月建成通车。

铁岭(建设村)至四平(毛家店)段93km为亚行贷款项目,路基桥梁工程8个合同段,路面工程2个合同段,交通工程2个合同段,管理服务设施2个合同段,工程监理1个合同段。1996年4月开工,1998年8月建成通车。

沈四高速公路初步设计概算253944万元,实际投资253708万元,其中交通部补助57600万元,养路费111623万元,国内银行贷款2200万元,亚洲开发银行贷款1亿美元(折合人民币83000万元)。平均每公里造价1586万元。

沈四高速公路由辽宁省高等级公路建设总指挥部组织建设,项目主管部门为辽宁省交通厅,其中沈铁高速公路项目负责人为省交通厅副厅长兼总工程师曹右元;铁四高速公路为辽宁省第二个利用亚行贷款项目,业主法定代表人为省交通厅厅长田育广,项目负责人为省交通厅副厅长张恭宪,技术总监为省交通厅总工程师曹右元。具体工程管理由省总指挥部办公室负责(1996年12月后由省高等级公路建设局负责)。沈阳、铁岭市按省政府部署组建市指挥部,具体负责行政辖区内征地动迁和地方协调工作,省交通厅代表省政府与各市政府签订征地动迁投资包干协议。

工程设计单位：辽宁省交通勘测设计院、辽宁省交通科学研究所、沈阳市公路勘察设计院。主要施工单位：辽宁省路桥建设总公司、沈阳高等级公路建设总公司、朝阳市公路集团、铁岭市公路集团、锦州市公路工程处、沈阳铁路局工程总公司、北京城建集团、交通部第一公路工程局、铁道部第十八工程局、黑龙江省路桥建设总公司等。监理单位：辽宁省交通勘测设计院监理事务所、丹麦金硕监理咨询公司等。辽宁省交通工程质量监督站行使政府监督职能。

建设项目实行工程招投标制、施工监理制、合同管理制，实施"政府监督、施工监理、企业自检"三级质量保证体系，尤其是铁岭至四平亚行贷款项目，采用国际通用的"菲迪克"合同条款方式，对工程实行全方位管理。同时根据工程施工具体情况，首先实行工程质量优质优价、施工监理优监优酬奖惩办法。针对辽北地区冰冻自然状况，路基施工采取标杆放样，按规定标准分层填筑，分层碾压，严格控制挖方路段和零填挖路段施工程序，不断积累高寒地区高速公路施工经验。

（二）沈四高速公路改扩建

原沈阳至四平高速公路于1998年8月建成通车，沈阳至铁岭段已于1995年9月建成通车，已经运营18年，交通量年平均递增8.5%。交通量快速增长且货车比重较大导致路面出现不同程度破损，影响行车安全，降低了运行速度。当时预计到2034年交通量达到81397辆客车/日，大大超过4车道高速公路通行能力。为减轻交通压力，保障行车通畅、安全，辽宁省计划对该线进行改扩建，改扩建后的沈四高速公路见图7-1-9。

图7-1-9　改扩建后的沈四高速公路

路线起于沈阳王家沟,途经铁岭市、开原市、昌图县,终点铁岭杏山,本次改扩建工程长度左线148.187km,右线148.625km。

原沈阳(王家沟)至铁岭(毛家店)路线长159.987km。实际改扩建148.468km,腰堡和金钩子互通式立交区主线4.627km,路线全长153.095km。

主线路基宽8车道42m,中央分隔带宽3m,分离式路基宽20.75m,设计行车速度120km/h。

原有桥梁荷载为汽车—超20级、挂车—120、特载—480,新建桥涵设计标准公路—Ⅰ级,特载—480,设计洪水频率特大桥1/300,大中小桥涵洞1/100,路面设计标准轴载100kN,地震起点K702+500、K741+000~K785+300段基本烈度为Ⅶ度,地震反应谱特征周期为0.35s,地震动峰值加速度为0.01g,其余段地震烈度为Ⅵ度,地震反应谱特征周期为0.35s地震动峰值加速度为0.05g。

路面结构:加宽新建成部分K693+960~K794+000段和K821+500~K847+056段,主线表面层3.5cm沥青玛蹄脂碎石抗滑层(SMA-13L型),中面层7cm中粒式沥青混凝土(LAC-20型),下面层11cm沥青稳定碎石(ATB-25型),上基层19cm厂拌水泥稳定碎石,下基层19cm厂拌水泥稳定碎石,底基层19cm厂拌水泥稳定碎石,垫层20cm级配碎石。K794+000~K821+500段主线新建加宽匝道路面结构表面层3.5cm沥青玛蹄脂碎石抗滑层(SMA-13L型),中面层6cm中粒式高模量沥青混凝土(LAC-20型),下面层7cm粗粒式沥青混凝土(LAC-25型)。联结层11cm厂拌再生泡沫沥青混凝土。上基层、下基层、底基层均为18cm厂拌水泥稳定碎石,垫层20cm级配碎石。

主要工程量:路基土石方1505万m^3,沥青混凝土路面572万m^2,大桥19座5403.8延米,中桥29座2077延米,小桥45座775.4延米,跨线天桥35座1598延米。分离式立交32座2307延米,涵洞173道,互通式立交9座,服务区4处,收费站9处。工期于2014年7月开工,2016年9月完工。

交通运输部于2013年3月下发[2013]211号文件批复项目初步设计工程概算投资884671万元。资金来源393447万元,其中车购税60000万元,高速公路通行费7523万元,六费返还37055万元,银行贷款288869万元(截至2015年12月)。

建设单位:辽宁省高等级公路建设局,组建3个项目指挥部。设计单位:辽宁省交通规划设计院。监理单位:辽宁驰通公路工程监理事务所、沈阳公路工程监理有限责任公司、辽宁第一交通工程监理事务所。中心试验室:辽宁省交通高等专科学校公路工程质量检测中心。土建工程、路基类9个合同段由中交第一公路工程有限公司等9家施工单位负责施工,桥梁类1个合同段由中铁十局集团有限公司负责施工,路面综合类6个合同段由北京城建道桥建设集团有限公司等6家施工单位负责施工,交通工程6个合同段由辽宁省公路建设第一有限公司等6家施工单位负责施工,桥梁加固2个合同段由辽宁五洲公路工程有限责任公司2家施工单位负责施工,地源热泵工程2个合同段由沈阳三色工程有限公司等负责施工,绿化工程6个合同段由河南荣基园林工程有限公司等6家负责施工。机电工程5个合同段由北京城达交通科技有限公司5家单位负责施工。项目在建设管理方面开展了一系列创新实践,全力推行标准化建设,大力推行新材料、新技术、新工艺的应用。如抗冻耐久混凝土、泡沫沥青冷再生、钢箱梁焊接、箱梁转体施工。提升了工程建设品质,努力打造成品质工程。项目建成通车对于提高完善国家高速公路网络,贯彻国家振兴东北地区老工业基地战略部署,提高沈阳—四平高速公路通行能力和服务水平,加快推进沈阳经济区经济一体化进程,促进经济社会协调发展具有重要意义。

六、沈阳至山海关高速公路

沈阳至山海关高速公路(简称"沈山高速公路"),起自沈阳过境绕城高速公路北李官互通式立交,经辽中、台安、盘锦、凌海、葫芦岛、兴城、绥中,止于省界龙家庄,与河北省京秦高速公路对接,全长361km。根据2004年12月国务院审议通过的《国家高速公路网规划》,沈山高速公路划入京哈高速公路,公路编号G1。

公路沿线为平原微丘区,跨越辽河、绕阳河、大凌河、小凌河、六股河、狗河、石河、强流河等河流,与沈大、盘海、锦阜、锦朝和沈阳过境绕城高速公路相连,与京哈、庄林、绥克、沈盘、沈环、小小、库二、鞍羊、大锦、阜锦、锦赤、兴凌、葫六等国省干线公路及京沈、秦沈、沟海等铁路相交。

沈山高速公路是国家"五纵七横"国道主干线,是东北三省及内蒙古东部地区入关进京的主通道,也是"九五"期间国家重点建设项目。沈山高速公路建设对辽宁乃至东北地区的经济发展和对外开放,特别是对促进辽宁西部地区的经济发展和环渤海经济带建设具有重大意义。

沈山高速公路建设前期工作于1993年启动,1994年9月国家计委批复项目建议书,1996年9月国家计委批复工程可行性研究报告,1996年9月交通部批复初步设计,1997年4月国家计委批复沈山高速公路利用亚洲开发银行2亿美元贷款计划,1997年7月经国务院同意,国家计委批准沈山高速公路项目开工。

沈山高速公路按8车道规划,6车道标准建设,其中路堑段、特大桥、互通式立交、跨线桥及服务区路段按8车道建设。路基宽34.5m(8车道路基宽42m),路面宽6×3.75m(8车道路面宽8×3.75m),中央分隔带宽3m,两侧应急车道宽3m,路基边沟外设5m绿化带,设计行车速度120km/h。桥梁设计荷载汽车—超20级、挂车—120。

路面厚73cm,其中上面层为4cm沥青混凝土抗滑层(AK-13A型),中面层为5cm中粒式沥青混凝土(AC-20I型),下面层为7cm粗粒式沥青混凝土(AC-30I型);上基层为20cm厂拌水泥稳定砂砾掺碎石或二灰稳定碎石,下基层为20cm厂拌水泥稳定砂砾、二灰稳定碎石或二灰稳定砂砾;垫层为17cm天然砂砾、未筛分碎石或风化岩石。

主要工程量:路基土石方6900万 m³,路面1150万 m²,特大桥5座8522延米,大桥45座9329延米、中桥115座7084延米、小桥105座2464延米,涵洞401道,通道桥496座,跨线桥40座,公铁立交7座;互通式立交18处;管理处7个,收费站19个,服务区8处。征用土地3848公顷,动迁房屋15.29万 m²,动迁厂矿企事业单位135家。

沈山高速公路分两段建设,全部实行工程招标,其中:

锦州至山海关段170km,实行国内招标,路基桥梁工程23个合同段、路面工程8个合同段、交通工程4个合同段、管理服务设施5个合同段。工程监理3个合同段。于1997年6月开工(兴城至锦州试验段60km,于1996年开工),1999年9月建成通车。

沈阳至锦州段191km为亚行贷款项目,实行国际招标,路基桥梁工程15个合同段、路面工程5个合同段,交通工程3个合同段、管理服务设施3个合同段。工程监理1个合同段。于1997年7月开工(盘锦苇塘区段路基采取就地取土方案,1996年冬季先期备土),2000年9月建成通车。

全线交通机电和绿化工程,省高等级公路建设局委托省高速公路管理局按照"四制管理"方式组织实施。

沈山高速公路于1997年6月开工,2000年9月全线建成通车,总工期39个月。

初步设计投资概算1029778万元,实际工程投资1028479万元,其中交通部补助205700万元,省养路费投资123642万元,高速公路通行费投资81186万元,车辆购置附加费分成资金16189万元,亚洲开发银行贷款2亿美元(折合人民币166000万元),国内银行贷款389538万元,财政债券转贷资金47000万元。平均每公里造价2849万元。

沈山高速公路由辽宁省高等级公路建设总指挥部组织建设,辽宁省交通厅作为项目主管部门,按照全省高速公路建设"统一规划,统一建设,统一管理,统贷统还"的管理体制,对项目实行监督管理。该工程是辽宁省第三个利用亚行贷款项目,业主法定代表人为省交通厅厅长田育广,其中沈阳至锦州段项目负责人为省交通厅副厅长张恭宪,锦州至山海关段项目负责人为省交通厅副厅长刘政奎,技术总监为省交通厅总工程师曹右元。公路沿线沈阳、鞍山、盘锦、锦州、葫芦岛市按省政府要求组建市指挥部,具体负责行政辖区内征地动迁和地方协调工作,省交通厅代表省政府与各市政府签订征地动迁投资包干协议。

沈山高速公路实行项目法人责任制,依据省交通厅制定的《辽宁省高速公路建设项目法人责任制暂行规定》,省交通厅授权辽宁省高等级公路建设局(以下简称省高建局)作为全省高速公路建设期的项目法人,省高建局与省交通厅签订沈山高速公路建设目标管理责任状,对建设项目设计、施工、质量、进度、资金运行全过程负责。

为强化对沈山高速公路工程管理,省高建局组建两个项目指挥部,实行法人代表授权责任制。各项目指挥部对管段内工程质量、施工进度、投资控制、安全生产、廉政建设及征地动迁地方协调等实施全面管理。

工程设计单位：辽宁省交通勘测设计院、交通部公路规划设计院等。主要施工单位：辽宁省路桥建设总公司、沈阳高等级公路建设总公司、交通部第一公路工程公司、交通部第二公路工程局、北京城建集团、铁道部第十八工程局、铁道部第十三工程局、铁道部第十九工程局第三工程处、铁道部第五工程局、沈阳铁路局沈阳工程总公司、黑龙江省路桥建设总公司、吉林省公路工程局、山西省路桥建设总公司、大连公路工程总公司、锦州市道桥工程公司、鞍山市公路工程处、丹东市公路工程处、本溪市公路工程集团公司、葫芦岛市交通建设集团、辽河油田筑路工程公司、辽宁省交通工程公司、辽宁省交通建筑工程公司、辽阳市第四建筑工程公司等。监理单位：辽宁第一交通工程监理事务所、美国路易斯·伯杰监理咨询公司、北京育才交通工程监理公司、沈阳公路工程监理有限责任公司等。辽宁省交通工程质量监督站行使政府监督职能。

沈山高速公路为当时国内建设规模最大、标准最高、里程最长的高速公路建设项目。国务院、国家计委、交通部和辽宁省委、省政府对沈山高速公路建设高度重视，1997年10月5日国务院副总理邹家华、交通部副部长李居昌、辽宁省委书记闻世震等领导同志为沈山高速公路工程开工奠基。2000年9月15日辽宁省政府在沈阳收费站广场举行沈山高速公路全线通车仪式，全国人大常委会副委员长邹家华、交通部部长黄镇东、辽宁省委书记闻世震为通车剪彩。

为争创设计、施工、管理、质量"四个一流"，1997年8月辽宁省交通厅制定《沈山高速公路工程创一流实施纲要》（以下简称《纲要》），作为工程项目管理的纲领性文件，《纲要》明确提出工程建设的指导思想、奋斗目标、技术标准、质量指标、管理重点、对策措施。《纲要》规定工程设计在严格执行国家规范标准上限的基础上，路基、路面、桥梁、互通立交等工程主要技术指标适当提高1~2档。工程质量指标在执行国家规范标准上限的基础上，适当提高路基、路面、桥梁等重点项目、重点部位的质量标准1~3个百分点或1~2档。《纲要》明确建设项目实行法人责任制、工程招投标制、工程监理制和合同管理制；建立健全"政府监督、社会监理、企业自检"三级质量保证体系；建立工程质量奖罚机制，实行工程管理目标责任制；建立完善廉政建设责任制和廉政监督机制；《纲要》要求以科技为先导，全力攻克风积砂路基段、苇塘水田软土地基段施工难题，认真解决适应寒冷地区具有抗滑性能和抗裂性能的沥青混凝土路面结构，解决和防治桥头跳车、路面裂缝及不均匀沉降等质量通病；《纲要》明确沈山高速公路工程要争创"四个一流"，争创省部级优质工程，达到国内一流水平。

沈山高速公路项目工程建设和施工监理采取公开招标投标方式，其中沈阳至锦州段利用亚行贷款实行国际招标，锦州至山海关段实行国内招标。工程招标坚持"公开、公平、公正和诚信"的原则,严格执行"专家评标、法人定标、政府监督"的评标规定。通过招投标择优选择具有资质、能力、诚实守信的施工和监理单位,为工程顺利实施提供人力保障。

在沈山高速公路建设中,广大筑路工人、工程技术和管理人员发挥聪明才智,成功解决辽中、台安、盘锦90多公里无砂石地区路基填料难题,经过多次试验,探索出一套采用当地风积砂填筑施工工艺,既保证工期,又降低造价;对盘锦地区70km无砂石地区苇塘沼泽和水田软土地基段施工,通过多次试验,摸索出冬季在公路两侧挖塘取土、春季翻拌晾晒、施工掺拌白灰、抛石挤淤固化基底、路基顶部采用透水性填料等办法,路基填筑质量全部达到设计规范和质量标准要求。在桥梁和路面施工中,积极采用新技术、新工艺、新材料,外露混凝土一律采用大块钢制模板,梁板集中拌和预制、石料水洗、内在质量与外观形象均有新的突破。兴城服务区为国内第一个建成的跨路餐厅,成为沈山高速公路一个标志性建筑(图7-1-10)。两侧塔楼高43.38m,钢筋混凝土结构,混凝土预制群桩和钢筋混凝土灌注桩基础。跨路横梁采用现浇部分预应力混凝土箱梁钢架拱结构,净跨70.2m,跨中距路面12.8m。

图7-1-10 沈山高速公路兴城服务区

2000年9月省交通厅组织交工验收,216个单位工程,优良率达到94%,综合评分92.17分,评为优良工程。2002年11月交通部组织对沈山高速公路进行竣工验收,质量评定优良。

2001年11月沈山高速公路被交通部评为"1999—2001年全国公路建设质量年活动优秀项目"。2003年2月沈山高速公路荣获交通部"三优"工程一等奖。2003年11月沈山高速公路荣获第三届中国土木工程詹天佑奖。

七、锦州至朝阳高速公路

锦州至朝阳高速公路(简称"锦朝高速公路"),起自锦州市松山,经十里台、板石沟、班吉塔、松岭门、双庙、西营子、腰而营子,止于朝阳市西大营子,全长93km。根据2004年12月国务院审议通过的《国家高速公路网规划》,锦朝高速公路划入丹锡高速公路,公路编号G16,见图7-1-11。

图7-1-11 锦州至朝阳高速公路

锦朝高速公路沿线多为山岭重丘区,公路跨越女儿河、小凌河、大凌河等河流,穿越松岭山脉,南连沈山高速公路,北接当时正建设中的铁朝高速公路,并与京哈、京沈、锦赤、朝青、阜锦、鞍羊等国省干线公路及京沈、秦沈、沈承等铁路相交。锦朝高速公路对提高锦州港的集疏运能力,加快辽宁西部地区经济发展,扩大与内蒙古东部地区经贸往来,促进沿线旅游资源开发具有重要意义。

锦朝高速公路项目于1999年2月由交通部批复项目建议书,1999年7月批复工程可行性研究报告,2000年1月批复初步设计。

锦朝高速公路采用双向4车道标准,路基宽26m,行车道路面宽4×3.75m,中央分隔带宽2m,两侧应急车道宽3m,设计行车速度100km/h。桥梁设计荷载汽车—超20级、挂车—120。

路面厚67cm,上面层为4cm SBS改性沥青混凝土(AK-13A型),中面层为5cm中粒式SBS改性沥青混凝土(AC-20I型),下面层为6cm粗粒式沥青混凝土(AC-25I型);上基层为18cm厂拌水泥稳定砂砾掺破碎砾石,下基层为19cm厂拌水泥稳定砂砾掺破碎砾石;垫层为15cm级配碎石。

主要工程量:路基土石方2515万m³,沥青混凝土路面228万m²;大桥13座4295延米,中桥9座717延米,小桥27座505延米,涵洞135道,通道桥66座,跨线桥26座;互通立交5处;管理处2个,收费站6处,服务区1处。征用土地642.8公顷,动迁房屋5.14万 m^2,动迁厂矿企事业单位39家。

锦朝高速公路工程全部实行国内竞争性招标,路基工程13个合同段,路面工程3个合同段,交通工程3个合同段,管理服务设施1个合同段。工程监理1个合同段。交通机电和绿化工程由省高速公路管理局按"四制管理"方式组织建设。

工程于2000年7月开工,2002年8月竣工,工期25个月。

初步设计投资概算255840万元,实际工程投资221327万元,其中省养路费投资32374万元、高速公路通行费投资38196万元、车辆购置附加费分成3301万元、银行贷款143339万元。平均每公里造价2380万元。

锦朝高速公路由辽宁省高等级公路建设总指挥部组织建设,项目主管部门为辽宁省交通厅,项目负责人为省交通厅副厅长刘政奎。锦州、朝阳市按省政府要求组建市指挥部,具体负责行政辖区内征地动迁和地方协调工作,省交通厅代表省政府与各市政府签订征地动迁投资包干协议。

锦朝高速公路实行建设项目法人责任制,依据省交通厅制定的《辽宁省高速公路建设项目法人责任制暂行规定》,项目法人省高建局组建锦朝项目指挥部,实行法人代表授权责任制。项目指挥部对工程质量、施工进度、投资控制、安全生产、廉政建设及征地动迁地方协调等实施全面管理。

主要设计单位:辽宁省交通勘测设计院、交通部中交规划设计院。主要施工单位:锦州道桥工程公司、本溪市公路工程处、丹东市公路工程处、中铁十二局集团有限公司、沈阳高等级建设总公司、北京城建集团、中铁十三局第一工程处、中铁十九局第三工程处、黑龙江省路桥建设总公司、辽宁省交通建筑工程公司、辽宁大通公路工程公司等。监理单位:辽宁第一交通工程监理事务所、山西省交通建设工程监理总公司等。辽宁省交通工程质量监督站行使工程质量政府监督职能。

八、锦州至阜新高速公路

锦州至阜新高速公路(简称"锦阜高速公路"),起自锦州市双羊镇明字屯,经大业、余积、七里河、义县、高台子、清河门、伊马图、东梁镇,止于阜新市四合镇,全长117km,见图7-1-12。根据2004年12月国务院审议通过的《国家高速公路网规划》,列为阜新至锦州高速公路,公路编号G2512。

锦阜高速公路沿线为平原微丘区,公路跨越大凌河、大定河、柳河、伊马图河等河流,南连沈山高速公路,北接建设中的铁朝高速公路,并与京哈、京沈、庄林、大锦、阜锦、鞍羊、小小等国省干线公路及京沈、秦沈、新义等铁路相交。

锦阜高速公路是国家和辽宁省高速公路网的重要组成部分,是辽宁西部地区和内蒙古东部地区重要的出海通道,对加快辽西地区经济发展和对外开放具有重要意义。

图 7-1-12　锦州至阜新高速公路

1998 年 12 月交通部批复项目建议书,1999 年 5 月批复工程可行性研究报告,2000 年 3 月批复初步设计。

锦阜高速公路采用平原微丘区双向 4 车道标准,路基宽 26m,行车道路面宽 4×3.75m,中央分隔带宽 2m,两侧应急车道宽 3m,设计行车速度 100km/h。桥梁设计荷载汽车—超 20 级、挂车—120。

路面厚 70cm,上面层为 4cm SBS 改性沥青混凝土(AK-16A 型),中面层为 5cm 中粒式 SBS 改性沥青混凝土(AC-20I 型),下面层为 6cm 粗粒式沥青混凝土(AC-25I 型);上基层为 19cm 厂拌水泥稳定砂砾掺破碎砾石,下基层为 20cm 厂拌二灰稳定砂砾掺破碎砾石或水泥稳定砂砾;垫层为 16cm 天然砂砾。

主要工程量:路基土石方 1260 万 m³,沥青混凝土路面 285 万 m²;特大桥 1 座 1508 延米,大桥 18 座 4066 延米,中桥 27 座 1929 延米,小桥 25 座 705 延米,涵洞 119 道,跨线桥 27 座,通道桥 123 座,公铁立交 2 座 607 延米,分离式立交 10 座 773 延米,互通式立交 7 座;管理处 2 个,收费站 7 处,服务区 1 处。征用土地 735.7 公顷,动迁房屋 2.96 万 m²,动迁厂矿企事业单位 39 家。

锦阜高速公路工程全部实行招标,路基桥梁工程 15 个合同段,路面工程 3 个合同段,交通工程 3 个合同段,管理服务设施 1 个合同段。工程监理 1 个合同段。交通机电工程和绿化工程由省高速公路管理局按"四制管理"方式组织建设。

工程于 2000 年 7 月开工,2002 年 8 月竣工,工期 25 个月。

初步设计投资概算 278044 万元,实际工程投资 229823 万元,其中省养路费投资

39274万元、高速公路通行费投资38145万元、车辆购置附加费分成3320万元、银行贷款149001万元。平均每公里造价1964万元。

锦阜高速公路由辽宁省高等级公路建设总指挥部组织建设,项目主管部门为辽宁省交通厅,项目负责人为省交通厅副厅长张恭宪。锦州、阜新市按省政府要求组建市指挥部,具体负责行政辖区内征地动迁和地方协调工作,省交通厅代表省政府与各市政府签订征地动迁投资包干协议。

锦阜高速公路实行建设项目法人责任制,依据省交通厅制定的《辽宁省高速公路建设项目法人责任制暂行规定》,项目法人省高建局组建锦阜项目指挥部,实行法人代表授权责任制。项目指挥部对工程质量、施工进度、投资控制、安全生产、廉政建设及征地动迁地方协调等实施全面管理。

工程设计单位:辽宁省交通勘测设计院。主要施工单位:辽宁省路桥建设总公司、北京城建集团有限责任公司、北京市公路桥梁建设公司、沈阳高等级公路建设总公司、中铁十九局第三工程处、中铁十三工程局、中铁二局集团有限公司、中交二公局三公司、辽河石油勘探局筑路工程公司等。监理单位:沈阳公路工程监理公司、北京华路捷公路工程技术咨询公司等。辽宁省交通工程质量监督站行使工程质量政府监督职能。

路线在义县K48+800～K49+500段通过煤矿采空区,经物探测试及钻探资料,施工中采用注浆回填、碎石桩等技术对煤矿采空区地下空洞进行处理。在沥青面层施工中,严格控制原材料质量,对进场沥青车进行检验,中、上面层采用现场改性沥青;对石灰岩、玄武岩、机制砂、矿粉等材料,从材料选购到进场层层把关,确保集料规格、压碎值、针片状含量等符合设计标准,上面层玄武岩石料经水洗后方可使用。沥青混合料目标配合比设计、生产配合比设计,各项指标中值严格控制在3%范围以内,级配曲线连续平滑,并在施工现场采取随机抽检方式验证沥青混合料质量。项目指挥部邀请大专院校、科研单位的专家和设计单位的工程技术人员与施工单位共同研究确定生产配合比设计,并引入最新的设计理论,控制直径4.75mm以下集料、机制砂、矿粉用量,使沥青混凝土质量有了大幅度提高;路面摊铺采用进口大型压路机高温重压,密实度、平整度均达到或超过《锦阜高速公路工程创一流实施纲要》要求。

九、盘锦至海城高速公路(含营口连接线)

盘锦至海城高速公路(含营口连接线)(简称"盘海高速公路"),全长107km,见图7-1-13。起自盘锦市西五棵树,与沈山高速公路相连,经陆家、盘锦、大洼、西安、石佛、旗口、感王,止于海城市下夹河,与沈大高速公路相连,路线长80km;营口连接线起自石佛枢纽立交,经高坎,止于大石桥市前坎,与沈大高速公路相连,路线长27km。根据2004年12月国务院审议通过的《国家高速公路网规划》,盘锦至海城高速公路划入丹锡高速公路,公路编号 G16。2005 年省交通厅将营口连接线划入阜营高速公路,公路编号 S21。

图 7-1-13　盘海高速公路

盘海高速公路(含营口连接线)沿线为平原区,公路经过盘锦水网沼泽地区,跨越双台河、辽河等河流,与沈山、沈大高速公路相连,并与庄林、沈营、沈盘、库二、中新、岫水、吉高等国省干线公路相交。

盘海高速公路是国家和辽宁省高速公路网的重要组成部分,连接沈大、京沈两大交通动脉,是辽东、辽南入关进京的捷径,对加强辽宁西部、南部和中部城市群横向联系,促进区域经济发展具有重要意义。

1998 年 12 月交通部批复项目建议书,1999 年 5 月批复工程可行性研究报告,1999 年 9 月批复初步设计。

盘海高速公路(含营口连接线)采用双向 4 车道标准。盘锦西五棵树至石佛立交段 53km,路基宽 28m,行车道路面宽 4×3.75m,中央分隔带宽 3m,两侧应急车道宽 3m,设计行车速度 120km/h;石佛至下夹河段 27km 和营口连接线 27km,路基宽 26m,行车道路面宽 4×3.75m,中央分隔带宽 2m,应急车道宽 3m,设计行车速度 100km/h。桥梁设计荷载汽车—超 20 级、挂车—120。

路面厚 72cm,上面层为 4cm AK-16A 改性沥青混凝土,中面层为 5cm AC-20I 中粒式改性沥青混凝土,下面层为 6cm AC-25I 粗粒式沥青混凝土;上基层为 20cm 厂拌水泥稳定碎石或水泥稳定砂砾掺破碎砾石,下基层为 20cm 厂拌二灰稳定碎石或二灰稳定砂砾掺破碎砾石;垫层为 17cm 级配砂砾。

主要工程量:路基土石方 1716 万 m³;沥青混凝土路面 259 万 m²;特大桥 2 座 3166 延米,大桥 19 座 3781 延米,中桥 59 座 3996 延米,小桥 76 座 1819 延米,涵洞 114 道,通道桥

114座,跨线桥1座;互通立交10座;管理处2个,收费站8处,服务区1处。征用土地787.9公顷,动迁房屋1.94万 m^2,动迁厂矿企事业单位2家。

盘海高速公路(含营口连接线)工程全部实行招标,路基桥梁工程15个合同段,路面工程2个合同段,交通工程2个合同段,管理服务设施1个合同段。工程监理1个合同段。交通机电和绿化工程由省高等级公路建设局委托省高速公路管理局按照"四制管理"方式组织实施。

工程于1999年11月开工,2002年8月建成通车,工期33个月。

初步设计投资概算404757万元,实际工程投资339171万元,其中交通部补助16100万元、省养路费投资54400万元、高速公路通行费投资46957万元、银行贷款221143万元。平均每公里造价3170万元。

盘海高速公路(含营口连接线)由辽宁省高等级公路建设总指挥部组织建设,项目主管部门辽宁省交通厅。鞍山、营口、盘锦市按省政府要求组建市指挥部,具体负责行政辖区内征地动迁和地方协调工作,省交通厅代表省政府与各市政府签订征地动迁投资包干协议。

盘海高速公路(含营口连接线)实行建设项目法人责任制,依据省交通厅制定的《辽宁省高速公路建设项目法人责任制暂行规定》,项目法人省高建局组建盘海项目指挥部,实行法人代表授权责任制。项目指挥部对工程质量、施工进度、投资控制、安全生产、廉政建设及征地动迁地方协调等实施全面管理。

工程设计单位:辽宁省交通勘测设计院。主要施工单位:北京城建集团、辽宁省路桥建设总公司、沈铁工程建设集团、中铁十九局第三工程处、中铁十三局、沈阳高等级公路建设总公司、鞍山公路工程总公司、武警交通二总队、沈阳三鑫公路工程有限公司等。监理单位:北京育才工程监理公司、沈阳公路工程监理公司、辽宁驰通公路工程监理事务所。辽宁省交通工程质量监督站行使工程质量政府监督职能。

盘海高速公路途经苇田、沼泽和水田区为海相沉积地带,地质软弱,地下水位高,土质承载力低。采取由北镇、大石桥外运石渣,普遍强填60cm,特殊地段石渣增厚到100~150cm,以此稳定基底的施工工艺。对就地取土,采取翻拌晾晒、掺拌白灰、冲击碾压的路基填筑办法。桥梁台背高填方路基段采用粉喷桩固化地基,对台背回填料强夯处理,防止桥头跳车。

在路面施工中,承担5km(双幅)SMA路面科研攻关试验段任务,采用辽河、北方2种基质沥青,省内产2种玄武岩,辽宁产、北京产和德国进口的3种木质纤维素及SBS改性剂,组成4种SMA(沥青玛蹄脂碎石)沥青混合料配合比结构,为沈大高速公路改扩建工程路面面层采用SMA结构进行探索试验,积累经验。

十、丹东至大连高速公路

丹东至大连高速公路(简称"丹大高速公路"),起自丹东市古城子,经前阳、东港、马家店、大孤山、栗子房、青堆子、庄河、城子坦、皮口、澄沙河,止于缸窑,全长254km,见图7-1-14。根据2004年12月国务院审议通过的《国家高速公路网规划》,丹大高速公路划入鹤大高速公路,公路编号G11。

图7-1-14 丹大高速公路

公路沿线为平原微丘区,跨越柳林河、大洋河、英那河、庄河、碧流河、沙河等河流,北连沈丹高速公路,南接沈大、丹大连接线,与鹤大、丹霍、庄林、大盘、张庄、城八、海皮等国省干线公路及金城铁路相交。

丹大高速公路是国家高速公路网的重要组成部分,也是辽宁省环黄海渤海高速公路的重要路段,具有重要的政治、经济、国防地位,对增强大连港、丹东港和庄河港集疏运能力,促进"五点一线"沿海经济带发展具有重要作用。丹大高速公路分丹东至庄河、大连至庄河两段建设。

(一)丹东至庄河高速公路

2001年5月辽宁省计委上报丹大高速公路丹东至庄河段项目建议书,2003年2月经国务院批准,国家计委批复丹大高速公路丹东至庄河段可行性研究报告,2003年6月交通部批复丹大高速公路丹东至庄河段初步设计。

丹庄高速公路全长136km,采用平原微丘区4车道标准,路基宽26m,行车道路面宽4×3.75m,中央分隔带宽2m,两侧应急车道宽3m,设计行车速度100km/h;桥梁设计荷载汽车—超20级、挂车—120。

路面厚75cm,其中上面层为4cm SMA-13L改性沥青混凝土,中面层为5cm LAC-20I

中粒式改性沥青混凝土,下面层为 6cm LAC-25I 粗粒式沥青混凝土(坡度大于 2% 的上坡路段采用 SBS 改性沥青混凝土);上基层为 21cm 厂拌水泥稳定碎石或水泥稳定砂砾掺破碎砾石,下基层为 21cm 厂拌二灰稳定砂砾、二灰稳定碎石或水泥稳定砂砾掺破碎砾石;垫层为 18cm 石渣。

主要工程量:路基土石方 1853 万 m^3,沥青混凝土路面 325 万 m^2(其中 SMA 沥青混凝土上面层除大洋河特大桥及引线外,待路基沉降稳定后再施工);特大桥 1 座 1367 延米,大桥 20 座 3472 延米,中桥 28 座 1605 延米,小桥 51 座 1026 延米,涵洞 218 道,通道 169 座,跨线桥 15 座,分离式立交 13 座;互通式立交 7 处;管理处 2 个,收费站 7 处,服务区 1 处。交工验收后,增加吴炉互通式立交及收费站等配套设施,增加东港连接线二级公路 14.2km。全线征用土地 978.8 公顷,动迁房屋 5.35 万 m^2,动迁厂矿企事业单位 30 家。

丹庄高速公路工程全部实行招标,路基桥梁工程 12 个合同段,路面工程 4 个合同段,交通工程 4 个合同段,管理服务设施 2 个合同段。工程监理 2 个合同段。交通机电和绿化工程由省高速公路管理局按照"四制管理"方式组织实施。

工程于 2003 年 8 月开工,2005 年 9 月建成通车,建设工期 25 个月。初步设计投资概算 364193 万元,实际工程投资 280769 万元,其中交通部补助 21300 万元、高速公路通行费投资 76271 万元、银行贷款 165936 万元。平均每公里造价 2064 万元。

丹庄高速公路由辽宁省高等级公路建设总指挥部组织建设。项目主管部门辽宁省交通厅。丹东、大连市按省政府要求组建市征地动迁办公室,具体负责行政辖区内征地动迁和地方协调工作,省交通厅代表省政府与各市政府签订征地动迁投资包干协议。

丹庄高速公路实行建设项目法人责任制,依据省交通厅制定的《辽宁省高速公路建设项目法人责任制暂行规定》,项目法人省高建局组建丹庄项目指挥部,实行法人代表授权责任制。项目指挥部对工程质量、施工进度、投资控制、安全生产、廉政建设及征地动迁地方协调等实施全面管理。

工程设计单位:辽宁省交通勘测设计院。主要施工单位:辽宁省路桥建设总公司、大连公路工程集团有限公司、沈阳高等级建设总公司、中铁一局集团有限公司、中铁四局集团有限公司、中铁十三局集团第三工程公司、中铁十八局集团第五工程公司、中铁十九局集团第三工程公司、中国航空港建设第八工程总队、抚顺公路建设集团公司、辽河油田筑路工程公司、辽宁省交通工程公司、辽宁金帝第二建筑工程公司等。监理单位:辽宁第一交通工程监理事务所、山西省交通建设工程监理总公司等。辽宁省交通工程质量监督站行使政府监督职能。

丹庄高速公路位于黄海之滨,路段多处于第四系覆盖的山前冲海积平原,沿线多处为沼泽洼地,海积层分布较广,尤其大洋河大桥区域受潮汐影响,淤泥质亚黏土、淤泥层较厚。对 50km 软土地基路段,施工中采用抛石挤淤、自重预压、塑料排水板、粉喷桩、碎石桩、CFG桩(水泥粉喷振动碎石桩)及修建反压护坡道等多种形式综合处理。

公路通过国家鸭绿江口湿地保护试验区,大洋河特大桥设计采取从大洋河湿地缓冲区、采用大跨径桥梁跨越的方案,尽量减少河道中工程量,降低桥梁下部构造物对河流的阻塞,并设置桥面纵向集中排水系统,避免对湿地生态环境造成污染。项目指挥部严格贯彻落实省交通厅《环境影响报告书》和《水土保持方案报告书》的规定,将桥梁基础施工大多安排在冬季,控制钻孔泥浆排放;对施工临时占地、拌和站设置、施工便道维护、生产生活垃圾处理严加管理,最大限度地降低对环境的影响。

丹庄高速公路开工之际,正值"非典"疫情猖獗之时。为防止来自全国各地参与招投标和中标的施工单位传播疫情,项目指挥部按地方政府的要求,周密组织,严格控制,未发生"非典"疫情传播情况,保证了工程建设顺利实施。

(二)大连至庄河高速公路

大庄高速公路由大连市(计划单列)组织建设,建设项目由大连市发改委审批。

大庄高速公路全长118km,采用平原微丘区4车道标准,路基宽26m,行车道路面宽4×3.75m,中央分隔带宽3m,两侧应急车道宽2.5m,设计行车速度100km/h;桥梁设计荷载汽车—超20级、挂车—120。

路面上面层为4cm沥青混凝土抗滑层,中面层为5cm中粒式沥青混凝土,下面层为6cm粗粒式沥青混凝土,基层为32cm水泥稳定砂砾。

主要工程量:路基土石方1705万m³,沥青混凝土路面298万m²;大桥9座1635延米,中桥31座1561延米,小桥60座550延米,涵洞285道,跨线桥27座;互通式立交9处;管理处1个,收费站10处。全线征用土地596公顷,动迁房屋15871m²,砍树47988棵。

大庄高速公路工程分两期建设。一期工程采用一级公路标准,时称黄海大道,1996年9月开工,1998年9月竣工;二期工程按高速公路标准实行全封闭,修建互通式立交、增补路面、完善配套工程,1999年4月开工,2002年10月竣工。

工程投资为126000万元,其中养路费投资36000万元,地方自筹60000万元,省养路费补助30000万元。

大庄高速公路由大连市政府组织建设。项目主管部门为大连市交通局。设计单位:大连市交通规划勘察设计院。主要施工单位:大连市公路工程总公司、庄河市公路工程公司、沈阳市政工程公司、庄河第二建筑公司等。大连市交通工程质量监督站行使政府监督职能。

十一、抚顺(南杂木)至沈阳高速公路

抚顺(南杂木)至沈阳高速公路位于抚顺、沈阳两市境内,起于抚顺市新宾县南杂木

镇北,途经抚顺县的哈达镇、章党镇、高湾镇,东陵区的高坎镇、满堂乡。终点位于英达镇北,与已建成的沈阳过境绕城高速公路东段衔接,路线全长76km[国家高速公路网东西横向联络线沈阳至吉林高速公路(编号G1212)抚顺南杂木至沈阳段],见图7-1-15。

图7-1-15　抚顺(南杂木)至沈阳高速公路

整体式路基全宽26m,双向4车道,中央分隔带宽2m,分离式路基全宽13m,跨主线桥梁净空5.5m。设计行车速度100km/h,设计路面标准轴载为100kN,设计桥涵荷载为汽车—超20级、挂车—120,设计桥涵洪水频率大、中、小桥及涵洞为1/100。

路面主线填方、土质挖方段、匝道沥青路面结构为上面层4cm沥青玛琋脂碎石抗滑层(SMA-16L型),中面层5cm中粒式沥青混凝土(LAC-20I型),下面层7cm粗粒式沥青混凝土(LAC-25I型);上基层20cm厂拌水泥稳定碎石或水泥稳定砂砾掺破碎砾石,下基层20cm厂拌二灰稳定碎石;垫层16cm砂砾。主线石质挖方段沥青路面结构为上面层4cm沥青玛琋脂碎石抗滑层(SMA-16L型),中面层5cm中粒式沥青混凝土(LAC-20I型),下面层7cm粗粒式沥青混凝土(LAC-25I型);上基层16cm厂拌水泥稳定碎石,下基层16cm厂拌二灰稳定碎石;垫层14cm级配碎石。隧道、桥梁路面结构上面层为4cm沥青玛琋脂碎石抗滑层(SMA-16L型),中面层5cm中粒式沥青混凝土(LAC-20I型)。

完成路基土石方1262万m^3,大桥14座3197延米,中桥23座1577延米,小桥8座216延米,跨线桥17座1597延米,公铁分离式立交3座272延米,通道桥44座891延米,隧道2座3822单幅延米,涵洞127道,互通式立交6座,收费站7处,服务区1处,管理处1处,连接线4.55km。全线征用土地481公顷,动迁房屋4.98万m^2,动迁企业单位59家。

工程2004年8月开工,2006年9月建成通车。

省交通厅于 2003 年开始进行抚顺(南杂木)至沈阳高速公路的前期工作。2004 年 2 月 13 日,交通部批复初步设计,批复概算投资 258625 万元,实际完成投资 216641 万元。资金来源 214590 万元,其中交通部车购税 22500 万元,通行费 52971 万元,银行贷款 136909 万元,沈阳市自筹 2210 万元。

项目法人省高建局,为全面加强沈抚高速公路的组织领导,省高建局组建抚顺(南杂木)至沈阳高速公路项目指挥部。设计单位为省交通勘测设计院;监理单位为辽宁驰通公路工程监理事务所;监督单位为辽宁省交通工程质量与安全监督局(简称"省质安局")。

房建、机电、绿化工程,委托省高速公路管理局负责组织建设实施;高湾至三宝屯连接线、国道 202 改线,委托省公路管理局负责组织建设实施。

路基桥涵工程 9 个合同段,由省路桥建设一公司、中铁十九局集团第三工程有限公司、中铁十三局集团有限公司、辽宁五洲公路工程有限责任公司等 9 家单位中标承建;路面工程 3 个合同段,由大连公路工程集团有限公司、吉林省交通建设集团有限公司、中铁十九局集团第三工程有限公司 3 家单位中标承建;交通安全设施工程 2 个合同段,由省路桥建设一公司、沈阳三鑫集团有限公司 2 家单位中标承建。

抚顺(南杂木)至沈阳高速公路是《国家高速公路网规划》和辽宁省公路网的主骨架组成部分,是吉林与辽宁两省关内联系的重要交通要道。它的建成,对于促进辽宁东部乃至吉林东部和整个东北地区的经济增长,促进东北三省一体化经济体系建设,带动上述地区相关产业的调整、发展,促进矿产、旅游资源的发展,改善沿线地区经济水平,具有十分重要的意义。

十二、沈阳至彰武高速公路

沈阳至彰武高速公路路线起点位于沈阳城北大转弯村,与沈阳过境绕城高速公路(北环)大转弯互通式立交相接,经造化、老边、高台子、于家窝铺,终点位于阜新市彰武县东 3km 的白山土屯村西,与铁岭至朝阳高速公路彰武互通式立交连接,跨越沈阳市于洪区、沈阳市辖新民市、阜新市彰武县,路线全长 86.4km,见图 7-1-16。沈阳至新民段 42km,新民至彰武段 44km[国家高速公路网丹东至阜新高速公路(编号 G1113)沈阳至新民段]。

双向 4 车道,路基宽度 26m,中央分隔带宽 2m。主线桥下净空 5.5m。设计行车速度 100km/h,桥梁设计荷载汽车—超 20 级,挂车—120;设计路面标准轴载为 100kN;设计桥涵洪水频率特大桥为 1/300,大、中、小桥及涵洞为 1/100。

路面主线、匝道沥青路面结构上面层 4cm 沥青玛蹄脂碎石抗滑层(SMA-13L 型),中面层 5cm 中粒式沥青混凝土(LAC-20I 型),下面层 7cm 粗粒式沥青混凝土(LAC-25I 型);

上基层20cm厂拌水泥稳定碎石,下基层20cm厂拌水泥稳定碎石;垫层16cm级配碎石。桥面铺装结构上面层4cm沥青玛蹄脂碎石抗滑层(SMA-13L型),下面层5cm中粒式沥青混凝土(LAC-20I型)。

图7-1-16 沈阳至彰武高速公路

完成路基土石方1227万 m³,沥青混凝土路面217万 m²,特大桥1座1146延米,大桥3座754延米,中桥13座854延米,小桥19座410延米,通道桥83座1611延米,公公分离式立交22座1966延米,跨线桥14座1202延米,涵洞149道,互通式立交5座,收费站4处,服务区1处。全线征用土地530.6公顷,动迁房屋0.156万 m²,动迁企业及单位23家。

工程2005年10月开工,2007年10月建成通车。

交通部2005年8月10日批复初步设计,批复概算投资270970万元,完成投资217360万元。投资来源217525万元,其中中央基建自筹37800万元,省通行费38351万元,国内银行贷款141.374万元。

项目法人为省高建局;设计单位为省交通勘测设计院;监理单位为辽宁驰通公路工程监理事务所;监督单位为省质安局。

交通管理设施、绿化、通信工程由省高速公路管理局负责组织建设。

沈阳、阜新市成立征地动迁办公室,具体负责辖区内征地动迁、地方协调事宜。

项目建设采取招投标,择优选择施工队伍。路基桥涵工程划分10个合同段,由龙建路桥股份有限公司、山西路桥第二工程有限公司、辽宁丹东公路工程局等10家单位中标承建;路面工程划分2个合同段,由路桥集团第二公路工程局、沈阳高等级公路建设总公司中标承建;交通安全设施工程划分2个合同段,由四川路桥建设集团交通工程有限公司、省交通设施公司中标承建。

沈阳至彰武高速公路经过25cm风积沙地区,路基填料主要使用风积沙,路基横断面尺寸合理,路基边坡稳定,施工工艺采用固化剂减少施工用水量,解决了风积沙路基压实等诸多问题,达到最佳工程效果。

沈阳至彰武高速公路是《国家高速公路网规划》和辽宁省高速公路网的重要组成部分,既连接沈阳、新民、彰武、阜新等辽宁中西部主要县市,又随着彰武至通辽段高速公路的建设,大大缩短内蒙古自治区通辽地区与沈阳地区的时空距离,开辟朝阳和赤峰地区与沈阳经济区之间的一条快速通道。它的建成,有利于沿线矿产、旅游等资源的开发和利用,进一步发挥地区优势,促进沿线地区的经济全面发展,对于辽宁省及周边地区的经济发展发挥重要作用。

十三、铁岭(毛家店)至朝阳(三十家子)高速公路

铁岭(毛家店)至朝阳(三十家子)高速公路(图7-1-17)起于沈阳至四平高速公路毛家店收费站(辽吉省界),止于朝阳市三十家子镇辽冀交界处,对接河北平泉至承德市高速公路,路线全长530km(国家高速公路网南北纵线主干长春至深圳高速公路编号G25,其中国家高速公路康平至三十家子段442km,康平至四平段省级高速公路编号S17,路线长84km,主线起点至杏山4km,是沈四高速公路改扩建)。

图7-1-17 铁岭(毛家店)至朝阳(三十家子)高速公路

路线经过铁岭市、沈阳市、阜新市和朝阳市。经昌图县、法库县、康平县、彰武县、阜新蒙古族自治县、阜新市新邱区、细河区、北票市、朝阳市北、喀左县、凌源市,终止于凌源市三十家子镇。

铁岭(毛家店)至朝阳(三十家子)高速公路分为2个施工区段,铁岭至阜新264km(其中含主线起点至杏山段3.75km),另建锦州至阜新高速公路连接线1.5km;阜新至朝阳266km,另建锦州至朝阳高速公路连接线9.16km。

铁岭至阜新段高速公路新建部分路基宽28m,双向4车道,中央分隔带宽3m;沈阳至四平高速公路毛家店收费站至杏山新扩建段路基宽42m,双向8车道,中央分隔带3m;锦州至阜新高速公路连接线路基宽26m,双向4车道,中央分隔带宽2m。设计行车速度120km/h;设计桥梁荷载新建部分及锦阜连接线为公路—Ⅰ级,沈阳至四平改扩建部分为汽车—超20级、挂车—120;设计桥涵洪水频率特大桥为1/300,大、中、小桥及涵洞为1/100;路面设计轴载标准100kN,交叉路上跨主线桥梁净高5.5m以上。

路面上面层为4cm沥青玛蹄脂碎石抗滑层SMA-13L型沥青混凝土,中面层为6cm LAC-20I型中粒式沥青混凝土,下面层为7cm LAC-25I粗粒式沥青混凝土,上基层为21cm厂拌水泥稳定砂砾掺碎砾石或水泥稳定碎石,下基层为21cm厂拌水泥稳定砂砾掺碎砾石或稳定碎石,垫层为15cm级配碎石或级配砂砾。

完成路基土石方3585万m³;沥青混凝土路面686万m²,特大桥1座1777延米,大桥43座8276延米,中桥19座1295延米,小桥25座615延米,通道桥252座,跨线桥75座6624延米,分离式立交66座5244延米,涵洞242道,互通式立交13座;收费站11处,管理处2处,服务区5处。征用土地1550公顷,林木32万棵,厂矿27家。

铁岭至阜新段2005年10月开工,2007年8月建成通车。

项目法人为省高建局;设计单位为省交通勘测设计院;监理单位为沈阳公路工程监理有限责任公司、山西省交通建设工程监理总公司;监督单位为省质安局。

铁岭市、沈阳市、阜新市成立征地动迁办公室负责辖区内征地动迁、地方协调事宜。

铁岭至阜新高速公路,路基桥涵工程27个合同段,由胜利油田胜利工程建设(集团)有限公司、中国地质工程有限公司、东北军辉路桥集团有限公司、中铁六局集团有限公司、中铁十九局集团第五工程有限公司等27家单位承建;路面工程7个合同段,由中铁十一局集团第二工程有限公司、沈阳高等级公路建设总公司等7家单位承建;交通工程施工7个合同段,由沈阳三鑫集团工程有限公司、省交通工程公司等7家单位承建;交通管理设施3个合同段,由中铁十三局集团第一工程有限公司等3家单位承建;机电工程7个合同段,由抚顺公路建设集团、中铁电气化局集团有限公司等7家单位承建;绿化工程6个合同段,由鞍山市园林建筑工程总公司承建。

阜新至朝阳段高速公路路基宽26m,双向4车道,中央分隔带宽2m。设计行车速度100km/h;设计桥梁涵洞荷载等级为公路—Ⅰ级,路面设计标准轴载100kN;设计桥涵洪水频率特大桥为1/300,大、中、小桥及涵洞为1/100;隧道为双洞式,净宽10.75m,限界净高5.5m以上。

路面上面层为4cm沥青玛碲脂抗滑层SMA-13L型沥青混凝土,中面层为6cm LAC-20I型中粒式沥青混凝土,下面层为7cm LAC-25I型粗粒式沥青混凝土;上基层为21cm厂拌水泥稳定碎石,下基层为21cm水泥稳定碎石或水泥稳定砂砾掺碎石;垫层为15cm级配碎石。

完成路基土石方6827万 m³,沥青混凝土路面668万 m²,特大桥1座1059延米,大桥77座20885延米,中桥47座3163延米,小桥121座1554延米,通道桥257座,跨线桥38座2940延米,分离式立交82座7932延米;隧道8座单洞长11218延米,涵洞239道,互通式立交13座;主线收费站1处,匝道收费站13处,管理所2处,服务区5处。征用土地2226公顷,林木115万棵,厂矿37家。

阜新至朝阳段2005年12月开工,2008年9月建成通车。

项目法人为省高建局;设计单位为省交通勘测设计院、江西省交通勘测设计院、黑龙江省公路勘测设计院、四川省交通厅公路规划勘测设计研究院;监理单位为辽宁科杰公路工程监理有限公司、辽宁第一交通工程监理事务所;监督单位为省质安局。

建平连接线、喀咗连接线、凌源连接线工程,委托省公路管理局负责组织建设实施。

路基桥涵工程30个合同段,由省路桥建设总公司、山西远方路桥(集团)有限公司、中铁三局集团有限公司等30家单位承建;路面工程8个合同段,由辽宁交通建设集团有限公司、大连公路工程集团有限公司、中交一公局海威工程建设有限公司等8家单位承建;交通安全设施工程8个合同段,由北京颐和安讯交通技术有限公司、沈阳交通工程有限公司、辽宁路通公路工程有限公司等8家单位承建;交通管理设施3个合同段,由大连北城建设集团有限公司等3家单位承建;机电工程7个合同段,由山西交物路桥建设有限公司等7家单位承建;绿化工程8个合同段,由北京兴怀园林绿化工程有限公司等8家单位承建。

交通部2005年9月批复铁岭(毛家店)至朝阳(三十家子)高速公路概算投资2000518万元(其中铁岭至阜新段827868万元,阜新至朝阳段1172650万元),实际完成投资1537828万元(其中铁岭至阜新段645766万元,阜新至朝阳段892062万元)。资金来源,交通部投资230500万元,通行费38257万元,银行贷款1222982万元。

铁朝高速公路部分路段处于湿陷性黄土地段、鸡爪沟地段,增加了施工难度及质量控制难度,通过分析湿陷性黄土物质组成、微观结构特性、物理及力学性质,研究出湿陷性黄土路基填筑技术、施工要求、压实标准、夯击方法,保证路基稳定性。

铁岭(毛家店)至朝阳(三十家子)高速公路,是交通部制定的《国家高速公路网规划》重要组成部分,也是辽宁省高速公路网"六通道"之一,是加强东北地区与京津冀环渤海经济圈第二条快速大通道。它的建成,将沈阳至四平、沈阳至彰武、锦州至阜新、锦州至朝阳、朝阳至黑水高速公路等国家重点干线高速公路连成整体,使辽宁省高速公路网形成规模化、网络化,对于充分发挥高速公路规模效益、开发沿线地区的矿产和旅游资源、加强国防建设,具有重要作用。

十四、辽中环线(本溪至新民段)高速公路

本溪至新民高速公路是"辽中环线"的组成部分(图7-1-18),起于本溪市桥头镇,经辽阳市、辽中区城郊街道、满都户镇、老大房镇、金五台乡、柳河沟镇,终点位于新民境内的高台子乡附近,与沈阳至彰武高速公路相接。路线全长182km,其中本溪至辽中段115km,辽中至新民段67km(国家高速公路网地区环线编号G91)。

图7-1-18 辽中环线(本溪至新民段)高速公路

全线采用双向4车道,本溪至辽阳首山段整体式路基全宽为24.5m,辽阳首山至新民段整体式路基全宽为26.0m,中央分隔带宽2m,分离式路基全宽为12.25m。本溪至辽阳首山段设计行车速度为80km/h;辽阳首山至新民段设计行车速度为100km/h,设计路面标准轴载为100kN,设计桥梁涵洞荷载等级为公路—Ⅰ级;设计桥涵洪水频率特大桥为1/300,大、中、小桥及涵洞为1/100;隧道净宽10.25m,隧道建筑界限净高5.5m,检修道净高2.5m。

路面本溪至辽中段为上面层4cm沥青玛蹄脂碎石抗滑层(SMA-13L型),中面层6cm中粒式沥青混凝土(LAC-20I型),下面层8cm粗粒式沥青混凝土(LAC-25I型);基层20cm厂拌水泥稳定碎石,主线石质挖方段为16cm厂拌水泥稳定碎石,底基层20cm厂拌二灰稳定碎石,主线石质挖方段16cm厂拌二灰稳定碎石;垫层16cm级配砂砾,主线石质挖方段12cm级配砂砾。辽中至新民段为上面层3.5cm沥青玛蹄脂碎石抗滑层(SMA-13L型),中面层5cm中粒式改性沥青混凝土(LAC-20型),下面层7cm粗粒式沥青混凝

土(LAC-25型);基层20cm厂拌水泥稳定碎石,底基层20cm厂拌水泥稳定碎石;垫层16cm级配砂砾(碎石)。其中,纱帽山、香炉山、石磨山、石场峪4座长大隧道采用15cm碾压式水泥混凝土路面。

全线完成路基土石方3239万m^3,沥青混凝土路面465万m^2,特大桥4座6213延米,大桥25座8623延米,中桥98座6014延米,小桥44座514延米,通道桥164座2352延米,跨线桥9座1022延米,互通式立交14座,涵洞423道,隧道10座(其中连体隧道3座、分离式隧道7座),单洞长19424延米,收费站3处,服务区1处。征用土地1300公顷,动迁厂矿94家,房屋295户。

本溪至辽中段高速公路2005年11月开工,2008年9月竣工;辽中至新民段高速公路于2006年11月开工,2009年9月完工。

本溪至辽中段高速公路批复概算投资593926万元,实际完成投资532135万元。交通部车购税22500万元,通行费69449万元,银行贷款415305万元。

辽中至新民段高速公路批复概算投资246253万元,实际完成投资209707万元。其中中央专项基金32700万元,省自筹资金30800万元,商业银行贷款146208万元。

项目法人为省高建局;设计单位为省交通勘测设计院;监理单位为辽宁第一交通工程监理事务所;监督单位为省质安局。

路基桥涵工程划分26个合同段,由天津第一市政公司、大连公路工程集团、中铁隧道三处、四川川交路桥公司、路桥第二公路工程局、辽宁路桥一公司等26家单位承建;路面工程划分5个合同段,由本溪五洲集团、天津城建集团、山西路桥建设一公司、中铁十九局集团第三工程有限公司和大连公路工程集团有限公司5家单位承建;交通安全设施工程划分5个合同段,由大连公路工程集团、四川金城栅栏工程有限公司、黑龙江省北龙交通工程有限公司、中交一公局交通工程有限公司和沈阳天久信息技术工程有限公司5家单位承建。

辽中环线高速公路将连接以沈阳为中心的辽宁省中部城市群,与沈丹、沈大、沈山、沈彰、沈康、沈四、抚顺(南杂木)至沈阳高速公路相交叉,并以互通式立交形式进行连接,形成重要的城际高速公路网络。它的建成,有利于完善辽宁省高速公路网布局,充分发挥高速公路整体效益,将增强相连各城市及经济走廊带辐射力,加快沿线资源开发利用,对于构建沈阳经济区、振兴东北老工业基地发挥重大促进作用。

十五、沈大与大庄高速公路连接线

沈阳至大连与丹东至大连高速公路连接线(图7-1-19)位于大连市,起点土城子村北约600m处与土城子至洋头洼高速公路相接,经沈大高速公路金州立交与沈大路相交,经十里岗、黑石村、老虎沟、大树底与丹东至大连高速公路对接。分为2个区段,由大连市组织建设丹东至大连高速公路延长线(大庄西段)全长18.07km,由省高建局组织建设沈阳至大连与大连至庄河高速公路连接线全长10.143km,2个区段合计28.2km[国家高速公路网南北纵线主干鹤岗至大连高速公路(编号G11)沈大、大庄连接线段]。

图7-1-19 沈大与大庄高速公路连接线

大连至庄河延长线(大庄西段)路基宽26m,双向4车道,中央分隔带宽3m;设计行车速度100km/h,设计桥梁荷载汽车—超20级、挂车—120,设计路面标准轴载100kN;设计桥涵洪水频率特大桥为1/300,大、中、小桥及涵洞为1/100;跨线桥净空5.5m。

路面上面层为4cm沥青玛蹄脂碎石抗滑层,中面层为5cm中粒式改性沥青混凝土(AC-16I),下面层为6cm粗粒式沥青混凝土(AC-25I);上基层为16cm厂拌水泥稳定级配碎石,下基层为16cm厂拌水泥稳定级配碎石,底基层为20cm厂拌水泥稳定级配碎石。

全线完成路基土石方338万m^3,沥青混凝土路面61.6万m^2,大桥7座1954延米,中桥6座408延米,小桥5座143延米,跨线桥5座325延米,涵洞20道,互通式立交3座,收费站4处。

工程2003年7月开工建设,2008年8月建成通车。

2001年12月,大连市交通局批复初步设计,工程总概算106940万元,其中交通部投资4400万元,开发区征地动迁投资10600万元,银行贷款91940万元。

丹东至大连高速公路延长线(大庄西段)工程,由大连市组织建设,项目法人单位为大连市交通局,2003年3月组建大庄西段项目办,指挥侯志辉,副指挥吴宇航。设计单位为大连市交通勘测设计院及省交通勘测设计院,监理单位为沈阳公路工程监理有限责任公司、哈尔滨市市政公用工程建设监理公司。

通过招标选择路基工程由北京城建集团有限公司、大连公路工程集团有限公司等4

家单位承建;桥梁工程由中铁十三工程局第三工程处、中铁第十九局集团有限公司等4家单位承建;路面工程由大连公路工程集团有限公司承建;交通工程由大连宜华建设集团有限公司等6家单位承建;房建工程由大连建工集团等5家单位承建;绿化工程由建平县天园绿化有限责任公司等3家单位承建,共22家施工单位施工。

沈阳至大连与大连至庄河高速公路连接线双向4车道,路基宽26m,中央分隔带宽3m,设计行车速度100km/h,设计桥梁荷载汽车—超20级、挂车—120,设计路面标准轴载100kN;设计桥涵洪水频率特大桥为1/300,大、中、小桥及涵洞为1/100;跨线桥净空5.5m。

路面上面层为4cm沥青玛蹄脂碎石抗滑层沥青(SMA-13L型),中面层为5cm中粒式沥青混凝土(CAC-20I型),下面层为7cm粗粒式沥青混凝土(CAC-25I型),上基层为20cm厂拌水泥稳定碎石,下基层为20cm厂拌水泥稳定碎石,垫层为16cm级配碎石。

完成路基土石方95万m^3,沥青混凝土路面28万m^2。特大桥1座5687延米,大桥3座1900延米,中桥3座174延米,跨线桥2座138延米,互通式立交1座。征用土地58公顷,林木5186棵,动迁厂矿7家。

建设工期:工程2005年10月开工,2008年8月建成通车。

2005年7月省交通厅批准概算投资89714万元,2005年8月批复施工图设计,完成投资87253万元。投资来源中央级拨款7500万元,地方拨款25530万元(其中市府自筹9080万元,通行费16450万元,基建借款54281万元)。

沈阳至大连与丹东至大连连接线由省高建局组织建设;设计单位为省交通勘测设计院;监理单位为省第三公路工程监理咨询事务所。

路基工程选择中铁十三局集团一公司、中铁十局集团二公司、丹东公路工程局3家单位承建;路面交通工程选择北京城建集团、沈阳交通工程有限公司2家单位承建。

大连湾特大桥是辽宁高速公路第一长桥,位于大连经济技术开发区,横跨金州编组站,穿越长大铁路上下行、金窑线等17条线路,该桥桥长5687m。针对桥长、跨铁路等实际特点,施工过程中采用了上部挂篮施工。通常采用对称平衡悬臂逐段浇注法。边跨箱梁采用加配重块在支架上现浇箱梁的"单悬臂施工方法"。

大桥在东北方向带有较高浓度海盐风、垃圾场产生的硫酸盐。在冻融循环的影响下,产生典型的"盐冻"腐蚀。高建局对海风环境影响下的全部混凝土墩柱、盖梁、上部主梁等采用了涂刷环氧树脂封闭漆、环氧树脂漆防腐处理。

沈大与大庄高速公路连接线毛莹子1号大桥、2号大桥均处于大连市金州区毛莹子垃圾场内。在各桥桩基施工过程中,采用了钢护筒跟进的施工工艺,解决了垃圾层泥浆流失等问题。在各桥梁板投影的面积范围内,利用50cm厚的黄土进行了垃圾的覆盖,抑制垃圾气体的挥发,并在各桥周边的垃圾地段采用先用大量海泥覆盖,然后再用黄土覆盖,并种植特殊树木的处理方式,控制和吸收垃圾气体。

沈阳至大连与丹东至大连高速公路连接线,是辽宁省高速公路中的重要组成部分,属于区域性高速公路网加密工程,是环黄海、渤海大通道的一部分。它的建设,为进出旅顺开辟了一条高速公路快速干道,避免通过大连市区,极大地缓解了大连市区出口压力,为大连市国民经济和大连港及旅顺新港的发展创造了良好的基础设施条件,对于促进区域经济发展,增强大连向东北腹地的辐射力,具有重大而深远的意义。

十六、土城子至洋头洼高速公路

土城子至洋头洼高速公路(图7-1-20)起点位于大连市甘井子区土城子村,通过金州南互通式立交与沈阳至大连高速公路相连接,途经拉树房、棋盘磨、夏家河、牧城驿、营城子、长城、三涧堡,终点至大连旅顺口区南端的洋头洼新港。路线全长57.73km[国家高速公路网南北纵线主干沈阳至海口高速公路(编号G15)土城子至洋头洼段]。K0+000~K54+300段54.3km为高速公路;K54+300~K57.731段3.431km为一级公路。设计行车速度100km/h,全线双向4车道,路基标准宽度26m,中央分隔带宽2m。设计路面标准轴载为100kN,设计桥涵及构造物荷载为公路—I级;设计桥涵洪水频率特大桥为1/300,大、中、小桥及涵洞为1/100;跨线桥桥梁净空5m,隧道结构为三心圆拱形。

图7-1-20　土城子至羊头洼高速公路

路面上面层为4cm沥青玛蹄脂碎石抗滑层(SMA-13),中面层为5cm中粒式沥青混凝土(AC-16 I型),下面层为6cm中粒式沥青混凝土(AC-20 I型);上基层为18cm厂拌水泥稳定级配碎石,下基层为18cm厂拌水泥稳定级配碎石;垫层为16cm级配碎石。

完成路基土石方969万 m^3,沥青混凝土路面147万 m^2,主线特大桥3座7935延米,大桥18座4445延米,中桥20座1210延米,小桥37座482延米,跨线桥13座870延米,互通式立交6座,匝道大桥11座2317延米,涵洞97道,隧道3座单洞长4352延米,交通安全设施56.77km,绿化工程56.77km,收费场站5处。

工程2005年8月开工,2008年8月建成通车。

土城子至洋头洼高速公路自2005年开始进行项目前期工作。2005年交通部印发《关于同三国道主干线由家村至洋头洼公路初步设计的批复》;大连市交通局印发《大连市交通局关于沈大高速公路延伸线土城子至由家村段初步设计的批复》。概算投资304800万元,工程总投资191716万元。

项目法人为大连市交通局高速公路工程建设项目管理办公室,法定代表人为潘建东,项目办主任为潘建东;设计单位为大连市交通规划勘察设计院、铁道第三勘察设计院;监理单位为沈阳公路工程监理有限责任公司、中国公路工程咨询监理总公司;监督单位为大连市交通工程质量监督站。

由大连市交通局高速公路工程建设项目管理办公室成立征地动迁部,具体负责土洋高速公路建设区域内的征地动迁、地方协调事宜。

路基工程为7个合同段,由大连四方公路工程有限公司、北京城建集团有限公司、省路桥建设一公司等7家单位承建;互通式立交工程为3个合同段,由辽宁路桥建设一公司、中铁十九局第五工程有限公司、中铁九局集团有限公司3家单位承建;特大桥工程为3个合同段,由龙建路桥股份有限公司、辽宁路桥建设总公司、中交一航务工程局3家单位承建;隧道工程为2个合同段,由中铁十九局集团有限公司、中铁四局第四工程有限公司2家单位承建;路面工程为2个合同段,由省路桥建设总公司、北京城建集团有限公司2家单位承建;交通工程为8个合同段,由大连公路工程集团有限公司、沈阳天久信息技术公司、大连东方交通设施公司、北京路路达交通设施有限公司等8家单位承建;绿化工程为6个合同段,由丹东市卉森园林绿化工程有限公司、大连园林绿化工程公司、大连恒益园林工程有限公司等6家单位承建;机电配套工程为2个合同段,由北京瑞华赢科技发展有限公司、中铁电气化局集团有限公司2家单位承建。施工监理由沈阳公路工程监理有限公司和中国公路工程咨询监理总公司中标并承担工程监理工作。施工图设计由大连市交通规划勘察设计院、铁道第三勘察设计院完成。

土城子至洋头洼高速公路是《国家高速公路网规划》沈阳至海口的组成部分,是辽宁省高速公路网的疏港高速公路。它的建成,有效地连接沈阳至大连高速公路、丹东至大连高速公路、旅顺新港、大连火车轮渡,对于开发大连及周边地区的海产和旅游资源发挥重要作用,对于进一步发挥地区优势,促进并带动沿线地区经济发展,有着十分重要的意义。

十七、朝阳至黑水高速公路

朝阳至黑水(辽宁内蒙古界)高速公路(图7-1-21)位于辽宁省西部。路线全长103.721km[国家高速公路网东西横线主干丹东至锡林浩特高速公路(编号G16)朝阳至黑水段],其中朝阳市境内95.161km,经过内蒙古自治区敖汉旗境内8.56km。路线起点位于朝阳市龙城区边杖子乡,与铁岭(毛家店)至朝阳(三十家子)高速公路朝阳西枢纽立交衔接,并通过锦朝高速公路连接线与锦州至朝阳高速公路贯通,向北经边杖子、大庙、四家子、喀喇沁、建平、义成功、黑水,终点位于辽宁省与内蒙古自治区的界河——老哈河西岸,与内蒙古自治区赤峰至平庄(内蒙古辽宁界)高速公路连接。

图7-1-21 朝阳至黑水高速公路

公路采用双向4车道,路基宽26m,设计行车速度100km/h,中央分隔带宽2m,路面横坡为2%,路面净宽11.25m,隧道单洞净宽10.75m。设计路面标准轴载为100kN,设计汽车荷载为公路—Ⅰ级,设计桥涵洪水频率大、中、小桥及涵洞为1/100,桥梁主线净空5.5m。

完成路面上面层为3.5cm沥青玛蹄脂碎石(SMA-13L型),中面层为6cm中粒式沥青混凝土(LAC-20型),下面层为8cm粗粒式沥青混凝土(LAC-25型),封层为0.5cm稀浆封层;上基层为20cm厂拌水泥稳定碎石,底基层为20cm厂拌水泥稳定砂砾掺破碎砾石;垫层为15cm级配砂砾。

完成路基土石方1366万m^3,沥青混凝土路面223万m^2,大桥25座6378延米,中小桥45座1785延米,涵洞131道,通道桥104座1739延米,跨线桥14座1258延米,隧道2座单洞长6450延米,互通式立交5座,收费站6处,管理处1处,服务区2处。征用土地620.3公顷,林木57115棵,动迁厂矿16家,动迁房屋277户。

建设工期:工程2007年11月开工,2010年10月完工。

交通部批复概算投资约379331万元,工程实际使用投资335660万元。资金来源中央级投资57700万元,地方级投资80280万元,贷款197016万元。交通部于2007年11月

19日准予控制工期的单体工程先行开工。

项目法人为省高建局;设计单位为省交通勘测设计院;监督单位为省质安局。由辽宁科杰公路工程监理有限公司承担监理工作,设1个总监办和1个高级驻地监理办,全面负责路基、路面、桥梁、隧道、交通安全设施、管理服务设施的监理工作。

朝阳至黑水高速公路,通过公开招标选择路基10个合同段,由锦州道桥工程有限责任公司、中铁四局集团第五工程有限公司、中铁十九局集团第三工程有限公司等10家单位承建;路面3个合同段,由中铁十九局集团第三工程有限公司等3家单位承建;交通安全设施3个合同段,由沈阳高等级公路建设总公司等3家单位承建。

朝阳至黑水(辽宁内蒙古界)高速公路,是国家高速公路网规划组成部分。该公路与内蒙古自治区筹建的赤峰至平庄(内蒙古辽宁界)高速公路相对接后,在很大程度上缓解了连接朝阳市与赤峰市的唯一省际通道S306的交通拥挤状况。它的建成,沟通东北与西部两大高速交通网,实现两大经济区间的资源共享和优势互补,进一步促进两大经济区间的合作与交流,对于实现内蒙古东部地区的快捷通江达海,进一步增强辽宁省中心城市的区域中心功能,以及发挥沿海港口的辐射能力具有极为重要的作用和现实意义。

十八、草市(辽吉界)至抚顺(南杂木)高速公路

草市(辽吉界)至抚顺(南杂木)高速公路(图7-1-22)起点位于抚顺市清原县草市镇,辽宁省与吉林省交界处,途经英额门镇、清原县城、北三家乡、南口前镇、红透山镇,终点位于抚顺市新宾县南杂木镇,连接抚顺(南杂木)至沈阳高速公路。路线全长84.15km[国家高速公路网东西横线联络线沈阳至吉林高速公路(编号G1212)草市至南杂木段]。

图7-1-22 草市至南杂木高速公路

全线双向4车道,路基宽度为26.0m,中央分隔带宽2m。设计行车速度100km/h,分离式路基按2车道设计,路基宽度为13.00m,路面设计标准轴载为100kN,设计汽车荷载

为公路—Ⅰ级。设计洪水频率特大桥为1/300,大、中、小桥及涵洞为1/100。

路面主线填方、非石质挖方及匝道沥青路面结构为上面层3.5cm沥青玛碲脂碎石(SMA-13L型),中面层6cm中粒式沥青混凝土(LAC-20型),下面层8cm粗粒式沥青混凝土(LAC-25型);封层0.5cm稀浆封层;透层高渗透乳化沥青;基层20cm厂拌水泥稳定碎石,底基层20cm厂拌水泥稳定砂砾掺破碎砾石,垫层15cm级配砂砾,总厚度为73cm。主线石质挖方段路面结构为上面层3.5cm沥青玛碲脂碎石抗滑层(SMA-13L型),中面层6cm中粒式沥青混凝土(LAC-20型),下面层8cm粗粒式沥青混凝土(LAC-25型);封层0.5cm稀浆封层;透层高渗透乳化沥青;基层16cm厂拌水泥稳定碎石,底基层16cm厂拌水泥稳定砂砾掺破碎砾石;垫层12cm级配碎石,总厚度为62cm。

完成路基土石方2213万 m^3,沥青混凝土路面223万 m^2。特大桥2座3103延米,大桥22座7322延米,中桥39座2477延米,小桥91座122延米,通道桥75座1235延米,公公分离式立交19座1625延米,公铁分离式立交1座159延米,跨线桥8座645延米,涵洞157座,互通式立交5座,隧道1座单洞长2875延米;服务区2处,收费站7处,管理所(含养护工区)。征用土地608公顷,动迁果木19万棵,房屋615户。

建设工期:工程2007年11月开工,2010年10月竣工。

省交通厅于2007年4月批复概算投资377823万元,工程实际投资356323万元。资金来源中央投资45800万元,地方投资78315万元,基建投资借款236806万元。

项目法人为省高建局;设计单位为省交通勘测设计院;监理单位为辽宁驰通公路工程监理事务所;监督单位为省质安局。

路基桥涵工程9个合同段,由大庆油田路桥工程有限责任公司、核工业长沙中南建设集团公司、抚顺公路建设集团公司、中铁十三局集团有限公司等10家单位承建;路面工程2个合同段,由中铁十一局集团第二工程有限公司、天津市第一市政工程有限公司2家单位承建;交通安全设施工程2个合同段,由沈阳三鑫集团有限公司、黑龙江北龙交通工程有限公司2家单位承建。

草市(辽吉界)至抚顺(南杂木)高速公路是国家高速公路网沈阳至吉林高速公路横向联络线的重要路段,是开辟吉林东部地区和黑龙江东部地区进关入海的另一条快速通道。它的建成,对加强辽宁东部城市群发展,促进区域旅游、资源开发和经济发展具有重要意义。

十九、桓仁新开岭(辽吉界)至丹东(古城子)高速公路

桓仁(新开岭)至丹东(古城子)高速公路(图7-1-23)起点位于辽宁省与吉林省交界处的新开岭,终点位于丹东市振安区古城子互通式立交,在桓仁县北侧与桓仁至永陵高速公路连接,在终点处与沈阳至丹东高速公路终点和丹东至大连高速公路起点连接,途经本

溪市桓仁县、丹东市宽甸县、凤城市、振安区和元宝区。路线全长 196.617km[国家高速公路网南北纵线主干鹤岗至大连高速公路(编号 G11)桓仁至丹东段],分为丹东施工段 140km、本溪施工段 57km。

图 7-1-23　桓仁至丹东高速公路

全线采用 4 车道,其中新开岭(辽吉界)K0+000 至宽甸段 K120+765,路基宽 24.5m,中央分隔带宽 2m,分离式路基宽 12.25m,设计行车速度 80km/h;宽甸 K120+835 至丹东(古城子)段 K197+109,全线长 76.344km,路基宽 26m,K120+765~K120+835 段为路基宽度过渡段,中央分隔带宽 2m,分离式路基宽 13m,设计行车速度 100km/h,路面设计标准轴载 100kN。设计桥梁、涵洞汽车荷载等级为公路—Ⅰ级;设计桥涵洪水频率特大桥为 1/300,大、中、小桥及涵洞为 1/100。公铁分离式立交桥净空不小于 7.96m;隧道采用分离式结构,净空 10.25m。

路面结构 K0+000~K57+040 段(55.659km):上面层为 3.5cm 橡胶沥青玛蹄脂碎石抗滑层(SMA-13L 型),中面层为 5cm 中粒式沥青混凝土(LAC-20 型)、5cm 中粒式橡胶沥青混凝土,下面层为 10cm 粗粒式沥青混凝土(ATB-25 型),封层为 0.5cm 稀浆封层,上基层为 17cm 厂拌水泥稳定碎石,下基层为 20cm 厂拌水泥稳定碎石,垫层为 20cm 级配碎石垫层。K57+040~K157+320(100.474km):上面层为 3.5cm 沥青玛蹄脂碎石抗滑层(SMA-13L 型),中面层为 5cm 中粒式沥青混凝土(LAC-20 型),下面层为 7cm 粗粒式沥青混凝土(LAC-25 型),沥青稳定碎石基层为 8cm 密级配沥青稳定碎石基层(ATB-25 型),基层为 17cm 厂拌水泥稳定碎石,底基层为 20cm 厂拌水泥稳定砂砾,垫层为 20cm 级配砂砾;K157+320~K197+109 段(39.8km):上面层为 3.5cm 沥青玛蹄脂碎石抗滑层(SMA-13L 型),中面层为 5cm 中粒式沥青混凝土(LAC-20 型),下面层为 7cm 粗粒式沥青混凝土（LAC-25型），封层为0.5cm稀浆封层，基层为20cm厂拌水泥稳定碎石，底基层为20cm厂拌水泥稳定砂砾，垫层为15cm级配砂砾，满足抗冻要求。桥面铺装结构：上面层为3.5cm沥青玛蹄脂碎石抗滑层（SMA-13L型），中面层为5cm中粒式沥青混凝土（LAC-20型），防水黏结层为热喷SBS改性沥青，用量1.0L/m²。隧道路面结构：上面层为3.5cm沥青玛蹄脂碎石抗滑层（SMA-13L型），中面层为5cm中粒式沥青混凝土（LAC-20型），长度大于1km的隧道路面面层SMA混合料中掺加阻燃剂和温拌剂，下层掺加温拌剂。阻燃剂采用APFR硅铝系隧道路面专用复合阻燃改性剂，阻燃剂用量为沥青用量的5%。温拌剂采用益路（Evotherm）™温拌DAT添加剂，剂量为沥青用量的5%。

完成路基土石方4028万m³，沥青混凝土路面1315万m²。特大桥4座5339延米，大桥51座15000延米，中桥78座5193延米，小桥70座876.5延米，通道桥185座2303延米，涵洞294道，公铁分离式立交3座，跨线桥15座1493延米，隧道39座，单幅66579延米，沥青混凝土路面476万m²，互通式立交14处，收费站13处，服务区4处，管理处2处，征地动迁1293公顷。

工程2008年12月开工建设，2012年9月完成。

桓仁（辽吉界）至丹东（古城子）高速公路，省交通厅于2008年7月批复概算投资1229538万元，工程实际投资1169232万元。资金来源财政性建设资金投入476755万元，银行贷款692477万元。

项目法人为省高建局；设计单位为省交通勘测设计院、中交第一公路勘察设计研究院有限公司；监理单位为辽宁第一交通工程监理事务所、辽宁驰通公路工程监理事务所；监督单位为省质安局；动迁协调单位为丹东市政府征地动迁办公室、本溪市政府征地动迁办公室。

路基工程分为20个合同段，由中铁一局集团有限公司、中铁四局集团第四工程有限公司、辽宁路桥建设一公司等20家单位承建；路面工程分为6个合同段，由中铁十三局集团第一工程有限公司、中铁十九局集团第三工程有限公司等6家单位承建；交通安全设施工程分为6个合同段，由辽宁路通工程有限公司、大连公路工程集团有限公司等6家单位承建。

桓仁新开岭（辽吉界）至丹东（古城子）高速公路，是全省现有高速公路项目中地形最为复杂、景色最为优美、桥梁隧道比例最高（占33%）、工程投资最大的一条高速公路。2006年2月，本项目被列为国家北部地区高速公路典型示范工程项目。

桓仁新开岭（辽吉界）至丹东（古城子）高速公路建设，坚持以"重视生态环保，彻底解决质量通病问题"为指导思想，以"环保水保工程与主体工程同时设计、同时施工、同时投产使用"为建设方针，以科技创新为项目核心，以"争创高速公路典型示范工程中的示范工程"为建设目标，将"适用的就是最好的""自然的就是最美的"及"施工中最小程度的破坏,施工后最大程度的恢复"等理念贯穿于建设全过程。在施工中,坚持"先防护再开挖""先支挡再弃渣"以及"早深埋、早治理、早覆盖、早绿化"的原则,确保环保水保始终处于可控状态,真正做到"建设前绿水青山,建设后青山绿水"。在建设中,攻克一批建设技术难题,引进全国首创的远程视频监控系统,实时对施工现场进行监管。2010年6月,交通运输部公路局工程管理处组成11人调研组调研,考察了错草沟隧道的电子信息情报板、洞内特殊围岩简介段、安全指示箱灯、项目指挥部质量安全监控系统。随后召开了技术经验交流会,会上,调研组对桓仁至丹东高速公路项目信息管理系统给予充分肯定,项目组将先进科技应用到高速公路建设管理中,对高速公路建设起到了很好的促进和提高作用,有利于第一时间掌握施工现场工作状况,确保工程建设各项工作始终处于受控有序状态,使辽宁省高速公路建设管理水平再上一个台阶。

桓仁(辽吉界)至丹东(古城子)高速公路,是国家高速公路网和东北区域高速公路网的重要组成部分,是吉林省和黑龙江省最便捷的出海快速大通道。它的建设,有利于完善辽宁省高速公路网布局,彻底解决鹤大公路落后的通行状况,促进丹东港快速发展,提高通道服务水平和运输能力,开发沿线地区的矿产和旅游资源,对于发展少数民族地区经济、加强国防建设、推动边境经贸合作与发展、振兴辽宁老工业基地具有十分重要的推动作用。

二十、丹东(孤山)至海城高速公路

丹东(孤山)至海城高速公路(图7-1-24)位于辽宁南部,起于丹东至大连高速公路东港市大孤山镇北,经新农镇、西土城子镇、罗圈背岭,进入岫岩县境内,经洋河镇、杨家堡镇、雅河乡、岫岩县、偏岭镇、韩宝寺岭进入海城市境内,经孤山镇、析木镇、牌楼镇、八里镇、毛祁镇,到达路线终点沈大高速公路与盘海高速公路连接处,并通过海城枢纽立交与沈阳至大连、盘锦至海城2条高速公路相连接。路线全长143km[国家高速公路网东西横主干丹东至锡林浩特高速公路(编号G16)丹东至海城段]。

整体式路基宽26m,双向4车道,中央分隔带宽2m,分离式路基宽13m。设计行车速度100km/h,设计路面标准轴载100kN,设计汽车荷载为公路—Ⅰ级。设计桥涵洪水频率特大桥为1/300,大、中、小桥及涵洞为1/100。隧道采用分离式和双联拱隧道,隧道净宽10.75m。

路面上面层为3.5cm沥青玛蹄脂碎石抗滑层(SMA-13L型),中面层为5cm中粒式改性沥青混凝土(LAC-20型),下面层为7cm粗粒式沥青混凝土(LAC-25型);上基层为20cm厂拌水泥稳定碎石,下基层为20cm厂拌水泥稳定砂砾掺破碎砾石;垫层为15cm级配砂砾;下封层为0.5cm乳化沥青稀浆封层。

桥面及隧道沥青混凝土铺装结构:桥面沥青混凝土铺装厚度为9cm,第一层摊铺

5.5cm中粒式SBS改性沥青混凝土(LAC-20型),洒布黏层油之后,再摊铺一层3.5cm沥青玛蹄脂碎石抗滑层(SMA-13L型)。

图7-1-24 丹东至海城高速公路

隧道内路面采用复合式路面,结构与桥面铺装相同,表面层沥青混凝土中掺加阻燃改性剂。

主要工程量:完成路基土石方2070万 m^3,沥青混凝土路面505万 m^2。大桥36座9260延米,中桥34座2699延米,小桥23座278延米,通道桥162座2154延米,跨线桥28座2100延米,涵洞99道,互通式立交11座,公铁分离式立交33座443延米,跨线桥28座2100延米,隧道7座单洞长15497延米;收费站9处,服务区2处,停车场2处。征用土地989公顷,动迁厂矿企业57家,林木34万棵。

工程2008年11月正式开工,2011年9月建成通车。

丹东(孤山)至海城高速公路2005年开始前期工作。交通运输部于2008年5月13日批复项目初步设计,投资概算634259万元,资金来源562163万元,其中车购税67188万元,高速公路通行费113172万元,六费返还20000万元,地方财政拨款270万元,银行贷款311532万元。

项目法人为省高建局;设计单位为省交通勘测设计院;监理单位为沈阳公路工程监理有限责任公司、辽宁科杰公路工程监理有限公司;监督单位为省质安局。

鞍山及丹东两市分别成立项目分指挥部,负责征地动迁等工作。

路基工程分为13个合同段,由北京城建道桥工程有限公司、中铁隧道集团有限公司、中铁十三局集团有限公司等13家施工单位承建;路面工程分为4个合同段,由中铁十七局集团第三工程有限公司等4家单位承建;交通安全设施工程共分4个合同段,由沈阳交通工程有限公司等4家单位承建。

丹东(孤山)至海城高速公路,是《国家高速公路网规划》组成部分,是辽宁中部地区通往边境口岸和辽东半岛港口的重要通道。它的建设,将进一步完善国家高速公路网总体布局,充分发挥不冻良港——大东港的重要作用,对于加快辽宁中西部区域经济体系建设,带动相关产业的发展,促进该地区矿产、旅游资源的开发具有十分重要的意义。

二十一、辽中环线(新民至铁岭段)高速公路

辽中环线(新民至铁岭段)高速公路(图7-1-25)起于辽中至新民高速公路终点(K182+160)新民市东城区巨流河镇北,经新民市公主屯镇、东蛇山乡、陶家屯乡,法库县三面船镇、依牛堡乡,铁岭县阿吉镇、新台子镇、腰堡镇,终点为铁岭县腰堡镇范家屯北,在法库县北与沈康高速公路连接,在铁岭县北与沈四高速公路连接。路线全长75km[国家高速公路网地区环线(编号G91)新民至铁岭段]。

图7-1-25 辽中环线(新民至铁岭段)高速公路

路基全宽26.0m,双向4车道,中央分隔带宽2.0m,设计行车速度100km/h,设计汽车荷载等级为公路—Ⅰ级,设计路面标准轴载为100kN。设计桥涵洪水频率特大桥为1/300,大、中、小桥及涵洞为1/100。

主线填方及非石质挖方及匝道沥青路面结构上面层为3.5cm沥青玛碲脂碎石(SMA-

13L型），中面层为5.0cm中粒式沥青混凝土（LAC-20型），下面层为6.5cm粗粒式沥青混凝土（LAC-25型），封层为0.5cm稀浆封层，基层为20cm厂拌水泥稳定碎石，底基层为20cm厂拌水泥稳定碎石，垫层为16.5cm级配碎石。主线石质挖方段路面结构上面层为3.5cm沥青玛碲脂碎石（SMA-13L型），中面层为5.0cm中粒式沥青混凝土（LAC-20型），下面层为6.5cm粗粒式沥青混凝土（LAC-25型），封层为0.5cm稀浆封层，基层为16cm厂拌水泥稳定碎石，底基层为16cm厂拌水泥稳定碎石，垫层为16.5cm级配碎石。

桥面及隧道沥青混凝土铺装结构：桥面沥青混凝土铺装厚度为8.5cm，第一层摊铺5cm中粒式沥青混凝土（LAC-20型），洒布黏层油之后，再摊铺一层3.5cm沥青玛碲脂碎石抗滑层（SMA-13L型）。

主要工程量：路基土石方1134万m^3，特大桥1座1107延米，大桥7座1618延米，中桥38座2378延米，小桥13座220延米，通道桥91座1630延米，跨线桥24座2006延米，公铁分离式立交3座549延米，涵洞127道，互通式立交6座，收费站4处，服务区1处。征用土地495公顷，动迁厂房11家，房屋5452m^2。

工程于2009年9月开工，2012年9月建成通车。

辽中环线（新民至铁岭段）高速公路自2007年开始项目前期工作。2009年9月21日交通运输部批复初步设计，批准概算造价274809万元。工程实际投资249971万元，资金来源272192万元，其中车购税31000万元，高速公路运行费14345万元，地方财政债券20000万元，银行贷款198176万元。

项目法人为省高建局；设计单位为省交通勘测设计院；监理单位为省第一交通工程监理事务所、沈阳方正建设监理有限公司；监督单位为省质安局。

路基桥涵划分5个合同段，由中铁四局第四工程公司、中铁十三局第一工程公司、沈阳市政集团、中交一公局第一工程公司、大连公路工程集团有限公司5家施工单位承建。路面工程划分2个合同段，由大庆油田路桥工程有限责任公司、辽宁省路桥建设集团有限公司2家单位承建。交通安全设施工程划分2个合同段，由大庆油田路桥工程有限责任公司、辽宁省路桥建设集团有限公司2家单位承建。

辽中环线高速公路作为《国家高速公路网规划》的辽宁中部城市群经济环线，将以沈阳为中心，连接铁岭、抚顺、本溪、辽阳、辽中、新民6座城市，与沈丹、沈大、沈山、沈四、沈彰、沈康、抚顺（南杂木）至沈阳高速公路相交叉，并以互通式立交形式进行连接，形成重要的城际高速公路网络。充分发挥高速公路整体效益，增强相连各城市及经济走廊带辐射力，加快沿线资源开发利用，对于促进地区社会经济的快速发展，构建沈阳经济区，发挥东北振兴具有重要意义。

二十二、彰武至阿尔乡（辽宁内蒙古界）高速公路

彰武至阿尔乡（辽宁内蒙古界）高速公路（图7-1-26）起于彰武县城东南的西六家子

乡白山土屯,与沈阳至彰武高速公路对接,设置彰武东互通式立交,与铁岭至朝阳高速公路连接,经彰武工业园区、兴隆山乡、马家镇、章古台镇,止于辽宁省与内蒙古自治区省界处彰武县阿尔乡镇北,与内蒙古境内 G304 相接。路线全长 56km[国家高速公路网南北纵线联络线新民至鲁北高速公路(编号 G2511)彰武至阿尔乡段]。

图 7-1-26　彰武至阿尔乡高速公路

路基宽 26.0m,双向 4 车道,中央分隔带宽 2m。设计行车速度 100km/h,设计路面标准轴载为 100kN,设计桥涵荷载为公路—Ⅰ级,大、中、小桥及涵洞设计桥涵洪水频率为 1/100。

路面上面层为 3cm 沥青玛蹄脂碎石抗滑层(SMA-13L 型),中面层为 6cm 中粒式改性沥青混凝土(LAC-20 型),下面层为 8cm 粗粒式沥青混凝土(LAC-25 型);下封层为 0.5cm 乳化沥青稀浆封层;上基层为 20cm 厂拌水泥稳定碎石,底基层为 20cm 厂拌水泥稳定砂砾掺破碎砾石;垫层为 15cm 级配碎石。

主要工程量:路基土石方 637 万 m³,沥青混凝土路面 135 万 m²,大桥 3 座 575 延米,中桥 18 座 1205 延米,小桥 6 座 112 延米,涵洞 33 道,跨线桥 2 座 190 延米,通道桥 70 座 1095 延米,互通式立交 3 座,收费站 3 处,服务区 1 处。征用土地 310 公顷,动迁厂矿 7 家,房屋 53 户,树木 73433 棵。

工程于 2009 年 7 月开工,2011 年 10 月建成通车。

彰武至阿尔乡(辽宁内蒙古界)高速公路自 2006 年开始项目前期工作。2009 年 7 月省交通厅批复路基工程施工图设计,工程批准概算造价 151606 万元。工程实际投资 134797 万元,资金来源中央车购税拨款 22500 万元,高速公路通行费 26548 万元,商业银行贷款85749万元。

项目法人为省高建局;设计单位为省交通勘测设计院;监理单位为沈阳市公路工程监理有限责任公司;监督单位为省质安局。

路基分为4个合同段,由锦州道桥工程有限公司、青岛公路建设集团有限公司、北京城建道桥建设集团有限公司、辽宁省路桥建设一公司4家施工单位承建。路面分为2个合同段,由大连公路工程集团有限公司、沈阳高等级公路建设总公司承建。交通安全设施分为2个合同段,由鞍山公路工程有限公司、辽宁五洲公路工程有限责任公司承建。

彰武至阿尔乡(辽宁内蒙古界)高速公路是《国家高速公路网规划》组成部分,也是《振兴东北老工业基地公路水路交通发展规划》及《辽宁省高速公路网规划建设方案》中重点规划的路段。与G304(内蒙古通辽市境内段,现为一级公路,规划改造为高速公路)相接,将国家高速公路网中辽中环线高速公路和铁岭至朝阳高速公路连接成网。它为内蒙古东部地区提供一条快速通江达海的便捷通道,为国家能源发展战略规划中的蒙东煤炭生产基地的骨干大型露天煤矿——霍林河煤矿与煤炭能源主要消费市场提供快速运输通道,对于促进国家能源开发建设、振兴东北老工业基地、保证国家能源安全,具有特殊意义。

二十三、康平海洲窝堡(内蒙古辽宁界)至北四家子高速公路

海洲窝堡至北四家子高速公路(图7-1-27)起自康平海州窝堡,连接在建内蒙古自治区的金宝屯(吉林内蒙古界)高速公路至查日苏(辽宁内蒙古界)高速公路,经齐祥窝堡、袁家窝堡、崔家窝堡,终点东三合堡与沈阳康平高速公路对接。路线全长23.73km[国家高速公路网长春至深圳高速公路(编号G25)康平至海州窝堡段]。

图7-1-27 海州窝堡至北四家子高速公路

双向 4 车道,路基宽 26m,中央分隔带宽 2m,设计行车速度 100km/h,汽车荷载等级公路—Ⅰ级,路面标准轴载为 100kN,大、中、小桥及涵洞设计洪水频率为 1/100,地震烈度Ⅵ度,地震动峰值加速度 0.05g。

路面结构表面层为 4cm SBS 改性中粒式沥青混凝土(LAC-16 型),中面层为 SBS 改性中粒式沥青混凝土(LAC-20 型),基层为 20cm 厂拌水泥稳定碎石,底基层为 20cm 厂拌水泥稳定碎石,垫层为 19cm 级配碎石。收费站水泥混凝土路面,面层为 26cm C40 水泥混凝土板,基层、底基层分别为 16cm 厂拌水泥稳定碎石,垫层为 13cm 级配碎石。

主要工程量:路基土石方 323 万 m^3,沥青混凝土路面 59.6 万 m^2。大桥 2 座 261 延米,中桥 8 座 571 延米,小桥 3 座 40.45 延米,互通立交 1 处,通道桥 24 座 385 延米,涵洞 21 道。收费站 2 处,服务区 1 处。征用土地 161 公顷,动迁林木 4.2 万棵,厂矿企业 4 家。

工程于 2013 年 4 月开工,2015 年 10 月完工。

交通运输部 2012 年 9 月以交公路发〔2012〕495 号文批复初步设计。工程投资概算 9.44 亿元。

建设单位为辽宁省高等级公路建设局,设计单位为辽宁省交通规划设计院,施工单位为大连公路工程集团有限公司、中交第二公路工程局、东盟营造工程有限公司,监理单位为辽宁省驰通公路工程监理事务所。

本项目是国家高速公路网长春至深圳高速公路(编号 G25)组成部分。海舟窝堡至康平段 23.7km。该项目建成后将改善辽宁北部交通状况,为吉林西部、内蒙古东部打通一条进关出海的快速通道,为西部大开发和振兴东北老工业基地提供广阔发展空间,为区域经济一体化的实现发挥作用。

第二节　辽宁省省级高速公路

一、桓仁至永陵高速公路

桓仁至永陵高速公路(图 7-2-1)起点位于本溪市桓仁县城西北侧与桓仁(新开岭)至丹东(古城子)高速公路连接,终点位于抚顺市新宾县永陵镇,与新宾(旺清门)至抚顺(南杂木)高速公路连接。路线经过本溪市桓仁县、抚顺市新宾县,全长 66km(辽宁省省级高速公路网路线编号 S13)。

双向 4 车道,整体式路基宽度为 26m,中央分隔带宽 2.0m,分离式路基宽度为 13m。设计行车速度 100km/h,设计路面标准轴载为 100kN,设计汽车荷载等级为公路—Ⅰ级。设计桥涵洪水频率特大桥为 1/300,大、中、小桥及涵洞为 1/100。隧道是分离式,净空宽 10.75m、高 5m。

图 7-2-1 桓仁至永陵高速公路

路面主线填方及非石质挖方段中面层为 5cm 中粒式沥青混凝土(LAC-16 型),下面层为 7cm 粗粒式沥青混凝土(LAC-25 型);下封层为 0.5cm 乳化沥青稀浆封层;上基层为 20cm 厂拌水泥稳定碎石,底基层为 20cm 厂拌水泥稳定碎石;垫层为 20cm 级配碎石或级配砂砾。石质挖方段中面层为 5cm 中粒式沥青混凝土(LAC-16 型),下面层为 7cm 粗粒式沥青混凝土(LAC-25 型);封层为 0.5cm 稀浆封层,基层为 17cm 厂拌水泥稳定碎石,底基层为 17cm 厂拌水泥稳定碎石,垫层为 15cm 级配碎石或级配砂砾。

桥面沥青混凝土铺装厚度为 9cm,分两层进行施工,第一层摊铺 5cm 中粒式沥青混凝土(LAC-16 型),再摊铺一层 4cm 中粒式沥青混凝土(LAC-16 型)。

隧道内路面采用复合式路面分两层进行施工,第一层摊铺 6cm 中粒式沥青混凝土(LAC-20 型),洒布黏层油之后,再摊铺一层 3cm 沥青玛蹄脂碎石抗滑层(SMA-13L 型)。长度大于 1km 的隧道表面层 SMA 混合料中掺加阻燃剂和温拌剂,下层掺加温拌剂。

主要工程量:完成路基土石方 894 万 m^3,沥青混凝土路面 100 万 m^2。特大桥 1 座 1210 延米,大桥 15 座 3309 延米,中小桥 20 座 1201 延米,通道桥 65 座 1253 延米,跨线桥 3 座 278 延米,涵洞 74 座,互通式立交 1 处;隧道 4 座单洞长 9475 延米;服务区 1 处,收费站 1 处。全线征用土地 387 公顷。

建设工期:工程 2009 年 4 月开始建设,2012 年 9 月竣工。

桓仁至永陵高速公路按规定建设程序完成项目的前期工作。省交通厅于 2007 年 11 月 16 日批复项目初步设计,批复概算投资 263081 万元,资金来源 256148 万元,其中高速公路通行费 77087 万元,六费返还 21000 万元,地方财政债券 20000 万元,银行贷款 138061 万元。2009 年 2 月 26 日批复施工图设计。

项目法人为省高建局;设计单位为省交通勘测设计院;监理单位为辽宁驰通公路工程监理事务所;监督单位为省质安局。

路基工程分为6个合同段,由中铁五局集团机械化工程有限责任公司、中铁一局集团有限公司、鞍山公路工程有限公司、中铁一局集团第二工程有限公司、中铁隧道集团有限公司、中铁十九局集团第三工程有限公司6家施工单位承建。路面工程分为2个合同段,由中铁十九局集团第三工程有限公司、东盟营造工程有限公司承建。交通安全设施工程分为2个合同段,由沈阳天久信息技术工程有限公司、沈阳三鑫集团有限公司承建。

桓仁至永陵高速公路是辽宁省高速公路网的重要组成部分。它的建设,有利于逐步完善辽宁东部山区的高速公路网络,缓解木奇至通天沟线和本溪至桓仁线的交通压力,对于发展区域经济,提高少数民族地区人民群众生活水平,构筑辽东旅游大格局,加快发展旅游经济具有重要意义。

二、抚顺旺清门(辽吉界)至南杂木高速公路

抚顺旺清门(辽吉界)至南杂木高速公路(图7-2-2)路线起点位于抚顺市新宾县旺清门镇,与吉林通化至下排高速公路相对接,经永陵南枢纽式立交与桓仁至永陵高速公路连接,终点位于抚顺市南杂木镇,通过南杂木枢纽立交连接抚顺(南杂木)至沈阳高速公路和珲乌高速公路沈阳至吉林联络支线抚顺草市至南杂木段。沿线经过旺清门、红升乡、新宾镇、永陵镇、木奇镇、上夹河镇、南杂木镇,路线全长94km(辽宁省省级高速公路网路线编号S10)。

图7-2-2　抚顺旺清门至南杂木高速公路

全线采用双向4车道，整体式路基，宽度为26.0m，中央分隔带宽3.5m。分离式路基宽度为13.0m，行车道7.5m。其中K61+280～K62+540段，路基宽24.5m，中央分隔带宽3m。设计行车速度100km/h，设计汽车荷载等级为公路—Ⅰ级，设计路面标准轴载100kN。设计桥涵洪水频率特大桥为1/300，大、中、小桥及涵洞为1/100。

路面上面层为3.5cm沥青玛蹄脂碎石抗滑层（SMA-13L型），中面层为5cm中粒式沥青混凝土（LAC-20型），下面层为7cm粗粒式沥青混凝土（LAC-25型），封层为0.5cm稀浆封层。路面基层为20cm厂拌水泥稳定碎石，底基层为20cm厂拌水泥稳定级配砂石，垫层为20cm级配砂砾，石质挖方段基层为20cm水泥稳定碎石，底基层为15cm厂拌水泥稳定级配砂砾，垫层为17cm级配碎石。桥面及隧道面层铺装，桥面沥青混凝土铺装厚度9cm，第一层摊铺5.5cm中粒式SBS改性沥青混凝土（LAC-20型），洒布黏层油之后再摊铺一层3.5cm沥青玛蹄脂碎石抗滑层（SMA-13L型），隧道内路面第一层摊铺6cm中粒式SBS改性沥青混凝土（LAC-20型），洒布黏层油后再铺3cm沥青玛蹄脂碎石抗滑层（SMA-13L型），长度大于1km的隧道表面层混合料中掺加阻燃剂和温拌剂。

主要工程量：完成路基土石方1828万m^3，沥青混凝土路面240万m^2。大桥21座5067延米，中桥18座1123延米，小桥及通道桥107座1899延米；公公分离式立交22座3553延米，互通式立交6处；涵洞157道，隧道（单洞）7座9849延米。服务区3处，收费站5处。全线征用土地686公顷。

建设工期：工程2009年6月开工，2012年9月竣工。

抚顺旺清门（辽吉界）至南杂木高速公路，省交通厅于2009年3月18日批复项目初步设计，批复概算479763万元，资金来源440734万元，其中车购税28300万元，高速公路通行费41957万元，六费返还45000万元，银行贷款325477万元。省交通厅2009年5月26日批复施工图设计。

项目法人为省高建局；设计单位为省交通勘测设计院；监理单位为沈阳公路工程监理有限责任公司；监督单位为省质安局。

路基工程分为10个合同段，由中铁十九局集团第三工程有限公司、中铁九局集团有限公司、福建省闽西交通工程有限公司、中铁十五局集团第五工程有限公司等10家单位中标承建。路面工程分为3个合同段，由天津城建集团有限公司等3家单位承建。交通安全设施工程分为3个合同段，由沈阳天久信息技术工程有限公司等3家单位承建。交通管理设施工程分为2个合同段，由沈阳海外建设集团有限公司等2家单位承建。绿化工程分为9个合同段，由北京永强园林绿化有限公司等9家单位承建。机电工程1个合同段，由中铁电气化局集团有限公司承建。

抚顺旺清门（辽吉界）至南杂木高速公路，是东北区域高速公路网的重要组成部分，是吉林东部地区与辽宁进关出海的快速通道。它的建设，对于促使辽宁高速公路形成规模化、网络化,融入京津冀环渤海经济圈,大力发展区域经济,振兴辽宁老工业基地具有重要作用。

三、大连湾疏港高速公路

大连湾疏港高速公路(图7-2-3)在大连市和大连开发区之间,路线起点位于大连市振连规划路 K7+040 处。路线经大连千秋木业公司东侧后,上跨振兴路和大连市轻轨,经华能大连电厂排灰场,通过大连湾互通式立交收费站进入丹大和沈大连接线。路线全长 2.37km。

图 7-2-3　大连湾疏港高速公路

全线双向 4 车道,路基宽度 22m。中央黄线带宽 0.5m,桥面净宽 20.5m。设计行车速度 80km/h,设计路面荷载标准轴载为 100kN,设计汽车荷载为公路—Ⅰ级;设计桥涵洪水频率,大、中、小桥及涵洞均为 1/100。

路面上面层为 4cm 沥青玛蹄脂碎石抗滑层(SMA-13L 型),中面层为 5cm 中粒式改性沥青混凝土(LAC-20Ⅰ型),下面层为 7cm 粗粒式沥青混凝土(LAC-25Ⅰ型);基层为 20cm 厂拌水泥稳定碎石,底基层为 20cm 厂拌水泥稳定碎石,垫层为 16cm 级配碎石。

主要工程量:完成填方 40 万 m^3,沥青混凝土路面 6 万 m^2。大桥 2 座 809.42 延米,涵洞 2 道,互通式立交 1 处,主线收费站 1 处。全线征用土地 21 公顷。

工程 2009 年 7 月开工建设,2012 年 7 月完工。

大连湾疏港高速公路按规定建设程序完成项目的前期工作,省交通厅 2019 年 5 月 26 日批复项目初步设计,批复概算投资 33362 万元,资金来源 29618 万元,其中车购税 700 万元,高速公路通行费 5156 万元,地方财政债券 20000 万元,银行贷款 23763 万元。

项目法人为省高建局;设计单位为省交通勘测设计院;监理单位为沈阳市公路工程监理有限责任公司;监督单位为省质安局。

施工单位:大连湾疏港高速公路路基、路面全部由大连公路工程集团有限公司中标承建。

大连湾疏港路在 BK2+375～BK2+435 路基下面存在 1.5～4.5m 的杂填土,同时在路基边缘右侧距悬崖较近(最近距离只有 1.5m),经过路基稳定性验算,此段路基存在安全隐患,因此对其基底进行处理。首先,将杂填土全部清除;然后,将悬崖挖成 1:2.5 的坡度,并且挖成台阶,底部铺设 4 层土工格栅;最后,在坡脚处修挡土墙,用透水性好的填料将路基填成 1:1.5、1:1.75 的边坡。

主线在 BK3+510～BK3+770 和大连湾互通式立交 BK3+770～BK4+150 的路基穿过华能电厂排灰场内,排灰场粉煤灰厚度 3.8m,海水平均深 0.8m。粉煤灰级配不良,吸水性大,性能极不稳定,遇水时强度有较大幅度降低,抗液化性能较差,因此采用强夯置换法进行加固处理,提高地基承载力,减小地基沉降量,消除地基液化。

大连湾疏港路是大连湾港与丹大和沈大连接线的重要陆路疏港通道。大连湾港区是大连湾总体规划中确定的核心区,2010 年货物吞吐量达 3928 万 t。随着老港区货物运量的转移,大连港货物吞吐量增长较快,公路疏港的大型、超大型车辆激增,现有疏港路道路狭窄,交通不畅问题逐步显现。它的建设,能够完善港区与高速公路网的衔接,符合大连市总体规划要求,有利于优化路网结构、促进地区经济发展。

四、庄河至盖州高速公路

庄河至盖州高速公路(图 7-2-4)起点位于庄河市区西北,途经光明山镇、佟岭村西、广大村、大田屯、隋屯、温泉村、步云山乡西、赵家屯、马圈沟、罗屯、万福镇东、班家堡子、王家堡子北、杀虎岭、锅峪村、小石棚乡南、塔子沟、何屯北、老爷庙西、尚和寨南、东二台子北,终到郑家屯东沈大高速公路 K180+800 处设置盖州西枢纽立交与之连接。路线全长 100.58km(辽宁省省级高速公路网路线编号 S19)。

全线双向 4 车道。整体式路基宽度 26.0m,中央分隔带宽 2.0m,分离式路基宽度 13.00m。桥梁主线净空 5.5m,隧道全宽(单洞)10.75m。设计行车速度 100km/h,设计汽车荷载等级为公路—I 级,设计路面标准轴载为 100kN,大、中、小桥及涵洞设计桥涵洪水频率为 1/100。

路面表面层为 3cm 沥青玛蹄脂碎石抗滑层(SMA-13L),中面层为 5cm 中粒式沥青混凝土(LAC-20 型),下面层为 7cm 粗粒式沥青混凝土(LAC-25 型),下封层为 0.5cm 乳化沥青稀浆封层,上基层为 20cm 厂拌水泥稳定碎石,下基层为 20cm(石质挖方段 12.5cm)厂拌水泥稳定碎石,垫层为 15.5cm(石质挖方段 12.5cm)级配碎石。

图 7-2-4 庄河至盖州高速公路

桥面及隧道沥青混凝土铺装结构:桥面沥青混凝土铺装厚度为 8.5cm,分两层进行施工,第一层摊铺 5.5cm 中粒式沥青混凝土(LAC-20 型),洒布黏层油之后,再摊铺一层 3.0cm 沥青玛蹄脂碎石抗滑层(SMA-13L 型),防水层采用 SBS 改性热沥青,用量 1.0L/m^2。

完成路基土石方量为 2725 万 m^3,沥青混凝土路面 256 万 m^2。不良地基处换填砂砾、碎石等透水性材料总量为 17 万 m^3。大桥 19 座 5780 延米,中桥 41 座 2674 延米,小桥 3 座 40 延米,通道桥 108 座 1701 延米,公铁立交桥 1 座 96 延米,跨线桥 6 座 484 延米,涵洞 154 座,隧道 8 座单洞长 17311 延米,互通式立交 8 处,收费站 7 处,服务区 1 处。全线征用土地 690 公顷。

建设工期:工程 2009 年 10 月开工,2012 年 9 月建成通车。

庄河至盖州高速公路按规定建设程序完成项目的前期工作,省交通厅 2009 年 2 月 4 日批复项目初步设计,批复投资概算 520709 万元。省交通厅 2009 年 8 月 14 日批复施工图设计。批准概算投资 551191 万元,资金来源 518354 万元,其中车购税 59400 万元,高速公路通行费 77322 万元,六费返还 15000 万元,银行贷款 366632 万元。

项目法人为省高建局;设计单位为省交通勘测设计院;监理单位为辽宁驰通公路工程监理事务所;监督单位为省质安局。

路基划分 11 个合同段,由北京城建道桥建设集团有限公司、中铁十九局集团第三工程有限公司、福建路桥建设有限公司、沈阳高等级公路建设总公司等 11 家单位承建。路面划分 3 个合同段,由沈阳高等级高路建设总公司、沈阳市政集团有限公司、辽宁省路桥建设集团有限公司 3 家单位承建。交通安全设施划分 3 个合同段,由辽宁五洲公路工程有限责任公司、辽宁省交通工程有限公司、大连公路工程集团有限公司 3 家单位承建。

庄河至盖州高速公路两端分别与已经通车的鹤岗至大连高速公路丹东至大连段、沈阳至海口高速公路沈阳至大连段相连通,对于完善辽宁省沿海"五点一线"经济区配套交通基础设施具有重要意义。

五、西丰安民(辽吉界)至开原金沟子高速公路

西丰安民(辽吉界)至开原金沟子高速公路(简称"西丰至开原高速公路",见图7-2-5)在铁岭市辖的西丰县乌鲁岭至开原金钩镇。途经西丰安民镇北、更刻乡南、西丰县南、郜家店镇北、开原威远堡镇北,终点位于金沟子镇东南。路线全长87km(辽宁省省级高速公路网路线编号S14)。

图7-2-5 西丰至开原高速公路

西丰至开原高速公路K0+000~K86+300段采用4车道全封闭高速公路标准,设计行车速度100km/h,路基宽度26.0m,中央分隔带宽2.0m;K86+300~K86+884.476段采用4车道二级公路标准,设计行车速度80km/h,路基宽度18.0m。桥梁主线净空5m。设计汽车荷载等级为公路—Ⅰ级,设计路面标准轴载为100kN;设计桥涵洪水频率,大、中、小桥及涵洞为1/100。

主线填方及非石质挖方段中面层采用4cm中粒式沥青混凝土(LAC-16型),下面层采用8cm粗粒式沥青混凝土(LAC-20型);封层采用0.5cm稀浆封层;基层采用20cm厂拌水泥稳定碎石,底基层采用20cm厂拌水泥稳定砂砾,垫层采用18.5cm级配砂砾。主线石质挖方段路面中面层采用4cm中粒式沥青混凝土(LAC-16型),下面层采用8cm粗粒式沥青混凝土(LAC-20型),封层采用0.5cm稀浆封层,基层采用20cm厂拌水泥稳定

碎石,底基层采用15cm厂拌水泥稳定级配砂砾,垫层采用15.5cm级配砂砾。K3+300~K8+000路段左幅采用橡胶沥青试验路方案一,上面层为3.5cm细粒式橡胶沥青混凝土(LAC-13型),下面层为5cm中粒式橡胶沥青混凝土(LAC-20型),封层为1.0cm橡胶沥青碎石封层,基层为18cm厂拌水泥稳定碎石(紧密嵌挤骨架式),底基层为18cm厂拌水泥稳定级配砂砾,垫层为25.5cm级配砂砾。K3+300~K8+000路段左幅采用橡胶沥青试验路方案二,上面层为3.5cm细粒式橡胶沥青混凝土(ARAC-13型),下面层为5cm中粒式橡胶沥青混凝土(LAC-20型),封层为1.0cm橡胶沥青碎石封层,透层高渗透乳化沥青,联结层为12cm级配碎石(柔性基层),基层为18cm厂拌水泥稳定碎石,底基层为18cm厂拌水泥稳定级配砂砾,垫层为13.5cm级配砂砾,总厚度为71cm,满足抗冻要求。

完成路基土石方量1956万m^3,沥青混凝土路面193万m^2。大桥14座2664延米,中桥61座3995延米,小桥5座82延米,公公分离式立交(主线上跨)25座2106延米,公铁分离式立交2座444延米,跨线桥6座468延米,通道桥71座1087延米,涵洞87道,互通式立交5处,收费站6处,服务区1处。全线征用土地598公顷。

建设工期:2009年9月开工,2012年8月建成通车。

西丰至开原高速公路从2008年开始进行项目前期工作。交通运输部2009年9月批复初步设计,批复概算金额315204万元。资金来源277274万元,其中车购税51900万元,高速公路通行费32603万元,六费返还8699万元,沈阳、铁岭市财政拨款186万元,银行贷款183886万元。

项目法人为省高建局;设计单位为省交通勘测设计院;监理单位为辽宁第一交通工程监理事务所;监督单位为省质安局。铁岭市成立分指挥部。

路基桥涵工程分为6个合同段,由路桥集团国际建设有限公司、中交一公局第六工程有限公司、北京城建三建设集团有限公司、中铁隧道集团有限公司、省路桥建设一公司、鞍山公路工程有限公司6家施工单位中标承建。路面工程分为3个合同段,由中铁十一局集团有限公司等3家单位承建。交通工程分为3个合同段,由中交第一公路工程局有限公司等3家单位承建。

西丰至开原高速公路作为东北高速公路网的重要组成部分,成为吉林、辽宁两省继北京至哈尔滨、鹤岗至大连之后打通的第4条省际通道,为黑龙江省、吉林省东部地区去往沈阳大连及关内地区提供新的选择路径。它的建设,对于改善沿线交通条件,促进沿线城镇发展发挥了积极的推动作用。

六、阜新至盘锦高速公路

阜新至盘锦高速公路(图7-2-6)起自阜新市水泉镇,途经大板镇、国华乡,进入锦州市白厂门镇、大市镇、正安镇、富屯乡、广宁乡、大屯乡、廖屯镇,进入盘锦市甜水乡、胡家镇,终至太平镇,与盘锦至海城(含营口连接线)高速公路对接,路线全长95km(辽宁省省级高速公路网路线编号S21)。

图7-2-6 阜新至盘锦高速公路

全线采用双向4车道。整体式路基全宽为26.0m,分离式路基单幅宽度13.0m,设计行车速度100km/h。隧道净宽10.75m,净高5m。设计汽车荷载等级为公路—Ⅰ级,设计路面标准轴载100kN。设计桥涵洪水频率特大桥为1/300,大、中、小桥及涵洞为1/100。

路面表面层为3cm沥青玛蹄脂碎石抗滑层(SMA-13L型),中面层为5cm中粒式改性沥青混凝土(LAC-20型),下面层为7cm粗粒式沥青混凝土,下封层为0.5cm乳化沥青稀浆封层,上基层为20cm厂拌水泥稳定碎石,下基层为20cm厂拌水泥稳定碎石,垫层为15.5cm级配碎石。

桥面及隧道沥青混凝土铺装结构:桥面沥青混凝土铺装厚度为8.5cm,分两层进行施工,第一层摊铺5.5cm中粒式沥青混凝土(LAC-20型),洒布黏层油之后,再摊铺一层3.0cm沥青玛蹄脂碎石抗滑层(SMA-13L型),防水层采用SBS改性热沥青,用量1.0L/m²。

完成路基土石方量1613万 m³,沥青混凝土路面240万 m²。特大桥1座1566延米,大桥13座2964延米,中小桥59座3096延米,涵洞132道,隧道1座单洞长7033延米,跨线桥4座,通道109座,互通式立交5座,公铁分离式立交3座,收费站4处,服务区和管理处各1处。征用土地746公顷。

工程2009年9月开工,2013年7月建成通车。

阜新至盘锦高速公路按规定建设程序完成项目的前期工作,省交通厅于2009年7月13日批复项目初步设计,批复概算投资439577万元,资金来源412778万元,其中车购税57100万元,高速公路通行费48498万元,银行贷款293430万元。

项目法人为省高建局;设计单位为省交通勘测设计院、省公路勘测设计公司;监理单位为辽宁科杰公路工程监理有限公司、辽宁华通公路工程监理有限公司;监督单位为省质安局。

路基工程划分8个合同段,由中铁隧道集团股份有限公司、中国航空港建设第八工程总队、四川武通路桥工程局、中国水利水电第一工程局有限公司、中铁十四局集团第四工程有限公司、中交路桥北方工程有限公司、鞍山市市政工程有限公司、省路桥有限公司8家施工单位中标承建。路面工程划分3个合同段,由大庆油田路桥工程有限责任公司、东盟营造工程有限公司、抚顺公路建设集团有限公司承建。交通安全设施工程划分3个合同段,由大连公路工程集团有限责任公司、沈阳选腾交通设施工程有限公司、辽宁大通公路工程有限公司承建。

阜新至盘锦高速公路将阜新市及辽西北地区货物迅速集疏,形成一条阜新市与大连市、辽宁全省甚至全国各地的快速通道,有利于阜新资源转型城市的二次创业,实现省委省政府"突破阜新"战略,为阜新市融入辽宁中部城市群经济圈和辽西沿海城市群提供便捷的交通条件。它的建设,对于进一步完善辽宁高速公路网络,推动阜新市及辽西北新一轮快速发展,早日实现"构建沈阳经济区"发展战略,促进东北老工业基地振兴具有重要意义。

七、大连皮口至炮台高速公路

大连皮口至炮台高速公路(图7-2-7)位于普兰店区与瓦房店市境内,起点位于普兰店区皮口街道,途经皮口街道、杨树房街道、唐家房街道、普兰店区,终至瓦房店市炮台镇,连接长兴岛疏港高速公路。路线全长44km,含起点至主线收费站之间长400m的201国道连接线(辽宁省省级高速公路网路线编号S12)。

图7-2-7　大连皮口至炮台高速公路

全线采用双向 4 车道。路基标准宽度 28.0m,中央分隔带宽 3m。设计行车速度 120km/h,设计路面荷载标准轴载为 100kN,设计汽车荷载等级为公路—Ⅰ级,大、中、小桥及涵洞设计洪水频率为 1/100。

路面表面层为 3.0cm 沥青玛碲脂碎石抗滑层(SMA-13L 型),中面层为 6cm 中粒式改性沥青混凝土(LAC-20 型),下面层为 8cm 粗粒式沥青混凝土,下封层为 0.5cm 乳化沥青稀浆封层,上基层为 20cm 厂拌水泥稳定碎石,下基层为 20cm,主线石质挖方段为 16cm 厂拌水泥稳定碎石,垫层 20cm,主线石质挖方段为 17cm 级配碎石。

桥面沥青混凝土铺装厚度 9.5cm,第一层摊铺 6cm 中粒式沥青混凝土(LAC-20 型),洒布黏层油后,再摊铺一层 3.5cm 沥青玛碲脂碎石抗滑层(SMA-13L 型)。

完成路基土石方 1229 万 m^3,沥青混凝土路面 129 万 m^2。大桥 7 座 1273 延米,中桥 45 座 2849 延米,小桥 8 座 129 延米,通道桥 66 座 791 延米,跨线桥 4 座 345 延米,公铁分离式立交 1 座 288 延米,涵洞 78 道,互通式立交 6 处(普兰店东预留 1 处),收费站 4 处,服务区 1 处。征用土地 372 公顷。

工程 2009 年 9 月开工建设,2011 年 10 月建成通车。

大连皮口至炮台高速公路,省交通厅于 2009 年 7 月 23 日批复初步设计,批复概算投资 220408 万元。实际完成投资 182362 万元,资金来源中央车辆购置税 26200 万元,高速公路通行费 31234 万元,六费返还 5000 万元,地方政府拨款 182 万元,银行贷款 119746 万元。

项目法人为省高建局;设计单位为省交通规划设计院;监理单位为丹东诚达公路工程监理咨询有限公司;监督单位为省质安局。

路基桥涵分为 3 个合同段,由大连公路工程集团有限公司、省路桥建设有限公司、中铁九局有限公司 3 家单位中标承建。路面分为 2 个合同段,由中铁十九局集团第三工程有限公司、大连公路工程集团有限公司承建。交通安全设施分为 2 个合同段,由沈阳三鑫集团有限公司、黑龙江省北龙交通工程有限公司承建。

大连皮口至炮台高速公路与长兴岛疏港高速公路对接,形成连接黄海滨海路与渤海滨海路的快速通道。进一步完善全省高速公路网络结构,推动大连新一轮经济快速发展,提升皮口港及长兴岛港集疏运功能,对于加快沿线资源开发利用,构建大连经济区,促进沿海经济带发展都具有巨大的推动作用和重要的战略意义。

八、大窑湾疏港高速公路

大窑湾疏港高速公路(图 7-2-8)起于大窑湾港一期码头与二期码头交界处,沿线途经大连保税区港前二号路,与大连经济技术开发区九号路交叉后,利用开发区十号路与开发区五号路、三号路交叉后进入疏港主线收费站。其中起点至九号路段 7.2km 由大连市保税区重点工程建设指挥部负责修建；九号路至主线收费站1.5km，收费站至金州二十里堡与沈大路相接17.8km，总计19.3km，由高等级公路建设局建设。路线经主线收费站继续利用开发区十号路、大庄高速公路交叉后至起点K2+600。路段长2.6km已由大连建设。大窑湾疏港高速公路路线全长29.1km（辽宁省省级高速公路网路线编号S23）。

图7-2-8 大窑湾疏港高速公路

起点至三号路立交K0+000～K1+478段路基宽度42m，双向8车道，设计速度120km/h；三号路至金港立交K2+600～K20+230段路基宽度34.5m，双向6车道，设计速度100km/h；五号路至开发区九号路段路基宽度42m，双向8车道，设计速度100km/h。K4+200～K7+670段分离式路基宽17m。设计路面标准轴载为100kN，设计汽车荷载为公路—Ⅰ级。设计桥涵洪水频率特大桥为1/300，大、中、小桥及涵洞为1/100。建筑限界净高5.5m。

上面层为4cm沥青混凝土抗滑层（SMA-13L），中面层为6cm沥青混凝土（LAC-20Ⅰ），下面层为8cm沥青混凝土（LAC-25Ⅰ）；上基层为18cm厂拌水泥稳定碎石，下基层为18cm厂拌水泥稳定碎石，底基层为19cm厂拌水泥稳定碎石。

完成路基土石方478万m³，沥青混凝土路面69万m²。软土地基处理430m，特大桥1座1917延米，大桥7座2098延米，中桥10座630延米，小桥17座411延米，跨线桥5座485延米，涵洞40道，互通式立交3处，收费站2处，隧道1座单洞长1180延米。征用土地177公顷，动迁厂矿25家，动迁房屋34户。

省高建局组织建设投资概算120535万元，实际投资102470万元。资金来源交通部车购税20500万元，通行费100万元，大连市自筹8586万元，银行贷款73824万元，大连市保税区重点工程建设指挥部组织建设投资57000万元。

收费站至金州二十里堡工程2005年10月开工，2007年10月建成通车；港区段工程

2006年6月开工,2009年5月建成通车。

省高建局组织建设部分组织机构:项目法人为省高建局;设计单位为省交通勘测设计院;监理单位为辽宁第一交通工程监理事务所;监督单位为省质安局。

大连市保税区重点工程建设组织机构:建设单位为大连保税区重点工程建设指挥部;设计单位为上海林同炎李国豪土建工程咨询有限公司;监理单位为上海同济公路工程监理咨询有限公司;监督单位为大连水运工程质量监督站。

省高等级公路建设局组织建设部分路基施工4个合同段,由河北路桥二公司、中铁一局、大庆路桥公司、大连公路集团4家单位承建。路面施工、交通工程由大连公路工程集团承建。大连市保税区重点工程建设指挥部组织建设部分道路桥梁3个合同段,由中铁十三局集团第一工程有限公司、中铁九局集团、大连公路工程集团有限公司、中港第一航务工程局、北京城建集团有限责任公司5家施工单位承建。公路标志、标线工程由大连东方交通设施工程有限公司承建。

大连大窑湾港是建设中的中国最大的国际深水中转港之一,是21世纪东北亚国际航运中心枢纽港,港区水深港阔,不冻不淤。大窑湾港毗邻大连保税区、大连出口加工区,将与两区实行港区一体化,形成自由港,现有的疏港公路运输状况非常紧张。大窑湾疏港高速公路是辽宁省高速公路网中的重要组成部分,属于辽宁省"区域性高速公路路网加密工程",为进出大窑湾港开辟了一条高速公路快速干道,将极大地缓解现有疏港公路在港区与沈大高速公路之间的交通压力,基本解决大连市区此处"瓶颈交通"的问题,为大连市经济和大窑湾的发展创造良好的基础设施条件。对促进区域经济发展,加快"大大连"建设,增强大连向东北腹地的辐射力,具有重大而深远的意义。

九、沈阳至康平高速公路

沈阳至康平高速公路(图7-2-9)起点位于辽宁省沈阳市沈北新区境内,终点位于康平北部。沈康高速公路建设分两期实施,一期工程为依牛堡子至康平段,起于明沈线(G203)与省道新梨线相交处,终点在康平北的东三合堡与明沈线相交处,全长68.14km。二期工程为新城子至依牛堡子段,路线起点位于沈阳市沈北新区境内,经王家窝棚东、前长河沿、大、小达连屯,经法库县石家荒地、戴家荒地,终点位于法库县依牛堡子乡西拉马村,与沈康一期工程连接,全长24.14km,沈阳至康平路线总全长92.28km(辽宁省省级高速公路网路线编号S2)。

沈阳至康平高速公路依牛堡子至康平段,采用双向4车道,路基宽度26m,中央分隔带宽2m,设计行车速度100km/h;新城子至依牛堡子段起点至前进农场采用6车道,按一级公路标准进行建设,路基宽度K0+000～K2+984.7段2.98km为28m,中央分隔带宽2m,K2+984.7～K3+224.7段240m,由28m过渡到32m,K3+224.7～K5+000段

1.77km为32m,中央分隔带宽2m,设计行车速度80km/h;前进农场至终点段采用双向4车道高速公路标准进行建设,路基宽度为26m,中央分隔带宽2m,设计行车速度100km/h。设计荷载路面标准轴载为100kN,设计汽车荷载为公路—Ⅰ级;设计桥涵洪水频率特大桥为1/300,大、中、小桥及涵洞均为1/100;跨主线桥梁净空5.5m。

图7-2-9 沈阳至康平高速公路

路面上面层暂不进行施工,本期建设只进行中面层和下面层施工,中面层为5cm中粒式改性沥青混凝土(LAC-20型),下面层为7cm粗粒式沥青混凝土(LAC-25型);下封层为0.5cm乳化沥青稀浆封层,基层填方段与土质挖方段采用20cm厂拌水泥稳定碎石,石质挖方段采用17cm厂拌水泥稳定碎石,底基层填方段与土质挖方段采用20cm厂拌水泥稳定碎石,石质挖方段采用17cm厂拌水泥稳定碎石;垫层填方段与土质挖方段采用18.5cm级配碎石,石质挖方段采用13.5cm级配碎石。

完成路基土石方959万 m^3,沥青混凝土路面230万 m^2。特大桥1座1723延米,大桥12座2387延米,中桥22座1519延米,小桥29座561延米,涵洞88道,公公分离式立交15座1096延米,公铁分离式立交2座279延米,通道桥58座1005延米,跨线桥17座1399延米,天桥5座329延米,互通式立交4座,收费站5处。

沈阳至康平高速公路依牛堡子至康平段2007年7月开工,2008年10月建成通车。新城子至依牛堡子段2008年4月开工,2009年9月建成通车。

依牛堡子至康平段,批复概算投资211756万元。新城子至依牛堡子段工程,批复概算投资88236万元。投资纳入省交通厅年度投资计划,两个项目批复概算投资合计为299992万元,其中,国家专项基金35415万元,地方自筹69583万元,利用国内银行贷款194994万元。

项目法人为省高建局;设计单位为省交通勘测设计院、沈阳市公路规划设计院;监理单位为沈阳市公路工程监理有限责任公司、辽宁驰通公路工程监理事务所;监督单位为省质安局。

路基划分为10个合同段,由沈阳高等级公路建设总公司、大连公路工程集团有限公司、中铁十九局集团第三工程有限公司(承建两个合同段)等9家单位承建;路面划分为3个合同段,由省路桥建设有限公司、东盟营造工程有限公司和大连公路集团有限公司3家单位承建;交通安全设施划分为3个合同段,由沈阳三鑫集团有限公司、沈阳高等级公路建设总公司、大连公路工程集团有限公司3家单位承建。

沈阳至康平高速公路是辽宁省规划建设的一条区域间高速公路,分别连接辽中环线高速公路、铁岭至朝阳高速公路,是辽宁省高速公路网规划的重要组成部分。它的建成,拉动沈北新区及康平、法库两县经济发展,对于振兴东北老工业基地和区域经济发展发挥重要作用。

十、长兴岛疏港高速公路

长兴岛疏港高速公路(图7-2-10)位于大连瓦房店市境内,路线起于瓦房店炮台镇朱家屯西南沈阳至大连高速公路(管理桩号K297处),自东向西经炮台镇、复州湾镇、谢屯镇,终点位于长兴岛广福村东乡。路线的主要控制点为沈阳大连高速公路、复州湾盐场、复州湾镇、谢屯镇、谢屯盐场、葫芦山湾。路线全长35.476km(辽宁省省级高速公路网路线编号S12)。

图7-2-10 长兴岛疏港高速公路

整体式路基全宽28.0m,双向4车道,中央分隔带宽3m,分离式路基全宽13.75m。设计行车速度120km/h,设计路面标准轴载为100kN,设计汽车荷载等级为公路—Ⅰ级;

设计桥涵洪水频率,大、中、小桥及涵洞为1/100;桥梁主线净空5.5m,隧道全宽(单洞)11.5m。大、中桥全宽27.5m,桥面净宽2×12m,内外侧均设置0.5m宽钢筋混凝土防撞墙;小桥、涵洞全宽28m。

路面上面层为3.5cm沥青玛蹄脂碎石(SMA-13L型),中面层为6cm中粒式沥青混凝土(LAC-20型),下面层为8cm粗粒式沥青混凝土(LAC-25型),封层为0.5cm稀浆封层。上基层为20cm厂拌水泥稳定碎石(石质挖方段为16cm),底基层为20cm厂拌水泥稳定碎石(石质挖方段为16cm),垫层为15cm级配碎石(石质挖方段为12cm)。全线采用花岗岩路缘石。

完成路基土石方615万m^3,沥青混凝土路面102万m^2。大桥7座1697延米,中桥18座1293延米,小桥4座63延米,公铁分离式立交1座186延米,跨线桥1座76延米,涵洞76道,通道桥52座1149延米,隧道1座单洞长1254延米,互通式立交5处,收费站5处,管理处1处。征用土地241公顷,动迁企业7家。

工程2007年9月开工,2010年10月建成通车。

长兴岛疏港高速公路项目省交通厅批复概算138774万元,调整后概算144477万元,实际完成142740万元。资金来源中央车购税拨款17700万元,高速公路通行费23413万元,六费返还8673万元,银行贷款92945万元。

项目法人为省高建局,省高建局成立长兴岛疏港高速公路项目指挥部,大连市成立分指挥部;辽宁省交通勘测设计院承担设计工作;北京正立监理咨询有限公司对路基桥涵隧道工程进行监理,2008年底解除北京正立监理咨询公司的合同,重新聘用辽宁华通公路工程监理有限公司对路基、桥涵、路面、交通安全设施及收费站等进行全方位监理。机电工程由辽宁第一交通工程监理事务所监理,绿化工程由辽宁驰通公路工程监理事务所监理。监督单位为省质安局。

路基桥涵工程分为4个合同段,由中铁十九局集团第三工程有限公司、辽宁交通建设集团有限公司、中铁一局集团有限公司、中铁十九局集团有限公司4家单位承建;路面工程1个合同段,由大连公路工程集团有限公司承建;邢屯松木岛互通式立交1个合同段,由辽宁省路桥建设第一有限公司承建;交通安全设施工程1个合同段,由辽宁路通公路工程有限公司承建;交通管理设施工程1个合同段,由辽宁金帝第二建筑工程有限公司承建;机电工程由中咨泰克交通工程有限公司、辽宁金洋科技发展集团有限公司、北京诚达交通科技有限公司、沈阳选腾交通设施工程有限公司4家单位承建;绿化工程由沈阳绿环园林景观有限责任公司、沈阳公路绿化工程处、黑龙江绿烨市政园林景观工程有限公司3家单位承建。

长兴岛高速公路全线35.476km,其中盐田软土路基段5.286km。盐田段桥涵结构物多,软土层较厚,含水率较高,采用了粉喷桩、CFG桩、旋喷桩、反压护道和超载预压、高强管桩多种处理方法。

葫芦山湾大桥是跨越葫芦山海湾的一座大型桥梁,桥梁全长437m。主体采用跨径(30+100+30)m飞鸟式中承系杆拱桥。中跨标准跨径100m,拱轴线为四次抛物线。边跨标准跨径30m,拱轴线为二次抛物线。中跨采用单拱肋,与边跨的双拱肋对应。箱梁采用预应力混凝土单箱多室箱梁,整幅设计。桥面以上拱肋采用钢箱结构,断面形式采用带倒角的三室箱形截面。桥梁结构主要由钢箱拱肋、钢筋混凝土拱肋、预应力混凝土箱梁、吊杆组成。整个体系为刚拱刚梁,桥面连续,高次超静定结构。引桥采用30m先简支后连续T梁。下部构造为钻孔桩基础,柱式墩,肋板式台。葫芦山湾跨海大桥结构新颖,是辽宁省首次承建飞鸟式中承式拱桥,跨海施工,地质情况复杂,采用筑岛围堰配合钢管桩搭设平台施工方法,完成圬工混凝土18143m^3,钢筋加工3149t,钢绞线加工403.8t,钢筋拱肋制作安装319.4t。

长兴岛疏港高速公路是辽宁省进一步优化加密的疏港类高速公路联络支线,是《辽宁省高速公路网规划》的重要组成部分。它的建设,对于提高长兴岛临港工业园区、大连化工产业基地物流服务功能,推动大连经济快速增长,把大连建设成为东北亚重要的国际航运中心,加快振兴东北老工业基地步伐具有重要意义。

十一、阜新至盘锦高速公路北延伸线

阜新至盘锦高速公路北延伸线(图7-2-11)起点接在阜新至盘锦高速公路K1+460(海棠山隧道北侧),跨越旧南环、新规划南环、水泉镇、太平规划区、矿区铁路、海新路、细河经济区、文化路、民族园区、阜新高新产业园区,经草坪机场、高林台、阜新镇,终点位于铁朝高速公路,全长15.474km(辽宁省省级高速公路网路线编号S21)。

图7-2-11 阜新至盘锦高速公路北延伸线

双向4车道,路基宽26m,中央分隔带宽2m,设计行车速度100km/h,桥涵设计标准汽车荷载等级:公路—Ⅰ级,大、中、小桥、涵洞设计洪水频率均为1/100,路面设计标准荷载100kN。

主要工程量:土石方237.6万 m^3,沥青混凝土路面46万 m^2。特大桥1座7496延米,大桥2座429.6延米,中桥7座583延米,小桥3座23延米,涵洞17道,主线上跨分离式立交11座1016.9延米,通道桥6座78延米,互通式立交3处,收费站1处。征用土地102公顷。

概算投资137894万元,2012年3月开工,2013年10月完工,资金来源126359万元,其中车购税13400万元,高速公路通行费4591万元,六费返还10624万元,市财政公路建设专项补助4225万元,银行贷款93519万元。

建设单位为辽宁省高等级公路建设局,设计单位辽宁交通规划设计院,监理单位为辽宁科杰公路工程监理有限公司。

施工共分5个合同段,中铁十九局集团第三工程有限公司、辽宁路桥建设第一有限公司、中铁四局集团第四工程有限公司、中铁十三局集团有限公司、辽宁五洲公路工程有限责任公司。路面1个合同段,由大庆油田路桥工程有限责任公司承建。交通工程1个合同段,由大连公路工程集团有限责任公司承建。房建工程1个合同段,由沈阳华强建设集团有限公司承建。

十二、建昌至兴城高速公路

建昌至兴城高速公路(图7-2-12)起于建昌县石佛乡,经巴什罕、药王乡、白塔乡、元台乡,终点兴城东与滨海公路连接,路线全长90.02km(其中主线82.89km,连接线7.13km为一级公路)(辽宁省省级高速公路网路线编号S27)。

图7-2-12 建昌至兴城高速公路

路基宽24.5m,中央分隔带宽2m,分离式路基宽12.25m,连接线整体式路基宽21.5m,中央分隔带宽0.5m。设计行车速度80km/h,桥梁荷载为公路—Ⅰ级,路面标准轴载100kN。桥梁洪水频率特大桥1/300,大、小桥及涵洞1/100。

路面结构:主线填方、非石质挖方及匝道上面层为3.5cm SBS改性沥青玛碲脂碎石混凝土(SMA-13L型),中面层为5cm中粒式SBS改性沥青混凝土(AC-20型),下面层为7cm粗粒式沥青混凝土(AC-25型),基层为20cm厂拌水泥稳定碎石,底基层为20cm厂拌水泥稳定碎石,垫层15cm级配碎石。主线石质挖方段上面层为3.5cm SBS改性沥青玛碲脂碎石混凝土(SMA-13L型),中面层为5cm中粒式SBS改性沥青混凝土(AC-20型),下面层为7cm粗粒式沥青混凝土(AC-25型),基层为20cm厂拌水泥稳定碎石,底基层为15cm厂拌水泥稳定碎石,垫层为12cm级配碎石。桥面铺装上面层为3.5cm沥青玛碲脂碎石沥青混凝土(SMA-13L型),中面层为4.5cm中粒式沥青混凝土(AC-20型),下面层为24cm C40水泥混凝土。隧道内采用复合式路面铺装,上面层为3.5cm沥青玛碲脂碎石(SMA-13型),中面层4.5cm中粒式沥青混凝土(AC-20型),下面层掺加温拌剂,长度大于1km的隧道在表面层SMA混合料中添加阻燃剂和温拌剂。

主要工程量:路基土石方2040万m^3,沥青混凝土路面218万m^2。大桥3座6461.55延米,中桥37座2561延米,小桥8座136延米,公铁分离式立交3座1452延米,主线上跨分离式立交16座479延米,通道102座1658延米,天桥16座1094延米,涵洞137道,隧道5座6721延米(单洞长),互通式立交6处,其中枢纽立交1处,收费站6处,服务区1处。征用土地542公顷,动迁厂矿企业31家,房屋13户。

省交通厅2011年12月以辽交建发〔2011〕394号文批复施工图设计投资总预算529326万元。2012年9月开工,2014年9月建成。

该项工程为建设—移交(BT含施工总承包)投资及施工总承包项目,投资人成立项目公司,履行项目法人职责,项目建成后经交工验收合格办理移交手续,由回购方按约定予以回购。投资来源:项目法人中交第一公路工程局有限公司资本金132508万元,银行贷款36亿元,高速公路通行费22000万元,地方财政债券49000万元,银行贷款210000万元。

辽宁省交通厅作为本项目回购方,受交通厅委托,辽宁省高等级公路建设局为项目监管方。工程监理为辽宁省第一交通工程监理事务所、辽宁驰通公路工程监理事务所。设计单位为辽宁省交通规划设计院,政府监督单位为辽宁省交通工程质量与安全监督局。

路基4个合同段,由中交一公局海威工程建设有限公司等4家承担;路面2个合同段,由中交一公局第一工程有限公司等2家承担;交通安全设施1个合同段,由中交一公局交通工程有限公司承担;房建2个合同段,由中交一公局北京建筑分公司承担。

该项目是凌源至绥中高速公路支线,为辽宁高速公路网组成部分,对推动辽宁滨海经济区建设,改善辽西地区投资环境,促进建昌县经济发展,实现辽宁省全面振兴的宏伟目标,都具有重要意义。

十三、辽阳灯塔至沈阳辽中高速公路

辽阳灯塔至沈阳辽中高速公路(图7-2-13)起点位于灯塔市规划区西南侧,经过灯塔南枢纽互通式立交与沈大高速公路连接。途经灯塔市古城子、佟二堡镇,通过茨榆坨、四方台镇,经沈西工业走廊潘家堡枢纽互通式立交与京沈高速公路连接。路线全长41.904km(辽宁省省级高速公路网路线编号S20)。

图7-2-13　辽阳灯塔至沈阳辽中高速公路

双向4车道,路基宽26m,中央分隔带宽2m,设计行车速度100km/h。桥涵设计标准汽车荷载等级公路—Ⅰ级,路面设计标准轴载为100kN。设计洪水频率特大桥1/300,大、中、小桥及涵洞1/100。地震设防烈度Ⅶ级。

路面结构:上面层为4cm中粒式沥青混凝土(LAC-16型),下面层为6cm粗粒式沥青混凝土(LAC-20型),基层为20cm厂拌水泥稳定碎石,底基层为20cm厂拌水泥稳定碎石,垫层为15cm级配碎石。

主要工程量:填方711万m^3,沥青混凝土路面106万m^2。大桥6座2055延米,中桥23座1358延米,小桥64座1076延米,通道桥57座512延米,涵洞108道,主线上跨分离式立交9座1545延米,下穿分离式立交3座271延米。枢纽式互通立交2座,互通式立交2座,收费站2处。征用土地267公顷。

2012年11月省交通运输厅以辽交建发〔2012〕362号文批复施工图设计。投资总概算318241万元,资金来源高速公路通行费21000万元,地方财政债券26000万元,银行贷款86708万元。中铁十九局集团有限公司投标回购价333760万元。

2013年3月开工,2014年9月完工,回购期3年。

本工程为建设—移交(BT含施工承包)投资及施工总承包项目,投资人成立项目公司,履行项目法人职责。项目建成后经交工验收合格办理移交程序,由回购方辽宁省交通厅按约定予以回购,受辽宁省交通厅委托,中铁十九局集团有限公司为项目投资人,辽宁省高等级公路建设局为项目监管方。工程监理为沈阳公路工程监理有限责任公司。设计单位为辽宁省交通规划设计院。监理单位为沈阳公路工程监理有限责任公司。施工单位为中铁十九局集团有限公司。

十四、盘锦辽滨疏港高速公路

盘锦辽滨疏港高速公路(图7-2-14)起点位于盘锦市大洼区田庄台镇西,经李杨屯西、张家屯南、平安乡西,终点西安镇西与盘海营高速公路连接,路线全长16.516km(辽宁省省级高速公路网路线编号S29)。

图7-2-14 盘锦辽滨疏港高速公路

双向4车道,路基宽26m,中央分隔带宽2m。设计行车速度为100km/h,桥涵设计标准汽车荷载等级为公路—Ⅰ级,大、中、小桥及涵洞设计洪水频率为1/100,地震设防烈度为Ⅶ度,地震动峰值加速度为0.10g。路面标准轴载为100kN。路面结构:表面层为3.5cm沥青玛蹄脂碎石(SMA-13L型),中面层为5cm中粒式沥青混凝土(LAC-20型),下面层为7cm粗粒式沥青混凝土(LAC-25型),基层为20cm厂拌水泥稳定碎石,底基层为20cm厂拌水泥稳定碎石,垫层为15.5cm级配碎石。收费站路面为28cm C40水泥混凝土板,基层、底基层各为16cm厂拌水泥稳定碎石,垫层为11cm级配碎石。

主要工程量:路基土石方301万m^3,沥青混凝土路面43万m^2。大桥3座575延米,中桥14座798延米,小桥10座91延米,通道桥14座128延米,涵洞21道,分离式立交8座330延米,天桥4座480延米,互通式立交2处,收费站1处。征用土地110公顷。

市交通厅2012年8月以辽交建发〔2012〕264号文批复项目初步设计。批准工程概算投资208687万元,资金来源高速公路运行费6650万元,地方财政债务20000万元,银行借款48950万元。投标回购价18.74亿元。

2012年12月开工,2014年9月完工。

本工程为建设-移交(BT含施工总承包)投资及施工总承包项目,投资人成立项目公司,履行项目职责,项目建成后经交工验收合格办理移交手续,由回购方辽宁省交通厅按约定予以回购。受辽宁交通厅委任,中铁十九局集团有限公司为项目投资人,辽宁省高等级公路建设局为项目监管方。设计单位为辽宁省交通规划设计院,监理单位为辽宁科杰公路工程监理有限公司。

辽滨疏港高速公路的建设是省政府制定开发建设盘锦辽滨沿海经济区战备决策的一部分,为盘锦港和辽滨沿线经济区提供快捷交通运输条件,对完善区域路网结构,促进区域经济、社会快速发展起到重要作用。

十五、营口仙人岛疏港高速公路

营口仙人岛疏港高速公路起于沈大高速公路K224+847(设计桩号),设置仙人岛互通式立交,下穿哈大铁路专用线。在正红旗南上跨滨海公路,终点接港区规划路仙人岛通港转盘。路线全长5.737km。

双向4车道路基宽26m,中央分隔带宽2m,设计行车速度为100km/h,桥涵设计标准汽车荷载等级为公路—Ⅰ级。设计洪水频率特大桥为1/300,大、中、小桥及涵洞为1/100。地震设防烈度为Ⅶ度,地震动峰值加速度为0.15g。设计路面标准轴载为100kN。

路面结构:表面层为3.5cm沥青玛琋脂碎石抗滑层(SMA-13L型),中面层为6cm中粒式沥青混凝土(LAC-20型),下面层为8cm粗粒式沥青混凝土(LAC-25型),上基层为21cm厂拌水泥稳定碎石,底基层为21cm厂拌水泥稳定碎石,垫层为15cm级配碎石。

收费站采用水泥混凝土路面,面层为26cm C40水泥混凝土板,基层、底基层均为17cm厂拌水泥稳定碎石,垫层为14.5cm级配碎石。

主要工程量:路基土石方101万m^3,沥青混凝土路面12万m^2。通道桥2座32.5延米,上跨分离式立交5座337.8延米,下穿铁路分离式立交1座31延米,涵洞12道,互通式立交1处,主线收费站1处。征用土地48公顷。2014年2月开工,2016年9月完工。

省交通厅批复投资工程概算42898万元,资金来源6890万元,其中高速公路运行费299万元,银行贷款6591万元。

项目法人为省高建局,设计单位为辽宁交通规划设计院,监理单位为辽宁驰通公路工程监理事务所,施工单位为大连公路工程集团有限公司。

仙人岛疏港高速公路是营口仙人岛港区建设组成部分,高速公路为港区提供快速出入口,为港区服务。

附录

辽宁高速公路建设大事记

1984 年

2月,省政府以辽政办发13号文《关于成立省沈大公路改扩建工程总指挥部的通知》,组建了辽宁省沈大公路改扩建工程总指挥部(简称"总指挥部")。由副省长彭祥松任总指挥,由省交通厅厅长张文礼任常务副总指挥,由交通厅组建总指挥部办公室。

5月,国家计委批复了沈大高速公路设计任务书,"同意沈大公路按一级公路标准建设,在工程量不增加或增加不多的前提下,可考虑为今后发展成高速公路创造条件"。投资控制8亿元,资金来源,原则由地方自筹,国家可酌量补助。

6月,沈大高速公路375km开工建设。

11月,辽宁省计委批复沈大公路改扩建工程初步设计,南北两端修建一级公路,中间保持二级公路,建设里程388km,投资概算8.75亿元。

1985 年

1月,省政府决定,沈大公路按高速公路标准组织建设,为最终建成高速公路奠定基础。

采购6套进口沥青混合料拌和设备,12台联邦德国产摊铺机及其他国产碾压设备、平地机等数百台设备,率先在高速公路施工中使用世界先进筑路设备。开创了中国高速公路机械化施工之先河,在国内掀起机械化施工推广的热潮。

1986 年

1月21日,全树仁省长、彭祥松副省长在省交通厅召开现场办公会,部署沈大公路建设。

3月6日,全省交通工作会议在沈阳召开,确定1986年要集中精力抓好沈大路改扩建、建港口办船队、建好公路客运站等10项重点工作。

11月1日,沈大公路沈阳至鞍山段一级公路(98km)建成,李鹏副总理参加通车典礼并剪彩。

1987 年

1月26日,沈大公路改扩建工程总指挥、副省长彭祥松在省顾委委员、省交通厅原厅长张文礼和厅长连承智陪同下,检查沈大公路建设情况。

2月25日,全省交通工作会议在辽阳市召开,确定1987年重点办好沈大路改扩建、沈山线改造、丹东大东港和锦州港建设、海岫铁路建设等10件实事。

5月17日,李长春省长、彭祥松副省长视察沈大公路沈阳至营口段施工现场。

7月8日,省人大常委会副主任王光中视察沈大公路鞍山大郑台至营口大石桥施工现场。

9月8日,朱家甄、彭祥松副省长在省交通厅召开省长办公会议,研究沈大公路建设和沈鞍段辅道建设问题。

9月21日,彭祥松副省长在友谊宾馆主持沈大公路建设座谈会,李长春省长到会讲话。

10月17日,彭祥松副省长出席大连后盐至金州一级路通车典礼。

11月22日,李长春省长、彭祥松副省长视察沈大公路鞍山至营口段及沈鞍辅道工程。

1988 年

2月25日,全省交通工作会议在沈阳召开,确定全年要做好以沈大路为重点的基础设施建设、普通公路养护管理、职业道德教育等工作。

5月2日,省长李长春、省政协副主席彭祥松视察沈大公路沈阳至鞍山段高速化工程。

10月3日,省长李长春、副省长林声和省政协副主席彭祥松视察沈大公路沈阳至腾鳌堡段高速化工程。

10月25日,沈大高速公路沈阳至鞍山段、大连至三十里堡段共131km正式通车运行,结束了中国大陆没有高速公路的历史。

11月3日,省政府在宁官收费站举行沈大高速公路沈阳至鞍山、大连至三十里堡段通车典礼,交通部部长钱永昌、辽宁省省长李长春分别讲话,中顾委常委伍修权、国务委员邹家华、交通部部长钱永昌、省委书记全树仁为通车剪彩。

同日,钱永昌部长为沈阳至桃仙机场一级公路剪彩。

11月14日,省政府发布对沈大公路改扩建工程总指挥部等单位的嘉奖令。

1989 年

3月10日,全省交通工作会议在沈阳召开,确定沈大高速公路建设、海岫地方铁路建设、港口和船队建设、公路客运站建设等全年要抓好的10件实事。

7月17日,交通部在辽宁召开高等级公路建设经验交流现场会,16个省、市主管交通工作的领导同志参加,国务委员邹家华出席会议并讲话。与会代表就发展高速公路达成共识并考察了沈大高速公路,对这条公路的建设经验给予高度评价。

9月23日,国务院、中央军委交通战备领导小组在沈大高速公路225km处举行沈大高速公路军用飞机跑道工程竣工剪彩仪式和试飞表演,迟浩田总参谋长对平战结合的军用飞机跑道建设给予高度评价。

1990年

2月28日,全省交通工作会议在沈阳召开,会议总结了省交通系统10年改革的基本实践及体会,提出本年度要办好的沈大高速公路全线建成通车、海岫地方铁路全线投入运营等10件实事。

8月20日,中国大陆第一条高速公路——沈大高速公路(375km)全线建成通车。

9月1日,省政府隆重举行沈大高速公路通车典礼。国务委员邹家华、国防部长秦基伟上将、交通部部长钱永昌、辽宁省委书记全树仁为全线通车剪彩。

12月20日,省政府召开沈大高速公路建设总结表彰大会,省交通厅受到省政府通报表彰;沈大高速公路建设总指挥部办公室、沈阳分指挥部等8个单位和省公路工程局机械处等12个单位,分别被省政府授予"先进组织指挥"和"先进施工设计单位"称号;鞍山钢铁公司等11个单位被授予"重要贡献单位"称号;孙炜士、曹右元等8名同志被授予"筑路功臣"称号。

1991年

2月26日,由辽宁省交通厅完成的"沈大高速公路军用飞机跑道研究"被评为中国人民解放军科技进步一等奖。

7月,省计委批复沈大高速公路初步设计概算,并按工程决算批准投资概算为219873万元。

1992年

3月,省交通厅下达《关于编制1991年—2020年全省公路网规划的通知》,全面开展辽宁省30年公路网规划的编制工作。

6月12日,省政府丛正龙副省长主持召开第163次省长办公会议,会议决定成立辽宁省高等级公路建设总指挥部,丛正龙副省长任总指挥,省计委李振东、省建委杨帅邦、省交通厅田育广、孙炜士任副总指挥。成员单位有沈阳、抚顺、本溪、铁岭市政府,财政厅、公安厅、水电厅、林业厅、环保局、物资局、土地局、税务局、省建行、鞍钢、本钢、东电、辽河油田、省石油公司。总指挥部办公室主任由省交通厅曹右元副厅长兼任。

7月,沈大高速公路通过由国家计委、交通部和辽宁省政府共同组织的国家验收,被评定为优良级。

10月,交通厅副厅长张恭宪分管高速公路建设,为总指挥部副总指挥,主抓总指挥部办公室工作。

11月17日,由辽宁省交通厅完成的"沈大高速公路建设的研究"获国家科技进步一等奖。

1993年

4月,郎庆周接任高等级公路建设总指挥部办公室主任。

9月24日,沈大高速公路被交通部评为"全国十大公路工程"。

10月,沈阳过境绕城高速公路南段(石庙子至金宝台)30.5km建成通车。

1994年

2月,省高等级公路建设总指挥部领导成员有所变动,省计委副主任张鹤龄接替李振东副主任,省交通厅副厅长张恭宪接替孙炜士副厅长任总指挥部副总指挥。因各成员单位领导人变动和分工变化,总指挥部成员也有所变动。

9月27日,沈阳至抚顺高速公路建成通车。

9月,沈阳至丹东高速公路沈阳(桃仙)至本溪(小堡)段49km建成通车。

1995年

8月,辽宁省编办以《关于辽宁省交通厅公路工程局更名为辽宁省高等级公路建设局的批复》,同意将辽宁省交通厅公路工程局与辽宁省高等级公路建设总指挥部合并,更名为辽宁省高等级公路建设局(一套人马、两块牌子)。

9月16日,沈阳过境绕城高速公路和沈阳至铁岭高速公路建成通车,中共中央政治局委员、国务院副总理邹家华出席通车仪式。

1996年

1月30日,全省交通工作会议在沈阳召开,明确了交通系统"九五"时期的工作任务。

6月18日,省高速公路管理局收费监控系统正式运行,实现收费管理电视监控。

8月25日,闻世震省长主持召开第108次省政府常务会议,会议决定慕绥新副省长任省总指挥部总指挥。

10月,沈阳至丹东(古城子)高速公路本溪小堡至南芬段25km(利用亚洲开发银行贷款项目)建成通车。

12月,辽宁省高等级公路建设总指挥部发文通知,慕绥新副省长任总指挥,省交通厅田育广厅长、张恭宪副厅长、省计委黄宝英副主任、省建设厅周宏煜副厅长任副总指挥。领导成员有沈阳、鞍山、本溪、锦州、铁岭、盘锦、葫芦岛市政府,省公安厅、交通厅、财政厅、水利厅、林业厅、审计厅、文化厅、土地局、环保局、地税局、邮电局、东北电业管理局、沈阳铁路局。总指挥部办公室主任由省高等级公路建设局郎庆周局长担任。

1997 年

1月21日,全省交通工作会议在沈阳召开,确定1997年要全力加快以高速公路和重点国省干线为中心的公路网化建设。

4月,省计委主持召开了《辽宁省公路网规划》正式文本审查会,认定该规划。

8月,省交通厅提出《沈山高速公路创一流实施纲要》,争创"设计一流,施工一流,管理一流,质量一流,四个一流"的目标,始终坚持"严字当头,质量第一,受控有序,争创一流"的工作目标。

10月5日,国务院副总理邹家华出席沈山高速公路开工典礼。

1998 年

4月,辽宁省高等级公路建设总指挥部发文通知,赵新良副省长任总指挥,省交通厅田育广厅长、省计委黄宝英副主任、省建设厅周宏煜副厅长、省交通厅张恭宪、刘政奎副厅长任副总指挥。成员单位有沈阳、鞍山、本溪、锦州、铁岭、盘锦、葫芦岛市政府,省交通厅、财政厅、公安厅、水利厅、林业厅、审计厅、文化厅、土地局、环保局、地税局、邮电局、东北电业管理局、沈阳铁路局、省委宣传部、广播电视厅、《辽宁日报》。总指挥部办公室主任由辽宁省高等级公路建设局郎庆周局长担任。

8月8日,沈阳至四平高速公路全线(160km)建成通车。

9月,省编委《关于调整交通厅所属事业单位机构编制的批复》,批准省高建局人员由55人增至75人,内部机构增设征地动迁科。

10月25日,在桩号118km处青洋河大桥桥面局部塌陷,发生了恶性交通事故,一辆侧翻,两辆相撞,当场两死两伤。

1999 年

3月28日,交通部部长黄镇东视察辽宁省高速公路。

4月9日,国务院副总理吴邦国视察辽宁省高速公路。

9月26日,沈山高速公路锦州至山海关段(170km)通车剪彩仪式在万家服务区举行,省长张国光为通车剪彩。

2000 年

9月15日,沈山高速公路全线(361km)建成通车,全国人大常委会副委员长邹家华、交通部部长黄镇东、辽宁省委书记闻世震为通车剪彩。

2001年

2月5日,全省交通工作会议在沈阳召开,提出了"十五"时期的奋斗目标和工作思路。

5月20日,沈大高速公路半自动化收费系统试运行成功。

2002年

5月28日,沈大高速公路改扩建工程全线开工。

8月21~26日,锦州至阜新,锦州至朝阳,盘锦至海城、营口,丹东至本溪四条高速公路相继建成通车,辽宁率先在全国实现全部省辖市通高速公路,全省高速公路总里程达1637km。

8月26日,省政府召开全省市市通高速、乡乡通油路庆祝大会。

11月1~4日,沈山高速公路通过国家竣工验收。

2003年

3月24~26日,交通部专家年会在辽宁召开。25日,交通部胡希捷副部长率与会专家,对沈大高速公路改扩建工程进行了检查。

2004年

8月29日,改扩建后的沈大高速公路全线竣工通车。中共中央政治局常委、全国人大常委会委员长吴邦国出席通车仪式并亲切慰问沈大高速公路建设者。

2005年

9月13日,交通部部长张春贤视察大窑湾疏港路和沈大、大庄、丹庄高速公路,并到宽甸考察农村公路建设情况。

9月28日,丹东至大连高速公路全线(254km)建成通车。

12月14日,沈大高速公路改扩建工程被交通部评为"全国交通建设十佳优质管理项目"。

2006年

5月12日,辽宁省高等级公路建设局获省直属机关"五一"奖状光荣称号。

6月16日,省交通厅与东北电网有限公司签订《关于加强辽宁电力与公路设施建设相互支持、配合的工作协议》。

6月26日,省委省政府下发《中共辽宁省委、辽宁省人民政府关于命名表彰2004—2005年度精神文明建设先进单位的决定》的文件,表彰在创建精神文明中涌现的先进单位和集体,辽宁省高等级公路建设局被评为"辽宁省文明单位"。

7月25日,省交通厅与沈阳铁路局签订《辽宁省交通厅、沈阳铁路局关于加强辽宁境内公铁建设项目相互支持、配合的工作协议》。

9月29日,沈阳至抚顺高速公路建成通车。

12月30日,沈阳至大连高速公路改扩建工程项目通过交通部竣工验收。

2007年

5月,省高建局获得辽宁省总工会五一劳动奖状。

7月22日、11月3日,省委常委、沈阳市委书记陈政高视察沈康高速公路项目建设情况。

10月10日,沈阳至彰武高速公路建成通车。

10月12日,大窑湾疏港高速公路建成通车。

2008年

3月,辽宁省高等级公路建设局获"全省交通系统建功立业先进单位"称号。

3月,沈阳至大连高速公路改扩建工程荣获"第七届中国土木工程詹天佑奖"。

4月,中华总工会授予辽宁省高等级公路建设局全国五一劳动奖状。

8月16日,沈大与丹大高速公路连接线项目竣工通车。

9月27日,本溪至辽阳高速公路项目竣工通车,副省长李佳出席剪彩仪式。

9月29日,铁岭至朝阳高速公路项目竣工通车,省委书记张文岳,省委副书记、省长陈政高,副省长李佳出席通车仪式。

10月25日,沈阳至康平(一期)高速公路项目竣工通车。

2009年

1月,沈阳至大连高速公路改扩建工程获"公路交通优质工程奖"一等奖。

9月,辽中环线高速公路辽中至新民段建成通车。

9月,沈阳至康平高速公路新城子至依牛堡子段建成通车。

10月,沈阳至大连高速公路荣膺"新中国成立60周年10项经典暨精品工程"。

2010年

1月20日,省交通厅与省电力公司签署《辽宁省电力设施与公路基础设施建设相互支持配合的工作协议》。

4月8日,省交通厅在沈阳召开全省高速公路建设工程质量工作会议。

4月12日,俄罗斯托木斯克州考察团到辽宁省考察高速公路建设情况。

7月21日,交通运输部科技项目"桥隧工程施工安全风险评估管理制度与试点研究"

阶段成果评审会在沈阳召开,评审庄盖项目作为辽宁省唯一一个入选该试点研究的项目达到预期目标,对辽宁乃至对全国隧道施工组织、安全生产管理均有较强的指导意义。

8月2~6日,由新华社、《中国交通报》《中国建设报》、中建协项目管理委员会等单位人员组成的调研组到我国北方寒冷地区高速公路典型示范工程——丹通高速公路进行采访、调研。

10月20日,沈阳绕城高速公路改扩建工程开工仪式在石庙子站举行,省委、省政府主要领导出席开工仪式。

11月9日,建昌至兴城高速公路启动仪式在建昌县举行,省委、省政府主要领导出席开工仪式。

2011年

3月1日,省交通厅在辽宁大厦组织召开全省高速公路建设管理工作会议,交通运输部质监总站站长李彦武出席会议。

5月4日,交通运输部副部长冯正霖调研丹通高速公路创建北方寒冷地区典型示范工程的建设工作。

8月11日,省委常委、常务副省长许卫国到正在建设中的沈阳绕城改扩建高速公路、丹通高速公路现场视察。

9月17日,丹东至海城高速公路正式通车试运营,省长陈政高出席通车仪式。

10月25日,彰武至通辽高速公路正式通车试运营,省委常委、常务副省长许卫国出席通车仪式。

10月28日,大连市皮口至炮台高速公路正式通车试运营。

12月23日,铁岭(毛家店)至朝阳(三十家子)高速公路顺利通过交通运输部组织的竣工验收。

2012年

6月7日,省长陈政高深入丹东至通化、桓仁至永陵高速公路项目建设一线视察指导。

8月3日,西丰至开原高速公路建成通车,省长陈政高出席通车仪式。

9月26日,丹东至通化、庄河至盖州、抚顺至通化、新民至铁岭、桓仁至永陵5条高速公路建成通车。省委、省政府主要领导,交通运输部党组副书记、常务副部长翁孟勇,省委常委、常务副省长许卫国,省委常委、秘书长周忠轩,省军区司令员周汉江出席通车仪式。

2013年

4月26日,副省长薛恒视察沈阳绕城高速公路项目建设情况。

5月21日,省长陈政高到建昌至兴城高速公路项目现场调研。

5月27日,省长陈政高、副省长薛恒到沈阳绕城高速公路改扩建工程北环段现场考察。

7月17日,副省长薛恒到沈阳绕城高速公路项目调研。

7月31日,沈阳绕城高速公路改扩建、阜新至盘锦高速公路通车仪式在省高速公路管理局监控指挥中心举行。副省长薛恒参加仪式并宣布通车。

2014年

6月5~6日,副省长薛恒先后到沈阳、铁岭和葫芦岛市调研高速公路建设情况。

9月26日,建昌至兴城、灯塔至辽中、盘锦辽滨疏港高速公路通车仪式在省高速公路管理局监控指挥中心举行。副省长、省高等级公路建设总指挥部总指挥薛恒参加仪式并启动通车按钮。

2015年

1月21日,副省长薛恒调研沈阳至四平高速公路改扩建、辽宁中部环线铁岭至本溪段高速公路建设情况。

4月18日,交通运输部部长杨传堂到长深高速公路康平海州窝堡(辽宁内蒙古界)至北四家子段高速公路现场调研。

7月6日,康平海州窝堡(辽宁内蒙古界)至北四家子段高速公路建成通车,至此长春至深圳高速公路在辽宁境内路段全线贯通。

9月11日,省人大常委会副主任刘政奎到沈阳至四平高速公路改扩建项目调研。

2016年

5月20日,辽宁省交通建设管理有限责任公司完成工商注册,注册资本5000万元。

6月7日,省人大常委会副主任刘政奎到沈平高速公路改扩建项目进行现场调研并召开会议。

9月8日,省高指在省政府组织召开了全省在建高速公路有关项目建设推进工作会议。省政协副主席、省高等级公路建设总指挥部总指挥薛恒主持会议并就推进各在建项目下一阶段征地动迁工作进行了全面部署。

9月29日,沈平高速公路改扩建工程正式建成通车。省政协副主席薛恒出席通车仪式并启动通车按钮。

10月21日,省交通厅在省高建局召开转制人员划转工作会。会后,原省高建局职工64名职工与辽宁省交通建设管理有限责任公司签订劳动合同。

11月27日,中国建筑业协会正式公布2016—2017年度第一批中国建设工程"鲁班奖"(国家优质工程)评选结果,省高建局组织建设的建昌至兴城高速公路荣获2016—2017年度中国建设工程"鲁班奖"。